"十二五"职业教育国家规划教材
经全国职业教育教材审定委员会审定
全国铁道职业教育教学指导委员会规划教材
高等职业教育城市轨道交通工程技术专业"十四五"规划教材

城市轨道交通工程施工测量

（第三版）

杜晓波　张　莉◎主　编
刘伟楠　蔡英利◎副主编
张　冰◎主　审

中国铁道出版社有限公司
CHINA RAILWAY PUBLISHING HOUSE CO., LTD.

内 容 简 介

本书为“十二五”职业教育国家规划教材、全国铁道职业教育教学指导委员会规划教材、高等职业教育城市轨道交通工程技术专业“十四五”规划教材。全书共分17个项目，内容包括：城市轨道交通工程基本认知、高程测量、角度测量、距离测量与方向测量、全站仪测量、测量误差、控制测量、全球卫星导航系统、地形图及其应用、线路的曲线测设、断面测量、联系测量、明挖结构施工测量、盾构施工测量、高架桥梁施工测量、地铁隧道施工中的变形监测和城市轨道交通铺轨施工测量。

本书为高职院校城市轨道交通工程、地下与隧道工程、铁道工程类专业教材，也可用于岩土工程、工民建、道路等专业科技工作者及大中专院校师生、短训班学员的参考书，对从事城市轨道交通工程勘察设计、施工、监理、监测和科学研究的人员也有一定的参考学习价值。

图书在版编目(CIP)数据

城市轨道交通工程施工测量/杜晓波，张莉主编. —3版. —北京：中国铁道出版社有限公司，2021.2(2024.11重印)

“十二五”职业教育国家规划教材　经全国职业教育教材审定委员会审定　全国铁道职业教育教学指导委员会规划教材　高等职业教育城市轨道交通工程技术专业“十四五”规划教材

ISBN 978-7-113-27615-7

Ⅰ.①城…　Ⅱ.①杜…②张…　Ⅲ.①城市铁路-铁路工程-施工测量-高等职业教育-教材　Ⅳ.①U239.5

中国版本图书馆CIP数据核字(2020)第273239号

书　　名：城市轨道交通工程施工测量
作　　者：杜晓波　张　莉

策　　划：李露露　　　**编辑部电话**：(010)83527746
责任编辑：李露露
封面设计：高博越
责任校对：苗　丹
责任印制：赵星辰

出版发行：中国铁道出版社有限公司(100054，北京市西城区右安门西街8号)
网　　址：https://www.tdpress.com/51eds
印　　刷：北京市科星印刷有限责任公司
版　　次：2013年1月第1版　2021年2月第3版　2024年11月第3次印刷
开　　本：787 mm×1 092 mm 1/16　印张：21.5　字数：550千
书　　号：ISBN 978-7-113-27615-7
定　　价：56.00元

第三版前言

QIAN YAN

本教材在第二版的基础之上按照《城市轨道交通工程测量规范》(GB/T 50308—2017)和《地铁设计规范》(GB 50157—2013)等相关规范、标准进行修订。教材在内容上涵盖了工程测量学的基本理论知识和城市轨道交通工程施工测量的技术知识,既可用于职业院校学生教学使用,也可作为从事地铁工程施工测量技术的人员作为参考用书。

教材在编写过程中以工程项目为载体,引入地铁施工的相关案例,按照典型工作任务的模式进行了教材内容的开发,并对相关知识点进行了拓展,使教材内容更全面。

全书由哈尔滨铁道职业技术学院杜晓波和包头铁道职业技术学院张莉任主编,哈尔滨铁道职业技术学院刘伟楠、蔡英利任副主编,哈尔滨铁道职业技术学院张冰教授担任主审。

全书共有17个项目,具体编写分工如下:哈尔滨铁道职业技术学院杜晓波编写项目1、项目12、项目14、项目16,包头铁道职业技术学院张莉编写项目2、项目3、项目6,哈尔滨铁道职业技术学院刘伟楠编写项目7、项目11、项目13,包头铁道职业技术学院翟东风编写项目4、项目9,哈尔滨铁道职业技术学院蔡英利编写项目5、项目8、项目10,哈尔滨铁道职业技术学院刘巧静编写项目15,中铁一局集团有限公司高级工程师车彦海编写项目17,全书由杜晓波负责统稿。

在教材的修订过程中,中铁三局集团有限公司相关专家和哈尔滨铁道职业技术学院相关老师提出了许多宝贵的指导意见,在此一并表示感谢。

由于编者水平和时间有限,书中难免有疏漏和不足之处,恳请广大读者批评、指正。

编者

2020年10月

QIAN YAN 第一版前言

随着城市轨道交通建设的迅速发展，城市轨道交通工程测量技术也得到了长足的发展，本教材是在传统工程测量教材的基础之上融入城市轨道交通工程测量的最新技术，结合我国地铁施工测量的相关案例，按照教、学、做一体化的教学模式，以项目教学为主线、以典型工作任务为主要内容来编写，突出高等职业教育特色，力求浅显易懂，注重实用性。

本书主要以城市轨道交通工程施工阶段的测量工作为主要内容，包括地面控制测量、地下控制测量、铺轨测量、变形监测等。

全书由哈尔滨铁道职业技术学院杜晓波、包头铁道职业技术学院张莉任主编，哈尔滨铁道职业技术学院刘伟楠任副主编。其中杜晓波编写项目1、项目12、项目14、项目16，张莉编写项目2、项目3、项目6，刘伟楠编写项目7、项目11、项目13，包头铁道职业技术学院翟东风编写项目4、项目9，哈尔滨铁道职业技术学院蔡英利编写项目5、项目8、项目10，哈尔滨铁道职业技术学院刘巧静编写项目15，中铁一局集团有限公司新运工程公司高级工程师李伟编写项目17。全书由哈尔滨铁道职业技术学院崔吉福教授及中铁一局集团有限公司第二工程处高级工程师李养卫主审。

由于编者水平有限，难免存在一些不当之处，敬请同行专家和读者批评指正。

编　者

2013年1月

目录

项目 1　城市轨道交通工程基本认知

项目描述

目前，我国已进入城市轨道交通建设的高峰阶段，发展城市轨道交通，不仅是缓解城市交通拥堵的有效措施，也是减少污染、方便居民出行、改善城市人居环境、保证城市可持续发展的必然要求。城市轨道交通工程测量作为工程测量的一个分支，随着轨道交通建设的发展也得到了不断的充实与提高。

本项目主要介绍城市轨道交通工程建设概况、城市轨道交通工程施工简介、城市轨道交通工程测量的任务和内容。

教学目标

1. 能力目标

- 掌握城市轨道交通施工的主要方法；
- 掌握施工阶段测量工作的主要内容。

2. 知识目标

- 掌握城市轨道交通工程测量的特点；
- 了解我国城市轨道交通的建设状况及发展前景；
- 掌握城市轨道交通工程测量的主要任务和内容。

3. 素质目标

- 具有独立思考、实事求是、开拓创新的科学精神；
- 养成分工协作的意识；
- 具备爱岗敬业、吃苦耐劳、团结合作的优良品质。
- 深刻学习我国在城市轨道交通建设方面取得的巨大成就，更加热爱祖国。

相关案例——哈尔滨地铁的发展

哈尔滨地铁是中国黑龙江省哈尔滨市正在运营中的城市轨道交通系统，是中国首个高寒地铁系统。哈尔滨地铁 1 号线于 2008 年 9 月开工建设，其中部分路段利用了既有“7381 人防工程”。哈尔滨地铁 1 号线是沿哈尔滨市主城区东西贯穿的一条地铁线路，线路全长 27.3 km，东起哈东站站，经太平桥站、博物馆、哈工大、和兴路、学府路、医大二院等站，终到新疆大街站，共设 23 座车站。全线位于地下，穿越被称为哈尔滨市“龙脊”，包括东、西大直街在内的东西轴线景观大道。全线分三期建设，现已全部运营。

哈尔滨地铁近期建设规划的线路包括：4 号线、5 号线、6 号线、9 号线共四条线路，总里程

129.4 km。近期建设规划的4条线路全部建成后，哈尔滨将形成“十字加环线”的轨道交通网络基本框架，中心城区地面公交客流节约时耗为34.11万人小时，可使地面公交客运量减少89万乘次/日，将大大减少公交车需求量，降低地面交通量，减轻高峰期大量地面公交客流上下客对交通流的影响，缓解道路交通拥挤。建成初期轨道交通年节省油耗2万吨，减少排放二氧化碳5.9万t、氮氧化物723 t，对改善城市环境起到积极作用。

未来哈尔滨将形成由10条规划线路组成的轨道交通网络，其中1条环线，9条放射线。轨道交通网络规划总体布局形态可归纳总结为“一环、两横、三纵、四射”，总长度340 km。“一环”为3号线；“两横”为1号线和6号线；“三纵”为2号线、4号线和5号线；“四射”为规划7号线、8号线、9号线、10号线。届时，哈尔滨地下将形成纵横交错的轨道交通线网，人们出行将享受四通八达的便利，路面交通拥堵将成为历史。

典型工作任务1　城市轨道交通工程建设认知

1.1.1　工作任务

通过本部分知识的学习，主要达到以下目的：

(1)了解世界及我国城市轨道交通发展的情况；

(2)了解我国城市轨道交通的发展前景。

1.1.2　相关配套知识

1. 世界城市轨道交通概况

城市轨道交通是指在不同形式轨道上运行的大、中运量的城市公共交通工具，是当代城市中地铁、轻轨、单轨铁路、自动导向、短途磁悬浮等轨道交通的总称。世界城市轨道交通的发展距今已有140多年历史，早在1863年世界上第一条用蒸汽机车牵引的地下铁道线路在英国伦敦建成通车。列车在地下隧道内运行，隧道里烟雾熏人，但当时的伦敦市民甚至皇亲显贵仍争相乘坐，因为地铁列车的速度毕竟快于拥堵不堪的伦敦地面街道上的公共马车。地下铁道诞生之初就以其快捷优势赢得了市民的青睐。

世界第一条地下铁道的诞生，为人口稠密的大都市如何发展公共交通提供了宝贵的经验，特别是到1879年电力驱动机车的研制成功，使地下客运环境和服务条件得到了空前的改善，地铁作为公共交通显示出强大的生命力。从此以后，地下铁道在世界上一些著名的大都市相继得到发展，其中在1863～1899年期间，有英国的伦敦和格拉斯哥、美国的纽约和波士顿、匈牙利的布达佩斯、奥地利的维也纳以及法国的巴黎共5个国家的7座城市率先建成了地下铁道。在进入20世纪的最初24年间(1900～1924年)，在欧洲和美洲又有9座大城市相继修建了地下铁道，如德国的柏林和汉堡、美国的费城以及西班牙的马德里等。1925～1949年，期间经历了第二次世界大战，各国都着眼于自身的安危，地铁建设处于低潮，但仍有日本的东京、大阪，苏联的莫斯科等少数城市在此期间修建了地铁。第二次世界大战以后，1950～1974年的24年间，世界上地铁建设蓬勃发展，在此期间，有加拿大的多伦多、蒙特利尔，意大利的罗马、米兰，美国的费城、旧金山，苏联的列宁格勒、基辅，日本的名古屋、横滨，韩国的汉城(今称首尔)以及中国的北京等约30座城市相继建成了地铁。

近些年，随着城市人口迅速增加，导致车辆增多，给城市带来交通拥挤、环境污染与能源危机等一系列问题。面对世界城市和城市人口不断增加的状况，世界上各大城市都存在“乘车难”和“行路难”的问题，因此发展城市公共交通、缓解交通拥挤是当前世界大城市迫切需要解决的问题。地铁与城市中其他交通形式相比，除了能避免城市地面拥挤和充分利用空间外，还有很多优点：一是运量大，地铁列车的运输能力要比地面公共汽车大7～10倍，是任何城市交通工具所不能比拟的；二是速度快，地铁列车在地下隧道内风驰电掣地行驶，时速可超过100 km；三是无污染，地铁列车以电力作为动力，不存在空气污染问题。因此城市轨道交通受到各国政府的青睐。

现在世界地铁发展令人瞩目，目前世界上已有70多个国家和地区的490多座城市都建造了地下铁道，累计地铁线路总长度约为26 100 km，年客运总量为600多亿人次。世界上很多大城市的地下都已构筑起一个上下数层、四通八达的地铁网，有的还在地下设立商业设施和娱乐场所，与地铁一起形成一个地下城。一些地铁车站建筑构思新颖，气势磅礴，富有艺术特色，乘客进入地铁车站，犹如置身于富丽堂皇的地下宫殿，这些地铁车站以其迷人的魅力吸引着各国旅行者，并成为该地的重要旅游景点。还有很多国家的地铁与地面铁路、高架道路等联合构成高速道路网，解决了城市紧张的交通运输问题。城市轨道交通现代化的发展，已成为城市交通现代化的重要标志之一。

2. 我国城市轨道交通的建设状况

进入21世纪以来，我国城市轨道交通建设步入了快速发展的轨道，尤其是北京、上海分别以2008年奥运会和2010年世博会召开等国际活动为契机，城市轨道建设长足发展。广州、深圳、南京、苏州、杭州、天津、大连等城市也以珠江三角洲、长江三角洲、环渤海地区的经济腾飞等为时机，大力发展城市轨道建设，其他城市地铁、轻轨等城市轨道交通的建设也日趋活跃。

(1)城市轨道交通建设状况

①我国已经建成的城市轨道交通线路

我国城市轨道交通建设经过近几年的快速发展，目前，北京、天津、上海、广州、深圳、南京、重庆、武汉、沈阳、长春、哈尔滨、大连等城市的地铁、城铁、轻轨、高速磁悬浮线、高架轨道交通线、现代有轨电车线等城市轨道交通线路已建成通车，并进行快速轨道交通运营，总运营里程已超过6 900 km。

目前我国城市轨道交通已经体现出了比常规的公共交通更高的运输效率。例如，北京城市轨道交通客运量约占公交客运量的45%；深圳城市轨道交通客运量约占公交客运量的56%。

城市轨道交通不仅缓解了城市中心区的交通拥挤问题，同时引导了城市空间结构的合理发展。例如北京地铁八通线、13号线的建设带动了北京市边缘地区的土地开发；广州地铁3号线、大连轻轨3号线等加强了城市中心区与边缘地区或城镇的联系和发展。

②正在建设的城市轨道交通

到目前为止，在建的城市轨道交通线路长约6 900 km，覆盖北京、上海、天津、广州、深圳、武汉、南京、重庆、长春、哈尔滨、沈阳、杭州、西安、成都、苏州等30多个城市。

③城市轨道交通线网规划

从城市轨道交通线网的规划而言，北京规划总里程约1 000 km，为全国之首；上海规划总里程约780 km(不计磁悬浮线)；广州规划总里程约554 km；天津规划234 km；南京规划263 km；重庆规划325 km。其他已做了城市轨道交通线网规划的城市，其规划线路长度一般都在100～200 km。

④有意向建设城市轨道交通的城市

目前，全国还有几乎包括所有省会的 20 多座城市有意向建设城市轨道交通，除前述城市外，还有唐山、烟台等城市的轨道交通规划在上报中。另外，大理白族自治州、海口、包头、株洲、济宁、柳州等城市也都有发展城市轨道交通尤其是地铁项目的意向。从全国已建、在建、筹建乃至有意向建设城市轨道交通的状况来看，我国城市轨道交通建设和发展势头迅猛。

(2)城际轨道交通的建设方兴未艾

由于城市化进程的加快，城市群、城市带频频出现，城际轨道交通应运而生。实际上城市轨道交通的延伸和扩展，如珠江三角洲、长江三角洲、环渤海湾地区等经济的发展，必然对物流、人流提出新的要求，城际区域快速轨道交通的建设也正在兴起。

城际区域快速轨道交通的类型包括高速铁路、地铁、轻轨等形式。珠江三角洲经济区在全国率先完成了城际区域快速轨道交通的发展规划。它以广州为中心，连接周边主要城市，广深（圳）、广珠（海）经济带为主轴，以广惠（州）、广开（平）、广肇（庆）、广从（化）为发展轴，近期规划轨道线路一千余公里，远期衔接港澳地区，规划线路近两千公里。列车运行的最高速度分为 4 个层次：近郊线 120 km/h，城际线 160 km/h，城际快线 200 km/h，直达快速线 300 km/h。

3. 我国城市轨道交通发展前景

当前，我国大中城市普遍存在着道路拥挤、车辆堵塞、交通秩序不畅的现象，并成为城市发展的“瓶颈”问题。随着我国城市规模和经济建设飞速的发展，城市化进程在逐步加快，城市人口在急剧增加，大量流动人口涌进城市，人员出行和物资交流频繁，交通需求急剧增长，城市交通供需矛盾日趋紧张。发展以轨道交通为骨干、以常规公交为主体的公共交通体系，为城市居民提供安全、快速、舒适的交通环境，引导城市居民使用公共交通系统是国外大城市解决城市交通问题的成功经验，也是我国大城市解决交通问题的唯一途径。

世界各国轨道交通的发展说明，轨道交通的发展无不和与之发展相配套的技术经济政策密切相关。我国城市轨道交通现已进入快速发展阶段，在把握机遇、快速发展的同时，更应重视政策的指导作用。从 2000 年开始，国家首次把“发展城市轨道交通”列入国民经济“十五”计划发展纲要，并作为拉动国民经济特别是大城市经济持续发展的重大战略。轨道交通发展开始强调与城市环境的协调统一。北京、上海、广州三大城市轨道建设和运营实践证明了城市轨道交通的发展对解决大城市交通拥堵、提高环境质量、调整城市区域结构和产业布局以及拉动城市社会经济持续发展和合理布局的突出作用。城市轨道交通的发展解决了远距离上下班空间距离与时间的矛盾，并提高了居民的生活质量，促进了城市合理布局的形成。

这一时期，国家不仅开始注重轨道交通的发展建设，加大了对轨道交通的建设投入，同时其相关政策也在逐步完善，制定了轨道交通的发展政策、建设规划政策、产业性及标准性政策等。主要内容为：“大力发展公共交通，目前以公共汽车、无轨电车为主，发展出租汽车。特大城市应逐步发展快速有轨电车、高架和地下铁道，吸引更多居民使用公共交通”。

伴随着我国社会经济的不断发展和进步，不同类型的轨道交通也进入了并行发展时期，呈现出多元化发展趋势，并开始注重轨道交通与城市环境的协调发展，我国城市轨道交通进入了快速发展时期。

典型工作任务2 城市轨道交通工程施工认知

1.2.1 工作任务

通过本部分知识的学习,主要达到以下目的:

(1)掌握地下工程施工的特点;

(2)掌握隧道工程施工的现状与存在的问题;

(3)掌握城市轨道交通工程施工的主要方法。

1.2.2 相关配套知识

1. 地下隧道工程施工基本认识

地下结构物是多种多样的,构筑地下结构物的施工技术也是多种多样的。这些施工技术的形成和发展与地下结构物的施工特性有关。因此,首先要充分了解地下施工的特性。

概括地说,地下施工具有以下特性:

(1)隐蔽性大;

(2)作业的循环性强;

(3)作业空间有限;

(4)作业的综合性;

(5)施工是动态的,施工过程的力学状态是变化的,围岩的物理力学性质也是变化的;

(6)作业环境恶劣;

(7)施工的风险性大。

各种施工技术必须考虑这些特性,才能够发挥其作用。

地下结构物竣工后,我们只能看到外观,而其内部及结构物背后的状态是隐蔽的。严格意义上说,地下工程是一个隐蔽工程。我们要求结构物做到"内实外美",也就是说,要把隐蔽的工程做到实处,不留后患。

一般的地下结构物都是纵长的,施工是严格按照一定的顺序循环作业的。如开挖就是按照"钻孔→装药→爆破→通风→出渣"的循环,一步一步地循环开挖,直到最后隧道贯通。这种循环性是地下施工最具特色的一点,也是我们组织施工的基本原则。

地下结构物通常都是在地下一定深度修筑的,结构物的尺寸受到极大限制,这也就决定了施工空间的尺寸和形状。在有限的空间内进行施工,投入的人力和机械都不能够"畅所欲为",要考虑有限空间这个特点。因此像地面工程中使用的大型机械,是很难在地下工程中发挥其作用的,必须采用适合地下工程有限空间的施工机械和施工方法。

地下施工由多种作业构成,开挖、支护、出渣运输、通风及除尘、防水及排水、供电、供风、供水、二衬等作业缺一不可。每一项作业做得不好都会影响全局。因此,地下施工的综合性很强。这就要求我们必须有良好的施工管理和施工组织经验,才能使工程有序快速的进展。

地下结构的力学状态是极为复杂的,其复杂程度直到目前还有许多不清楚的地方。我们只能在修筑地下结构物的整个过程中,逐渐地去认识和了解它的力学状态变化,并通过各种手段尽力控制和调整结构的力学状态变化。施工过程,从力学角度看,就是控制和调整这个力学状态变化的过程,施工技术也就是控制和调整这个力学状态的手段和方法,理解这一点是极为重要的。

地下施工的作业环境比较差，黑暗、潮湿、粉尘多，在恶劣的地质条件下，还有安全的问题。因此，如何创造一个安全、舒适和工厂化的作业环境，就成为地下施工技术要解决的重要课题。

最后，风险性与隐蔽性是关联的，施工人员必须经常关注隧道施工的风险性。特别是在不良地质条件下，更要有风险意识和应变意识。

目前，在地下工程，也包括隧道施工中出现的问题，许多是由于对上述地下施工特性认识不充分或没有认识所造成的。因此，提高对地下施工特性的认识是十分必要的。

2. 隧道工程施工的现状与存在的问题

隧道施工方法是多种多样的，目前我国隧道施工经常采用的施工方法有全断面法、台阶法和分部开挖法三大类。另外在大断面隧道施工中采用单侧壁法（中隔壁法）和双侧壁法（眼镜法）。

在当前的施工实践中，采用最多的是台阶法，其次是全断面法。由于施工机械的开发和辅助工法的采用，施工方法有向更多地采用全断面法，特别是全断面法与超短台阶法结合的发展趋势，即施工方法有向全地质型方法转变的趋势。因此，选择施工方法并不完全取决于地质条件，地质条件仅仅是选择施工方法的一个因素，而更应强调的是：隧道施工方法必须符合快速、安全、质量及环境的要求。其中环境因素有时成为确定施工方法的决定性因素。

因此，选择施工方法时要考虑的基本因素大体上可归纳为：

(1)施工条件：实践证实，施工条件是决定施工方法的最基本因素，它包括一个施工队伍所具备的施工能力、素质以及管理水平。目前我国隧道施工队伍的素质和施工装备水平，有高有低，参差不齐，因此，在选择施工方法时，不能不考虑这个因素的影响。

(2)围岩条件：也就是地质条件，其中包括围岩级别、地下水及不良地质现象等。围岩级别是对围岩工程性质的综合判定，对施工方法的选择起着重要的甚至是决定性的作用。从施工技术的发展趋势看，地质条件虽然是重要的，但基本施工方法的变化却不显著。例如全断面法和超短台阶法的结合以及全地质掘进机及自由断面掘进机等的开发都说明了这一点。

(3)隧道断面积：隧道尺寸和形状，对施工方法选择也有一定的影响。目前隧道断面有向大断面方向发展的趋势，如公路隧道已开始修建3车道甚至4车道的大断面，水工隧道工程中的大断面洞室，更是屡见不鲜。在这种情况下，施工方法必须适应其发展。在单线和双线的地铁地下车站、铁路隧道、双车道公路隧道中，越来越多地采用了全断面法及台阶法；而在更大断面的隧道工程中，先采用各种方法修小断面的导坑，再扩大形成全断面的施工方法极为盛行。

(4)埋深：隧道埋深与围岩的初始应力场等多种因素有关，通常将埋深分为浅埋和深埋两类，有时将浅埋又分为超浅埋和浅埋两类。在同样地质条件下，由于埋深的不同，施工方法也将有很大差异。

(5)工期：作为设计条件之一的施工工期，在一定程度上会影响基本施工方法的选择。因为工期决定了在均衡生产的条件下，对开挖、运输等综合生产能力的基本要求，即对施工均衡速度、机械化水平和管理模式的要求。

(6)环境条件：当隧道施工对周围环境产生如爆破振动、地表下沉、噪声、地下水条件的变化等不良影响时，环境条件也应成为选择隧道施工方法的重要因素之一，在城市条件下，甚至会成为选择施工方法的决定性因素。

在施工方法中应该澄清一个问题，就是对新奥法的认识问题。目前大家对新奥法的认识并不完全一致，有的认为它是一种施工方法，有的认为它是一种概念、理念或原则。专家认为这种争论并没有什么实质性意义。地下工程的修建已经有很长的历史，我们积累的经验和教训是十分丰富的，像日本的“隧道十训”、奥地利的“22点原理”等，以及英国法、法国法、德国法、比利时法等，这些方法虽然是依据当时的技术条件和技术理论形成的，但它也同样体现了隧道施工的基本原则——充分利用围岩的自身支护能力，同时支护要及时。

暗挖法是针对明挖法而言的，矿山法则是暗挖法中的一种方法，而新奥法则是矿山法中的一种方法。因此，从严格的意义上说，新奥法与过去所谓的上下导坑法、漏斗棚架法等都是相同的方法，但它是以新发展的施工技术（喷混凝土、锚杆等）为依托的方法，这也是新奥法命名的精髓所在。

在长期的工程实践中，不管是哪种方法，都必须正确地坚持隧道施工的基本原则。这些原则不仅是在长期的施工实践中积累起来的经验教训的结晶，而且也是得到理论研究证实的。

归纳起来，施工中不管采用哪种方法，都必须遵循的基本技术原则是：

(1)因为围岩是隧道的主要承载单元，所以要在施工中充分保护和爱护围岩。避免过度破坏和损伤遗留围岩的强度，使围岩尽量保留既有的质量，是最重要最基本的原则。这在任何施工方法中都是一样的，像古老的黄土窑洞、无衬砌的岩石洞室等的修建就完全遵守了这个原则。

(2)为了充分发挥围岩的结构作用，应容许围岩有可控制的变形。一方面容许变形达到不在围岩中形成松弛的量级，另一方面必须限制它，使围岩不会过度松弛而丧失或大大降低承载能力；而在浅埋或地表下沉受到控制的条件下，及时控制变形和松弛及其发展是非常重要的。

(3)变形的控制主要是通过支护阻力（即各种支护结构）的效应达到的。因此，在施工中必须合理地确定支护结构的类型、支护结构参与工作的时间、各种支护手段的相互配合、断面封闭时间、一次掘进长度等。

(4)在施工中，必须进行实地量测监控，及时提出可靠的、足够数量的量测信息，以指导施工和设计。有人认为，量测是“新奥法”的重要组成部分，实际上，在新奥法之前，量测监控的技术早已存在，例如，量测木支撑的横梁弯曲（挠度），用锤击法判定支柱的受力状况等。即使从今天的眼光看，这些技术仍然有其使用价值。

(5)在选择支护手段时，一般应选择能大面积、牢固地与围岩紧密接触的、能及时施设和应变能力强的支护手段。因此多采用喷混凝土并与锚杆、金属网联合使用，有时也要与钢支撑或格栅等配合使用；临时仰拱也是重要的、不容忽视的支护手段。

(6)要特别注意，隧道施工过程是围岩力学状态不断变化的过程。减少开挖分部，也就有可能减少因分部过多而引起的围岩内的应力变化和围岩松弛。因此，在有可能的条件下，应尽量采用全断面或大断面分部的开挖方法。

(7)在任何情况下，使隧道断面能在较短时间内闭合是极为重要的。在岩石隧道中，因围岩的结构作用，能够“自封闭”。而在软弱围岩中，则必须改变“重视上部、忽视底部”的观点，应尽量采用能先修筑仰拱（或临时仰拱）或底板的施工方法，使断面及早闭合。

(8)为保证二次衬砌的质量和整体性，在任何情况下，都应采用先墙后拱的施工顺序。

(9)在隧道施工过程中，必须建立设计—施工检验—地质预测—量测反馈—修正设计的一体化的施工管理系统，以不断地提高和完善隧道施工技术。

在实际施工过程中，这些原则也不是一成不变的，应该结合实际情况进行完善和提高。

我国在使用矿山法修筑隧道时，目前存在的主要问题集中在以下几个方面：

(1)施工阶段地质判断技术不完善，缺乏有效的判断方法和手段。

(2)隧道施工方法，特别是软弱破碎围岩的施工方法的工厂化程度有待提高。

(3)在施工中没有牢固树立“保护围岩、爱护围岩”的观点和理念，不能有效地控制对遗留围岩的损伤和松弛。

(4)“重外美、轻内实”，结构存在隐患，如：衬砌背后充填不密实，甚至留有空洞；衬砌厚度不足；衬砌初期开裂普遍存在；基底处理不彻底，运营不久出现翻浆冒泥现象等。

(5)地下水处理始终是薄弱环节，防水工程质量欠佳，渗水、漏水现象时有发生。

(6)环境意识薄弱，洞内施工作业环境欠佳，减少对周边环境和结构物影响的措施不力。

(7)施工阶段工程质量的检测体制不完善，更为重要的是缺乏有效的检测手段和方法。

(8)应变能力不强，一旦出现施工灾害，有时束手无策。

(9)没有真正地实现动态施工和管理。

实质上，以上几点也是衡量隧道施工技术水平的重要标志。

出现这些问题主要与施工技术和施工管理有关。当然隧道工程中存在的问题是多方面的，有设计、施工方面的，也有业主、监理方面的；有深层次上的问题，也有面上的问题。但总的来看，施工技术和严格的施工管理是关键。

3. 地下隧道的施工方法

地铁区间隧道施工方法选择主要受工程地质、水文地质、地形地貌、沿线环境的要求，施工单位的技术水平、施工进度、经济条件等因素限制。

地下工程和地面工程不同，在初步设计、施工图设计之前，设计院要对基本的施工方法进行确认，在此方法基础上所做的设计才是切实可行的。施工工艺方案选择得当，施工机械配套合适，工程往往成功一半；反之，施工机械不当，施工方法不合理，就会导致施工中遇到许多困难，甚至失败，不得不改用其他施工方法。

常用地铁区间隧道的施工方法有明挖法、矿山法(钻爆法)、暗挖法(软土)、盾构和顶管法、凿岩机法(TBM)等。在沿海城市，饱和软土地层中修建隧道，最好的施工方法应是盾构法、顶管法，而明挖法则对环境造成太大的影响，干扰城市政治、经济文化生活。山区城市则应以新奥法、信息反馈施工，有更高的经济效益，在条件允许的情况下，则应推广 TBM(Tunnel Boring Machine)施工方法。

地铁车站常用的施工方法有明挖法、矿山法(新奥法)、浅埋暗挖法、盖挖法、逆作法(半逆作法)、异型盾构(或凿岩机法)等。在地铁车站施工中，考虑的影响因素很多。例如，在施工中长时间中断交通；泥浆、粉尘、噪声、振动污染给居民生活带来的影响；地面沉降变形引起建筑物、构筑物开裂导致工程事故，造成经济损失和不良的社会影响。故在大城市闹市区修建地铁车站，一般先构筑连续墙(或桩排墙)和中柱，然后修建顶盖并恢复交通，以后在顶盖保护下完成地铁站厅和站台的工程施工，这也就是通常所谓的盖挖法。在城市建筑物密集地区修建地铁车站，盖挖法和逆作法应是首选的方法。

典型工作任务 3　城市轨道交通工程测量的任务和内容认知

1.3.1　工作任务

通过本部分知识的学习，主要达到以下目的：

(1)了解城市轨道交通工程测量的特点；

(2)了解城市轨道交通工程测量的主要任务和内容。

1.3.2　相关配套知识

1. 测量学的概念及分类

测量学是测绘科学的重要组成部分,是研究地球形状和大小以及确定地球表面(含空中、地表、地下和海洋)物体的空间位置,并对这些空间位置信息进行计算、分析处理、储存、管理的科学。

测绘科学是一门既古老而又在不断发展中的学科。按照研究范围和对象及采用技术的不同,可以分为大地测量学、普通测量学、摄影测量学、海洋测量学、工程测量学和地图制图学6个学科。其中,普通测量学是不顾及地球曲率的影响,研究在地球表面局部区域内测绘工作的理论、技术和方法的学科;工程测量学是研究工程建设在设计、施工和管理各阶段进行测量工作的理论、技术和方法的学科。

2. 工程测量学的任务及作用

工程测量学的主要任务是测绘大比例尺地形图、建筑物的施工测量和建筑物的变形观测。在国民经济建设的勘测、设计、施工、竣工及养护维修各阶段都需要测绘工作。

在各类土木工程建设中,从勘测设计阶段到施工、竣工阶段,都需要进行大量的测绘工作。例如,铁路、公路在建造之前,为了确定一条最经济合理的路线,事先必须进行该地带的测量工作,由测量的成果绘制带状地形图,在地形图上进行线路设计,然后将设计路线的位置标定在地面上以便进行施工;在路线跨越河流时必须建造桥梁,山地需要开挖隧道,开挖之前,必须在地形图上确定隧道的位置,并由测量数据来计算隧道的长度和方向;在隧道施工期间,通常从隧道两端开挖,这就需要根据测量的成果指示开挖方向等,使之符合设计要求。

3. 城市轨道交通工程测量的特点

城市轨道交通工程测量是工程测量的一个分支,是研究城市轨道交通工程和工程环境在建设及运营期间基础测绘、施工测量、变形监测等数据的采集、测设、处理、分析、预报以及测绘工作管理的理论和技术,是一门应用性学科。它主要以建筑工程、工程环境、施工机器设备和施工测量管理为研究服务对象,满足建设工程空间定位和测设、工程及其周边环境安全监测以及工程管理和监理等对测绘工作的要求。

城市轨道交通是城市公共交通的一种形式,包括地下、地面和高架3种结构方式的整体道床轨道工程体系。由于其在建筑物密集、地下管网繁多的城市环境中建设,且多为隧道、桥梁或深基础工程,在工程建设中工程能否准确按设计要求就位、施工中的自身结构安全、受施工影响的工程环境的安全等,对城市社会影响很大,社会公众和政府官员关注程度较高。加之为节约工程造价预留的工程结构等限界裕量小,因此造成结构施工、铺轨、设备安装等工作需要高精度施工测量技术配合与保障,需要监控量测等技术手段进行实时安全监测。工程交付后的运营期间出于线路维护和改造的要求、沿线新建工程项目的影响以及对不良地质条件地区和结构变形未稳定所必须延续进行的测量和监测等工作的需要,仍需长期进行高精度测量工作,因此城市轨道交通工程测量有其特殊要求和方法。

(1)测量精度要求高

城市轨道交通为线形工程,为确保线路圆顺,施工中各环节工艺间施工容许偏差要求严。相邻点相对精度要求高。例如城市轨道交通工程测量规范要求卫星定位控制网相邻点的相对点位中误差小于±10 mm,精密导线相邻点的相对点位中误差小于±8 mm,铺轨精度要求小于2 mm;为保证工程和施工环境安全而进行的安全监测变形点的高程中误差精度小于

±1 mm，变形中误差精度小于±6 mm 等。

测量精度要求高加上作业环境条件差等因素不仅增加了施工测量的难度，有的还超出传统工程测量范畴，引入了大量的物理传感器，如应力计、应变片、压力盒、位移计、测斜仪、测力计等进行应力、应变和变形监测。这些对传统工程测量的方法、精度和实施都是新的课题。因此，在城市轨道交通工程测量中除按照传统精密工程测量技术进行高精度施工测量外，还应结合工程特点引进现代工程测量高新技术，并注重相关学科技术在施工测量中的渗透与融合，使城市轨道交通工程测量结合自身工程特点不断创新、完善和发展。

(2)测量作业环境差

测量作业干扰大，作业时间受限制，地下和夜间测量多，作业环境条件差等因素增加了施工测量难度。

4. 城市轨道交通工程测量的主要任务和内容

城市轨道交通工程测量应满足其工程建设中的设计、施工和运营阶段对测量工作的需要。其内容主要包括地面测量、地面和地下联系测量、地下测量等 3 方面的工作。在设计阶段，为设计工作的各个阶段提供所需的地形图等基础或专项测绘资料；在施工阶段，为实现设计意图进行施工放样和设备安装、为施工安全进行监控量测、为完工的工程进行竣工测量等；在运营阶段完全线路维护和改造、结构变形监测等需要进行的测量工作。

(1)设计阶段测量工作主要内容

设计阶段分为可行性研究阶段、初步设计阶段、施工图设计阶段。在可行性研究阶段，测绘工作者需要提供的主要测绘产品有中、小比例尺地形图和其他设计要求的测量工作及成果；在初步设计阶段，测绘工作者应进行地面控制测量(首级卫星定位控制测量、精密导线测量、高程控制测量)、1∶500 地形图测量、管线测量和调查、地下建(构)筑物测量、跨越线路的建(构)筑物测量、水域地形测量、定线测量等，并提供相应测量成果；施工图设计阶段，应进行线路纵、横断面测量、线路中线测量、拆迁测量、设计委托的零星测量[毗邻或横跨线路的高压线测量、对线路有制约作用的特殊建(构)筑物测量等]工作，同时提供相应测量成果。

(2)施工阶段测量工作主要内容

施工阶段分为土建结构施工阶段、轨道和设备安装阶段、竣工阶段。土建结构施工阶段应进行加密施工控制测量、定线测量[建(构)筑物、线路施工定线等]、竖井联系测量、施工放线测量、限界测量、监控量测[包括线路、建筑结构自身和沿线重要建(构)筑物变形测量]和其他测量工作；轨道和设备安装阶段应进行铺轨基标测量、线路标志测量、延续和新增加的监控量测；竣工阶段应进行全线线路轨道竣工测量，区间、车站和附属建筑结构竣工测量，线路沿线设备竣工测量，地下管线竣工测量以及测量成果的资料验收等工作。竣工测量时，应收集已有的测量资料并进行实地检测，对符合要求的测量资料应充分利用。对不符合要求的测量资料应重新测量，并按实测的资料编绘竣工测量成果。因为各个城市对竣工测量成果资料要求不完全统一，因此该成果资料除应满足城市轨道交通工程竣工测量与验收要求外，还应满足地方建设工程规划监督测量与验收的要求。

(3)运营阶段测量工作主要内容

运营阶段包括城市轨道交通建成交付运营以后的时段。在该时段中测量工作者应长期对线路维护和改造提供测量保障，并对线路构成安全隐患的结构和线路环境进行变形监测工作，确保安全运营。

5. 城市轨道交通工程测量的发展

尽管我国城市轨道交通事业和发达国家比较起步较晚，但发展迅猛，十几年来，几十座城市已经步入建设行列。随着我国城市轨道交通事业建设高潮的来临，随着测绘科学技术的迅速发展，城市轨道交通工程测量技术也在不断地完善、创新和进步。

近年来，在城市轨道交通工程建设中，当代卫星导航定位控制测量和数字测量技术已经普遍应用；高精度陀螺定向在地下工程的联系测量中效果显著，在一些超长隧道掘进中贯通精度优良；测量机器人在现代隧道盾构施工技术的导向作用不仅提高了导向精度，而且大大减轻了测绘工作者的劳动强度；GPS技术紧密结合工程实际，在勘测、设计、施工管理信息化方面发挥巨大作用；城市轨道交通工程建设中以及运营期间的安全监测、灾害防治和环境保护的各种问题，在大地测量、地球物理、工程地质与水文地质以及土木建筑等多学科技术不断的相互渗透与融合中得到良好的解决，许多工程实现了数据采集和数据处理自动化、实时化。

我国城市轨道交通工程测量技术发展空间还很广阔，今后将随工程内容的不断丰富，对如何利用卫星定位系统、全站仪及数字水准仪等先进仪器和设备快速建立高精度三维工程控制网，提高工程控制测量成果的质量与作业效率；如何开发和应用基于智能化全站仪、激光、遥测、遥控和通信等集成式精密空间放样测设技术，实现工程设施快速、准确的空间放样测设；如何应用数字近景摄影测量和激光扫描等技术对工程设施的空间形态进行实时或准实时的精确检测和完整记录，并实施动态与静态变形监测的自动化技术和方法；如何利用地理信息系统等技术，收集工程建设与运营过程的空间及属性信息，建立工程数据库和工程档案信息管理系统，为工程维护、维修及管理提供信息支持和辅助决策支持；如何健全城市轨道交通工程测量项目的质量安全体系，确保工程测量成果的可靠性与完整性等方面都有待于一代一代人去开发和完善。相信我国城市轨道交通工程测量技术将在很短的时间内有一个很大的发展，并步入世界先进行列。

6. 测量工作的基本原则

(1)“从整体到局部”“先控制后碎部”的原则

在测量过程中，为了避免误差的积累，保证测量区域内所测点位具有必要的精度，首先要在测区内，选择若干对整体具有控制作用的点作为控制点，用较精密的仪器和精确的测量方法，测定这些控制点的平面位置和高程，然后根据控制点进行碎部测量和测设工作。这种“从整体到局部”“先控制后碎部”的方法是测量工作的一个原则，它可以减少误差的积累，并且可同时在几个控制点上进行测量，加快测量工作进度。

(2)“前一步工作未作检核不进行下一步工作”的原则

当测定控制点的相对位置有错误时，以其为基础所测定的碎部点或测设的放样点也必然有错。为避免错误的结果对后续测量工作的影响，测量工作必须重视检核。因此，“前一步工作未作检核不进行下一步工作”是测量工作的又一个原则。

7. 测量工作的基本要求

(1)“质量第一”的观念

为了确保施工质量符合设计要求，需要进行相应的测量工作，测量工作的精度会影响施工质量。因此，施工测量人员应有“质量第一”的观念。

(2)严肃认真的工作态度

测量工作是一项科学工作，它具有客观性。在测量工作中，为避免产生差错，应进行相应的检查和检核，杜绝弄虚作假、伪造成果、违反测量规则的错误行为。因此，施工测量人员应有严肃认真的工作态度。

(3)保持测量成果的真实、客观和原始性

测量的观测成果是施工的依据，需长期保存。因此，应保持测量成果的真实、客观和原始性。

(4)要爱护测量仪器与工具

每一项测量工作，都要使用相应的测量仪器，测量仪器的状态直接影响测量观测成果的精度。因此，施工测量人员应爱护测量仪器与工具。

知识拓展——大型特种精密工程测量简介

大型特种精密工程建设和对测绘的要求是工程测量学发展的动力。这里简单介绍国内外有关情况。

1. 国内有代表性的大型特种精密工程测量简介

三峡水利枢纽工程变形监测和库区地壳形变、滑坡、岩崩以及水库诱发地震监测，其规模之大，监测项目之多，都堪称世界之最。不仅采用目前国内外最成熟、最先进的仪器、技术，在实践中也在不断发展新的技术和方法，如对滑坡体变形与失稳研究的计算机智能仿真系统；拟进行研究的三峡库区滑坡泥石流预报的3S工程等，都涉及精密工程测量。隔河岩大坝外部变形观测的GPS实时持续自动监测系统，监测点的位置精度达到了亚毫米。该工程用地面方法建立的变形监测网，其最弱点精度优于±1.5 mm。上海杨浦大桥控制网的最弱点精度达±0.2 mm，桥墩点位标定精度达±0.1 mm；武汉长江二桥全桥的贯通精度(跨距和墩中心偏差)达毫米级。高454 m的东方明珠电视塔对于长114 m、重300 t的钢桅杆天线，安装的垂准误差仅±9 mm。长18.4 km的秦岭隧道，洞外GPS网的平均点位精度优于±3 mm，一等精密水准线路长120多千米。目前辅助隧道已贯通，仅一个贯通面的情况下，横向贯通误差为12 mm，高程方向的贯通误差只有3 mm。

2. 国外有代表性的大型特种精密工程测量简介

瑞士阿尔卑斯山的特长双线铁路隧道哥特哈德长达57 km，为该工程特地重新作了国家大地测量(LV95)，采用GPS技术施测的控制网，平面精度达±7 mm，高程精度约±2 cm。以厘米级的精度确定出了整个地区的大地水准面。为加快进度和避开不良地质段，中间设3个竖井，共4个贯通面，横向贯通误差允许值为69～92 mm(较只设一个贯通面可缩短工期11年)。

项目小结

城市轨道交通工程测量是工程测量的一个分支，是研究城市轨道交通工程和工程环境在建设及运营期间基础测绘、施工测量、变形监测等数据的采集、测设、处理、分析、预报以及测绘工作管理的理论和技术，是一门应用性学科。

城市轨道交通由于其在建筑物密集、地下管网繁多的城市环境中建设，且多为隧道、桥梁或深基础工程，因此在结构施工、铺轨、设备安装时对其精度要求更高，需要监控量测等技术手段进行实时安全监测。随着我国城市轨道交通事业建设的不断发展，城市轨道交通工程测量技术在我国也得到了很大的提高，并将不断完善与发展。

复习思考题

1. 我国目前城市轨道交通建设的状况是什么？
2. 地下隧道工程施工具有哪些特点？
3. 城市轨道交通工程施工的主要方法有哪几种？
4. 测量学的概念是什么？分为哪几类？
5. 城市轨道交通工程测量的特点是什么？
6. 城市轨道交通工程施工阶段的测量工作主要内容有哪些？

项目 2　高 程 测 量

项目描述

测量工作的实质是确定地面点的空间位置。地面点的空间位置包括平面位置(X,Y)和高程(H)。高程测量是确定地面点位的要素之一，测量地面点高程的工作称为高程测量。本项目主要简介水准测量原理、水准测量的方法、微倾式水准仪的检验与校正、水准测量的误差及其削减方法。

教学目标

1. 能力目标

• 能够熟练操作水准仪进行高差测量；

• 在各项工程建设中，能够根据实际情况对高差进行独立的观测、记录，并按精度要求进行相应的平差计算，计算出未知点的高程。

2. 知识目标

• 掌握水准测量的基本原理；

• 了解水准仪的构造，掌握水准仪的使用及水准尺的读数；

• 掌握水准点、普通水准路线的布设形式及精度评定要求；

• 掌握普通水准测量的观测、记录及计算；

• 掌握水准仪的检验方法，了解水准仪的校正方法；

• 了解水准测量误差产生的原因，掌握水准测量误差的削减方法；

• 了解电子水准仪的使用。

3. 素质目标

• 进一步熟悉水准仪的使用及水准尺的读数，养成全面考虑问题的习惯；

• 加强普通水准测量的观测、记录及计算，养成分工协作的意识，培养团队协作能力；

• 不断提高高程测量的野外实际动手能力；

• 锻炼提高学生的协调组织能力。

• 增强学生爱国情怀和专业自豪感，培养学生在寒冷、烈日等情况下，不断实践、锻炼意志和爱岗敬业的精神。

典型工作任务 1　水准测量原理认知

2.1.1　工作任务

通过本部分知识的学习，主要达到以下目的：

(1)掌握水准测量的原理,根据不同地形条件与要求,选择与之相适应的水准测量方法,测定已知高程点与未知高程点间的高差;

(2)了解水准仪的构造、组成,掌握水准仪的使用。

2.1.2　相关配套知识

1. 高程测量概述

确定地面点高程的测量工作,称为高程测量。高程测量是测量的三项基本工作之一。高程测量的实质是测出两点间的高差,根据已知点的高程推算出未知点的高程。

(1)国家高程控制测量

建立国家高程控制网的目的,是为了在全国范围内施测各种比例尺的地形图和为工程建设提供必要的高程控制基础。用水准测量方法,按《国家水准测量规范》的技术要求建立的国家高程控制网,称为国家水准网,它是全国高程控制的基础。国家水准网是按照“从整体到局部、由高级到低级”的原则,分级布设、逐级加密。按其布设密度和施测精度的不同,分为一、二、三、四等水准路线,如图 2.1 所示。

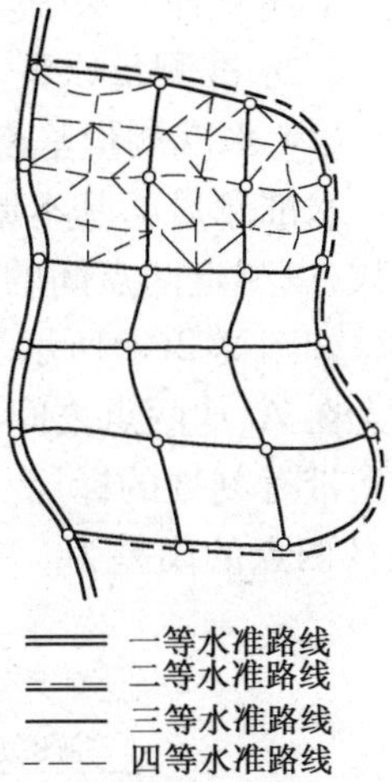

图 2.1　国家水准网

①一等水准测量是国家高程控制网的骨干,同时也是研究地壳和地面垂直运动等有关科学问题的主要依据。一等水准路线构成网形,每一闭合环的周长在 1 000～1 500 km 之间,主要沿地质构造稳定、交通不太繁忙、路面坡度平缓的国家主干公路布设。

②二等水准测量是国家高程控制的全面基础,一般构成环形,闭合于一等水准路线上。其闭合环的大小根据地形情况而定,一般在 500～750 km 之间。二等水准路线主要沿公路、铁路及河流布设。

③三等水准测量一般可根据需要在高等级水准网内加密,布设成附合水准路线,并尽可能互相交叉,构成闭合环。单独的附合水准路线长度一般不超过 150 km,环线周长不超过 200 km。

④四等水准测量一般以附合水准路线布设于高等级水准点之间,附合水准路线的长度一般不超过 80 km。

一、二等水准点是三、四等水准测量及其他高程测量的起算基础;三、四等水准测量是直接提供地形测图和各种工程建设所必需的高程控制起算点,同时又是全国高程控制网的进一步加密。

(2)测图高程控制测量

为了进一步满足工程建设和地形测图的需要,还可以以国家三、四等水准点为起算点,布设工程水准测量或图根水准测量,通常称为等外水准测量(也称普通水准测量)。等外水准测量的精度低于国家四等水准测量,而水准路线的布设及水准点的密度可根据工程和地形测图的要求灵活考虑。

(3)高程测量的方法

根据使用的仪器和施测方法的不同,高程测量方法一般分为下列 4 种:

①几何水准测量(简称水准测量)

利用水准仪提供的水平视线,根据水准尺上的读数求得两点间的高差,最后算出待测点的高程。水准测量一般适用于地形平坦地区,是精确测定地面点高程的一种主要方法。

②三角高程测量(间接高程测量)

利用经纬仪或全站仪通过测量倾斜视线的竖直角和两点间的水平(或倾斜)距离,根据三角学原理计算两点间的高差，从而求得未知点的高程。三角高程测量受地形条件的限制较少，应用越来越广泛。

③GPS 高程测量

利用 GPS 定位仪通过接收卫星信号测定地面点的高程。与常规水准测量相比，GPS 高程测量具有费用低、效率高的优点，适用于在大范围的区域内进行高程数据的加密。

④气压高程测量（物理高程测量）

根据地面上空大气压力随地面高度变化而变化的原理，利用气压计测得大气压力的变化，按相关规律算出地面点的高程。气压高程测量一般用于踏勘测量，因其精度较低，目前使用较少。

上述 4 种方法中，以水准测量的精度最高，是建立国家高程控制网的基本方法。

2. 水准测量原理

（1）水准测量基本原理

水准测量的基本原理是利用水准仪提供的水平视线，对垂直竖立在地面上的水准尺进行读数，以测定两点间的高差，从而由已知点的高程推算出未知点的高程。

如图 2.2(a)所示，地面上有 A、B 两点，若已知 A 点的高程 H_A，求 B 点的高程 H_B。

在 A、B 两点之间安置一台能提供水平视线的仪器——水准仪，在 A、B 两点上分别垂直竖立带有刻划的标尺——水准尺，利用水准仪的水平视线分别读出 A、B 尺上的读数 a、b，则：A、B 两点的高差为

$$h_{AB} = a - b \tag{2.1}$$

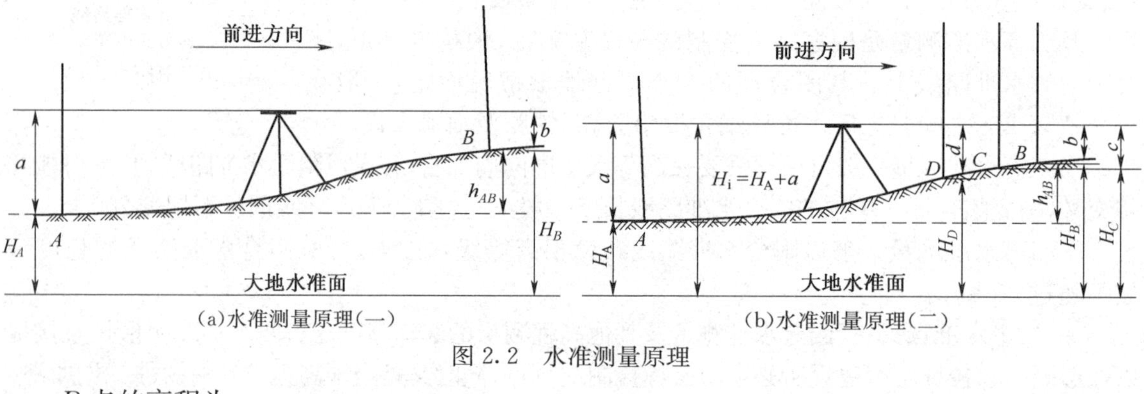

(a)水准测量原理(一)　　(b)水准测量原理(二)

图 2.2　水准测量原理

B 点的高程为

$$H_B = H_A + h_{AB} \tag{2.2}$$

因 H_A 已知，H_B 未知，水准测量的前进方向由 A 点向 B 点进行，A 点位于前进方向的后方，则规定 A 点为后视点，其水准尺读数 a 称为后视读数；B 点为前视点，其水准尺读数 b 称为前视读数。故 A、B 两点间的高差 h_{AB}=后视读数－前视读数。

高差 h_{AB} 有正负之分。当 $a > b$ 时，$h_{AB} > 0$，说明前视点 B 高于后视点 A；反之，当 $a < b$ 时，$h_{AB} < 0$，则说明前视点 B 点低于后视点 A 点。

高差是有方向性的，h_{AB} 表示 A 点到 B 点的高差，h_{BA} 表示 B 点到 A 点的高差，即 $h_{AB} = -h_{BA}$。高差字母的下标的书写是由起点到终点，使用时必须注意 h 下标的写法。

（2）水准测量原理的应用

①高差法：（水准测量原理的直接应用）当地面较平坦，且 A、B 两点间相距较近时，已知 H_A，求 H_B。

$$H_B = H_A + h_{AB} = H_A + (a-b)$$

②视线高法：当地面较平坦，且 A、B、C、D、… 各点间相距较近时，已知 H_A，求 H_B、H_C、H_D、…

由图 2.2(b)可知水准仪的水平视线高为

$$H_i = H_A + a \tag{2.3}$$

待求点高程为

$$H_B = H_i - b \tag{2.4}$$
$$H_C = H_i - c$$
$$H_D = H_i - d$$
$$\vdots$$

$H_i = H_A + a$，称为水准仪的水平视线高程，简称视线高。

当安置一次仪器，根据一个已知高程点，需要同时测定多个不同位置未知点的高程时，应用视线高法比高差法更为方便，这个方法在工程测量中经常用到。如在平整场地中常常用到此法。

③连续水准测量：当 A、B 两点相距较远或高差较大时，已知 H_A，求 H_B。

由于 A、B 两点相距较远或高差较大，安置一次仪器不能测得两点间的高差时，就需要在 A、B 两点间加设若干个临时立尺点（转点），将水准路线分成若干段，依次连续地测出各相邻点间的高差 h_{A1}、h_{12}、h_{23}、…、h_{n-1B}，最后取各段高差的代数和，即可得到 A、B 两点间的高差 h_{AB}。

如图 2.3 所示，若已知 A 点高程为 H_A，欲求 B 点高程 H_B，必须把 AB 路线分成若干段，由 A 向 B 依次测定各段的高差。首先将水准仪安置在 A 点与 1 点中间，照准 A 点水准尺，读得后视读数 a_1，接着照准 1 点的水准尺读得前视读数 b_1。然后将水准仪迁至 1 点与 2 点之间，此时 1 点水准尺作为后视尺不动，仅须将尺面转向仪器，将立于 A 点的水准尺移至 2 点作为前视尺，以同样方法读取后视读数 a_2 和前视读数 b_2。依此类推，直到测完最末一站为止。

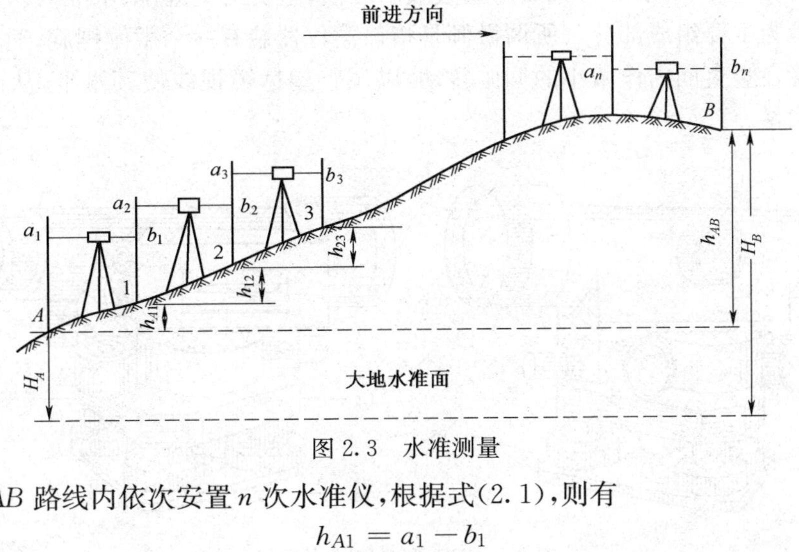

图 2.3　水准测量

假设在 AB 路线内依次安置 n 次水准仪，根据式(2.1)，则有

$$h_{A1} = a_1 - b_1$$
$$h_{12} = a_2 - b_2$$
$$\vdots$$
$$h_{n-1B} = a_n - b_n$$

将以上各站高差相加，则得 A 、B 两点间的高差 h_{AB} 为

$$h_{AB}=\sum_{1}^{n}h=\sum_{1}^{n}a-\sum_{1}^{n}b \tag{2.5}$$

则 B 点的高程为

$$H_B=H_A+h_{AB}$$

由式(2.5)可看出，起点 A 至终点 B 的高差等于中间各段高差的代数和，也等于后视读数之和减去前视读数之和(水准测量的三项校核)。

图 2.3 中的 1、2、3、…各立尺点的水准尺上既有前视读数，又有后视读数，起传递高程作用的点称为转点，通常用 ZD、TP 表示。各转点在水准测量中非常重要，不能碰动，否则整个水准测量将无法获得最后正确结果。故在水准测量中，要求转点必须设在坚实稳固的地面上，或应放置尺垫并踩实，然后将标尺立于尺垫上，以防止观测中水准标尺下沉。在仪器由一测站迁至下一测站时，前视点的尺垫位置不能移动，否则水准测量成果将产生错误。

观测时，安置仪器的位置，称为测站。

水准路线是指由 A 点经过 ZD_1、ZD_2、ZD_3、…、ZD_n 到达 B 点所经过的路线。

3. 水准测量的仪器及工具

在水准测量中，使用的仪器主要有水准仪、水准尺和尺垫。

(1)DS_3 型微倾水准仪

水准测量使用的仪器称为水准仪。我国生产的水准仪按其精度分为 DS_{05}、DS_1、DS_3 和 DS_{10} 等几种型号。其中字母 D、S 分别为"大地测量"和"水准仪"汉语拼音的第一个字母，角码 0.5、1、3、10 等代表仪器的测量精度，表示仪器在进行水准测量时，每千米往、返观测的高差中数的偶然中误差分别不超过 0.5、1、3 和 10 mm。DS_{05} 及 DS_1 型水准仪属于精密水准仪，主要用于国家一、二等水准测量和精密工程测量；DS_3 和 DS_{10} 型水准仪属于普通水准仪，主要用于国家三、四等水准测量和常规工程测量。在工程测量中广泛使用的是 DS_3 型水准仪。

图 2.4 是我国生产的水准管式 DS_3 型微倾水准仪，主要由望远镜、水准器和基座三部分组成，其中望远镜为主要组成部分。所谓微倾是指该类仪器装有一个微倾螺旋，通过转动微倾螺旋，可使望远镜在竖直面内作微小的仰俯转动，以调整望远镜视线使其水平，从而提供水平视线，进行水准测量。

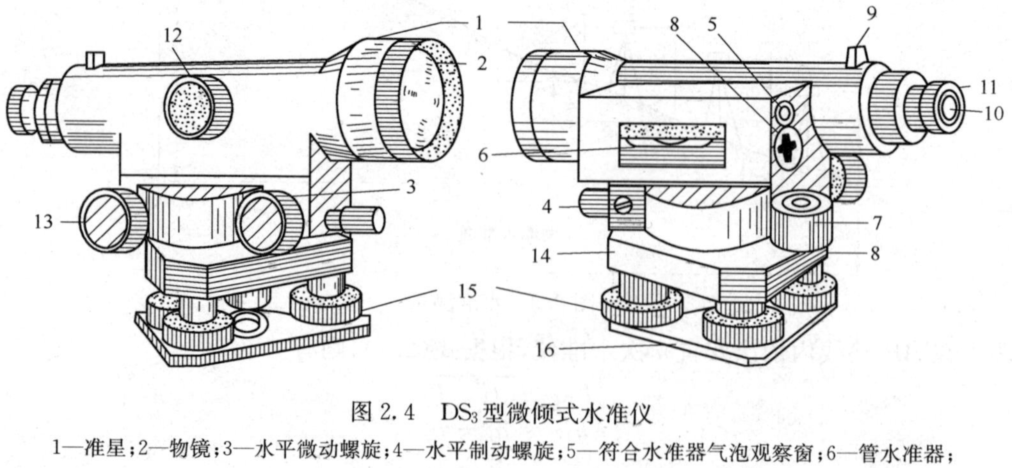

图 2.4　DS_3 型微倾式水准仪

1—准星；2—物镜；3—水平微动螺旋；4—水平制动螺旋；5—符合水准器气泡观察窗；6—管水准器；7—圆水准器；8—圆水准器校正螺丝；9—照门；10—目镜；11—目镜调焦螺旋；12—物镜调焦螺旋；13—微倾螺旋；14—基座；15—脚螺旋；16—连接板

①望远镜

望远镜是用以照准目标和对水准尺进行读数的设备，主要由物镜、调焦透镜、十字丝分划板和目镜四部分组成，如图 2.5所示。望远镜的作用是：一方面可以用来看清远近不同距离的目标；另一方面用于提供一条能精确照准目标的视准线。DS_3 型微倾水准仪望远镜放大率一般为 30 倍左右。

十字丝中央交点与物镜光心的连线（水准仪四条轴线之一），称为望远镜的视准轴。如图 2.5中所示的 OO'线，即观测时照准目标的视线。

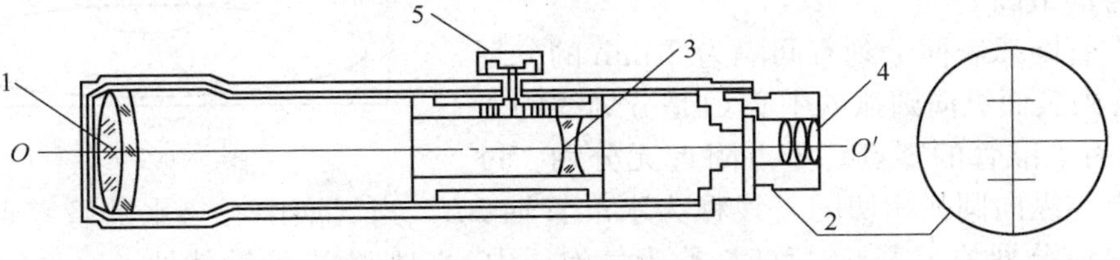

图 2.5　望远镜

1—物镜；2—十字丝分划板；3—调焦透镜；4—目镜；5—物镜调焦螺旋

a. 物镜：由几个光学透镜组成的复合透镜组，其作用是将远处的目标在望远镜内的十字丝分划板前后形成明亮而缩小的实像。转动物镜调焦螺旋，调焦透镜便沿着光轴方向前后移动，使成像落在十字丝平面上。

b. 十字丝分划板：是一块圆形的刻有分划线的平板玻璃片，安装在金属环内。十字丝分划板上刻有两条相互垂直的纵横长丝，竖直的一条称为竖丝（或纵丝）；中间的长横丝称为中丝（或横丝）；在中丝上、下有两条与横丝平行且对称的短丝称为视距丝（用以测量水准仪至水准尺间的距离）。十字丝是用来照准标尺和读数的设备。在进行高差测量时，用竖丝瞄准目标，用中丝读取读数。

c. 调焦透镜：是安装在物镜与十字丝分划板间的凹透镜，当旋转物镜调焦螺旋时，凹透镜可沿着视准轴方向前后移动，使目标的影像落在十字丝分划板上。

d. 目镜：由复合透镜组成，其作用是放大十字丝和十字丝分划板上目标的成像。转动目镜调焦螺旋可使十字丝清晰。

②水准器

水准器是利用液体受重力作用后气泡居于最高处的特性，使水准器的一条特定的轴线位于水平或铅垂位置的一种整平装置，有管水准器和圆水准器两种。圆水准器装在基座上，用以粗略整平仪器；管水准器装在望远镜旁，用于精确整平仪器。

a. 圆水准器：如图 2.6 所示，圆水准器由玻璃管制成，其顶面内壁研磨成半径为 0.5～2 m 的球面，装嵌在金属框内。管内充以酒精和乙醚的混合液，加热融封冷却后形成气泡，称为圆水准气泡。球面中央刻有一个 7～8 mm 小圆圈，其圆心称为圆水准器零点。通过零点的球面法线，称为圆水准器轴 L_0L_0。当气泡位于小圆圈中央且气泡中心与圆水准器零点重合时，称为气泡居中，此时，圆水准器轴处于铅垂位置。

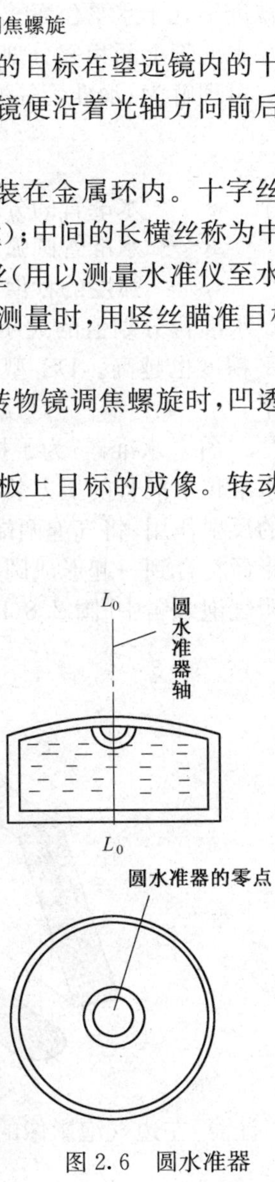

图 2.6　圆水准器

圆水准器的格值是指圆气泡由圆水准器中心向任意方向移动 2 mm 时圆水准器轴倾斜的角度。格值大小反映了水准器的整平精度。DS_3 型微倾水准仪圆水准器格值一般为 $8'\sim10'/2$ mm。因圆水准器格值较大，灵敏度较低，故只能用于仪器的粗略整平。

b. 管水准器：如图 2.7 所示，管水准器又称水准管，是一个两端封闭而纵向内壁研磨成一定半径圆弧（圆弧半径一般为 70～80 m）的玻璃管，管内充以酒精和乙醚的混合液，加热融封冷却后形成气泡，称为水准管气泡。由于气体较液体轻，故气泡总是处于水准管的最高处。

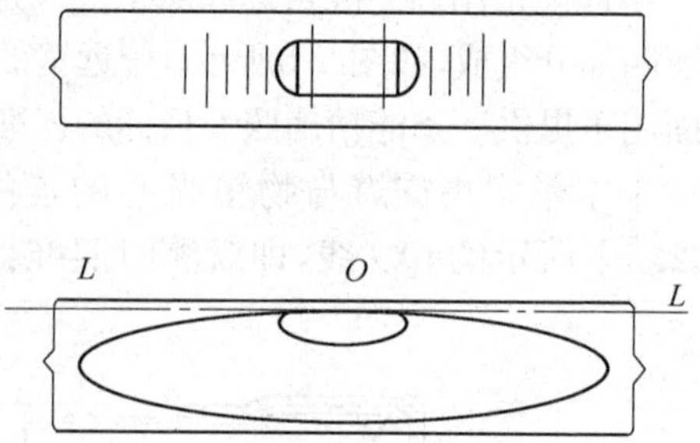

图 2.7　水准管

在水准管圆弧表面上刻有间隔为 2 mm 的分划线，水准管内表面纵向圆弧的中心 O 是分划线的对称中心，称为水准管的零点。零点附近无分划。过水准管零点与纵向圆弧相切的直线称为水准管轴 LL。当气泡中心与水准管零点重合时，即气泡两端对应分划关于零点对称时，称为气泡居中，此时，水准管轴就处于水平位置，水准仪的视准轴处于水平位置。

水准管上两相邻分划线间的弧长所对的圆心角，称为水准管分划值（或称为格值），用 τ 表示。可理解为：水准管气泡移动一格时，水准管轴相应倾斜的角度，即

$$\tau = \frac{2}{R}\rho \tag{2.6}$$

式中　τ——水准管的分划值，″；

R——水准管圆弧的半径，mm；

ρ——弧度的秒值，$\rho = 206\ 265''$。

水准管分划值的大小直接反映了水准管的灵敏度，分划值越小，则水准管灵敏度越高，整平精度也越高。DS_3 型水准仪的水准管分划值一般为 20″/2 mm，可以用于仪器的精确整平。

c. 符合水准器：为了提高判定水准管气泡居中的准确度和提高工作效率及速度，在微倾式水准仪水准管的上方装有一组符合棱镜系统，称为符合水准器，如图 2.8(a)所示。借助棱镜的反射作用，将气泡两端 1/4 弧的影像折射到望远镜旁侧的观察窗内。若气泡两端 1/4 弧的影像符合到一起形成圆弧，即表示气泡居中［图 2.8(c)］；若气泡两端 1/4 弧的影像错开，则说明气泡未居中［图 2.8(b)］，须转动微倾螺旋使气泡居中。

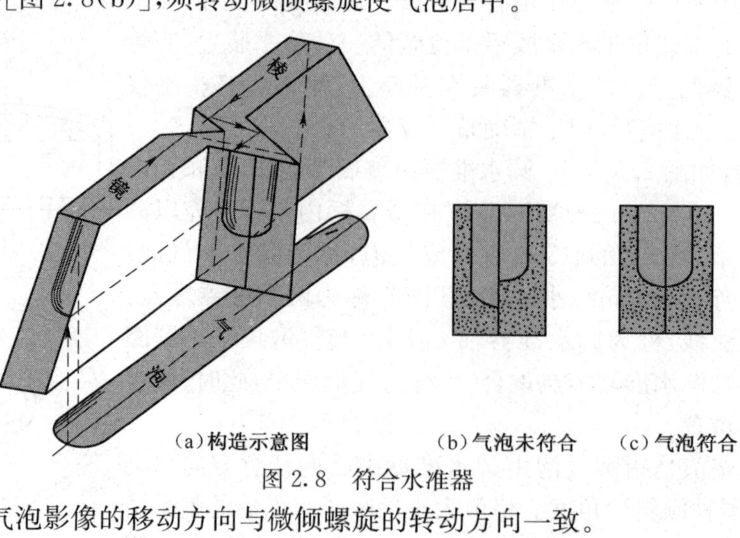

(a) 构造示意图　　(b) 气泡未符合　　(c) 气泡符合

图 2.8　符合水准器

注意：左边气泡影像的移动方向与微倾螺旋的转动方向一致。

③基座

基座主要由轴座、脚螺旋和连接板组成，其作用是支承仪器的上部并与三脚架相连。通过调节基座上的三个脚螺旋，可使圆水准器气泡居中，使仪器粗略水平。

④三脚架

三脚架简称脚架，如图 2.9 所示。通常有木质脚架和铝合金脚架两种。脚架顶部称架头，架头上有中心连接螺旋（有些仪器的中心连接螺旋在仪器箱中），用它将水准仪牢固地连接在架头上。架腿多为伸缩式，松开蝶形螺旋可调节架腿的长度。

(2)水准尺

水准尺也称为标尺，是与水准仪配合进行水准测量的工具。目前常用的普通水准尺一般由优质木材、玻璃钢、铝合金等材料制成，水准尺要求顺直、刻划准确、清晰。常用的水准尺有双面尺和塔尺两种形式，如图 2.10 所示。

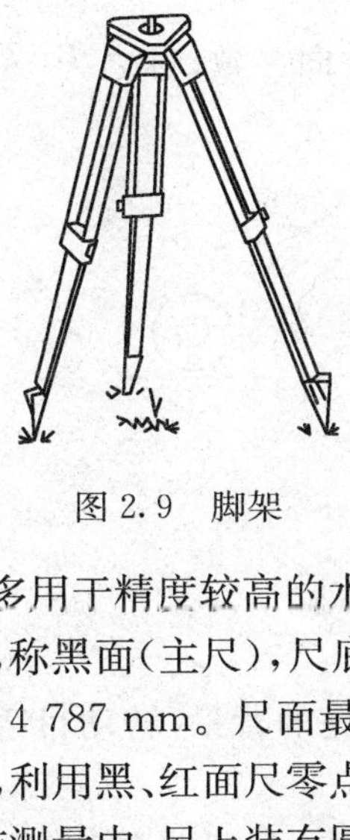

图 2.9　脚架

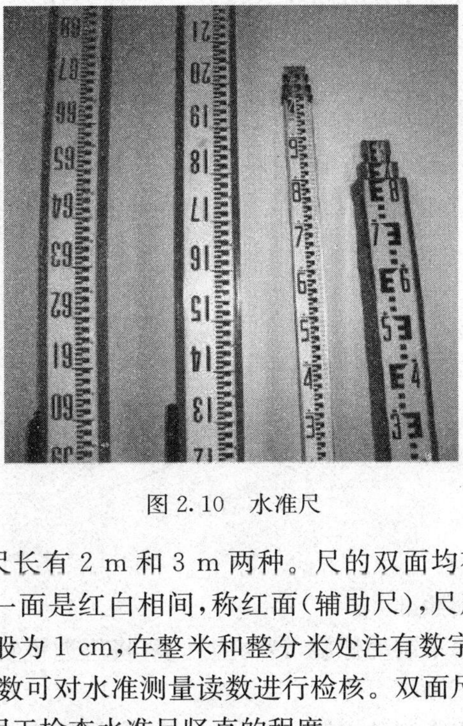

图 2.10　水准尺

双面尺多用于精度较高的水准测量，尺长有 2 m 和 3 m 两种。尺的双面均有刻划，一面是黑白相间，称黑面（主尺），尺底为零；另一面是红白相间，称红面（辅助尺），尺底为一常数，4 687 mm或 4 787 mm。尺面最小刻划一般为 1 cm，在整米和整分米处注有数字。双面尺一般成对使用，利用黑、红面尺零点相差的常数可对水准测量读数进行检核。双面尺可用于国家三、四等水准测量中，尺上装有圆水准器，用于检查水准尺竖直的程度。

塔尺多用于等外水准测量或地形测量，长度有 3 m 和 5 m 两种，由几节套接而成。双面刻划，尺面底端注记均为零，尺面黑白相间，最小刻划为 1 cm 或 0.5 cm，米和分米处有数字注记，大于 1 m 的数字在分米数字上面加注黑点或红点，点的个数表示米数。

(3)尺垫

尺垫是供支撑水准尺和传递高程所用的工具，如图 2.11 所示。尺垫为三角形，一般用生铁铸成，中央有一突起的圆顶，下有三个尖足。在土质松软处测量或水准路线测量中，为了防止水准尺的位置和高度发生变化，应在转点处放置尺垫，将尺垫的三足踩入土中并踩实，然后将水准尺轻轻地放在中央突起处，保证传递高程的准确性。

图 2.11　尺垫

4. 水准仪的使用

DS_3型微倾水准仪的使用按以下五个步骤进行：安置仪器—粗平—调焦、照准—精平—读数。

(1)安置仪器

使用水准仪时，首先在测站上松开三脚架架腿的固定螺旋，按需要的高度调整架腿长度，再拧紧固定螺旋。张开三脚架且使架头大致水平，然后踩实架腿。从仪器箱中取出水准仪，用中心连接螺旋将仪器固定在三脚架架头上。检查、调节脚螺旋，使其高度适中。在较平坦的地面上，将三脚架的三个脚大致放成等边三角形；在斜坡上，应使三脚架的两个架腿在坡下，一个架腿安置在斜坡方向上。

(2)粗平

粗略整平水准仪简称粗平，就是通过调节脚螺旋使圆水准器气泡居中，以达到水准仪的竖轴铅直、视线大致水平的目的。

粗平的操作方法如下：

①如图 2.12(a)所示，松开水平制动螺旋，转动望远镜，将望远镜视准轴置于与脚螺旋 1、2 的连线相平行的方向，然后两手相对方向旋转脚螺旋 1 和 2，使气泡移动到过圆水准器零点并垂直于 1、2 两脚螺旋连线的方向上。

②如图 2.12(b)所示，用左手再转动脚螺旋 3，使气泡居中。

注意：整平时气泡移动的方向始终与左手大拇指的转动方向一致，称之为“左手大拇指法则”。

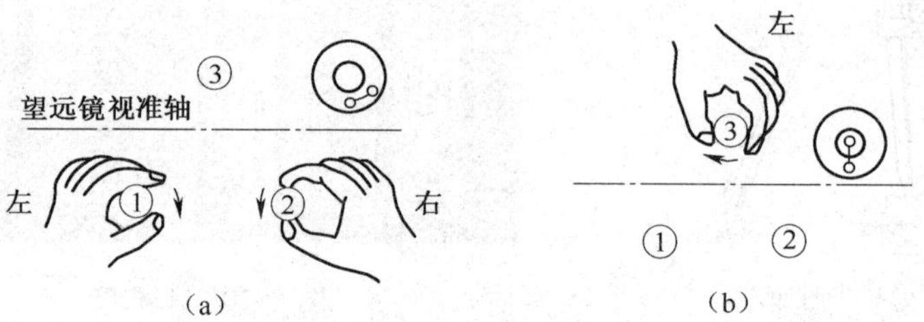

图 2.12　水准仪粗平

(3)调焦、照准

①松开水平制动螺旋，转动望远镜，将望远镜物镜对向明亮的背景，转动目镜调焦螺旋使十字丝成像清晰。

②松开水平制动螺旋，转动望远镜，利用粗瞄器(照门和准星)粗略照准水准尺并旋紧水平制动螺旋。

③转动物镜调焦螺旋，使水准尺的影像清晰。

④转动水平微动螺旋，使十字丝纵丝对准水准尺影像的中间，以便于读数，如图 2.13 所示。

⑤检查、消除视差。

如图 2.14 所示，当眼睛在目镜端微微上下移动时，有时可发现十字丝的横丝与水准尺影像之间相对移动，这种现象称为视差。产生视差的原因是水准尺成像的平面和十字丝平面不重合。视差的存在将会影响读数的正确性，必须予以消除。消除视差的方法是重新仔细地进行物镜调焦，直到眼睛上下移动时读数不变为止。

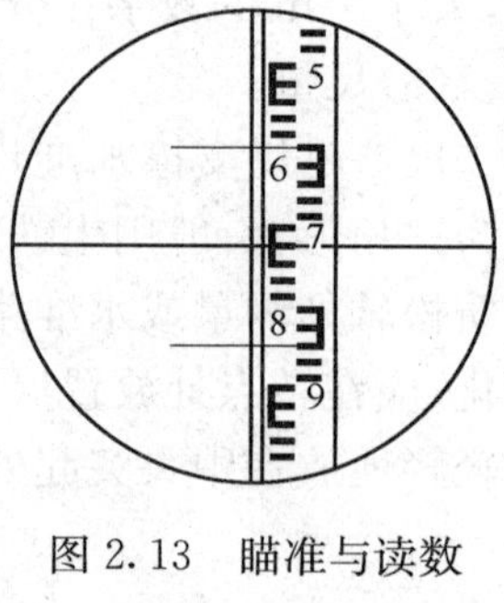

图 2.13　瞄准与读数

此时,十字丝与水准尺的成像都非常清晰。

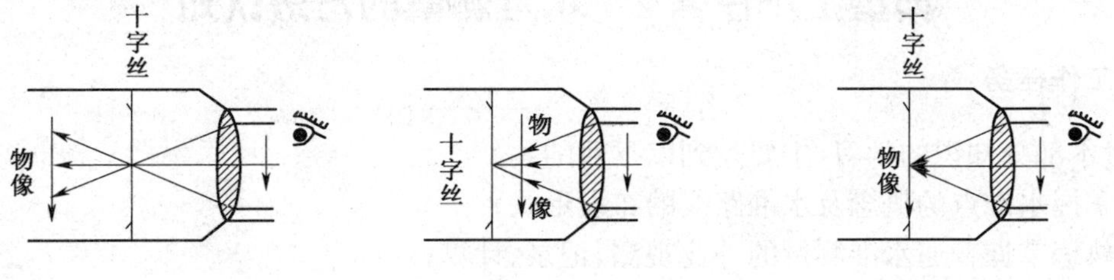

(a)有视差　　(b)有视差　　(c)无视差

图 2.14　视差

(4)精平

精确整平水准仪简称精平,就是通过调节微倾螺旋,使符合水准器气泡居中,以达到水准仪的水准管轴水平、视准轴水平的目的。

眼睛通过符合气泡观察窗观察水准气泡影像,用右手缓慢而均匀地转动微倾螺旋,使气泡两端的影像完全吻合。

注意:左侧气泡影像的移动方向与右手大拇指的转动方向一致,如图 2.15 所示。

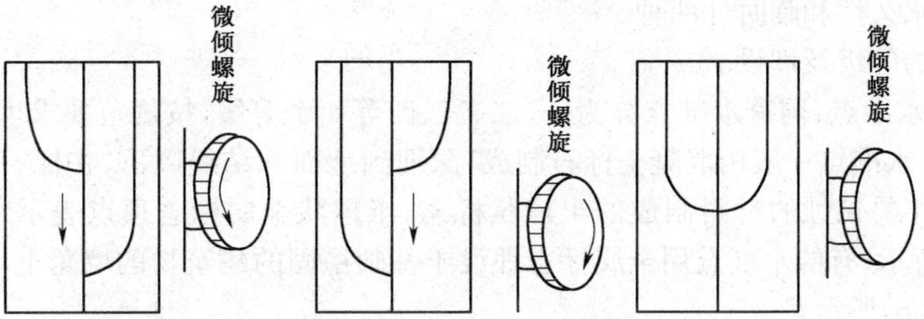

图 2.15　符合水准器调平

(5)读数

仪器精平的瞬间,立即读取十字丝中丝在水准尺上的读数。读数时,无论望远镜是倒像还是正像,读数时总是从小到大读数,先估读出毫米数,再依次读出米、分米、厘米数,最后报出全部读数,如图 2.13 中的读数为 0.720 m。在尺子上的读数一般习惯以毫米为单位报四位数字,例如 0.720 m 只需读 0720 四位数字。读数后应再检查符合水准器气泡是否居中,若不居中,应再次精平,重新读数。

注意:当望远镜瞄准另一方向时,必须重新转动微倾螺旋,使符合水准器气泡居中后才能对水准尺进行读数。

知识拓展——水准仪使用注意事项

(1)领取仪器时,必须对仪器的完好性及附件进行检查,发现问题及时反映。

(2)安置仪器时,中心螺旋要拧紧;仪器的各螺旋尽量置于中间位置。

(3)仪器用完后,需将各制动螺旋打开,再装箱。

(4)在烈日或阴雨天观测时,应撑伞保护仪器,防止暴晒和雨淋。

(5)仪器长期不用,应放置在通风、干燥、阴凉、安全的地方,并注意防潮、防水、防霉、防碰撞。

典型工作任务 2　水准测量的方法认知

2.2.1　工作任务

通过本部分知识的学习，主要达到以下目的：

(1)掌握水准点的概念及水准路线的布设形式；

(2)熟练掌握普通水准测量的外业观测、记录、计算；

(3)结合实际情况，正确进行水准路线的选择，掌握不同形式水准路线的成果计算。

2.2.2　相关配套知识

1. 水准点和水准路线

(1)水准点

为统一全国的高程系统，满足各种比例尺测图、各项工程建设以及科学研究的需要，测绘部门在全国各地埋设了许多固定的高程标志，称为水准点，水准点(bench mark)是通过水准测量建立的高程控制点，一般缩写为“BM”，用“⊗”符号表示。

水准点有永久性和临时性两种。

①水准点的等级及埋设

a. 永久性水准点：国家水准点分为一、二、三、四等 4 个等级，按规范要求埋设永久性标石标记。三、四等水准点一般用混凝土标石制成，深埋到地面冻结线以下，在标石的顶面设有用不锈钢或其他不易锈蚀的材料制成的半球状标志，半球状金属标志顶点表示水准点的点位，如图 2.16(a)所示；有的水准点用金属标志埋设于基础稳固的建筑物的墙角上，称为墙上水准点，如图 2.16 (b)所示。

b. 临时性水准点：图根水准点和一些施工测量使用的水准点，常采用临时性标志。例如：木桩(桩顶钉一半球状铁钉)或将大铁钉打入地面，也可在地面上突出的坚硬岩石或房屋四周水泥面、台阶等处用红油漆标记。

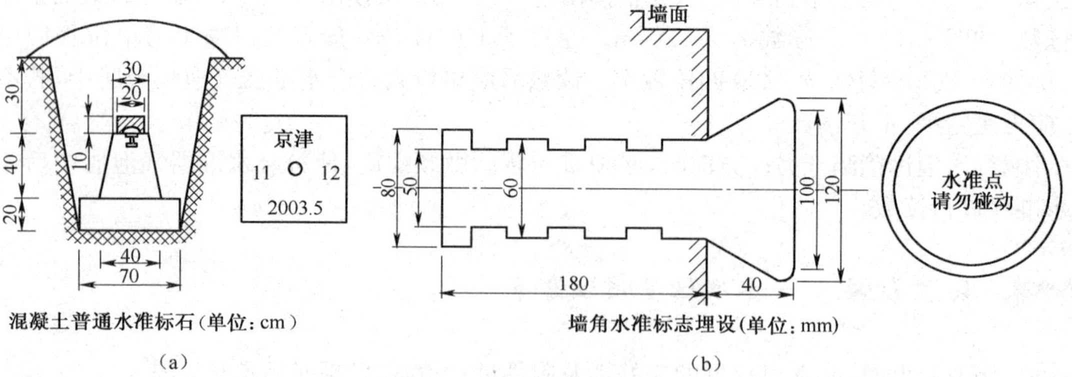

图 2.16　永久性水准点

②水准点的位置

水准点应选在土质坚硬、便于长期保存和使用方便的地点。埋设水准点后，应绘出水准点与附近固定建筑物或其他固定地物的关系图，在图上还要写明水准点的编号和高程，称为点之记，以便于日后寻找水准点的位置，如图 2.17 所示。

(2)水准路线

①基本概念

a. 测站:在水准测量中安放仪器的位置。

b. 测点:用仪器观测的目标称为测点,测点可用它的编号(点号)或用点的里程数表示。

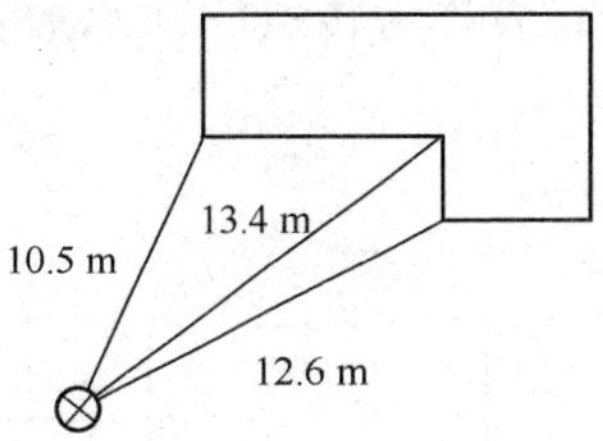

图 2.17　点之记

c. 水准路线:在水准点之间进行水准测量所经过的路线(连续若干测站水准测量所形成的高程观测路线),称为水准路线。

d. 测段:相邻两水准点间的水准测量路线称为一个测段。

通常一条水准路线包含多个测段,一个测段中包含有多个测站。

一个测段中各站高差之和为该测段的起点至终点的高差;一个测站的前视、后视视线长度之和为该站的水准路线长;一个测段中各站水准路线长度之和为该段水准路线长。

②水准路线的布设

a. 闭合水准路线:从一已知高程水准点 BM_A 出发,沿各待测水准点进行水准测量,最后闭合回原水准点 BM_A 上所构成的环形水准路线,称为闭合水准路线,如图 2.18(a)所示。

校核条件:闭合水准路线各段高差的代数和理论上应等于零,即:$\sum h_{理}=0$。

b. 附合水准路线:从一已知高程水准点 BM_A 出发,沿各个待测水准点进行水准测量,最后附合到另一已知高程水准点 BM_B 所构成的水准路线,称为附合水准路线,如图 2.18(b)所示。

校核条件:附合水准路线各段高差代数和的理论值应等于终点与始点的高程之差,即:$\sum h_{理}=H_{终}-H_{始}=H_B-H_A$。

c. 支水准路线:从一个已知高程水准点 BM_A 出发,经过各待测水准点进行水准测量,既不闭合到原出发点,又不附合到另一已知高程水准点的路线,称为支水准路线,如图 2.18(c)所示。

支水准路线没有校核条件,因此支水准路线不但线路的长度有所限制,点数要求不超过 2 个,而且必须进行往、返观测,以资校核。往测的高差总和与返测的高差总和理论上应绝对值相等,符号相反,即$\sum h_{往}=-\sum h_{返}$。

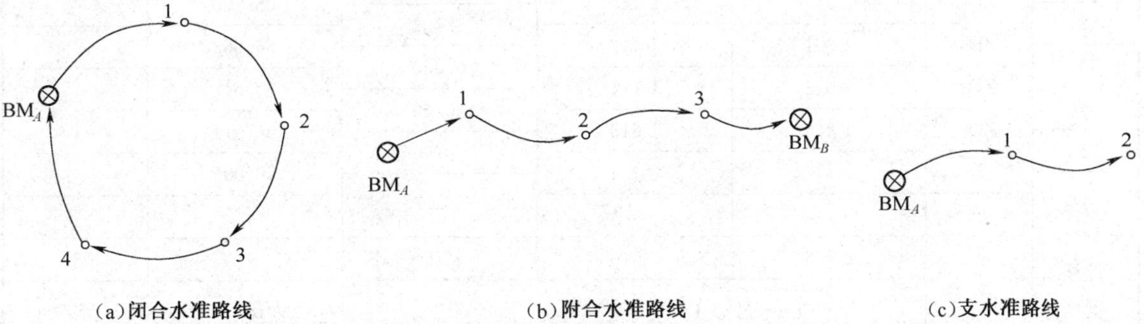

图 2.18　水准路线的布设

2. 普通水准测量

由 BM_A 至 B 点测段的水准测量外业观测如图 2.19 所示,BM_A 为已知水准点,其高程为 54.815 m,B 为待测高程点,按要求完成该测段高差的观测、记录和计算。

(1)普通水准测量的外业观测程序

①将水准尺立于已知高程水准点 BM_A 上,作为后视尺;在水准路线的前进方向上选择适

当位置作为转点(ZD_1)，放置并踏实尺垫，在尺垫上竖立水准尺作为前视尺。

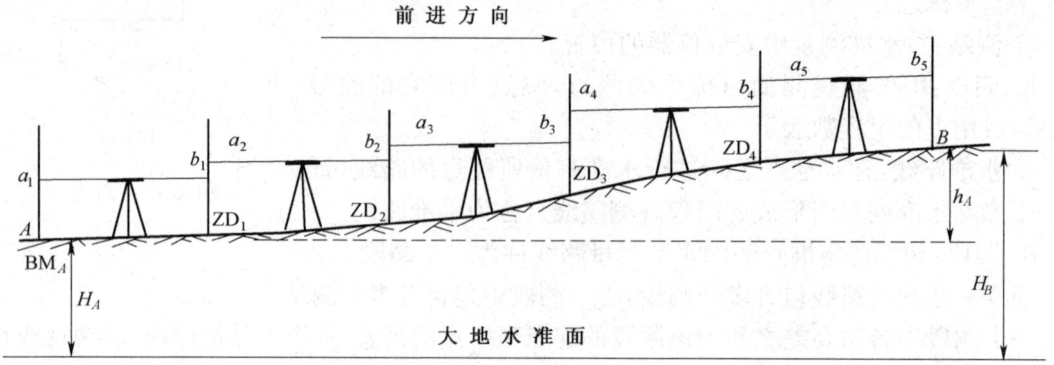

图 2.19　水准测量一个测段的观测

②将水准仪安置在距前、后视尺距离大致相等处，且前、后视线长度最长不应超过 100 m。

③安置仪器，粗平，瞄准后视尺(BM_A点)，消除视差，精平，读取中丝读数记录员复诵后记入观测手簿，a_1＝1.890 m；转动望远镜瞄准前视尺(即转点 ZD_1)，消除视差，精平，读取中丝读数记录员复诵后记入观测手簿，b_1＝1.145 m。记录员根据记录的读数计算出 BM_A 点与 ZD_1 之间的高差，即 $h_1=a_1-b_1=1.890-1.145=0.745$ m，随即填入表 2.1 中高差栏内。

④第一站的前视尺不动，将尺面翻转过来作为第二站的后视尺，第一站的后视尺移动到前面适当的位置作为第二站的前视尺，将水准仪搬至后视尺、前视尺的中间位置，重复②、③步进行操作，依次沿水准路线前进方向观测，直至终点 B 为止。所观测的记录与计算成果如表 2.1 所示。

表 2.1　等外水准测量记录手簿

日期________　　　　天气：　　　　观测者：

地点________　　　　仪器：　　　　记簿者：

测站	点号	后视读数/mm a	前视读数/mm b	高差/m	高程/m	备注
1	BM_A	1 890		0.745	54.815	已知
2	ZD_1	2 515	1 145	1.102	55.560	
3	ZD_2	2 001	1 413	0.850	56.662	
4	ZD_3	1 012	1 151	−0.601	57.512	
5	ZD_4	1 318	1 613	−0.906	56.911	
	B		2 224		56.005	
…						
计算校核	Σ	8 736	7 546	1.190		
		$\sum a-\sum b=1\,190$			$H_B-H_{BM_A}=1.190$	

(2)普通水准测量的观测记录与计算

记录表格中所计算的高差要用式(2.5)进行三项检核，即用三种不同方法算出的高差应相等；否则，计算有错误。

(3)普通水准测量检核

水准测量连续性很强，待定点的高程是通过各转点的高程传递而获得的。若在一个测站的观测中存在错误，则整个水准路线的测量成果都会受影响。为保证观测的精度，在水准测量过程中必须进行检核。水准测量的检核分为计算检核、测站检核和成果检核三种形式。

①计算检核

计算检核的目的是及时检核记录手簿中的高差和高程计算是否有错误，及时发现并纠正错误，保证计算成果的正确性。式(2.5)为观测记录中的计算检核式，若等式成立，表示计算正确；否则说明计算有错误。

如表2.1中BM_A至B点的高差等于各测站高差的代数和，等于后视读数之和减去前视读数之和，也等于终点B的高程减去起点BM_A的高程，即：$\sum h=\sum a-\sum b=H_B-H_{BM_A}$。

$\sum h=1\ 190$ mm，$\sum a-\sum b=1\ 190$ mm，$H_B-H_{BM_A}=1.190$ m，说明高程计算正确。

计算检核只能检查计算是否正确，不能检核观测和记录是否出错。

②测站检核

测站检核的目的是及时发现和纠正施测过程中因观测、读数、记录等原因导致的高差错误。为保证每个测站观测高差的正确性，应进行测站检核。测站检核的方法有变动仪器高法和双面尺法两种。

a. 变动仪器高法：在同一个测站上用两次不同的仪器高度分别测定高差，用两次测定的高差值相互比较进行检核。即第一次测得高差后，改变仪器高度，将水准仪升高或降低（变动10 cm以上）后重新安置仪器，再测一次高差。两次测得的高差之差的绝对值不超过容许值时（如普通水准测量容许值为6 mm），取其平均值作为该测站的高差；超过此限差，必须重测。

b. 双面尺法：在同一个测站上，不改变仪器高度，分别用双面水准尺的黑面和红面两次测定高差，用两次测定的高差值相互比较进行检核。若同一水准尺红面与黑面读数（加尺常数后）之差的绝对值不超过3 mm；且两次高差之差的绝对值不超过5 mm（四等水准）时，则取其平均值作为该测站的高差；否则应查找原因，返工重测。

③成果检核

对于一条水准路线来说，上述检核只能检核单个测站的观测精度和计算是否正确，不能发现仪器误差、估读误差、转点位置变动、外界条件影响等导致的错误或误差超限。这些误差的影响虽然在一个测站上反映不明显，但随着测站数的增多，就会使误差积累，影响整个路线成果的精度。因此，为了正确评定一条水准路线测量成果的精度，必须进行整个水准路线的成果检核，以保证测量资料满足生产建设要求。其检核方法是：将水准路线上观测高差的代数和的值与水准路线的理论高差值相比较，用其差值的大小来评定水准路线成果的精度是否合格。

实际测量得到的该测段观测高差值与该测段理论高差值之差，称为高差闭合差，用f_h表示：

$$f_h=\sum h_{测}-\sum h_{理} \tag{2.7}$$

若f_h在容许限差之内，则观测精度符合要求；否则应返工重测。

成果检核的方法，因水准路线布设形式不同而异，主要有以下几种：

a. 闭合水准路线：从理论上讲，闭合水准路线各段高差代数和值应等于零，即$\sum h_{理}=0$。用公式表示为

$$f_h=\sum h_{测}-\sum h_{理}=\sum h_{测} \tag{2.8}$$

b. 附合水准路线：从理论上讲，附合水准路线各段实测高差的代数和值应等于两端水准点间的已知高差值，即$\sum h_{理}=H_{终}-H_{始}$。用公式表示为

$$f_h = \sum h_{测} - \sum h_{理} = \sum h_{测} - (H_{终} - H_{始}) \tag{2.9}$$

c. 支水准路线：支水准路线本身没有检核条件，通常是用往、返测高差来进行路线成果检核。从理论上讲，往测高差与返测高差值应大小相等，符号相反，即

$$f_h = \sum h_{往} + \sum h_{返} = 0 \tag{2.10}$$

工程测量规范中，对不同等级的水准测量的高差闭合差都规定了一个限值，用于检核观测成果的精度。

参照《工程测量规范》(GB 50026—2007)，水准测量的主要技术要求应符合表 2.2 中的规定。

表 2.2　水准测量的主要技术要求

等级	每千米高差中误差/mm	路线长度/km	水准仪型号	水准尺	观测次数		容许闭合差	
					与已知点连测	附合线路或环线	平地/mm	山地/mm
二等	2	≤400	DS_1	因瓦	往、返一次	往、返各一次	$\pm 4\sqrt{L}$	—
三等	6	≤50	DS_1	因瓦	往、返一次	往一次	$\pm 12\sqrt{L}$	$\pm 4\sqrt{n}$
			DS_3	双面		往、返各一次		
四等	10	≤16	DS_3	双面	往、返一次	往一次	$\pm 20\sqrt{L}$	$\pm 6\sqrt{n}$
五等	15	—	DS_3	单面	往、返一次	往一次	$\pm 30\sqrt{L}$	—
图根	20	≤5	DS_3	单面	往、返一次	往一次	$\pm 40\sqrt{L}$	$\pm 12\sqrt{n}$

注：1. L 表示水准路线总长度，以 km 为单位；n 表示测段或路线的总测站数。
2. 当每千米测站数多于 15 站时，用山地的线路闭合差公式计算高差闭合差。
3. 在支水准路线中，L 表示水准路线单程距离，以 km 为单位。

(4)水准测量的注意事项

水准测量并不复杂，但须细心，稍有疏忽就容易出错，若造成返工就会导致事倍功半的结果。因此，在水准测量作业过程中应注意：

①水准仪和水准尺应安置在坚实的地面上，三脚架要踩实。走动时不要碰动脚架，观测时不要用手扶脚架。

②安置仪器时，应尽量使前、后视距相等。

③在水准点上立尺时，不要放尺垫，直接将水准尺立在水准点标志上。

④为读取准确的水准尺读数，水准尺要立垂直，不得前后、左右倾斜；为保证水准尺垂直，必要时在水准尺上应设置圆水准器。

⑤读数时必须严格精平。

⑥用塔尺进行水准测量时，应注意接头处连接是否正确。

⑦避免误将十字丝的上、下视距丝当做十字丝横丝在水准尺上读数。

⑧在光线强烈的情况下观测，必须撑伞。

⑨在观测中，记录员应大声复诵，以免听错、记错。在确认观测数据无误且符合要求后，后视尺才准许提起尺垫迁移，否则后视尺不能移动尺垫。

⑩记录、计算字迹清晰工整，易于辨认。读错、记错、算错时需用斜线划掉，将正确数据重新记在它的上方，不得涂改，以保持记录的原始性。

(5)普通水准测量的成果计算

水准测量内业成果计算包括以下内容：检查外业观测手簿资料是否齐全、是否有计算错误，确保外业资料完整、无误；绘制水准路线略图，将已知水准点的高程、各测段高差及水准路线长度或测站数标注于水准路线略图上；绘制水准路线成果表，将水准路线略图中的数据填入表中；计算高差闭合差 f_h ，检定其是否符合精度要求，若 $f_h \leqslant f_{h容}$ 精度合格，进行高差闭合差的调整，否则查找原因，必要时返工重测；计算各待求点的高程。

①闭合水准路线成果计算

【例 2.1】 某一闭合水准路线的观测成果如图 2.20 所示，图中箭头方向表示水准测量前进方向，试按图根水准测量的精度要求，计算待定点 1、2、3 点的高程。(H_{BM_A} = 27.015 m)

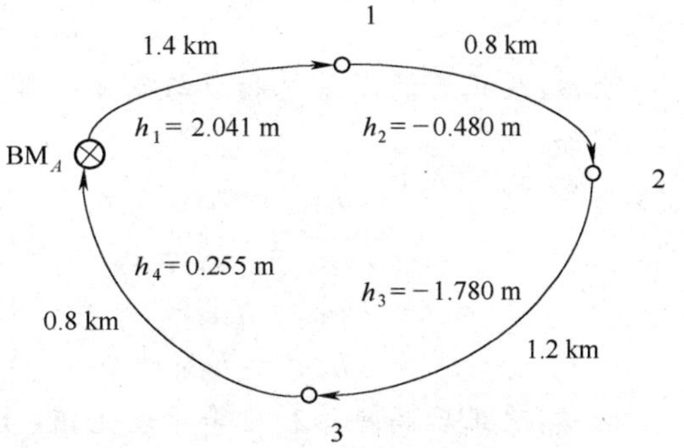

图 2.20　闭合水准路线略图

【解】 a. 填写观测数据：参照水准路线略图，按水准路线成果计算表中高程推算顺序将各点号、测段距离(测站数)、实测高差及已知高程填入表 2.3 中相应栏内。

b. 计算高差闭合差及其容许值：根据式(2.8)可得高差闭合差：

$$f_h = \sum h_{测} - \sum h_{理} = \sum h_{测} = 0.036\ (\text{m}) = 36\ (\text{mm})$$

高差闭合差容许值：

$$f_{h容} = \pm 40\sqrt{L} = \pm 40\sqrt{4.2} = \pm 81\ (\text{mm})$$

因为 $f_h < f_{h容}$ ，精度合格，可以调整高差闭合差。

c. 调整高差闭合差：高差闭合差的调整原则是将高差闭合差 f_h 以相反的符号，按与测站数(或测段长度)成正比例的原则分配到各相应测段的高差上，即

$$v_i = -\frac{f_h}{\sum n} \cdot n_i \tag{2.11}$$

或

$$v_i = -\frac{f_h}{\sum L} \cdot L_i \tag{2.12}$$

式中　v_i——第 i 测段的高差改正数；

$\sum n$——路线总测站数；

$\sum L$——路线总长度；

n_i—— 第 i 测段的测站数；

L_i—— 第 i 测段的测段长度。

高差改正数计算时取整至毫米位。计算高差改正数的取舍原则是“四舍六入，逢五单进双舍”。

检核：改正数的总和与高差闭合差绝对值相等、符号相反，即

$$\sum v = -f_h \tag{2.13}$$

例如：

$$v_1 = -\frac{0.036}{4.2} \times 1.4 = -0.012\ (\text{m}) = -12\ (\text{mm})$$

$$v_2 = -\frac{0.036}{4.2} \times 0.8 = -0.007\ (\text{m}) = -7\ (\text{mm})$$

$$v_3=-\frac{0.036}{4.2}\times1.2=-0.010\ (\text{m})=-10\ (\text{mm})$$

$$v_4=-\frac{0.036}{4.2}\times0.8=-0.007\ (\text{m})=-7\ (\text{mm})$$

检核：$\sum v=-36\ \text{mm}=-f_h$。

将各测段高差改正数分别填入表 2.3 相应高差改正数栏内，并检核。

d. 计算改正后的高差：将各测段高差观测值加上相应的高差改正数，求出各测段改正后的高差。即

$$h_{i改}=h_{i测}+v_i \tag{2.14}$$

检核：改正后的高差总和应与高差的理论值相等，即：$\sum h_{i改}=\sum h_{理}$。

例如：

$$h_{1改}=h_{1测}+v_1=2.041-0.012=2.029\ (\text{m})$$
$$h_{2改}=h_{2测}+v_2=-0.480-0.007=-0.487\ (\text{m})$$
$$h_{3改}=h_{3测}+v_3=-1.780-0.010=-1.790\ (\text{m})$$
$$h_{4改}=h_{4测}+v_4=0.255-0.007=0.248\ (\text{m})$$

检核：改正后高差总和应等于理论值（闭合水准路线高差的理论值为 0），即：$\sum h_{改}=0$。

将各测段改正后高差分别填入表 2.3 相应栏内，并检核。

e. 计算待定点高程：由水准点 BM_A 的已知高程开始，逐一加各测段改正后的高差，即得各待定点高程，并填入表 2.3 相应高程栏内。

例如：

$$H_1=H_{BM_A}+h_{1改}=27.015+2.029=29.044\ (\text{m})$$
$$H_2=H_1+h_{2改}=29.044-0.487=28.557\ (\text{m})$$
$$H_3=H_2+h_{3改}=28.557-1.790=26.767\ (\text{m})$$

最后还应推算至起点 BM_A 的高程，进行检核。

$$H_{BM_A}=H_3+h_{4改}=26.767+0.248=27.015\ (\text{m})$$

检核：推算的 H_{BM_A} 等于该点的已知高程，说明计算无误。

水准测量的成果计算一般采用表格的形式完成，如表 2.3 所示。

表 2.3　闭合水准路线成果计算表

点号	距离/km	实测高差/m	高差改正数/mm	改正后高差/m	高程/m	点号
BM_A					27.015	BM_A
	1.4	2.041	−12	2.029		
1					29.044	1
	0.8	−0.480	−7	−0.487		
2					28.557	2
	1.2	−1.780	−10	−1.790		
3					26.767	3
	0.8	0.255	−7	0.248		
BM_A					27.015	BM_A（检核）
$\sum$	$\sum L=4.2$	0.036	−36（检核）	0（检核）		
辅助计算	$f_h=+0.036\ \text{m}=36\ \text{mm}$；$f_{h容}=\pm40\sqrt{L}=\pm40\sqrt{4.2}=\pm81\ \text{mm}$　$f_h<f_{h容}$ 精度合格					

②附合水准路线成果计算

附合水准路线成果计算的步骤与闭合水准路线成果计算的步骤完全相同。计算时需注意

以下几点：

a. 用式(2.9)计算高差闭合差，即：$f_h=\sum h_{测}-\sum h_{理}=\sum h_{测}-(H_{终}-H_{始})$。

b. 准确判断地形的类别，正确评定水准测量的精度；根据判断选用相应的公式调整高差闭合差。

当$\sum n/\sum L>15$站/km时，选用山地公式计算高差闭合差的容许值，并按测站数调整高差闭合差；反之，选用平地公式进行相应的计算。

c. 计算各待定点高程时，最后还应推算至终点的高程，进行检核。

【例 2.2】 某一附合水准路线观测成果如图 2.21 所示，箭头方向表示水准测量前进方向，已知：$H_{BM_A}=59.366$ m，$H_{BMB}=62.050$ m，试按图根水准测量的精度要求计算待定点 1、2、3 的高程。

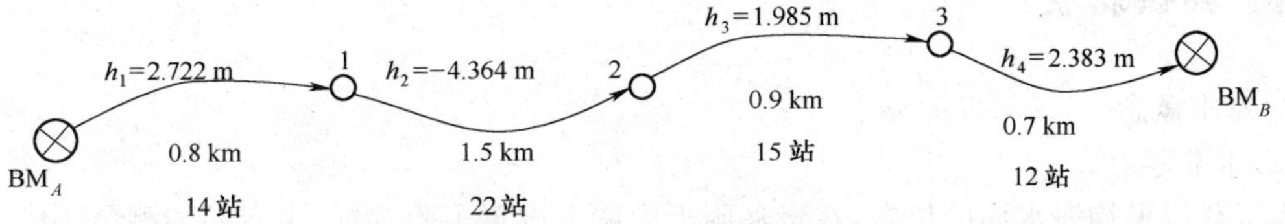

图 2.21　附合水准路线略图

【解】 附合水准路线的计算结果如表 2.4 所示。

表 2.4　附合水准路线成果计算表

点号	距离/km	测站数	实测高差/m	高差改正数/mm	改正后高差/m	高程/m	备注
H_{BM_A}						59.366	已知高程
	0.8	14	2.722	−9	2.713		
1						62.079	
	1.5	22	−4.364	−15	−4.379		
2						57.700	
	0.9	15	1.985	−10	1.975		
3						59.675	
	0.7	12	2.383	−8	2.375		
H_{BM_B}						62.050	已知(检核)
$\sum$	3.9	63	2.726	42(检核)	2.684(检核)		
辅助计算	$\sum h_{理}=62.050-59.366=2.684$ (m)　$f_h=2.726-2.684=0.042$ (m)$=42$ (mm) $\frac{\sum n}{\sum L}=\frac{63}{3.9}=16.1>15$站/km $f_{h容}=\pm12\sqrt{n}=\pm12\sqrt{63}=\pm95$ (mm)　$f_h<f_{h容}$ 精度合格						

③支水准路线成果计算

【例 2.3】 如图 2.22 所示为在山地按图根水准测量精度要求施测的一支水准路线示意略图。已知水准点 BM_A 的高程为 65.875 m，图中箭头表示水准测量往测方向，往、返测站各为 16 站，试计算 1 点的高程。

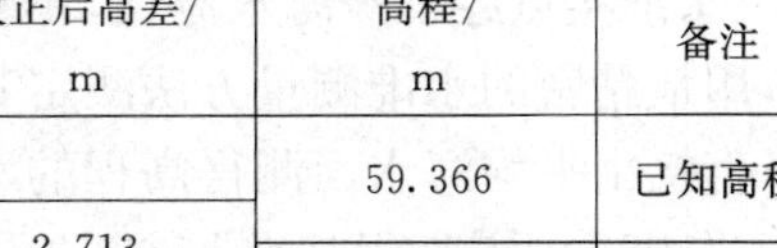

图 2.22　支水准路线略图

【解】 a. 计算高差闭合差及其容许值。

高差闭合差：

$$f_h=\sum h_{往}+\sum h_{返}=-2.456+2.478=0.022\ (\text{m})=22\ (\text{mm})$$

高差闭合差容许值：

$$f_{h容}=\pm12\sqrt{n}=\pm12\sqrt{16}=\pm48\ (\text{mm})$$

$|f_h|<|f_{h容}|$，精度合格。

b. 计算改正后高差：取往、返测高差绝对值的平均值作为 BM_A、1 两点间的高差，其符号与往测高差符号相同。

$$h_{A1}=-\frac{|-2.456|+|2.478|}{2}=-2.467\ (\text{m})$$

c. 计算待定点高程：待定点 1 的高程为

$$H_1=H_{BM_A}+h_{A1}=65.875+(-2.467)=63.408\ (\text{m})$$

知识拓展

1. 基本概念

(1)水准零点

为了获得平均海水面的位置，在青岛附近海面上设置了验潮标，由专门的测量队成年累月长期观测记录，从而确定平均海水面的位置，按定义其高程为零，相应于验潮标尺上的这一点，称为水准零点。

(2)水准原点

水准零点经常被海水淹没，不便由此引测高程，在附近观象山上建立了一个非常坚固的点，用最精密的水准测量方法测定其高程，全国各地的高程都由这一点引测，该点称为水准原点（直接由平均海水面测得高程的水准点）。

“1985 国家高程基准”水准原点的高程为 72.260 m。

(3)水准控制网

由原点起，在全国范围内布设国家水准点，由这些水准点组成全国高精度水准控制网。

2. 等外水准测量（变动仪器高法）观测程序及记录、计算

(1)观测程序

①在前、后视点上分别竖立水准尺，两尺中间安置水准仪并粗略整平。

②照准后视尺，转动微倾螺旋，精平，分别读取下丝、上丝、中丝读数，记入表 2.5 相应栏中，视距为 100×（上丝读数−下丝读数）。

③转动水准仪照准前视尺，精平，分别读取下丝、上丝、中丝读数，记入表 2.5 相应栏中。

④变更仪器高度 10 cm 以上，重新安置仪器。

⑤照准后视尺，精平，读取中丝读数并记录。

⑥照准前视尺，精平，读取中丝读数并记录。

(2)记录、计算

表 2.5 是采用变动仪器高法进行等外水准测量的记录格式，现将计算做简要说明。

①各测站高差计算

表中每一站均有两个后视读数和两个前视读数，各算得两个高差值；如其差值在等外水准测量规定的限差 5 mm 之内，取平均值作为各站前后两点间的高差。

②检核测段高差计算

a. 用后视读数的总和减去前视读数的总和除以 2，得总高差；如表中$\sum h=+1.189$ m。

b. 求所有高差中数的代数和$\sum h=+1.189$ m。

c. 当以上两种方法计算的总高差结果相同时，说明计算正确。

将这些计算填在表 2.5 最下面一行。

3. 水准观测的主要技术要求

水准观测的主要技术要求如表 2.6 所示。

表 2.5　等外水准测量(变动仪器高法)记录手簿

天气：　　观测者：

年　月　日　　仪器：　　记录者：

测站	点号	视距/m	后视读数/mm	前视读数/mm	高差/mm +	高差/mm −	高差中数/m	高程/m
Ⅰ	*A*	56	1 890 1 992		0745 0741		+0.743	54.815
	1	54		1 145 1 251				
Ⅱ	1	72	2 515 2 401		1 102 1 100		+1.101	
	2	75		1 413 1 301				
Ⅲ	2	98	2 001 2 114		0850 0854		+0.852	
	3	96		1 151 1 260				
Ⅳ	3	41	1 012 1 142			0601 0603	−0.602	
	4	43		1 613 1 745				
Ⅴ	4	79	1 318 1 421			0906 0904	−0.905	
	B	77		2 224 2 325				56.004
合计/m		691	17.806	15.428			+1.189	
计算检核		$h=\frac{1}{2}(17.806-15.428)=+1.189$						1.189

表 2.6　水准观测的主要技术要求

等级	水准仪的型号	视线长度/m	前、后视距较差/m	前、后视距累积差/m	视线离地面最低高度/m	黑、红面读数差/mm	黑、红面所测高差之差/mm
二等	DS_1	50	1	3	0.5	0.5	0.7
三等	DS_1	100	3	6	0.3	1.0	1.5
	DS_3	75				2.0	3.0
四等	DS_3	100	5	10	0.2	3.0	5.0
等外	DS_3	100	10	50	—	4.0	5.0

4. 四等水准测量的观测程序及记录、计算

四等水准测量目的是直接提供地形测图和各项工程建设所必需的高程控制点。因此，其水准点的密度应根据地形测图的比例尺及各项工程建设对高程控制点的需要来确定。水准路线的布设形式一般以闭合水准路线和附合水准路线为主。作业的主要工作是：进行技术设计、选点、埋石、外业观测、内业计算。

四等水准测量的外业观测记录、计算及校核等如表 2.7 所示。在表 2.7 中，(1)～(8)代表观测数据，括号内的数字表示记录和计算的顺序。

(1)观测程序与记录

四等水准测量，一般采用双面尺法进行施测，每个测站的观测顺序如下：

①照准后视尺黑面，转动微倾螺旋，使符合水准管气泡居中，读取下丝读数(1)、上丝读数(2)、中丝读数(3)，分别记入表 2.7 中相应各栏内；

②照准后视尺红面，使符合水准管气泡居中后读取中丝读数(4)，记入表 2.7 中的相应栏内；

③转动水准仪，照准前视尺黑面，使符合水准管气泡居中，读取下丝(5)、上丝读数(6)、中丝读数(7)，分别记入表 2.7 中的相应各栏内；

④照准前视尺红面，使符合水准管气泡居中后读取中丝读数(8)，记入表 2.7 中的相应栏内。

四等水准测量观测程序可简称为“后—后—前—前”，或“黑—红—黑—红”。即：后视黑面尺读下、上、中丝；后视红面尺读中丝；前视黑面尺读下、上、中丝；前视红面尺读中丝。

(2)测站的计算与校核

①视距计算

表 2.7 中(9)、(10)是后视距离、前视距离，(11)和(12)分别是后前视距差及后前视距累积差。均以米为单位。

后视距离：(9) ＝ [(1) － (2)] × 100 ；

前视距离：(10) ＝ [(5) － (6)] × 100 ；

后、前视距差：(11) ＝ (9) － (10) ；

后、前视距累积差：(12) ＝ 上站(12) ＋ 本站(11) 。

②同一根水准尺黑、红面中丝读数差

后视尺黑、红面读数差：(13) ＝ K_1 ＋ (3) － (4) ；

前视尺黑、红面读数差：(14) ＝ K_2 ＋ (7) － (8) 。

计算中用到的 K_1、K_2 是尺常数，即同一根水准尺红、黑两面零点的差数，两根尺的 K 值不一样，分别为 4 687 和 4 787，相差 100 mm。

③高差计算

黑面高差：(15)＝(3)－(7)；

红面高差：(16)＝(4)－(8)；

黑、红面高差之差：(17)＝(15)－[(16)±0.1]＝(13)－(14)；

当上述计算合乎限差要求时，可进行高差中数计算。

高差中数：$(18)=\frac{1}{2}\{(15)+[(16)\pm 0.1]\}$。

④检核计算

a. 每站检核：以上各计算值应符合表 2.6 中的有关技术要求。若检核时发现测站上的有关数据超过限差，应立即重测该测站；若迁站后才发现，则应从水准点或间歇点起，重新观测。

b. 每页计算检核：在每页手簿的下方计算本页的 $\sum$，检查并使之满足下列要求：

$$\sum(9)-\sum(10)=\text{末站}(12)$$

红、黑面后视中丝总和减红、黑面前视中丝总和应等于红、黑面高差总和，还应等于平均高差总和的 2 倍。

当每页测站数为偶数时：$\sum[(3)+(4)]-\sum[(7)+(8)]=\sum[(15)+(16)]=2\sum(18)$；

当每页测站数为奇数时：$\sum[(3)+(4)]-\sum[(7)+(8)]=\sum[(15)+(16)]=2\sum(18)\pm 0.1$。

校核无误后，算出总视距。

水准路线总长度：$L=\sum(9)+\sum(10)$。

四等水准测量的记录、计算与检核如表 2.7 所示。

表 2.7　四等水准测量记录手簿

自　　　　　　　　　　天气：　　　　　　观测者：

测至　　　　　　　　　成象：　　　　　　记簿者：

年　月　日　　始　　　终：　　　　　　　仪器：

测站编号	后尺	前尺	方向及尺号	水准尺读数		K+黑减红	高差中数	备注
	下丝	下丝		黑面	红面			
	上丝	上丝						
	后距	前距						
	视距差 d	$\sum d$						
	(1)	(5)	后	(3)	(4)	(13)		
	(2)	(6)	前	(7)	(8)	(14)		
	(9)	(10)	后-前	(15)	(16)	(17)	(18)	
	(11)	(12)						
1	1591	0739	后 A	1384	6171	0		A 尺
	1097	0258	前 B	0551	5239	−1		K＝4 787
	49.4	48.1	后-前	+0833	+0932	+1	+0.833	B 尺
	+1.3	+1.3						K＝4 687

续上表

测站编号	后尺	前尺	方向及尺号	水准尺读数		K+黑减红	高差中数	备注
	下丝	下丝						
	上丝	上丝						
	后距	前距		黑面	红面			
	视距差 d	$\sum d$						
2	2461	2196	后 B	1934	6623	−2		
	1646	1359	前 A	2008	6793	+2		
	81.5	83.7	后-前	−0074	−0170	−4	−0.072	
	−2.2	−0.9						
3	1812	0570	后 A	1554	6341	0		
	1296	0052	前 B	0311	4997	+1	+1243	
	51.6	51.8	后-前	+1243	+1344	−1		
	−0.2	−1.1						
$\sum(9)=182.5$ $\sum(10)=183.6$ $\sum(9)-\sum(10)=-1.1$ 末站(12)＝−1.1 总视距$\sum(9)+\sum(10)=366.1$		$\sum(3)=4\ 872$ $\sum(7)=2\ 870$ $\sum(4)=19\ 135$ $\sum(8)=17\ 029$	$\sum(15)=2\ 002$ $\sum(16)=2\ 106$ $\sum[(3)+(4)]-\sum[(7)+(8)]=4\ 108$ $\sum[(15)+(16)]=4\ 108$ $2\sum(18)+0.1=4\ 108$					

（3）成果计算

在完成水准路线观测后，计算高差闭合差，经检核合格后，调整高差闭合差，计算各点高程。具体计算步骤同普通水准测量的计算过程。

（4）四等水准测量间歇点的设置

在进行路线水准测量时，水准测量的观测工作间歇最好能结束在固定的水准点上。如由于路线较长或其他原因，在一测段路线上不能完成，必须设置间歇点时，间歇点应选择在两个坚稳可靠、光滑突出、便于放置水准标尺的固定点上，作为间歇点加以标记，同时在记录手簿的备注栏内加以说明，并记录两间歇点间的高差。间歇后，应对两个间歇点的高差进行检测，如检测结果符合限差要求（对于四等水准测量，规定检测间歇点高差之差≤5 mm），就可以从间歇点起测。若仅能选定一个固定点作为间歇点，则在间歇后应仔细检视，确认没有发生任何位移，方可由间歇点起测。

典型工作任务3　微倾式水准仪的检验与校正

2.3.1　工作任务

通过本部分知识的学习，主要达到以下目的：

（1）掌握微倾式水准仪主要轴线及其应满足的几何条件；

（2）掌握微倾式水准仪的检验方法，了解其校正方法。

2.3.2　相关配套知识

1. 微倾式水准仪的主要轴线及其应满足的几何条件

如图 2.23 所示，微倾水准仪有四条轴线：望远镜的视准轴（CC）、水准管轴（LL）、圆水准器轴（$L'L'$）和仪器的竖轴（VV）。

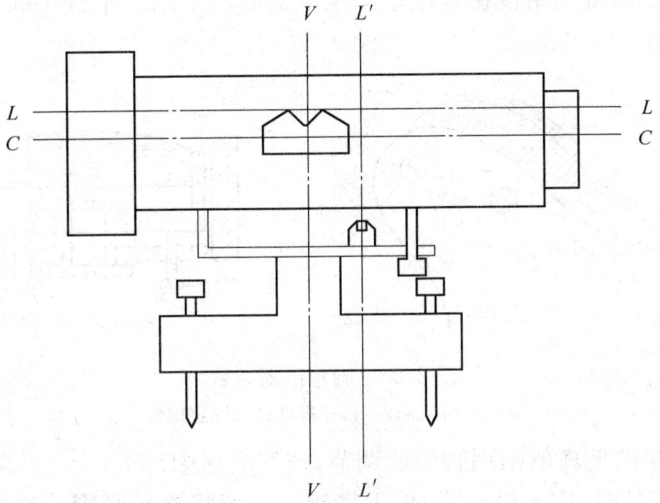

图 2.23　水准仪的主要轴线

根据水准测量原理，水准仪必须提供一条水平视线，才能正确地测定地面点间的高差。为保证这一点，各轴线间应满足如下的几何条件：

（1）水准管轴平行于视准轴，即 $CC/\!/LL$

视线是否水平，是根据水准管的气泡是否居中（精平）来判断的。因此，水准仪必须满足视准轴平行于水准管轴这个主要条件。这样，当水准管气泡居中时，水准管轴处于水平位置，视准轴水平。

（2）圆水准器轴平行于仪器的竖轴，即 $L'L'/\!/VV$

为了快速整平仪器，提高作业速度，精平前则要求仪器竖轴处于竖直位置。竖轴的竖直是借助圆水准器气泡居中来完成的，即圆水准器轴竖直来实现。所以水准仪还应满足圆水准器轴平行仪器竖轴这一几何关系。即当圆水准器气泡居中时，圆水准器轴处于竖直位置，竖轴竖直。

（3）十字丝横丝垂直于仪器竖轴

当仪器整平后，竖轴竖直，如十字丝横丝处于水平位置，这样横丝的任一部位在水准尺上的读数都是正确的。因此还要求十字丝横丝应与仪器竖轴垂直。

上述几何关系在仪器出厂时都经过严格检查，均能满足条件；但由于运输途中的震动或长期使用等因素的影响，使仪器各部分螺丝松动，各轴线间的几何关系会受到破坏。因此，在正式作业前，必须对仪器进行检验与校正，以保证水准仪满足上述三项几何条件。

2. 微倾式水准仪的检验与校正

（1）圆水准器轴平行于仪器竖轴的检验和校正

①检验目的

使圆水准器轴平行于仪器的竖轴（$L'L'/\!/VV$）。

②检验方法

仪器安置后，转动脚螺旋，使圆水准器气泡居中；然后将仪器绕竖轴转动180°，检查气泡是否仍居中。如圆水准器气泡仍居中，则 $L'L'/\!/VV$，无须校正；如气泡不居中，则 $L'L'$ 不平行于 VV，必须进行校正。

③校正方法

a. 如图 2.24 所示，首先用校正针拨动圆水准器底座上的三个校正螺丝，使圆气泡向中央移动偏离值的一半。

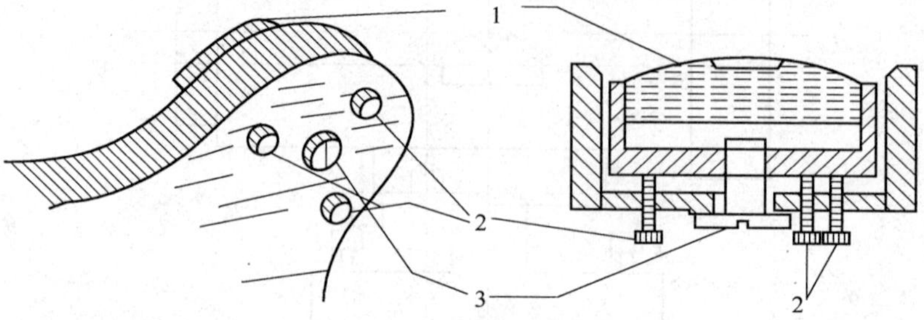

图 2.24　圆水准器装置

1—圆水准器；2—校正螺丝；3—固定螺丝

b. 圆气泡另一半的偏离值则用脚螺旋调节，使气泡居中。

拨动三个校正螺丝时，应一松一紧，校正完毕后注意将螺丝紧固。这样重复校正几次，直至仪器旋转至任何位置圆水准气泡均居中为止。

(2)十字丝横丝垂直于仪器竖轴的检验和校正

①检验目的

使十字丝横丝垂直于仪器竖轴。

②检验方法

仪器整平后，将十字丝横丝的交点对准远处一明显点标志 P，旋紧制动螺旋，转动水平微动螺旋，观察望远镜内 P 点在横丝上的移动，如果该点始终在十字丝横丝上移动，则表示横丝水平，即十字丝横丝与竖轴垂直，不需校正；否则应该校正，如图 2.25(a)所示。

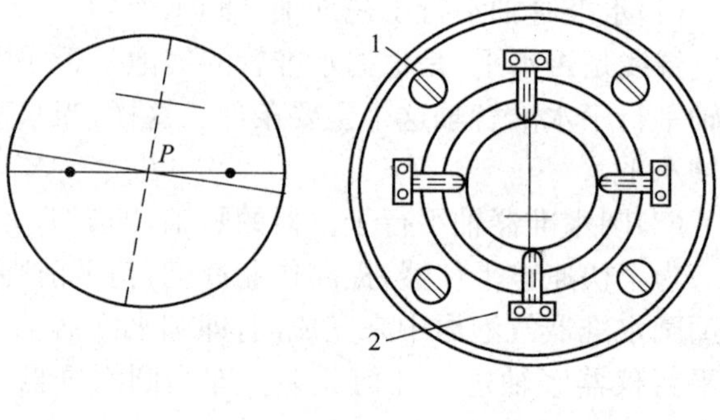

(a)　(b)

图 2.25　十字丝校正

1—固定螺丝；2—校正螺丝

③校正方法

如图 2.25(b)所示，卸下望远镜筒上的十字丝保护罩，用螺丝刀松开十字丝环的四个固定螺丝，按与十字丝倾斜的相反方向转动十字丝环，直到望远镜左右微动时目标始终在横丝上移动为止，这一工作需反复进行，最后旋紧十字丝环的固定螺丝，拧好十字丝保护罩。

(3) 望远镜视准轴平行于水准管轴的检验和校正（i 角的检校）

①检验目的

使望远镜视准轴平行于水准管轴（$CC /\!/ LL$），即当管水准器气泡居中时，视准轴应处于水平状态。

望远镜视准轴平行于水准管轴是水准仪需满足的主要几何关系。如果视准轴与水准管轴不平行，当水准管轴水平时（水准管气泡居中），视线即倾斜，二者在竖直面上投影之间所形成的夹角称为 i 角。

②检验方法

a. 求出正确高差：如图 2.26 所示，在较平坦地面上选取相距 80～100 m 的 A、B 两点，分

别在 A、B 两点安放尺垫或打入木桩标定点位并在其上竖立水准尺，在 A、B 点的中点（$D_1=D_2$）C 处安置水准仪，用改变仪器高或双面尺法测出 A、B 两点间的高差，当两次测得高差之差不超过±5 mm 时（等外水准测量），取其平均值作为观测结果 h_{AB}。

如果视准轴与水准管轴不平行，当水准管轴水平时，受 i 角误差的影响，视准轴向上（或向下）倾斜，产生读数误差 x，读数误差 x 的大小与视线长呈正比。当水准仪距 A、B 两点的距离相等时，i 角误差在 A、B 尺上所引起的读数误差 x 大小相等。在计算高差时即可消去，从而求得正确高差 h_{AB}。

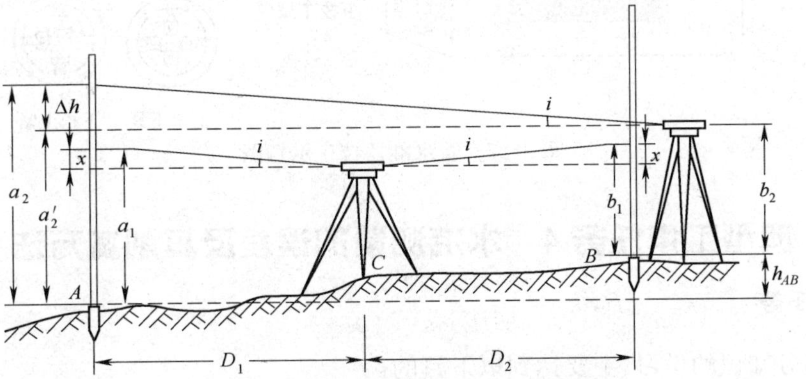

图 2.26 水准管轴平行于视准轴的检验

后视正确读数为 (a_1-x)，前视正确读数为 (b_1-x)，则

$$h_{AB}=(a_1-x)-(b_1-x)=a_1-b_1$$

由此可见，中间水准测量可消除视准轴与水准管轴不平行的 i 角误差的影响。

b. 计算正确的前视读数并判断条件是否满足：如图 2.26 所示，将水准仪搬到 B 点附近（相距 2～3 m）处，精平后，直接从 B 点标尺上读取前视读数 b_2，因仪器位置接近 B 点，故 i 角引起的误差很小，可以忽略 i 角对 b_2 的影响，即认为 b_2 是视线水平时的正确读数；根据 b_2 与 h_{AB} 计算出视线水平时的正确后视读数 $a'_2=b_2+h_{AB}$。

若 $a_2-a'_2$，则说明水准管轴平行于视准轴，不需校正；否则，两轴不平行，存在 i 角，i 角可根据下式计算：

$$i=\frac{\Delta h}{D_{AB}}\cdot\rho \tag{2.15}$$

式中 $\rho=206265''$；Δh 为后视尺读数误差，即：$\Delta h=a'_2-a_2$。当 $i>0$ 时，视准轴向上倾斜；当 $i<0$ 时，视准轴向下倾斜。

测量规范规定：DS_3 型微倾式水准仪当 i 角大于 20″时，需要进行校正。

③校正方法

a. 水准仪仍在 B 点附近不动，转动微倾螺旋使望远镜的十字丝横丝对准计算出的正确后视读数 a'_2，这时视准轴处于水平位置，由于两轴不平行，水准管气泡偏离零点，即气泡影像不符合，如图 2.27 所示。

b. 用校正针先拨松水准管左、右校正螺丝（水准管校正螺丝在水准管的一端），再拨动水准管上、下两个校正螺丝，使符合水准管气泡符合，水准管轴处于水平位置，视准轴与水准管轴平行。

拨动水准管上、下校正螺丝时，应先松后紧，以免损坏螺丝，直到气泡影像符合为止。校正结束后适当旋紧被松动过的螺丝。

c. 校正后，重新观测 A、B 两点的高差。如果计算得 i 角不超过 $20''$，则认为已经满足条件；否则，还应重复进行校正，直到满足上述要求为止。

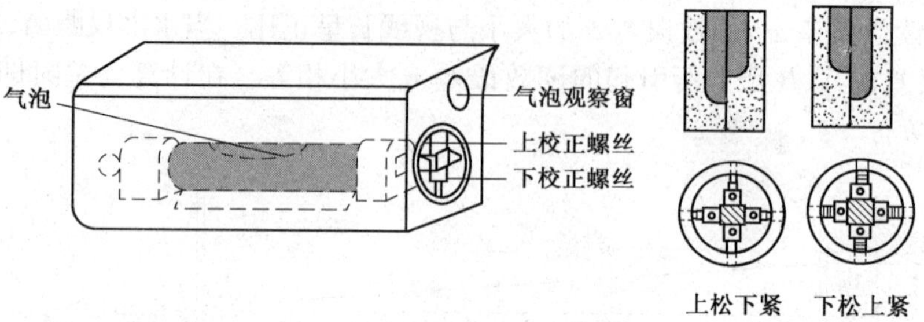

图 2.27　管水准器校正示意图

典型工作任务 4　水准测量的误差及其削减方法

2.4.1　工作任务

通过本部分知识的学习，主要达到以下目的：

(1)掌握水准测量误差的来源；

(2)了解各项误差对水准测量的影响；

(3)掌握消除或减弱水准测量各项误差的措施，并能灵活应用于高程测量工作中。

2.4.2　相关配套知识

水准测量的误差主要包括仪器误差、观测误差和外界条件的影响三方面。在水准测量作业中，通过分析误差产生的原因，寻找减弱或消除误差的措施，以提高观测精度。

1. 仪器误差

(1)仪器校正后的残余 i 角误差

水准仪在使用前，虽然经过检验校正，但实际上很难做到视准轴与水准管轴严格平行，仍会有残余的 i 角误差的存在，此项误差与仪器至立尺点的距离呈正比，如图 2.28 所示。因此，观测时注意使前、后视距相等，即可消除该项误差的影响。

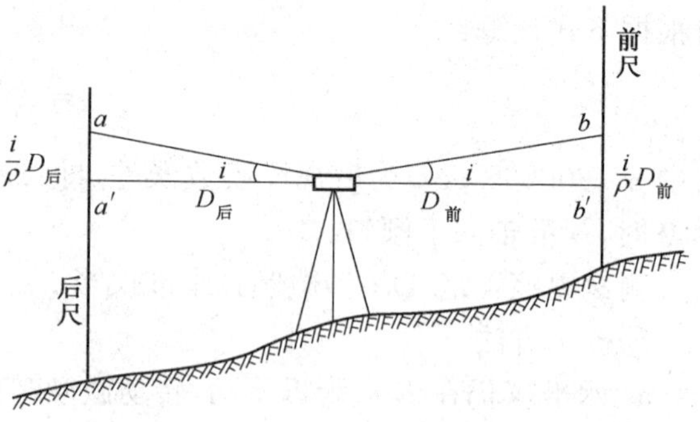

图 2.28　i 角的影响

实际上在外业观测时，要做到每站前、后视距完全相等是困难的，但可以将各测站的前、后视距差和每一测段的前、后视距累积差限制在一定的范围内，这样，就可将残余的 i 角对所测高差的影响限制在可忽略的范围内。

(2)水准尺误差

水准尺误差包括尺长误差、分划误差和水准标尺零点误差，这些误差均会影响水准测量的精度，因此水准尺在使用前必须进行检定。凡刻划达不到精度要求及弯曲变形的水准尺，均不能使用;对于尺底的零点差,可采取在起、终点间设置偶数站的方法消除其对高差的影响。

2. 观测误差

(1)气泡居中误差

在水准测量时,视线的水平是通过水准管气泡居中来实现的,精平的程度反映视准轴水平的程度。由于气泡居中存在误差,致使视线偏离水平位置,从而带来读数误差。这种误差在前视和后视读数中是不相同的,故在高差计算中不能抵消其影响。减少此项误差的方法是:水准测量在每次读数前一定要严格精平,并果断快速读数;同时注意避免强烈太阳光直射仪器,必要时给仪器打伞。

(2)读数误差

读数误差主要来源于视差和水准尺的估读误差。

a. 视差:视差对水准尺读数影响很大,因此,观测时要仔细进行物镜和目镜调焦,严格消除视差。

b. 估读误差:在普通水准测量中,水准尺最后毫米位读数是根据十字丝横丝在水准尺厘米分划内的位置进行估读的。其误差与十字丝的粗细、望远镜的放大倍率及视线的长度有关,视距越长,读数误差越大。为保证读数精度,相关规范对不同等级水准测量望远镜放大倍率和最大视线长度都有相应规定,作业时应认真执行。

(3)水准尺倾斜误差(尤其注意前后倾斜)

水准测量读数时,若水准尺在视线方向前、后倾斜,观测员很难发现,由此造成水准尺读数总是偏大,并且视线越高,水准尺倾斜引起的读数误差就越大,如图2.29所示。所以,在进行水准测量读数时应特别注意将水准尺扶直,在水准尺上安装圆水准器是保证尺子竖直的主要措施。如有的尺子上没有圆水准器或水准器不起作用时,可用"摇尺法"进行读数。具体做法是:读数时,立尺员向前、后缓慢摇动尺子,使十字丝横丝在尺上的读数缓慢变化,读取变化中的最小读数,即为水准尺竖直时的读数。

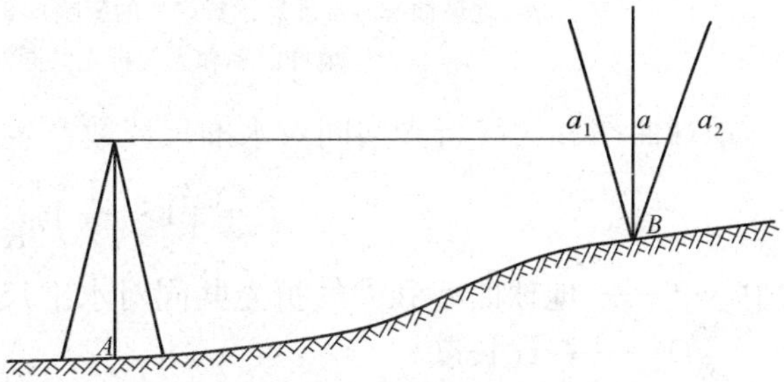

图2.29　水准尺倾斜对读数的影响

3. 外界条件的影响

(1)仪器下沉和尺垫下沉误差

a. 仪器下沉误差:当仪器安置在土质较松软的地面上时,会发生缓慢的下沉现象,致使后读数的尺子读数比应有读数小,造成高差测量误差。作业时应在坚实地面上安置仪器,脚架踩实,缩短观测时间,并采用"后—前—前—后"的观测顺序可以削弱仪器下沉对高差的影响。

b. 尺垫下沉误差:如果在土质松软的地面上设置转点,当仪器在观测完第一站转向第二站,在尚未读后视读数的一段时间内,由于标尺的自重引起尺垫下沉,使第二站后视读数增大,从而引起高差误差。采用往、返观测取其平均值,可减弱该项误差的影响。另外,应尽量将转点选在坚硬的地面上,还要注意踩实尺垫,观测间隔可将水准尺从尺垫上取下,以减小下沉量。

(2)地球曲率和大气折光的影响

用水平视线代替大地水准面进行高程测量时,会受到地球曲率的影响,产生的误差称为地球曲率差。

地面上不同高度的气温不一致，造成大气的密度不同，视线在大气中穿过时产生折射，使视线不成一条直线，而是一条曲线，由此产生的误差称为大气折光差。一般视线离地面越近，光线的折射也就越大。所以，规范规定视线必须高出地面一定的高度，视线高不低于 0.3 m，如图 2.30 所示。

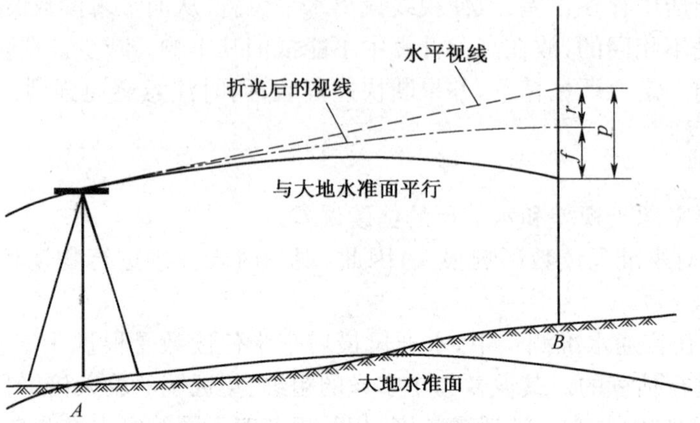

图 2.30　地球曲率与大气折光误差

p—地球曲率对水准尺读数产生的影响；r—大气折光对水准尺读数产生的影响；f—地球曲率和大气折光共同对水准尺读数产生的影响

地球曲率和大气折光共同对水准尺读数产生的影响为

$$f=\left(1-\frac{1}{7}\right)\frac{D^2}{2R}=0.43\,\frac{D^2}{R} \tag{2.16}$$

式中　f——地球曲率和大气折光共同对水准尺读数产生的影响；

D——视线长度；

R——地球半径。

若一测站观测使前、后视距相等，地球曲率和大气折光的影响在计算高差中被互相抵消，所以，在水准测量中，前、后视距应尽量相等；同时，视线高出地面应有足够的高度，在坡度较大的地面观测应适当缩短视线。此外，还应选择有利的时间进行观测，尽量避免在不利的气象条件下作业。

(3)温度及风力引起的误差

温度的变化不仅引起大气折射的变化，而且当烈日照射水准管时，水准管和管内的液体温度升高，气泡移向温度高的一端，从而影响水准器轴的水平，产生气泡居中误差；风大时会使仪器抖动，不易精平等，这些都会引起误差。因此，除尽量选择好的天气进行作业外，在观测时应随时注意撑伞遮阳，防止阳光直接照射仪器。

典型工作任务 5　电子水准仪

2.5.1　工作任务

通过本部分知识的学习，主要达到以下目的：

(1)了解电子水准仪的测量原理和主要优点；

(2)掌握电子水准仪的使用。

2.5.2 相关配套知识

1. 电子水准仪简介

(1)电子水准仪的测量原理

电子水准仪自 20 世纪 80 年代末推出以来,对传统的水准测量起到了革新作用。电子水准仪是在自动安平水准仪的基础上发展起来的,其望远镜光学部分和机械结构与光学自动安平水准仪基本相同,主要不同之处是在望远镜光路中增加了分光镜和光电探测器(CCD)等部件,仪器采用图像识别处理系统,并配用条码水准标尺,以 CCD 阵列传感器识别水准尺上的条码编码,并以相关技术处理信号模型自动显示水准尺中丝读数和视距,从而实现水准观测自动化。

(2)条形编码尺

与电子水准仪配套使用的水准尺为条形编码尺,通常由玻璃纤维或铟钢制成,如图 2.31 所示。不同厂家的标尺条码设计随电子读数方法的不同而不同,各个厂家标尺的条码因各不相同,因此不能互换使用。

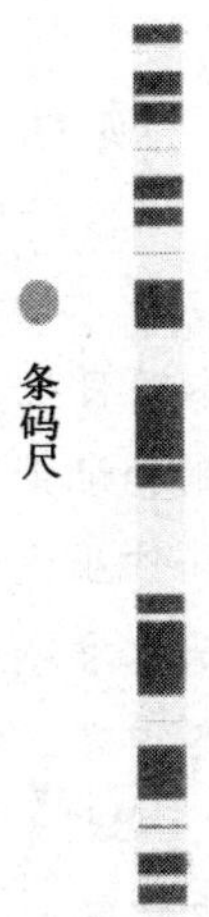

图 2.31 条码尺

2. 电子水准仪的主要优点

(1)速度快,水准仪可以自动读数、记录和检核,并立即用数字显示测量结果,整个观测过程在几秒钟内即可完成,从而大大减少观测错误和人为读数误差。

(2)精度高,多条码(等效为多分划)测量,削弱标尺分划误差;自动多次测量,削弱外界环境变化影响。

(3)易于实现测量内外业一体化。电子水准仪附有数据处理器及与之配套的软件,从而可将观测结果输入计算机进入后处理,实现测量工作自动化和内、外业一体化流水作业,大大提高功效,同时可避免传统方法中数据处理时可能出现的错误。

(4)仪器质量轻,操作简便,能大大减轻测量人员的劳动强度。

3. 电子水准仪的观测精度

电子水准仪经过 30 多年的发展,已经发展到第二代、第三代产品,仪器的精度也达到了一、二等水准测量的精度要求。

4. 电子水准仪的使用

DNA 系列为大屏幕的液晶显示屏,能将所有重要的测量数据在一个界面上显示出来,并且还能提示下一步动作,数据安全双重保护。现在,除了将工作数据自动存储在仪器内存里外,还能在测量完成后,把数据存储到一张 PC 卡上。这时测量数据可以非常方便地下载到计算机上操作方便,倍感舒适。字母数字式混合键盘,让观测者获得一流的作业效率,并且操作顺手。

观测时,电子水准仪在人工完成安置与粗平、瞄准目标(条形编码水准尺)后,按下测量键后 3～4 s 即显示出测量结果,其测量结果可贮存在电子水准仪内或通过电缆连接存入机内记录器中。

图 2.32 为电子水准仪的外观。高精度的电子水准仪每千米往返水准观测精度达 0.3 mm,

最小显示 0.01 mm，具有先进的感光读数系统，可见白光即可测量；测距范围 1.5～100 m，精度 20 mm；采用标准的 PCMCIA 记录卡，标配 2 M（可升级至 8 M）；具有标准的 R232C 数据通信接口；可见光、可见测尺 30 cm 范围即可测量；自动进行地球曲率及气象改正；15′内自动补偿，安平精度±0.2″；复合水准导线自动平差；快速高程放样，单点高程测量；水准导线自动平差功能；镍氢电池充电只需 1 h 可连续使用 3 d；宽大的 4×21 字符图形化液晶显示屏，操作方便容易；22 个数字、字符输入操作键盘；8 种水准测量模式；可方便输入点号、点名、线名、线号以及代号信息；可直接设定正/倒尺模式；测量快捷键设置在微动螺旋旁边，在瞄准测尺后，轻轻触摸即可测量。

图 2.32　电子水准仪

项目小结

1. 要点

本项目主要介绍水准测量的原理、水准测量的仪器工具及其使用方法；等外水准测量的外业观测和记录、内业计算；水准仪的检校；水准测量的误差及其削减方法及电子水准仪等基本知识和作业方法。其中水准测量原理、水准仪的使用、等外水准测量的外业观测、记录及内业计算是水准测量的核心内容，该项内容的学习主要用来确定地面的高程，是准确描述地面点位的必备内容。

2. 掌握程度

在理解水准测量原理的基础上，重点学会水准仪的使用和标尺读数。水准仪的使用可简述为：安置仪器—粗平—调焦、照准—精平—读数。这些都是测量专业的基本技能，需通过大量的操作实训来提高。等外水准测量水准路线可布设成闭合水准路线、附合水准路线和支水准路线，学会等外水准测量的外业组织、观测、记录和内业成果计算。同时应具有水准仪校验和校正的基本技能。在学习的过程中，采用“项目教学法”，突出讲练结合，根据学院周边环境和实习基地具体情况模拟现场工作任务进行演练，增强学生对理论知识的理解和掌握，加大动手能力的练习。

复习思考题

1. 水准测量的原理是什么？待求点的高程如何计算？

2. 设 A 点为后视点，B 点为前视点，A 点的高程为 85.500 m。当后视读数为 1.396 m、前视读数为 1.758 m 时，试问 A、B 两点的高差是多少？B 点比 A 点高还是低？B 点的高程是多少？并绘图说明。

3. 水准仪上圆水准器和管水准器在水准测量中各起什么作用？什么是圆水准器轴、水准管轴、视准轴、水准管格值？

4. 什么是视差？视差产生的原因是什么？怎样消除视差？

5. 水准仪有哪些轴线？它们之间应满足哪些几何关系？

6. 什么是水准点？什么是转点？转点在水准测量中起什么作用？

7. 简述在一个测站上水准测量的施测方法。

8. 什么是水准路线？水准路线一般布设成哪几种形式？

9. 水准测量时，前、后视距相等可消除哪些误差？

10. 将图 2.34 中水准测量观测数据填入表 2.8 中，计算 B 点的高程，并进行计算检核。

表 2.8　等外水准测量记录手簿

测站	点号	后视读数/mm a	前视读数/mm b	高差/m	高程/m	备注
1	BM_A					
	ZD_1					
2						
	ZD_2					
3						
	ZD_3					
4						
	ZD_4					
5						
	B					
计算检核	Σ					

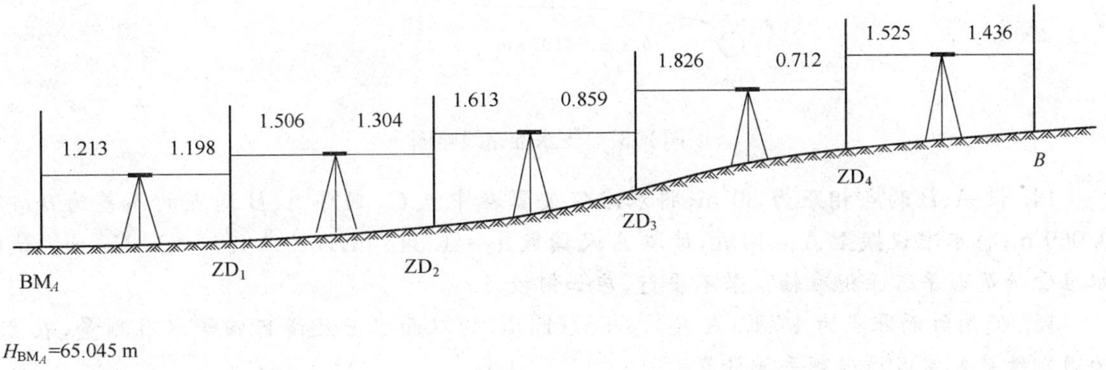

图 2.34　水准测量外业观测

11. 进行图根水准测量，某闭合水准路线的观测略图如图 2.35 所示，试列表计算各待定点的高程。

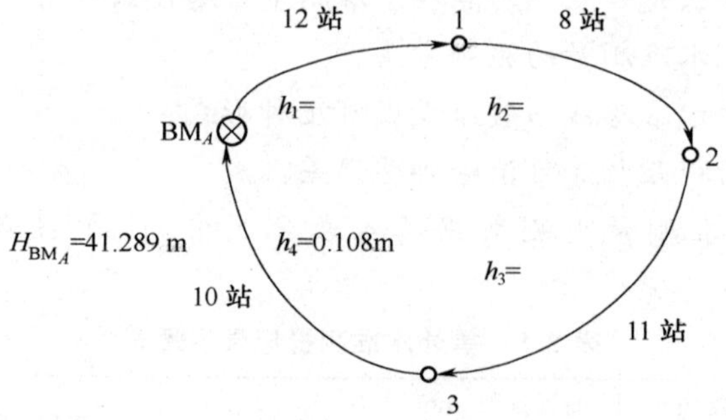

图 2.35　闭合水准路线略图

12. 进行等外水准测量，在水准点 BM_3 和 BM_4 之间需测定 A、B、C 三个点的高程，各测段间水准路线长、测站数及高差如图 2.36 所示。试列表计算各待定点的高程。

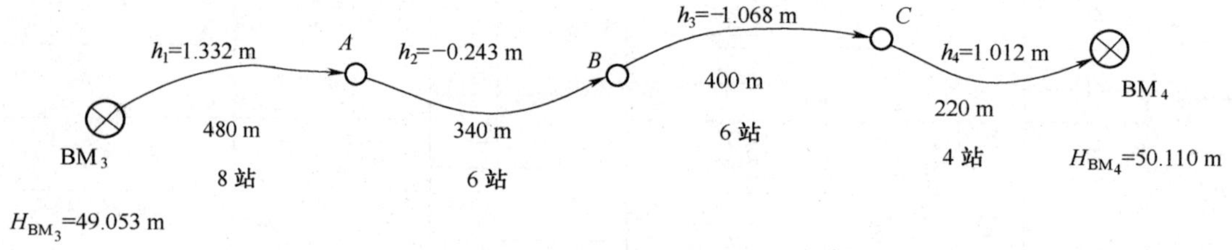

图 2.36　附合水准路线略图

13. 图 2.37 所示为支水准路线。已知水准点 BM_A 的高程为 46.350 m，由 A 点往测至 1 点的高差为 −2.351 m，由 1 点返测至 BM_A 点的高差为 +2.373 m。BM_A、1 两点间的水准路线长度约为 1.6 km，试按图根水准测量的精度要求计算高差闭合差，高差闭合差容许值及 1 点的高程。

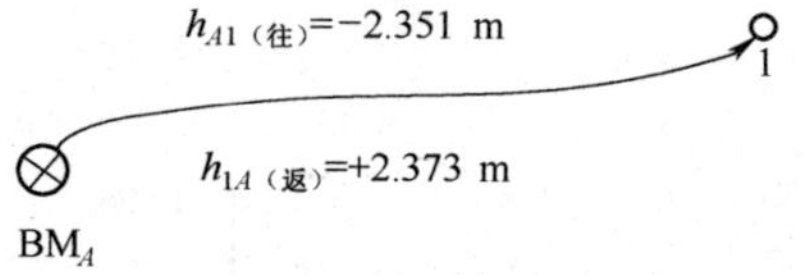

图 2.37　支水准路线略图

14. 设 A、B 两点相距为 80 m，将水准仪安置在中点 C，测得 A、B 两点的高差为 h_{AB} = 0.069 m；将水准仪搬至 A 点附近，读取 A 尺读数 a_2 = 1.345 m，B 尺读数 b_2 = 1.270 m。试问水准管轴是否平行于视准轴？若不平行，应如何校正？

15. 使用红面零点为 4 787（A 尺）、4 687（B 尺）的双面水准尺进行四等水准测量，表 2.9 为观测结果。完成该观测手簿计算。

16. 水准测量误差的主要来源有哪些？作业时如何消除或减弱这些误差对观测成果的影响？

17. 电子水准仪主要有哪些优点？

表 2.9　四等水准测量观测记录表

测站编号	后尺 下丝 / 上丝	前尺 下丝 / 上丝	方向及尺号	标尺读数		K＋黑减红	高差中数	备考
	后距	前距		黑面	红面			
	视距差 d	$\sum d$						
1	1 538	1 032	后 A	1 241	6 030			
	0 948	0 441	前 B	0 737	5 425			
			后－前					
2	1 481	0 982	后	1 170	5 859			
	0 865	0 370	前	0 677	5 463			
			后－前					
3	2 043	0 848	后	1 772	6 458			
	1 501	0 316	前	0 582	5 370			
			后－前					
计算与检核$\sum$								

项目3 角度测量

项目描述

角度测量是测量工作的基本内容之一。无论是地形图的测绘或建筑物的定位，还是道路、管线中心位置的测设都需要进行角度测量。角度测量包括水平角测量和竖直角测量，测量水平角是为了确定地面点的平面位置，测量竖直角是为了确定地面上两点间的高差或将倾斜距离转换为水平距离。进行角度测量的主要仪器是光学经纬仪、电子经纬仪及全站仪。本项目主要介绍角度测量原理、光学经纬仪的结构与度盘读数、水平角测量、竖直角测量、经纬仪的检验和校正、水平角测量的误差分析以及电子经纬仪。

教学目标

1. 能力目标

- 能够熟练操作经纬仪；
- 基本掌握测角误差产生的原因及消除方法；
- 能熟练使用经纬仪进行水平角、竖直角的观测，并掌握水平角及竖直角的记录与计算。

2. 知识目标

- 掌握水平角、竖直角的概念及测量原理；
- 了解经纬仪的构造，掌握经纬仪的安置、使用及读数；
- 掌握测回法测量水平角的观测、记录、计算及精度评定；
- 掌握竖直角计算公式的判断与表达；
- 掌握测回法测量竖直角的观测、记录、计算及精度评定；
- 掌握经纬仪的检验方法，了解经纬仪的校正方法；
- 了解电子经纬仪的使用。

3. 素质目标

- 具备水平角、竖直角的概念，养成全面考虑问题的习惯；
- 加强经纬仪角度测量的操作，养成实事求是的工作作风；
- 养成分工协作的意识、培养团队协作能力；
- 不断提高学生的角度测量野外实际动手能力。
- 培养学生“吃苦耐劳、一丝不苟、诚信为本”的职业精神和团队协作互助的能力。

典型工作任务1 角度测量原理认知

3.1.1 工作任务

通过本部分知识的学习，主要达到以下目的：

(1)掌握水平角、竖直角的概念；

(2)掌握水平角与竖直角的测量原理。

3.1.2　相关配套知识

1. 水平角的概念及其测量原理

(1)水平角的概念

水平角是地面上一点到两目标的方向线垂直投影在水平面上的夹角，或指分别过两目标方向线所作的竖直面间所夹的二面角。一般用β表示，角值范围为0°～360°。

如图3.1所示，设O、A、B为地面上任意三点，将这三点分别沿铅垂线方向投影到水平面P上，得到O、a'、b'三点，则投影线Oa'和Ob'所夹的角$\angle a'Ob'$即为地面上方向线OA与OB所成的水平角。

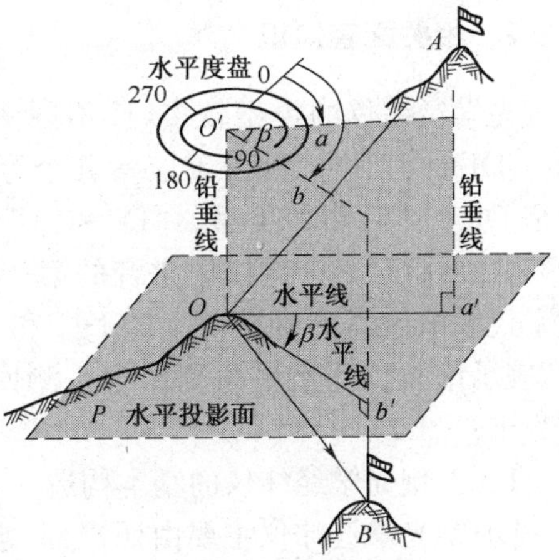

图3.1　水平角测量原理图

(2)水平角的测量原理

为了测出水平角β的大小，设想在通过角顶点O点的铅垂线上的O'点，水平地放置一个带有刻度的(顺时针方向刻划)玻璃圆盘(简称水平度盘)，并使度盘中心(O'点)位于过O点的铅垂线上，设OA和OB两条方向线在刻度盘上的投影读数分别为a和b，则水平角β为

$$\beta = b - a \tag{3.1}$$

水平角=右目标读数－左目标读数。

计算方法为：人站在测站点O，面向待测角，用右方向目标的读数减去左方向目标的读数，即得夹角β。如b小于a，计算时应将b的读数加360°后再减去a(即当$\beta<0°$时，加上360°)。水平角的取值范围为0°～360°。

2. 竖直角的概念及其测量原理

(1)竖直角的概念

竖直角是指在同一竖直面内，观测方向线与水平线之间所夹的锐角，又称垂直角，通常用α表示。竖直角有仰角与俯角之分，其中观测方向线在水平视线以上时，称为仰角，竖直角符号为“+”；观测方向线在水平线以下时，称为俯角，竖直角符号为“－”。竖直角的角值范围为－90°～90°。

(2)竖直角的测量原理

竖直角是用经纬仪的竖直度盘来度量的。依据竖直角的定义，测定竖直角的角值大小应是竖直度盘上的两个方向读数之差。为了测量竖直角的大小，如图3.2所示，在经纬仪的横轴上安置一竖直度盘，竖盘圆心位于横轴的轴线上，望远镜照准目标的方向线与水平线在竖盘上投影的差值即为该方向的竖直角。

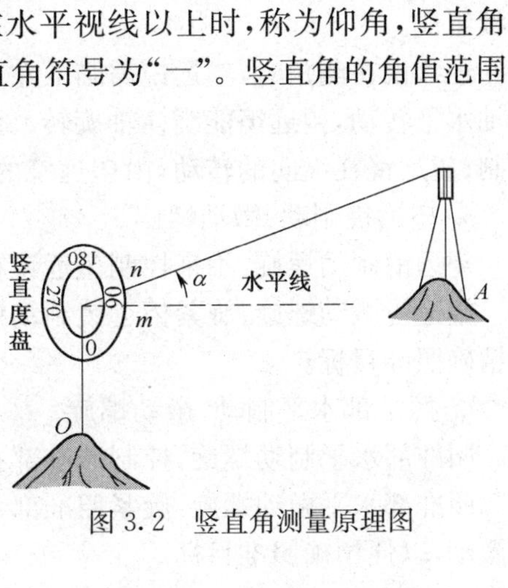

图3.2　竖直角测量原理图

典型工作任务2　光学经纬仪的结构与度盘读数

3.2.1　工作任务

通过本部分知识的学习，主要达到以下目的：

(1)了解光学经纬仪的结构；

(2)掌握经纬仪的组成、安置及 DJ_6 型光学经纬仪的读数；

(3)了解 DJ_2 型光学经纬仪的读数装置及读数方法。

3.2.2　相关配套知识

光学经纬仪的类型较多，按不同测角精度可分为 DJ_{07}、DJ_1、DJ_2、DJ_6、DJ_{15}、DJ_{60} 等几个等级，其中最常用的是 DJ_6 和 DJ_2 两种类型。"D"和"J"分别是"大地测量"和"经纬仪"两个词汉语拼音的第一个字母，后面的数字代表该仪器测量精度。如 DJ_6 和 DJ_2 中数字"6""2"表示该类仪器水平角测量中一测回方向中误差分别为±6″、±2″。

1. DJ_6 型光学经纬仪的基本构造

DJ_6 型光学经纬仪主要由照准部、水平度盘和基座三部分组成，如图 3.3 所示。

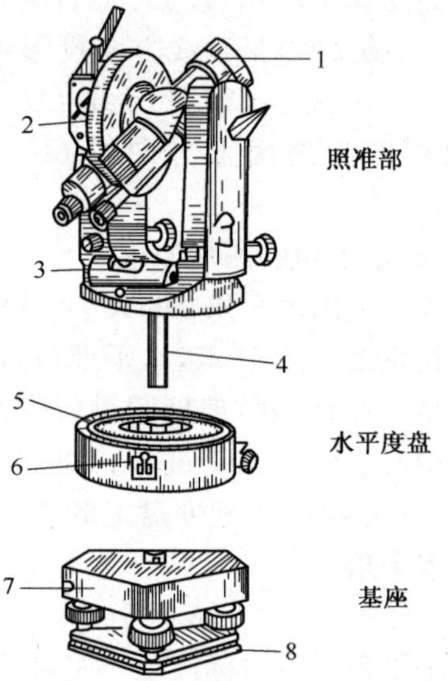

图 3.3　照准部、度盘、基座结构图

1—望远镜；2—竖直度盘；3—水准管；4—竖轴；5—水平度盘；6—复测扳钮；7—基座；8—连接板

北京光学仪器厂生产的 DJ_6 型光学经纬仪的外形和各部件的名称，如图 3.4 所示。

(1)照准部

照准部是指经纬仪基座上部能绕竖轴旋转的部分。主要包括望远镜、竖直度盘、水准器、竖轴和读数设备等。

①望远镜

经纬仪的望远镜与水准仪的望远镜构造基本相同，主要由物镜、目镜、调焦透镜、十字丝分划板组成。

经纬仪在测角时，望远镜需瞄准左右不同、高低不一的目标点，要求经纬仪的照准部能绕竖轴水平转动，望远镜能绕横轴旋转。照准部在水平方向的转动，由水平制动、水平微动螺旋控制；望远镜在纵向的转动，由望远镜的制动、微动螺旋控制。

a. 望远镜制动、微动螺旋

望远镜制动螺旋：用来控制望远镜在竖直方向的转动。

望远镜微动螺旋：旋紧望远镜制动螺旋，转动该微动螺旋，可使望远镜在竖直方向微动，以便精确照准目标。

b. 照准部水平制动、微动螺旋

照准部水平制动螺旋：控制照准部在水平方向的转动。

照准部水平微动螺旋：旋紧照准部水平制动螺旋，转动该微动螺旋，可使照准部在水平方向微动，以便精确照准目标。

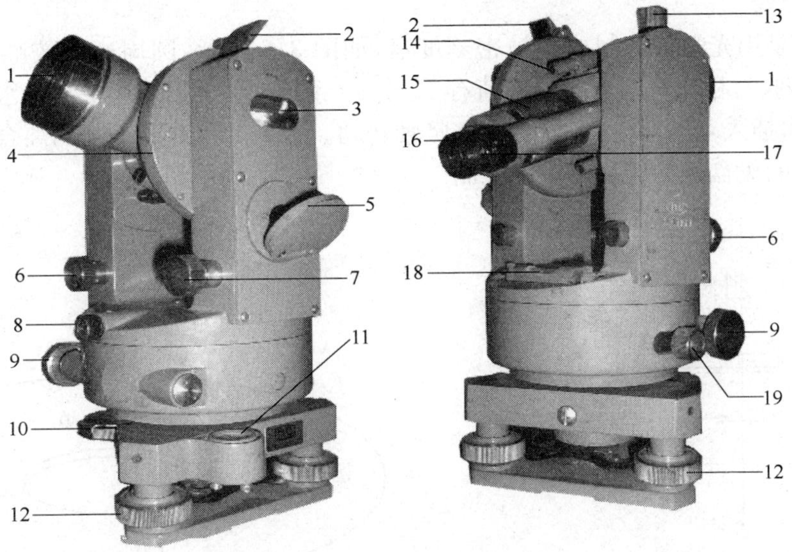

图 3.4 DJ$_6$ 型光学经纬仪的构造

1—物镜；2—竖盘指标水准管反光镜；3—竖盘指标水准管；4—竖盘；5—反光镜；6—望远镜微动螺旋；7—竖盘指标水准管微动螺旋；8—光学对中器；9—水平微动螺旋；10—水平度盘转换轮；11—圆水准器；12—脚螺旋；13—望远镜制动螺旋；14—瞄准器；15—物镜对光螺旋；16—目镜；17—读数显微镜；18—照准部水准管；19—照准部制动螺旋

c. 十字丝分化板有单、双丝，以适应平分或对称地瞄准大小不同的目标，如图 3.5 所示。观测水平角时，经纬仪主要是用竖丝来瞄准目标；观测竖直角时，经纬仪主要是用横丝来瞄准目标。

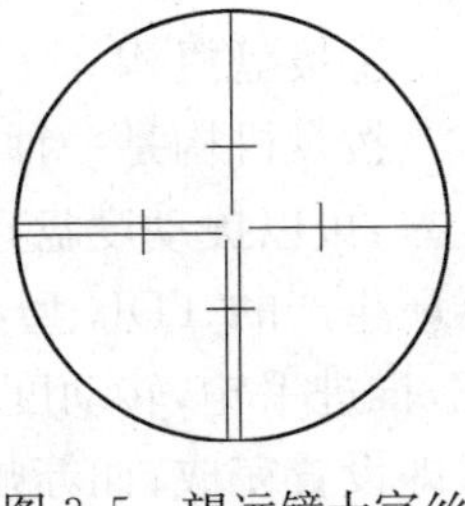

图 3.5 望远镜十字丝

②竖直度盘

竖直度盘简称竖盘，固定在横轴的一端，由光学玻璃刻制而成，呈圆环状，度盘按 0°～360°顺时针（或逆时针）刻划，每格为 1°或 30′，用以测量竖直角。在竖直度盘的构造中设有竖盘指标水准管、竖盘指标水准管微动螺旋和竖盘的读数指标，为精确读取竖盘度数，每次读数前，都必须调节竖盘指标水准管微动螺旋，使竖盘指标水准管气泡居中，确保读数指标处于正确位置。目前新型的光学经纬仪已用竖盘指标自动补偿装置代替竖盘指标水准管。

③水准器

水准器是用来指示视准轴是否水平或仪器竖轴是否竖直的装置，包括圆水准器和水准管。圆水准器用于概略整平仪器；水准管用于精确整平仪器，使竖轴竖直，水平度盘处于水平位置。有的经纬仪装有竖盘指标水准管，用以判断竖盘读数指标位置的正确性。

④竖轴

竖轴在照准部下部，插在筒状的轴座内，整个照准部可以绕竖轴在水平方向上转动。

⑤读数装置

光学读数装置一般由读数显微镜、测微器以及光路中的一系列光学棱镜和透镜组成，用来精确读取水平度盘和竖直度盘的读数。

⑥光学对中器

光学对中器用来进行仪器的安置，使仪器的中心与地面点位于同一垂线上，如图 3.6 所示。

（2）水平度盘

水平度盘是用光学玻璃制成的精密刻度盘，如图3.7所示，圆周边缘按顺时针方向刻有0°～360°的分划线，相邻两刻划线的格值有1°或30′两种，用于量测水平角。水平度盘的下端为一空心轴套，插入基座部分的轴座内，绕竖轴转动。水平度盘和照准部的离合关系由固定在照准部外壳上的拨盘机构或复测机构控制。

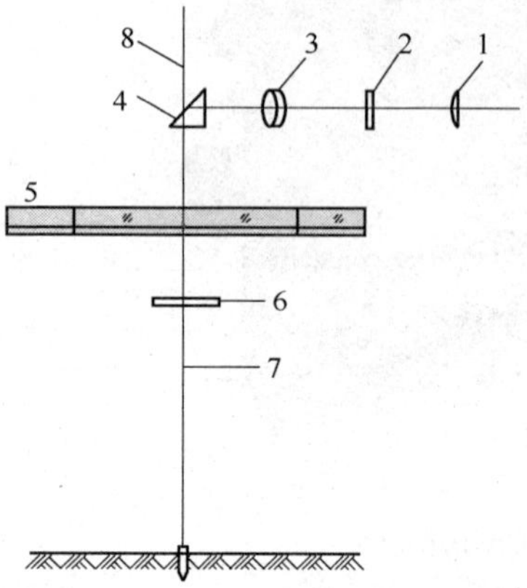

图3.6　光学对中器光路图

1—目镜；2—分划板；3—物镜；4—棱镜；
5—水平度盘；6—保护玻璃；7—光学垂线；
8—竖轴中心

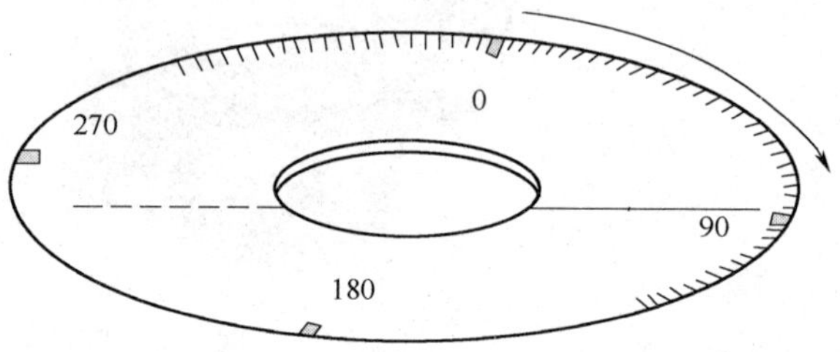

图3.7　水平度盘

①拨盘机构

拨盘机构是一种设置度盘读数位置的装置，在仪器观测过程中，为减少度盘刻划不均匀的误差，可以拨动度盘，使之在不同位置进行测角。拨盘机构的结构形式有两种：如北京光学仪器厂生产的TDJ_6型经纬仪，用水平度盘变换手轮设置度盘读数位置的方法为：使用时先按手把，推进手轮，转动度盘变换手轮，待转到所需位置时，轻按手把，手轮即自行弹起，水平度盘位置即设置完成；如苏州光学仪器厂的J_2型经纬仪，设置水平度盘位置的方法为：拨动前先推开护盖，然后按要求拨动水平度盘，变动度盘位置，拨完后关闭护盖，避免测量过程中误碰水平度盘。

②复测机构

复测机构是一种可供复测角度的装置，装在照准部外壳的侧面，借助它可以使度盘与照准部联动或分离。按下该扳手时，水平度盘和照准部结合，转动照准部时水平度盘随着一起转动，度盘读数不变；将复测扳手扳上，则照准部与水平度盘分离，转动照准部时水平度盘不动，指标所指水平度盘上的读数随着照准部的转动而改变。

（3）基座

基座是支承整个仪器的底座，起连接和调节作用。基座上有定平用的脚螺旋和连接三脚架的连接垫板，转动脚螺旋可使照准部水准管气泡居中，从而使水平度盘水平。基座和三脚架头用中心螺旋连接，可将仪器固定在三脚架上；在基座一侧有一个轴座固定螺旋，它是连接仪器上部和基座的螺旋，要特别注意禁止松动这个螺旋，以免仪器分离摔坏。

2. DJ_6型光学经纬仪的读数装置及读数方法

（1）DJ_6型光学经纬仪的读数装置——分微尺读数装置

DJ_6型光学经纬仪的读数系统中装有一分微尺。水平度盘和竖直度盘的格值（最小分划）一般为1°，小于度盘最小分划的读数必须借助分微尺读取。

如图3.8所示，在读数显微镜中的视场中有水平度盘和竖直度盘两个读数窗口。注记有“水平”（或“H”“一”）字样窗口的像是水平度盘分划线及分微尺的像；注记有“竖直”（或“V”“⊥”）字样窗口的像是竖直度盘分划线及分微尺的像。在窗口内所见到的长刻划线和大号数字是度盘分划线及其注记，短刻划线和小号数字是分微尺的分划线及其注记。度盘刻划为0°～360°，每1°为一格。分微尺上刻有6大格，每大格又分成10小格。分微尺的长度恰好等于度盘1°的分划长度，故分微尺每小格格值为1′，可估读到0.1′（即6″）。

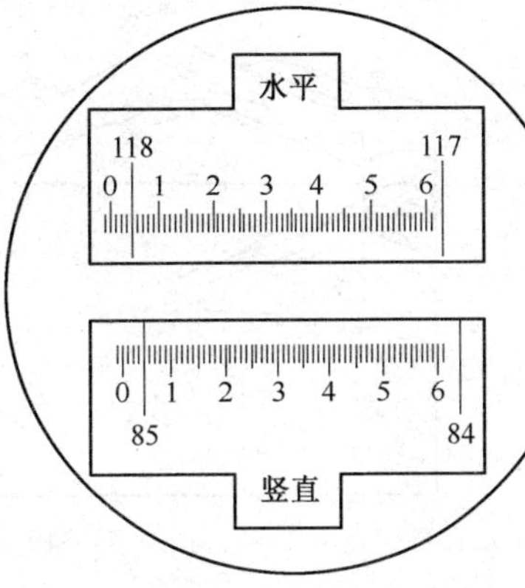

图3.8 光学分微尺读数

（2）DJ_6型光学经纬仪的读数方法

读数时，应以分微尺上的零分划线作为读数指标线。

“度”由落在分微尺上0～6分划线之间的度盘分划线的注记读出，线上注字即为“度”的读数（如118°）；分微尺上“0”分划线与度盘上的“度”分划线之间的小于1°的角度在分微尺上读出，最小读数可估读到0.1′（即6″）。如图3.8中，水平度盘和竖直度盘的读数分别为118°03′54″和85°04′00″。

在读数时，只要看度盘哪条分划线与分微尺相交，度数就是这条分划线的注记数，分秒值则为这条分划线所指分微尺上读数。

3. 经纬仪的使用

经纬仪的使用包括安置仪器、调焦照准和读数等基本操作步骤。

（1）经纬仪的安置

用经纬仪进行角度观测时，应首先将仪器安置在角的顶点上（图3.9）。经纬仪的安置包括对中和整平两项工作。对中的目的是将经纬仪的中心安置在通过角的顶点（即测站点）的铅垂线上。整平的目的是使仪器的竖轴处于铅垂位置，水平度盘处于水平位置。

经纬仪的安置步骤如下。

①经纬仪的安装

张开三脚架，调节架腿，使脚架高度适宜，目估使三脚架架头大致水平，架头中心大致对准测站点的标志。若地面坡度较大，可将三脚架的两条架腿置于下坡方向，以防经纬仪倾倒。安装仪器，拧紧中心连接螺旋，使仪器大致置于测站点的正上方，将基座上的三个脚螺旋调至其升降范围的中间位置。此时仪器的竖盘自动补偿器开关应处于关闭状态，望远镜及照准部制动螺旋应处于放松状态。

②粗对中（移动架腿对中）

a. 置脚架于测站上，移动脚架目估使仪器中心大致在测站点的正上方。

b. 转动光学对中器的目镜对光螺旋，使光学对中器中的十字丝分划板影像清晰，再旋转光学对中器的物镜调焦螺旋（或拉伸光学对中器的物镜对光螺旋），使地面测站点成像清晰。

c. 先放下三脚架的一条架腿；双手分别握住另两条架腿稍离地面前后左右摆动（注意架头要平），眼睛同时观察对中器的目镜，直至光学对中器中的分划圈中心对准测站点标志为止，放下该两架腿，踩紧三个架腿。

图 3.9 经纬仪安置与水平角观测

③精确对中

眼睛观察光学对中器的目镜，调节经纬仪基座上的三个脚螺旋使对光学中器分划圈中心精确对准测站点标志。

④粗平（伸缩架腿整平）

根据圆水准气泡偏离的方向，依次调节相应方向的架腿长度，通过伸缩两个脚架腿使圆水准气泡居中。

规律：圆水准气泡向架腿升高的一侧移动。

⑤精确整平（调节脚螺旋精平）

采用先平行、后垂直的方法。

a. 如图 3.10(a)所示，松开照准部水平制动螺旋，转动照准部使水准管轴平行于任意两个脚螺旋 1、2 的连线，按照左手拇指规则（即气泡移动的方向与左手大拇指转动的方向一致），两手同时向里或向外转动这两个脚螺旋，使气泡居中（先平行）。

b. 如图 3.10(b)所示，将照准部旋转 90°，转动脚螺旋 3，使气泡居中（后垂直）。

c. 这样反复进行几次，直到照准部旋转到任何方向水准管气泡都居中为止。

规律：整平时气泡的移动方向和左手大拇指转动方向一致。

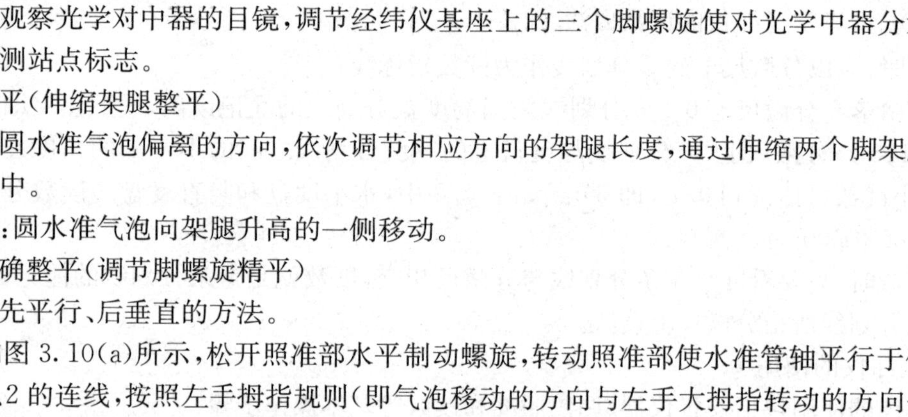

图 3.10 经纬仪整平

⑥精确对中（平移仪器基座对中）

此时如光学对中器分划圈中心与测站点影像不重合，则拧松仪器中心连接螺旋，眼睛观察光学对中器，双手在架头上平移仪器基座，使对中器分划圈中心精确对准测站点标志，拧紧中心连接螺旋。

经纬仪在架头上平移时只能前后和左右移动,不能转动。

⑦精确整平,精确对中

此时,水准管气泡可能不再居中,再精确整平仪器;而后再观察光学对中器,光学对中器分划圈中心与测站点影像可能不重合,再精确对中。重复5、6两步,直到照准部旋转到任何位置对中和整平都满足要求为止。

注意:对中容许偏差为1 mm,整平容许偏差为1/4格。

(2)调焦照准

照准目标就是利用望远镜十字丝中心精确地瞄准目标。

其操作步骤如下:

①目镜调焦:松开经纬仪水平制动螺旋和望远镜制动螺旋,将望远镜对向明亮背景,转动目镜调焦螺旋,使十字丝清晰;

②粗略照准:用准星和照门(或粗瞄器)概略对准目标,然后拧紧水平制动螺旋及望远镜制动螺旋;

③物镜调焦:转动物镜调焦螺旋,使目标影像清晰,并注意消除视差;

④精确瞄准目标:转动水平微动和望远镜微动螺旋,利用十字丝中心精确地瞄准目标。

望远镜照准目标时,注意两手之间的协调操作。通常一手轻握照准部或望远镜,并缓慢转动照准部或望远镜以粗略照准,另一只手应手扶水平制动螺旋(制动扳手),当通过粗瞄器瞄准目标后,马上旋紧(关上)制动螺旋。望远镜照准目标的步骤可概括为:粗瞄→制动→调焦→微动→精确瞄准。

注意在测量水平角时,应使用十字丝竖丝靠近交点附近的部分照准目标,并尽量瞄准目标底部,以减少由于目标不垂直引起的方向误差,如图3.11所示。对在望远镜视场内成像的目标,可根据目标像的宽窄,用十字丝竖丝的单丝平分目标或用双丝夹目标。当所照准的目标较细时,常用单丝平分目标[见图3.11(a)];当照准目标较粗时,常采用双丝对称夹住目标[见图3.11(b)]。进行竖直角测量时,应用十字丝横丝(中丝)靠近交点附近部分的单丝切准目标的顶部或特定部位,在记录时一定要注记照准的位置[见图3.11(c)]。

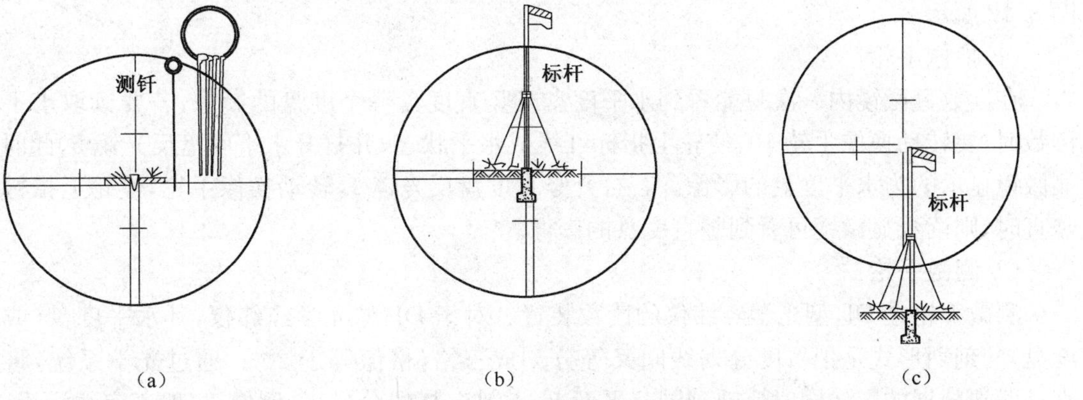

图3.11 望远镜瞄准

(a)水平角观测单丝平分;(b)水平角观测双丝夹准;(c)竖直角观测中丝切准

(3)读数

瞄准目标后,即可读数。

读数时，打开并旋转读数反光镜，使读数窗亮度适中；调节读数显微镜目镜调焦螺旋，使读数窗内刻划线清晰，读数；最后，将所读数据记录在角度观测手簿的相应位置上。

知识拓展

1. DJ_2型光学经纬仪的基本构造

DJ_2型光学经纬仪的构造，除望远镜的放大倍数比 DJ_6型大、照准部水准管的灵敏度比 DJ_6型高、读数设备及读数方法不同外，其他基本上和 DJ_6型光学经纬仪相同。我国某光学仪器厂生产的 DJ_2型光学经纬仪外形如图 3.12 所示。

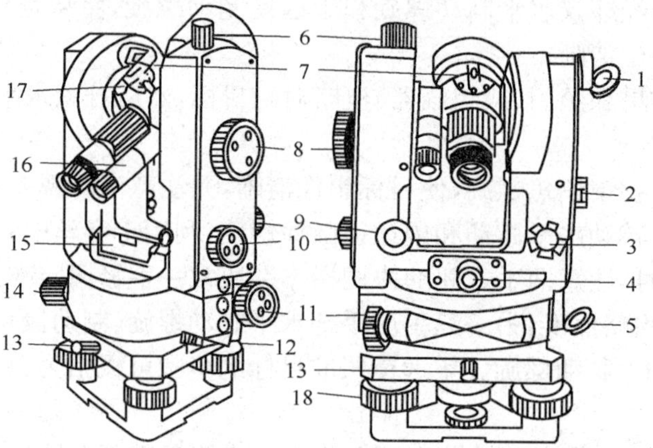

图 3.12　DJ_2型光学经纬仪构造

1—竖直度盘反光镜；2—竖盘指标水准管观察镜；3—竖盘指标水准管微动螺旋；4—光学对中器目镜；5—水平度盘反光镜；6—望远镜制动螺旋；7—光学瞄准器；8—测微手轮；9—望远镜微动螺旋；10—换像手轮；11—水平微动螺旋；12—水平度盘变换手转；13—中心锁紧螺旋；14—水平制动螺旋；15—照准部水准管；16—读数显微镜；17—望远镜光板手轮；18—脚螺旋

2. DJ_2型光学经纬仪的读数装置及读数方法

与 DJ_6型光学经纬仪相比，DJ_2型光学经纬仪增加了换像手轮、测微手轮、竖盘反光镜，如图 3.12 所示。

（1）换像手轮

在读数显微镜内一次只能看到水平度盘或竖直度盘一个度盘的影像，若要读取水平度盘读数时，要转动换像手轮 10，使轮上指标红线成水平状态，并打开水平度盘反光镜 5，此时读数显微镜显示的为水平度盘的影像。若打开竖直度盘反光镜 1，转动换像手轮，使轮上指标红线竖直时，则读数显微镜可看到竖直度盘的影像。

（2）测微手轮

测微手轮是 DJ_2型光学经纬仪的读数装置。对于 DJ_2型光学经纬仪，其水平度盘（或竖直度盘）的刻划形式是把每度分划线间又等分刻成三格，格值等于 20′。通过光学系统，将度盘直径两端分划的影像同时反映到同一平面上，并被一横线分成正、倒像，一般正字注记为正像，倒字注记为倒像。

图 3.13 为 DJ_2 型光学经纬仪读数窗示意图，测微尺上刻有 600 格，其分划影像见图中小窗。当转动测微手轮使分微尺由零分划移动到 600 分划时，度盘正、倒对径分划影像等量相对

移动一格，故测微尺上 600 格相应的角值为 10′，一格的格值等于 1″。因此，用测微尺可以直接测定 1″的读数，从而起到了测微作用。图 3.13 中的读数值为 30° 20′ ＋8′ 00″＝ 30° 28′ 00″。

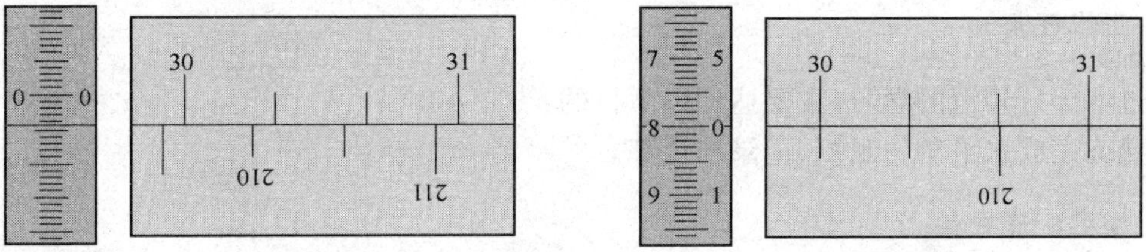

(a)读数前视窗　　(b)读数时视窗

图 3.13　DJ_2型光学经纬仪读数窗

(3)读数方法

①转动测微手轮，使度盘正、倒像分划线精密重合。

②由靠近视场中央读出上排正像左边分划线的度数，即 30°。

③数出上排的正像 30°与下排倒像 210°之间的格数再乘以 10′，就是整十分的数值，即 20′。

④在旁边小窗中读出小于 10′ 的分、秒数。测微尺分划影像左侧的注记数字是分数，右侧的注记数字 1、2、3、4、5 是秒的十位数，即分别为 10″、20″、30″、40″、50″。将以上数值相加就得到整个读数。故其读数为

度盘上的度数	30°
度盘上整十分数	20′
测微尺上分、秒数	8′00″
全部读数为	30°28′ 00″

(4)半数字化读数方法

我国生产的新型 TDJ_2型光学经纬仪采用了半数字化的读数方法，使读数更为方便，不易出错，如图 3.14 所示。中间窗口为度盘对径分划影像，没有注记，上面窗口为度和整 10′的注记，用小方框“□”标记欲读的整 10′ 数，下面窗口的上边大字为分，下边小字为“10 秒”。读数时，转动测微手轮使中间窗口的分划线上下重合，从上窗口读得 5° 10′，下窗口读得 2′ 34″，全部读数为 5° 12′ 34″。

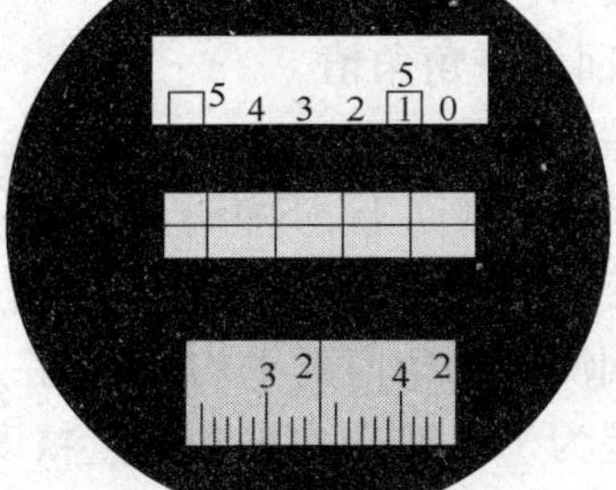

图 3.14　TDJ_2型光学经纬仪读数窗

典型工作任务 3　水平角测量

3.3.1　工作任务

通过本部分知识的学习，主要达到以下目的：

能熟练完成水平角的观测、记录与计算。

3.3.2　相关配套知识

1. 测回法观测水平角的观测、记录与计算

水平角的测量方法一般可根据观测目标的多少、测角精度的要求及观测时使用的仪器来确定。测回法是测量水平角的基本方法，适用于观测两个方向之间形成的单角。

(1)测回法观测水平角的观测步骤

如图 3.9 所示，欲观测水平角∠AOB，具体观测步骤如下：

①在测站点即角的顶点 O 安置经纬仪；在 A、B 两点设置观测标志(标杆或测钎)；

②盘左位置观测(又称正镜位置，观测者面对目镜竖盘位于望远镜的左侧)。

松开照准部及望远镜制动螺旋，顺时针方向转动照准部，精确瞄准左目标 A(注意消除视差)，读取水平度盘读数 $a_{左}$(0°02′18″)，记入观测手簿相应的栏内(表 3.1)。

松开照准部及望远镜制动螺旋，顺时针方向转动照准部，精确照准右目标点 B，读取水平度盘读数 $b_{左}$(72°08′48″)，记入观测手簿相应的栏内(表 3.1)。

以上用盘左位置进行的观测，称为上半测回。

上半测回测得水平角角值 $\beta_{左}$ 为

$$\beta_{左} = b_{左} - a_{左} = 72°08'48'' - 0°02'18'' = 72°06'30''$$

③盘右位置观测(又称倒镜，竖盘位于望远镜的右侧)。

先精确照准右目标 B 点，读取水平度盘读数 $b_{右}$(252°08′24″)，记入观测手簿相应的栏内(表 3.1)。

松开照准部及望远镜制动螺旋，逆时针方向转动照准部，精确照准左目标 A 点，读取水平度盘读数 $a_{右}$(180°02′06″)，记入观测手簿相应的栏内(表 3.1)。

以上用盘右位置进行的观测，称为下半测回。

下半测回测得水平角角值 $\beta_{右}$ 为

$$\beta_{右} = b_{右} - a_{右} = 252°08'24'' - 180°02'06'' = 72°06'18''$$

上、下两个半测回合称为一测回。

④评定测角精度并计算一测回水平角角值。

计算上、下半测回角值的较差：$\Delta\beta = \beta_{左} - \beta_{右}$。

用 DJ_6 型光学经纬仪测水平角，一测回上、下两半测回角值之差不应超过±30″；用 DJ_2 型光学经纬仪测水平角，一测回上、下两半测回角值之差不应超过±20″。当上、下半测回角值较差符合精度要求后，取两个半测回测得的角值的平均值作为一测回的观测结果；否则，应重测。

本例上、下两半测回角值之差为 12″，符合水平角测量精度要求。故一测回平均角值为

$$\beta = \frac{1}{2}(\beta_{左} + \beta_{右}) = \frac{1}{2}(72°06'30'' + 72°06'18'') = 72°06'24''$$

注意：在计算 β 值时，若被减数小于减数时，应先在被减数上加 360°，然后再相减。

(2)测回法观测水平角的记录、计算

测回法观测水平角手簿的记录与计算见表 3.1。

表 3.1 水平角观测手簿(测回法)

测站	目标	盘位	水平度盘读数/(° ′ ″)	半测回角值/(° ′ ″)	一测回角值/(° ′ ″)	各测回平均角值/(° ′ ″)	备注
1	2	3	4	5	6	7	8
O	A	左	00 02 18	72 06 30	72 06 24	72 06 24	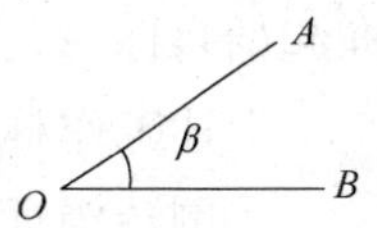
	B		72 08 48				
	A	右	180 02 06	72 06 18			
	B		252 08 24				

当测角精度要求较高时，往往需要观测几个测回，取其平均值作为水平角测量的最后结果。为减少水平度盘刻划不均匀所产生的误差，应采用多个测回观测，各测回应根据测回数 n，按 $180°/n$ 的间隔变换起始方向水平度盘位置。例如：观测三个测回时，度盘起始读数可分别调至略大于 0°、60°、120°数值处。

各测回之间所测同一水平角的角值之差不应超过±24″，取各测回平均值作为水平角的最后角值；否则应重测。

测回法观测水平角(两测回)手簿的记录与计算见表 3.2。

表 3.2 水平角观测手簿(测回法)

测站	目标	盘位	读 数/(° ′ ″)	角 值/(° ′ ″)	一测回平均角值/(° ′ ″)	各测回平均角值/(° ′ ″)	备注
1	2	3	4	5	6	7	8
O 第一测回	A	左	00 02 18	72 06 30	72 06 24	72 06 27	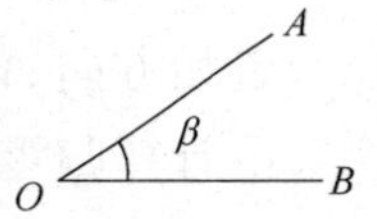
	B		72 08 48				
	A	右	180 02 06	72 06 18			
	B		252 08 24				
O 第二测回	A	左	90 04 30	72 06 24	72 06 30		
	B		162 10 54				
	A	右	270 04 12	72 06 36			
	B		342 10 48				

2. 全圆方向观测法观测水平角的观测、记录、计算及精度要求

当在一个测站上需观测 3 个或 3 个以上的方向时，通常采用全圆方向观测法进行水平角的观测(简称全圆方向法)。如图 3.15 所示，在测站点 O，用全圆方向法观测 O 点到 A、B、C、D 各方向之间形成的水平角。

(1)全圆方向观测法及其观测步骤

①在测站点 O 安置经纬仪，选择一距离适中、背景明亮、成像清晰的目标 A 作为起始方向(又称零方向)，盘左位置瞄准选定的起始方向 A，将水平度盘的读数置为略大于 0°(即度盘置

零），检查确认精确照准目标 A 后，读取水平度盘读数 a (0°02′12″)，记入手簿中相应栏内（表 3.3）。

②松开照准部及望远镜制动螺旋，按顺时针方向依次照准 B、C、D 各方向，并分别读取水平度盘读数 b (37°44′18″)、c(110°29′06″)、d (150°14′48″)，记入手簿中相应栏内。

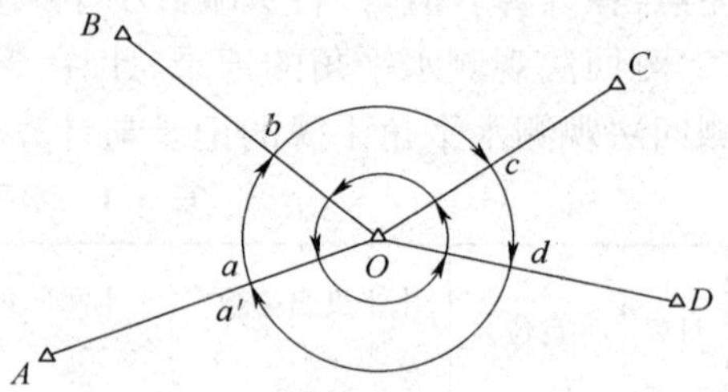

图 3.15　全圆方向法观测水平角

③继续顺时针方向转动照准部，再次照准起始目标 A，读取水平度盘读数 a' (0°02′18″)，这步观测称之为“归零”，将读数记入手簿。

上述工作称为盘左半测回或上半测回观测。

④倒转望远镜，盘右位置照准起始方向 A，读取水平度盘读数并记入手簿相应栏内，按逆时针方向依次照准 D、C、B、A 各方向，读数并记入手簿相应栏内，称为盘右半测回或下半测回观测。

盘左、盘右两个半测回合称为一个测回。

如需观测 n 个测回，同样应在每个测回开始即盘左的第一个方向按要求配置水平度盘读数，使其递增 $180°/n$，然后仍按相同的顺序进行观测、记录（表 3.3）。

分别对上、下半测回中零方向的两个读数进行比较，其差值称为半测回归零差。该值的限差列于表 3.4 中。若两个半测回的归零差均符合限差要求，便可进行以下计算工作。

(2)全圆方向观测法的记录、计算

①计算两倍照准误差 $2C$ 值

在同一测回内同一方向的两倍照准误差为：$2C$＝盘左读数－（盘右读数±180°），其值列入表 3.3 中第 6 列。

②计算各方向的平均读数

平均读数$=\frac{1}{2}$[盘左读数＋（盘右读数±180°）]，其值列入表 3.3 中第 7 列。

起始方向 A 有两个平均读数，再取平均值，列入表 3.3 中第 7 列之括号内。

③计算归零后之方向值

将各方向的平均读数分别减去起始方向的平均读数，列入表 3.3 中第 8 列中即得归零后之方向值。

④计算各测回归零方向平均值

取各测回同一方向的归零后之方向值的平均值，作为该方向的最后结果，其值列入表 3.3 中第 9 列中。

最后，根据各测回归零后方向值的平均值计算各水平角的角值，即将相邻两方向值分别相减即可求得各水平角值。一测回观测完成后，应及时进行计算，各项较差如有超限，则应重测。

(3)全圆方向观测法的精度要求

方向观测按现行测量规范的规定，其限差应符合表 3.4 的规定。

表 3.3 水平角观测手簿(全圆方向法)

观测日期:2011 年 6 月 5 日　　天气:晴　　观测者:

开始时刻8时00分　　成像:清晰　　记录者:

结束时刻8时40分　　通视:良好　　仪　器:$J_6$28688

测站	测回	目标	水平度盘读数 盘左/(°　′　″)	水平度盘读数 盘右/(°　′　″)	2C/(″)	平均读数 $\frac{左+(右\pm180°)}{2}$/(°　′　″)	一测回归零方向值/(°　′　″)	各测回归零方向平均值/(°　′　″)	备注
1	2	3	4	5	6	7	8	9	10
O	1					(0 02 10)			
		A	0 02 12	180 02 00	+12	0 02 06	0 00 00	0 00 00	
		B	37 44 18	217 44 06	+12	37 44 12	37 42 02	37 42 01	
		C	110 29 06	290 28 54	+12	110 29 00	110 26 50	110 26 49	
		D	150 14 48	330 14 42	+06	150 14 45	150 12 35	150 12 28	
		A	0 02 18	180 02 12	+06	0 02 15			
归零差			$\Delta_{左}=+06''$	$\Delta_{右}=+12''$					
O	2					(90 03 33)			
		A	90 03 30	270 03 24	+06	90 03 27	0 00 00		
		B	127 45 36	307 45 30	+06	127 45 33	37 42 00		
		C	200 30 24	20 30 18	+06	200 30 21	110 26 48		
		D	240 16 00	60 15 48	+12	240 15 54	150 12 21		
		A	90 03 42	270 03 36	+06	90 03 39			
归零差			$\Delta_{左}=+12''$	$\Delta_{右}=+12''$					

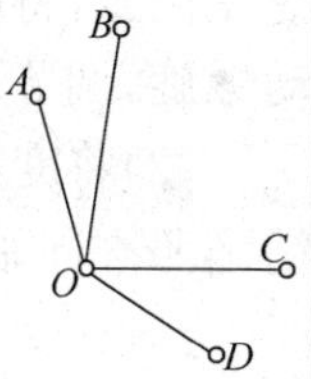

表 3.4 方向观测法的各项限差规定(全圆方向法)

经纬仪型号	半测回归零差/(″)	一测回内 2C 互差/(″)	同一方向值各测回互差/(″)
DJ_2	8	13	12
DJ_6	18	无此项要求	24

3. 水平角观测的注意事项

(1)操作要规范:仪器高度要与观测者的身高相适应;防止仪器的不均匀下沉,测站应选在土质坚实的地方,要踏实三脚架使其稳定;仪器与脚架连接要牢固,观测时不要碰动三脚架;转动照准部与望远镜之前,应先旋松制动螺旋;强光时要给仪器打伞,选择在天气比较稳定和清晰的天气条件下进行观测。

(2)对中要准确:安置仪器时应仔细对中;当视线短时,对中尤其要严格。

(3)整平要仔细:一般规定在观测过程中水准管气泡偏离中央不应大于半格,若偏离超过一格,应重新整平;当观测目标高、低相差较大时,更应注意仪器的整平。

(4)目标要照准:观测时应尽量照准标志中心或目标的底部;后视要选在长边上,对光要仔细,注意消除视差。

(5)估读要准确:要弄清所用仪器的度盘注记形式,精确估读尾数。

(6)记录要清楚,观测要校核:应随测随算,发现错误,立即重测。

(7)一测回水平角观测过程中,不得重新调整照准部水准管气泡,如气泡偏离中央超过一格时，应重新安置仪器，重新观测。

知识拓展——度盘置数

为了减弱度盘的刻划误差和计算方便，在水平角观测时，通常规定某一清晰、成像稳定的目标作为“零方向”，并将度盘起始读数调整为某一规定值，这一操作过程称为“置数”。

1. 装有水平度盘变换手轮的光学经纬仪度盘“置数”方法：

(1)当仪器对中、整平后，盘左位置，照准起始目标。

(2)转动水平度盘变换手轮，使度盘读数调整至预定读数即可。为防止观测时碰动度盘变换手轮，度盘“置数”后应及时盖上护盖。

2. 装有度盘离合器的复测经纬仪度盘“置数”方法：

(1)当仪器对中、整平后，转动测微轮，将测微尺读数调到预定读数(一般为5′以内即可)，盘左位置，将度盘离合器复测扳钮扳上，转动照准部，使度盘读数接近预定读数，旋紧照准部制动螺旋，调节水平微动螺旋，使0°(或预定读数)刻划线对准读数指标线。

(2)将度盘离合器复测扳钮扳下，使度盘与照准部结合(即水平度盘和照准部一起转动)。精确照准起始目标，将复测扳钮扳上，即可开始测角。

典型工作任务 4　竖直角测量

3.4.1　工作任务

通过本部分知识的学习，主要达到以下目的：

能熟练完成竖直角的观测、记录与计算。

3.4.2　相关配套知识

1. 竖直度盘构造及特点

经纬仪的竖盘装置是用来观测竖直角的。一般光学经纬仪采用水准管结构来安置竖盘进行读数，而现代的光学经纬仪普遍采用竖盘自动归零补偿器来代替竖盘上的水准管，操作简便，还可提高观测精度。现将这两种结构的竖盘介绍如下。

(1)水准管结构竖盘的构造特点

水准管结构的竖盘主要由竖直度盘(简称竖盘)、竖盘读数指标、竖盘指标水准管和竖盘指标水准管微动螺旋组成(图 3.16)。

①竖盘与横轴固连在一起，竖盘盘面与横轴垂直，其中心与横轴中心重合。当望远镜在竖直面内绕横轴转动时，竖盘随望远镜一起绕横轴转动，竖盘上的刻度位置也在变化。

②竖盘读数指标安置在竖直(或水平)位置上，与竖盘指标水准管固连在一起，不受竖盘的制约。当竖盘随望远镜转动时，竖盘的读数指标不动。根据读数指标，可在竖盘上读取读数。

③转动竖盘指标水准管微动螺旋，可使竖盘指标水准管与读数指标一起绕横轴做微小转动。

④当竖盘指标水准管气泡居中时，竖盘读数指标处于正确位置。故每次读取竖盘读数之前，都必须转动竖盘指标水准管微动螺旋，使竖盘指标水准管气泡居中。

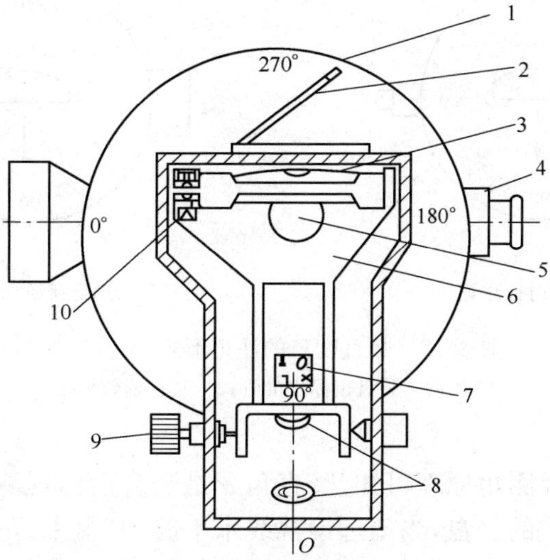

图 3.16 竖直度盘的结构

1—竖直度盘；2—水准管反射镜；3—竖盘水准管；4—望远镜；5—横轴；6—支架；7—转向棱镜；8—透镜组；9—竖盘水准管微动螺旋；10—竖盘指标水准管校正螺丝

(2)带竖盘自动归零补偿器竖直度盘的构造特点

①竖盘自动归零的原理

在竖盘的成像光路中悬吊一光学器件(补偿器)，当仪器倾斜一个小角度(在仪器整平的精度范围内，一般≤1′)时，由于悬吊器件受重力作用，会自动调整光路，使竖盘读数为竖盘指标水准管气泡居中时的读数，称为自动归零。

②仪器特点

使用时，当仪器整平后，立即照准目标进行竖直角观测，打开竖盘自动补偿器开关，直接读取竖盘读数。使用结束后，应及时旋转自动补偿器开关，使其处于关闭状态，以防损坏。

旋转竖盘自动补偿器开关，使手轮上红点对准照准部支架上黑点，使补偿器处于打开状态。用手轻轻转动仪器，如听到仪器内有轻微的零件碰撞声，表示补偿器处于正常工作状态，如听不到响声则表明补偿器有故障。

2. 竖直度盘的注记形式及竖直角计算公式

(1)竖直度盘的注记形式

光学经纬仪的竖盘是由光学玻璃制成的，其刻划一般为0°～360°全圆顺时针或逆时针两种形式注记，如图3.17所示。

全圆顺时针类型：如图3.17(a)所示，度盘采用全圆式刻划，靠近目镜端为0°，以顺时针方向增加注记。当视线水平时，盘左竖盘读数为90°，盘右竖盘读数为270°。这种类型的仪器，当望远镜上仰瞄准高目标时，盘左时竖盘读数减小，盘右时竖盘读数增加。

全圆逆时针类型：如图3.17(b)所示，度盘采用全圆式刻划，靠近物镜端为0°，以逆时针方向增加注记。当视线水平时，盘左竖盘读数为90°，盘右竖盘读数为270°。这种类型的仪器，当望远镜上仰瞄准高目标时，盘左时竖盘读数增加，盘右时竖盘读数减小。

当望远镜视准轴水平，竖盘指标水准管气泡居中或竖盘自动归零补偿器处于工作状态时，竖盘读数指标处于正确位置，竖盘读数为一定值(通常为90°或270°)。

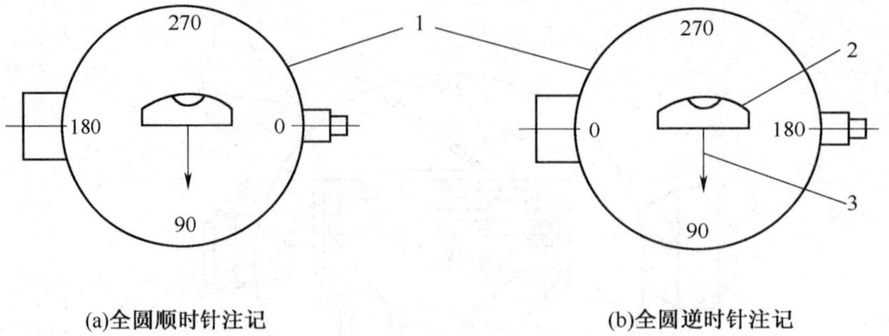

图 3.17　竖直度盘的注记形式（盘左）

1—竖盘；2—竖盘指标水准管；3—竖盘读数指标

(2)竖直角计算公式

由竖直角的基本概念及测角原理可知，竖直角 α 是竖直面内观测目标方向与水平方向间的夹角。对于任何注记形式的竖盘，当望远镜视线水平时，其盘左、盘右的竖盘读数均为一定值，所以测量竖直角时，只需对目标点进行观测和读数即可算得竖直角的角值。

①以全圆顺时针注记竖盘为例[图 3.18(a)]

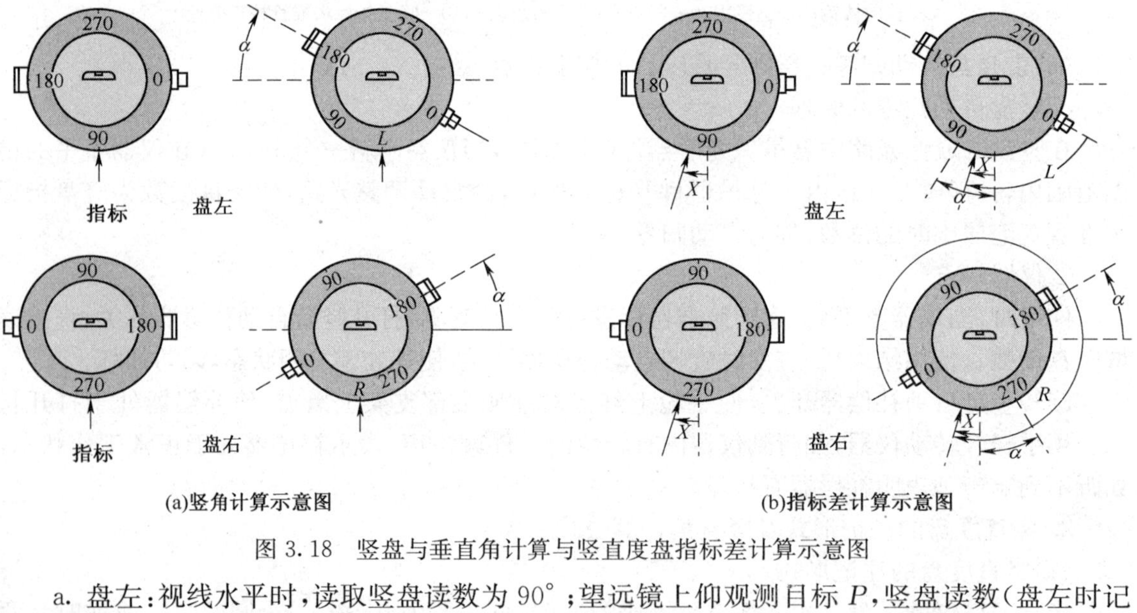

图 3.18　竖盘与垂直角计算与竖直度盘指标差计算示意图

a. 盘左：视线水平时，读取竖盘读数为 90°；望远镜上仰观测目标 P，竖盘读数（盘左时记作 L）减少；

b. 盘右：视线水平时，读取竖盘读数为 270°；望远镜上仰观测目标 P，竖盘读数（盘右时记作 R）增加。

竖角计算公式为

$$\alpha_L = 90° - L \tag{3.2}$$

$$\alpha_R = R - 270° \tag{3.3}$$

平均竖直角为

$$\alpha = \frac{\alpha_L + \alpha_R}{2} \tag{3.4}$$

②全圆逆时针注记竖盘

同理可得逆时针注记竖盘竖直角的计算公式为

$$\alpha_L = L - 90° \tag{3.5}$$

$$\alpha_R = 270° - R \tag{3.6}$$

平均竖直角为

$$\alpha = \frac{\alpha_L + \alpha_R}{2}$$

(3)竖直角计算公式的判断

盘左将望远镜大致放平，观察竖盘读数，然后将望远镜慢慢上仰，观察竖盘读数是增大还是减小(比 90°)。

若读数增大，则竖盘为逆时针注记，竖直角的计算公式为

竖直角＝瞄准目标时的竖盘读数－视线水平时的竖盘读数(定值)

若读数减小，则竖盘为顺时针注记，竖直角的计算公式为

竖直角＝视线水平时的竖盘读数(定值)－瞄准目标时的竖盘读数

3. 竖盘指标差的计算及竖直角观测精度的评定

(1)竖盘指标差的概念及计算

①竖盘指标差的概念

当视线水平、竖盘指标水准管气泡居中时，竖盘读数应是 90°或 270°。若竖盘指标水准管未校正完善，导致竖盘指标水准管与竖盘读数指标的关系不正确，那么当竖盘指标水准管气泡居中、望远镜视线水平时，竖盘读数指标所指读数与应有读数(90°或 270°)有一个小角度的偏差 x，这个偏差 x 即称为竖盘指标差[图 3.18(b)]。竖盘指标差 x 的偏移方向与度盘注记方向一致，规定 x 为正；反之为负。

②竖盘指标差的计算

以全圆顺时针注记竖盘为例，图 3.18(b)中，由于竖盘读数指标线左偏(向读数增大方向偏移)，望远镜瞄准目标，当竖盘指标水准管气泡居中时，读取的竖盘读数比正确读数大了一个 x 值，则正确的竖直角为

$$\alpha = 90° - (L - x) = \alpha_L + x \tag{3.7}$$

同理，盘右位置时，正确竖直角为

$$\alpha = (R - x) - 270° = \alpha_R - x \tag{3.8}$$

注意：此时利用竖直角计算公式计算出的 α_L、α_R 已不是正确的竖直角。

将式(3.7)和式(3.8)所得竖直角取平均值，得

$$\alpha = \frac{1}{2}(\alpha_L + \alpha_R) \tag{3.9}$$

可以看出，式(3.4)与式(3.9)完全相同。由此可知，取盘左、盘右竖直角的平均值作为最终结果可以消除竖盘指标差对竖直角的影响。

将式(3.7)和式(3.8)相减并除以 2，则得到竖盘指标差的计算公式：

$$x = \frac{1}{2}(L + R - 360°) \tag{3.10}$$

当一测回观测结束后，应立即计算竖盘指标差和竖直角的角值。

（2）竖直角观测精度的评定

《工程测量规范》规定，同一测站上观测不同目标的竖直角竖盘指标差互差的限差：对于DJ_2型光学经纬仪，不应超过±15″；对于DJ_6型光学经纬仪，不应超过±25″。符合限差要求时，取盘左、盘右的平均值作为竖直角的角值；否则，必须重测。

【例 3.1】 用经纬仪观测高处一点 P，盘左与盘右测得的竖盘读数分别为 $L=82°37'12''$，$R=277°22'54''$，试计算竖直角 α 和竖盘指标差 x。

【解】 该经纬仪的竖盘注记形式为全圆顺时针注记，则

$$\alpha_L = 90° - L = 90° - 82°37'12'' = 7°22'48''$$

$$\alpha_R = R - 270° = 277°22'54'' - 270° = 7°22'54''$$

$$\alpha = \frac{\alpha_L + \alpha_R}{2} = (7°22'48'' + 7°22'54'')/2 = 7°22'51''$$

$$x = \frac{1}{2}(L + R - 360°) = (82°37'12'' + 277°22'54'' - 360°)/2 = +3''$$

4. 竖直角的观测、记录与计算

（1）竖直角的观测

竖直角的观测方法有中丝法、三丝法两种。现将中丝法的观测、记录及计算方法叙述如下：

①在测站 O 点安置经纬仪，在目标 A 处竖立标杆或其他照准目标。

②判断竖直角计算公式。

③盘左位置瞄准目标点，使十字丝横丝精确切准 A 点标杆的顶端或目标的某一位置，旋转竖盘指标水准管微动螺旋，使竖盘指标水准管气泡居中（对于带有自动归零补偿器的经纬仪，切准目标后打开自动补偿器开关），读取竖盘读数 L（71°18′42″），以上步骤称为上半测回观测。

④盘右位置使十字丝横丝精确切于目标同一位置，使竖盘指标水准管气泡居中后，读取竖盘读数 R（278°41′30″），以上步骤称为下半测回观测。

上、下半测回合起来称为一测回。

（2）记录与计算

将以上各观测数据及时填入表 3.5 的竖直角观测手簿中，按所判断的竖直角计算公式分别计算上、下半测回竖直角角值、竖盘指标差和一测回竖直角角值。

表 3.5　竖直角观测记录手簿

测站	目标	盘位	竖盘读数/（° ′ ″）	半测回竖直角/（° ′ ″）	指标差 x/（″）	一测回竖直角/（° ′ ″）	备注
O	$\underline{A}$ 杆顶	左	71 18 42	+18 41 18	+6	+18 41 24	竖盘为顺时针注记形式
		右	288 41 30	+18 41 30			
	$\underline{B}$ 桩顶	左	104 03 30	−14 03 30	+12	−14 03 18	
		右	255 56 54	−14 03 06			

图根控制的竖直角观测，一般要求中丝观测两测回，且两个测回要分别进行，不得用两次读数的方法代替。如果在一个测站上观测多个方向的竖直角，则在盘左时可顺时针依次照准各目标，分别读取竖盘读数并记录；盘右时逆时针依次照准各目标，读取竖盘读数并记录，代入公式完成竖直角的计算。

(3)竖直角观测注意事项

①盘左、盘右观测时必须用中横丝的单丝切准同一目标的同一部位。

②每次读数前,必须使竖盘指标水准管气泡居中(或打开自动归零补偿器开关)。

③盘左、盘右照准目标时,应使目标影像位于纵丝附近两侧对称位置上,有利于消除横丝不水平引起的误差。

典型工作任务5 经纬仪检验和校正

3.5.1 工作任务

通过本部分知识的学习,主要达到以下目的:

(1)掌握经纬仪主要轴线及其应满足的几何条件;

(2)能进行经纬仪的检验。

3.5.2 相关配套知识

1. 经纬仪轴线间应满足的几何条件

如图3.19所示,经纬仪的主要轴线有仪器的竖轴(VV)、照准部水准管轴(LL)、横轴(HH)及望远镜的视准轴(CC)。此外还有望远镜的十字丝竖丝。根据角度测量原理可知,要保证测角的精度,经纬仪各主要轴线之间应满足下列几何条件:

(1)照准部水准管轴应垂直于仪器的竖轴,即 $LL \perp VV$;

(2)十字丝竖丝应垂直于横轴(观测水平角通常是用十字丝竖丝照准目标);

(3)望远镜的视准轴应垂直于仪器横轴,即 $CC \perp HH$;

(4)仪器横轴应垂直于仪器的竖轴,即 $HH \perp VV$;

(5)竖盘指标差应为零;

(6)光学对中器的视准轴应与仪器竖轴重合。

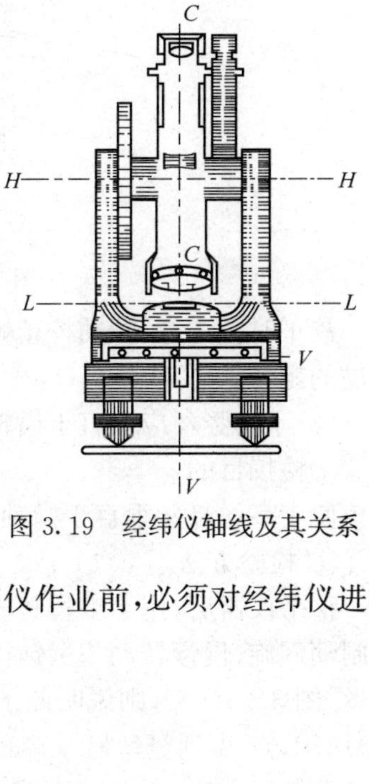

图3.19 经纬仪轴线及其关系

经纬仪在出厂时,以上各条件一般都能满足,但由于经纬仪经过长期外业使用或长途运输、搬运过程中的振动及外界影响等,各轴线间的几何关系往往会发生变动,因此在使用经纬仪作业前,必须对经纬仪进行检验和校正,使经纬仪各轴线间保持正确的几何关系。

2. 经纬仪的检验与校正

(1)照准部水准管轴应垂直于仪器的竖轴的检验与校正

①检校目的

使照准部水准管轴垂直于仪器的竖轴($LL \perp VV$)。即当照准部水准管气泡居中时,仪器竖轴铅垂,水平度盘居于水平位置。

②检验方法

首先将仪器大致整平,转动照准部,使水准管平行于任意一对脚螺旋的连线,转动此两脚螺旋,使水准管气泡严格居中;然后将照准部旋转180°,此时,若气泡仍居中,则说明该项条件满足,即 $LL \parallel VV$,无须校正;否则应进行仪器校正。

检验原理如图3.20(a)所示。若水准管轴与竖轴不垂直,倾斜了 α 角,那么当气泡居中时

竖轴也就倾斜了 α 角。

照准部旋转 180°后，仪器竖轴方向不变，如图 3.20(b)所示。此时水准管轴和水平线夹角为 2α，此时气泡不再居中，气泡偏离零点的格数是 2α 角的反映。

③校正方法

先用校正针拨动水准管一端的校正螺丝，使气泡退回偏离零点格数的一半，如图 3.20(c)所示；然后，转动平行于水准管的两个脚螺旋使气泡居中，如图 3.20(d)所示。

此项检校必须反复进行，直到照准部转到任意位置，气泡偏离量不超过一格为止。

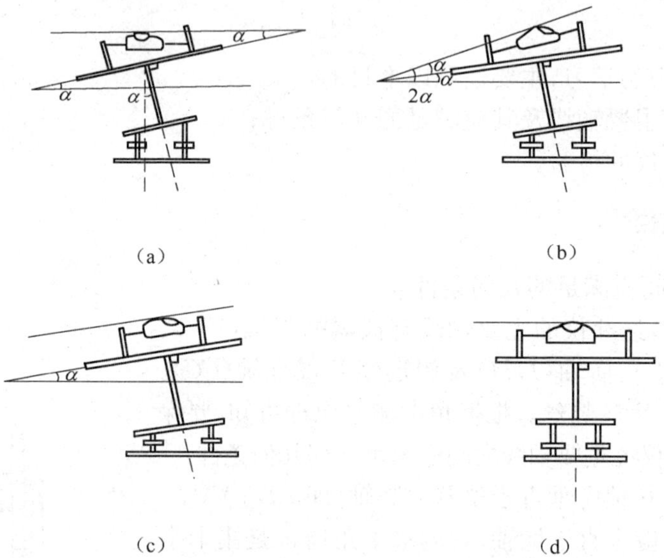

图 3.20　水准管轴垂直于竖轴的检验与校正

校正时应注意，转动校正螺丝必须先松后紧，不可用力过猛，校正结束后要适当拧紧被松动过的螺丝。

(2)十字竖丝应垂直于横轴的检验与校正

①检校目的

使十字丝竖丝垂直于横轴。即当横轴居于水平位置时，竖丝就处于铅垂位置。

② 检验方法

整平仪器后，用十字丝竖丝的一端精确瞄准远处一清晰的目标点 A，固定水平制动和望远镜制动螺旋，慢慢转动望远镜微动螺旋，观察目标点 A，如果点 A 始终沿着竖丝移动，不离开竖丝[图 3.21(a)]，则说明此条件满足，即十字丝竖丝垂直于横轴，不需校正；否则，如图 3.21(b)所示，点 A 到竖丝另一端时偏到了 A'处，则需要校正。

③校正方法

要使竖丝铅垂，就要转动十字丝板座或整个目镜部分，如图 3.22 所示。

旋开目镜处十字丝分划板座的护盖，旋松十字丝四个压环螺丝，慢慢地转动十字丝环，使点 A 从 A'处向竖丝移动偏离量的一半即可，再次检验，直至望远镜上下微动时，点 A 始终在竖丝上移动为止，满足检验条件要求后，及时拧紧压环螺丝，旋上护盖。

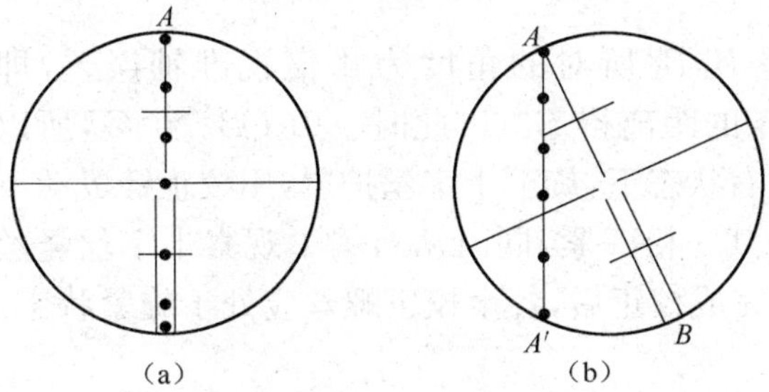

图 3.21 十字丝竖丝垂直于横轴的检验与校正

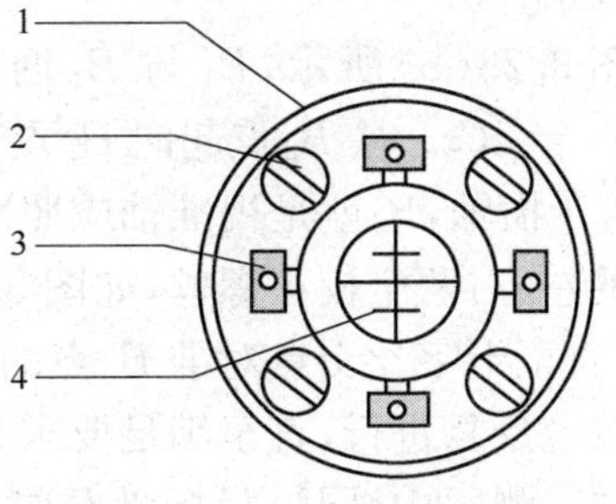

图 3.22 十字丝板座示意图

1—目镜镜筒；2—压环螺丝；3—十字丝校正螺丝；4—十字丝分划板

此检验亦可用悬挂垂球线的方法进行，即在距仪器十几米处悬挂一垂球线，用望远镜照准该垂球线，若十字丝竖丝与垂球线重合，表明条件满足；否则，转动十字丝环，使竖丝与垂球线重合或平行。

(3)望远镜的视准轴应垂直于横轴的检验与校正

①检校目的

使望远镜的视准轴垂直于横轴（$CC \perp HH$）。

视准轴不垂直于横轴，其偏离垂直位置的夹角 c 称为视准轴误差，它是由于十字丝交点的位置不正确而产生的。当望远镜绕横轴旋转时，视准轴旋转的轨迹不是平面，而是锥面，这样对不同倾斜角度的视线在水平面上的投影，将引起不同方向的误差。

②检验方法(四分之一法)

a. 如图 3.23 所示，在一平坦场地上，选择长约 80 m 的 A、B 两点，将经纬仪安置于 A、B 两点的中间 O 点，在 A 点设置一个与仪器同高的测量标志，在 B 点处水平横放一根水准尺，使尺身垂直于视线 OB 并与仪器同高。

b. 盘左位置，照准 A 点，固定照准部制动螺旋，然后纵转望远镜，在 B 点的水准尺上读取读数 B_1，如图 3.23(a)所示。

c. 松开照准部制动螺旋，盘右位置照准 A 点，同法在 B 点水准尺上读取读数 B_2，如图 3.21(b)所示。

d. 若 B_1、B_2 两点重合，即 $B_1 = B_2$，说明此项条件满足，则 $CC \perp HH$，不需校正；否则需要进行校正。

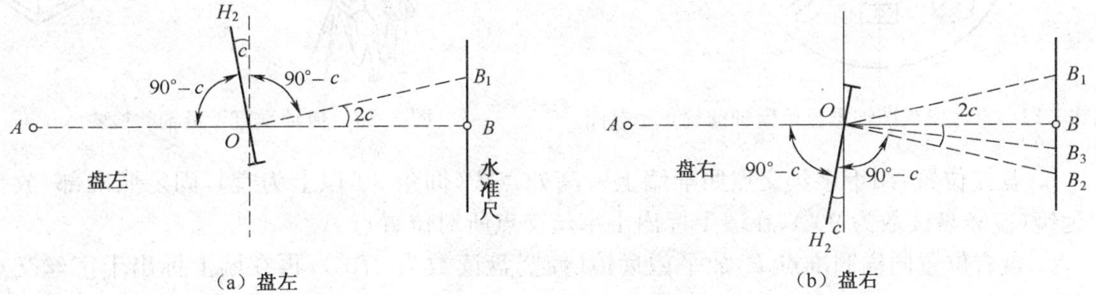

图 3.23 视准轴检验

③校正方法

如图 3.23(b)所示，B_1 与 B_2 两个读数之差 B_1B_2 所对的角度为 4 倍视准轴误差，即 $\angle B_1OB_2 = 4C$。从 B_2 点起向 B_1 点量取 $B_1B_2/4$ 的距离得 B_3 点，此时 $\angle B_2OB_3 = C$，所以 B_3O 垂直于横轴，B_3 就是视准轴应照准的点；在盘右状态下，旋下十字丝护罩，用校正针拨动十字丝环的左、右两个校正螺丝，如图 3.24 所示，使其一松一紧，同时从目镜中观察十字丝竖丝的平移，直至十字丝交点对准 B_3 点的读数为止。完成校正后，各个校正螺丝应处于旋紧状态。此项检校应反复进行，直至满足要求为止。

在同一测回中，同一目标盘左、盘右读数的差为两倍视准轴误差，用 $2c$ 表示。且盘左、盘右的视准轴误差 c 绝对值相等而符号相反，故取盘左、盘右观测值的平均值可消除同一方向观测的照准差。

(4)横轴应垂直于仪器竖轴的检验和校正

①检校目的

使横轴垂直于仪器竖轴($HH \perp VV$)。

若横轴垂直于仪器竖轴，则经纬仪整平后横轴应处于水平位置，此时，望远镜视准轴绕横轴旋转扫过的面是一竖直面。若横轴不垂直于仪器竖轴，则仪器整平后竖轴虽已竖直，横轴并不水平，而与水平线有一夹角 i，则望远镜视准轴绕横轴旋转扫过的面将是一倾斜面，其倾角也为 i，此角称为横轴误差(也称为 i 角误差)。由于 i 角误差的存在，当照准同一铅垂面内高度不同的目标点时，水平度盘的读数亦不相同，影响测角精度，必须进行检校。

此误差主要是由于横轴两端高度不等而产生的。

②检验方法

a. 在距一较高墙壁 20～30 m 处安置经纬仪，如图 3.25 所示。

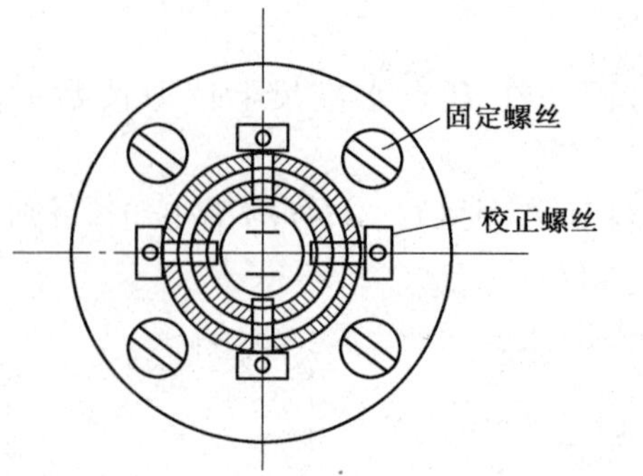

图 3.24　望远镜视准轴垂直于横轴的校正示意图

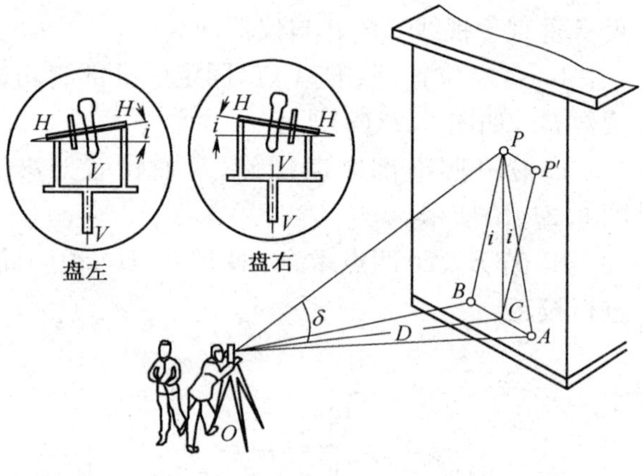

图 3.25　横轴垂直于竖轴的检验

b. 盘左位置，用十字丝交点照准墙上一高处点 P(仰角 30°以上为宜)，固定照准部，放平望远镜(使竖盘读数为 90°)，在墙上标出十字丝交点所对位置点 A。

c. 盘右位置同样照准点 P，放平望远镜(使竖盘读数为 270°)，再在墙上标出十字丝交点所对位置点 B。

d. 如果 A 点和 B 点重合，则说明条件满足，即 $HH \perp VV$，不需要校正；否则需要进行校正。

③校正方法

a. 先在墙上定出 A、B 的中点 C，如图 3.25 所示，调节水平微动螺旋使望远镜十字丝交点照准 C 点，固定照准部。

b. 抬高望远镜向上仰视 P 点，此时十字丝交点偏离 P 点而照准 P' 点。

c. 校正时，打开仪器支架的护盖，松开校正螺丝，校正横轴一端的偏心轴承(环)，升高或降低横轴的一端，使十字丝交点精确对准 P 点，此时横轴即垂直于仪器竖轴。

由于经纬仪的横轴密封在支架内，故使用仪器时，一般只进行此项检验，此项校正一般应由厂家或专业仪器修理人员进行。近代高质量的经纬仪，设计制造时保证了横轴与竖轴垂直，故无校正装置。

由上分析可知，测角时采用盘左、盘右观测，取其平均值的方法，可基本消除此项误差对测角精度的影响。

(5)竖盘指标差的检验和校正

①检校目的

消除竖盘指标差，使望远镜视准轴水平、竖盘指水准管气泡居中时，竖盘指标所指的读数为 90°或 270°。

②检验方法

安置经纬仪于测站点上，整平仪器，用盘左、盘右观测某一清晰目标点，当竖盘指标水准管气泡居中(或打开竖盘指标自动归零补偿器开关)后，分别读取竖盘读数 L 和 R，计算出竖盘指标差 X。如果 X 超过限差 $1'$，则须校正。

③校正方法

a. 计算出盘右时的竖盘正确读数 $R_0 = R - x$。

b. 经纬仪不动，保持盘右位置，转动竖盘指标水准管微动螺旋，使竖盘读数为 R_0。此时，竖盘指标水准管气泡不居中，用校正针先松后紧拨动竖盘指标水准管上、下两校正螺丝，使气泡居中。该项校正需反复进行，直至达到规定的限差要求。

(6)光学对中器的检校

①检校目的

使光学对中器视准轴与仪器竖轴重合。

②检验方法

a. 安置经纬仪于平坦的场地上，严格整平仪器，在仪器的正下方放置一张白纸。

b. 光学对中器调焦，根据对中器的视准轴在白纸上画一标志点 A，如图 3.26(a)所示。

c. 将照准部绕竖轴旋转 180°，同法在白纸上作出标记点 A'，若 A' 点与 A 点重合，则条件满足，无须校正；否则，若 A' 点与 A 点不重合[图 3.26(b)]，则应进行校正。

③校正方法

校正时，用直尺在白纸上定出 A、A' 两点连线的中点 O，如图 3.26(b)所示。调节对中器的校正螺钉使对中器分划板的中心对准 O 点。图 3.27 所示为位于照准部支架间的圆形护盖下的校正螺钉，调节螺钉 2，可使刻划圈中心前后移动；调节螺钉 1，可使刻划圈中心左右移动。直至对中器刻划圈中心与 O 点重合为止。校正完毕盖上护盖。

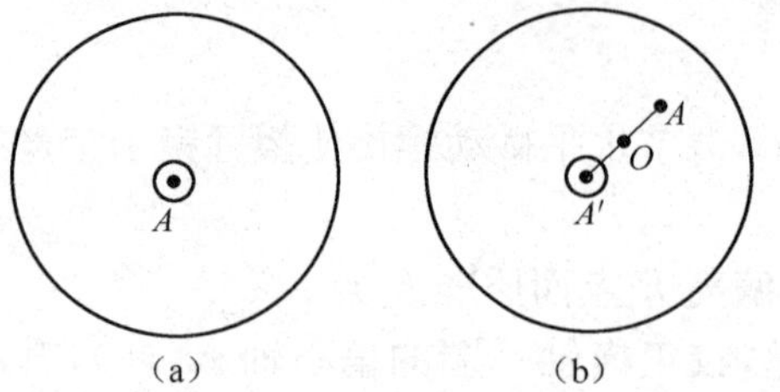

图 3.26 光学对点器检验

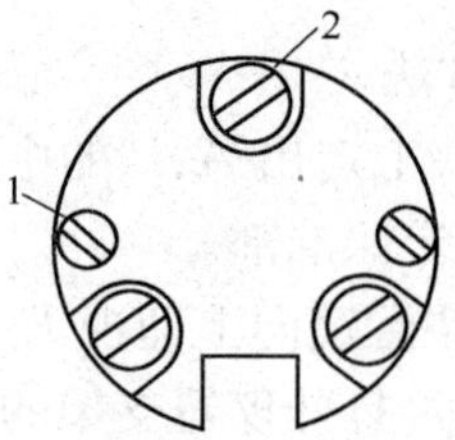

图 3.27 光学对点器校正

典型工作任务 6 水平角测量误差分析

3.6.1 工作任务

通过本部分知识的学习，主要达到以下目的：

掌握在测量中有效提高观测精度的措施。

3.6.2 相关配套知识

由于多种原因，任何测量结果中都不可避免地存在误差。测量水平角的误差来源主要有仪器误差、观测误差、外界条件的影响三个方面。为提高观测成果的精度，需了解误差产生的原因、认识其影响的规律，并在工作中采取相应措施，消除或减弱其对测角精度的影响。

1. 仪器误差

仪器误差的来源有两个方面：一是仪器检校不完善所引起的误差；二是仪器制造和加工不完善所产生的误差。

(1)仪器检校不完善所引起的误差

经纬仪经过检验校正后，通常只能在一定程度上满足某些几何条件，达到规定的限差要求，而不可能校正的十分彻底，因此，检校后的仪器仍然有残存误差，这些残存误差必将影响角度观测的精度。

①视准轴误差(望远镜视准轴不垂直于横轴的误差)及横轴误差(横轴不垂直于仪器竖轴的误差)，观测时可以采用盘左、盘右两个盘位观测取平均值的方法，消除上述两项误差对水平角观测精度的影响。

②竖轴误差(经纬仪照准部水准管轴与仪器竖轴不垂直的误差)，无法用观测方法消除，只能通过校正尽量减少残存误差。因此，在视线倾斜大的地区观测水平角，尤其当观测目标高低相差较大时，要特别注意仪器的整平，以削弱竖轴误差对水平角观测精度的影响。

(2)仪器制造和加工不完善所引起的误差

仪器制造加工不完善的误差，如水平度盘刻划误差、水平度盘偏心差、照准部偏心差等，这些仪器误差不能通过仪器检校减小其影响，只能采用适当的观测方法加以消除。

①水平度盘刻划误差

指水平度盘刻划不均匀的误差。观测时可采用变换各测回水平度盘起始方向读数位置和取各测回观测水平角角值平均值的方法，减弱水平度盘刻划不均匀误差对水平角的影响。

②水平度盘偏心差

指水平度盘旋转中心与度盘刻划中心不一致对度盘读数的影响。观测时可通过盘左、盘右观测，取一测回平均值的方法来消除。

③照准部偏心差

指照准部的旋转中心与水平度盘刻划中心不重合对水平度盘读数的影响。观测时可通过盘左、盘右观测，取一测回平均值的方法来消除。

2. 观测误差

观测误差主要有对中误差、目标偏心误差、照准误差、读数误差。

(1)对中误差

经纬仪的对中误差是指仪器对中后，仪器竖轴与过测站点中心的铅垂线没有严密重合的误差(也称测站偏心误差)。它对水平角观测的影响如图 3.28 所示，设 O 为测站点，安置仪器时实际对中点为 O'，测站点的偏心距为 e(即 OO')，$\angle AOB$ 的正确的水平角为 β，实际观测的水平角为 β'，则对中误差 e 对水平角观测的影响为：

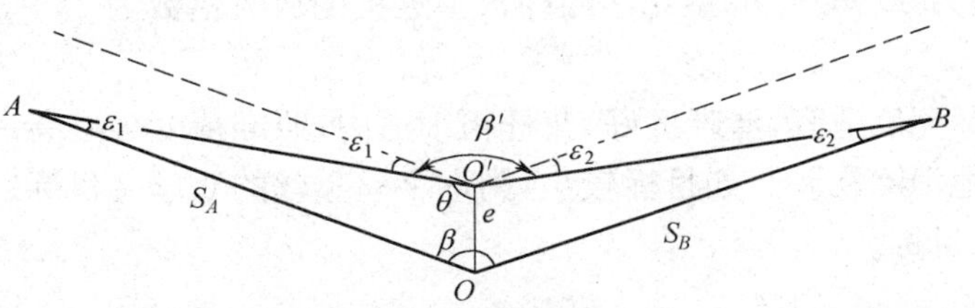

图 3.28 仪器对中误差

S_A、S_B 为测站点 O 至目标 A、B 的距离，则观测角值 β' 和正确角值 β 之间的关系为

$$\beta = \beta' - (\varepsilon_1 + \varepsilon_2)$$

因 ε_1、ε_2 很小，故

$$\varepsilon_1 = \frac{e \cdot \sin\theta}{S_A}\rho'' \tag{3.11}$$

$$\varepsilon_2 = -\frac{e \cdot \sin(\beta' + \theta)}{S_B}\rho'' \tag{3.12}$$

因此，仪器对中误差对水平角的影响为

$$\Delta\beta = \beta - \beta' = -(\varepsilon_1 + \varepsilon_2) = -e \cdot \rho''\left[\frac{\sin\theta}{S_A} - \frac{\sin(\beta' + \theta)}{S_B}\right] \tag{3.13}$$

当 $\theta = 90^\circ$，$\beta' = 180^\circ$ 时，$\Delta\beta$ 最大，即

$$\Delta\beta = -e \cdot \rho''\left(\frac{1}{S_A} + \frac{1}{S_B}\right) \tag{3.14}$$

由上可知，$\Delta\beta$ 的大小与偏心距 e 的大小、测量距离 S 的大小有关。可见，对中误差对水平角观测的影响是很大的，且观测方向的边长越短，其影响越大。故在观测接近 180°的水平角或边长过短的水平角时，应特别注意仪器的对中，尽可能减小测站偏心误差。

(2)目标偏心误差

目标偏心误差是指照准目标点上所竖立的目标(如标杆等)与地面点的标志中心不在同一铅垂线上，仪器所照准的目标点不是观测标志的中心而引起的水平方向的观测误差。如图 3.29 所示，B 为测站点，A 为目标点中心，A' 为观测时照准的目标中心，e_1 为目标 A 的偏心误差，S 为测站点

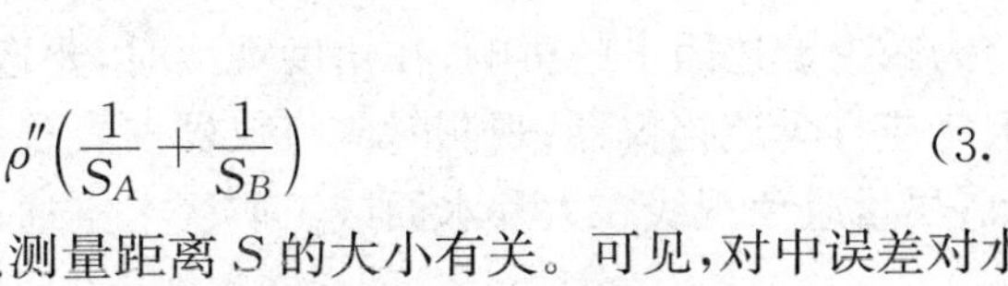

图 3.29 目标偏心误差

B 至目标 A 的距离，γ 为 A 目标偏心对水平观测方向值的影响：

$$\gamma=\frac{e_1\cdot\sin\theta_1}{S}\rho''$$

由上式可以看出，此项误差的影响与仪器对中误差的影响大致相同，目标偏心距越大，距离越短，对观测方向值的影响越大。因此，在观测时，一定要将标杆竖直立在目标点位的中心上，且观测时尽量照准目标的底部。

(3)照准误差

在角度观测中，影响照准精度的主要因素有望远镜的放大率、目标与照准标志的形状、大小、人眼的分辨能力、目标影像的亮度和清晰度及操作的仔细程度等。一般认为望远镜的放大率和人眼的辨别能力是影响照准精度的主要因素。研究证明，正常人的眼睛能分辨的最小角度为 60″，当用放大率为 V 的望远镜瞄准目标时，人眼的鉴别能力可提高 V 倍。则通过望远镜观测时的瞄准误差为 $60''/V$，DJ_6 型光学经纬仪望远镜的放大倍数为 25～30 倍，故照准误差为 2.0″～2.4″。

经验证明：目标亮度适宜，清晰度好，花杆粗细适中，照准精度会略高一些。为提高照准精度，照准时应仔细地消除视差。如目标较小，用十字丝竖丝的双丝夹目标；目标较大时，用十字丝竖丝的单丝平分目标。

(4)读数误差

读数误差主要取决于仪器的读数设备及操作的仔细程度。估读的极限误差一般不超过分划值的 1/10，对于 DJ_6 型经纬仪分微尺为 1′时，其读数极限误差不超过 6″，最大的读数误差在 ＋12″左右。如果照明情况不佳，读数显微镜的目镜未调好焦以及观测者的技术不熟练，判断不准等，都会影响读数的精度。

3. 外界条件的影响

外界条件的影响主要是指外界条件的各种变化对角度观测精度的影响。外界条件的影响很多，如观测时光线不足、目标阴暗、视线逆光、大气的透明度会影响照准精度及读数；地面辐射热会引起空气剧烈波动，从而引起物像的跳动；地面坚实与否会影响仪器安置的稳定程度；温度变化、太阳的照射会影响仪器的整平；大风影响仪器的稳定；附近有反光建筑物，会引起旁向折光等，这些因素均会使测角精度受到影响。

为减少上述因素的影响，在角度观测时，要选择有利的观测时间，避开不利因素的影响；强光天气应打伞遮挡仪器；观测时应将仪器安置稳固；注意踩实三脚架，防止仪器在松软土质处下沉；尽量避免视线在大片水面或工矿区上空通过，在成像不清晰或不稳定时停止观测。

典型工作任务 7　电子经纬仪认知

3.7.1　工作任务

通过本部分知识的学习，主要达到以下目的：

了解电子经纬仪的构造及使用。

3.7.2　相关配套知识

电子经纬仪是在光学经纬仪的基础上发展起来一种运用光电元件实现测角自动化、数字化的新一代电子测角仪器。世界上第一台电子经纬仪(electronic theodolite)于 1968 年研制成功，20 世纪 80 年代初生产出商品化的电子经纬仪。

与光学经纬仪比较，最主要的区别在于读数系统，光学经纬仪是在 360°的全圆上均匀地刻上度的刻划并注有标记，利用光学测微器读出读数；电子经纬仪是利用光电转换原理和微处理器自动测量度盘的读数并将测量结果显示在仪器显示窗上，如将其与电子手簿连接，可以自动储存测量结果。

1. 电子经纬仪的构造

(1)DT 系列电子经纬仪

①仪器构造

仪器各部分名称如图 3.30 所示。

DT 系列电子经纬仪采用光栅增量式数字角度测量系统，使用微型计算机技术进行测量、计算、显示、存储等；可同时显示水平度盘、竖直度盘的测量结果，可以进行角度、坡度等多种模式的测量。

DT 系列电子经纬仪可广泛应用于国家和城市的三、四等三角控制测量，用于铁路、公路、桥梁、水利、矿山等方面的工程测量，也可用于建筑、大型设备的安装，应用于地籍测量、地形测量和多种工程测量。

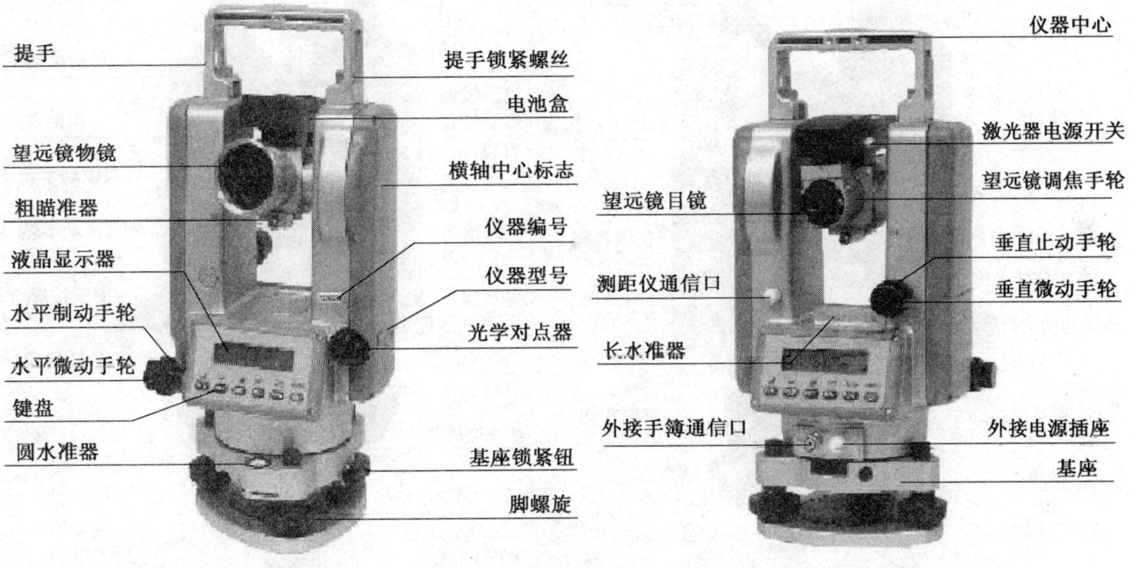

图 3.30 DT 系列电子经纬仪

②液晶显示屏

如图 3.31 所示，液晶显示屏共显示两行文字，第一行为竖直度盘读数，第二行为水平度盘读数和电池容量。

以下为显示符号说明：

Hr：表示水平度盘读数，且顺时针转动仪器为角度的增加方向；

HI：表示水平度盘读数，且逆时针转动仪器为角度的增加方向；

VZ：表示天顶距；

V%：表示坡度；

▮：表示电池容量，黑色填充越多表示电量越足。

(2)PENTAX　ETH-300 系列电子经纬仪

①仪器构造

仪器各部分名称如图 3.32 所示。

②液晶显示屏

如图 3.33 所示，液晶显示屏共显示三行内容，第一行为竖直度盘角度；第二行为水平度盘角度；第三行为电池容量以及仪器状态。

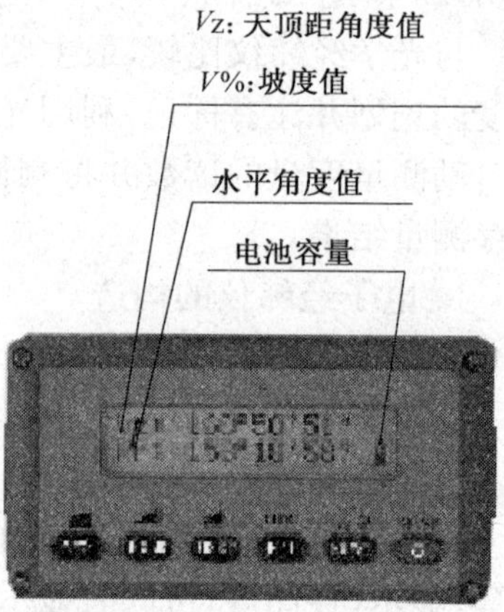

图 3.31　液晶显示屏

以下为显示符号说明：

垂直：表示天顶距；

垂直%：表示坡度；

水平$_{右}$：表示水平度盘角度，且顺时针转动仪器为角度的增加方向；

水平$_{左}$：表示水平度盘角度，且逆时针转动仪器为角度的增加方向；

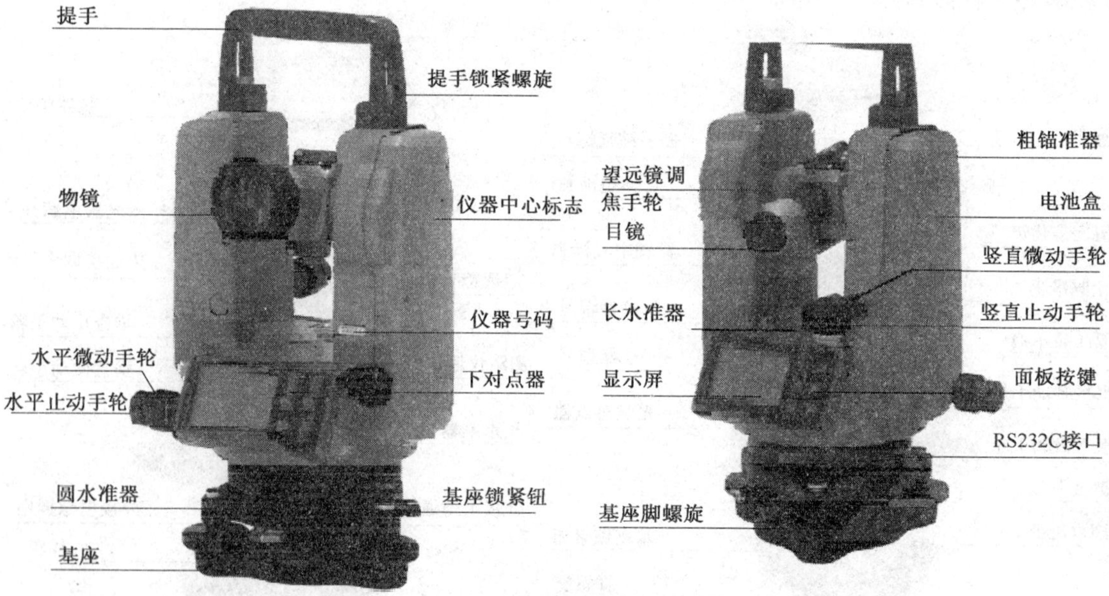

图 3.32　电子经纬仪构造

▮▮▮：表示电池容量，黑色填充越多表示电量越足；

补偿：表示仪器补偿器打开；

切换：切换到仪器第二功能键；

G：显示角度值单位为 GON；

° ′ ″：显示角度值单位为 DEG。

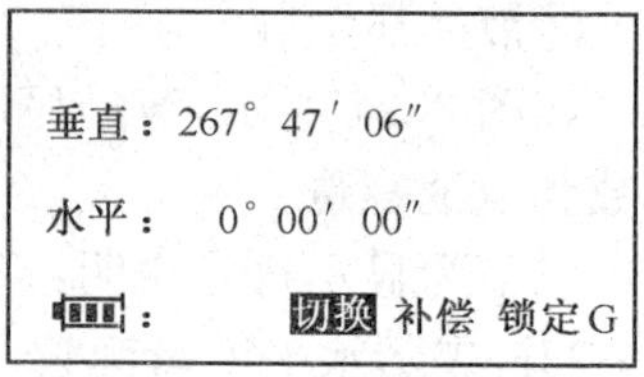

图 3.33　液晶显示屏

③仪器操作键

如图 3.34 所示。

操作键上各按键的功能见表 3.6。

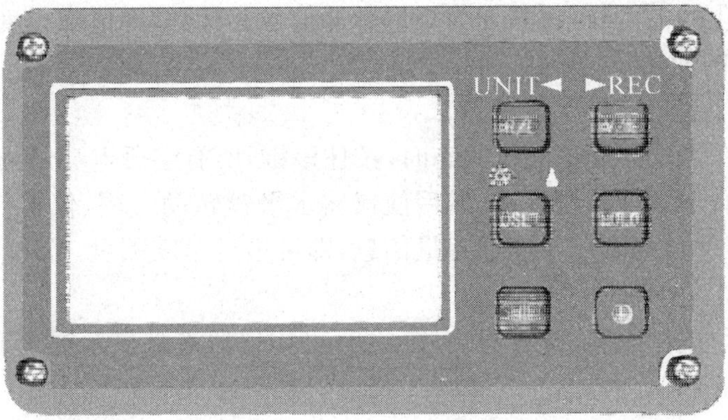

图 3.34 仪器操作键

表 3.6 操作键功能

代号	名称	无切换时	在切换状态时
1	R/L	左、右角增量方式	角度单位转换
2	V/%	角度斜度显示方式	数据记录
3	HOLD	角度锁定	夜照明开关
4	OSET	置零	
5	SHIFT	键功能切换	
6	⏻	开关、确认	

2. 电子经纬仪测角原理

电子经纬仪的测角系统有三种:编码度盘测角系统、光栅度盘测角系统和动态测角系统。本节主要介绍光栅度盘测角系统的测角原理。

如图 3.35(a)所示,在玻璃圆盘的径向,均匀地按一定的密度刻划有交替的透明与不透明的辐射状条纹,条纹与间隙的宽度均为 a,这就构成了光栅度盘。

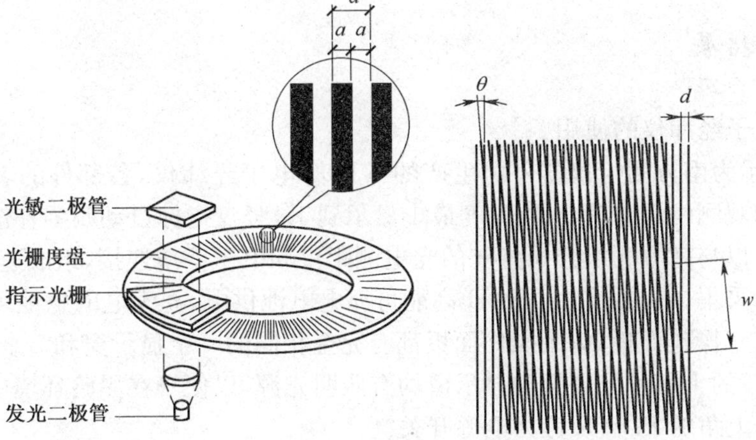

(a) (b)

图 3.35 电子经纬仪(光栅度盘)测角原理

如将两块密度相同的光栅重叠,并使它们的刻线相互倾斜一个小角,就会出现明暗相间的条纹，称为莫尔条纹。当光栅度盘与经纬仪照准部一起转动时，形成莫尔条纹，光敏二级管将产生按正弦规律变化的电信号，将其变为矩形脉冲信号并计数，即可求得度盘旋转的角值。

3. 电子经纬仪的使用

(1) 开机（符号：[①]）

如图 3.36 所示，当仪器处于关机状态时，按住该键，所有字段点亮，释放该键，仪器电源打开，进入初始化界面；上下转动望远镜，然后使仪器水平盘转动一周，仪器初始化；并自动显示水平度盘角度、竖直度盘角度以及电池容量信息，即可进行角度测量。

(2)关机（符号：[①]）

如图 3.37 所示，按住该键，蜂鸣器响，待约 1 s 后，仪器液晶显示屏上显示"OFF"，释放该键，仪器关机。

(3)操作规程

同经纬仪。

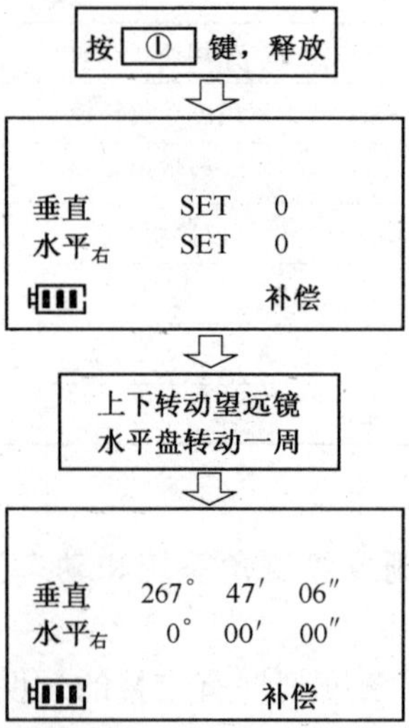

图 3.36　开机流程图

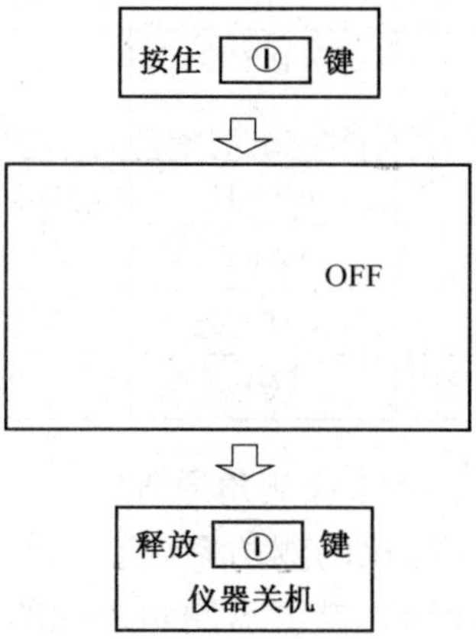

图 3.37　关机流程图

知识拓展

1. ET-02 电子经纬仪的使用

图 3.38 所示为南方测绘仪器公司生产的 ET-02 电子经纬仪，各部件的名称见图中的注记。一测回方向观测中误差为±2″，角度最小显示到 1″，竖盘指标自动归零补偿采用液体电子传感补偿器。可以与南方测绘公司生产的光电测距仪和电子手簿连接，组成速测全站仪，完成野外数据的自动采集。仪器使用 NiMH 高能可充电电池供电，充满电的电池可供仪器连续使用 8～10 h；设有双操作面板，每个操作面板都有完全相同的一个显示窗和 7 个功能键，便于正倒镜观测；望远镜的十字丝分划板和显示窗均有照明光源，以便于在黑暗环境中观测。

仪器面板右上角的 POWR 键为电源开关键。

当仪器处于关机状态时，按下该键 2 s 后可打开仪器电源；当仪器处于开机状态时，按下该键 2 s 可关闭仪器电源。仪器在测站上安置好后，打开仪器电源时，在显示窗中字符"HR"的右边显示的是当前视线方向的水平度盘读数；在显示窗中字符"V"的右边将显示"OSET"字符，它提示用户应指示竖盘指标归零。将望远镜置于盘左位置，向上或向下转动望远镜，当其视准轴通过水平视线位置时，显示窗中字符“V”右边的字符“OSET”将变成当前视准轴方向的竖直度盘读数值，即可进行角度测量。

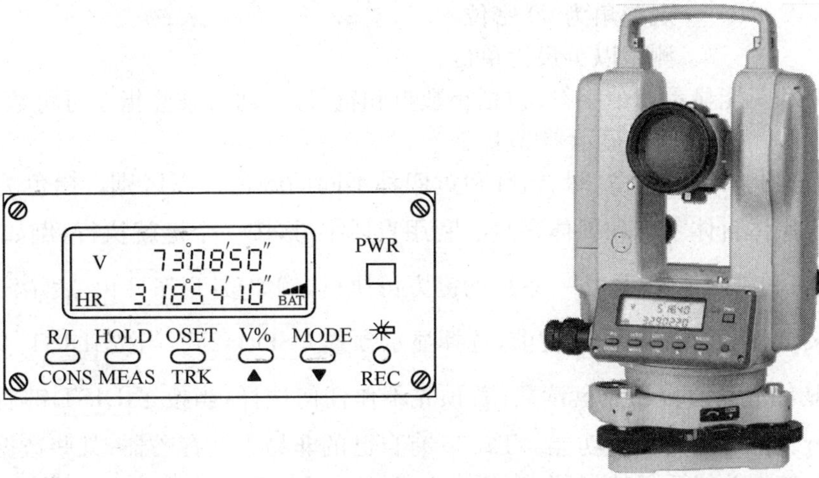

图 3.38 ET-02 电子经纬仪

2. WILD T2000 型电子经纬仪简介

(1)概述

T2000 型电子经纬仪如图 3.39 所示，内置的液体补偿器能测出仪器竖轴偏离铅垂线的偏离量；能计算或消除由于竖轴倾斜对水平读数的影响；能自动补偿竖盘指标差。对水平度盘和竖直度盘刻划或偏心引起的误差，可由不断变化的角度扫描系统在测量过程中得到消除。用适当的方法可计算和改正视准轴误差和横轴倾斜误差对水平角观测的影响。该仪器对水平角和竖直角的测量精度均为 0.5″。

图 3.39 T2000 型电子经纬仪外形

(2)控制面板

T2000 电子经纬仪一般装有两个控制面板，在仪器的盘左或盘右位置时，分别面对操作员。控制面板上有键盘和三个显示器，如图 3.40 所示。相同的信息可以同时显示在两个控制面板的显示器上。

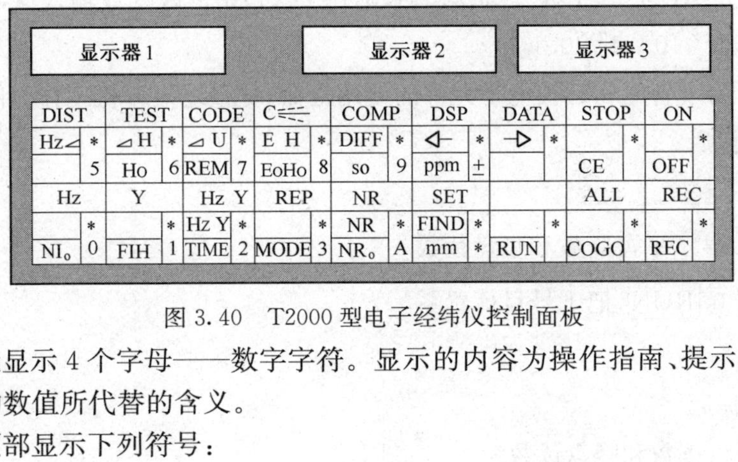

图 3.40 T2000 型电子经纬仪控制面板

显示器 1 能显示 4 个字母——数字字符。显示的内容为操作指南、提示和符号以及指示显示器 2 和 3 的数值所代替的含义。

在显示器顶部显示下列符号：

Bat　　电池充电不足

/Δ　　角度和距离测量的标志

Comp　　补偿器关闭

mil　　观测角为 60 密位

ft　　测距以英尺为单位

显示器 2 和 3 能显示 8 个字符(包括小数点和符号)。通过某些指令可将数据和信息通过键盘输入到 T2000 并显示在显示器 3 上。

T2000 键盘上的按键用白、绿、桔红和黄四种不同的颜色加以区别。白色为主指令，主指令上的字分为黑体直体字母和斜体字母。利用直体字母，按一个键就执行，例如按[DIST]键即表示测量功能；利用斜体字母，按一系列的键方可执行，例如按[TEST] [0] 表示测试工作电压。绿色为显示装置，例如在按[DIST]键前，选择显示预置[DSP][H2V]，当按 [DIST] 键后，显示器 2 和 3 就分别显示平盘读数和竖盘读数；若预先不作任何选择，当按了[DIST]键后，再根据需要选择显示也行。桔红色为预置功能。T2000 有自己的非易失性存贮器，某些数据、休息和指令可以输入并存储。关机后仍然保留，直到输入新的数据。黄色为数字，用于输入数据，包括数字、小数点和"±"号，按[±] 键可把"＋"改成"－"，或把"－"改成"＋"。[CE]键用于清除还没有用 [RUN]键完成的输入数据和指令，当数据输入时，在显示器 3 上显示数据，每按一次[CE]键，显示器 3 上显示的数据就消掉一位数字，从个位起向左逐个清除。[CE] 键亦可清除错误指示。用于照亮望远镜分划和显示器，再按键或按 [OFF]键即可关闭照明，分划线照明的亮度可由旋转电位器来调整。

(3)操作

[ON]开机

[SET] [MODE][95][RUN] 1/0 [RUN]选择 1 表示连续工作，选择 0 表示自动关机；

[SET][TIME] 1/0 [RUN]选择 1 表示 3 min 之后关机，选择 0 表示 20 s 之后自动关机；

[SET][MODE] 40 [RUN] 3/4 [RUN]选择 3 表示角度为 360°十进制，选择 4 表示 360° 六十进制；

[SET] [FIX] n [RUN] 其中 $n = 1、2、3、4、5$，用[DATA] 键改变或输入参数 1 到 5，则角值分别显示到 10′，1′，10″，1″，0.1″；

[OFF] 关机(为了省电和延长电子元件的使用寿命，尽量缩短开机工作时间)

照准 1 号目标后

[ON] 开机

[DSP] [HzV] 显示平盘读数和竖盘读数

[SET] [HzO] 0 [RUN] 把 1 号目标置零

[OFF]关机

照准 2 号目标后

[ON] 显示平盘读数和竖盘读数

OFF 关机

重复照准目标可测得各目标的平盘读数和竖盘读数，电子经纬仪也要盘左、盘右观测。当只需平盘或竖盘读数时，按 DSP Hz 或 DSP V 即可。

项目小结

1. 要点

本项目主要介绍角度测量的原理，经纬仪的构造及使用，水平角与竖直角的观测、记录、计算，经纬仪的检验校正方法和电子经纬仪的认识与使用等内容。其中，经纬仪的使用、水平角与竖直角的观测、记录、计算是角度测量的核心，该项内容的学习主要为控制测量打好基础。

2. 掌握程度

本项目重点让学生在熟悉角度测量原理的基础上，熟练掌握使用光学经纬仪及电子经纬仪进行实际角度的测量与计算。在学习的过程中，结合学校周围环境并模拟现场的生产任务进行演练，增强学生对理论知识的理解，突出“项目教学法”中理论与实践相结合的精神实质。

复习思考题

1. 什么是水平角？什么是垂直角？用经纬仪照准与测站在同一竖直面内的不同高度的目标，水平度盘及竖直度盘的读数是否发生变化？

2. 在图 3.41 中，设 OA 方向的读数为 $315°10'36''$，OB 方向的读数为 $15°55'12''$，试求水平角 $\angle AOB$ 的角值 β。

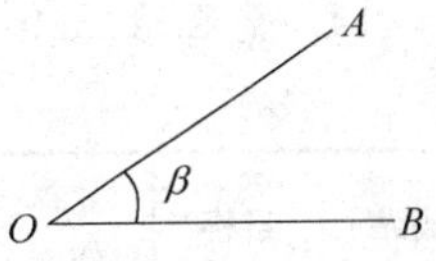

图 3.41 习题 2 图

3. 光学经纬仪主要有哪几部分组成？有哪些制动螺旋和微动螺旋？如何正确使用微动螺旋？

4. 观测水平角时，对中和整平的目的是什么？试述光学经纬仪的安置步骤。

5. 测量水平角时应照准目标的什么部位？为什么？测量竖直角时应照准目标的什么部位？为什么？

6. 试述测回法观测水平角一个测回的操作步骤。

7. 光学经纬仪有哪些主要轴线？各轴线之间应当满足什么几何条件？

8. 根据表 3.7 列出的水平角观测成果，计算各水平角值。

9. 整理表 3.8 中测回法观测水平角的记录手簿。

10. 简述在一个测站上观测竖直角的方法和步骤。

11. 水平角与竖直角观测有哪些相同点与不同点？

12. 角度观测时，取盘左、盘右两个位置观测的平均值，能消除哪些仪器误差对测量成果的影响？

表 3.7　水平角观测手簿

测站	目标	盘位	水平度盘读数（° ′ ″）	半测回角值（° ′ ″）	一测回角值（° ′ ″）	备注
O	*A*	左	52　36　12			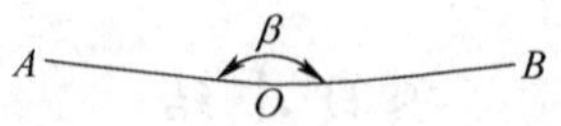
	B		200　20　54			
	A	右	232　36　24			
	B		20　21　00			

表 3.8　水平角观测手簿

测站	测回	目标	盘位	水平度盘读数（° ′ ″）	半测回角值（° ′ ″）	一测回角值（° ′ ″）	各测回平均角值（° ′ ″）	备注
O	1	*A*	左	0　01　18				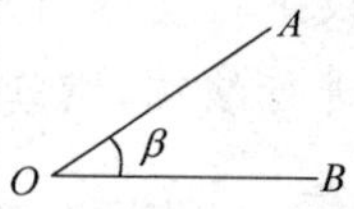
		B		65　22　30				
		A	右	180　01　24				
		B		245　22　42				
	2	*A*	左	90　05　24				
		B		155　26　36				
		A	右	270　05　12				
		B		335　26　42				

13. 怎样确定经纬仪测量竖直角的计算公式？

14. 整理表 3.9 中竖直角观测记录，并分析有无竖盘指标差存在。

表 3.9　竖直角观测记录

测站	目标	竖盘位置	竖盘读数（° ′ ″）	半测回竖直角（° ′ ″）	指标差（° ′ ″）	一测回竖直角（° ′ ″）	备注
O	1	左	70　16　18				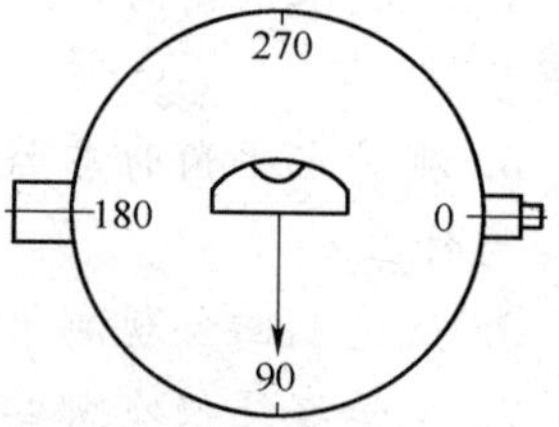
		右	289　44　00				
	2	左	96　30　48				
		右	263　29　30				

项目4 距离测量与方向测量

项目描述

距离测量是测量的基本工作之一。所谓距离是指两点间的水平直线长度。根据测量距离所使用的仪器、工具的不同，可将距离测量的方法分为直接量距法、光学量距法和物理量距法三大类。与这三大类相对应，使用比较广泛的是钢尺量距、视距测量和光电测距。本项目主要介绍钢尺量距、视距测量、直线定向。

教学目标

1. 能力目标
- 能够利用钢尺进行一般量距；
- 能够利用钢尺进行精密量距并进行成果整理；
- 用经纬仪法和目估法进行直线定线。

2. 知识目标
- 掌握钢尺量距的一般方法的操作与计算；
- 掌握钢尺量距的精密方法的计算及尺长方程的含义；
- 方位角的定义及计算。

3. 素质目标
- 养成全面考虑问题的习惯；
- 养成分工协作的意识；
- 具备一定协调组织能力。
- 树立“热爱测绘，爱岗敬业，乐于奉献”的思想意识。

典型工作任务1 钢尺量距

4.1.1 工作任务

通过本部分知识的学习，主要达到以下目的：

(1)掌握钢尺量距的方法；

(2)进行往返测距的精度计算。

4.1.2 相关配套知识

钢尺量距简单实用，是工程测量中最常用的一种距离测量方法。根据精度要求的不同，钢尺量距又分为一般方法和精密方法。钢尺量距的基本步骤分为定点、直线定线、量距及成果计算。

1. 量距的工具

通常使用的量距工具为钢尺(steel tape)[图 4.1(a)]、皮尺[图 4.1(b)]、竹尺和测绳[图 4.1(c)],还有测钎(measuring rod)、标杆(measuring bar)和垂球(plumb bob)等辅助工具。

钢尺由带状薄钢条制成,有手柄式和皮盒式两种,长度有 20 m、30 m、50 m 几种。尺的最小刻划为 1 cm 或 5 mm 或 1 mm。按尺的零点位置可分为端点尺和刻线尺两种。端点尺是从尺的端点开始,如图 4.2(a)所示。端点尺适用于从建筑物墙边开始丈量。刻线尺是从尺上刻的一条横线作为起点,如图 4.2(b)所示。使用钢尺时必须注意钢尺的零点位置,以免发生错误。

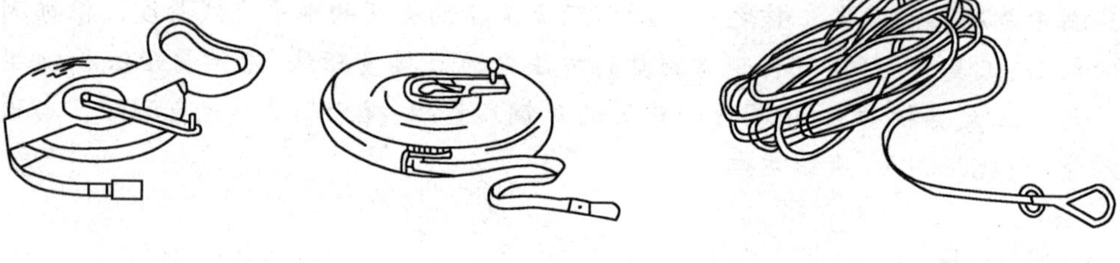

(a)钢尺　　(b)皮尺　　(c)测绳

图 4.1　丈量工具

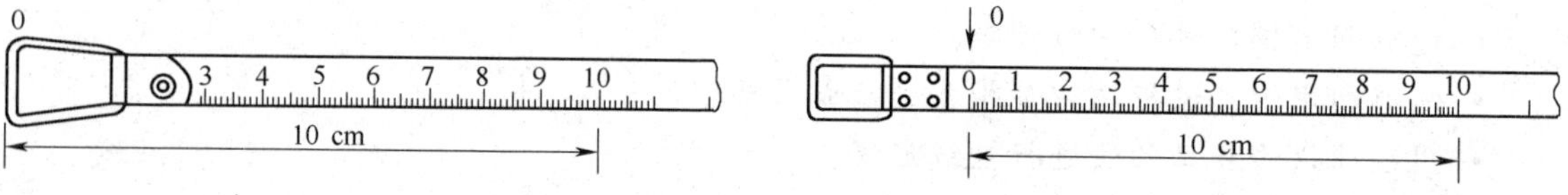

(a)端点尺　　(b)刻线尺

图 4.2　端点尺与刻线尺

绳尺是由外皮用线或麻绳包裹、中间夹有金属丝制成的,其外形如电线,并涂以蜡,每隔 1 m包一金属片,注明米数。长度一般有 50 m、100 m 两种。一般用于精度要求较低的测量工作。

标杆又称花杆,长为 2 m 或 3 m,直径为 3～4 cm,用木杆或玻璃钢管或空心钢管制成,杆上按 20 cm 间隔涂上红白漆,杆底为锥形铁脚,用于显示目标和直线定线,如图 4.3 所示。

测钎(图 4.4)用粗铁丝制成,长为 30 cm 或 40 cm,上部弯一个小圈,可套入环内,在小圈上系一醒目的红布条,一般一组测钎有 6 根或 11 根。在丈量时用它来标定尺端点位置和计算所量过的整尺段数。

垂球是由金属制成的,似圆锥形,上端系有细线,是对点的工具。有时为了克服地面起伏的障碍,垂球常挂在标杆架上使用,如图 4.5 所示。

2. 钢尺量距的一般方法

(1)定点

为了测量两点间的水平距离,需要将点的位置用明确的标志固定下来,标志的种类应根据测量的具体要求和使用年限来选择采用。点的标志可分为临时性和永久性两种。临时性标志可采用木桩打入地中,桩顶略高于地面,并在桩顶钉一小钉或画一个十字表示点的位置,如图 4.6(a)所示。永久性标志可用石桩或混凝土桩,在石桩顶刻十字或在混凝土桩顶埋入刻有十字的钢柱以表示点位,如图 4.6(b)所示。

为了能明显地看到远处目标，可在桩顶的点位上竖立标杆，标杆的顶端系一红白小旗，标杆也可用标杆架或拉绳将标杆竖立在点上，如图 4.5 所示。

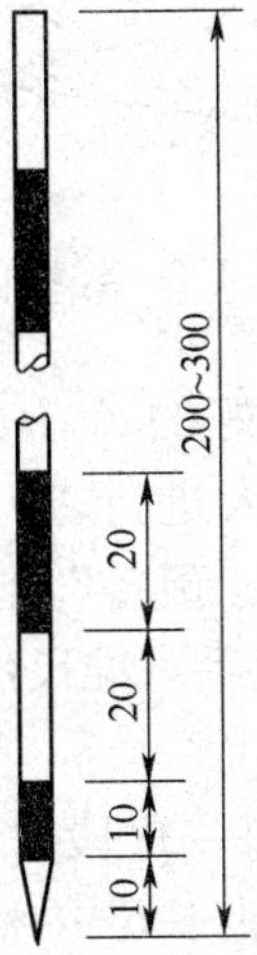

图 4.3　花杆(单位：cm)

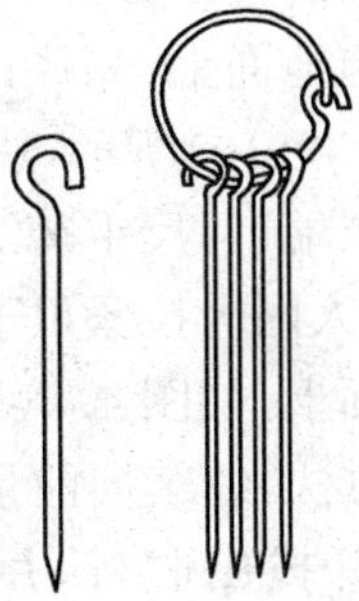

图 4.4　测钎

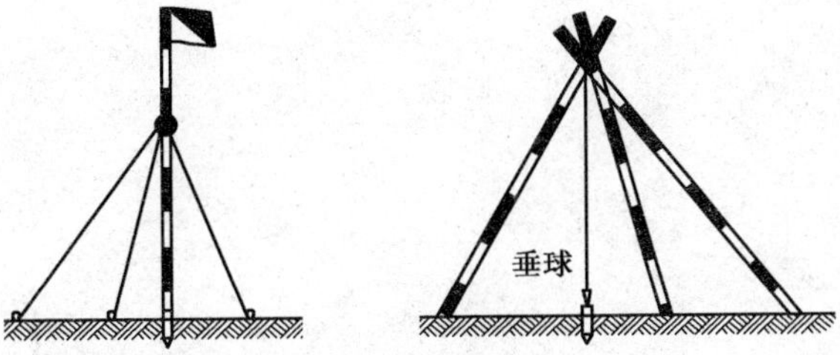

图 4.5　垂球

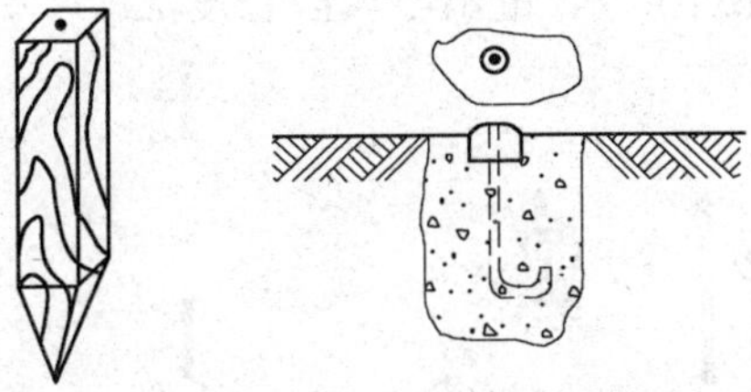

(a)木桩　(b)混凝土桩

图 4.6　木桩及混凝土桩

(2)直线定线

当两个地面点之间的距离较长或地势起伏较大时，为使量距工作方便，一般采取分段进行测量，即在两点连线的方向竖立几根标杆，既可标定直线，又可作为分段丈量的依据。这种把多根标杆标定在已知直线上的工作称为直线定线。一般量距为目视定线，具体方法如下所述：

①如图 4.7 所示，A、B 为待测距离的两个端点，先在 A、B 点上竖立标杆，甲立在 A 点后 1～2 m 处，由 A 瞄向 B，使视线与标杆边缘相切，甲指挥乙持标杆左右移动，直到 A、2、B 三标杆在一条直线上，然后将标杆竖直地插下。直线定线一般应由远而近，即先定点 1，再定点 2。

同法可以定出直线上的其他点。一般定线时，点与点的间距宜稍短于一个整尺段。

图 4.7　两直线间目估定线

②经纬仪定线。如图 4.8 所示，当 A、B 两点距离较远时，可以安置经纬仪于 A 点，经过对中、整平后，用望远镜纵丝瞄准 B 点，制动照准部，上下转动望远镜，指挥两点间的助手左右移动标杆，直至纵丝平分标杆，即可在地面定下该点。

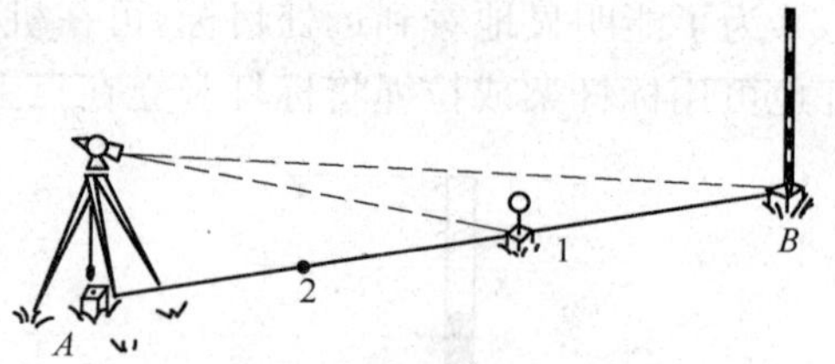

图 4.8　经纬仪定线

(3)量距

①平坦地面的量距方法

要测定平坦地面上 A、B 两点间的距离，其做法是：先在标定好的 A、B 两点立标杆，进行直线定线，如图 4.9(a)所示，然后进行丈量。丈量工作一般由两人进行，后尺手持尺的零端，前尺手持尺的末端，两尺手蹲下，后尺手以尺的零点对准 A 点，喊“预备”，前尺手把尺边近靠定线标志钎，两人同时拉紧尺子，当尺拉稳后，后尺手喊“好”，前尺手对准尺的终点刻划将一测钎竖直插在地面上，如图 4.9(b)所示，这样就量完了第一尺段。

用同样的方法，继续向前量第二、第三、…、第 N 尺段。量完每一尺段时，后尺手必须将插在地面上的测钎拔出收好，用来计算量过的整尺段数。最后量不足一整尺段的距离，如图 4.10所示。当丈量到 B 点时，由前尺手用尺上某整刻划线对准终点 B，后尺手在尺的零端读数至毫米，量出零尺段长度 Δl。

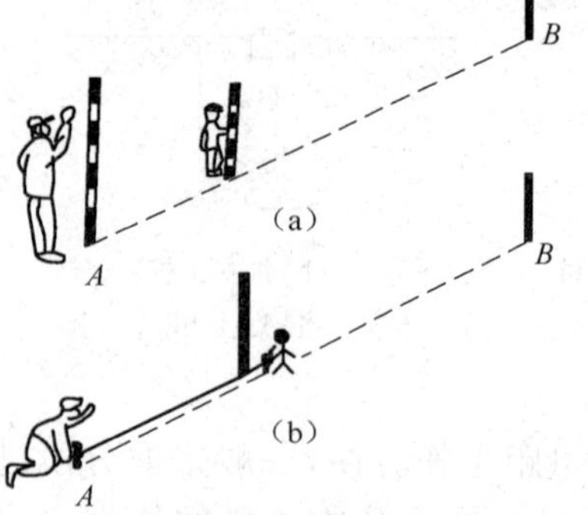

(a)定线；(b)丈量

图 4.9　距离丈量示意图

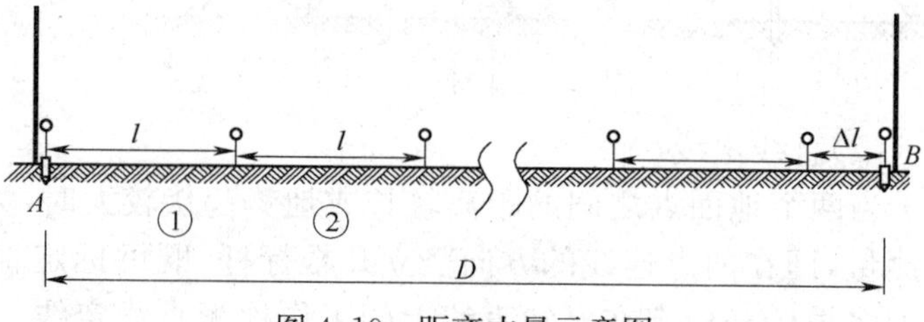

图 4.10　距离丈量示意图

上述过程称为往测，往测的距离用式(4.1)计算：

$$D=nl+\Delta l \tag{4.1}$$

式中　l——整尺段的长度；

n——丈量的整尺段数；

Δl——零尺段长度。

接着再调转尺头用以上方法，从 B 至 A 进行返测，直至 A 点为止。然后再依据(4.1)式计算出返测的距离。一般往返各丈量一次称为一测回，在符合精度要求时，取往返距离的平均值作为丈量结果。量距记录表见表 4.1。

②倾斜地面的丈量方法

a. 平量法

当倾斜地面地势起伏不大时，可将钢尺水平拉直丈量，如图 4.11 所示。尺子的水平情况可由第三人在尺子侧旁适当位置用目估判定。一般使尺子一端靠地，另一端用垂球线紧靠尺子的某分划，使垂球自由下坠，其尖端和地面的接触点作为该分划的水平投影位置。

表 4.1　量距记录表

工程名称：×－×			日期：2012.3.10		量距：×××；×××		
钢尺型号：5 号（30 m）			天气：晴		记录：×××		
测线		整尺段	零尺段	总计	较差	精度	平均值	备　注
AB	往	5×30	13.863	163.863	0.068	1/2 400	163.829	要求 1/2 000
	返	5×30	13.793	163.793				

b. 斜量法

如果 A、B 两点间有较大的高差，但地面坡度比较均匀，大致成一倾斜面，如图 4.12 所示。则可沿地面丈量倾斜距离 D'，用水准仪测定两点间的高差 h，按下列任一式即可计算水平距离 D。

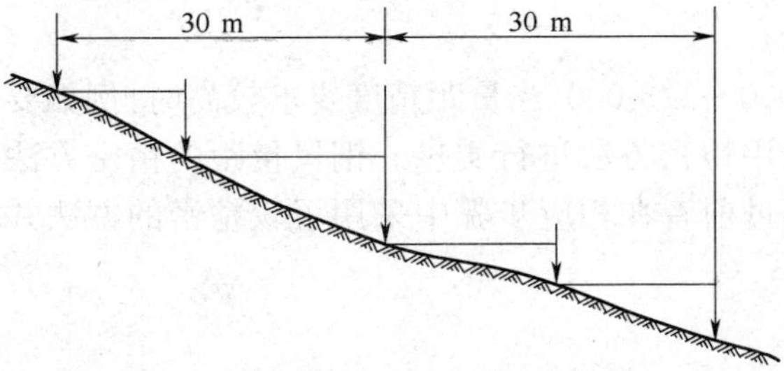

图 4.11　平坦地面量距法

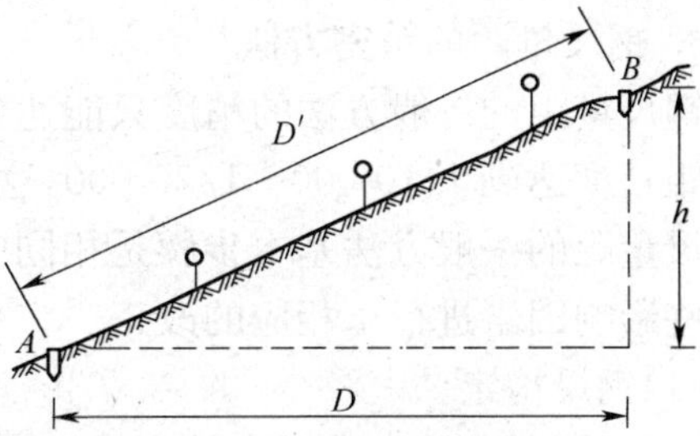

图 4.12　倾斜地面量距法

$$D = \sqrt{D'^2 - h^2} \tag{4.2}$$

$$D = D' + \Delta D_h = D' - \frac{h^2}{2D'} \tag{4.3}$$

式中，ΔD_h 为量距时的高差改正（或称倾斜改正）。

(4)成果处理与精度评定

为了避免错误和判断丈量结果的可靠性，并提高丈量精度，距离要往返丈量。用往返丈量的较差 ΔD 与平均距离 $D_{平}$ 之比来衡量它的精度，此比值用分子等于 1 的分数形式来表示，称为相对误差 K，相对精度的分母越大，说明量距的精度越高。在平坦地区钢尺量距的相对精度一般为 1/3 000；在量距困难地区，其相对精度约为 1/1 000。

$$\Delta D = D_{往} - D_{返}$$

$$D_{平} = \frac{1}{2}(D_{往} + D_{返})$$

$$K = \frac{\Delta D}{D_{平}} = \frac{1}{D_{平} / |\Delta D|} \tag{4.4}$$

如相对误差在规定的允许限度内，即 $K \leqslant K_{允}$，可取往返丈量的平均值作为丈量成果。如果超限，则应重新丈量直到符合要求为止。

【例 4.1】　用钢尺丈量两点间的直线距离，往量距离为 217.30 m，返量距离为 217.38 m，今规定其相对误差不应大于，试问：(1)所丈量成果是否满足精度要求？(2)按此规定，若丈量 100 m 的距离，往返丈量的较差最大可允许相差多少毫米？

【解】　由题意知：

$$D_{平} = \frac{1}{2}(D_{往} + D_{返}) = (217.30 + 217.38) = 217.34 \text{ m}$$

$$\Delta D=D_{往}-D_{返}=217.30-217.38=-0.08\ \text{m}$$

$$K=\frac{1}{D_{平}/|\Delta D|}=\frac{1}{217.34/|-0.08|}=\frac{1}{2\ 700}$$

因
$$K<K_{允}=\frac{1}{2\ 000}$$

所以，所丈量成果满足精度要求。

又由 $K=\dfrac{\Delta D}{D_{平}}$ 知

$$|\Delta D|=K\cdot D_{平}=\frac{1}{2\ 000}\times 100=0.05\ \text{m}$$

$$\Delta D\leqslant \pm 50\ \text{mm}$$

即往返丈量的较差最大可相差±50 mm。

3. 钢尺量距的精密方法

钢尺量距的一般方法的精度只能达到1/1 000～1/3 000，当量距精度要求较高时，例如要求量距精度达到1/10 000～1/30 000，这时应采用精密方法进行丈量。钢尺量距的精密方法与钢尺量距的一般方法基本步骤是相同的，只不过前者在相应步骤中采用了较精密的方法并对一些影响因素进行了相应的改正。

(1)钢尺检定

钢尺因刻划误差、使用中的变形、丈量时温度变化和拉力不同的影响，其实际长度往往不等于尺上所注的长度即名义长度。因此，丈量时应对钢尺进行检定，求出在标准温度和标准拉力下的实际长度，以便对丈量结果加以改正。在一定的拉力下，以温度 t 为变量的函数式来表示尺长 l_t 这就是尺长方程式，其一般形式为

$$l_t=l_0+\Delta l+\alpha(t-t_0)l_0 \tag{4.5}$$

式中 l_t ——钢尺在温度 t ℃时的实际长度；

l_0 ——钢尺的名义长度；

Δl ——尺长改正数；

α ——钢尺的膨胀系数；

t_0 ——钢尺检定时的温度；

t ——钢尺量距时的温度。

每根钢尺都应有尺长方程式，用以对丈量结果进行改正，尺长方程式中的尺长改正数 Δl 要通过钢尺检定，与标准长度相比较而求得。

(2)定线

由于目估定线精度较低，在钢尺精密量距时，必须用经纬仪定线，其定线内容主要有经纬仪在两点间定线及经纬仪延长直线。

①经纬仪在两点间定线

如图4.13所示，欲在 AB 线内精确定出1、2点的位置，可由甲将经纬仪安置于 A 点，用望远镜照准 B 点，固定照准部制动螺旋。然后将望远镜向下俯视，用手势指挥乙移动标杆至与十字丝竖丝重合时，在标杆位置打下木桩，再根据十字丝在木桩上刻出十字细线（或钉上小钉），即为准确定出的1点位置。

②经纬仪延长直线

如图4.14所示，如果需将直线 AB 延长至 C 点，置经纬仪于 B 点，对中整平后，望远镜以

盘左位置用竖丝瞄准 A 点，制动照准部，松开望远镜制动螺旋，倒转望远镜，用竖丝定出 C' 点。望远镜以盘右位置再瞄准 A 点，制动照准部，再倒转望远镜定出 C'' 点。取 $C'C''$ 的中点，即为精确位于 AB 直线延长线上的 C 点。这种延长直线的方法称为经纬仪正倒镜分中法，用正倒镜分中法可以消除经纬仪可能存在的视准轴误差与横轴不水平误差对延长直线的影响。

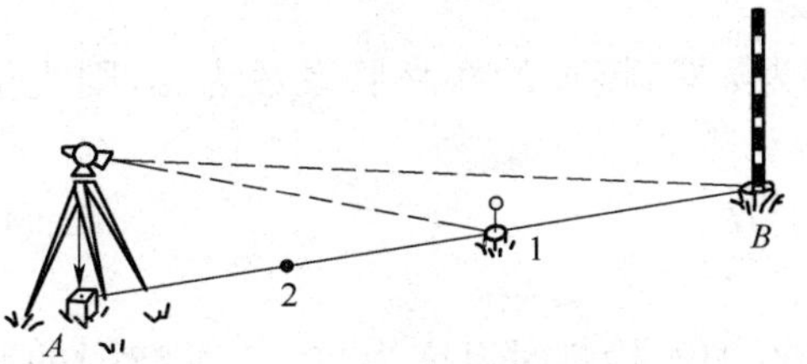

图 4.13 经纬仪定线

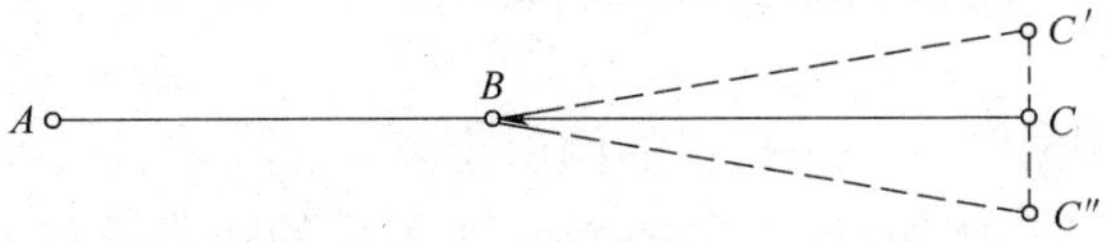

图 4.14 经纬仪延长直线

(3)量距

用检定过的钢尺精密丈量 A、B 两点间的距离，丈量组一般由 5 人组成，2 人拉尺，2 人读数，1 人指挥兼记录和读温度。

丈量时，拉伸钢尺置于相邻两木桩顶上，并使钢尺有刻划线的一侧贴切十字线。后尺手将弹簧秤挂在尺的零端，以便施加钢尺检定时的标准拉力，如图 4.15 所示。两端同时根据十字丝交点读取读数，估读到 0.5 mm 记入手簿(表 4.2)，并计算尺段长度。

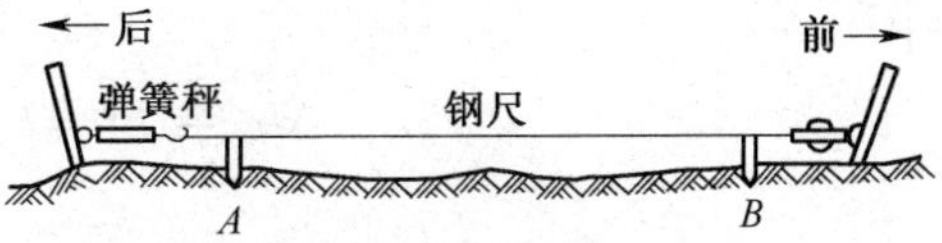

图 4.15 钢尺精密量距

前、后移动钢尺 2～3 cm，同法再次丈量，每一尺段要读三组数，由三组读数算得的长度较差应小于 3 mm，否则应重量。如在限差之内，取三次结果的平均值，作为该尺段的观测结果。每一尺段应记温度一次，估读至 0.5 ℃。如此继续丈量至终点，即完成一次往测。完成往测后，应立即返测。每条直线所需丈量的往返次数视量距的精度要求而定。

(4)测定桩顶间高差

上述所量的距离，是相邻桩顶点间的倾斜距离，为了改算成水平距离，要用水准测量的方法测出各桩顶间的高差，以便进行倾斜改正。水准测量宜在量距前或量距后往、返观测一次，以资检核。相邻两桩顶往、返所测高差之差，一般不得超过±10 mm，如在限差以内，取其平均值作为观测的成果。

(5)成果计算

精密量距中，将每一段丈量结果经过尺长改正、温度改正和倾斜改正换算成水平距离，并求总和，得到直线往测或返测的全长。如相对精度符合要求，则取往、返测平均值作为最后成果。

①尺段长度的计算

a. 尺长改正

钢尺在标准拉力、标准温度下的实际长度为 l'，它与钢尺的名义长度 l_0 的差数 Δl 即为整尺段的尺长改正数，$\Delta l = l' - l_0$，则有

$$\Delta l_d = \frac{l' - l_0}{l_0} \cdot l \tag{4.6}$$

式中 Δl_d ——尺段的尺长改正数；

l——尺段的倾斜距离。

例如，表 4.2 中 A1 尺段，$l = l_{A1} = 29.875\ 5$ m，$\Delta l = l' - l_0 + 0.002\ 5$ m$= +2.5$(mm)，故 A1 尺段的尺长改正数为

$$\Delta l_d = (+2.5\ \text{mm}) \div 30 \times 29.875\ 5 = +2.5(\text{mm})$$

b. 温度改正

设钢尺在检定时的温度为 t_0 ℃，丈量时的温度为 t ℃，钢尺的线膨胀系数为 α，则丈量一个尺段 l 的温度改正数 Δl_t 为

$$\Delta l_t = \alpha(t - t_0)l \tag{4.7}$$

式中　l——尺段的倾斜距离。

例如，表 4.2 中，No. 11 钢尺的膨胀系数为 0.000 012，检定时温度为 20 ℃，丈量时的温度为 26.5 ℃，$l = l_{A1} = 29.875\ 5$ m，则 A1 尺段的温度改正数为

$$\Delta l_t = \alpha(t - t_0)l = 0.000\ 012 \times (26.5 - 20) \times 29.875\ 5 = +2.3(\text{mm})$$

c. 倾斜改正

如图 4.16 所示，设 l 为量得的斜距，h 为尺段两端点间的高差，现要将 l 改算成水平距离 D，故要加倾斜改正数 Δl_h，从图 4.16 可以看出

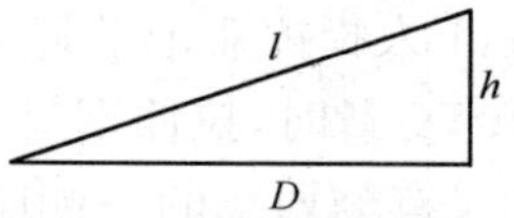

图 4.16　尺段倾斜改正

$$\Delta l_h = D - l$$

即

$$\Delta l_h = \sqrt{l^2 - h^2} - l = l\left(1 - \frac{h^2}{l^2}\right)^{\frac{1}{2}} - l$$

将 $\left(1 - \frac{h^2}{l^2}\right)^{\frac{1}{2}}$ 展成级数后代入得

$$\Delta l_h = l\left(l - \frac{h^2}{2l^2} - \frac{h^4}{8l^4} - \cdots\right) - l \approx -\frac{h^2}{2l} \tag{4.8}$$

可见，倾斜改正数恒为负值。

例如，仍以表 4.2 中 A1 尺段为例，$l = l_{A1} = 29.875\ 5$ m，$h = -0.115$ m，则 A1 尺段倾斜改正数为

$$\Delta l_h = -(-0.115)^2 \div (2 \times 29.875\ 5) = -0.2(\text{mm})$$

综上所述，每一尺段改正后的水平距离 D 为

$$D = l + \Delta l_d + \Delta l_t + \Delta l_h \tag{4.9}$$

表 4.2 中，A1 尺段实测距离为 29.875 5 m，三项改正值为 $\Delta l_d = +2.5$ mm，$\Delta l_t = +2.3$ mm，$\Delta l_h = -0.2$ mm，故按(4.9)式计算 A1 尺段的水平距离为：

$$D_{A1} = 29.875\ 5\ \text{m} + 2.5\ \text{mm} + 2.3\ \text{mm} - 0.2\ \text{mm} = 29.880\ 1\ \text{m}$$

②计算全长

将各个改正后的尺段长和余长相加起来，便得到 AB 距离的全长。表 4.2 为往测结果，其值为 196.518 6 m，同样算出返测的全长，其值为 196.513 6 m，故平均距离为 196.516 1 m。其相对误差为

$$K_D = \frac{|D_{往} - D_{返}|}{D_{平均}} = \frac{1}{39\ 000}$$

如果相对误差在限差范围内，则平均距离即为观测结果；如果相对误差超限，则应重测。

钢尺精密量距的记录及有关计算见表 4.2。

表 4.2　钢尺精密量距记录及成果计算

钢尺号码：No. 11　　钢尺膨胀系数：0.000 012　　钢尺鉴定时温度 t_0：20 ℃　　计算者________

钢尺名义长度 10：30 m　　钢尺鉴定长度 l'：30.002 5　　钢尺鉴定时拉力：100 N　　日　期________

尺段编号	实测次数	前尺读数/m	后尺读数/m	尺段长度/m	温度/℃	高差/m	温度改正数/mm	尺长改正数/mm	倾斜改正数/mm	改正后尺段长
*A*1	1	29.895 5	0.020 0	29.875 5	26.5	−0.115	+2.3	+2.5	−0.2	29.880 1
	2	29.911 5	0.034 5	29.877 0						
	3	29.898 0	0.024 0	29.874 0						
	平均			29.875 5						
12	1	29.935 0	0.025 0	29.910 0	25.0	0.411	+1.8	+2.5	−2.0	29.912 0
	2	29.956 5	0.046 0	29.910 5						
	3	29.978 0	0.069 5	29.908 5						
	平均			29.909 7						
…	…	…	…	…	…	…	…	…	…	…
6*B*	1	19.934 5	0.038 5	19.896 0	28.0	+0.112	+1.9	+1.7	−0.3	19.899 0
	2	19.947 0	0.051 0	19.896 0						
	3	19.956 5	0.061 5	19.895 0						
	平均			19.895 7						
总和										196.518 6

4. 钢尺量距误差

(1)钢尺量距误差

钢尺量距误差主要有钢尺误差、人为误差及外界条件的影响。

①钢尺误差

如果钢尺的名义长度和实际长度不符，则产生尺长误差。尺长误差属系统误差，是累积的，所量距离越长，误差越大。因此新购置的钢尺必须经过检定，以求得尺长改正值。

②人为误差

人为误差主要有钢尺倾斜和垂曲误差、定线误差、拉力误差及丈量本身误差。

a. 钢尺倾斜误差和垂曲误差

当地面高低不平、按水平钢尺法量距时，钢尺没有处于水平位置或因自重导致中间下垂而成曲线时，都会使所量距离增大，因此丈量时必须注意钢尺水平。

b. 定线误差

由于丈量时钢尺没有准确地放在所量距离的直线方向上，使所量距离不是直线而是一组折线，因而总是使丈量结果偏大，这种误差称为定线误差。一般丈量时，要求定线偏差不大于 0.1 m，可以用标杆目估定线。当直线较长或精度要求较高时，应用经纬仪定线。

c. 拉力变化的误差

钢尺在丈量时所受拉力应与检定时拉力相同，一般量距中只要保持拉力均匀即可，而对较精密的丈量工作则需使用弹簧秤。

d. 丈量本身的误差

丈量时用测钎在地面上标志尺端点位置时插测钎不准，前、后尺手配合不佳，余长读数不准，都会引起丈量误差，这种误差对丈量结果的影响可正可负，大小不定。因此，在丈量中应尽力做到对点准确，配合协调，认真读数。

③外界条件的影响

外界条件的影响主要是温度的影响，钢尺的长度随温度的变化而变化，当丈量时的温度和标准温度不一致时，将导致钢尺长度变化。按照钢的膨胀系数计算，温度每变化 1 ℃，约影响长度为 1/80 000。一般量距时，当温度变化小于 10 ℃时可以不加改正，但精密量距时必须考虑温度改正。

典型工作任务 2　视距测量

4.2.1　工作任务

通过本部分知识的学习，主要达到以下目的：

(1)进一步了解视距测量的原理；

(2)用视距测量的方法测定地面两点间的水平距离和高差。

4.2.2　相关配套知识

视距测量是用望远镜内视距丝装置(图 4.17)，根据几何光学原理同时测定距离和高差的一种方法。这种方法具有操作方便、速度快、不受地面高低起伏限制等优点。虽然精度较低，但能满足测定碎部点位置的精度要求，因此被广泛应用于碎部测量中。

视距测量所用的主要仪器工具是经纬仪和视距尺。

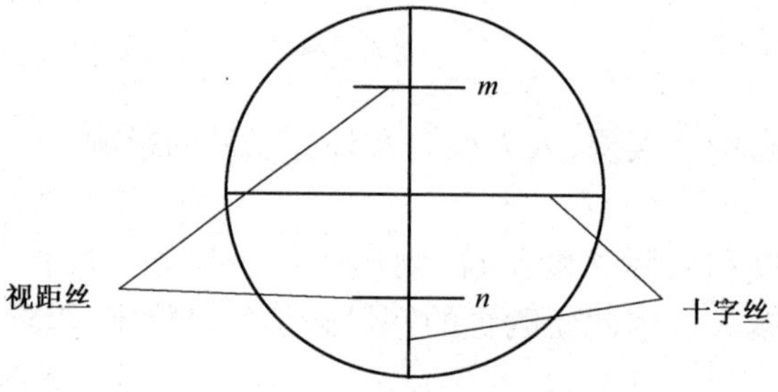

图 4.17　望远镜视距丝

1. 普通视距测量原理

经纬仪、水准仪等测量仪器的十字丝分划板上，都有与横丝平行、等距、对称的两根短丝，称为视距丝。利用视距丝配合标尺就可以进行视距测量。

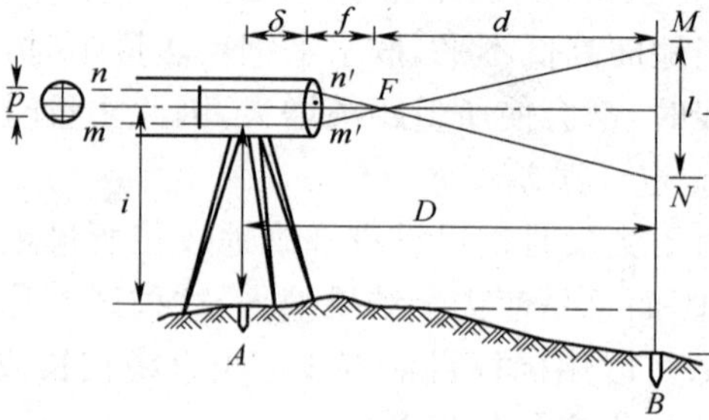

图 4.18　视距测量原理

(1)视线水平时的距离与高差公式

如图 4.18 所示，欲测定 A、B 两点间的水平距离 D 及高差 h，可在 A 点安置经纬仪，B 点立视距尺，设望远镜视线水平，瞄准 B 点视距尺，此时视线与视距尺垂直。若尺上 M、N 点成像在十字丝分划板上的两根视距丝 m、n 处，那么尺上 MN 的长度可由上、下视距丝读数之差求得。上、下丝读数之差称为视距间隔或尺间隔。

图 4.18 中 l 为视距间隔，p 为上、下视距丝的间距，f 为物镜焦距，δ 为物镜至仪器中心的距离。

由相似三角形 $m'n'F$ 与 MNF 可得

$$\frac{d}{f}=\frac{l}{p},\quad d=\frac{f}{p}l$$

由图看出　$D=d+f+\delta$

则 A、B 两点间的水平距离为　$D=\frac{f}{p}l+f+\delta$

令 $\frac{f}{p}=K$，$f+\delta=C$，则

$$D=Kl+C \tag{4.10}$$

式中　K、C——视距乘常数和视距加常数。

现代常用的内对光望远镜的视距常数，设计时已使 $K=100$，C 接近于零，所以公式(4.10)可改写为：

$$D=Kl \tag{4.11}$$

同时，由图 4.18 可以看出 A、B 的高差

$$h=i-v \tag{4.12}$$

式中　i——仪器高，是桩顶到仪器横轴中心的高度；

v——瞄准高，是十字丝中丝在尺上的读数。

水准仪视线水平是根据水准管气泡居中来确定的。经纬仪视线水平，是依据在竖盘水准管气泡居中时，用竖盘读数为 90°或 270°来确定的。

(2)视线倾斜时的距离与高差公式

在地面起伏较大的地区进行视距测量时，必须使视线倾斜才能读取视距间隔，如图 4.19 所示。由于视线不垂直于视距尺，故不能直接应用上述公式。如果能将视距间隔 MN 换算为与视线垂直的视距间隔 $M'N'$，这样就可按公式(4.11)计算倾斜距离 D'，再根据 D' 和竖直角 α 算出水平距离 D 及高差 h。因此解决这个问题的关键在于求出 MN 与 $M'N'$ 之间的关系。

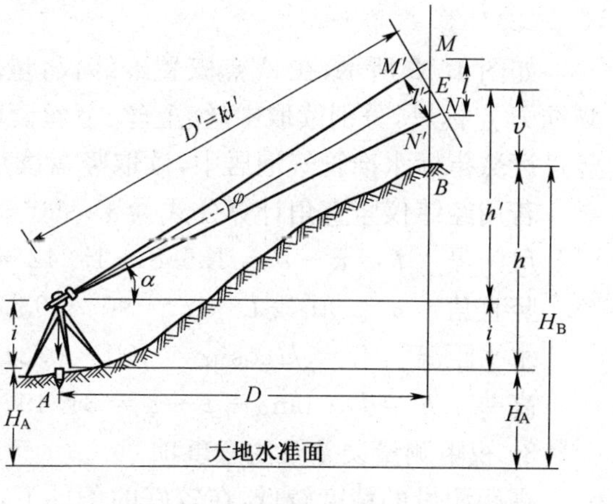

图 4.19　视线倾斜时的视距测量

图中 φ 角很小，约为 34′，故可把 $\angle EM'M$ 和 $\angle EN'N$ 近似地视为直角，而 $\angle M'EM=\angle N'EN=\alpha$，因此由图可看出 MN 与 $M'N'$ 的关系如下：

$$M'N'=M'E+EN'=ME\cos\alpha+EN\cos\alpha=(ME+EN)\cos\alpha=MN\cos\alpha$$

设 MN 为 l，$M'N'$ 为 l'，则　$l'=l\cos\alpha$

根据式(4.11)得倾斜距离　$D'=Kl'=Kl\cos\alpha$

所以 A,B 的水平距离

$$D=D'\cos\alpha=Kl\cos^2\alpha \tag{4.13}$$

由图中看出，A,B 间的高差 h 为

$$h=h'+i-v$$

式中 h' 为中丝读数处与横轴之间的高差。可按下式计算：

$$h' = D'\sin\alpha = Kl\cos\alpha \quad \sin\alpha = \frac{1}{2}Kl\sin2\alpha \tag{4.14}$$

所以

$$h = \frac{1}{2}Kl\sin2\alpha + i - v \tag{4.15}$$

根据式(4.13)计算出 A，B 间的水平距离 D 后，高差 h 也可按下式计算：

$$h = D\tan\alpha + i - v \tag{4.16}$$

在实际工作中，应尽可能使瞄准高 v 等于仪器高 i，以简化高差 h 的计算。

2. 视距测量的观测与计算

(1)观测方法

要求得 A、B 两点间的水平距离和高差，在测站上需要获取四个量。

①量仪器高 i

在测站上安置经纬仪，对中、整平，用皮尺量取仪器横轴至地面点的铅垂距离，取至厘米位。

②求视距间隔 L

对准 B 点竖立的标尺，读取上、中、下三丝在标尺的读数，读至毫米。上、下丝相减求出视距间隔 L 值。中丝读数 v 用以计算高差。

③计算 α

转动竖盘水准管微动螺旋，使竖盘水准管气泡居中，读取竖盘读数，并计算 α。

最后将上述 i、L、v、α 四个量带入公式(4.13)和(4.16)计算 A、B 两点间的水平距离 D 和高差 h。

(2)计算

如图 4.19 所示，在 A 点安置经纬仪，量取仪器高度($i=1.400$ m)。转动照准部和望远镜瞄准 B 点标尺，分别读取中丝、上丝、下丝读数($v=1.400$ m、$b=1.242$ m、$a=1.558$ m)。调整竖盘读数指标水准管气泡居中，读取竖盘读数(设在盘左位置，竖盘读数 $L=93°28'$)。

若用经纬仪竖直角计算公式为 $\alpha=90°-L+x$，竖盘指标差 $x=+1'$，则可计算：

尺间隔　$l = a - b = 1.558 - 1.242 = 0.316$ m

竖直角　$\alpha = 90° - L + x = 90° - 93°28' + 1' = -3°27'$

水平距离　$D = kl\cos^2\alpha = 100 \times 0.316 \times \cos^2(-3°27') = 31.49$ m

高差　$h = D \cdot \tan\alpha + i - v = 31.49 \times \tan(-3°27') + 1.400 - 1.400 = -1.90$ m

3. 视距测量误差及注意事项

视距测量的精度较低，在较好的条件下，测距精度一般为 1/200～1/300。

(1)视距测量的误差

①读数误差

读数误差直接影响尺间隔 l，当视距乘常数 $K=100$ 时，读数误差将扩大 100 倍地影响距离测定。如读数误差为 1 mm，则对距离的影响为 0.1 m。

②标尺不竖直误差

标尺立得不竖直对距离的影响与标尺倾斜度和竖直角有关。当标尺倾斜 1°，竖直角为 30°时，产生的视距相对误差可达 1/100。

③外界条件的影响

外界条件影响主要有大气的竖直折光、空气对流使标尺成像不稳定、风力使尺子抖动等。

(2)视距测量的注意事项

①读数时应注意消除视差。

②作业时,要将标尺竖直,并尽量选用安装水准器的标尺。

③尽可能使仪器视线高出地面 1 m,并选择合适的天气作业。

④要严格测定视距常数,K 值应在 100±0.1 之内,否则应加以改正。

典型工作任务 3　直线定向

4.3.1　工作任务

通过本部分知识的学习,主要达到以下目的:

(1)掌握直线的标准方向的种类,并学会几种方向的换算;

(2)学会方位角和象限角的转换和计算。

4.3.2　相关配套知识

测量的任务就是确定点的地理空间位置及相互关系。确定地面点的平面位置,除了要已知直线的长度外,还必须已知直线的方向,所以直线方向的测量也是测量的基本工作。

1. 直线定向的概念

确定直线与标准方向之间的水平夹角关系,称为直线定向。

2. 标准方向的种类

测量上常用的标准方向有三种,即真北方向、磁子北方向和坐标北方向,被称为“三北方向”。

(1)真北方向

用天文测量的方法确定的子午线方向称为真子午线方向,简称真北方向。地面上各点的真北方向都是指向地球的北极,因而地面各点的真北方向是相互不平行的。

(2)磁北方向

罗盘磁针静止时所指的方向称为磁子午线方向,其中指向北极的方向简称磁北方向。地面上各点的磁北方向都指向地磁南极,因而地面上各点的磁北方向也是相互不平行的。

(3)坐标北方向

测量中所采用的平面直角坐标系统的纵坐标轴,它是由投影带中央子午线投影得到的,称为轴子午线方向,又称为坐标北方向。地面上各点的坐标北方向是平行的。

我国位于赤道以北,因此以上“三北方向”均指向北方;但是,它们之间略有差别。

由于地球磁场的南极与地球自转轴的北极不一致,因此地面各点的磁北方向与真北方向不重合。同一点的磁子午线北方向偏离真子午线北方向的夹角称为磁偏角,用 δ 表示。磁子午线北方向在真子午线北方向以东称为东偏,δ 取正号;相反称西偏,δ 取负号,如图 4.20 所示。

地球上各点的真子午线互不平行,中央子午线投影后成为坐标纵轴,其他子午线投影后均为曲线。同一点的坐标纵轴北方向偏离真子午线北方向的夹角称为子午线收敛角,用 γ 表示。坐标纵轴北方向在真子午线北方向以东称为东偏,γ 取正号;相反称为西偏,γ 取负号,如图 4.21所示。

同一点的磁子午线北方向偏离坐标纵轴北方向的夹角称为磁偏角,以坐标纵轴为准,磁子午线北方向在坐标纵轴北方向以东，其值为正，反之为负。反映三个基准方向关系的示意图，通常称为“三北方向”图或偏角图，如图 4.22 所示。

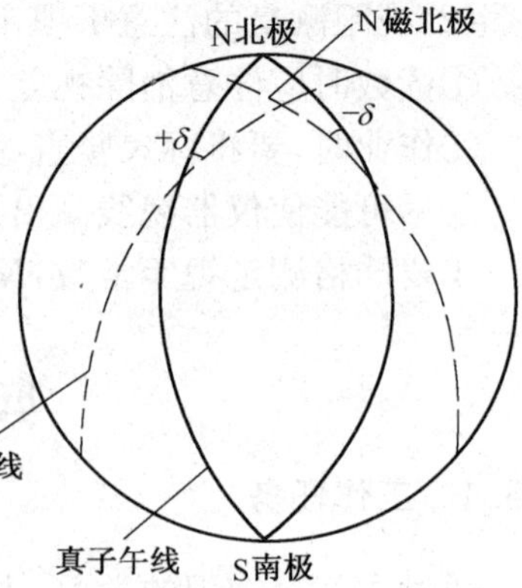

图 4.20　磁偏角 δ

3. 直线方向的表示方法

(1)方位角

方位角是指由标准方向的北端顺时针量到直线的水平夹角，角值范围为 0°～360°。

确定一条直线的方位角，首先要在直线的起点做出标准方向。以真子午线方向作为标准方向的方位角称为真方位角，用 A 表示；以磁子午线方向作为标准方向的方位角称为磁方位角，用 A_m 表示；以坐标纵轴方向作为标准方向的方位角称为坐标方位角，用 α 表示。

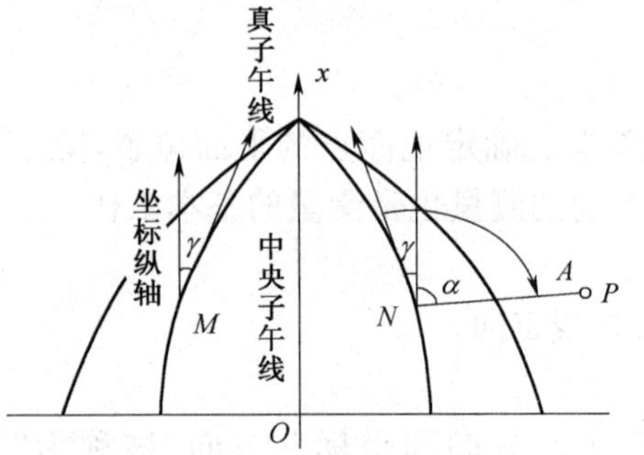

图 4.21　子午线收敛角

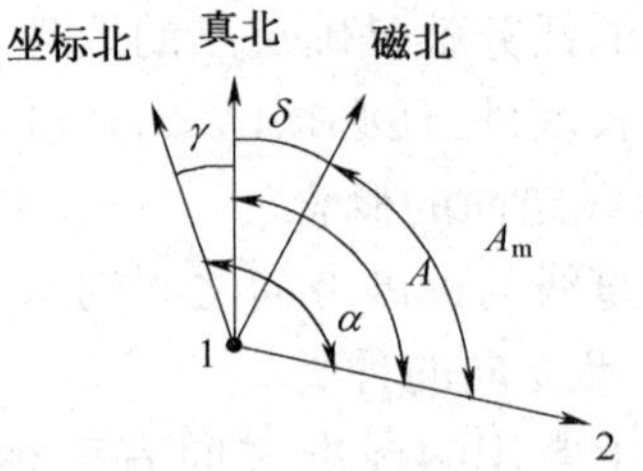

图 4.22　“三北方向”之间的关系

如果已知磁偏角和子午线收敛角，则不同的方位角之间可以换算。三种方位角之间的关系如图 4.23 所示。

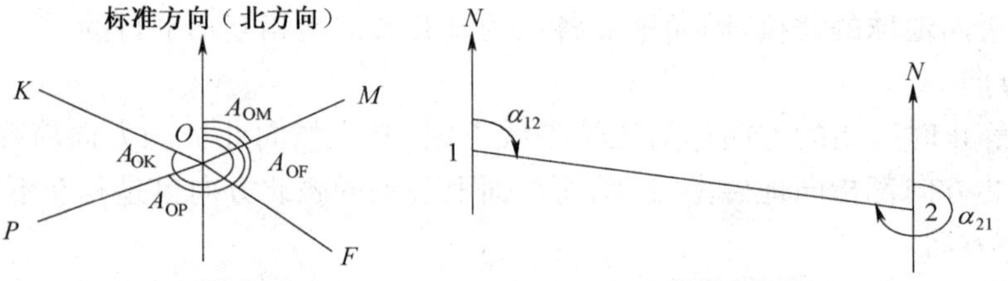

(a) 方位角　　(b) 坐标方位角

图 4.23　坐标方位角示意图

(2)象限角

象限角是指直线与标准方向所夹的锐角称为该直线的象限角。象限角由标准方向的指北端或指南端开始向东或向西计量，用 R 表示，角值范围为 0°～90°。

用象限角表示直线的方向，除了要说明象限角的大小外，还应在角值前注明直线所在的象限名称，象限的名称有“北东”、“北西”、“南东”、“南西”四种。实际应用时，北、南、东、西可用英文字母 N、S、E、W 表示。象限角的表示方法如图 4.24

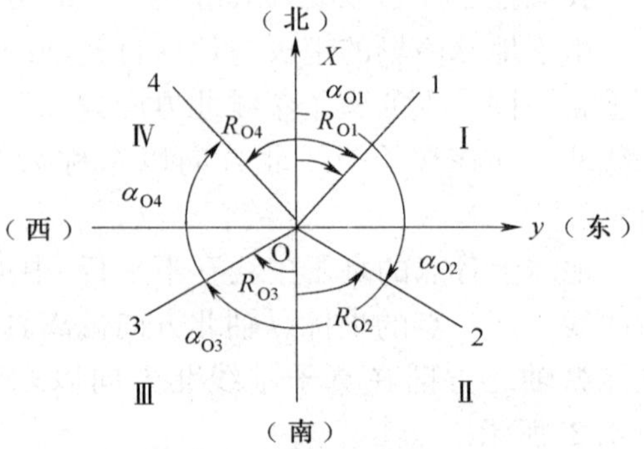

图 4.24　象限角

所示。

采用象限角时，标准方向可以采用真子午线方向、磁子午线方向或坐标纵轴方向，一般情况下多为坐标象限角。

(3)坐标方位角和坐标象限角的换算关系见表 4.3。

表 4.3　坐标方位角与象限角关系

象　限	由象限角求方位角	由方位角求象限角
Ⅰ(北东)	$\alpha=R$	$R=\alpha$
Ⅱ(南东)	$\alpha=180°-R$	$R=180°-\alpha$
Ⅲ(南西)	$\alpha=180°+R$	$R=\alpha-180°$
Ⅳ(北西)	$\alpha=360°-R$	$R=360°-\alpha$

在一般测量工作中，通常都是采用坐标方位角来表示直线方向的，只有在坐标计算中才可能用到象限角。

(4)正、反坐标方位角

一条直线有正反两个方向，由直线起点至终点的方向为该直线的正方向，由直线终点至起点的方向为该直线的反方向。按正方向量得的方位角称为该直线的正坐标方位角，按反方向量得的坐标方位角称为该直线的反坐标方位角。

如图 4.23 所示，α_{12}为直线 12 的正坐标方位角，α_{21}为直线 21 的反坐标方位角。

$$\alpha_{21}=\alpha_{12}+180° \quad \text{或} \quad \alpha_{12}=\alpha_{21}-180°$$

可见，正反坐标方位角相差 180°，即

$$\alpha_{反}=\alpha_{正}\pm180° \tag{4.17}$$

上式中，$\alpha_{正}<180°$时用“+”，$\alpha_{正}>180°$时用“-”。

(5)坐标方位角的推算

在控制测量中，将测区内相邻控制点(导线点)连成直线而构成折线图形称之为导线。按导线前进方向，在导线左侧的角称为左角，在右侧的角称为右角。

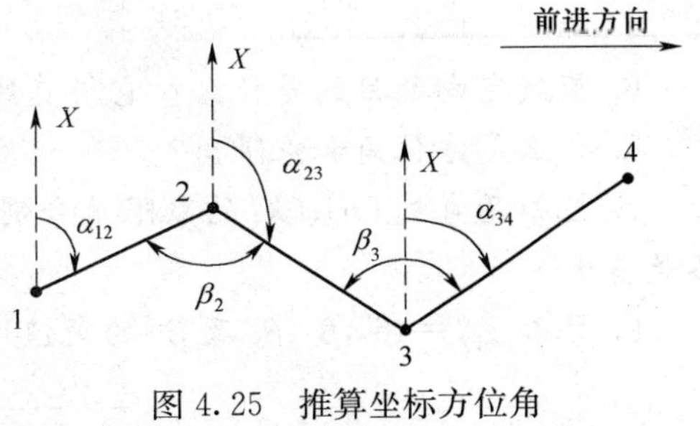

图 4.25　推算坐标方位角

如图 4.25 所示，α_{12}已知，通过测量水平角，求得 12 边与 23 边的转折角为β_2(右角)；求得 23 边与 34 边的转折角为β_3(左角)，现推算 α_{23}、α_{34}。由图 4.26 中分析可知：

$$\alpha_{23}=\alpha_{21}-\beta_2=\alpha_{12}+180°-\beta_2$$
$$\alpha_{34}=\alpha_{32}+\beta_3-360°=\alpha_{23}+180°+\beta_3$$

推算坐标方位角的通用公式：

$$\alpha_{前}=\alpha_{后}+180°-\beta_{右}$$
$$\alpha_{前}=\alpha_{后}-180°+\beta_{左}$$

根据方位角的定义可知其角值范围为 0°～360°。所以，当计算结果出现负值时，应加上 360°；当计算结果大于 360°时，应减去 360°。

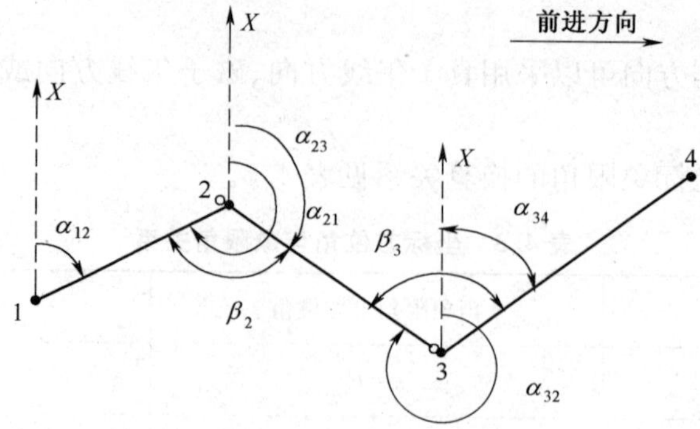

图 4.26　坐标方位角分析图

复习思考题

1. 什么是水平距离？

2. 在用钢尺丈量距离之前，为什么要进行直线定线？直线定线有哪几种方法？

3. 简述用钢尺量距在平坦地面量距的步骤。

4. 用钢尺丈量一段距离，往测值为 184.765 m，返测值为 184.715 m，试求这段距离的丈量精度。

5. 下表为视距测量的观测值，试完成表中各项观测值。

点号	上丝 下丝	视距/ m	竖盘读数	竖直角	中丝读数/ m	水平距离/ m	高差/ m	备注
1	2.103 1.105		79°24′15″		1.604			仪器高位 1.50 m，竖盘为顺时针注记
2	2.128 0.948		110°41′36″		1.538			
3	1.512 0.458		90°56′24″		0.985			

6. 直线定向的目的是什么？它与直线定线有何区别？

7. 什么是方位角和象限角？

8. 已知两直线 *OB*、*OC* 的象限角分别为北东 55°25′、南西 65°15′，求这两条直线的方位角各是多少？

9. 已知 $\alpha_{12}=46°$，β_2、β_3 及 β_4 的角值均注于图 4.27 上，试求其余各边坐标方位角。

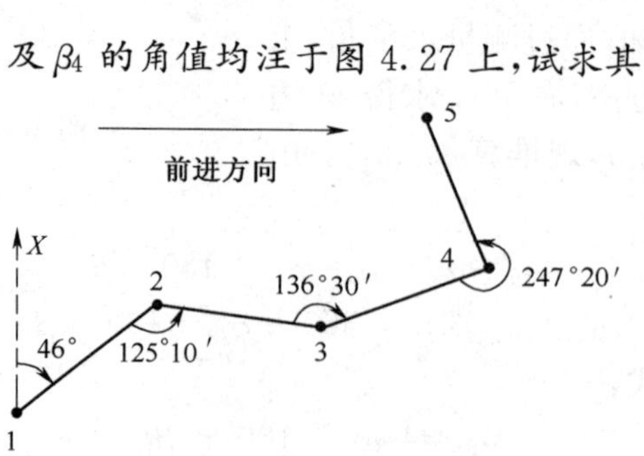

图 4.27　复习思考题 9 之图

项目5 全站仪测量

项目描述

全站仪是一种可以同时进行角度(水平角、竖直角)测量、距离(斜距、平距、高差)测量和数据处理,由机械、化学、电子元件组合而成的测量仪器。在测量中只需一次安置,便可以完成该测站上所有的测量工作,既操作方便,精度又高,广泛用于控制测量、细部测量、施工放样、变形观测等方面的测量工作,所以领会全站仪构造原理和使用方法是掌握现代测量技术的关键之一。本项目主要介绍全站仪基本知识、角度测量、距离测量、坐标测量、坐标放样。

教学目标

1. 能力目标
- 能够理解全站仪中常用的测量功能原理;
- 在城市轨道交通工程中,能够熟练利用全站仪完成各项测量工作任务。

2. 知识目标
- 掌握全站仪的结构原理及仪器使用;
- 掌握全站仪常用功能的测量原理及在工程中的应用。

3. 素质目标
- 养成独立思考问题的能力;
- 培养吃苦耐劳的品质;
- 具备一定协调组织能力。
- 培养工程施工测量工匠人才。

相关案例——全站仪的发展简述

1. 世界全站仪的发展

由于电子测距仪、电子经纬仪及微处理器的产生与性能不断完善,在20世纪60年代末出现了把电子测距、电子测角和微处理器结合成一个整体,能自动记录、存储并具备某些固定计算程序的电子速测仪。因该仪器在一个测站点能快速进行三维坐标测量、定位和自动数据采集、处理、存储等工作,较完善地实现了测量和数据处理过程的电子化和一体化,所以称为"全站型电子速测仪",通常又称为"电子全站仪"或简称"全站仪"。

早期的全站仪由于体积大、质量大、价格昂贵等因素,其推广应用受到了很大的限制。自20世纪80年代起,由于大规模集成电路和微处理器及半导体发光件性能的不断完善和提高,使全站仪进入了成熟与蓬勃发展阶段。其表现特征是小型、轻巧、精密、耐用,并具有强大的软件功能。特别是1992年以来，新颖的电脑智能型全站仪投入世界测绘仪器市场，如索佳（SOKKIA）SET系列、拓普康（TOPCON）GTS700系列、尼康（NIKON）DTM-700系列、徕卡（LEICA）TPS1000系列等，使操作更加方便快捷、测量精度更高、内存量更大、结构造型更精美合理。

2. 中国全站仪的发展

从测距、测角问题的解决到全站仪的诞生，再到数年的磨合，中国人用了20多年时间掌握了全站仪的所有核心技术。

(1)测距仪的诞生

测距仪出现前，国内测距的主要方式是“一条基线两个角”，这种“以角求边”的方式工作量大，效率低下。

从20世纪50年代末60年代初开始，我国陆续试制光电测距仪，可惜困难重重。进入20世纪70年代，几次大地震的发生使得对长距离激光测距的需求更加迫切，国家连续进行了几次大规模科研攻关，其中三支代表力量分别是中国地震局武汉地震研究所、北京光学仪器厂、广东测绘仪器厂。这一系列攻关在原理上进了一步，试制出了样机——足足30 kg，但由于电子元器件、材料、工艺等多方面的限制，无法解决实际应用问题及批量生产。

在70年代，国外比较可靠的、有实用价值的测距仪已经出现，主要代表就是瑞士威尔特（WILD，现已并入徕卡）、瑞典AGA（现已并入天宝）。他们研制生产的测距仪可直接测量3 km，甚至10 km，使业界大吃一惊，给整个行业的测绘方式带来根本性的变化。

1979年国家改革开放，引进热潮形成，北光、广东测绘仪器厂、常州第二电子仪器厂成为引进学习测距仪技术的主要代表。其中北光主要和瑞典AGA合作，广东厂和常州二电仪厂则主要与日本索佳、尼康合作。国人对引进寄予厚望，但事与愿违，在整个引进过程中，多为进口散件组装仪器，学到的只是皮毛，根本无法触及核心技术。

1989年，南方测绘成立。1991年，南方测绘和常州大地厂正式携手合作，大地厂负责技术，南方公司负责市场，一年竟能卖出两三百台，实现了测距仪的国产化，迫使进口测距仪逐步退出中国市场。

(2)电子测角

在电子测角出现前，基本是光学经纬仪上架装测距仪，我们称之为“半站仪”，这种方式从20世纪70年代中一直延续到20世纪90年代初。当测距问题彻底解决后，测角问题提上日程，北光和苏一光成为此时引进国外技术的国营企业代表，北光还同日本拓普康合资成立了北京拓普康仪器有限公司。

1994年12月，南方公司通过层层技术攻关，推出中国第一台电子经纬仪，成功解决了电子测角问题。

1995年底，在业内惊诧的目光中，南方测绘推出中国第一台国产全站仪样机NTS-202。

2003年，经过8年磨合，南方测绘推出第二代全站仪——全中文内存NTS-320系列、NTS-350系列全站仪，整体达到了进口仪器的水平。

2008年，南方测绘推出第三代全站仪——NTS-360R系列全站仪。360全站仪的诞生，不仅代表了国产全站仪的最高水平，更成为跨越同类进口全站仪的杰作。

2009年，南方全站仪的产量将达到2.5万台，不但在国内遥遥领先，产量也将位居世界第一。

目前国内全站仪的生产商主要有常州大地、南方、北京三鼎等几家公司，并随着国产全站仪及其他测绘仪器各方面技术与性能的不断提升，我国也在逐渐从测绘仪器大国走向测绘仪器强国。

3. 全站仪的应用

随着全站仪性能的不断提升，应用范围已不仅局限于测绘工程、建筑工程、交通与水利工程、地籍与房地产测量，而且在大型工业生产设备和构件的安装调试、船体设计施工、大桥水坝的变形观测、地质灾害监测及体育竞技等领域中都得到了广泛应用。

全站仪的应用具有以下特点：

(1)在地形测量过程中，可以将控制测量和地形测量同时进行。

(2)在施工放样测量中，可以将设计好的管线、道路、工程建筑的位置测设到地面上实现三维坐标快速施工放样。

(3)在变形观测中，可以对建筑(构筑)物的变形、地质灾害等进行实时动态监测。

(4)在控制测量中，导线测量、前方交会、后方交会等程序功能，操作简单、速度快、精度高；其他程序测量功能方便、实用且应用广泛。

(5)在同一个测站点，可以完成全部测量的基本内容，包括角度测量、距离测量、高差测量，实现数据的存储和传输。

(6)通过传输设备，可以将全站仪与计算机、绘图仪相连，形成内外一体的测绘系统，从而大大提高地形图测绘的质量和效率。

典型工作任务1　全站仪认知

5.1.1　工作任务

通过本部分知识的学习，主要达到以下目的：

(1)了解全站仪的基本组成及结构；

(2)结合理论知识，掌握南方 NTS-350 型全站仪的组成及结构。

5.1.2　相关配套知识

1. 全站仪的基本组成及结构

(1)基本组成

全站仪由电子测角、电子测距、电子补偿、微机处理装置四大部分组成，它本身就是一个带有特殊功能的计算机控制系统，其微机处理装置由微处理器、存储器、输入和输出部分组成。由微处理器对获取的倾斜距离、水平角、竖直角、垂直轴倾斜误差、视准轴误差、垂直度盘指标差、棱镜常数、气温等信息加以处理，从而获得各项改正后的观测数据和计算数据。在仪器的只读存储器中固化了测量程序，测量过程由程序完成。仪器的设计框架如图5.1所示。

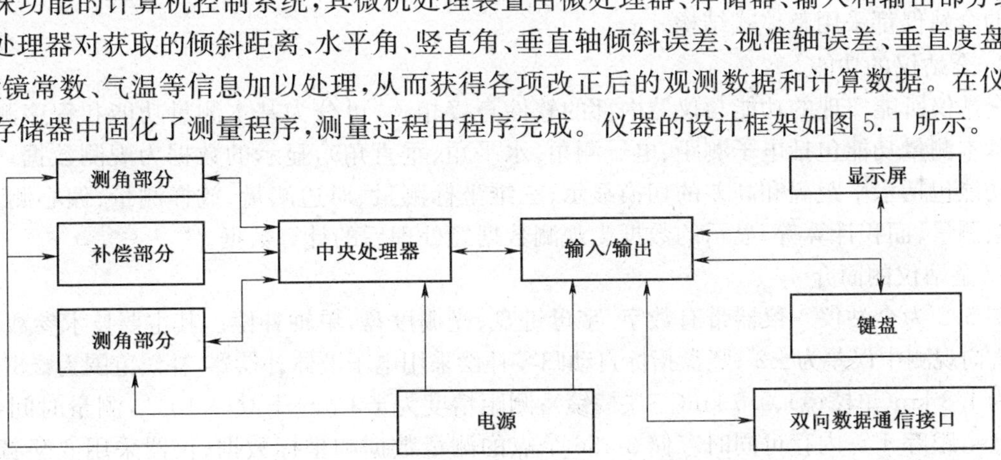

图5.1　仪器的设计框架

其中：

电源部分是可充电电池，为各部分供电；

测角部分为电子经纬仪，可以测定水平角、竖直角，设置方位角；

补偿部分可以实现仪器垂直轴倾斜误差对水平、垂直角度测量影响的自动补偿改正；

测距部分为光电测距仪，可以测定两点之间的距离；

中央处理器接受输入指令、控制各种观测作业方式、进行数据处理等；

输入、输出包括键盘、显示屏、双向数据通信接口。

从总体上看，全站仪的组成可分为两大部分：

①采集数据而设置的专用设备：主要有电子测角系统、电子测距系统、数据存储系统、自动补偿设备等。

②测量过程的控制设备：主要用于有序地实现上述每一专用设备的功能，包括与测量数据相连接的外围设备及进行计算、产生指令的微处理机等。

只有上面两大部分有机结合才能真正地体现“全站”功能，既要自动完成数据采集，又要自动处理数据和控制整个测量过程。

(2)基本结构

全站仪按其结构可分为组合式(积木式)与整体式两种。

①组合式全站仪

组合式全站仪由测距头、光学经纬仪及电子计算部分拼装组合而成。这种全站仪的出现较早，经不断地改进可将光学角度读数通过键盘输入到测距仪并对倾斜距离进行计算处理，最后得出平面距离、高差、方位角和坐标差，这些结果可自动地传输到外部存储器中。后来发展为把测距头、电子经纬仪及电子计算部分拼装组合在一起。其优点是能通过不同的构件进行多样组合，当个别构件损坏时，可以用其他构件代替，具有很强的灵活性。早期的全站仪都采用这种结构。

②整体式全站仪

整体式全站仪是在一个机器外壳内含有电子测距、测角、补偿、记录、计算、存储等部分。将发射、接收、瞄准光学系统设计成同轴，共用一个望远镜，角度和距离测量只需一次瞄准，测量结果能自动显示并能与外围设备双向通信。其优点是体积小、结构紧凑、操作方便、精度高。近期的全站仪都采用整体式结构。

2. 全站仪的功能

全站仪所能实现的功能与仪器内部的软件直接相关，可分为基本测量功能和程序测量功能。基本测量功能包括电子测距、电子测角(水平角、垂直角)，显示的数据为观测数据。程序测量功能包括水平距离和高差的切换显示、三维坐标测量、对边测量、放样测量、偏心测量、后方交会测量、面积计算等，显示的数据为观测数据经处理后的计算数据。

3. 全站仪的简介

图 5.2 为全站仪。仪器带有数字/字母键盘、光栅度盘，单轴补偿。其主要技术参数为：一测回方向观测中误差为±2″；竖盘指标自动归零补偿采用电子液体补偿器，补偿范围为±3′；最大测程为 1.8 km(单棱镜)、2.6 km(三块棱镜)；测距精度为$\pm 3\ mm+2D\times 10^{-6}$，测量时间：精测单次 3 s，跟踪 1 s；内存可同时存储 3 456 个点的测量数据和坐标数据；仪器采用 6 V 镍氢可充电电池供电，一块充满电的电池可供连续测量 8 h。

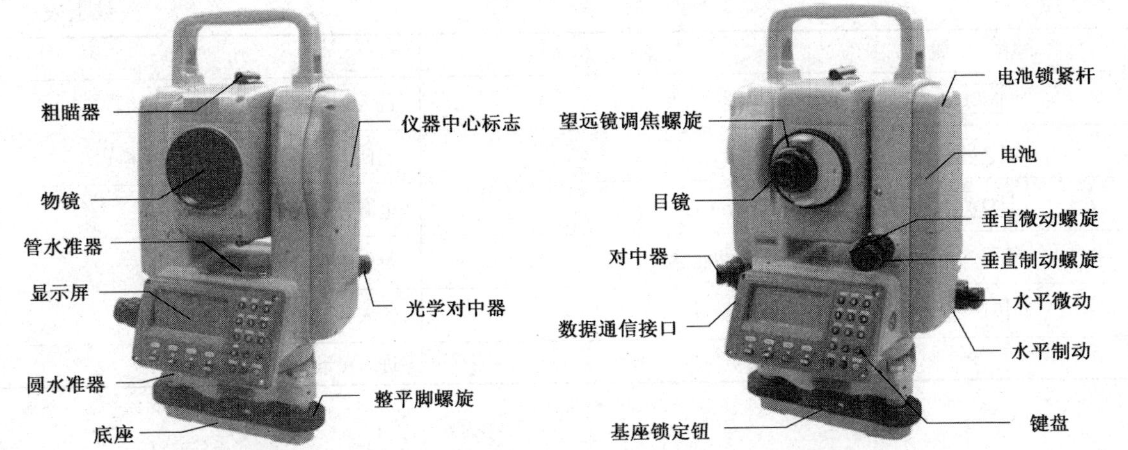

图 5.2　全站仪

全站仪专用棱镜与基座如图 5.3 所示，棱镜对中杆如图 5.4 所示。

全站仪的操作界面板与功能键如图 5.5 所示，键盘符号的名称和功能如表 5.1 所示。

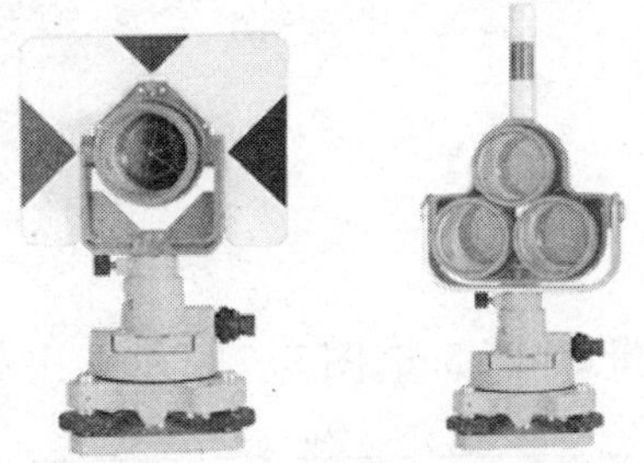

图 5.3　棱镜与基座

图 5.4　棱镜对中杆

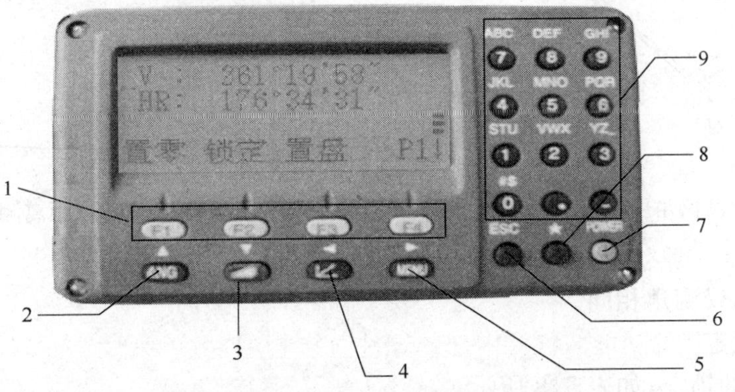

图 5.5　全站仪的操作界面板与功能键

1—F1-F4；2—角度测量(▲上移键)；3—距离测量(▼下移键)；4—坐标测量(◀左移键)；5—菜单键(▶右移键)；6—退出键；7—电源开关键；8—星键；9—数字键盘

表 5.1　键盘符号的名称和功能

按　键	名　称	功　能
ANG	角度测量键	进入角度测量模式(▲上移键)
	距离测量键	进入距离测量模式(▼下移键)
	坐标测量键	进入坐标测量模式(◀左移键)

续上表

按　键	名　称	功　能
MENU	菜单键	进入菜单模式（▶右移键）
ESC	退出键	返回上一级状态或返回测量模式
POWER	电源开关键	电源开关
F1—F4	软键(功能键)	对应于显示的软键信息
0—9	数字键	输入数字和字母、小数点、负号
★	星键	进入星键模式

典型工作任务 2　角度测量与距离测量

5.2.1　工作任务

通过本部分知识的学习，主要达到以下目的：

(1)能够掌握全站仪角度测量的操作过程；

(2)能够掌握全站仪距离测量的操作过程。

5.2.2　相关配套知识

全站仪基础测量功能主要包括角度测量、距离测量，如图 5.6、图 5.7 所示。

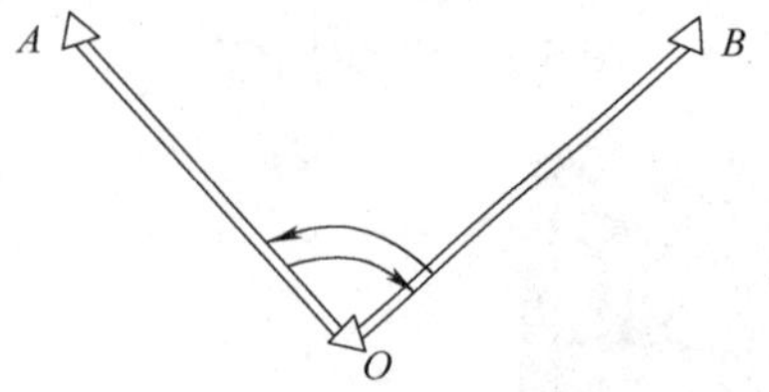

图 5.6　全站仪角度测量

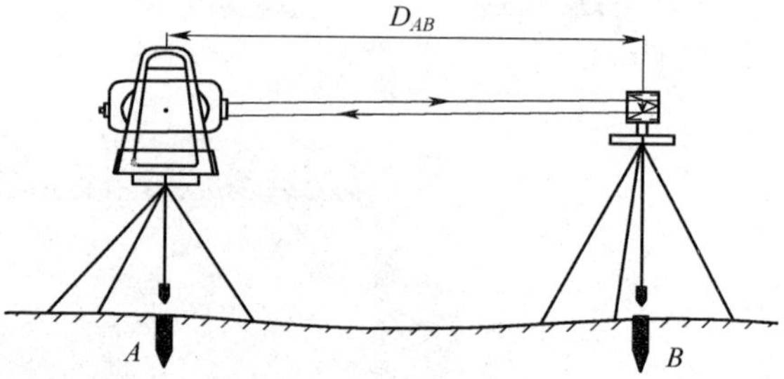

图 5.7　全站仪距离测量

1. 角度测量

方法：与经纬仪测角相同。

(1)角度值锁定

水平角读数的锁定，如表 5.2 所示。

表 5.2　水平角读数锁定

操作过程	操作	显　示
①用水平微动螺旋转到所需的水平角	显示角度	V:　122° 09′ 30″ HR:　90° 09′ 30″ 置零　锁定　置盘　P1↓

续上表

操作过程	操作	显示
②按 F2 (锁定)键	F2	水平角锁定 HR: 90° 09′ 30″ >设置 ? --- --- [是] [否]
③照准目标	照准	
④按 F3 (是)键完成水平角设置,显示窗变为正常的角度测量模式	F3	V: 122° 09′ 30″ HR: 90° 09′ 30″ 置零 锁定 置盘 P1↓

(2)键盘输入角度值

通过键盘输入数字设置水平角,如表5.3所示。

表5.3 水平角设置

操作过程	操作	显示
①照准目标	照准	V: 122° 09′ 30″ HR: 90° 09′ 30″ 置零 锁定 置盘 P1↓
②按 F3 (置盘)键	F3	水平角设置 HR: 输入 --- --- [回车]
③通过键盘输入所要求的水平角,如:150°10′20″	F1 150.1020 F4	V: 122° 09′ 30″ HR: 150° 10′ 20″ 置零 锁定 置盘 P1↓

2. 距离测量(确认在角度测量模式下)

在全站仪距离测量中,由于电子测距为仪器中心到棱镜中心的倾斜距离,因此仪器和棱镜都需要精确对中、整平。在距离测量前应进行气象改正、棱镜类型选择、棱镜常数改正、测距模式的设置和测距回光信号的检查,然后才能进行距离测量。仪器的各项改正是按设置仪器参数,经微处理器对原始观测数据计算并改正后,显示观测数据和计算数据的。只有合理设置仪器参数,才能得到高精度的观测成果。

(1)测距参数的设置

①设置温度和气压

输入预先测得测站周围的温度和气压。例:温度＋25 ℃气压 1 017.5 hPa,如表 5.4 所示。

表 5.4　温度和气压的设置

步骤	操　作	操 作 过 程	显　示
第 1 步	按键◢	进入距离测量模式	HR: 170° 30′ 20″ HD: 235.343 m VD: 36.551 m 测量 模式 S/A P1↓
第 2 步	按键F3	进入设置 由距离测量或坐标测量模式预先测得测站周围的温度和气压	设置音响模式 PSM: 0.0 PPM: 2.0 信号: [| | | | | |] 棱镜 PPM T-P ---
第 3 步	按键F3	按键F3 执行[T-P]	温度和气压设置 温度: 15.0 ℃ 气压: 1013.2 hPa 输入 --- --- 回车
第 4 步	按键F1输入温度 按键F4输入气压	按键F1执行[输入]输入温度与气压 按F4执行[回车]确认输入	温度和气压设置 温度: 25.0 ℃ 气压: 1017.5 hPa 输入 --- --- 回车

②设置大气改正

全站仪发射红外光的光速随大气的温度和压力而改变,NTS-350 全站仪一旦设置了大气改正值即可自动对测距结果实施大气改正,如表 5.5 所示。

表 5.5　大气改正值的设置

步骤	操　作	操 作 过 程	显　示
第 1 步	F3	由距离测量或坐标测量模式按F3键	设置音响模式 PSM: 0.0 PPM: 0.0 信号: [| | | | | |] 棱镜 PPM T-P ---
第 2 步	F2	按F2[ppm]键,显示当前设置值	PPM 设置 PPM : 0.0 ppm 输入 --- --- 回车

续上表

步骤	操 作	操 作 过 程	显 示
第 3 步	F1 输入数据 F4	输入大气改正值，返回到设置模式	PPM 设置 PPM : 4.0 ppm 输入 --- --- 回车 设置音响模式 PSM: 0.0 PPM 4.0 信号: [| | | | | |] 棱镜 PPM T-P ---

③大气折光和地球曲率改正

仪器在进行平距测量和高差测量时，可对大气折光和地球曲率的影响进行自动改正。

NTS-350 全站仪的大气折光系数出厂时已设置为 $K=0.14$。K 值有 0.14 和 0.2 可选。地球曲率半径 $R_e=6\ 370$ km。

操作：按 F4 开机，在“F3：其他设置”里的“F3：两差改正”，可以设置。

④设置反射棱镜常数

南方全站的棱镜常数的出厂设置为－30，若使用棱镜常数不是－30 的配套棱镜，则必须设置相应的棱镜常数，如表 5.6 所示。

表 5.6 棱镜常数设置

步骤	操 作	操 作 过 程	显 示
第 1 步	F3	由距离测量或坐标测量模式按 F3 (S/A)键	设置音响模式 PSM: −30.0 PPM: 0.0 信号: [| | | | | |] 棱镜 PPM T-P ---
第 2 步	F1	按 F1 (棱镜)键	棱镜常数设置 棱镜: 0.0 mm 输入 --- --- 回车
第 3 步	F1 输入数据 F4	按 F1 (输入)键输入棱镜常数改正值，按 F4 确认，显示屏返回到设置模式	设置音响模式 PSM: 0.0 PPM: 0.0 信号: [| | | | | |] 棱镜 PPM T-P ---

⑤测距模式的设置

全站仪的测距模式有精测模式、跟踪模式、粗测模式三种。精测模式是最常用的测距模式，测量时间约 2.5 s，最小显示单位 1 mm；跟踪模式，常用于跟踪移动目标或放样时连续测距，最小显示一般为 1 mm，每次测距时间约 0.3 s；粗测模式，测量时间约为 0.7 s，最小显示单位为 1 cm 或 1 mm。

测距模式的设置过程如表 5.7 所示。

表 5.7　测距模式设置

操作过程	操　作	显　示
①在距离测量模式下按[F2]（模式）键所设置模式的首字符（F/T）	[F2]	HR:　170° 30′ 20″ HD:　566.346 m VD:　89.678 m 测量　模式　S/A　P1↓
②按[F1]（精测）键精测，[F2]（跟踪）键跟踪测量	[F1]—[F2]	HR:　170° 30′ 20″ HD:　566.346 m VD:　89.678 m 精测　跟踪　---　F HR:　170° 30′ 20″ HD:　566.346 m VD:　89.678 m 测量　模式　S/A　P1↓

(2)距离测量过程如表 5.8 所示。

表 5.8　距离测量过程

操作过程	操　作	显　示
①照准棱镜中心	照准	V:　90° 10′ 20″ HR:　170° 30′ 20″ H-蜂鸣　R/L　竖角　P3↓
②按[◢]键，距离测量开始	[◢]	HR:　170° 30′ 20″ HD*[r]　<<m VD:　m 测量　模式　S/A　P1↓ HR:　170° 30′ 20″ HD*　235.343m VD:　36.551m 测量　模式　S/A　P1↓

续上表

操作过程	操　作	显　示
③显示测量的距离，再次按◢键，显示变为水平角(HR)、垂直角(V)和斜距(SD)	◢	V:　90° 10′ 20″ HR:　170° 30′ 20″ SD*　241.551 m 测量　模式　S/A　P1↓

典型工作任务 3　坐标测量

5.3.1　工作任务

通过本部分知识的学习，达到以下目的：

(1)掌握全站仪坐标测量的基本原理；

(2)能够掌握全站仪坐标测量的操作过程。

5.3.2　相关配套知识

全站仪坐标测量就是根据已知点的坐标，测量出地面上一待测点的三维坐标。包括平面坐标(X,Y)和高程(H)。

待测点坐标测量的基本原理如下：

①平面坐标(X,Y)，如图 5.8(a)所示。

若输入测站点坐标(X_A,Y_A)，后视点坐标(X_B,Y_B)，则可计算出方位角α_{AB}。

于是 AP 的方位角：$\alpha_{AP}=\alpha_{AB}-(360°-\beta)$

测得：水平角β和平距D_{AP}。则有待测点 P 坐标：

$$X_P=X_A+D_{AP}\cos\alpha_{AP};Y_P=Y_A+D_{AP}\sin\alpha_{AP}$$

②高程坐标(H)，如图 5.8(b)所示。

若输入测站点 A 高程 H_A，仪器高 i，前视棱镜高 v；仪器测得：平距 D_{AP}，竖直角 θ。可计算出 P 点高程：$H_P=H_A+i+D_{AP}\tan\theta-v$。

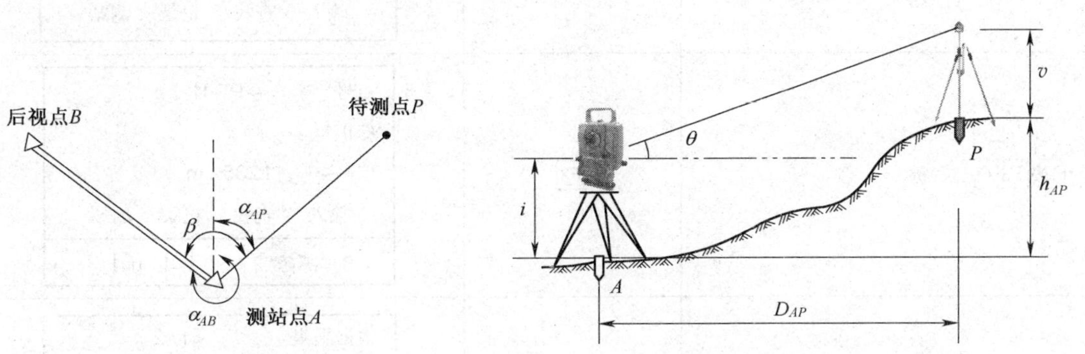

(a) 平面坐标测量　　(b) 高程坐标测量

图 5.8　全站仪坐标测量的测量原理

下面介绍一下全站仪坐标测量的具体步骤：

(1)测站点设置

两种设定方法:①利用内存中的坐标数据来设定;②直接由键盘输入。

本例为利用内存中的坐标数据来设置测站点的操作步骤,如表 5.9 所示。

表 5.9 利用内存中的坐标数据设置测站点

操作过程	操作	显示
①由数据采集菜单 1/2,按 F1 (输入测站点)键,即显示原有数据	F1	点号 ->PT-01 标识符： 仪高: 0.000 m 输入 查找 记录 测站
②按 F4 (测站)键	F4	测站点 点号: PT-01 输入 调用 坐标 回车
③按 F1 (输入)键	F1	测站点 点号: PT-01 回退 空格 数字 回车
④输入点号,按 F4 键	输入点号 F4	点号 ->PT-11 标识符： 仪高: 0.000 m 输入 查找 记录 测站
⑤输入标识符,仪高	输入标识符 输入仪高	点号 ->PT-11 标识符： 仪高: 1.235 m 输入 查找 记录 测站
⑥按 F3 (记录)键	F3	点号 ->PT-11 标识符： 仪高-> 1.235 m 输入 查找 记录 测站 >记录? [是] [否]
⑦按 F3 (是)键,显示屏返回数据采集菜单 1/3	F3	数据采集 1/2 F1 ： 输入测站点 F2 ： 输入后视点 F3 ： 测量 P↓

(2)后视点设置

三种设定方法:①利用内存中的坐标数据来设定;②直接键入后视点坐标;③直接键入设置的定向角。

本例为通过输入点号设置后视点,测量前将后视定向角数据寄存在仪器内,如表 5.10 所示。

表 5.10　调用内存中的后视点坐标

操作过程	操作	显示
①由数据采集菜单 1/2 按[F2](输入后视点),即显示原有数据	[F2]	后视点 -> 编码 : 镜高 : 0.000 m 输入 置零 测量 后视
②按[F4](后视)键	[F4]	后视 点号-> 输入 调用 NE/AZ [回车]
③按[F1](输入)键	[F1]	后视 点号 : 回退 空格 数字 回车
④输入点号,按[F4](ENT)键 按同样方法,输入点编码,反射镜高	输入 PT-22 [F4]	后视点 ->PT-22 编码 : 镜高 : 0.000 m 输入 置零 测量 后视
⑤按[F3](测量)键	[F3]	后视点 ->PT-22 编码 : 镜高 : 0.000 m 角度 *斜距 坐标 ---
⑥照准后视点 选择一种测量模式并按相应的软键 例:[F2](斜距)键 进行斜距测量,根据定向角计算结果设置水平度盘读数测量结果被寄存,显示屏返回到数据采集菜单 1/2	照准 [F2]	V : 90° 00′ 00″ HR : 0° 00′ 00″ SD * <<< m >测量.. 数据采集 1/2 F1 : 输入测站点 F2 : 输入后视点 F3 : 测量 P↓

(3)待测点数据测量

在进行待测点数据测量时，通过设置测站坐标、后视方位角、仪器高和棱镜高，即可直接测量出未知点的数据，如表 5.11 所示。

表 5.11　待测点数据测量

操作过程	操作	显示
①由数据采集菜单 1/2，按[F3]（测量）键，进入待测点测量	[F3]	数据采集　1/2 F1：测站点输入 F2：输入后视 F3：测量　P↓ ———— 点号 -> 编码： 镜高：0.000 m 输入　查找　测量　同前
②按[F1]（输入）键，输入点号后，按[F4]确认	[F1] 输入点号 [F4]	点号　=PT-01 编码： 镜高：0.000 m 回退　空格　数字　回车 ———— 点号　=PT-01 编码 -> 镜高：0.000 m 输入　查找　测量　同前
③按同样方法输入编码，棱镜高	[F1] 输入编码 [F4] [F1] 输入镜高 [F4]	点号：PT-01 编码 -> SOUTH 镜高：1.200 m 输入　查找　测量　同前 ———— 角度　*斜距　坐标　偏心
④照准目标点	照准	
⑤按[F3]（测量）键	[F3]	
⑥按[F1]到[F3]中的一个键 例：[F2]（斜距）键 开始测量 数据被存储，显示屏变换到下一个镜点	[F2]	V：90° 00′ 00″ HR：0° 00′ 00″ SD*[n]　<<<　m >测量… ———— < 完成>

续上表

操作过程	操作	显示
⑦输入下一个镜点数据并照准该点	照准	点号　->PT-02 编码 ：SOUTH 镜高 ：　1.200　m 输入　查找　测量　同前
⑧按 F4 (同前)键 按照上一个镜点的测量方式进行测量，测量数据被存储 按同样方式继续测量 按 ESC 键即可结束数据采集模式	照准 F4	V：　90° 00′ 00″ HR：　0° 00′ 00″ SD* [n]　　<<<　m >测量… < 完成 > 点号　->PT-03 编码 ：SOUTH 镜高 ：　1.200　m 输入　查找　测量　同前

典型工作任务 4　坐标放样

5.4.1　工作任务

通过本部分知识的学习，主要达到以下目的：

(1)掌握全站仪坐标放样的基本原理；

(2)能够掌握全站仪坐标放样的操作过程。

5.4.2　相关配套知识

全站仪放样功能是根据实地已知点的坐标，在实地当中标定出待放样点的平面位置(N，E)及高程(H)。

放样的基本原理，如图 5.9 所示。

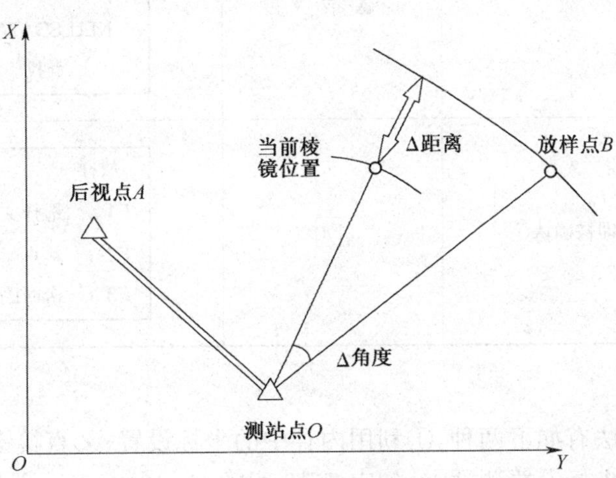

图 5.9　点放样操作

①在大致位置立棱镜，测出当前位置的坐标；

②将当前坐标与待放样点的坐标相比较，仪器自动计算并实时显示距离差值 dH_D 和角度差 dH_R 或纵向差值 ΔX 和横向差值 ΔY。

③根据显示的 dH_D、dH_R 或 ΔX、ΔY，逐渐找到放样点的位置。

在工程施工中，经常用到放样，当设置好测站点和后视点以后，就可以进行放样了。具体步骤如下：

(1)放样点数据的调用

首先放样前要选择一个坐标数据文件，也可以将放样点测量数据存入所选定的坐标数据文件中。放样时再将放样点进行调用，节省了外业测量的工作量，如表 5.12 所示。

表 5.12　内存中的坐标调用过程

操作过程	操作	显示
①由放样菜单 2/2 按[F1](选择文件)键	[F1]	放样　2/2 F1：选择文件 F2：新点 F3：格网因子　P↓ 选择文件 FN：________ 输入　调用　---　回车
②按[F2](调用)键，显示坐标数据文件目录	[F2]	CEEFEDATA　/C0322 ->*SOUTHDATA　/C0228 SATADDATA　/C0080 ---　查找　---　回车
③按[▲]或[▼]键可使文件表向上或向下滚动，选择一个工作文件	[▲]或[▼]	*SOUTHDATA　/C0228 SATADDATA　/C0080 KLLLSDATA　/C0085 ---　查找　---　回车
④按[F4](回车)键，文件即被确认	[F4]	放样　2/2 F1：选择文件 F2：新点 F3：格网因子　P↓

(2)设置测站点

设置测站点的方法有如下两种：①利用内存中的坐标设置；②直接键入坐标数据。

本例为直接输入坐标设置测站点，如表 5.13 所示。

表 5.13　直接输入测站点坐标

操作过程	操作	显示
①由放样菜单 1/2 按[F1]（测站点号 输入）键，即显示原有数据	[F1]	测站点 点号 ： ________ 输入 调用 坐标 回车
②按[F3]（坐标）键	[F3]	N ： 0.000 m E ： 0.000 m Z ： 0.000 m 输入 --- 点号 回车
③按[F1]（输入）键，输入坐标值按[F4]（ENT）键	[F1] 输入坐标 [F4]	N ： 10.000 m E ： 25.000 m Z ： 63.000 m 输入 --- 点号 回车
④按同样方法输入仪器高，显示屏返回到放样菜单 1/2	[F1] 输入仪高 [F4]	仪器高 输入 仪高 ： 0.000 m 输入 --- --- 回车
⑤返回放样菜单	[F1] 输入 [F4]	放样 1/2 F1 ： 输入测站点 F2 ： 输入后视点 F3 ： 输入放样点 P↓

(3)设置后视点

后视点设置的三种方法：①利用内存中的坐标数据文件设置后视点；②直接键入坐标数据；③直接键入设置角。

本例为直接输入后视点坐标，如表 5.14 所示。

表 5.14　直接输入后视点坐标

操作过程	操作	显示
①由放样菜单 1/2 按[F2]（后视）键，即显示原有数据	[F2]	放样 1/2 F1 ： 输入测站点 F2 ： 输入后视点 F3 ： 输入放样点 P↓ 后视 点号 = 输入 调用 NE/AZ 回车

续上表

操作过程	操作	显示
②按F3(NE/AZ)键	F3	N-> 0.000 m E : 0.000 m 输入 --- 点号 回车
③按F1(输入)键,输入坐标值按F4(回车)	F1 输入坐标 F4	后视 H(B) = 120° 30′ 20″ >照准? [是] [否]
④照准后视点	照准后视点	
⑤按F3(是)键,显示屏返回到放样菜单1/2	照准后视点 F3	放样 1/2 F1 ：输入测站点 F2 ：输入后视点 F3 ：输入放样点 P↓

(4)实施放样

实施放样有两种方法可供选择:①通过点号调用内存中的坐标值;②直接键入坐标值。本例为调用内存中的坐标值,如表5.15所示。

表5.15 调用内存中的坐标值

操作过程	操作	显示
①由放样菜单1/2按F3(放样)键	F3	放样 1/2 F1 ：输入测站点 F2 ：输入后视点 F3 ：输入放样点 P↓ 放样 点号 ：______ 输入 调用 坐标 回车
②F1(输入)键,输入点号,按F4(ENT)键	F1 输入点号 F4	镜高 输入 镜高 ： 0.000 m 输入 --- --- 回车

续上表

操作过程	操作	显示
③按同样方法输入反射镜高，当放样点设定后，仪器就进行放样参数的计算 HR:放样点的水平角计算值 HD:仪器到放样点的水平距离计算值	F1 输入镜高 F4	计算 HR：122° 09′ 30″ HD： 245.777 m 角度 距离 --- ---
④按 F1 角度键，当 dHR＝0°00′00″时，即表明放样方向正确 点号:放样点 HR:实际测量的水平角 dHR:对准放样点仪器应转动的水平角 ＝实际水平角－计算的水平角	照准 F1	点号 ： LP - 100 HR ： 2° 09′ 30″ dHR ： 22° 39′ 30″ 距离 --- 坐标 ---
⑤移动放样棱镜位于视线上，按 F1（距离）键 HD:实测的水平距离 dHD:对准放样点尚差的水平距离 ＝实测高差－计算高差	F1	HD*[r] < m dHD ： m dZ ： m 模式 角度 坐标 继续 HD* 245.777 m dHD ： - 3.223 m dZ ： - 0.067 m 模式 角度 坐标 继续
⑥按 F1（模式）键进行精测	F1	HD*[r] < m dHD ： m dZ ： m 模式 角度 坐标 继续 HD* 244.789 m dHD ： - 3.213 m dZ ： - 0.047 m 模式 角度 坐标 继续
⑦在视线上移动棱镜，当显示值 dHR，dHD 和 dZ 均为 0 时，则放样点的测设已经完成		
⑧按 F3（坐标）键，即显示坐标值	F3	N ： 12.322 m E ： 34.286 m Z ： 1.5772 m 模式 角度 --- 继续

续上表

操 作 过 程	操　　作	显　　示
⑨按 F4（继续）键，进入下一个放样点的测设	F4	放样 点号：__________ 输入　调用　坐标　回车

项目小结

随着全站仪性能的不断提升，应用范围已不仅局限于测绘工程、建筑工程、交通与水利工程、地籍与房地产测量，而且在大型工业生产设备和构件的安装调试、船体设计施工、大桥水坝的变形观测、地质灾害监测及体育竞技等领域中都得到了广泛应用。

全站仪由电子测角、电子测距、电子补偿、微机处理装置四大部分组成，它本身就是一个带有特殊功能的计算机控制系统，其微机处理装置由微处理器、存储器、输入部分和输出部分组成。全站仪按其结构可分为组合式（积木式）与整体式两种。

全站仪所能实现的功能与仪器内部的软件直接相关，可分为基本测量功能和程序测量功能。基本测量功能包括电子测距、电子测角（水平角、垂直角），显示的数据为观测数据。程序测量功能包括水平距离和高差的切换显示、三维坐标测量、对边测量、放样测量、偏心测量、后方交会测量、面积计算等，显示的数据为观测数据经处理后的计算数据。

复习思考题

1. 在工程测量中，全站仪具有哪些特点？
2. 试述全站仪的基本组成及结构。
3. 简述全站仪角度测量与距离测量的过程。
4. 简述全站仪坐标测量的过程。
5. 简述全站仪坐标放样的过程。

项目 6　测量误差

项目描述

测量误差是测量工作中存在的普遍现象。在确定地面点的空间位置时，要进行高差测量、水平角测量、距离测量和方位角测量，根据实测的高差、角度、距离和直线的方向采用一定的方法计算出地面点的空间位置即(x,y,H)坐标。而在实际测角、测距离或测定两点间高差时，我们发现对某一量经过多次观测所得到的观测值一般都存在一些差异，这表明测量过程中不可避免地存在误差，这些误差会直接影响到观测结果的精度，故研究误差理论对测量工作者来说十分重要。误差理论主要研究测量误差产生的原因、出现的规律及其对观测结果的影响，以便通过计算来预计和评定观测结果的精度，更好地为工程建设服务。本项目主要介绍测量误差的概念、分类、特性，评定误差的指标，误差传播定律以及贯通误差等内容。

教学目标

1. 能力目标

- 通过对实际测量工作中产生的各项误差的分析，准确判别误差的性质；
- 在实际测量工作中，能准确运用误差基本理论评定角度、距离等基本测量观测量的精度；
- 掌握并熟练地运用误差传播定律，学会分析问题和解决问题的方法；
- 具有根据误差传播定律，推导一些测量中的常用公式的能力。

2. 知识目标

- 了解误差的基本概念；
- 认识观测条件对观测值的影响；
- 掌握误差的来源、分类及特性；
- 理解偶然误差的统计规律性；
- 结合测量的实际工作，掌握衡量精度的指标；
- 掌握误差传播定律；了解误差传播定律的应用；
- 掌握隧道贯通误差及限差的概念；
- 掌握隧道贯通误差的测定。

3. 素质目标

- 具备测量误差的相关知识；
- 养成全面考虑问题的习惯；
- 不断提高对观测结果的分析能力，能准确判定测量结果的精度。
- 培养学生精挑细琢、精益求精的“工匠精神”和“诚信为本、成果保密”的优良品质。

典型工作任务1 测量误差认知

6.1.1 工作任务

通过本部分知识的学习，主要达到以下目的：

(1)了解误差的概念；

(2)认识观测条件对观测值的影响；

(3)掌握误差的来源和分类；

(4)理解偶然误差的统计规律性。

6.1.2 相关配套知识

1. 测量误差及测量误差的来源

(1)观测值及其误差

在测量工作中，当对某一未知量进行多次观测时，无论测量仪器多么精密，观测进行得多么仔细，其结果总是存在差异。例如，对某一角度、两点间的高差或距离等进行多次重复观测时，所测得的各次结果往往存在差异；又如，对三角形的三个内角进行观测，每次测得的三个内角观测值之和常常不等于 180°；在水准测量中，对闭合水准路线每段高差进行测量，所测得闭合水准路线高差闭合差不等于 0 等。这些现象都说明了测量结果不可避免地存在误差。但只要不出现错误，每次的观测结果都十分接近，它们的值与所观测量的真值或应有值相差无几。

在测量中采用一定的仪器、工具和方法，对各种地物、地貌的几何要素进行量测，通过量测获得的数据称为观测值；被量测几何要素的真实值称为真值；观测值与其真值或应有值之间的差值，称为真误差，即

$$真误差=观测值-真值$$

设某量的真值为 X，第 i 次观测值为 l_i，则真误差 Δ_i 为

$$\Delta_i = l_i - X \qquad (i = 1,2,\cdots,n) \tag{6.1}$$

大量的测量实践证明，任何测量工作都会受到种种不利因素的影响，致使观测值中含有各种误差。误差是客观存在、不可避免的，对测量误差进行分析是测量工作中的重要内容之一。为了确保测量成果具有较高的质量，将误差限制在与测量目的相适应的范围内，测量人员必须充分了解观测误差的来源和性质，以便采取适当的措施减小误差的产生。

(2)测量误差的来源

测量误差的来源有以下三个方面：

①仪器误差

测量工作通常是利用测量仪器进行的，而仪器的制造和校正不可能十分完善，如仪器各轴线间的几何关系不能完全满足要求，尽管经过了检验校正，但仍有残余误差存在；另外，不同类型的仪器有着不同的精度，使用不同精度的仪器引起的误差大小也不相同，因而导致观测值的精度受到一定的影响，不可避免地存在误差。

②人为误差

由于观测者感觉器官的鉴别能力有一定的局限性，所以，在仪器的安置、照准、读数等方面都会产生误差；同时，观测者的工作态度、技术水平和习惯，也会直接影响观测成果质量。

③外界条件的影响

观测时所处的外界环境，如温度、湿度、气压、大气折光、风力等因素是随时变化的，这些因素都会对观测结果直接产生影响。例如温度的变化会影响钢尺的伸缩，因而在这种变化的外界条件中进行观测，其结果必然包含有误差。

仪器误差、人为误差、外界条件等三方面的因素是测量误差的主要来源，我们把仪器误差、人为误差、外界条件这三方面因素综合起来称为观测条件。观测条件相同的各次观测，称为等精度观测；观测条件不相同的各次观测，称为非等精度观测；观测成果的精确程度称为精度。观测条件的好坏，与观测成果的精度有着密切的联系。一般观测条件好，观测精度高；反之则观测精度低。

2. 测量误差的分类

测量误差按其性质可分为系统误差和偶然误差两类。

(1)系统误差

①系统误差的概念

在相同的观测条件下对某量进行一系列的观测，如果观测误差出现的大小和符号均相同或按一定的规律变化，这种误差就称为系统误差。

系统误差的产生，主要是由于测量仪器和工具制造不严密或校正不完善引起的。例如，在钢尺量距时，钢尺的名义长度为 50 m，经检定后，其实际长度为 49.994 m。用该尺丈量距离时，每量一整尺，就比实际长度量大了 6 mm，这 6 mm 的误差，其数值的大小和符号是固定的，丈量的距离越长，误差也就越大；又如，用视准轴不平行于水准管轴的水准仪进行水准测量时，尺上读数总是偏大或偏小，这种误差的大小与水准尺至水准仪的距离呈正比，该误差保持同一符号，数值按一定的规律变化，这些误差都属于系统误差。

②系统误差的特性

a. 大小(绝对值)为一常数或按一定规律变化；

b. 符号保持不变；

c. 系统误差具有积累性，不能相互抵消，对测量成果影响较大。

③消除或减小系统误差的措施

a. 测定仪器误差，通过计算对观测值加以改正。如钢尺量距时，先通过钢尺检定，求出尺长改正数，然后对所量得的距离进行尺长改正，来消除尺长误差的影响。

b. 采用合理的观测方法，使误差加以抵消或减弱。如在水准测量中，采用中间水准测量的方法可消除视准轴不平行于水准管轴所引起的高差误差；在水平角测量中，采用盘左、盘右观测取平均值的方法，可消除经纬仪视准轴不垂直于横轴、横轴不垂直于竖轴及照准部偏心差等误差对水平角的影响；在三角高程测量中，可采用正觇、反觇消除地球曲率和大气折光对高差的影响等。

c. 将系统误差限制在允许范围内。有的系统误差既不便于计算改正，又不能采用一定的观测方法加以消除，如经纬仪照准部水准管轴不垂直于仪器竖轴的误差对水平角的影响。对于这类系统误差，只能按照规定对仪器进行精确检校，并在观测中仔细整平，将其影响减小到允许范围内。

(2)偶然误差

①偶然误差的概念

在相同的观测条件下，对某量进行一系列的观测，如果观测误差的数值在大小和符号都不相同，从表面上看没有规律性，但就大量误差的总体而言，具有一定的统计规律性，这种误差称为偶然误差。

偶然误差的产生，是由于仪器误差、人为误差和外界条件等多方面因素引起的。例如，在用经纬仪测角时，用望远镜的十字丝照准目标，由于望远镜的分辨率、放大倍率的限制以及空气的透明度、目标的折射率等因素的影响，照准目标可能偏左或偏右产生照准误差；安置经纬仪时，对中不可能绝对准确而产生的对中误差；读数时，其估读数值与正确数值也可能有差异，产生读数误差；在距离丈量和水准测量中，在尺子上估读末尾数字总是忽大忽小，其大小也不一样等，这些误差均属于偶然误差。

②偶然误差的特性

偶然误差从表面上看其大小和符号没有规律性，但在相同的条件下对某量进行大量的重复观测，可看出大量偶然误差呈现出一定的规律性，而且重复次数越多，其规律性也越明显。

例如：在相同的观测条件下，观测了 162 个三角形的所有内角。由于观测中存在误差，使每个三角形内角观测值的和 l_i 不等于真值 L，其差就是三角形内角和的真误差 Δ_i，亦称为三角形闭合差。将全部三角形闭合差按 0.2″为区间，绝对值从小到大统计列于表 6.1 中，这些闭合差都可以认为是偶然误差。

表 6.1　偶然误差分布规律

误差大小区间	误差(闭合差)个数		
	正误差个数	负误差个数	总数
0.0″～0.2″	21	21	42
0.2″～0.4″	19	19	38
0.4″～0.6″	12	15	27
0.6″～0.8″	11	9	20
0.8″～1.0″	8	9	17
1.0″～1.2″	6	5	11
1.2″～1.4″	3	1	4
1.4″～1.6″	2	1	3
1.6″以上	0	0	0
Σ	82	80	162

通过对表 6.1 的数据进行分析可看出该组误差的分布如下：绝对值小的误差要比绝对值大的误差个数多；绝对值相等正、负误差个数基本相等；最大的误差不超过 1.6″。

通过对大量测量实验观测结果的研究、统计，归纳出偶然误差的特性：

a. 有限性：在一定观测条件下的有限次观测中，偶然误差的绝对值不会超过一定的限值；

b. 集中性：绝对值小的偶然误差比绝对值大的偶然误差出现的机会多；

c. 对称性：绝对值相等的正、负偶然误差，出现的机会相等；

d. 抵消性：随着观测次数无限增加，偶然误差的算术平均值趋于零，即

$$\lim_{n\to\infty}\frac{[\Delta]}{n}=0 \tag{6.2}$$

式中　n——观测次数。

$$[\Delta]=\Delta_1+\Delta_2+\cdots+\Delta_n$$

对于一系列的观测而言，不论其观测条件好还是差，也不论是对同一个量还是对不同的量

进行观测，只要这些观测是在相同的条件下独立进行的，则所产生的一组偶然误差必然都具有上述的四个特性。

为简单而形象地表示偶然误差的上述特性，以偶然误差Δ的大小为横坐标，以其误差出现的个数为纵坐标，画出偶然误差大小与其出现个数的关系曲线，如图6.1所示，这种曲线又称为误差分布曲线。由图6.1可明显地看出，曲线的峰越高、越陡峭，表示误差分布越密集，观测成果质量越高；反之，曲线的峰越低、越平缓，表明误差分布越离散，观测成果质量越低。如图6.1中，曲线a的观测成果质量比曲线b的观测成果质量高。

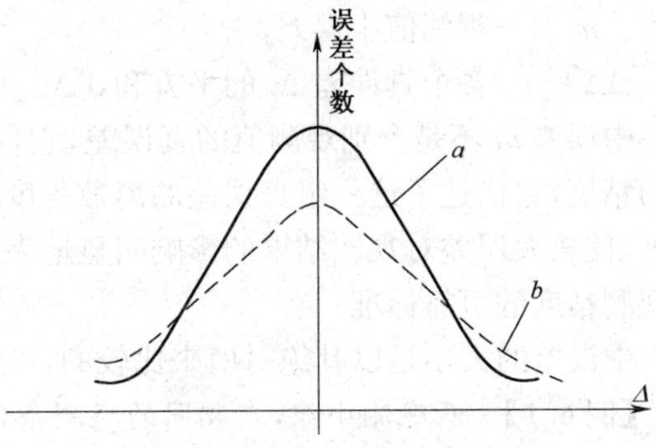

图6.1　偶然误差分布曲线

③消除或减小偶然误差的措施

实践证明，偶然误差不能用计算改正数或采用一定的观测方法简单地加以消除，根据偶然误差的特性，采用增加观测次数，取其算术平均值，可大大减弱偶然误差对观测成果的影响。

(3)粗差

在测量工作中，除了系统误差和偶然误差外，有时还会出现错误。例如：读错、测错或记错等，统称为粗差。粗差的产生，主要是由于工作中的粗心大意造成的，也可能是仪器自身受外界干扰发生故障引起的。粗差的存在不仅大大影响测量成果的可靠性，而且往往造成返工浪费，给工作带来难以估量的损失。因此，观测中必须严格按照测量规范进行作业，进行必要的重复观测和检核，尽量防止观测成果中存在粗差。一般地说，粗差不算作观测误差。

在观测中，偶然误差和系统误差是同时产生的，由于系统误差可以采取适当的方法消除和减小，故偶然误差就成为决定观测精度的关键。所以在测量误差理论中主要讨论偶然误差的影响。

典型工作任务2　评定误差指标认知

6.2.1　工作任务

通过本部分知识的学习，主要达到以下目的：

(1)了解中误差、允许误差、相对误差等衡量测量精度的常用指标；

(2)掌握中误差的定义、公式；

(3)能根据观测结果利用中误差、相对误差和极限误差评判测量成果的优劣。

6.2.2　相关配套知识

精度是观测成果的精确程度，亦指误差分布的密集或离散程度，反映相同条件的一组观测成果的质量。在实际测量工作中，由于观测结果中存在偶然误差，衡量一组观测值的精度高低，通常以中误差、相对误差和极限误差作为评定精度的标准，来评判测量成果的优劣。

1. 中误差

设在相同的观测条件下，对某一未知量进行n次观测，其观测值分别为l_1、l_2、l_3、…、

l_n，相应各观测值真误差 Δ_i 平方和的平均值的平方根叫做中误差，用 m 表示，即

$$m=\pm\sqrt{\frac{\Delta_1^2+\Delta_2^2+\cdots+\Delta_n^2}{n}}=\pm\sqrt{\frac{[\Delta\Delta]}{n}} \tag{6.3}$$

式中　n——观测次数；

　　m——观测值中误差；

$[\Delta\Delta]$——各个真误差 Δ_i 的平方和，$[\Delta\Delta]=\Delta_1^2+\Delta_2^2+\Delta_3^2+\cdots+\Delta_n^2$。

中误差 m 不是个别观测值的真误差，它仅是真误差的代表值，中误差代表的是一组观测值的精度，它描述了这一组真误差的离散程度。其特点是突出了较大误差与较小误差的差异程度，使较大误差对观测结果的影响明显地表现出来，真误差愈大，中误差也愈大，因而它是评定观测精度的可靠标准。

中误差的大小是以其绝对值来比较的，中误差绝对值较小则精度高；反之精度低。

【例 6.1】 两观测小组，在相同的观测条件下对某三角形内角分别进行了 5 次观测，两组各次观测所得真误差（三角形角度闭合差）如下：

第一组：$+1''$、$-6''$、$+6''$、$-2''$、$+3''$；

第二组：$-1''$、$-5''$、$+3''$、$-2''$、$+1''$。

试计算两组观测值的中误差 m_1、m_2，并指出哪组观测精度高？

【解】 第一组观测值的中误差 m_1 为

$$m_1=\pm\sqrt{\frac{[\Delta\Delta]}{n}}=\pm\sqrt{\frac{86}{5}}=\pm 4.1''$$

第二组观测值的中误差 m_2 为

$$m_2=\pm\sqrt{\frac{[\Delta\Delta]}{n}}=\pm\sqrt{\frac{40}{5}}=\pm 2.8''$$

因 $|m_1|>|m_2|$，故第二组观测值的精度比第一组高。

2. 相对误差

凡能表达观测值中所含有的误差本身数值大小的，称为绝对误差，如真误差、中误差等。绝对误差的大小与被观测量本身的大小无关（如测角误差与角的大小无关）；但当观测误差的大小与观测值的大小相关时，就不能用绝对误差的大小来评定测量精度的高低。

例如分别丈量了 1 000 m 和 400 m 的两段距离，观测值的中误差均为±0.2 m，不能认为这两段距离的精度相同。此时，必须采用另一种标准来评定精度，即用相对误差来评定观测值的精度。

相对误差是指误差的绝对值与相应观测值之比，通常用分子为 1、分母为整数的形式表示，即

$$K=\frac{\text{误差的绝对值}}{\text{观测值}}=\frac{1}{N} \tag{6.4}$$

误差的绝对值指中误差、真误差、容许误差、闭合差和较差等的绝对值，它们具有与观测值相同的单位。

如上述距离为 1 000 m 的相对误差为：$K_1=\frac{0.2}{1\,000}=\frac{1}{5\,000}$；距离为 400 m 的相对误差为：$K_2=\frac{0.2}{400}=\frac{1}{2\,000}$；说明前者精度高于后者。

相对误差用于距离丈量的精度评定，它只是一个比值，是一个相对量，没有单位，而非具体的误差值。

3. 极限误差

极限误差是在一定观测条件下规定的测量误差的限值，又称容许误差或限差。

在观测过程中，由于各种因素的影响，偶然误差的存在是不可避免的，但根据偶然误差的有限性可知，在一定的观测条件下，偶然误差的绝对值不会超过一定的界限。

大量的测量实践得出：在一组等精度测量的误差中，绝对值大于 1 倍中误差的偶然误差，其出现的概率约为 32%；而绝对值大于 2 倍中误差的偶然误差出现的概率约为 5%；绝对值大于 3 倍中误差的偶然误差出现的概率仅为 0.3%。由此可认为：在有限的观测次数中，大于 3 倍中误差的偶然误差几乎是不会出现的。

测量中通常以 3 倍中误差作为偶然误差的极限误差，用 $\Delta_{限}$ 表示，即

$$\Delta_{限} = 3m \tag{6.5}$$

在某些精度要求比较高的测量中，常采用 2 倍中误差作为极限误差，即

$$\Delta_{限} = 2m \tag{6.6}$$

在测量规范中，对每项测量工作，根据所使用仪器、测量方法及精度等级，分别规定了相应的容许误差，如果观测值的误差超过了容许误差，相应的成果质量就不符合要求，必须进行重测或舍去相应观测值。

典型工作任务 3 误差传播定律认知

6.3.1 工作任务

通过本部分知识的学习，主要达到以下目的：

(1)掌握独立观测值的中误差与函数值中误差之间的关系定律；

(2)正确评定间接观测值的精度。

6.3.2 相关配套知识

在测量工作中，某些未知量可由直接观测的读数得来，其结果称为直接观测值。例如，水准测量的标尺读数、用钢尺量得的距离等。某些未知量不可能或不便于直接进行观测，而要利用另外一些量的直接观测值通过某种函数关系间接计算出来，这些量称为间接观测值。例如，水准测量中高差 $h = a$（后视读数）$- b$（前视读数），式中间接观测值 h 是直接观测值 a、b 的函数。由于各个独立的直接观测值不可避免地存在误差，导致通过函数式计算出的间接观测值也必然存在误差，阐明直接观测值和其函数间误差关系的定律称为误差传播定律。

误差传播定律揭示了观测值中误差和其函数中误差间的内在规律，是测量误差中最基本的、并在测量实际中应用较广泛的定律。

1. 倍数函数的中误差

设函数为

$$z = kx$$

式中 z —— x 的函数，为不能直接观测的未知量；

k ——常数；

x ——未知量的直接观测值。

当观测值 x 有真误差 Δ_x 时，则函数 z 也将产生真误差 Δ_z，即

$$z+\Delta_z=k(x+\Delta_x)$$

将以上两式相减，得函数 z 真误差 Δ_z 的表达式为

$$\Delta_z=k\cdot\Delta_x$$

设对 x 观测了 n 次，x 和 z 产生的相应真误差分别为 Δ_{x_i} 和 Δ_{z_i}，其中 $i=1,2,\cdots,n$，即

$$\Delta_{z_1}=k\cdot\Delta_{x_1}$$
$$\Delta_{z_2}=k\cdot\Delta_{x_2}$$
$$\cdots$$
$$\Delta_{z_n}=k\cdot\Delta_{x_n}$$

将上列等式两边平方求和，并除以 n，得

$$\frac{[\Delta_z\Delta_z]}{n}=k^2\frac{[\Delta_x\Delta_x]}{n}$$

根据中误差的定义可知

$$m_z^2=\frac{[\Delta_z\Delta_z]}{n}\qquad m_x^2=\frac{[\Delta_x\Delta_x]}{n}$$

$$m_z^2=k^2\cdot m_x^2$$

即

$$m_z=\pm k\cdot m_x\tag{6.7}$$

结论：倍数函数的中误差等于观测值中误差与倍数（常数）的乘积。

【例 6.2】 设在比例尺为 1∶1 000 的地形图上量得 A、B 两点间的距离 $d_{AB}=45.3$ mm，其中误差 $m_d=\pm0.2$ mm，试计算两点间的实地平距 D_{AB} 和中误差 m_D。

【解】 $D_{AB}=1\,000\times d=1\,000\times45.3=45\,300\text{ mm}=45.3\text{ m}$

由式(6.7)得：

$$m_D=\pm1\,000\times m_d=\pm1\,000\times0.2=\pm200\text{ mm}=\pm0.2\text{ m}$$

$$D_{AB}=(45.3\pm0.2)\text{m}$$

2. 和函数或差函数的中误差

设函数为

$$z=x\pm y\tag{6.8}$$

式中 z——x、y 的和函数或差函数；

x,y——彼此独立的可直接观测的未知量。

当观测值 x 和 y 分别带有真误差 Δ_x 和 Δ_y 时，则 z 也将产生真误差 Δ_z，即

$$z+\Delta_z=(x+\Delta_x)\pm(y+\Delta_y)\tag{6.9}$$

式(6.9)与式(6.8)相减得

$$\Delta_z=\Delta_x\pm\Delta_y$$

如果对 x、y 观测了 n 次，则有

$$\Delta_{z_1}=\Delta_{x_1}\pm\Delta_{y_1}$$
$$\Delta_{z_2}=\Delta_{x_2}\pm\Delta_{y_2}$$
$$\cdots$$
$$\Delta_{z_n}=\Delta_{x_n}\pm\Delta_{y_n}$$

将以上各式两端平方，得

$$\Delta_{z_1}^2=\Delta_{x_1}^2+\Delta_{y_1}^2\pm2\cdot\Delta_{x_1}\cdot\Delta_{y_1}$$

$$\Delta_{z_2}^2 = \Delta_{x_2}^2 + \Delta_{y_2}^2 \pm 2 \cdot \Delta_{x_2} \cdot \Delta_{y_2}$$
$$\cdots$$
$$\Delta_{z_n}^2 = \Delta_{x_n}^2 + \Delta_{y_n}^2 \pm 2 \cdot \Delta_{x_n} \cdot \Delta_{y_n}$$

将以上等式两端相加,并同时除以 n,得

$$\frac{[\Delta_z\Delta_z]}{n} = \frac{[\Delta_x\Delta_x]}{n} + \frac{[\Delta_y\Delta_y]}{n} \pm 2\frac{[\Delta_x\Delta_y]}{n}$$

由于 Δ_x、Δ_y 均为偶然误差,且互相独立,各自的正、负号出现的机会均等,其乘积 $\Delta_x\Delta_y$ 的正、负号出现的机会亦均相等,$\Delta_{x_i}\Delta_{y_i}$ 也同样具有偶然误差的性质。根据偶然误差对称性和抵消性,则有:

$$\lim_{n\to\infty}\frac{[\Delta_x\Delta_y]}{n} = 0$$

根据中误差的定义

$$m_z^2 = \frac{[\Delta_z\Delta_z]}{n} \qquad m_x^2 = \frac{[\Delta_x\Delta_x]}{n} \qquad m_y^2 = \frac{[\Delta_y\Delta_y]}{n}$$

$$m_z^2 = m_x^2 + m_y^2$$

$$m_z = \pm\sqrt{m_x^2 + m_y^2} \tag{6.10}$$

结论:两个独立观测值之和或差的中误差等于两个观测值的中误差的平方和的平方根。

推广:当函数 z 为 n 个独立观测值 x_1、x_2、…、x_n 的和或差时,即:$z = x_1 \pm x_2 \pm \cdots \pm x_n$,同理可推导出函数 z 的中误差为

$$m_z = \pm\sqrt{m_{x_1}^2 + m_{x_2}^2 + \cdots + m_{x_n}^2} \tag{6.11}$$

若 $m_{x_1} = m_{x_2} = \cdots = m_{x_n} = m$ 时,则有

$$m_z = \pm m\sqrt{n} \tag{6.12}$$

即等精度观测时,n 个观测值和或差的中误差等于观测值中误差的 $\sqrt{n}$ 倍。

【例 6.3】 用 50 m 长的钢尺丈量 200 m 的距离,当每尺段量距中误差为 ±5 mm 时,全长的中误差为多少?

【解】 因全长共需 4 个尺段丈量,且各尺段丈量为等精度观测,即:$D = l_1 + l_2 + l_3 + l_4$,则

$$m_D = \pm m\sqrt{n} = \pm 5\sqrt{4} = \pm 10 \text{ mm}$$

3. 线性函数的中误差

(1)一般线性函数的中误差

设线性函数为

$$z = k_1x_1 \pm k_2x_2 \pm \cdots \pm k_nx_n$$

式中,k_1,k_2,…,k_n 为常数;x_1,x_2,…,x_n 为独立观测值;已知各观测值的中误差分别为 m_{x_1},m_{x_2},…,m_{x_n}。

设 $z_1 = k_1x_1$,$z_2 = k_2x_2$,…,$z_n = k_nx_n$,则线性函数变形为

$$z = z_1 \pm z_2 \pm \cdots \pm z_n$$

根据和差函数中误差公式得

$$m_z = \pm\sqrt{m_{z_1}^2 + m_{z_2}^2 + \cdots + m_{z_n}^2}$$

根据倍数函数中误差公式得 $m_{z_1} = k_1m_{x_1}$,$m_{z_2} = k_2m_{x_2}$,…,$m_{z_n} = k_nm_{x_n}$。

线性函数的中误差为

$$m_z = \pm\sqrt{k_1^2m_{x_1}^2 + k_2^2m_{x_2}^2 + \cdots + k_n^2m_{x_n}^2} \tag{6.13}$$

结论：线性函数的中误差等于常数与相应观测值中误差乘积的平方和的平方根。

(2)算术平均值中误差

在实际工作中，我们常常对某一量进行多次观测，取其算术平均值作为最后观测结果。设算术平均值的函数式为

$$z=\frac{1}{n}(l_1+l_2+\cdots+l_n)$$

式中　　n——观测次数；

$l_1,l_2,\cdots,l_n$——各独立观测值。

当各观测值的中误差分别为 m_{l_1}、m_{l_2}、…、m_{l_n} 时，由式(6.11)得

$$m_z=\pm\sqrt{\left(\frac{1}{n}\right)^2(m_{l_1}^2+m_{l_2}^2+\cdots+m_{l_n}^2)}$$

算术平均值的各次观测值都是等精度观测，即 $m_{l_1}=m_{l_2}=\cdots=m_{l_n}=m$，则

$$m_z=\pm\sqrt{\left(\frac{1}{n}\right)^2\cdot nm^2}=\pm\frac{1}{\sqrt{n}}m$$

常用 M 代替 m_z

$$M=\pm\frac{m}{\sqrt{n}} \tag{6.14}$$

结论：算术平均值的中误差等于观测值中误差的 $\frac{1}{\sqrt{n}}$ 倍。

【例 6.4】 设对某水平角施测了 5 个测回，若一测回的测角中误差 $m=\pm 20''$，试求 5 个测回的水平角平均值的中误差 m_β。

【解】 由式(6.12)得：

$$m_\beta=\pm\frac{m}{\sqrt{n}}=\pm\frac{20''}{\sqrt{5}}=\pm 8.94''$$

4. 一般函数的中误差

设一般函数为

$$z=f(x_1,x_2,\cdots,x_n) \tag{6.15}$$

式中　$x_1,x_2,\cdots,x_n$——独立观测值。

为了找出函数与观测值二者中误差的关系式，首先须找出它们之间的真误差关系式，故对式(6.15)全微分，即

$$\mathrm{d}z=\left(\frac{\partial f}{\partial x_1}\right)\mathrm{d}x_1+\left(\frac{\partial f}{\partial x_2}\right)\mathrm{d}x_2+\cdots\cdots+\left(\frac{\partial f}{\partial x_n}\right)\mathrm{d}x_n$$

一般来说，测量中的真误差是很小的，故可以用真误差代替公式中的微分，即

$$\Delta_z=\left(\frac{\partial f}{\partial x_1}\right)\Delta_{x_1}+\left(\frac{\partial f}{\partial x_2}\right)\Delta_{x_2}+\cdots\cdots+\left(\frac{\partial f}{\partial x_n}\right)\Delta_{x_n}$$

式中$\left(\frac{\partial f}{\partial x_1}\right)$、$\left(\frac{\partial f}{\partial x_2}\right)$、…、$\left(\frac{\partial f}{\partial x_n}\right)$是函数 z 分别对 x_1、x_2、…、x_n 的偏导数，对于一定的 x_i，其偏导数值 $\frac{\partial f}{\partial x_i}$ 是一常数，故上式相当于线性函数的真误差关系式。同理由式(6.13)可得：

$$m_z = \pm\sqrt{\left(\frac{\partial f}{\partial x_1}\right)^2 m_{x_1}^2 + \left(\frac{\partial f}{\partial x_2}\right)^2 m_{x_2}^2 + \cdots + \left(\frac{\partial f}{\partial x_n}\right)^2 m_{x_n}^2} \tag{6.16}$$

结论：一般函数中误差等于按每个观测值所求的偏导数与相应观测值中误差乘积的平方和的平方根。

【例 6.5】 已知矩形的宽 x=30 m，其中误差 m_x=0.009 m，矩形的长 y=50 m，其中误差 m_y=0.010 m，计算矩形面积 A 及其中误差 m_A。

【解】 矩形面积计算公式为 $A = xy$

对各观测值取偏导数

$$\frac{\partial f}{\partial x} = y\ ;\ \frac{\partial f}{\partial y} = x$$

由式(6.16)得

$$m_A = \pm\sqrt{\left(\frac{\partial f}{\partial x}\right)^2 m_x^2 + \left(\frac{\partial f}{\partial y}\right)^2 m_y{}^2} = \pm\sqrt{y^2 \cdot m_x^2 + x^2 m_y{}^2} =$$

$$\pm\sqrt{(50)^2 \times 0.009^2 + (30)^2 \times 0.010^2} = \pm\sqrt{0.2925} = \pm 0.54\ \text{m}^2$$

矩形面积：$A = xy = 30 \times 50 = 1\,500\ \text{m}^2$

通常写成：$A = 1\,500\ \text{m}^2 \pm 0.54\ \text{m}^2$

【例 6.6】 导线 AB 的边长 D_{AB}=200.125 m±0.002 m，坐标方位角 α=52°45′30″±6″，求直线端点 B 的点位中误差。

【解】 坐标增量的函数式为：

$$\Delta x_{AB} = D \cdot \cos\alpha$$
$$\Delta y_{AB} = D \cdot \sin\alpha$$

设 $m_{\Delta x}$、$m_{\Delta y}$、m_D、m_α 分别为 Δx_{AB}、Δy_{AB}、D 及 α 的中误差。

将上两式对 D 及 α 求偏导数，得：

$$\frac{\partial(\Delta x)}{\partial D} = \cos\alpha\ ;\ \frac{\partial(\Delta x)}{\partial \alpha} = -D\sin\alpha\ ;$$

$$\frac{\partial(\Delta y)}{\partial D} = \sin\alpha\ ;\ \frac{\partial(\Delta y)}{\partial \alpha} = D\cos\alpha$$

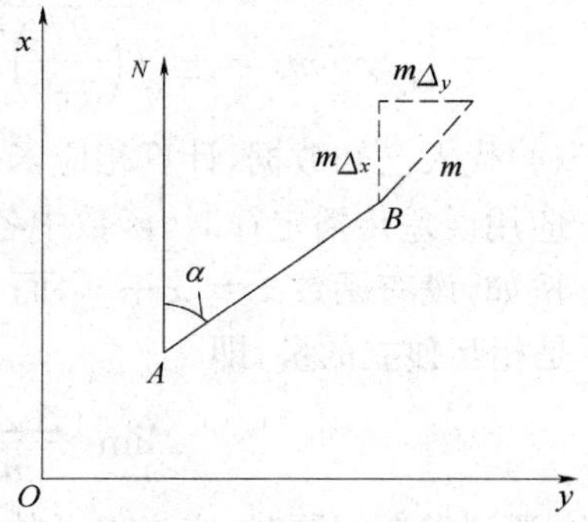

图 6.2　例 6.6 图

由式(6.16)得：

$$m_{\Delta x} = \pm\sqrt{\left(\frac{\partial(\Delta x)}{\partial D}\right)^2 m_D^2 + \left(\frac{\partial(\Delta x)}{\partial \alpha}\right)^2 \left(\frac{m_\alpha}{\rho''}\right)^2} = \pm\sqrt{\cos^2\alpha \cdot m_D^2 + (-D\sin\alpha)^2 \cdot \left(\frac{m_\alpha}{\rho''}\right)^2}$$

$$m_{\Delta y} = \pm\sqrt{\left(\frac{\partial(\Delta y)}{\partial D}\right)^2 m_D^2 + \left(\frac{\partial(\Delta y)}{\partial \alpha}\right)^2 \left(\frac{m_\alpha}{\rho''}\right)^2} = \pm\sqrt{\sin^2\alpha \cdot m_D^2 + (D\cos\alpha)^2 \cdot \left(\frac{m_\alpha}{\rho''}\right)^2}$$

由图 6.2 可知，B 点的点位中误差为：

$$m^2 = m_{\Delta x}^2 + m_{\Delta y}^2 = m_D^2 + \left(D\frac{m_\alpha}{\rho''}\right)^2$$

故

$$m = \pm\sqrt{m_D^2 + \left(D\frac{m_\alpha}{\rho''}\right)^2}$$

将 $m_D = \pm 2$ mm，$m_\alpha = \pm 6''$，$\rho'' = 206\,265''$，$D = 200.125$ m 代入上式得：

$$m=\pm\sqrt{2^2+\left(200.125\times 1\,000\times\frac{6}{206\,265}\right)^2}\approx\pm 6\ \text{mm}$$

5. 一些独立误差的共同影响

在测量中，经常会遇到一个观测结果同时受许多独立误差的共同影响，例如水准测量中有照准误差、水准管气泡居中误差、仪器误差、外界条件引起的读尺误差等；经纬仪测角时，有读数误差、照准误差、目标偏心差、度盘分划误差、照准部偏心差、对中误差等都将影响观测结果的精度。在这种情况下，观测结果的真误差是各个独立误差的代数和。

设各独立误差分别为：$\Delta_1,\Delta_2,\cdots,\Delta_n$，观测结果的真误差为 $\Delta_{总}$，即

$$\Delta_{总}=\Delta_1+\Delta_2+\cdots+\Delta_n$$

因这些误差是互相独立的，它们的出现具有偶然性，据误差传播定律，观测值中误差为

$$m_{总}=\pm\sqrt{m_1^2+m_2^2+\cdots+m_n^2} \tag{6.17}$$

结论：若干独立误差引起的观测值中误差 $m_{总}$ 等于各个独立误差对观测结果所产生的中误差的平方和的平方根。

6. 应用误差传播定律求观测值函数的中误差的计算步骤

(1)根据题意，列出具体的函数关系式 $z=f(x_1,x_2,\cdots,x_n)$；

(2)如果函数是非线性的，则对各观测值求偏导数，$\left(\frac{\partial f}{\partial x_1}\right)$、$\left(\frac{\partial f}{\partial x_2}\right)$、…、$\left(\frac{\partial f}{\partial x_n}\right)$；

(3)找出真误差间的关系式，换成中误差的关系式：

$$m_z=\pm\sqrt{\left(\frac{\partial f}{\partial x_1}\right)^2 m_{x_1}^2+\left(\frac{\partial f}{\partial x_2}\right)^2 m_{x_2}^2+\cdots+\left(\frac{\partial f}{\partial x_n}\right)^2 m_{x_n}^2}\ ;$$

(4)代入已知数据，计算相应函数值的中误差。

应用误差传播定律时，函数中各自变量必须是相互独立的观测值，而且仅含有偶然误差。

例如，设有函数 $z=x+y$，而 $y=3x$，此时，$m_z^2=m_x^2+m_y^2$ 的式子不能成立，因为 x 与 y 不是相互独立的量，即

$$\lim_{n\to\infty}\frac{[\Delta_x\Delta_y]}{n}=\lim_{n\to\infty}3\cdot\frac{[\Delta_x^2]}{n}=3m_x^2\neq 0$$

因此，遇到类似问题时，应当将函数 z 化成自变量 x 的函数，即

$$z=4x$$

则函数 z 的中误差为

$$m_z=4m_x$$

观测值函数中误差计算公式见表 6.2。

表 6.2　观测值函数中误差计算公式表

函数名称	函数式	函数中误差计算式
倍数函数	$z=kx$	$m_z=\pm k\cdot m_x$
和、差函数	$z=x\pm y$	$m_z=\pm\sqrt{m_x^2+m_y^2}$
线性函数	$z=k_1x_1\pm k_2x_2\pm\cdots\pm k_nx_n$	$m_z=\pm\sqrt{k_1^2m_{x_1}^2+k_2^2m_{x_2}^2+\cdots+k_n^2m_{x_n}^2}$
一般函数	$z=f(x_1,x_2,\cdots,x_n)$	$m_z=\pm\sqrt{\left(\frac{\partial f}{\partial x_1}\right)^2 m_{x_1}^2+\left(\frac{\partial f}{\partial x_2}\right)^2 m_{x_2}^2+\cdots+\left(\frac{\partial f}{\partial x_n}\right)^2 m_{x_n}^2}$

典型工作任务4 贯通测量

6.4.1 工作任务

通过本部分知识的学习，主要达到以下目的：

掌握贯通误差的概念、限差，在隧道施工中能根据洞内平面控制的方法准确测定隧道的纵向、横向及竖向贯通误差。

6.4.2 相关配套知识

1. 隧道贯通误差及限差

(1)隧道贯通误差

采用两个或多个相向或同向的掘进工作面分段掘进隧道，使其按设计要求在预定地点彼此连通，称为隧道贯通。在地铁隧道施工中，由于洞外控制测量、联系测量、洞内控制测量及细部放样的误差，使得两个或多个相向或同向开挖工作面的施工中线不能在预定地点理想地衔接而产生错开的现象，称为贯通误差。

贯通误差包括隧道的纵向、横向和高程贯通误差。贯通误差在线路中线方向上的投影长度称为纵向贯通误差，用 $f_{纵}$ 表示；在垂直于中线方向的投影长度称为横向贯通误差，用 $f_{横}$ 表示；在高程方向(竖向)上的投影长度称为高程贯通误差。

(2)贯通误差的限差

隧道控制测量的主要作用是保证隧道的正确贯通。

纵向贯通误差影响隧道中线的长度，只要它不低于线路中线测量的精度，就不会造成对线路坡度的有害影响，其限差要求为：$f_{纵} \leqslant L/2\ 000$，L 为隧道两开挖洞口间的长度。

高程贯通误差影响隧道的纵坡；横向贯通误差过大，会引起隧道中线几何形状的改变，严重者会使衬砌部分侵入到建筑界限内，影响施工质量并造成巨大的经济损失。公路、铁路勘测规范中对隧道贯通误差限差的规定如表6.3和表6.4所示。

表6.3 公路隧道贯通误差的限差

两开挖洞口间的长度/km	<3	3~6	>6
横向贯通限差/mm	150	200	视仪器设备及施工需要另行规定，并报有关部门核准
高程贯通限差/mm	70		

表6.4 铁路隧道贯通误差的限差

两开挖洞口间的长度/km	<4	4~8	8~10	10~13	13~17	17~20	≥20
横向贯通限差/mm	100	150	200	300	400	500	根据实际条件另定
高程贯通限差/mm	50						

2. 隧道贯通误差的测定

隧道贯通后应利用贯通面两侧的平面和高程控制点及时测定隧道实际的纵向、横向和高程贯通误差。

(1)高程贯通误差

由隧道两端洞口附近的水准点向洞内各自进行水准测量，分别测出贯通面附近的同一水准点的高程，其高程差即为实际的高程贯通误差(竖向贯通误差)。

(2)纵、横向贯通误差

①中线控制的贯通误差

洞内平面控制应用中线法的隧道贯通之后，应从相向测量的两个方向各自向贯通面延伸中线，并各钉设一临时桩 A 和 B，如图 6.3 所示。量测出两临时桩 A、B 之间的距离，即得隧道的实际横向贯通误差；A、B 两临时桩的里程之差，即为隧道的实际纵向贯通误差。该法对于直线隧道和曲线隧道均适用。

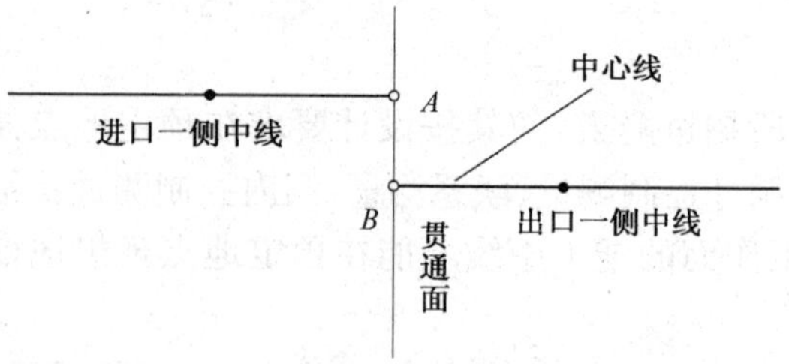

图 6.3　中线控制的贯通误差

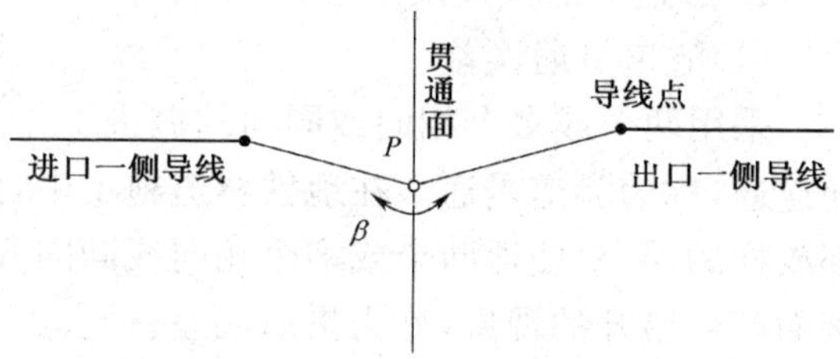

图 6.4　导线控制的贯通误差

②导线控制的贯通误差

如图 6.4 所示，在实际贯通点附近设置一临时桩点 P，分别由贯通面两侧的导线测出其坐标，设由进口一侧测得的 P 点坐标为 (x_j, y_j)，由出口一侧测得的 P 点坐标为 (x_c, y_c)，则实际贯通误差为

$$f=\sqrt{(x_c-x_j)^2+(y_c-y_j)^2} \tag{6.18}$$

如果是直线隧道，通常以线路中线方向作为 x 轴，此时纵向、横向贯通误差分别为

$$f_{纵}=x_c-x_j \tag{6.19}$$

$$f_{横}=y_c-y_j \tag{6.20}$$

如果是曲线隧道，如图 6.5 所示，其贯通面方向是指贯通面所在曲线处的法线方向。贯通面方向的坐标方位角 $\alpha_{贯}$，实际贯通方向的坐标方位角为 α_f，贯通面方向与实际贯通误差 f 的夹角为 φ，则

$$\alpha_f=\arctan\frac{y_c-y_j}{x_c-x_j}$$

$$\varphi=\alpha_f-\alpha_{贯}$$

纵向、横向贯通误差分别为

$$f_{纵}=f\cdot\sin\varphi \tag{6.21}$$

$$f_{横}=f\cdot\cos\varphi \tag{6.22}$$

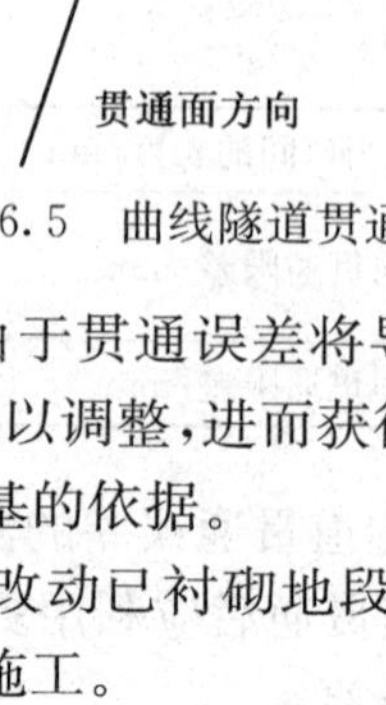

图 6.5　曲线隧道贯通误差

若贯通误差在容许范围之内，认为测量工作已达到预期目的。由于贯通误差将导致隧道断面扩大及影响衬砌工作的进行，故应采取适当的方法将贯通误差加以调整，进而获得一个对行车没有不良影响的隧道中线，作为扩大断面、修筑衬砌以及铺设路基的依据。

调整贯通误差，原则上应在隧道未衬砌的地段上进行，一般不再改动已衬砌地段的中线。所有未衬砌地段的工程，在中线调整之后，均应以调整后的中线指导施工。

知识拓展——误差传播定律应用

1. 水准测量的精度

(1)山地水准测量的高差中误差

若在 A、B 两点间进行水准测量，中间共设 n 站，则 A、B 两点间的高差等于各站的高差和，即

$$h_{AB}=h_1+h_2+\cdots+h_n$$

式中　$h_1,h_2,\cdots,h_n$ ——各站的高差。

设 m_{h_1}、m_{h_2}、$\cdots$、m_{h_n} 分别为各站观测高差的中误差，$m_{h_{AB}}$ 为 A、B 两点间的高差中误差，根据误差传播定律：

$$m_{h_{AB}}^2=m_{h1}^2+m_{h2}^2+\cdots+m_{hn}^2$$

设各测站观测的高差精度相同，其高差中误差均为 $m_{站}$，则 A、B 两点间的高差中误差为

$$m_{hAB}=\pm\sqrt{n}m_{站} \tag{6.23}$$

结论：在水准测量中，当各测站高差的观测精度相同时，其高差中误差与测站数的平方根成正比。

(2)平地水准测量的高差中误差

在地形平坦地区进行水准测量，前、后立尺点间的距离大致相等。设 A、B 两点间的距离为 L，每站的距离为 l，则测站数为

$$n=\frac{L}{l}$$

将 n 值代入式(6.23)，则 A、B 两点间的高差中误差为

$$m_{hAB}=\pm\sqrt{\frac{L}{l}}\cdot m_{站}=\pm\sqrt{\frac{1}{l}}m_{站}\sqrt{L} \tag{6.24}$$

结论：在水准测量中，当各测站距离大致相等时，其高差中误差与距离的平方根成正比。

(3)限差公式推导

①山地限差公式推导

在山地由于测站数较多，用(6.23)式的形式来衡量精度，取3倍中误差为极限误差，即单程水准测量限差为

$$m_{限}=3m_{hAB}=\pm3m_{站}\sqrt{n}$$

两组单程较差或往返测不符值的限差为

$$m_{限}=3m_{hAB}\cdot\sqrt{2}=\pm3\sqrt{2}\sqrt{n}m_{站}$$

②平地限差公式推导

由式(6.24)可知，L 公里的单程中误差为

$$m_{hAB}=\pm\sqrt{\frac{L}{l}}\cdot m_{站}=\pm\sqrt{\frac{1}{l}}m_{站}\sqrt{L}$$

往返测高差较差(不符值)的中误差为

$$m_{较}=\sqrt{2}m_{h_{AB}}=\pm\sqrt{2}\sqrt{\frac{1}{l}}m_{站}\sqrt{L}$$

取3倍中误差为极限误差，则

$$m_{限} = 3m_{较} = \pm 3\sqrt{2}\sqrt{\frac{1}{l}}m_{站}\sqrt{L}$$

2. 测回法观测水平角的精度

(1)DJ_6型光学经纬仪测角中误差

DJ_6型光学经纬仪一测回方向中误差为±6″，而一测回角值为两个方向值之差，故一测回角值的中误差为

$$m_\beta^2 = 2m_{方}^2$$

$$m_\beta = \pm\sqrt{2m_{方}^2} = \pm\sqrt{2}m_{方} = \pm\sqrt{2}\times 6'' = \pm 8.5''$$

(2)各测回之间较差的容许值

测回法观测水平角时，各测回角值之较差为

$$\Delta_\beta = \beta_1 - \beta_2$$

设各测回观测水平角的精度相同，其中误差均为 m_β，则各测回角值之中误差为

$$m_{\Delta\beta} = \sqrt{2}m_\beta$$

以三倍中误差作为容许误差时，各测回角值之差的容许误差为

$$|\Delta_{\beta容}| = 3|m_{\Delta\beta}| = 3\sqrt{2}|m_\beta| = 3\sqrt{2}\times\left|\sqrt{2}\times 6''\right| = 36''$$

3. 按函数值的真误差或观测值的改正数计算观测值的中误差

在实际工作中，有些观测值的真值不易求得，使得真误差 Δ 无法获得。但由观测值构成函数的真误差可以求出，或观测值的改正数（最或然值）可以求得，所以在这种情况下，可以根据函数值的真误差或按观测值的改正数来计算观测值的中误差。

(1)按函数值的真误差计算观测值的中误差

由三角形闭合差求测角中误差（菲列罗公式）

在三角测量中，闭合差是指由各内角的观测值计算得到的三角形内角和的真误差。

设按等精度对 n 个三角形的所有内角进行观测，由观测角算得各三角形的闭合差分别为 w_1、w_2、…、w_n （$w_i = \sum\beta - 180°$），试根据三角形闭合差确定测角中误差。

由中误差定义，三角形闭合差（内角和）的中误差为

$$m_{\sum\beta} = \pm\sqrt{\frac{[ww]}{n}} \tag{6.25}$$

式中　$[ww] = w_1^2 + w_2^2 + \cdots + w_n^2$；

　　n——三角形的个数。

内角和是三个观测角的和，即

$$\sum\beta = \beta_1 + \beta_2 + \cdots + \beta_n$$

由于各内角是等精度观测，观测精度相同。设各观测角中误差为 m_β，各三角形内角和的中误差 $m_{\sum\beta}$与各观测角中误差的关系，由和、差函数中误差的公式得

$$m_{\sum\beta}^2 = m_\beta^2 + m_\beta^2 + m_\beta^2 = 3m_\beta^2$$

$$m_{\sum\beta} = \pm\sqrt{3}m_\beta$$

将 $m_{\sum\beta}$代入式(6.25)得每一观测角的测角中误差为

$$m_\beta = \pm\sqrt{\frac{[ww]}{3n}} \tag{6.26}$$

式(6.26)称为菲列罗公式,是三角测量中用来评定测角精度的重要公式。

【例 6.7】 在图根平面控制测量中,《规范》规定测角中误差应不超过±20″。如果以二倍中误差为极限误差,试求三角形闭合差的极限误差应规定为多少?

【解】 设三角形的三个内角的观测值为 β_1、β_2、β_3,测角中误差为 m_β。三角形闭合差用 w 表示,则

$$w = \beta_1 + \beta_2 + \beta_3 - 180^\circ$$

由和、差函数中误差公式得

$$m_w^2 = m_{\beta_1}^2 + m_{\beta_2}^2 + m_{\beta_3}^2 = 3m_\beta^2$$

$$m_w = \pm\sqrt{3}\, m_\beta$$

以 2 倍中误差作为极限误差,则

$$m_{w限} = \pm 2\sqrt{3} \times m_\beta = \pm 2\sqrt{3} \times 20'' = \pm 69.3''$$

(2)按观测值的改正数计算观测值的中误差(贝赛尔公式)

①算术平均值

在等精度的观测条件下,对某未知量进行 n 次观测,其观测值分别为 l_1、l_2、…、l_n,将其观测值取算术平均值作为该量的最可靠的数值,称为最或然值。

$$z = \frac{1}{n}(l_1 + l_2 + \cdots + l_n) = \frac{[l]}{n}$$

设某一量的真值为 X,观测值分别为 l_1、l_2、…、l_n,相应的真误差为 Δ_1、Δ_2、…、Δ_n,则

$$\Delta_1 = l_1 - X$$
$$\Delta_2 = l_2 - X$$
$$\vdots$$
$$\Delta_n = l_n - X$$

将上列等式相加并除以 n,得

$$\frac{[\Delta]}{n} = \frac{[l]}{n} - X$$

根据偶然误差抵消性的性质即 $\lim\limits_{n\to\infty}\frac{[\Delta]}{n} = 0$ 得

$$z = \frac{l_1 + l_2 + \cdots + l_n}{n} = \frac{[l]}{n} = X$$

当观测次数 n 无限增大时,观测值的算术平均值趋近于该量的真值。但由于在实际工作中不可能对某量进行无限次的观测,故算术平均值不等于真值,但可认为算术平均值是该量的最可靠值,又称最或然值。

②观测值的改正数

观测值的改正数是观测值的算术平均值 z 与观测值 l_i 之差,用 v_i 表示,即:$v_i = z - l_i$。

$$v_1 = z - l_1$$
$$v_2 = z - l_2$$
$$\vdots$$
$$v_n = z - l_n$$

将上列等式相加,得

$$[v] = nz - [l]$$

而
$$z=\frac{l_1+l_2+\cdots+l_n}{n}=\frac{[l]}{n}$$

则
$$[v]=n\frac{[l]}{n}-[l]=0$$

由上式可知，观测值的改正数之和恒等于零。

③观测值中误差的计算

设在等精度的观测条件下，对某未知量进行 n 次观测，其观测值分别为 l_1、l_2、…、l_n，该量的真值为 X，算术平均值为 z，观测值的改正数分别为 v_1、v_2、…、v_n，相应的真误差为 Δ_1、Δ_2、…、Δ_n，则

$$\Delta_i=l_i-X \qquad (i=1,2,\cdots,n)$$
$$v_i=z-l_i \qquad (i=1,2,\cdots,n)$$

将上列两等式相加，得

$$\Delta_i=(z-X)-v_i \qquad (i=1,2,\cdots,n)$$

将上式两边平方求和，并除以 n，得

$$\frac{[\Delta\Delta]}{n}=(z-X)^2+\frac{[vv]}{n}-\frac{2(z-X)[v]}{n}$$

因为
$$[v]=n\frac{[l]}{n}-[l]=0$$

故
$$\frac{[\Delta\Delta]}{n}=(z-X)^2+\frac{[vv]}{n} \tag{6.27}$$

$(z-X)$ 是最或然值(算术平均值)的真误差，难以求得，通常以算术平均值的中误差代替。

式(6.27)变形为
$$m^2=m_z^2+\frac{[vv]}{n}$$

算术平均值 z 的中误差为

$$M=m_z=\pm\frac{m}{\sqrt{n}}$$

观测值的中误差为

$$m=\pm\sqrt{\frac{[vv]}{n-1}} \tag{6.28}$$

将(6.28)式代入 $M=\pm\frac{m}{\sqrt{n}}$ 中，得用观测值的改正数计算算术平均值中误差公式。

$$M=\pm\frac{m}{\sqrt{n}}=\pm\sqrt{\frac{[vv]}{n(n-1)}} \tag{6.29}$$

【例 6.8】 丈量 A、B 两点间距离，丈量 6 次的结果见表 6.5，求观测值的中误差及算术平均值的中误差。

表 6.5　A、B 两点间距离丈量结果

观测次序	观测值/m	改正数 v/m	vv/m
1	133.643	+0.004	0.000 016
2	133.648	−0.001	0.000 001
3	133.655	−0.008	0.000 064

续上表

观测次序	观测值/m	改正数 v/m	vv/m
4	133.644	+0.003	0.000 009
5	133.640	+0.007	0.000 049
6	133.652	−0.005	0.000 025
Σ	$z=133.647$	$[v]=0$	$[vv]=0.000\ 164$

【解】 观测值的中误差为 $m=\pm\sqrt{\dfrac{[vv]}{n-1}}=\pm\sqrt{\dfrac{0.000\ 164}{6-1}}=\pm 0.005\ 7\ \text{m}=\pm 5.7\ \text{mm}$

算术平均值的中误差为 $M=\pm\sqrt{\dfrac{[vv]}{n(n-1)}}=\pm\sqrt{\dfrac{0.000\ 164}{6(6-1)}}=\pm 0.002\ 3\ \text{m}=\pm 2.3\ \text{mm}$

距离 $D_{AB}=133.647\ \text{m}\pm 0.002\ 3\ \text{m}$

4. 由双观测值之差求观测值的中误差

在测量工作中，常常对未知量进行成对观测，如在导线测量中，每条边往返丈量两次、在水准测量中每段水准路线进行往返丈量等，这种成对观测，称为双观测。

设对某一未知量进行等精度的双观测，其观测值分别为 L' 和 L''，较差为 Δ_L，则较差与观测值的关系可表示为

$$\Delta_L=L'-L''$$

若观测中没有误差，或只含有常差(在各次观测中都保持同一数值和同一符号的误差)，则每一对观测值都应该得出同一结果，因而每一对观测值之差都会等于零，即较差的真值应为零。观测值的较差值即为较差的真误差。

设有 n 个等精度的双观测值之差 Δ_{L_1}、Δ_{L_2}、…、Δ_{L_n}，根据中误差定义，较差的中误差为

$$m_{\Delta_L}=\pm\sqrt{\frac{[\Delta_L\Delta_L]}{n}} \tag{6.30}$$

式中 n 是较差 Δ_L 的个数，不是观测值的个数。

设 m_L 是单次观测值的中误差，根据误差传播定律，较差的中误差为

$$m_{\Delta_L}^2=m_L^2+m_L^2$$

$$m_{\Delta_L}=\pm\sqrt{2}m_L$$

将 m_{Δ_L} 代入式(6.30)得单次观测值的中误差为

$$m_L=\pm\sqrt{\frac{[\Delta_L\Delta_L]}{2n}} \tag{6.31}$$

5. 三角高程测量的高差中误差

三角高程测量计算高差的公式

$$h=D\cdot\tan\alpha$$

式中 D 为距离，α 为竖直角。设 D 与 α 的中误差分别为 m_D 及 m_α，由式(6.16)得

$$m_h=\pm\sqrt{\left(\frac{\partial f}{\partial D}\right)^2 m_D^2+\left(\frac{\partial f}{\partial \alpha}\right)^2 m_\alpha^2}$$

因 $\dfrac{\partial f}{\partial D}=\tan\alpha$，$\dfrac{\partial f}{\partial \alpha}=D\cdot\sec^2\alpha$，代入上式得

$$m_{h_{单}}=\pm\sqrt{\tan^2\alpha\cdot m_D^2+D^2\cdot\sec^4\alpha\left(\frac{m''_\alpha}{\rho''}\right)^2}$$

实际上 D 的误差很小，一般可忽略不计；竖直角 α 的数值一般也很小，此时 $\sec\alpha\approx1$，则

$$m_{h_{单}}=D(\frac{m''_\alpha}{\rho''}) \tag{6.32}$$

当高差按直、反觇计算（即按双向计算）时，按误差传播定律：

$$m_{h双}=\frac{1}{\sqrt{2}}m_{h单} \tag{6.33}$$

将式(6.32)代入式(6.33)得

$$m_{h双}=\frac{1}{\sqrt{2}}D\left(\frac{m''_\alpha}{\rho''}\right) \tag{6.34}$$

结论：三角高程测量高差的中误差与距离成正比。

在三角高程测量中为提高高差的精度，进行竖直角观测时，应该选择那些距离比较短的边。

项目小结

本章主要介绍了误差的概念、产生原因、类型、特性，评定误差的指标，误差传播定律及贯通误差等内容。重点内容是中误差、极限误差、相对误差等衡量精度的指标及几种常用函数的误差传播。

根据误差的性质，观测误差分为系统误差和偶然误差两种。应深刻理解偶然误差的四个特性。中误差是测量学中十分重要的一个概念，它可以真实地反映观测值的精度，它是各观测值真误差 Δ_i 平方和的平均值的平方根。误差传播定律揭示了观测值中误差与观测值函数中误差间的内在规律，它对于解决测量具体问题有着一定的现实意义。为此应掌握并熟练地运用误差传播定律，学会分析和解决实际工作中，观测值误差与函数误差之间传播规律的方法。

复习思考题

1. 什么是系统误差？什么是偶然误差？

2. 偶然误差有哪些特性？

3. 什么是中误差、极限误差、相对误差？为什么要用中误差来衡量观测值的精度？具有哪些特性的观测量需用相对误差来衡量其观测精度？

4. 在测角中用正倒镜观测，水准测量中，使前后视距相等。这些规定都是为了消除什么误差？

5. 写出倍数函数、和差函数、线性函数和一般函数误差传播定律的表达式。

6. 什么是等精度观测和不等精度观测？

7. 用钢尺丈量线段 AB、CD 的距离，AB 的距离 $D_{AB}=(150.500\pm0.050)$m；CD 的距离 $D_{CD}=(385.480\pm0.100)$m，问哪一段距离丈量的精度高？两段距离之和的中误差及其相对误差各是多少？

8. 等精度对 A、B 两点间距离丈量了六次，其结果分别为 200.102 m、200.098 m、

200.100 m、200.088 m、200.090 m、200.092 m。试求其算术平均值、观测值中误差、算术平均值中误差及相对中误差。

9. 测回法进行水平角观测时，若一个方向的一次读数中误差为 $\pm 12''$，试求半测回角值的中误差和一测回平均角值中误差。

10. 用经纬仪测得两个水平角分别为 $12°06'54''$ 和 $208°15'30''$，中误差均为 $\pm 2''$，哪个角测量精度高？

11. 在三角形 ABC 中，直接观测了 $\angle A$ 和 $\angle B$，其中误差分别为 $m_A = \pm 12''$ 和 $m_B = \pm 10''$，求三角形 $\angle C$ 的中误差 m_C。

12. 用经纬仪观测水平角，每测回的观测中误差为 $\pm 6''$，今要求测角精度达到 $\pm 3''$，需要观测几个测回？

13. 为求得一正方形建筑物的周长，可采用以下两种方法：

(1)丈量其中一条边长，然后乘以4；

(2)丈量所有四条边长，然后相加。

设丈量各条边长的中误差均为 ± 4 cm，试求两种方法所得周长的中误差。

14. 在水准测量中，设每站的观测中误差为 ± 5 mm，若从已知点到待定点一共观测了8站，试求其高差中误差是多少？

15. 什么是极限误差？容许误差与极限误差有何区别？

项目 7 控制测量

项目描述

控制测量是指在测区内按测量任务所要求的精度，测定一系列控制点的平面位置和高程，建立起测量控制网所进行的测量工作。控制测量分为平面控制测量和高程控制测量。控制测量的作用在于它是进行各项测量工作的基础，能够保证必要的测量精度，具有限制测量误差的传播和积累的作用。本项目主要介绍控制测量基本认知、导线测量、交会法定点、地下控制测量。

教学目标

1. 能力目标
- 能够进行导线测量的外业工作及内业计算；
- 能够采用交会法确定点的平面位置；
- 能够进行地下平面控制测量和高程控制测量工作。

2. 知识目标
- 掌握控制测量的作用、布设方法、等级和精度要求；
- 掌握导线测量的外业工作及其内业计算方法；
- 掌握交会定点的坐标计算；
- 掌握地下控制测量的方法及其精度要求。

3. 素质目标
- 养成独立思考、分析和解决问题的习惯；
- 具备实事求是、开拓创新的精神；
- 具有善于沟通、团结合作的能力。
- 树立正确的职业观，培养踏实严谨的工作态度，增强社会责任感。

典型工作任务 1 控制测量认知

7.1.1 工作任务

通过本部分知识的学习，主要达到以下目的：

(1)掌握控制测量的作用和布设原则；

(2)掌握控制测量的等级、精度要求和有关规范。

7.1.2 相关配套知识

测量工作必须遵循“从整体到局部，先控制后碎部”的原则，即先建立控制网，然后根据控制网进行碎部测量和测设。在测区范围内选择若干有控制意义的点(控制点),按一定的规律和要求构成的网状几何图形,称为控制网。控制网可分为平面控制网和高程控制网。

测量并确定控制点平面位置(x,y)的工作,称为平面控制测量;测量并确定控制点高程(H)的工作称为高程控制测量。平面控制测量和高程控制测量统称为控制测量。

控制网可分为国家控制网、城市控制网和小地区控制网等。

1. 国家控制网

国家控制网是在全国范围内建立的控制网,它是全国各种比例尺测图的基本控制,并为确定地球的形状和大小提供研究资料。国家控制网按精度从高到低分为一、二、三、四等。一等控制网精度最高,是国家控制网的骨干,二等是在一等控制下建立的国家控制网的全面基础,三、四等是二等控制网的进一步加密。

国家平面控制网,主要布设成三角网,采用三角测量的方法。如图7.1所示,一等三角锁是国家平面控制网的骨干;二等三角网布设于一等三角锁环内,是国家平面控制网的全面基础;三、四等三角网为二等三角网的进一步加密。

国家高程控制网,布设成水准网,采用精密水准测量的方法。如图7.2所示,一等水准网是国家高程控制网的骨干;二等水准网布设于一等水准环内,是国家高程控制网的全面基础;三、四等水准网为国家高程控制网的进一步加密。

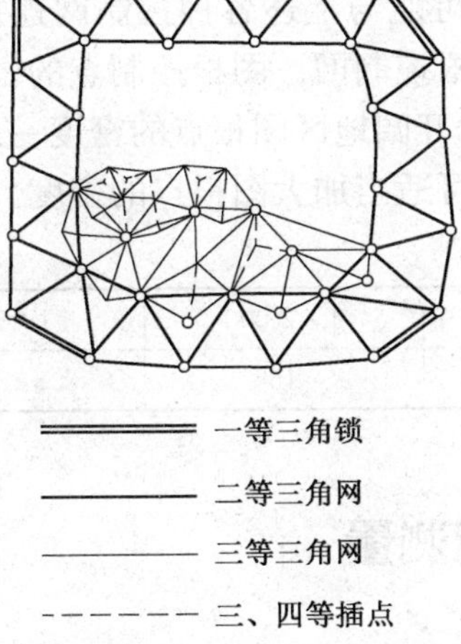

图7.1 国家平面控制网

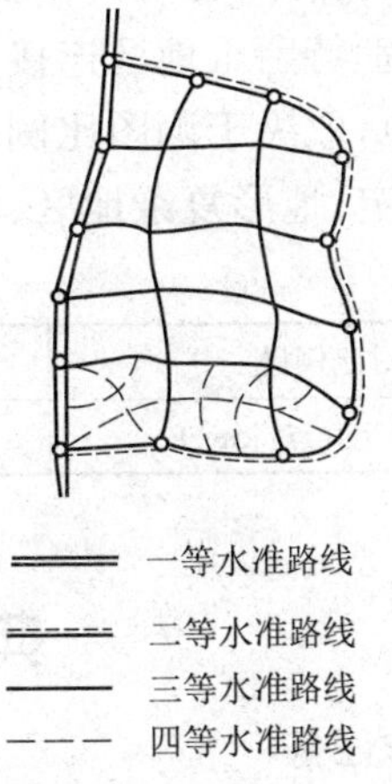

图7.2 国家高程控制网

2. 城市控制网

城市控制网是为城市建设工程测量建立统一坐标系统而布设的控制网,它是城市规划、市政工程、城市建设(包括地下工程建设)以及施工放样的依据,一般以国家控制网为基础,布设成不同等级的控制网。

特别值得说明的是,国家控制网和城市控制网的控制测量,是由专业的测绘部门来完成的,其控制成果可从有关的测绘部门索取。

3. 小地区控制网

一般将面积在15 km^{2}以内,为大比例尺测图和工程建设而建立的控制网称为小地区控制网。国家控制网其控制点的密度对于测绘地形图或进行工程建设来讲是远远不够的,必须在全国基本控制网的基础上,建立精度较低而又有足够密度的控制点来满足测图或工程建设的需要。

建立小地区控制网时，应尽量与国家（或城市）的高级控制网连测，将高级控制点的平面坐标和高程作为小地区控制网的起算和校核数据。若测区内或附近无国家（或城市）控制点，或者附近虽然有，但不便连测时，可以建立测区内的独立控制网。此时，控制网的起算坐标和高程可自行假定，坐标方位角可用测区中央的磁方位角代替。目前，随着 GPS 卫星定位系统和其他现代测量仪器的普及，实现小地区控制网与国家（或城市）控制网点的连测已经不存在问题了。

小地区控制网也要根据面积大小按精度要求分级建立，主要采用一、二、三级导线测量，一、二级小三角网测量或一、二级小三边网测量，其面积和等级的关系如表 7.1 所示。

表 7.1　首级控制与图根控制的关系

测区面积/km^2	首级控制	图根控制
2～15	一级小三角或一级导线	二级图根控制
0.5～2	二级小三角或二级导线	二级图根控制
0.5 以下	图根控制	

4. 图根控制网

直接为测图建立的控制网，称为图根控制网。图根控制网中的控制点称为图根点。测定图根点位置的工作，称为图根控制测量。图根控制网应尽可能与上述各种控制网连接形成统一系统。个别特困难地区连接有困难时，也可建立独立图根控制网。图根控制点的密度（包括高级控制点），取决于测图比例尺和地形的复杂程度。平坦开阔地区图根点的密度一般不低于表 7.2 的规定；地形复杂地区、城市建筑密集区和山区等，可适当加大图根点的密度。

表 7.2　图根点密度表

测图比例尺	1∶500	1∶1 000	1∶2 000	1∶5 000
图根点密度（点/km^2）	150	50	15	5

典型工作任务 2　导线测量

7.2.1　工作任务

通过本部分知识的学习，主要达到以下目的：

（1）熟悉导线的布设形式和导线测量的技术要求；

（2）掌握导线测量的外业工作及其内业计算。

7.2.2　相关配套知识

导线测量是进行平面控制测量的主要方法之一，它适用于平坦地区、地物分布较密集的建筑区及通视困难的隐蔽地区。

将测区内相邻控制点用直线连接而构成的折线图形，称为导线。构成导线的控制点，称为导线点。两相邻导线点的连线称为导线边，相邻两导线边之间的水平角称为转折角。导线测量就是依次测定各导线边的边长和各转折角之后，再根据起算数据，推算出各导线点的坐标。

1. 导线的布设形式

根据测区内的高级控制点分布情况和测区地形等情况，导线可布设成如下几种形式。

(1)附合导线

如图7.3所示，导线从已知控制点B和已知方向BA出发，经过1、2、3点，最后附合到另一已知控制点C和已知方向CD上，这样的导线称为附合导线。这种布设形式，具有检核观测成果的作用。

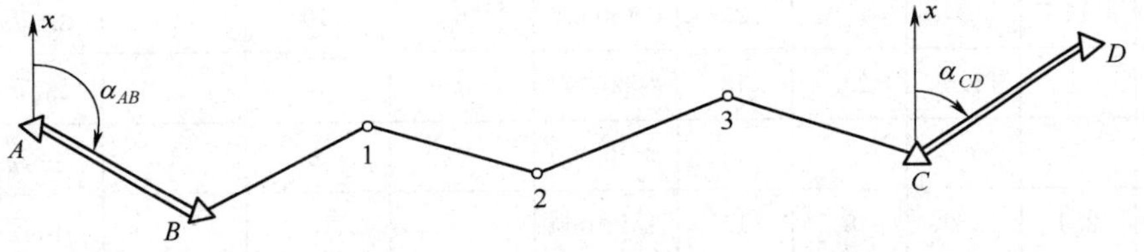

图7.3 附合导线

(2)闭合导线

如图7.4所示，导线从已知控制点B和已知方向BA出发，经过1、2、3、4最后仍回到起点B，形成一个闭合多边形，这样的导线称为闭合导线。闭合导线本身存在着严密的几何条件，具有检核作用。

(3)支导线

支导线是由一已知点和已知方向出发，既不附合到另一已知点，又不回到原起始点的导线，称为支导线。如图7.5所示，B为已知控制点，α_{BA}为已知方向，1、2为支导线点。

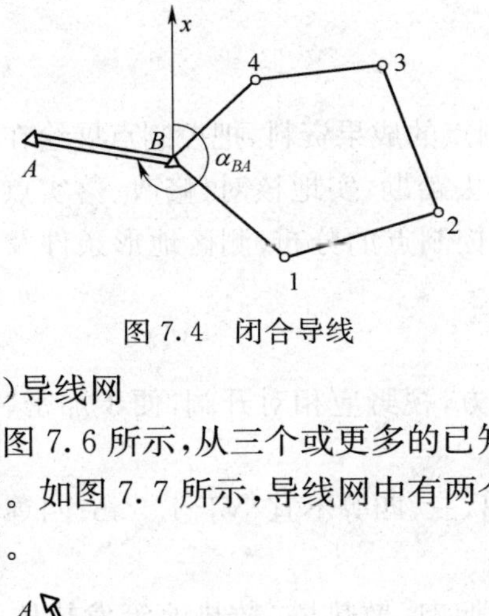

图7.4 闭合导线

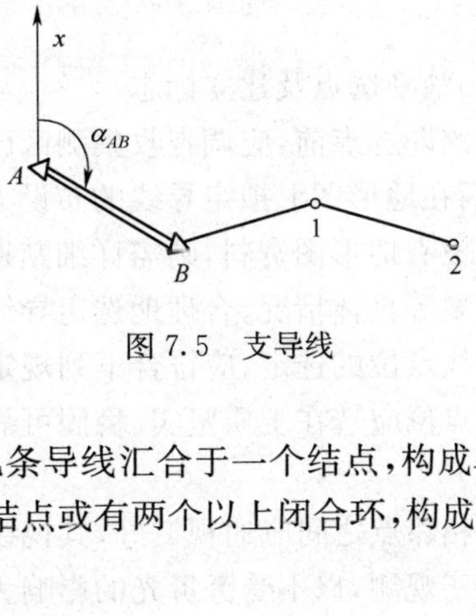

图7.5 支导线

(4)导线网

如图7.6所示，从三个或更多的已知控制点开始，几条导线汇合于一个结点，构成单结点导线网。如图7.7所示，导线网中有两个以上(含两个)结点或有两个以上闭合环，构成多结点导线网。

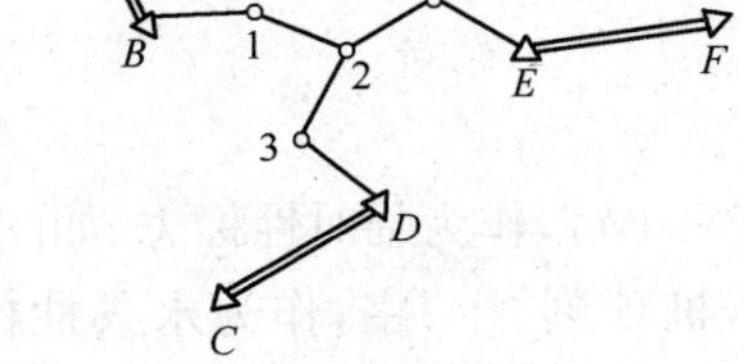

图7.6 单结点导线网

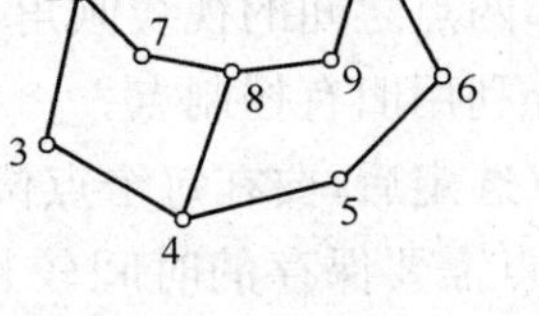

图7.7 多结点导线网

2. 导线测量的技术要求

《工程测量规范》(GB 50026—2007)对导线测量的技术要求如表 7.3 所示。

表 7.3　导线测量的主要技术要求

等级	导线长度/km	平均边长/km	测角中误差/(″)	测距中误差/mm	测距相对中误差	测回数			方位角闭合差/(″)	导线全长相对闭合差
						1″级仪器	2″级仪器	6″级仪器		
三等	14	3	1.8	20	1/150 000	6	10	—	$3.6\sqrt{n}$	≤1/55 000
四等	9	1.5	2.5	18	1/80 000	4	6	—	$5\sqrt{n}$	≤1/35 000
一级	4	0.5	5	15	1/30 000	—	2	4	$10\sqrt{n}$	≤1/15 000
二级	2.4	0.25	8	15	1/14 000	—	1	3	$16\sqrt{n}$	≤1/10 000
三级	1.2	0.1	12	15	1/7 000	—	1	2	$24\sqrt{n}$	≤1/5 000
图根 1∶500	0.5	—	30	—	1/3 000	—	—	1	$60\sqrt{n}$	1/2 000
图根 1∶1 000	1	—								
图根 1∶2 000	2	—								

注：1. 表中 n 为测站数。

2. 图根测角中误差一般为 30″，首级控制为 20″；方位角闭合差一般为 $60\sqrt{n}$，首级控制为 $40\sqrt{n}$。

3. 导线测量的外业工作

导线测量的外业工作包括踏勘选点及建立标志、量边、测角和连测，其具体工作包括以下几方面。

(1)踏勘选点及建立标志

在踏勘选点前，应调查收集测区已有地形图和控制点的成果资料，把控制点展绘在地形图上，然后在地形图上拟定导线的布设方案，最后到野外去踏勘，实地核对、修改、落实点位。如果测区没有地形图资料，则需详细踏勘现场，根据已知控制点的分布、测区地形条件及测图和施工需要等具体情况，合理地选定导线点的位置。

导线点位的选定，应符合下列规定：

①点位应选在土质坚实、稳固可靠、便于保存的地方，视野应相对开阔，便于加密、扩展和寻找。

②相邻点之间应通视良好，其视线距障碍物的距离，三、四等不宜小于 1.5 m；四等以下宜保证便于观测，以不受旁折光的影响为原则。

③当采用电磁波测距时，相邻点之间视线应避开烟囱、散热塔、散热池等发热体及强电磁场。

④相邻两点之间的视线倾角不宜过大。

⑤充分利用旧有控制点。

导线点选定后，要在每个点位上打一大木桩，桩顶钉一小钉，作为临时性标志，如图 7.8 所示；若导线点需要保存的时间较长，就要埋设混凝土桩，桩顶刻“十”字，作为永久性标志，如图 7.9所示。导线点应统一编号。为了便于寻找，应量出导线点与附近固定而明显的地物点的距离，绘一草图，注明尺寸，称为“点之记”，如图 7.10 所示。

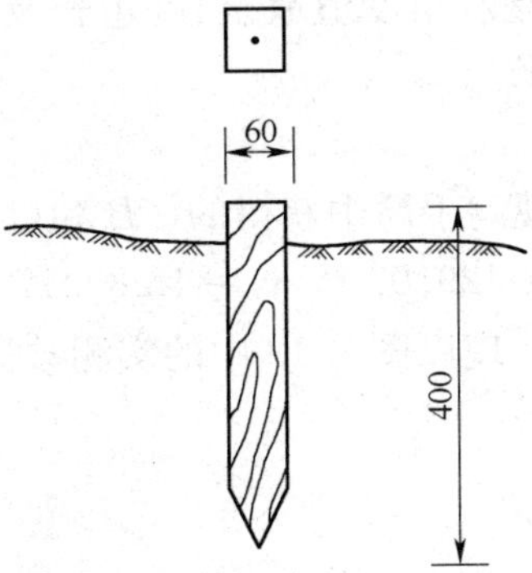

图 7.8　临时性标志

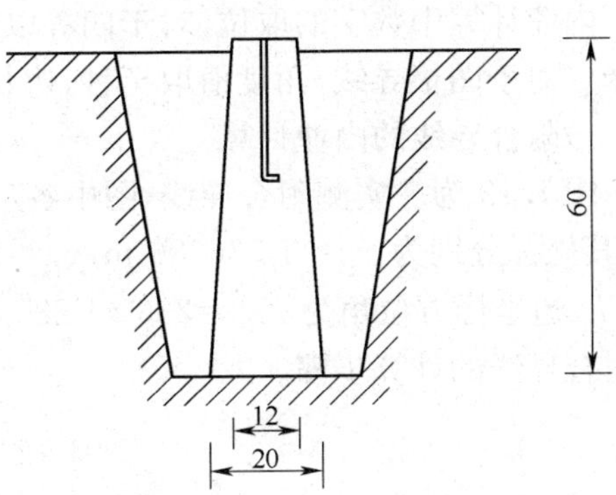

图 7.9　永久性标志

(2)量边

导线边长可用光电测距仪测定,测量时要同时观测竖直角,供倾斜改正之用。若用钢尺丈量,钢尺必须经过检定。对于一、二、三级导线,应按钢尺量距的精密方法进行丈量。对于图根导线,用一般方法往返丈量,取其平均值,并要求其相对误差不大于 1/3 000。钢尺量距结束后,应进行尺长改正、温度改正和倾斜改正,三项改正后的结果作为最后成果。

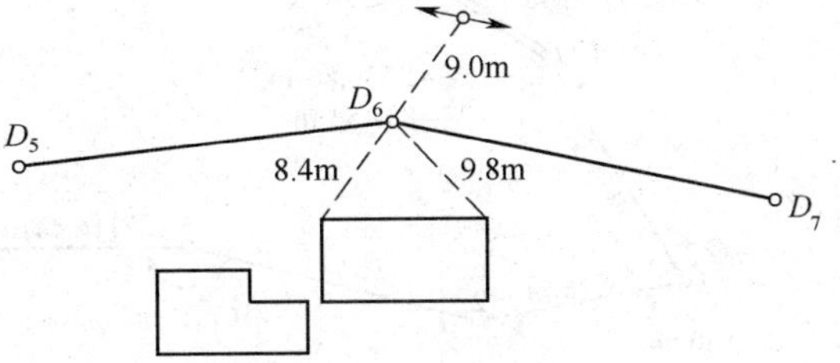

图 7.10　点之记

(3)测角

用测回法施测导线左角(位于导线前进方向左侧的角)或右角(位于导线前进方向右侧的角)。一般在附合导线或支导线中,是测量导线的左角,在闭合导线中均测内角。若闭合导线按顺时针方向编号,则其右角就是内角。不同等级的导线的测角主要技术要求应符合表 7.3 的要求。对于图根导线,一般用 DJ_6 型光学经纬仪观测一个测回。若盘左、盘右测得角值的较差不超过 40″,则取其平均值作为一测回成果。

测角时,为了便于瞄准,可用测钎、觇牌作为照准标志,也可在标志点上用仪器的脚架吊一垂球线作为照准标志。

(4)连测

如图 7.11 所示,测区内有高级控制点时,导线应与高级控制点连测,必须观测连接角 β_1、β_A 和连接边 D_{A1},作为传递坐标方位角和传递坐标之用。如果附近无高级控制点,则应用罗盘仪测定导线起始边的磁方位角作为起算方向,并假定起始点的坐标作为起算数据。

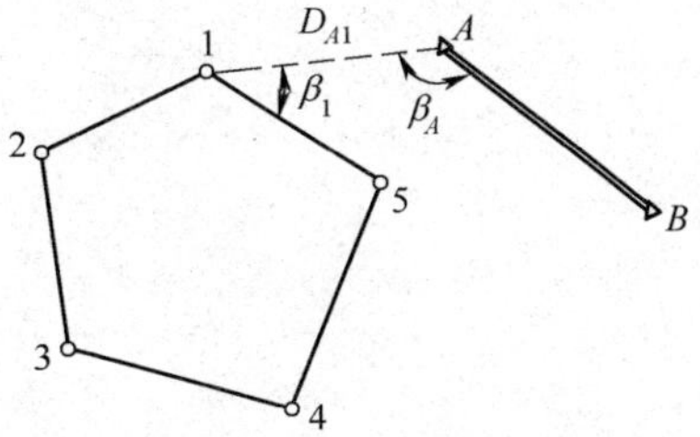

图 7.11　导线联测

4. 导线测量的内业计算

导线测量的内业工作,是根据起始点(高级控制点)的坐标和起始方位角,以及外业所测得的导线边长和转折角,计算各导线点的坐标。

内业计算的原始资料是外业测量记录,为保证内业计算能够顺利进行,在计算之前,必须对外业观测记录做全面检查,检查数据是否齐全,有无记错、算错,成果是否符合精度要求,起算数据是否准确。然后绘制导线略图,把各项数据注于图上相应位置,以便进行计算。

内业计算中数字的取位，对于四等以下的小三角及导线，角度值取至秒，边长及坐标取至毫米。对于图根导线，角度值取至秒，边长和坐标取至厘米。

1)附合导线的内业计算

图 7.12 为一实测附合导线，图中各项数据是从外业观测手簿中获得的。B 和 C 点为已知点，其坐标分别为 x_B = 1 536.86 m，y_B = 837.54 m；x_C = 1 429.02 m，y_C = 1 283.17 m；AB 边和 CD 边坐标方位角为 $\alpha_{AB}=236°44'28''$，$\alpha_{CD}=60°38'01''$。现以图 7.12 中的实测数据为例，说明附合导线的计算步骤。

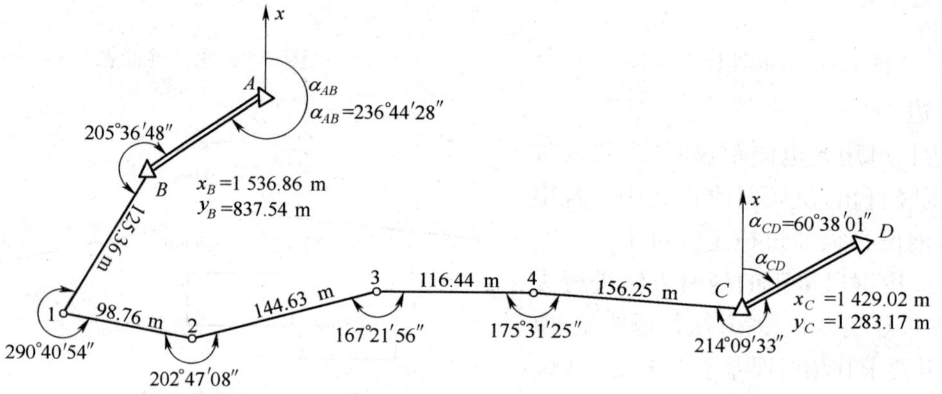

图 7.12　附合导线图

(1)准备工作

将校核过的外业观测数据及起算数据填入“附合导线坐标计算表”(表 7.4)中，起算数据用双线标明。

(2)角度闭合差的计算与调整

①角度闭合差的计算

如图 7.12 所示，根据起始边 AB 的坐标方位角 α_{AB} 及观测的各右角，可以推算出 CD 边的坐标方位角 α'_{CD}。

$$\left.\begin{aligned}\alpha_{B1}&=\alpha_{AB}+180°-\beta_B\\ \alpha_{12}&=\alpha_{B1}+180°-\beta_1\\ \alpha_{23}&=\alpha_{12}+180°-\beta_2\\ \alpha_{34}&=\alpha_{23}+180°-\beta_3\\ \alpha_{4C}&=\alpha_{34}+180°-\beta_4\\ \alpha'_{CD}&=\alpha_{4C}+180°-\beta_C\end{aligned}\right\}\tag{7.1}$$

$$\alpha'_{CD}=\alpha_{AB}+6\times180°-\sum\beta_{右测}$$

写成一般公式，则为

$$\alpha'_{终}=\alpha_{始}+n\times180°-\sum\beta_{右测}\tag{7.2}$$

若观测左角，则按式(7.3)计算 $\alpha'_{终}$

$$\alpha'_{终}=\alpha_{始}-n\times180°+\sum\beta_{左测}\tag{7.3}$$

式中　n——测站数。

由于观测角度存在测量误差，使 $\alpha'_{CD}\neq\alpha_{CD}$，二者之差称为附合导线的角度闭合差，通常用

f_β表示，即

$$f_\beta=\alpha'_{CD}-\alpha_{CD}=\alpha_{AB}+6\times180°-\sum\beta_{右测}-\alpha_{CD} \tag{7.4}$$

②角度闭合差的调整

不同等级的附合导线的角度闭合差的容许值 $f_{\beta容}$ 见表 7.3 中“方位角闭合差”栏。如果 $|f_\beta|\leqslant|f_{\beta容}|$，则说明角度观测结果符合要求，否则应查找原因，如果计算无误，应对角度进行重测。

当 $|f_\beta|\leqslant|f_{\beta容}|$ 时，可进行角度闭合差的调整，其调整原则如下：

a. 若观测角 β 为右角，则将角度闭合差 f_β同号平均分配，即每个角的角度改正数为

$$v_{\beta i}=\frac{f_\beta}{n} \tag{7.5}$$

且$\sum v_{\beta i}=f_\beta$。

b. 若观测角 β 为左角，则将角度闭合差 f_β反号平均分配，即每个角的角度改正数为

$$v_{\beta i}=-\frac{f_\beta}{n} \tag{7.6}$$

且$\sum v_{\beta i}=-f_\beta$。

改正后的各角度值为

$$\beta_{i改}=\beta_i+v_{\beta i} \tag{7.7}$$

本例中 f_β、$f_{\beta容}$的计算见表 7.4 辅助计算栏，水平角的改正数和改正后的水平角分别见表 7.4 中的第 3、4 栏。

(3)推算各边的坐标方位角

根据起始边的已知坐标方位角及改正后的水平角，按式(7.1)推算出其他各导线边的坐标方位角，填入表 7.4 中的第 5 栏。

计算出各边的坐标方位角后，若超过 360°，则减去 360°作为该边的坐标方位角，若出现负值，则应加上 360°后作为该边的坐标方位角。

(4)坐标增量的计算及其闭合差的调整

①计算坐标增量

如图 7.13 所示，在平面直角坐标系中，A、B 两点坐标分别为 $A(x_A,y_A)$和 $B(x_B,y_B)$，它们相应的坐标差称为坐标增量，分别以 Δx_{AB} 和 Δy_{AB} 表示，则

$$\left.\begin{aligned}\Delta x_{AB}&=D_{AB}\cdot\cos\alpha_{AB}\\\Delta y_{AB}&=D_{AB}\cdot\sin\alpha_{AB}\end{aligned}\right\} \tag{7.8}$$

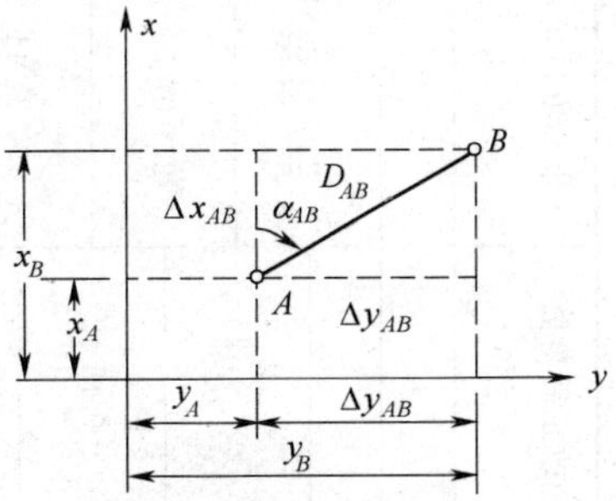

图 7.13　坐标增量计算示意图

当导线边 AB 位于不同的象限，其纵、横坐标增量的符号也不同。本例按式(7.8)所计算得出的坐标增量，填入表 7.4 中的第 7、8 两栏中。

②坐标增量闭合差的计算及调整

由于附合导线起、止于已知控制点 B 和 C，因此从 B 到 C 的坐标增量也就已知，即

$$\left.\begin{aligned}\sum\Delta x_{理}&=\Delta x_{BC}=x_C-x_B\\\sum\Delta y_{理}&=\Delta y_{BC}=y_C-y_B\end{aligned}\right\} \tag{7.9}$$

表 7.4　附合导线坐标计算表

点号	观测角(右角)(° ′ ″)	改正数(″)	改正后角值(° ′ ″)	坐标方位角(° ′ ″)	距离/m	坐标增量 Δx/m	坐标增量 Δy/m	改正后坐标增量 Δx/m	改正后坐标增量 Δy/m	坐标 x/m	坐标 y/m
1	2	3	4	5	6	7	8	9	10	11	12
A											
				236 44 28							
B	205 36 48	−13	205 36 35							1 536.86	837.54
				211 07 53	125.36	+4 −107.31	−2 −64.81	−107.27	−64.83		
1	290 40 54	−12	290 40 42							1 429.59	772.71
				100 27 11	98.76	+3 −17.92	−2 +97.12	−17.89	+97.10		
2	202 47 08	−13	202 46 55							1411.70	869.81
				77 40 16	144.63	+4 +30.88	−2 +141.29	+30.92	+141.27		
3	167 21 56	−13	167 21 43							1 442.62	1 011.08
				90 18 33	116.44	+3 −0.63	−2 +116.44	−0.60	+116.42		
4	175 31 25	−13	175 31 12							1 442.02	1 127.50
				94 47 21	156.25	+5 −13.05	−3 +155.70	−13.00	+155.67		
C	214 09 33	−13	214 09 20							1 429.02	1 283.17
				60 38 01							
D											
Σ	1256 07 44	−77	1256 06 25		641.44	−108.03	+445.74	−107.84	+445.63		

辅助计算：

$\alpha'_{CD} = \alpha_{AB} + 6 \times 180° - \sum \beta_{右侧} = 60°36'44''$　　$\sum \Delta x_{测} = -108.03$ m　　$\sum \Delta y_{测} = +445.74$ m

$f_\beta = \alpha'_{CD} - \alpha_{CD} = -77''$　　$\sum \Delta x_{理} = x_C - x_B = -107.84$ m　　$\sum \Delta y_{理} = y_C - y_B = +445.63$ m

$f_{\beta容} = \pm 60\sqrt{n} = \pm 60\sqrt{6} = \pm 147''$　　$f_x = \sum \Delta x_{测} - \sum \Delta x_{理} = -0.19$ m　　$f_y = \sum \Delta y_{测} - \sum \Delta y_{理} = +0.11$ m

$|f_\beta| < |f_{\beta容}|$

$K = \dfrac{f_D}{\sum D} = \dfrac{0.22}{641.44} = \dfrac{1}{2\,900} < \dfrac{1}{2\,000}$

$f_D = \sqrt{f_x^2 + f_y^2} = 0.22$ m

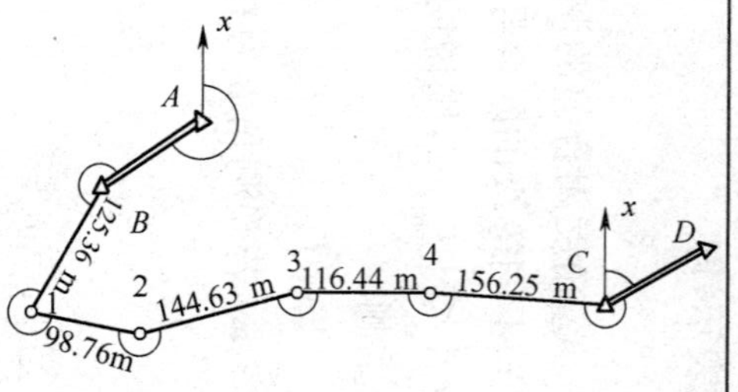

然而经过附合导线测量后，也可得到 B、C 两点之间的实测坐标增量，分别用 $\sum\Delta x_{测}$、$\sum\Delta y_{测}$ 表示，但由于观测角度和量边误差的影响，使得 $\sum\Delta x_{测}\neq\sum\Delta x_{理}$，$\sum\Delta y_{测}\neq\sum\Delta y_{理}$，二者之差称为附合导线坐标增量闭合差，即

$$\left.\begin{aligned}f_x&=\sum\Delta x_{测}-\sum\Delta x_{理}=\sum\Delta x_{测}-(x_C-x_B)\\f_y&=\sum\Delta y_{测}-\sum\Delta y_{理}=\sum\Delta y_{测}-(y_C-y_B)\end{aligned}\right\}\tag{7.10}$$

从图 7.14 明显看出，由于 f_x 和 f_y 的存在，必然引起由导线起点 B 推算到终点时，其点位 C' 与 C 点不重合，CC' 长度称为附合导线全长闭合差，用 f_D 表示，即

$$f_D=\sqrt{f_x^2+f_y^2}\tag{7.11}$$

仅从 f_D 值的大小还不能表示导线测量的精度，衡量导线测量的精度还应该考虑到导线的全长，将 f_D 与导线全长 $\sum D$ 相比，称为导线全长相对闭合差。为了便于比较，以分子为 1 的分数来表示，即

$$K=\frac{f_D}{\sum D}=\frac{1}{\sum D/f_D}\tag{7.12}$$

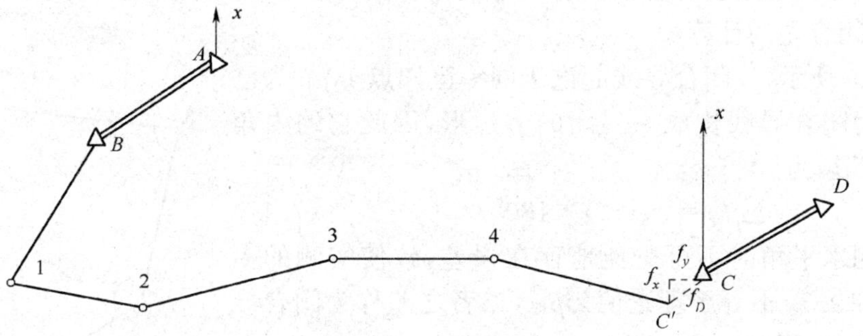

图 7.14 附合导线坐标增量闭合差示意图

不同等级的导线全长相对闭合差的容许值 $K_{容}$ 如表 7.3 所示。

如果 $K>K_{容}$，则说明观测成果不合格，此时应对导线的内业计算和外业工作进行全面检查，倘若未发现错误，则应到现场检查或重测。

如果 $K\leqslant K_{容}$，则说明观测成果符合精度要求，可以进行调整。

本例中 f_x、f_y、f_D、K 的计算见表 7.4 的辅助计算栏。

当 $K\leqslant K_{容}$ 时，可进行坐标增量闭合差的调整，其调整的原则是将 f_x、f_y 反号，并按与边长成正比的原则，分配到各边对应的纵、横坐标增量中去。以 v_{xi}、v_{yi} 分别表示第 i 边的纵、横坐标增量改正数，即

$$\left.\begin{aligned}v_{xi}&=-\frac{f_x}{\sum D_i}\cdot D_i\\v_{yi}&=-\frac{f_y}{\sum D_i}\cdot D_i\end{aligned}\right\}\tag{7.13}$$

计算检核：纵、横坐标增量改正数之和应满足下式：

$$\left.\begin{aligned}\sum v_{xi}&=-f_x\\\sum v_{yi}&=-f_y\end{aligned}\right\}\tag{7.14}$$

用式(7.13)计算出的各导线边的纵、横坐标增量改正数，填入表 7.4 的第 7、8 栏坐标增量值相应方格的上方。

③计算改正后的坐标增量

各边坐标增量计算值加相应的改正数，即得各边改正后的坐标增量，即

$$\left.\begin{aligned}\Delta x_{i改}&=\Delta x_i+v_{xi}\\ \Delta y_{i改}&=\Delta y_i+v_{yi}\end{aligned}\right\}\tag{7.15}$$

按式(7.15)计算出的各边改正后的坐标增量，填入表 7.4 中的第 9、10 两栏。

(5)计算各导线点的坐标

根据起始点 B 的已知坐标及改正后的各边坐标增量，即可依次推算出各导线点的坐标。例如：

$$\left.\begin{aligned}x_1&=x_B+\Delta x_{B1改}\\ y_1&=y_B+\Delta y_{B1改}\end{aligned}\right\}\tag{7.16}$$

同理类推，即可推算出 2、3、4 点的坐标，并将结果填入表 7.4 的第 11、12 栏中。最后还要推算终点 C 的坐标，其值应与终点原有的已知坐标值相同，以此作计算校核。

2)闭合导线的内业计算

闭合导线的内业计算步骤与附合导线基本上相同，但由于布置形式不同，因此只是角度闭合差与坐标增量闭合差的计算公式有些不同。下面着重介绍其不同之处，其余不再重复。

(1)角度闭合差的计算

如图 7.15 所示，该闭合导线起讫于同一已知点 1，α_{12} 为已知方向。因为闭合导线构成一封闭的多边形，因此它的内角和的理论值 $\sum\beta_{理}$ 为

$$\sum\beta_{理}=(n-2)\times180^\circ\tag{7.17}$$

由于观测水平角时不可避免地存在误差，致使实测的多边形内角之和 $\sum\beta_{测}$ 不等于理论值 $\sum\beta_{理}$，二者之差称为闭合导线的角度闭合差，用 f_β 表示，即

$$f_\beta=\sum\beta_{测}-\sum\beta_{理}\tag{7.18}$$

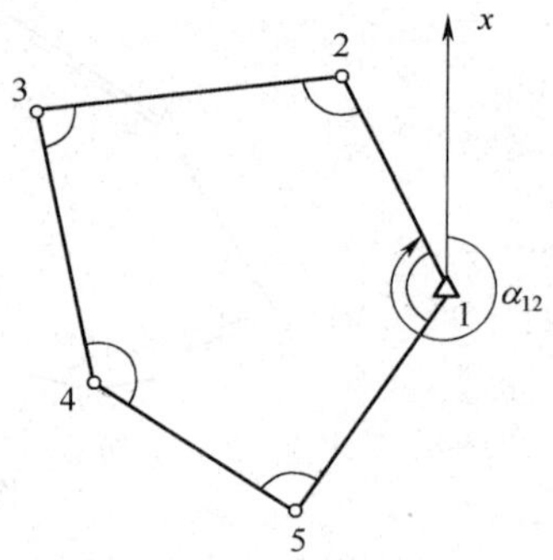

图 7.15　闭合导线示意图

当 $|f_\beta|\leqslant|f_{\beta容}|$ 时，和附合导线一样，说明闭合导线所测角度符合要求，可进行角度闭合差的调整。其调整原则为：将闭合差反号平均分配给各个内角，即每个角改正 $v_{\beta i}=-\dfrac{f_\beta}{n}$。

(2)坐标增量闭合差的计算

由图 7.16 可以看出，闭合导线的纵、横坐标增量代数和的理论值应为零，即

$$\left.\begin{aligned}\sum\Delta x_{理}&=0\\ \sum\Delta y_{理}&=0\end{aligned}\right\}\tag{7.19}$$

但实际上由于存在测量误差，往往使 $\sum\Delta x_{测}$ 和 $\sum\Delta y_{测}$ 不等于零，而产生纵坐标增量闭合差 f_x 与横坐标增量闭合差 f_y，即

$$\left.\begin{aligned}f_x&=\sum\Delta x_{测}-\sum\Delta x_{理}=\sum\Delta x_{测}\\ f_y&=\sum\Delta y_{测}-\sum\Delta y_{理}=\sum\Delta y_{测}\end{aligned}\right\}\tag{7.20}$$

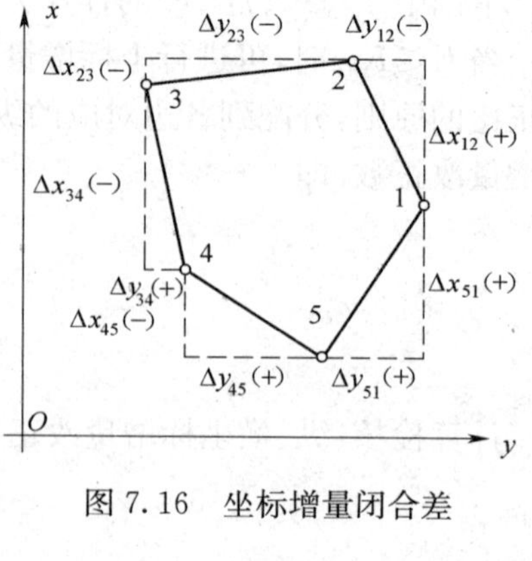

图 7.16　坐标增量闭合差

闭合导线全长闭合差、全长相对闭合差的计算以及坐标增量闭合差的调整与附合导线相同。闭合导线的内业计算的全过程如表 7.5 所示。

表 7.5 闭合导线坐标计算表

点号	观测角(左角)(° ′ ″)	改正数(″)	改正后角值(° ′ ″)	坐标方位角(° ′ ″)	距离/m	坐标增量 Δx/m	坐标增量 Δy/m	改正后坐标增量 Δx/m	改正后坐标增量 Δy/m	坐标 x/m	坐标 y/m
1	2	3	4	5	6	7	8	9	10	11	12
1										500.00	500.00
				335 24 00	201.60	+5 +183.30	+2 −83.92	+183.35	−83.90		
2	108 27 18	−10	108 27 08							683.35	416.10
				263 51 08	263.40	+7 −28.21	+2 −261.89	−28.14	−261.87		
3	84 10 18	−10	84 10 08							655.21	154.23
				168 01 16	241.00	+7 −235.75	+2 +50.02	−235.68	+50.04		
4	135 49 11	−10	135 49 01							419.53	204.27
				123 50 17	200.40	+5 −111.59	+1 +166.46	−111.54	+166.47		
5	90 07 01	−10	90 06 51							307.99	370.74
				33 57 08	231.40	+6 +191.95	+2 +129.24	+192.01	+129.26		
1	121 27 02	−10	121 26 52							500.00	500.00
				335 24 00							
2											
Σ	540 00 50	−50	540 00 00		1137.80	−0.30	−0.09	0	0		

辅助计算

$\sum\beta_{测} = 540°00'50''$

$\sum\beta_{理} = (n-2)\times180° = 540°00'00''$

$f_\beta = \sum\beta_{测} - \sum\beta_{理} = +50''$

$f_{\beta容} = \pm60\sqrt{n} = \pm134''$

$|f_\beta| < |f_{\beta容}|$

$f_x = \sum\Delta x_{测} = -0.30\ \text{m}$

$f_y = \sum\Delta y_{测} = -0.09\ \text{m}$

$f_D = \sqrt{f_x^2 + f_y^2} = 0.31\ \text{m}$

$K = \dfrac{f_D}{\sum D} = \dfrac{0.31}{1\,137.80} = \dfrac{1}{3\,700} < \dfrac{1}{2\,000}$

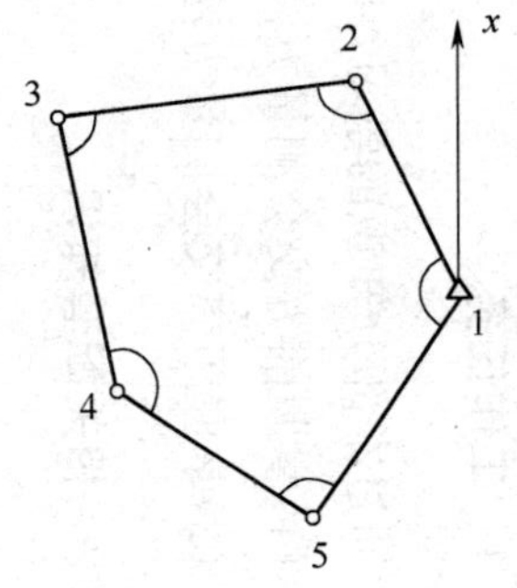

典型工作任务3　交会法定点

7.3.1　工作任务

通过本部分知识的学习，主要达到以下目的：

(1)掌握前方交会测量方法及其坐标计算；

(2)掌握距离交会测量方法及其坐标计算。

7.3.2　相关配套知识

当测区内已有控制点的密度不能满足工程施工或测图要求，而且需要加密的控制点数量又不多时，可以采用交会法加密控制点，称为交会定点。常用的交会定点方法有前方交会法、侧方交会法、后方交会法和距离交会法。

1. 前方交会法

如图7.17所示，A、B为已知控制点，P为待定点。在A、B两点上设站，分别测得α及β角，根据A、B两点的已知坐标和α、β角，通过计算可得出P点的坐标，这种方法称为前方交会法。

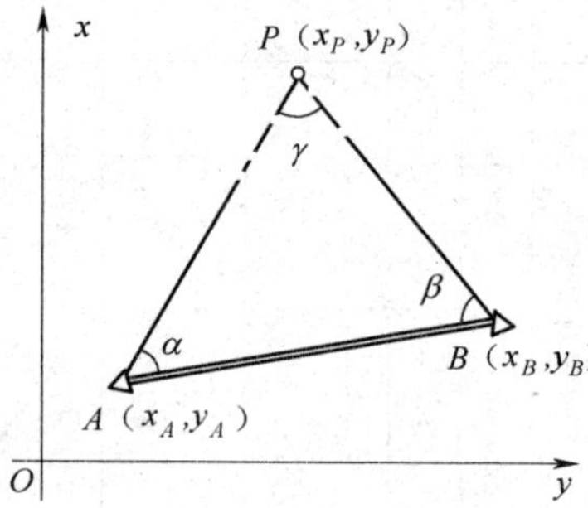

图7.17　前方交会法计算

由图7.17，可得：

$$\left.\begin{aligned}x_P-x_A&=D_{AP}\cos\alpha_{AP}\\y_P-y_A&=D_{AP}\sin\alpha_{AP}\end{aligned}\right\}\tag{7.21}$$

由于$\alpha_{AP}=\alpha_{AB}-\alpha$，则

$$x_P=x_A+D_{AP}\cos(\alpha_{AB}-\alpha)=x_A+D_{AP}(\cos\alpha_{AB}\cos\alpha+\sin\alpha_{AB}\sin\alpha)\tag{7.22}$$

$$y_P=y_A+D_{AP}\sin(\alpha_{AB}-\alpha)=y_A+D_{AP}(\sin\alpha_{AB}\cos\alpha-\cos\alpha_{AB}\sin\alpha)\tag{7.23}$$

根据正弦定理，得

$$\frac{D_{AP}}{D_{AB}}=\frac{\sin\beta}{\sin\gamma}=\frac{\sin\beta}{\sin(\alpha+\beta)}$$

则

$$\left.\begin{aligned}x_P&=x_A+D_{AB}\frac{\sin\beta}{\sin(\alpha+\beta)}(\cos\alpha_{AB}\cos\alpha+\sin\alpha_{AB}\sin\alpha)\\y_P&=y_A+D_{AB}\frac{\sin\beta}{\sin(\alpha+\beta)}(\sin\alpha_{AB}\cos\alpha-\cos\alpha_{AB}\sin\alpha)\end{aligned}\right\}\tag{7.24}$$

因为

$$\left.\begin{aligned}D_{AB}\cos\alpha_{AB}&=x_B-x_A\\D_{AB}\sin\alpha_{AB}&=y_B-y_A\end{aligned}\right\}$$

则

$$\left.\begin{aligned}x_P&=x_A+\frac{(x_B-x_A)\sin\beta\cos\alpha+(y_B-y_A)\sin\beta\sin\alpha}{\sin\alpha\cos\beta+\cos\alpha\sin\beta}\\y_P&=y_A+\frac{(y_B-y_A)\sin\beta\cos\alpha-(x_B-x_A)\sin\beta\sin\alpha}{\sin\alpha\cos\beta+\cos\alpha\sin\beta}\end{aligned}\right\}\tag{7.25}$$

化简得到

$$
\left.\begin{aligned}
x_P &= \frac{x_A\cot\beta + x_B\cot\alpha - y_A + y_B}{\cot\alpha + \cot\beta} \\
y_P &= \frac{y_A\cot\beta + y_B\cot\alpha + x_A - x_B}{\cot\alpha + \cot\beta}
\end{aligned}\right\} \tag{7.26}
$$

在应用式(7.26)时，要注意已知点和待定点必须按A、B、P逆时针方向编号，在A点观测角编号为α，在B点观测角编号为β。

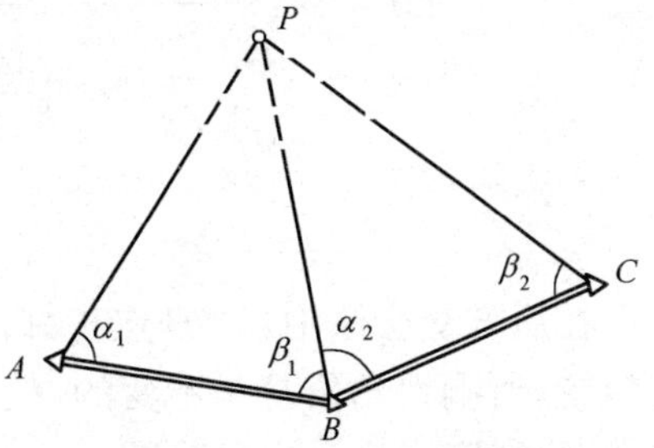

图 7.18　两组前方交会

为了保证待定点的精度，在实际工作中，一般要求从三个已知点A、B、C分别向P点观测水平角α_1、β_1、α_2、β_2，作两组前方交会。如图 7.18 所示，按式(7.26)，分别在$\triangle ABP$和$\triangle BCP$中计算出P点的两组坐标$P'(x'_P$、$y'_P)$和$P''(x''_P$、$y''_P)$。一般测量中，当两组坐标较差在容许限差内，即

$$
\sqrt{(x'_P - x''_P)^2 + (y'_P - y''_P)^2} \leqslant 2 \times 0.1M \tag{7.27}
$$

式中　M——测图比例尺分母，mm。

取其平均值作为P点的最后坐标。

2. 侧方交会法

侧方交会是在一个已知控制点和待定点上测角来计算待定点坐标的一种方法。这种方法适应于已知点上不便安置仪器的情况。如图 7.19 所示，在已知点A及待定点P上分别观测α和γ角，进而计算出第三个内角β，这样就和前方交会法一样，根据A、B两已知点的坐标和α、β，按式(7.26)计算出待定点P的坐标。

为了对计算结果进行检验，可在待定点上对第三个已知点进行观测。

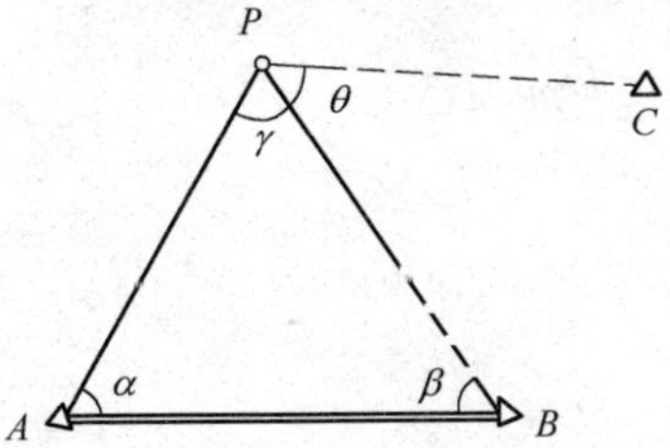

图 7.19　侧方交会法

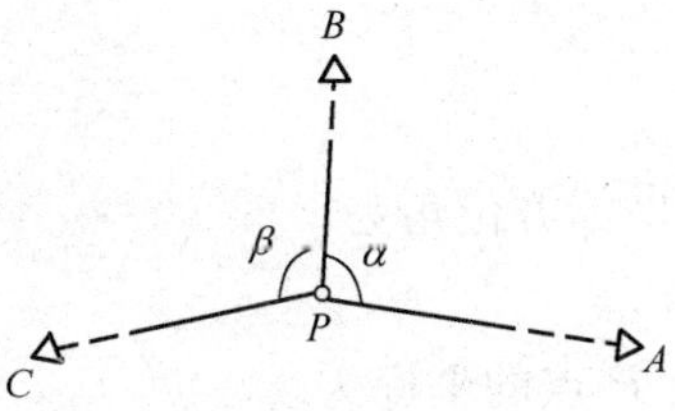

图 7.20　后方交会法

3. 后方交会法

如图 7.20 所示，A、B、C为已知控制点，P点是待定点。在P点观测α、β角，然后根据三个已知控制点的坐标，求解待定点P的坐标，这种方法称为后方交会法。

由图 7.20 可知

$$
\alpha_{AP} = \alpha_{BP} + \alpha
$$
$$
\alpha_{CP} = \alpha_{BP} - \beta
$$

则

$$
\left.\begin{aligned}
(y_P - y_B) &= (x_P - x_B)\tan\alpha_{BP} \\
(y_P - y_A) &= (x_P - x_A)\tan(\alpha_{BP} + \alpha) \\
(y_P - y_C) &= (x_P - x_C)\tan(\alpha_{BP} - \beta)
\end{aligned}\right\} \tag{7.28}
$$

上式中有三个未知数 x_P、y_P、α_{BP}，联立求解可得

$$\tan\alpha_{BP}=\frac{(y_B-y_A)\cot\alpha+(y_B-y_C)\cot\beta+(x_A-x_C)}{(x_B-x_A)\cot\alpha+(x_B-x_C)\cot\beta-(y_A-y_C)} \tag{7.29}$$

$$\Delta x_{BP}=\frac{(y_B-y_A)(\cot\alpha-\tan\alpha_{BP})-(x_B-x_A)(1+\cot\alpha\tan\alpha_{BP})}{1+\tan\alpha_{BP}^2} \tag{7.30}$$

$$\Delta y_{BP}=\Delta x_{BP}\tan\alpha_{BP} \tag{7.31}$$

$$\left.\begin{aligned}x_P&=x_B+\Delta x_{BP}\\ y_P&=y_B+\Delta y_{BP}\end{aligned}\right\} \tag{7.32}$$

在后方交会法中，当 P 点正好落在通过 A、B、C 三点的圆周上时，无论 P 点位于圆周上任何位置，所测得角值都是不变的，故 P 点位置无法确定，称该圆为危险圆。因此，后方交会法作业时，待定点应远离危险圆。

4. 距离交会法

如图 7.21 所示，A、B 为已知控制点，P 为待定点，测量了边长 D_{AP} 和 D_{BP}，根据 A、B 点的已知坐标及边长 D_{AP} 和 D_{BP}，通过计算求出 P 点坐标，这就是距离交会。随着电磁波测距仪的普及应用，距离交会也成为加密控制点的一种常用方法。

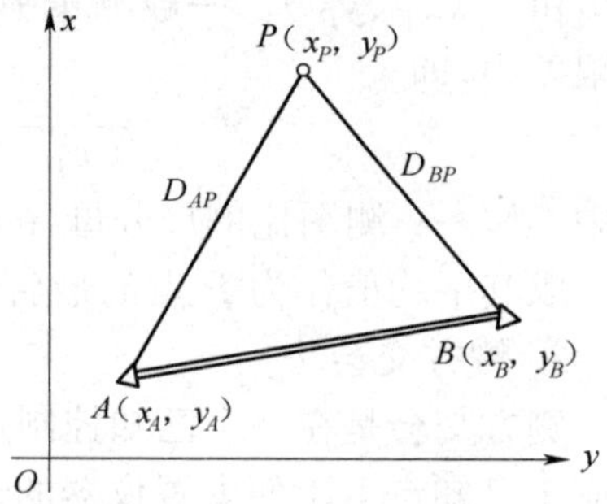

图 7.21　距离交会法

通过坐标反算，可得

$$\left.\begin{aligned}D_{AB}&=\sqrt{(x_B-x_A)^2+(y_B-y_A)^2}\\ \alpha_{AB}&=\arctan\frac{y_B-y_A}{x_B-x_A}\end{aligned}\right\} \tag{7.33}$$

根据余弦定理，则

$$\angle A=\arccos\frac{D_{AP}^2+D_{AB}^2-D_{BP}^2}{2D_{AP}D_{AB}} \tag{7.34}$$

AP 边的坐标方位角为

$$\alpha_{AP}=\alpha_{AB}-\angle A \tag{7.35}$$

由此推出 P 点的坐标为

$$\left.\begin{aligned}x_P&=x_A+\Delta x_{AP}=x_A+D_{AP}\cos\alpha_{AP}\\ y_P&=y_A+\Delta y_{AP}=y_A+D_{AP}\sin\alpha_{AP}\end{aligned}\right\} \tag{7.36}$$

典型工作任务 4　地下控制测量

7.4.1　工作任务

通过本部分知识的学习，主要达到以下目的：

(1)掌握地下平面控制测量的导线点的埋设形式、测量方法及其精度要求；

(2)掌握地下高程控制测量的方法及其精度要求。

7.4.2　相关配套知识

城市轨道交通工程建设中的地下控制测量，是在隧道内建立施工测量控制网，该网是地下

隧道掘进测量、设备安装测量和竣工测量等的基础。地下控制测量包括地下平面控制测量和地下高程控制测量。进行地下控制测量时，应利用直接从地面通过联系测量传递到地下的近井点作为测量起算点。

1. 地下平面控制测量

(1)导线布设形式

从地面通过联系测量传递至地下的起始点的坐标、方位和高程，是地下平面控制测量的基准，在进行地下平面控制测量前，应对这些点进行检核，当确定其稳定和可靠后才能以这些点作为起算点进行地下平面控制测量。

由于地下结构主要是隧道，因此平面控制测量的形式一般为导线。当施工竖井间隧道未贯通时，以支导线形式布设平面控制点，当施工竖井间隧道贯通后，则应将控制点构成附合导线。如果隧道间有联络道连接时，应通过联络道构成附合路线或结点网。

地下导线测量一般分两级布设，在隧道掘进初期，由于距离短，不宜布设地下控制导线，但为了满足指导隧道施工的要求，应布设施工导线；当直线隧道每掘进 200 m 或曲线隧道每掘进 100 m 后，才能进行地下平面控制测量，即按控制导线边长要求，从施工导线中隔点选择适宜的导线点组成或重新布设地下平面控制点，两级地下导线布设示意图如图 7.22 所示(图中虚线为施工导线，实线为控制导线)。隧道内控制点间平均边长宜为 150 m，曲线隧道控制点间距不应小于 60 m。

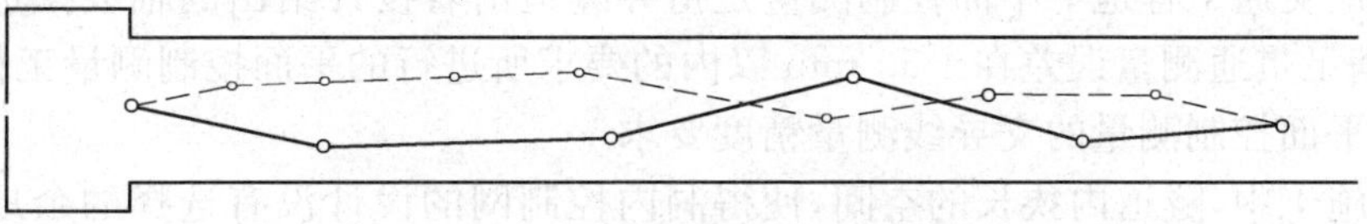

图 7.22　两级地下导线布设示意图

隧道单向贯通距离大于 1 500 m 时，为了提高控制网精度，在隧道每掘进 1000 m 处，通过采用钻孔投测坐标点或加测陀螺方位角等方法所施测的高精度点和方位边，均应作为地下平面控制测量的已知数据。除此之外，为提高地下测量精度，地下平面控制还可以导线网或边角锁等形式布设。

(2)导线点的埋设形式

隧道内导线点的埋设形式有多种，应根据施工方法和隧道结构形状确定，一般导线点可埋设在隧道底板、顶板或两侧边墙上。导线点的形式一般有下列三种：

①埋设在隧道结构底板的导线点形式

埋设在隧道结构底板的导线点形式如图 7.23 所示，该点为 200 mm×100 mm×10 mm 规格的钢板，其与结构底板的钢筋焊在一起，并用混凝土与隧道结构底板浇筑牢固。在钢板上钻直径 2 mm、深 5 mm 的小孔，并镶上黄铜丝作为导线点标志。这种形式的导线点的特点是简单、钢板面积大、便于调线，如直接设置在轴线上对施工更为直观。缺点是容易受到损坏，观测时受施工影响大。

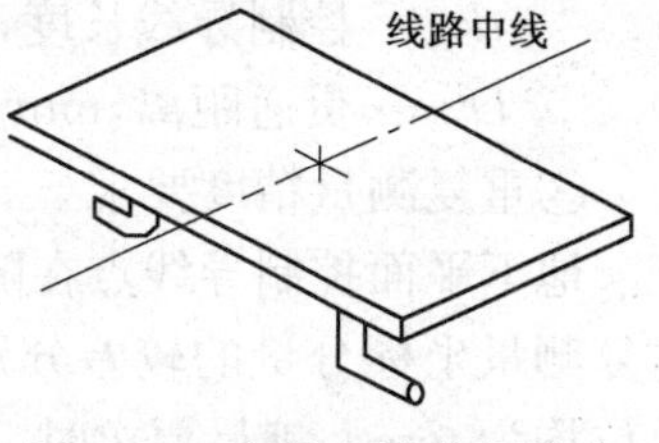

图 7.23　底板上导线点形式

②埋设在隧道结构边墙的导线点形式

埋设在隧道结构边墙的导线点形式如图 7.24 所示。在隧道边墙设置具有强制仪器归心装置的观测台。虽然这种形式的导线点制造和安装较复杂，但观测时不受施工的影响、精度高，因而得到广泛应用。

③埋设在隧道结构拱顶上的导线点形式

埋设在隧道结构拱顶上的导线点形似“吊篮”形式，“吊篮”由搭建在隧道拱顶部互相分离的仪器台和观测人员站立平台组成，其形式如图 7.25 所示。同时仪器台应有强制仪器归心装置。“吊篮”形式的导线点虽然结构复杂，安装麻烦，但观测时不受施工的影响、精度高，在盾构施工中广泛应用。

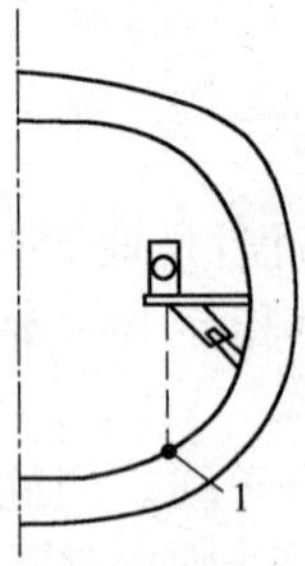

图 7.24　边墙强制归心仪器观测台

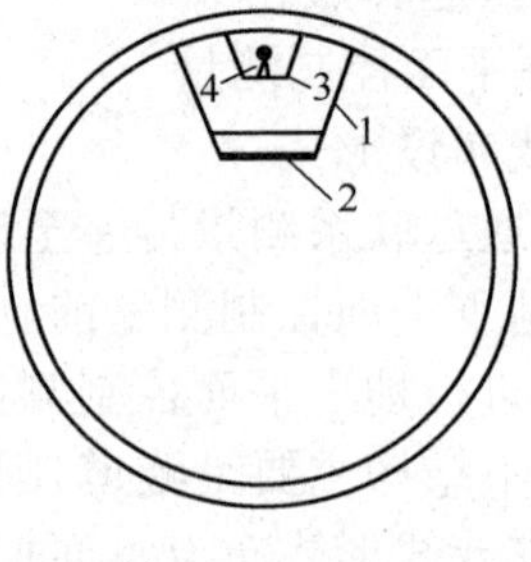

图 7.25　隧道拱顶控制导线“吊篮”示意图

1—护栏；2—观测站台；3—仪器架设平台；4—仪器

隧道内观测条件较差，但控制点埋设位置应避开强光源、热源、淋水等地方，控制点间视线距隧道壁应大于 0.5 m，埋设在隧道结构边墙的控制点应分别在隧道两侧布设，以避免或减弱旁折光影响。

(3)测量精度要求

城市轨道交通工程地下平面控制测量是指导隧道沿着设计给出的轴线掘进，达到贯通的目的，并为满足贯通测量误差在±50 mm 以内的要求所进行的平面控制测量工作。

①地下平面控制测量的支导线测量精度要求

在隧道施工中，隧道内狭长的空间，使得洞内控制网的设计没有选择的余地，而只能采用支导线的形式进行地下平面控制测量。

《城市轨道交通工程测量规范》(GB/T 50308—2017)规定，测角中误差不应超过±2.5″。

导线测量的测距中误差一般影响地下平面控制点的纵向误差，且现代测距误差一般不超过 2 mm，该误差对控制点的纵向误差影响很小。《城市轨道交通工程测量规范》(GB/T 50308—2017)规定的测距中误差不应超过±3 mm。

②地下平面控制点的测量精度要求

《城市轨道交通工程测量规范》(GB/T 50308—2017)除了对地下平面控制的支导线测量制定精度要求外，对控制点点位横向中误差满足贯通误差要求也制定了标准，并按下式(7.37)计算贯通前地下平面控制点的横向中误差，以保证贯通测量精度。

$$m_u \leqslant m_\phi \times (0.8 \times d/D) \tag{7.37}$$

式中　m_u——导线点横向中误差，mm；

m_ϕ——贯通中误差，mm；

d——控制导线长度，mm；

D——贯通距离，mm。

③重复测量精度要求

地下平面控制导线点在隧道贯通前应至少测量三次，并宜与竖井定向同步进行。重合点重复测量坐标分量的较差分别小于 $30 \times d/D$(mm)，其中 d 为控制导线长度，D 为贯通距离，单位均为 mm。满足要求时，应取逐次平均值作为控制点的最终成果指导隧道掘进。

(4)测量方法

作为地下平面控制测量的支导线不可能一次布设完成，而是随着隧道的不断延伸，在一定距离后一个点一个点地逐步布设。在隧道施工过程中，每布设一个新点就需要进行测量。测量时，通常从支导线的起始点或经多次复测证明稳定的中间点开始。

《城市轨道交通工程测量规范》(GB/T 50308—2017)规定，导线长度小于1 500 m时，导线测量应使用不低于Ⅱ级全站仪施测，左右角各观测两测回，左右角平均值之和与360°较差应小于4″，采用左右角观测时，在两个不同的盘位要变动零方向。边长往返观测各两测回，往返平均值较差应小于4 mm。

由于隧道处在土层中，受其自身施工及外界环境的影响，所设置的地下导线点有可能发生位移，因此，隧道掘进至全长的1/3处、2/3处和距贯通面小于100 m时，必须对地下控制点进行同精度全面复测，以确定其正确可靠。地下平面控制点除在上述三个阶段进行全面复测外，可视情况需要时在施工过程中随时进行复测。

在隧道施工过程中，从地面近井点测量到联系测量等工作至少要进行三次，有条件时，地下控制点复测要与地面近井点测量和联系测量同时进行。

当隧道长度超过1 500 m时，还应进行满足隧道贯通要求的贯通测量设计。

另外，相邻竖井间或相邻车站间隧道贯通后，地下平面控制点应构成附合导线(网)，以增强控制网强度。

2. 地下高程控制测量

地下高程控制测量是以通过竖井传递至地下的水准点为高程起算依据，采用水准测量方法，沿掘进隧道布设水准点，并确定隧道、设备在竖直方向的位置和关系的工作。

(1)测量方法和布设形式

高程控制测量应采用二等水准测量方法施测，每间隔距离200 m，在隧道的底板或边墙上埋设一个高程控制点，也可利用地下导线点作为高程控制点。

地下水准路线布设可与地下施工导线测量路线相同，在隧道没有贯通前，地下水准路线均为支线，因此需要加强测站检核，并进行往返观测。相邻竖井间或相邻车站间隧道贯通后，应把支水准路线连接起来，使地下高程控制点构成附合水准路线。

(2)点的埋设形式

高程控制点的埋设形式有多种，如在盾构施工的隧道可以利用管片上安装连接的底部螺栓作为控制点，亦可在管片底部直接埋设水准点标志，并要做好标识；在矿山法施工的隧道，可直接在隧道边墙或底板埋设水准点。选择水准点的埋设位置时，要注意能使水准尺直立。水准点的埋设位置和形式如图7.26所示。

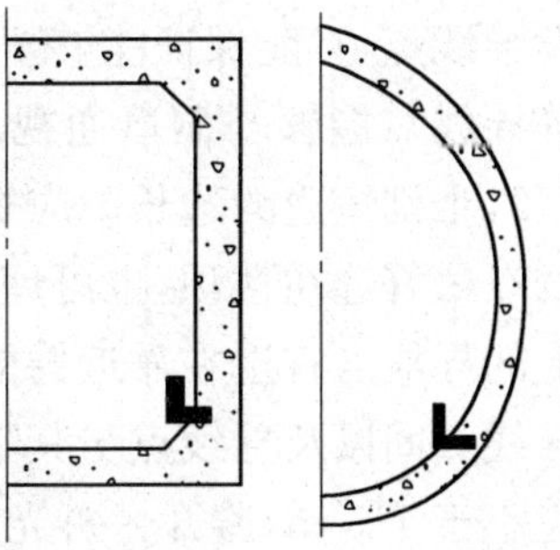

图7.26 水准点的埋设位置和形式示意图

(3)测量精度要求

地下高程控制测量精度要求应符合《城市轨道交通工程测量规范》(GB/T 50308—2017)二等水准测量相关技术要求，如表7.6所示。

表7.6 二等水准测量的主要技术要求

水准测量等级	每千米高差中数中误差/mm		环线或附合水准路线最大长度/km	水准仪等级	水准尺	观测次数		往返较差、附合或环线闭合差/mm
	偶然中误差 M_Δ	全中误差 M_W				与已知点联测	附合或环线	
二等	±2	±4	40	DS_1	铟瓦尺或条码尺	往返测各一次	往返测各一次	$\pm 8\sqrt{L}$

注：1. L为往返测段、附合或环线的路线长，km。

2. 采用电子水准仪测量的技术要求应与同等级的光学水准仪测量技术要求相同。

(4)测量方法

与平面控制测量一样，高程控制随着隧道的延伸逐步建立起来，水准测量在隧道贯通前进行三次，并应与传递高程测量同步进行。有条件时，地下高程控制点复测与联系测量、地面控制点检测同时进行。重复测量的高程点间的高程较差应小于 5 mm，满足要求时，应取平均值作为控制点的成果，并指导隧道掘进。

知识拓展——城市轨道交通工程地面精密导线测量

城市轨道交通工程地面控制网包括三个部分：GPS 首级控制网、精密导线网和高程控制网。精密导线网起算于 GPS 首级控制网，土建施工方根据精密导线点进行加密，由地面加密控制点来直接指导施工放样。

精密导线网应沿城市轨道交通线路方向布设，并应布设成附合导线、闭合导线或结点导线网的形式。

1. 精密导线的精度要求

精密导线网测量的主要技术要求应满足下面的规定：①平均边长：350 m；②闭合环或附合导线总长度：3～4 km；③每边测距中误差：±4 mm；④测距相对中误差：1/60 000；⑤测角中误差：±2.5″；⑥水平角测回数：Ⅰ级全站仪 4 测回，Ⅱ级全站仪 6 测回；⑦边长测回数：往返测距各 2 测回；⑧方位角闭合差：$\pm 5\sqrt{n}$；⑨全长相对闭合差：1/35 000；⑩相邻点的相对点位中误差：±8 mm。

2. 精密导线点的选点要求

精密导线精度直接影响贯通精度，而精密导线点的选埋及观测质量好坏影响精密导线的精度，因此在选择精密导线点时，应注意以下几点：①为了施测方便，在车站、洞口附近，宜多布设导线点，且能保证能够至少两个方向通视。为了减少地面导线测量的误差影响，最好确保二等导线点能够与洞口通视。②附合导线的边数宜少于 12 个，相邻边的短边不宜小于长边的 1/2，个别短边的边长不应短于 100 m。位置应选在施工变形影响范围以外稳定的地方。③导线点最好选在楼顶，也可埋于地面，但地面上的导线点位应避开地下构筑物、地下管线等，楼顶上的导线点宜选在靠近并能俯视城市轨道交通线路、车站、车辆段一侧稳固的建筑上。④相邻导线点间以及导线点与其附合的 GPS 点之间的垂直角不应大于 30°，视线离障碍物的距离不应小于 1.5 m，避开旁折光的影响。⑤综合考虑城市轨道交通线路总体规划，在城市轨道交通线路相交叉及前、后两期工程衔接的地方应布设适量的共用导线点。⑥应充分利用现有城市控制点标石。

3. 精密导线观测

导线测量通常利用全站仪观测，分为水平角测量和边长测量。

(1)水平角观测

①GPS 点上或导线结点上观测

由于精密导线附合在 GPS 点上，在附合导线两端的 GPS 点上观测时，应联测其他可通视的 GPS 点，采用方向观测法，方向数不多于 3 个时可不归零，夹角的平均观测值与 GPS 坐标反算夹角之差应小于 6″，在导线结点上观测时采用方向观测法，测回间需要变换度盘。

②导线点上观测

当观测仪有两个方向时，导线点上水平角观测按左、右角观测，左右角平均之和与 360°的较差应小于 4″。当水平角遇到长短边需要调焦时，应采用盘左长边（短边）调焦，盘右长边（短边）不调焦，盘右短边（长边）调焦，盘左短边（长边）不调焦的观测顺序进行观测。

（2）边长测量

每条导线边均进行往返测量：Ⅰ级全站仪应往返观测各两个测回，Ⅱ级全站仪应往返观测各三个测回。每测回间应重新照准目标，每测回应四次读数，各项技术要求应满足下面的规定：①一测回中读数间较差：Ⅰ级全站仪 3 mm，Ⅱ级全站仪 4 mm；②单程各测回间较差：Ⅰ级全站仪 4 mm，Ⅱ级全站仪 6 mm；③往返测或不同时段结果较差：$2\times(a+bd)$（$a+bd$ 为测距仪器标称精度）。测距时读取温度和气压，以便进行边长的气象改正。测前、测后各读取一次，取平均值作为测站的气象数据。温度读至 0.2 ℃，气压读至 50 Pa。

导线边除进行外业气象数据改正外，还需要依次进行高程归化、投影改化和仪器加、乘常数改正。

精密导线网计算应采用严密平差方法，使用的平差软件需经过经行业有关部门鉴定。测量、计算结束后，应提交下列资料：①技术设计书；②外业观测记录与内业计算成果；③导线网示意图；④导线点点之记；⑤导线点坐标及其精度评定成果表；⑥技术总结。

相关规范、规程与标准

《城市轨道交通工程测量规范》（GB/T 50308—2017）部分内容摘录如下。

1. 地面平面控制测量

（1）地面平面控制网应根据城市轨道交通线网规划布局、建设步骤和工程建设要求按等级进行设计。

（2）地面平面控制网应分为三个等级。一等网为全市轨道交通控制网，应采用卫星定位测量方法，一次全面布设；二等网为线路控制网，三等网为线路加密控制网，应分别采用卫星定位、精密导线方法，分期布设。

（3）一等全市轨道交通控制网采用的高程投影面宜与城市平面坐标系统采用的投影面一致。

（4）当线路轨道面平均高程的边长高程投影长度变形和高斯投影长度变形的综合变形值大于 15 mm/km 时，线路控制网和线路加密控制网应采用抵偿高程面作为投影面的城市平面坐标系统，或者高程投影面不变，采用高斯—克吕格任意带平面直角坐标系统。

（5）线路贯穿多个使用不同平面坐标系统的行政区域时，其测绘成果应满足各个行政区域对于测绘成果的要求。行政区域界线段的线路应有两套坐标成果，并应建立坐标转换关系。

（6）对符合本规范埋设和使用要求的现有城市控制点的标石应加以利用。

（7）已建成的地面平面控制网应适时进行复测。其中，全市轨道交通控制网应根据城市建设、城市地面沉降对其影响情况进行复测；线路控制网和线路加密控制网应在线路开工前进行复测，工程建设中应 1 年～2 年复测 1 次，并根据控制点稳定情况增加或减少复测频次。

2. 地面高程控制测量

(1)城市轨道交通高程控制测量应采用城市高程系统。

(2)高程控制网布设范围应与地面平面控制网相适应，并应分两个等级布设，一等网为全市轨道交通高程控制网，二等网为线路高程控制网。一等网应一次全面布设，二等网应根据建设需要分期布设。

(3)线路贯穿多个不同高程系统的行政区域时，其高程成果应分别满足各个行政区域的要求。在行政区域界限处两边各 500 m 范围内的高程控制点应有两套高程成果，并应能进行高程换算。

(4)对符合本规范埋设和使用要求的现有城市高程控制点的标石应充分利用。

(5)已建成的高程控制网应定期进行复测。一等网应根据城市建设、城市地面沉降对其可靠性、稳定性的影响程度以及扩展下一级控制网时，进行复测；二等网应在线路开工前进行，工程建设中应 1～2 年复测 1 次，并根据控制点稳定情况增加或减少复测频次。

(6)水准点应沿城市轨道交通规划或建设线路进行设计、布设，水准线路应构成附合线路、闭合线路或结点网。

(7)一等水准网水准点平均间距应小于 4 km，二等水准网水准点平均间距应小于 2 km。

(8)水准点应选在受施工变形影响区外稳固、便于寻找、保存和引测的地方。宜每隔 4 km 埋设 1 个深桩或基岩水准点。深桩水准点埋设深度应根据岩土条件和施工降水深度确定。车站、竖井及车辆段布设的水准点不应少于 2 个。

(9)水准点标石宜分为混凝土水准标石、墙上水准标志、基岩水准标石和深桩水准标石四种。水准点标石和标志应按本规范附录 B 的形式和规格埋设。地层为软土的城市或地区应根据其岩土条件设计和埋设适宜水准标石，墙上水准点应选在稳固的永久性建筑上。

(10)一、二等水准点标石埋设结束后，应绘制点之记，并办理水准点委托保管书。

(11)水准点标石被破坏后，应恢复和补测。若其位置发生变化应重新绘制点之记，并应重新办理水准点委托保管书。

(12)水准测量作业前应按《国家一、二等水准测量规范》GB/T 12897 的要求，对所使用的水准仪和标尺进行常规检查与校正。

(13)一、二等水准测量的观测方法应符合下列规定：

①使用光学水准仪观测时，往测时在奇数站上观测标尺顺序应为：后—前—前—后，在偶数站上观测标尺顺序应为：前—后—后—前。返测时在奇数站上观测标尺顺序应为：前—后—后—前，在偶数站上观测标尺顺序应为：后—前—前—后。

②使用电子水准仪观测时，往返测奇数站观测标尺顺序应为：后—前—前—后，往返测偶数站观测标尺顺序应为：前—后—后—前。

③使用电子水准仪时，应将有关参数、极限误差预先输入并选择自动观测模式，水准路线应避开强电磁场的干扰，外业数据应及时备份。

④每一测段的往测和返测，宜分别在上午、下午进行，白天由于外界条件干扰不能作业时，也可在夜间观测。

⑤由往测转向返测时，两根水准尺应互换位置，并应重新整置仪器。

项目小结

1. 测量并确定控制点平面位置的工作,称为平面控制测量。测量并确定控制点高程的工作称为高程控制测量。平面控制测量和高程控制测量统称为控制测量。控制网按功能可分为平面控制网和高程控制网。控制网按规模可分为国家控制网、城市控制网和小地区控制网等。

2. 导线通常可布设成附合导线、闭合导线、支导线和导线网等几种形式。导线测量的外业工作包括:踏勘选点及建立标志、量边、测角和连测。附合导线测量的内业工作通常包括准备工作、角度闭合差的计算与调整、各边坐标方位角的推算、坐标增量的计算及其闭合差的调整、计算各导线点的坐标。闭合导线的内业计算步骤与附合导线基本上相同,只是角度闭合差与坐标增量闭合差的计算公式有些不同。

3. 当测区内已有控制点的密度不能满足工程施工或测图要求,而且需要加密的控制点数量又不多时,可以采用交会法加密控制点,称为交会定点。常用的交会定点方法有前方交会法、侧方交会法、后方交会法和距离交会法。

4. 地下控制测量包括地下平面控制测量和地下高程控制测量。地下平面控制测量的形式一般为导线,分两级布设,一般导线点可埋设在隧道结构的底板、边墙或拱顶上。地下高程控制测量一般采用二等水准测量方法施测,每间隔距离 200 m,在隧道的底板或边墙上埋设一个高程控制点,也可利用地下导线点作为高程控制点。

复习思考题

1. 为什么要建立控制网?控制网可分为哪几种?
2. 导线的形式主要有哪几种?各在什么情况下采用?
3. 导线测量外业有哪些工作?选择导线点应注意哪些问题?
4. 如何计算闭合导线和附合导线的角度闭合差?
5. 交会法定点有哪几种方法?
6. 地下平面控制测量的导线点的埋设形式有哪些?如何进行地下高程控制测量?
7. 如图 7.27 所示,根据图中所注有关数据,计算出各导线点的坐标(按图根导线要求)。

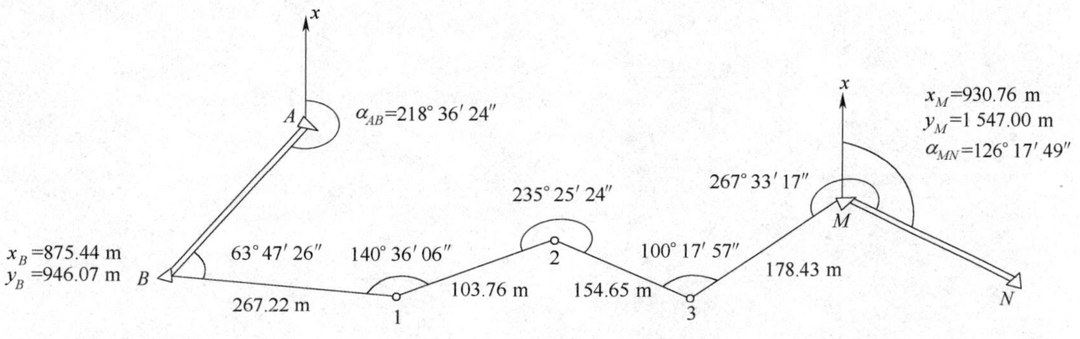

图 7.27　附合导线示意图

8. 图 7.28 为闭合导线,已知 $\alpha_{12}=143°07'15''$,1 点坐标 $x_1=539.740$ m,$y_1=6\,484.080$ m,根

据图中数据，计算出各导线点的坐标（按图根导线要求）。

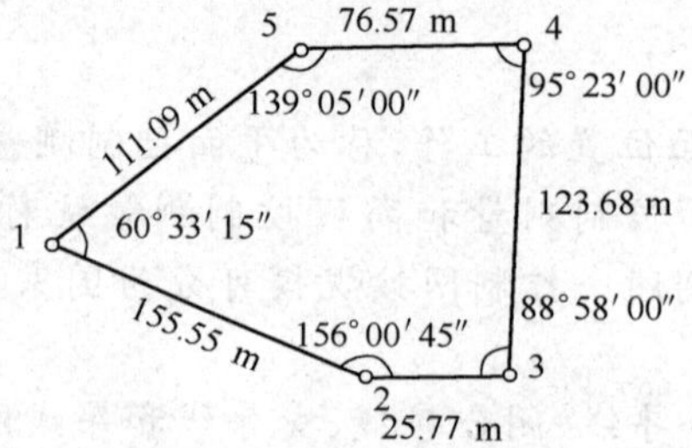

图 7.28　闭合导线示意图

9. 角度前方交会观测数据如图 7.29 所示，已知 x_A＝1 112.342 m，y_A＝351.727 m；x_B＝659.232 m，y_B＝355.537 m；x_C＝406.593 m，y_C＝654.051 m，求 P 点坐标。

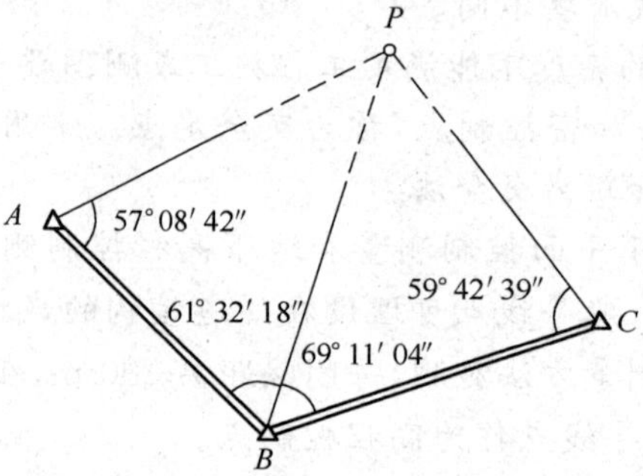

图 7.29　角度前方交会示意图

项目8　全球卫星导航系统

项目描述

全球卫星导航系统是利用在空间飞行的工作卫星不断向地面广播发送某种频率并加载了某些特殊定位信息的无线电信号来实现定位测量、导航等功能的系统。本项目主要介绍全球卫星导航系统的基本知识、组成、定位原理及测量的实施。

教学目标

1. 能力目标

- 能够利用掌握的全球卫星导航定位技术的相关知识分析各种问题；
- 在工程测量中，能够利用GPS设备完成各项工程的测量任务。

2. 知识目标

- 掌握全球卫星导航定位技术的基本原理；
- 掌握全球卫星导航定位测量实施的过程；
- 了解与全球卫星导航定位技术有关的规范。

3. 素质目标

- 养成全面分析问题的习惯；
- 养成分工协作的意识；
- 具备吃苦耐劳的品质。
- 学习GPS测量基本知识和实践技能，培养创新人才。

相关案例——中国卫星导航系统简述

2007年4月14日4时11分，我国在西昌卫星发射中心用"长征三号甲"运载火箭(图8.1)，成功将一颗北斗导航卫星送入太空。

中国北斗卫星导航系统，作为中国独立发展、自主运行的全球卫星导航系统，是国家正在建设的重要空间信息基础设施，可广泛用于经济社会的各个领域。

北斗卫星导航系统能够提供高精度、高可靠的定位、导航和授时服务，具有导航和通信相结合的服务特色。通过19年的发展，这一系统在测绘、渔业、交通运输、电信、水利、森林防火、减灾救灾和国家安全等诸多领域得到应用，产生了显著的经济效益和社会效益，特别是在四川汶川、青海玉树抗震救灾中发挥了非常重要的作用。

中国北斗卫星导航系统是继美国GPS、俄罗斯格洛纳斯、欧洲伽利略之后全球第四大卫星导航系统。北斗卫星导航系统2012年将覆盖亚太区域，2020年将形成由30多颗卫星组网具有覆盖全球的能力。高精度的北斗卫星导航系统实现自主创新，既具备 GPS 和伽利略系统的功能，又具备短报文通信功能。

图 8.1 “长征三号甲”运载火箭

北斗卫星导航系统的建设目标是：建成独立自主、开放兼容、技术先进、稳定可靠的覆盖全球的北斗卫星导航系统，促进卫星导航产业链形成，形成完善的国家卫星导航应用产业支撑、推广和保障体系，推动卫星导航在国民经济社会各行业的广泛应用。北斗卫星导航系统由空间段、地面段和用户段三部分组成，空间段包括 5 颗静止轨道卫星和 30 颗非静止轨道卫星，地面段包括主控站、注入站和监测站等若干个地面站，用户段包括北斗用户终端以及与其他卫星导航系统兼容的终端。

按照“三步走”的发展战略，北斗卫星导航系统于 2012 年具备亚太地区区域服务能力，2020 年左右建成由 30 余颗卫星、地面段和各类用户终端构成的、覆盖全球的大型航天系统。

典型工作任务 1　GPS 基本认知

8.1.1　工作任务

通过本部分知识的学习，主要达到以下目的：

(1)了解各国卫星定位技术的发展概况；

(2)根据 GPS 的发展过程，明确 GPS 定位技术的特点。

8.1.2　相关配套知识

自 1957 年 10 月 4 日世界上第一颗人造地球卫星发射成功以来，人类在空间科学领域取得了一个又一个重大突破。人造地球卫星技术在军事、通信、气象、资源勘察、导航、遥感、大地测量、地球动力学以及天文等众多领域得到了极其广泛的运用。20 世纪 80 年代中后期，GPS 定位技术已成为测量工程领域中的一种极为重要的测量定位手段。目前，在工程建设的勘测、施工、运营管理等各个阶段，都可以见到 GPS 定位技术的应用。随着 GPS 技术基础理论及其设备的进一步完美和发展，GPS 定位技术在测量工程领域的应用将更为广泛和深入。

1. 早期的卫星定位技术

所谓卫星定位技术是利用人造地球卫星来精确测定地面点的位置及其随时间的变化状况的一整套方法、理论和技术。起初，是把人造地球卫星作为一种空间的动态观测目标，由地面卫星摄影仪对卫星进行摄影观测，确定测站至卫星的方向，建立卫星大地网；或用激光测卫技术对卫星进行测距，确定地面测站至卫星的距离，建立卫星测距网。这种把卫星作为空间动态观测目标的卫星三角测量方法，在很大程度上解决了常规定位测量技术难以实现的远距离目标联测问题，该技术在20世纪60～70年代曾一度成为卫星大地测量的主要技术之一。但是，由于该观测方法受卫星可见条件及天气的影响，不仅费时费力，定位精度低，而且不能测得点位的地心坐标。

由于卫星三角测量方法存在的局限性，测绘科技界随后很快致力于把卫星作为空间动态已知点来研究，开创了卫星多普勒定位。1964年美国建成了第一代卫星导航定位系统，也称海军导航卫星系统(Navy Navigavion Satellite System，NNSS)，该系统是采用多普勒测量来进行定轨和定位的。NNSS系统又称子午卫星导航系统，系统的卫星星座一般6颗工作卫星组成，其平均轨道高度约为1 070 km，运行周期约为107 min，卫星轨道近似圆形且经过地球南，北极上空，故称子午卫星(Transit)。使用时，从测点上接收子午卫星系统发出的无线电信号，在地球表面进行单点定位或联测定位，以此获得测站点的三维地心坐标。1967年7月该系统部分导航电文解密供民用，20世纪70年代中期，我国开始引进多普勒接收机，进行了西沙、南沙群岛的大地测量基准联测，于1980年布设了由37个点组成的全国卫星多普勒大地网。此外，石油和地质勘探部门在我国西北等地布设了数千个多普勒点，为国民经济建设发挥了重要作用。

2. 全球定位系统(GPS)

实质上，美国在1967年将NNSS子午卫星导航系统的导航电文解密公开时，就已开始GPS的建立计划。1973年12月，美国国防部正式批准其陆海空三军联合研制一种新的卫星导航系统——GPS，其英文全称是："Global Positioning Sytem"，意为"全球定位系统"，简称GPS。GPS是以卫星为基础的无线电导航定位系统，具有全能性(陆地、海洋、航空和航天)、全球性、全天候、连续性和实时性的导航、定位、定时功能，能提供精密的三维坐标、速度和时间参数。

"GPS计划"可分为四期工程：

第一期工程(1967～1973年)为预研阶段，发射了TⅠ和TⅡ两颗卫星；

第二期工程(1974～1978年)为制订方案和方案论证，包括制订规划、总体设计、理论研究、发射实验卫星、研制用户接收机等；

第三期工程(1979～1987年)为系统论证，包括系统实验、操作控制系统的研制和运转、工作卫星的研制等；

第四期工程(1988～1993年)为生产实验，包括生产作业和发展应用。

为了保持GPS系统在卫星导航定位系统以及GPS产业中的领先地位，1999年1月美国提出了GPS现代化的计划。GPS现代化计划的内涵是：①更好地保护美方利益和使用，发展军码和强化军码的保密性能，加强抗干扰能力；②阻扰敌对方的使用，施加干扰，施加SA和AS等；③保持在有威胁地区以外的民用用户更精确、更安全地使用。

3. 其他卫星定位系统简介

(1)GLONASS全球导航卫星系统

GLONASS(Global Navigation Satellite System，"格洛纳斯")全球导航卫星系统的起步

比 GPS 要晚 9 年，是苏联于 20 世纪 80 年代开始建立的，为全球用户提供位置和时间信息的免费服务。1982 年 10 月 12 日发射了第一颗 GLONASS 卫星，历经 13 年的努力，于 1995 年完成了整个系统 24 颗中高度椭圆轨道卫星加 1 颗备用卫星的组网，共耗资 30 多亿美元。

(2)Galieo(伽利略)系统

卫星导航定位技术的成功和发展得到了国际社会公认，21 世纪无线电导航定位技术将以卫星导航定位系统为主。但作为全球统一的卫星导航定位系统不可能完全依靠在某国军用系统上，它必须是使用放心、安全可靠的国际运行管理的纯民用系统。由于目前运行的 GPS 和 GLONASS 都是军用系统，且 GPS 占主要地位，为了打破美国一统天下的局面，欧盟决定启动 Galieo(伽利略)计划，建立自主的民用全球卫星定位系统。

(3)中国的北斗卫星导航定位系统

GPS 和 GLONASS 全球导航卫星定位系统采用的是被动式定位，而由我国建立的“北斗一号”双星导航定位系统采用的是主动式定位，该系统空间部分由 2 颗工作卫星和 1 颗备份卫星组成。北斗卫星导航定位系统是我国自主建立的全天候、全天时提供了卫星导航信息的区域导航系统。

4. GPS 定位技术的特点

GPS 系统自建成后，之所以能快速发展，是因为该系统具有高精度、全天候、高效率、多功能、操作简便、应用广泛等特点。

(1)观测站之间无须通视

GPS 测量不要求观测站之间相互通视，只需保持观测站上空开阔即可，因此可大量节省造标费用。由于无须点位间通视，点位位置可根据需要灵活布设，这样就省去经典测量控制网中的传递点、过渡点的测量工作。

(2)操作简便

GPS 测量的自动化程度非常高，操作员只需安装并开关仪器、量取仪器高度和监视仪器工作状态，其他工作则由 GPS 接收机自动完成。现在，接收机的体积越来越小，质量也越来越轻，更便于携带和搬运。

(3)定位精度高

GPS 定位技术的工程应用表明，其相对定位精度在 50 km 以内时可达 10^{-6}，在 100～500 km时精度可达 10^{-7}，1 000 km 以上时精度可达 10^{-9}。在 300～1 500 m 工程精密定位测量中，1 h 以上观测的解其平均平面误差小于 1 mm。目前，GPS 在测量工程领域的各种应用足以满足工程实际对定位测量的精度要求。

(4)观测时间短

随着 GPS 系统的不断完善，软件与硬件的不断更新，目前，在 20 km 以内的相对静态定位，观测时间仅需 15～20 min；快速静态相对定位测量时，当每个流动站与基准站相距在 15 km以内时，流动站观测时间只需 1～2 min；动态相对定位测量时，流动站出发观测时间只需 1～2 min，然后随即定位，每站观测时间仅需几秒钟。

(5)全天候作业

GPS 定位观测可以在 1 天 24 h 内的任何时间、任何地点连续进行，且不受天气状况的影响。

典型工作任务2 GPS组成认知

8.2.1 工作任务

通过本部分知识的学习，主要达到以下目的：

(1)根据 GPS 组成，合理分析各部分的功能；

(2)根据用户设备知识，正确选择高性能的 GPS 测量仪器设备。

8.2.2 相关配套知识

GPS(Global Positioning System/全球定位系统)由 3 部分组成，即空间星座部分、地面监控部分和用户设备部分。

(1)空间星座部分

从 1989 年 2 月 14 日第一颗工作卫星发射成功到 1994 年 3 月 28 日完成第 24 颗工作卫星的发射，GPS 空间星座部分共有 24 颗卫星组成(其中 21 颗工作卫星，3 颗备用卫星，目前的卫星数已经超过 32 颗)。卫星均匀地分布在 6 个相对于赤道倾角为 55°的近似圆形轨道上，每个轨道面上有 4 颗卫星运行，各个轨道面之间交角为 60°，同一轨道面上各卫星之间交角为 90°。轨道平均高度约为 20 200 km，如图 8.2(a)所示。卫星的运行周期为 11 h58 min，每颗卫星可覆盖全球 38%的面积，卫星的分布可保证在地球上任何地点、任何时刻，在高度 15 km 以上的天空同时能观测到 4 颗以上卫星。

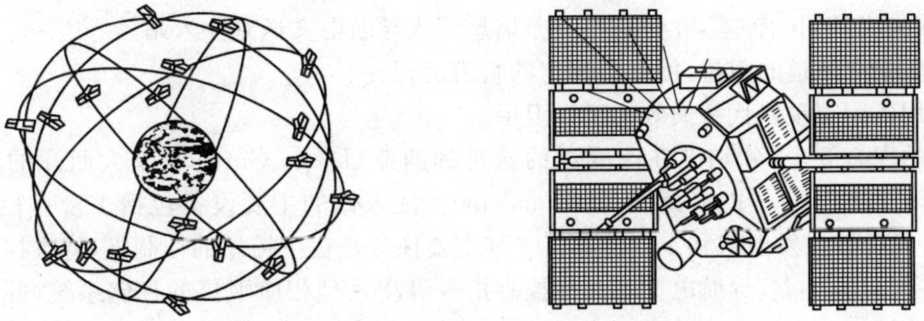

(a) GPS 卫星星座　　(b) GPS 工作卫星

图 8.2　空间工作卫星

GPS 工作卫星的外形如图 8.2(b)所示，其主体呈圆柱形，直径约 1.5 m，质量约 843 kg(其中包括 310 kg 燃料)，两侧各设有 2 块双叶太阳能电池翼板，能自动对日定向，给 3 组 15 A 的镉镍蓄电池充电，以保证卫星正常工作用电。每颗 GPS 卫星上装有 4 台高精度原子钟(2 台铷钟，2 台铯钟)。原子钟为 GPS 定位提供高精度的时间标准。

GPS 工作卫星的基本功能是：

①接收并储存由地面监控站发来的导航信息，执行监控站的指令。

②向 GPS 用户设备发送导航电文，提供导航和定位信息。

③为 GPS 用户提供精密的时间标准。

④根据地面监控站的指令，调整卫星的姿态和启用备用卫星。

⑤利用卫星上设有的微处理机，进行一些必要的数据处理工作。

(2)地面监控部分

GPS 地面监控部分由 5 个地面站组成，其中包括主控站、信息注入站和监测站，如图 8.3 所示。

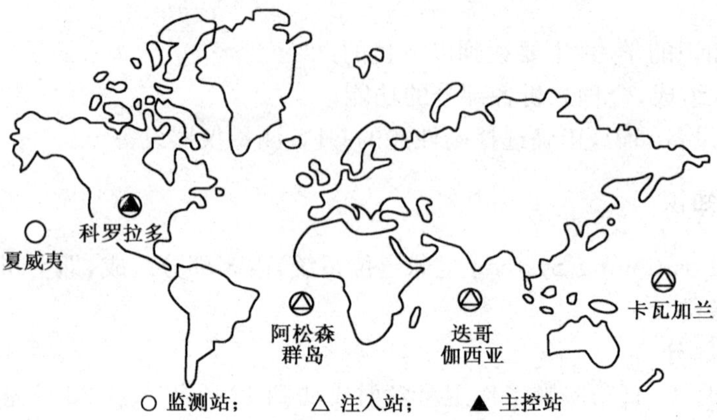

图 8.3　地面监控系统分布图

主控站设在美国本土科罗拉多州(Colorado Springs)。主控站除协调和管理所有地面监控系统的工作外，其主要任务还有：

①根据本站和其他监测站提供的所有观测资料，推算编制各卫星的星历、卫星钟差和大气层的修正参数等，并把这些数据传送到注入站。

②提供全球定位系统的时间基准。各监测站和 GPS 卫星的原子钟，均应与主控站的原子钟同步，或测出其间的钟差，并把这些钟差信息编入导航电文送到注入站。

③调整偏离轨道的卫星，使之沿预定的轨道运行。

④启用备用卫星以代替失效的工作卫星。

注入站现有 3 个，分别设在印度洋的迭哥加西亚(Diego Garcia)、南大西洋的阿松森岛(Ascencion)和南太平洋的卡瓦加兰(kwajalein)。注入站的主要设备包括 1 台直径为 3.6 m 的天线，1 台 C 波段发射机和 1 台计算机。其主要任务是在主控站的控制下，将主控站推算和编制的卫星星历、钟差、导航电文和其他控制指令等注入到相应卫星的存储系统，并监测注入信息的正确性。

监测站有 5 个，主控站和注入站兼作监测站，另外一个设在夏威夷。站内设有双频 GPS 接收机、高精度原子钟、计算机各 1 台和若干台环境数据传感器。接收机可对 GPS 卫星进行连续观测，以采集数据和监测卫星的工作状况。原子钟提供时间标准，而环境传感器收集有关当地的气象数据。所有观测资料由计算机进行处理，并存储和传递到主控站，为主控站编算导航电文提供观测数据。

(3)用户设备部分

全球定位系统的空间星座部分和地面监控部分，是用户应用该系统进行定位的基础，而用户只有通过用户设备，才能实现应用 GPS 定位的目的。

GPS 的用户设备部分由 GPS 接收机硬件和相应的数据处理软件以及微处理机及其终端设备组成。GPS 接收机硬件包括接收机主机、天线和电源。现在的 GPS 接收机已经高度集成化和智能化，实现了将接收天线、主机和电源全部制作在天线内并能自动捕获卫星后采集数据。

GPS 接收机的任务是捕获卫星信号，跟踪并锁定卫星信号，对接收的信号进行处理，测量出测距信号从卫星传播到接收机天线的时间间隔，译出卫星广播的导航电文，实时计算接收机天线的三维坐标、速度和时间。

下面以南方测绘 9800 RTK 系统的组成及连接进行讲解。

(1)RTK 系统硬件

①GPS 接收机

GPS 接收机的功能是接收、处理卫星信号。一条标准配置的 RTK 系统配备两台 GPS 接收机主机，一台为基准站，一台流动站，如图 8.4 所示。

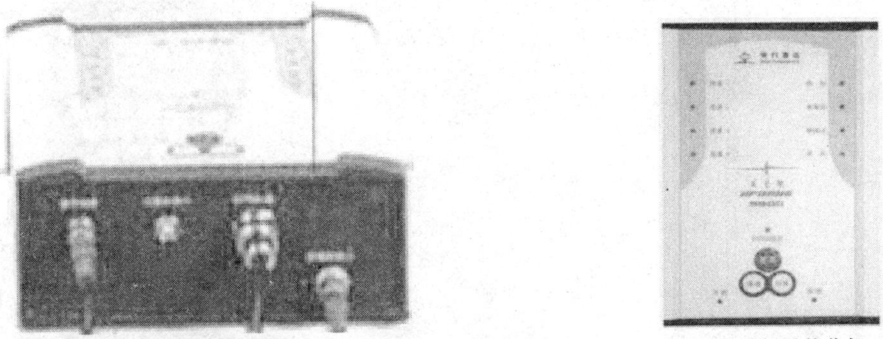

(a) 基准站接收机　　(b) 流动站接收机

图 8.4　GPS 接收机

②GPS 天线

GPS 接收机天线是直接接收卫星发射的电波，它的几何中心也就是计算 GPS 点位的依据。因此，要确定一个观测点的位置，就必须把 GPS 接收机天线安放在观测点的上方。观测点的平面位置由天线的中心点位确定。观测点的垂直位置由天线的中心点位减去天线高来确定。系统中的每台 GPS 接收机都配有一个 GPS 接收机天线(图 8.5)。

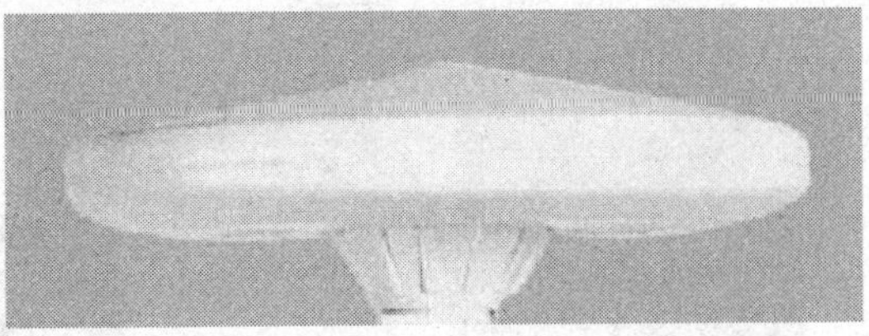

图 8.5　GPS 天线

③电台天线

电台天线是接收与发送无线电信号用的。基准站与移动站的电台天线的频率为 460～470Hz，如图 8.6 所示。

④控制采集器

野外数据控制采集器是 RTK 系统的操作和数据采集器。标准配置为 PSION 公司生产的 MX 系列 WORKABOUT 掌上机，是一种 16 位的与 80C86 兼容的高档手持式袖珍型掌上机，包含 2MB byte RAM，并且可以扩充两个固定磁盘(SSD)。240×100 点图形 LCD 显示，并且具有背景照明灯(图 8.7)。

⑤电池

基准站由于需要对外发射信号，所以使用的是 12V/17AH 镍锌电池。移动站负责接收信号，配备的是 1 800 MA 锂电池，如图 8.8 所示。

此外，硬件还包括连接以上各个组件之间的电缆线。

(2)RTK 系统软件

①控制器采集软件

控制器的采集软件包括动态采集软件和静态采集软件。动态采集软件设置 RTK 的基准站、移动站与及移动站的数据采集和放样功能。静态采集软件完成 RTK 的静态采集设置和数据记录。

②静态数据处理软件

静态数据处理软件处理静态采集的原始观测数据以计算测点之间的基线向量，完成网平差计算以取得精确可靠的点位坐标、输出以及生成测量成果报表。包含星历预报、数据传输、坐标转换等工具程序。

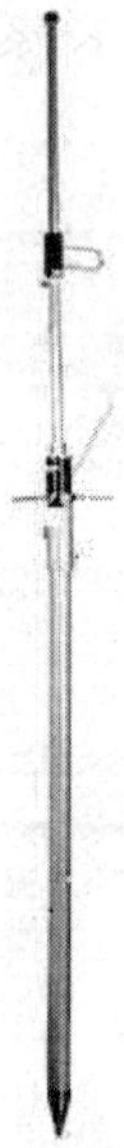

图 8.6　电台天线

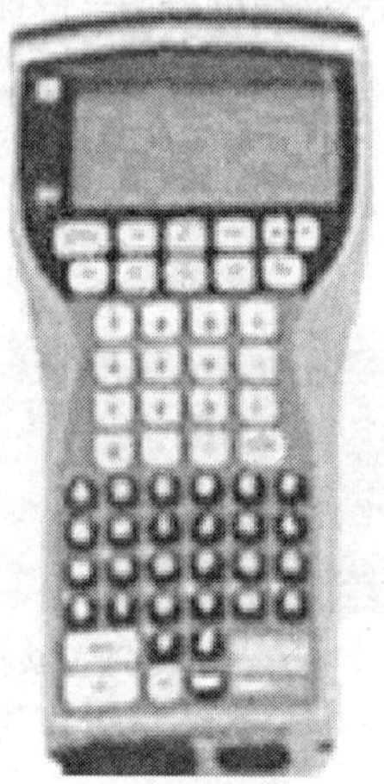

图 8.7　控制采集器

③基准站系统的连接方法

连接好的基准站示意图如图 8.9 所示。

（a）镍锌电池

（b）锂电池

图 8.8　电池

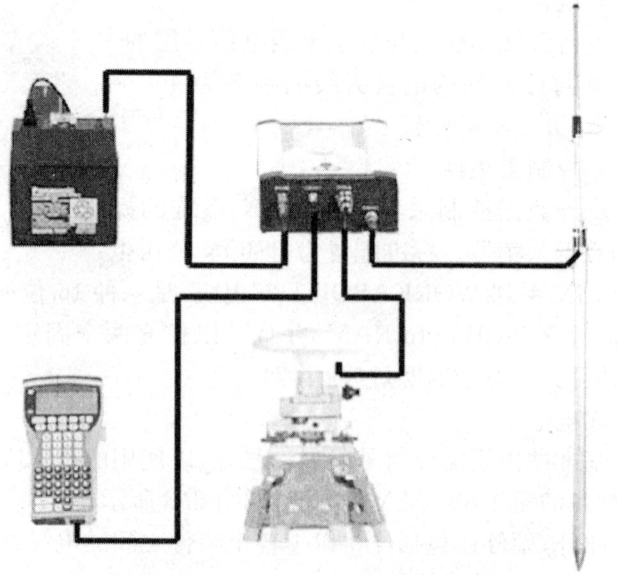

图 8.9　基准站连接示意图

典型工作任务 3 GPS 定位基本原理认知

8.3.1 工作任务

通过本部分知识的学习，主要达到以下目的：

(1)对 GPS 卫星信号的组成有明确的认识和分析；

(2)能够解释 GPS 定位技术的工作原理；

(3)能够分清各种 GPS 定位测量的方式。

8.3.2 相关配套知识

GPS 的基本定位原理是：卫星通过信号不间断地发送自身的星历参数的时间信息，用户接收到这些信息后，经过计算求出接收机的三维位置、三维方向以及运动速度和时间信息。实际上是将卫星作为动态空间已知点，利用距离交会的原理确定接收机的三维位置。

1. 工作卫星信号

GPS 工作卫星信号包括载波、测距码(即 P 码和 C/A 码)、数据码(导航电文或 D 码)，均在同一个原子钟基准频率 f_0 = 10.23 MHz 下产生，如图 8.10 所示。

(1)载波信号

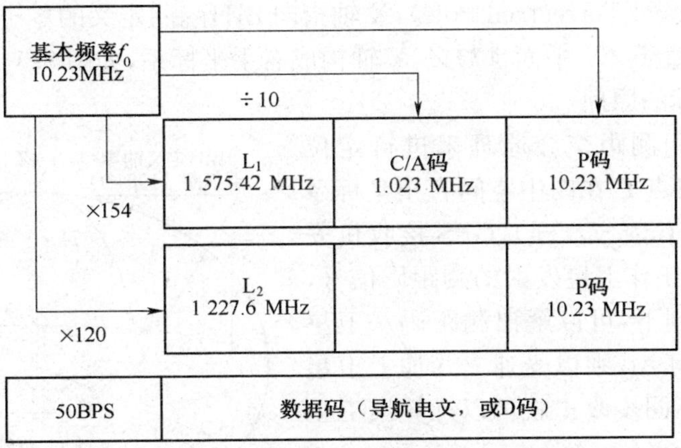

图 8.10 GPS 卫星信号频率示意图

在载波 L_1 上调制有 C/A 码、P 码和数据码，而在载波 L_2 上则只调制有 P 码和数据码。其中，C/A 码的英文是 Coarse/Acquisition Code，简称粗码，P 码的英文是 Precise Code，简称精码。工作卫星采用的 2 种测距码 C/A 码和 P 码均属于伪随机码，它们具有良好的自相关特性和周期性，容易复制。

使用测距码测距的原理是：工作卫星在自身的时钟控制下发射某一结构的测距码，经过 Δt 时间的传播后，到达 GPS 接收机；而 GPS 接收机在自己的时钟控制下产生一组结构完全相同的测距码(也称复制码)，复制码通过一个时间延迟器使其延迟时间以后与接收到的卫星测距码比较，通过调整延迟时间 t 使 2 个测距码完全对齐(此时，自相关系数 $R(t)=1$，则复制码的延迟时间就等于要测量的卫星信号的传播时间 Δt。

在卫星钟与接收机完全同步，并且忽略大气折射影响的情况下，所测卫星至观测站之间的几何距离为

$$\rho = c \cdot \Delta t \tag{8.1}$$

实际上，由于传播时间 Δt 中含有卫星钟与接收机钟不同步的误差、测距码在大气中传播的延迟误差等，求得的距离值并非实际的星、站几何距离，通常称为“伪距”。故其测量方法称为伪距测量。

(2)数据码(D 码)

GPS 卫星通过数据码向用户提供信息，即通常所说的导航电文。内容包含有关卫星的星历、卫星工作状态、时间系统、卫星时钟运行状态及改正参数、轨道摄动改正、大气折射改正和由 C/A 码捕获 P 码等信息。导航电文是二进制码，依规定的格式按帧向外播送。每帧电文长度为 1 500 bit，播送速度为 50 bit/s，故每帧电文的播送时间为 30 s。导航电文是 GPS 进行定位的数据基础。

2. WGS-84 大地坐标系

在 GPS 定位测量中，坐标轴的原点取地球的质心，坐标轴的指向则通过国际协议来确定全球性坐标系统坐标轴的指向，所以这种共同确认的坐标系又称为协议坐标系 WGS-84 (World Geodetic System 1984)。该坐标系是美国国防站研制建立的大地坐标系，自 1987 年 1 月 10 日开始使用。

WGS-84 坐标系的原点为地球质心 O，是国际协议原点，简称 CIO(Conven tional International Origin)，Z 轴指向 $BIH_{1984.0}$(BIH 为国际时间局的简称，地址在法国巴黎)定义的协议地极(CTP Conventional Terrestrial Pole)，X 轴指向 $BIH_{1984.0}$ 定义的零子午面与 CTP 相应的赤道的交点，Y 轴垂直于 ZX 平面且与 Z、X 轴构成右手坐标系，如图 8.11 所示。

3. GPS 测量坐标的原理

GPS 是采用空间测距交会原理来进行定位的。为了测定空间某点 P 在图中空间直角坐标系 $Oxyz$ 中的三维坐标(x_P, y_P, z_P)，GPS 接收机安置在 P 点，通过接收工作卫星发射的测距码信号，在接收机时钟的控制下，可以解出测距码从卫星传播到接收机的时间 Δt，乘以光速 c 并加上卫星时钟与接收机时钟不同步改正就可以计算出卫星至接收机间的空间距离 $\tilde{\rho}$：

$$\tilde{\rho} = c \cdot \Delta t + c(v_t - v_T) \tag{8.2}$$

式中　v_t——卫星的钟差；

v_T——接收机的钟差。

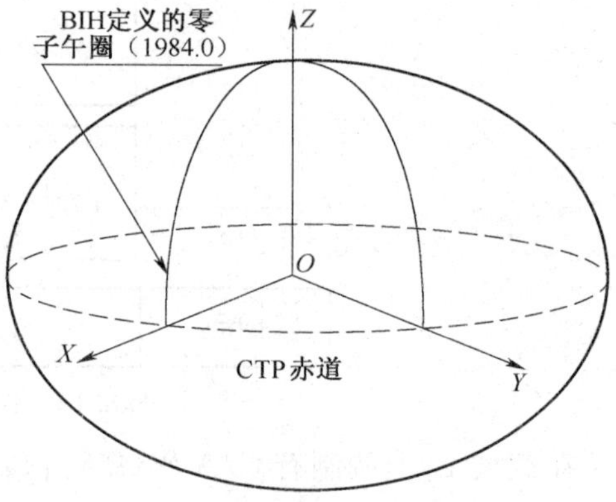

图 8.11　WGS-84 坐标系

GPS 使用单程测距方式，即接收机接收到测距信号不再返回到工作卫星，而是在接收机中直接解算传播时间 Δt，并计算出卫星至接收机的距离。这种方式要求工作卫星和接收机的时钟必须严格同步，工作卫星在严格同步的时钟控制下发射测距信号。事实上，卫星钟与接收机钟不可能严格同步，这就会产生钟误差，两个时钟不同步对测距结果的影响为 $c(v_t - v_T)$。卫星广播中包含有卫星钟差 v_t，它是已知的；而接收机钟差 v_T 是未知数，需要通过观测方程解算。

因为式(8.2)中的距离 $\tilde{\rho}$ 并没有考虑大气电离层和对流层折射误差的影响，所以它并不是工作卫星至接收机的真实几何距离，通常称为“伪距”。

在测距时刻 t_i 接收机通过接收卫星 S_i 的广播星历(broadcast ephemeris)可以解算出 S_i 在

WGS-84 坐标系中的三维坐标(x_i, y_i, z_i)，则 S_i卫星与 P 点的几何距离为

$$R_P^i = \sqrt{(x_P - x_i)^2 + (y_P - y_i)^2 + (z_P - z_i)^2} \tag{8.3}$$

由此列出伪距观测方程为

$$\tilde{\rho}_P^i = c\Delta t_{iP} + c(v_t^i - v_T) = R_P^i = \sqrt{(x_P - x_i)^2 + (y_P - y_i)^2 + (z_P - z_i)^2} \tag{8.4}$$

式(8.4)有 x_P, y_P, z_P, v_t 4 个未知数，为了解算出这 4 个未知数，必须同时锁定 4 颗卫星进行观测。对 A、B、C、D 4 颗卫星进行观测的伪距方程分别为

$$\left.\begin{aligned}
\tilde{\rho}_P^A &= c\Delta t_{AP} + c(v_t^A - v_T) = \sqrt{(x_P - x_A)^2 + (y_P - y_A)^2 + (z_P - z_A)^2} \\
\tilde{\rho}_P^B &= c\Delta t_{BP} + c(v_t^B - v_T) = \sqrt{(x_P - x_B)^2 + (y_P - y_B)^2 + (z_P - z_B)^2} \\
\tilde{\rho}_P^C &= c\Delta t_{CP} + c(v_t^C - v_T) = \sqrt{(x_P - x_C)^2 + (y_P - y_C)^2 + (z_P - z_C)^2} \\
\tilde{\rho}_P^D &= c\Delta t_{DP} + c(v_t^D - v_T) = \sqrt{(x_P - x_D)^2 + (y_P - y_D)^2 + (z_P - z_D)^2}
\end{aligned}\right\} \tag{8.5}$$

根据式(8.5)，可以计算出 P 点的坐标(x_P, y_P, z_P)。

4. GPS 定位的方式

根据测距原理的不同，GPS 定位方式可以分为伪距定位、载波相位测量定位和实时差分定位。根据待定点位的运动状态可以分为静态定位和动态定位。

(1)伪距定位

伪距定位分单点定位和多点定位，如图 8.12(a)、图 8.12(b)所示。

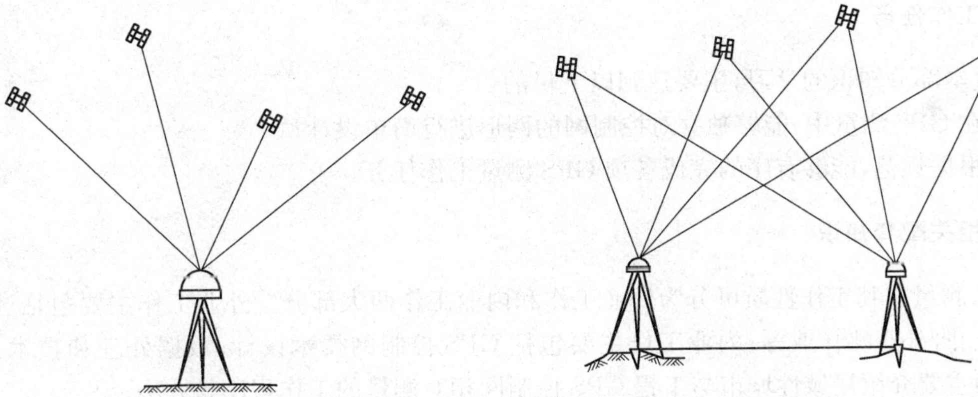

(a) 单点定位　　(b) 多点定位

图 8.12　单点定位与多点定位

①单点定位

单点定位就是将 GPS 接收机安置在测点上并锁定 4 颗以上的工作卫星，通过将接收到的卫星测距码与接收机产生的复制码对齐来测量各个锁定卫星测距码到接收机的传播 Δt_i 时间，进而求出工作卫星至接收机的伪距值；从锁定卫星广播的星历中获得其空间坐标，采用距离交会的原理解算出天线所在点的三维坐标。

将锁定 4 颗工作卫星时的伪距观测值代入方程(8.5)，刚好可以解 4 个未知数，方程有唯一解。如果锁定的工作卫星超过 4 颗时，伪距方程就有多余观测，此时应按最小二乘原理通过平差求解待定点的坐标。

②多点定位

多点定位就是将多台 GPS 接收机(一般使用 2～3 台)安置在不同的测点上,同时锁定相同的工作卫星进行伪距测量,此时,大气电离层和对流层折射误差、星历误差的影响基本相同,在计算各测点之间的坐标差($\Delta x,\Delta y,\Delta z$)时,可以消除上述误差的影响,使测点之间的点位相对精度大大提高。

(2)载波相位定位

载波相位定位一般是使用 2 台 GPS 接收机,分别安置在 2 个测点,2 个测点的连线称为基线。通过同步接收卫星信号,利用相同卫星相位观测值的线性组合来解算基线向量在 WGS-84坐标系中的坐标增量($\Delta x,\Delta y,\Delta z$),进而确定它们的相对位置。如果其中一个测点的坐标已知,就可以据此推算出另一个测点坐标。

(3)实时差分定位

实时差分定位就是在已知坐标的点上安置一台 GPS 接收机(称为基准站),利用已知坐标和卫星星历计算出观测值的校正值,并通过无线电通信设备(称数据链)将校正值发送给运动中的 GPS 接收机(称流动站),流动站应用接收到的校正值对自己的 GPS 观测值进行改正,以消除卫星钟差、接收机钟差、大气电离层和对流层折射误差的影响。实时差分定位必须使用带实时差分功能的 GPS 接收机才能够进行。

典型工作任务 4　GPS 测量实施

8.4.1　工作任务

通过本部分知识的学习,主要达到以下目的:

(1)在 GPS 测量中,能够独立对控制网的网形进行简单设计;

(2)根据规范,能够有序的完成各项 GPS 测量工作任务。

8.4.2　相关配套知识

GPS 测量按其工作性质可分为外业工作和内业工作两大部分。外业工作主要包括选点、建立标志、野外观测作业等;内业工作主要包括 GPS 控制网技术设计、数据处理和技术总结等。下面主要介绍局域性城市与工程 GPS 控制网相对测量的工作程序与方法。

1. GPS 控制网的技术设计

GPS 控制网的技术设计是进行 GPS 定位的基础,它依据国家有关规范、GPS 网的用途和用户的要求来进行,其主要内容包括精度指标的确定和网形设计等。

(1)GPS 测量精度指标

精度是用来衡量网的坐标参数估值受观测偶然误差影响程度的指标。GPS 测量的精度指标通常是以网中相邻点之间的距离中误差来表示,其形式为

$$\delta = \pm\sqrt{a^2 + (b \times d \times 10^{-6})^2} \tag{8.6}$$

式中　δ——距离中误差,mm;

a——固定误差,mm;

b——比例误差系数,10^{-6};

d——相邻点间距离,mm。

(2)网形设计

在 GPS 测量时,由于不要求测站点间通视,因此其图形设计具有较大的灵活性。GPS 网的图形设计主要考虑网的用途、用户要求、经费、时间、人力及后勤保障条件等,同时还应考虑所投入的接收机的类型和数量等条件。

根据用途不同,GPS 网的基本构网方式有点连式、边连式、网连式和边点混合连接四种。

①点连式

相邻的同步图形(即多台接收机同步观测卫星得所获基线构成的闭合图形,又称同步环)之间仅用一个公共点连接。这种方式所构成的图形几何强度很弱,一般不单独使用,如图 8.13(a)所示。

②边连式

指相邻同步图形之间由一条公共基线连接。这种布网方案中,复测的边数较多,网的几何强度较高。非同步图形的观测基线可以组成异步观测环(称为异步环),异步环常用于检查观测成果的质量,所以边连式的可靠性优于点连式,如图 8.13(b)所示。

③网连式

指相邻同步图形之间由两个以上的公共点连接。这种方法要求 4 台以上的接收机同步观测,其几何强度和可靠性更高,但所需的经费和时间也更多,一般仅用于较高精度的控制测量,如图 8.13(c)所示。

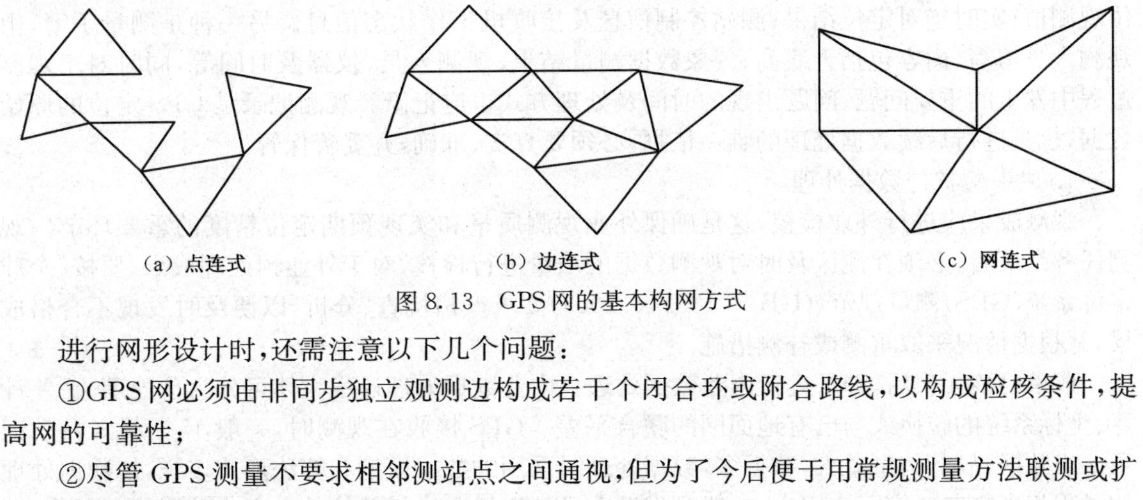

(a) 点连式　(b) 边连式　(c) 网连式

图 8.13　GPS 网的基本构网方式

进行网形设计时,还需注意以下几个问题:

①GPS 网必须由非同步独立观测边构成若干个闭合环或附合路线,以构成检核条件,提高网的可靠性;

②尽管 GPS 测量不要求相邻测站点之间通视,但为了今后便于用常规测量方法联测或扩展,要求每个控制点应有一个以上的通视方向;

③为了确定 GPS 网与原有地面控制之间的坐标转换参数,要求至少有 3 个 GPS 控制网点与地面控制网点重合;

④GPS 网点应考虑与水准点相重合,以便为研究大地水准面提供资料。

2. 选点与建立标志

由于 GPS 测量测站之间不要求通视,而且网的图形结构比较灵活,故选点工作较常规测量简便。由于 GPS 测量又有其自身的特点,因此选点时应满足以下要求:点位应选在交通方便、易于安置接收设备的地方,且视场要开阔;GPS 点应避开对电磁波接收有干扰的物体,如高压线、电视台、微波站、大面积水域等。点位选定后,按要求埋置标石,并绘制点之记。

3. 外业观测

GPS 外业观测工作主要包括天线安置、观测作业和观测记录等。

(1)天线安置

天线的相位中心是GPS测量的基准点，所以妥善安置天线是实现精密定位的重要条件之一。天线安置的内容包括对中、整平、定向和量天线高。

进行静态相对定位时，天线应架设在三脚架上，并安置在标志中心的上方直接对中，天线基座上的圆水准气泡必须居中(对中与整平方法与经纬仪安置相同)。定向是使天线的定向标志线指向正北。天线高是指天线的相位中心至观测点标志中心的垂直距离，用钢尺在互为120°的方向量三次，要求误差小于3 mm，满足要求后取三次结果平均值记入测量手簿中。

(2)观测作业

天线安置完成后，将GPS接收机安置在距天线不远的安全处，接通接收机与电源、天线的连接电缆，经检查无误后，在约定的时间打开电源，启动接收机进行观测。

GPS接收机的自动化程度很高，一般仅需按动若干功能键(有的甚至只需按一个电源开关键)，即能顺利地完成测量工作。观测数据由接收机自动形成，并以文件形式保存在接收机存储器中。作业人员只需定期查看接收机的工作状况并做好记录。观测过程中接收机不得关闭并重新启动，不得更改有关设置参数，不得碰动天线或阻挡信号，不准改变天线高。观测站的全部预定作业项目，经检查均已按规定完成，且记录与资料完整无误后方可迁站。

(3)观测记录

观测记录的形式一般有两种。一种由接收机自动形成，并保存在接收机存储器中供随时调用和处理，这部分内容主要包括：GPS卫星星历和卫星钟差参数；观测历元及伪距和载波相位观测值；实时绝对定位结果；测站控制信息及接收机工作状态信息。另一种是测量手簿，由观测人员填写，内容包括天线高、气象数据测量结果、观测人员、仪器及时间等，同时对于观测过程中发生的重要问题、问题出现的时间及处理方式也应记录。观测记录是GPS定位的原始数据，也是进行后续数据处理的唯一依据，必须要真实、准确，并妥善保管。

4. 成果检核与数据处理

观测成果应进行外业检核，这是确保外业观测质量和实现预期定位精度的重要环节。观测任务结束后，必须在测区及时对观测数据的质量进行检核，对于外业预处理成果，要按《全球定位系统(GPS)测量规范》(GB/T 18314—2009)要求严格检查、分析，以便及时发现不合格成果，并根据情况采取重测或补测措施。

成果检核无误后，即可进行内业数据处理。内业数据处理过程大体可分为预处理、平差计算、坐标系统的转换或与已有地面网的联合平差。GPS接收在观测时，一般15～20 s自动记录一组数据，故其信息量大，数据多，数据处理时采用的数字模型和算法形式多样，使数据处理的过程相当复杂。实际应用中，一般是借助电子计算机通过相关软件来完成数据处理工作。

知识拓展——南方静态GPS接收机进行控制测量

在将仪器连接好后，对中整，开机，量出仪器高(指点到天线的红白相间中心处的斜高)。用蓝牙遥控终端对基站进行参数设置，具体操作有以下几个方面。

1. 数据采集前的仪器设置

(1)基站的配置

在主界面中，选择“设置”功能项，按[Enter]进入，弹出下拉子菜单，如图8.14所示。

①坐标输入

按上下光标键选中“基站坐标[XY]”菜单项，按[Enter]进入，如图8.15所示。

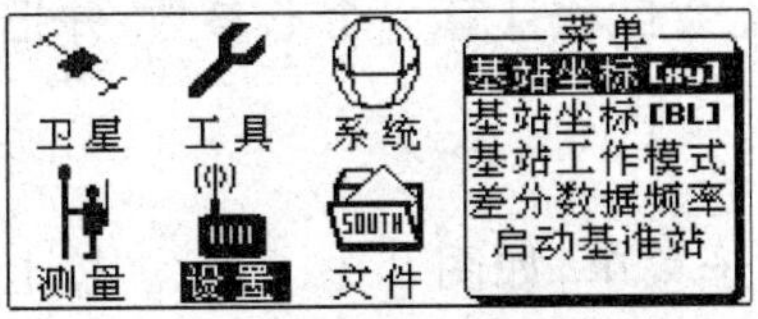

图 8.14　“设置”功能项

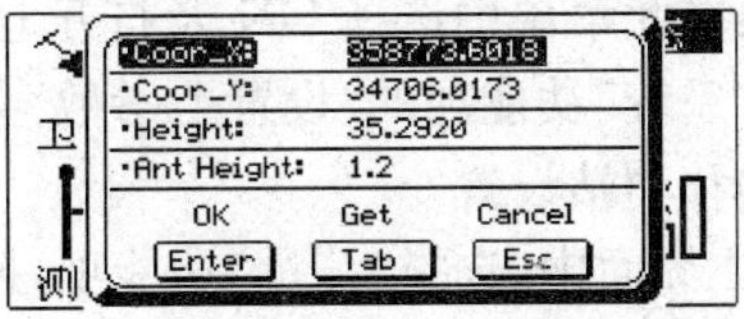

图 8.15　“基站坐标[XY]”项

注:基准站平面坐标和高程坐标的获取有以下两种途径。

a. 输入基站已知点的平面坐标的 Coor _ x、Coor _ y,和平面高程 Height 及天线高 Ant Height。

b. 按[Tab]键从点坐标库中读取一个点,进入点坐标库后,选择一个坐标,按[MENU]键,从菜单 output coordinate 菜单把坐标输出。

坐标输入完成后,按[Enter]确认。要取消操作,按[Esc]。

②基站工作模式

按上下光标键选中“基站工作模式”菜单项,按[Enter]进入,如图 8.16 所示。

参数设置完成后,按[Enter]确认。要取消操作,按[Esc]。

注意:在一般情况下,请按照默认设置进行作业,保证基准站和流动站之间的采样率一致。

说明:Base Mode:基准站工走模式有三种,用左右光标键进行选择。

a. RT-2:RTK 厘米级定位模式;

b. DGPS:伪距差分定位模式,精度在 0.75 m 左右;

c. RT-20:分米级定位模式,精度在 10~20 cm 之间。

Radio Format:电台通信格式有三种,用左右光标键进行选择。

a. RTCA:国际标准航空通信模式,数据量小;

b. RTCM:国际海事通信模式,数据量大;

c. CMR:压缩模式,数据经过压缩,传输不易掉包,但速度较慢。

Radio baud:传输波特率可用左右光标键进行选择。

③差分数据频率

按上下光标键选中“差分数据频率”菜单项,按[Enter]进入,如图 8.17 所示。用左右光标键在 1~3 之间选择。一般为 1,选择完后按[Enter]键确认。

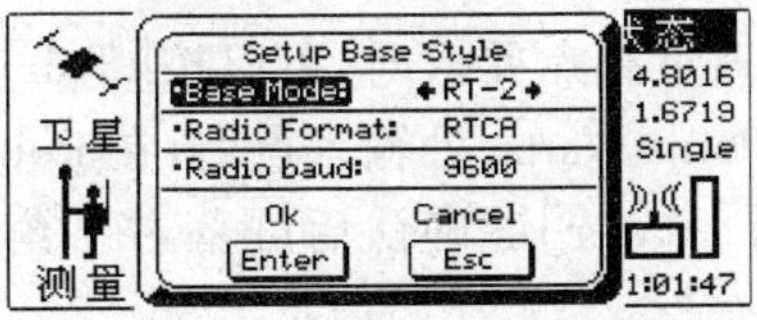

图 8.16　“基站工作模式”项

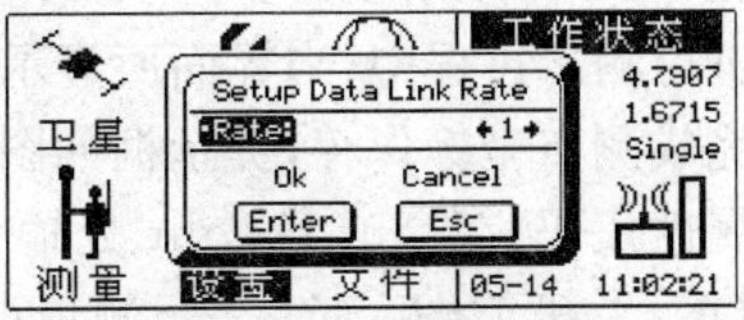

图 8.17　“差分数据频率”项

说明:差分数据频率及发射间隔是指基准站向流动站发送数据的时间间隔。在一般情况下,应为默认设置,保证基准站和流动站之间的采样率一致。

④启动基准站

按上下光标键选中“启动基准站”菜单项,按[Enter]进入,如图 8.18 所示。按[Enter]键确认或 On/Esc 取消,确认后若系统弹出设置成功的对话框,并发出蜂鸣声,表示设置成功。

在确认所有的配置后按[Enter]键确认,基准站设置完毕,此时接收机和数据链的数据发送灯开始闪烁,无线电将以选定发射间隔为间隔开始发送数据。

注：在此菜单中选择 ON 及打开七参数选项后，系统会自动计算一个七参数，并把七参数输入到"系统"功能项的"设置七参数"菜单中。

（2）移动站设置

在主界面中，选择"测量"功能项，回车后，弹出下拉子菜单，如图 8.19 所示。按上下光标键选中相应的菜单项，按[Enter]进入。

图 8.18　"启动基准站"项

图 8.19　"测量"项

移动站的设置必须保持和基准站一致，才能保证移动站的正常工作。进入该功能后出现屏幕，如图 8.20 所示。此处的各项设置和"基站工作模式"中的设置是一样的，因此移动站设置菜单的设置必须要保持和对应的基准站的工作模式一致。

2. 测量实施

（1）目标点测量

目标点测量菜单完成野外测点的坐标测量和存储，菜单内容如图 8.21 所示。屏幕右下角黑条显示的是当前测量点进行存储时将要存储的文件名，几秒钟后黑条消失。

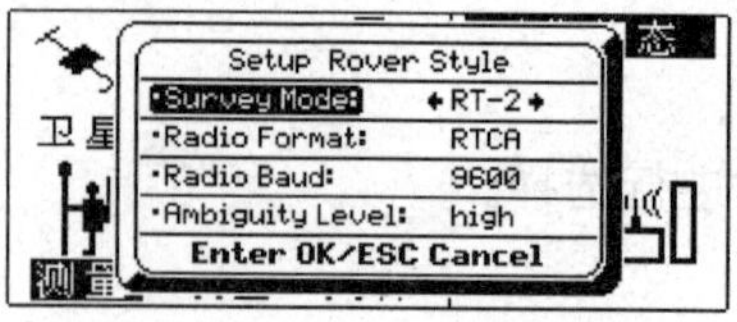

图 8.20　"移动站设置"项

图 8.21　"目标点测量"项

屏幕相关参数的含义如下：

EpX、NpY、HpH：流动站三维直角坐标；

Piont：点号；

Mode：流动站当前的初始化的状况，RTK Fixed 代表初始化成功，RTK Float 代表尚未完成初始化，处于浮动解状态。

在进行测量过程中，当界面所显示的主机工作状态满足测点要求时，可以按[Tab]键在提示框中完成测点坐标保存，提示框如图 8.22 所示。在 Point Name 处输入点名，在 Point Code 处输入属性代码，在 Ant Height 处输入天线高，然后按[Enter]键确认后屏幕右下角会显示 SAVE OK，大概 1 s 后消失表示测量点存储完毕。

注：当主机状态达不到 RTK Fixed 状态时，按[Enter]键弹出提示对话框如图 8.23 所示。按 N 键不进行存储，Y 键进行存储。

（2）点放样

点位放样时，先要确认放样点的坐标或者放样点号才能把点号输出到放样界面中进行放样。选择"点放样"按[Enter]时首先弹出的界面是放样坐标库，如图 8.24 所示。

在第一次打开坐标库时，屏幕右下角显示"stakeout. dbf created"，提示生成了一个 stakeout. dbf 文件，此文件是一个坐标库系统文件。从坐标库中选择要放样的放样点，执行 MENU 的 Stake out 把放样点坐标提取到放样屏幕中，如图 8.25 所示。

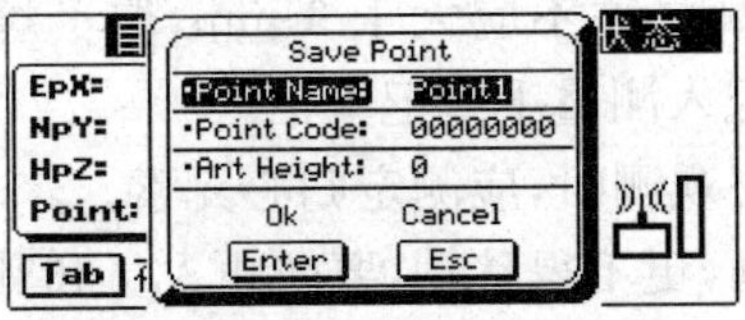

图 8.22　“测点坐标保存”项

图 8.23　“未达到 RTK Fixed 状态”项

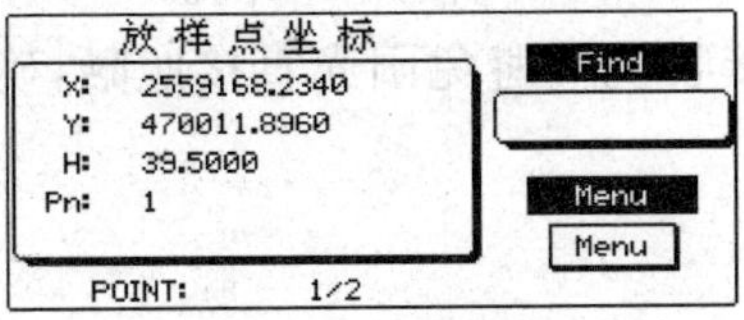

图 8.24　“放样坐标库”项

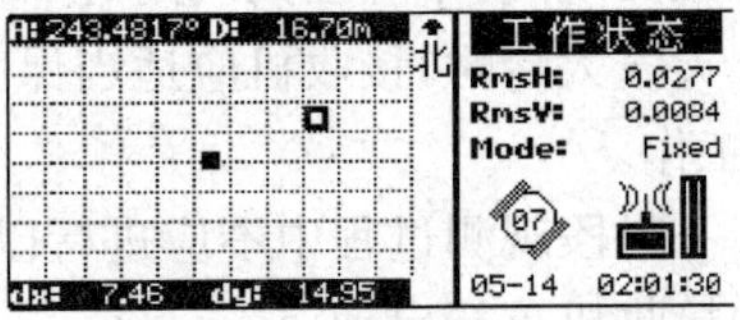

图 8.25　“放样状态”项

屏幕中央实心点代表欲放样的点，另外一个空心点代表当前 GPS 的位置。屏幕顶端“A”处的角度代表放样点到当前点的方位角，“D”处数值代表放样点距离到当前点的距离。屏幕下端 dX 代表两点 X 方向的差值，dY 代表两点 Y 方向的差值，当前状态 Mode 为 RTK fixed 及初始化成功时放样点的精度是可靠的。移动 GPS 天线，dX，dY 在容许范围内，即找到了放样点的平面位置。

相关规范、规程与标准

《全球定位系统(GPS)测量规范》(GB/T 18314—2009)部分内容摘录如下。

1. GPS 接收机在开始观测前，应进行预热和静置。

2. 天线安置应符合下列要求：

(1)用三脚架安置天线时，其对中误差不应大于 1mm；

(2)B 级 GPS 测量，天线定向标志线应指向正北，顾及当地磁偏角修正后，其定向误差应不大于±5°，对于定向标志不明显的接收机天线，可预先设置标记，每次按此标记安置仪器；

(3)天线集成体上的圆水准气泡必须居中，没有圆水准气泡的天线，可调整天线基座脚螺旋，使在天线互为 120°方向上量取的天线高互差小于 3 mm。

3. 观测组应严格按规定的时间进行作业。

4. 经检查接收机电源电缆和天线等各项连接无误，方可开机。

5. 开机后经检验有关指示灯与仪表显示正常后，方可进行自测试并输入测站、观测单元和时段等控制信息。

6. 接收机启动前与作业过程中，应随时逐项填写测量手簿中的记录项目。

7. 接收机开始记录数据后，观测员可使用专用功能键和选择菜单，查看测站信息、接收卫星数、卫星号、卫星健康状况、各通道信噪比、相位测量残差、实时定位的结果及其变化、存储介质记录和电源情况等，如发现异常情况或未预料到的情况，应记录在测量手簿的备注栏内，并及时报告作业调度者。

8. 每时段观测开始及结束前各记录一次观测卫星号、天气状况、实时定位经纬度和大地高、PDOP 值等。一次在时段开始时，一次在时段结束时。时段长度超过 2 h，应每当 UTC 整点时增加观测记录上述内容一次，夜间放宽到 4 h。

9. 每时段观测前后应各量取天线高一次。两次量高之差不应大于 3 mm，取平均值作为最后天线高。若互差超限，应查明原因，提出处理意见记入测量手簿记事栏。

10. 除特殊情况外，不宜进行偏心观测。若实施偏心观测时，应测定归心元素。

11. 观测员要细心操作，观测期间防止接收设备震动，更不得移动，要防止人员和其他物体碰动天线或阻挡信号。

12. 观测期间，不应在天线附近 50 m 以内使用电台，10 m 以内使用对讲机。

13. 天气太冷时，接收机应适当保暖；天气很热时，接收机应避免阳光直接照晒，确保接收机正常工作。

14. 一时段观测过程中不应进行以下操作：

（1）接收机重新启动；

（2）进行自测试；

（3）改变卫星截止高度角；

（4）改变数据采样间隔；

（5）改变天线位置；

（6）按动关闭文件和删除文件等功能键。

15. 经检查，所有规定作业项目均已全面完成，并符合要求，记录与资料完整无误，方可迁站。

项目小结

1. GPS 是以卫星为基础的无线电导航定位系统，具有全能性（陆地、海洋、航空和航天）、全球性、全天候、连续性和实时性的导航、定位、定时功能，能提供精密的三维坐标、速度和时间参数。GPS 定位技术的特点：观测站之间无须通视、操作简便、定位精度高、观测时间短、全天候作业。GPS 由 3 部分组成，即空间星座部分、地面监控部分和用户设备部分。

2. 北斗卫星导航系统由空间段、地面段和用户段三部分组成，空间段包括 5 颗静止轨道卫星和 30 颗非静止轨道卫星，地面段包括主控站、注入站和监测站等若干个地面站，用户段包括北斗用户终端以及与其他卫星导航系统兼容的终端。

3. GPS 工作卫星信号包括载波、测距码（即 P 码和 C/A 码）、数据码（导航电文或 D 码），均在同一个原子钟基准频率 $f_0=10.23$ MHz 下产生。

4. WGS-84 坐标系的原点为地球质心 O，是国际协议原点，简称 CIO（Conventional International Origin），Z 轴指向 $\mathrm{BIH}_{1984.0}$（BIH 为国际时间局的简称，地址在法国巴黎）定义的协议地极（CTP-Conventional Terrestrial Pole），X 轴指向 $\mathrm{BIH}_{1984.0}$ 定义的零子午面与 CTP 相应的赤道的交点，Y 轴垂直于 ZX 平面且与 Z、X 轴构成右手坐标系。

5. 根据测距原理的不同，GPS 定位方式可以分为伪距定位、载波相位测量定位和 GPS 差分定位。根据待定点位的运动状态可以分为静态定位和动态定位。

6. GPS 测量按其工作性质可分为外业工作和内业工作两大部分。外业工作主要包括选点、建立标志、野外观测作业等；内业工作主要包括 GPS 控制网技术设计、数据处理和技术总结等。根据用途不同，GPS 网的基本构网方式有点连式、边连式、网连式和边点混合连接四种。GPS 外业观测工作主要包括天线安置、观测作业和观测记录等。

复习思考题

1. GPS定位的基本原理是什么？
2. 什么是伪距？
3. 简述WGS-84坐标系的几何定义。
4. 差分的作用是什么？其理论依据是什么？
5. 试述控制网设计中应考虑的因素有哪些？
6. 简述GPS网的布网原则。
7. GPS网的基本构网方式有哪几种？各有什么特点？

项目9　地形图及其应用

项目描述

地形图包含了丰富的自然和人文地理信息，具有可测量性、可定向性等特点，用途广泛。在地形图上，可以直接获得一点的三维坐标（平面坐标和高程）；可以确定点与点之间的水平距离、直线的方位、坡度等；可以从图上切取断面并绘制断面图，研究通视地区和隐蔽范围，确定管线、隧道的位置等。本项目主要介绍地形图的基本知识、测绘及应用。

教学目标

1. 能力目标

- 理论联系实际，能够运用等高线地形图和地形剖面图解决一些问题；
- 增强动手能力，培养空间想象的能力。

2. 知识目标

- 认识等高线地形图：缓坡、陡坡；山脊、山谷；鞍部、陡崖等地理信息；
- 学会判读较为复杂的地形图，学会判读与绘制地形剖面图。

3. 素质目标

- 养成全面考虑问题的习惯；
- 养成分工协作的意识；
- 具备一定协调组织能力。
- 培养学生具有“团结互助，踏实工作”的精神，为祖国的建设与发展贡献力量。

典型工作任务1　地形图基本知识认知

9.1.1　工作任务

通过本部分知识的学习，主要达到以下目的：

（1）能够识别不同比例尺、地物、地貌的地形图；

（2）能够对地形图进行分幅与编号。

9.1.2　相关配套知识

地形图是土木工程中最基本的资料之一，作为工程技术人员，必须掌握地形图测绘和应用的技能。

1. 地形图的概念

在工程建设中，需要把建设地点的地面高低起伏、地面上的物体情况用图纸表达出来，以利于工程设计、施工单位的技术人员开展相应的工作。这种把建设地点的地面起伏及地面物体都表示到一张图纸上，这种图形就称为地形图。地形图是普通地图的一种，是按一定比例尺表示地貌、地物平面位置和高程的一种正射投影图。

在地形图中包括了两个基本概念：地貌和地物。地貌是指地面的高低起伏、平缓、陡峭；而地物则是指地面上的建筑物、构筑物和地表面上的各种附着物，包括房屋、公路、铁路、河流、树木等。

地形图的基本要素有比例尺、分幅、编号、图廓、地物符号和地貌符号等。

地形图是规划、设计的重要依据。在新建、扩建、改建工程建筑物时，都必须对拟建地区的地形、地质情况做认真的调查研究，并把这些资料绘制成图，以便于更好地开展工作。

2. 地形图比例尺

(1)比例尺的表示方法

常见的比例尺表示形式有两种：数字比例尺和图示比例尺。

①数字比例尺

地形图上两点之间的直线长度与地面上这两点的水平距离之比称为地形图的比例尺。设地形图上线段长度为 l，相对应实地水平距离为 L，则地形图的比例尺为

$$\frac{l}{L}=\frac{1}{\frac{L}{l}}=\frac{1}{M} \tag{9.1}$$

地形图比例尺用分子为 1 的分数表示，即 $1/M$（1/500、1/1 000、1/2 000），通常也写成 $1:M$（如 1∶500、1∶1 000、1∶2 000）。其含义为图上 1 m，表示实地 M m，也表示地面上直线水平距离在图上缩小为原来的 $1/M$。

例如，地面上某两点间的水平距离为 20 m，则它在 1∶500 和 1∶1 000 的地形图上的长度分别为 4 mm 和 2 mm。

地形图比例尺的大小由分数的比值来决定，比例尺分母越小，比值越大，比例尺越大，缩小的倍数越小，反映的实地情况越详细；比例尺分母越大，比值越小，比例尺越小，缩小的倍数越大，反映的实地情况越不详细。

我国地形图的比例尺通常分为三类：1∶500、1∶1 000、1∶2 000、1∶5 000 称为大比例尺；1∶1 万、1∶2.5 万、1∶5 万、1∶10 万称为中比例尺；1∶25 万、1∶50 万、1∶100 万称为小比例尺。不同比例尺的地形图有着不同的用途。大比例尺地形图通常用于各种工程建设的规划和设计；中比例尺地形图是国家基本比例尺地形图，用于国防和经济建设的规划和设计；小比例尺地形图主要用于行政管理和大范围的发展和规划工作。

地形图比例尺一般注记在地形图图廓下方正中处。

②图示比例尺

最常见的图示比例尺是直线比例尺。用一定长度的线段表示实际长度，并按图上比例尺计算出相应地面上的水平距离注记在线段上，这种图示比例尺称为直线比例尺。

图示比例尺的作用是便于用分规直接在图上量取直线段的水平距离，同时还可以抵消图上量取长度时图纸伸缩的影响，如图 9.1 所示。

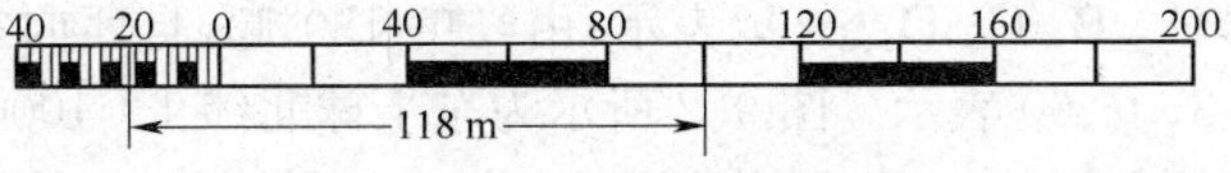

图 9.1　图示比例尺

(2)比例尺的精度

正常人的眼睛能分辨的最短距离一般为 0.1 mm。地形图上 0.1 mm 代表实地水平距离称为比例尺的精度。

根据比例尺的精度，可以确定在实际地形测量中所需的精度。例如用 1∶1 000 的比例尺测图，图上 0.1 mm 表示实地 0.1 m，所以量距精度达到 0.1 m 即可，因为小于 0.1 m 的长度在图上也无法表示。

所以，根据所需要在图上表示的最小尺寸，可以确定应选用的比例尺。例如需要在图上表示出 0.2 m 的实际长度，则选用的比例尺应不小于 1∶2 000。几种比例尺地形图的比例尺精度如表 9.1 所示。

表 9.1　比例尺的精度

比例尺	1∶500	1∶1 000	1∶2 000	1∶5 000	1∶10 000	1∶25 000
比例尺精度/m	0.05	0.1	0.2	0.5	1.0	2.5

3. 地形图的分幅编号与图廓

各种比例尺地形图均以 1∶100 万地形图为基础图，沿用原分幅各种比例尺地形图的经纬差如表 9.2 所示，全部由 1∶100 万地形图按相应比例尺地形图的经纬差逐次加密划分图幅，以横为行，纵为列。

表 9.2　比例经纬差

比例尺		1∶100 万	1∶50 万	1∶25 万	1∶10 万	1∶5 万	1∶2.5 万	1∶1 万	1∶5 000
图幅范围	经差	6°	3°	1°30′	30′	15′	7′30″	3′45″	1′52.5″
	纬差	4°	2°	1°	20°	10′	5′	2′30″	1′15″
行列数量关系	行数	1	2	4	12	24	48	96	192
	列数	1	2	4	12	24	48	96	192
图幅数量关系		1	4	16	144	576	2 304	9 216	36 864

地图的分幅方法有两类：一类是按经纬线分幅的梯形分幅（trapezoid map-subdivision）法，它一般用于 1∶5 000～1∶100 万的中、小比例尺地图的分幅；另一类是按坐标格网分幅的矩形分隔（rectangular map-subdivision）法，它一般用于城市和工程建设 1∶500～1∶2 000 的大比例尺地图的分幅。

(1)分幅编号

①梯形分幅

地图的梯形分幅又称国际分幅，由国际统一规定的经线为图的东西边界，统一规定的纬线为图的南北边界。由于子午线向南北极收敛，因此，整个图幅呈梯形。其划分的方法和编号，随比例尺不同而不同，如图 9.2 所示。

a. 1∶100 万比例尺地图的分幅和编号

1∶100 万比例尺地图的分幅是从地球赤道（纬度 0）起，分别向南北两极，每隔纬差 4°为一横行，依次以拉丁字母 A、B、C、D、…、V 表示；由经度 180°起，自西向东每隔经差 6°为一纵列，依次用数字 1、2、3、…、60 表示。图 9.2 所示为东半球北纬 1∶100 万地图的国际分幅和编号，图 9.3 所示为我国领域的 1∶100 万地图的分幅和编号，每幅图的编号，先写出横行的代号，中间绘一横线相隔，后面写出纵列的代号。如北京某处的纬度为北纬 39°56′23″，经度为东经 116°22′53″，则所在的 1∶100 万比例尺图的图幅号是 J-50。

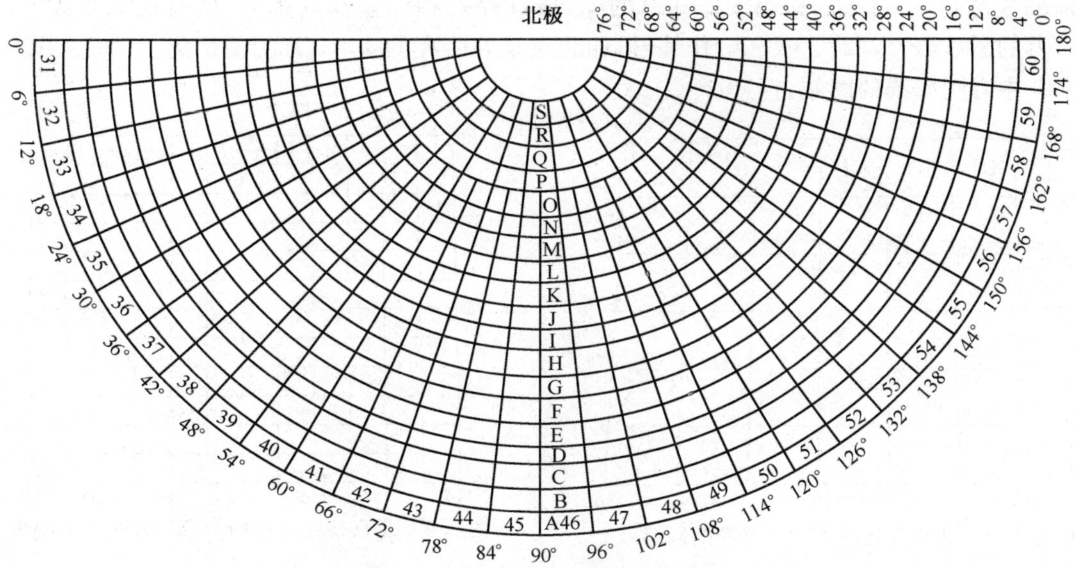

图 9.2　按经纬线分幅的梯形分幅法

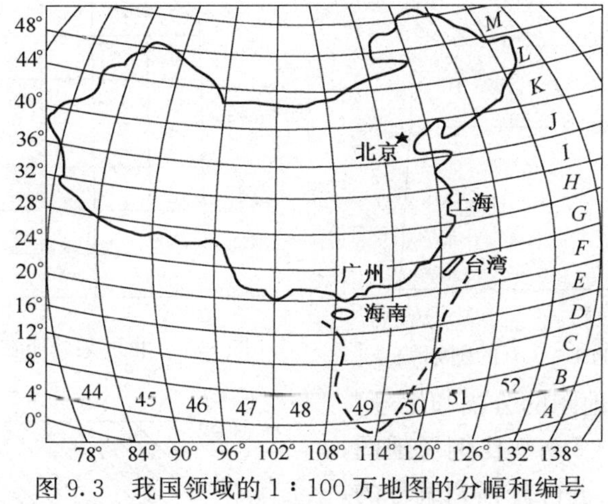

图 9.3　我国领域的 1∶100 万地图的分幅和编号

b. 1∶50 万、1∶20 万、1∶10 万比例尺地图的分幅和编号

这三种比例尺地图的分幅和编号，都是在 1∶100 万比例尺地图分幅和编号的基础上，按照表 9.2 中的相应纬差和经差划分。每幅 1∶100 万的图，按经差 3°、纬差 2°可划分成 4 幅 1∶50万的图，分别以 A、B、C、D 表示。如北京某处所在的 1∶50 万的图的编号为 J-50-A，如图 9.4 所示。每幅 1∶100 万的图又可按经差 1°、纬差 40′划分为 36 幅 1∶20 万的图，分别以[1]、[2]、…、[36]表示。如北京某处所在的 1∶20 万的图的编号为 J-50-[3]，如图 9.5 中有阴影线的图幅。每幅 1∶100 万的图按经差 30′、纬差 20′划分为 144 幅 1∶10 万的图，分别以 1、2、3、…、144 表示。如北京某处所在的 1∶10 万的图幅的编号为 J-50-5，如图 9.5 中有阴影线的图幅。

c. 1∶5 万、1∶2.5 万、1∶1 万比例尺地图的分幅和编号

每幅 1∶10 万的图，可划分为四幅 1∶5 万的图，分别在 1∶10 万的图号后面写上各自的代号 A、B、C、D。如北京某处所在的 1∶5 万的图幅为 J-50-5-B，如图 9.6 所示。再将每幅

1：5万的图四等分，就得 1：2.5 万的图，分别以 1、2、3、4 编号，如北京某处所在 1：2.5 万的图幅编号为 J-50-5-B-2。每幅 1：10 万的图，按其经差和纬差作 8 等分，就直接划分为 64 幅 1：1万的图，以(1)、(2)、…、(64)作编号，如北京某处所在的 1：1 万的图幅为 J-50-5-(15)，如图 9.7 中有阴影线的图幅。

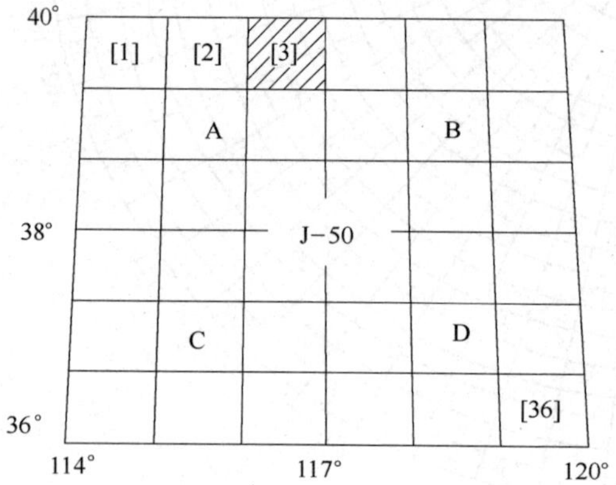

图 9.4　北京某处的 1：20 万的图幅编号

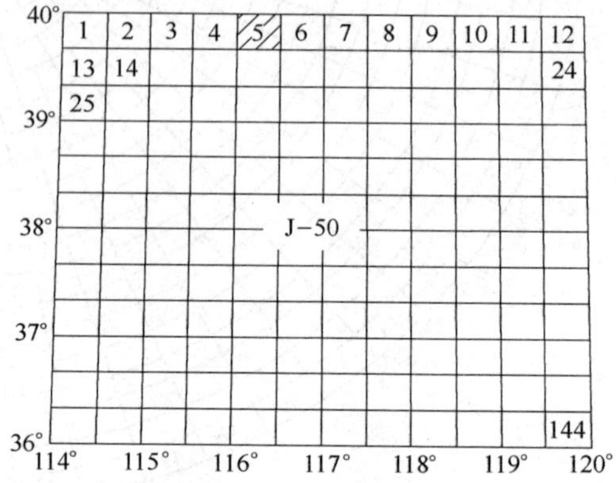

图 9.5　北京某处所在的 1：10 万的图幅编号

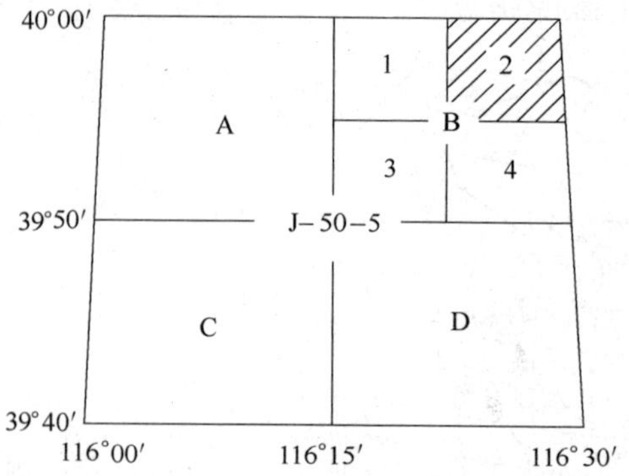

图 9.6　北京某处所在的 1：5 万的图幅编号

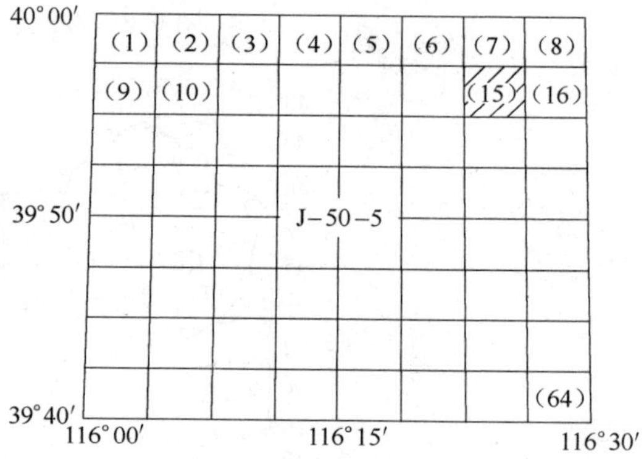

图 9.7　北京某处所在的 1：1 万的图幅编号

d. 1：5 000 比例尺地图的分幅和编号

按经纬线分幅的 1：5 000 比例尺地图，是在 1：1 万图的基础上进行分幅和编号的，每幅 1：1 万的图分成四幅 1：5 000 的图，并分别在 1：1 万图的图号后面写上各自的代号 a、b、c、d 作为编号。如北京某处所在的 1：5 000 梯形分幅图号为 J-50-5-(15)-a，如图 9.8 中有阴影线的图幅。

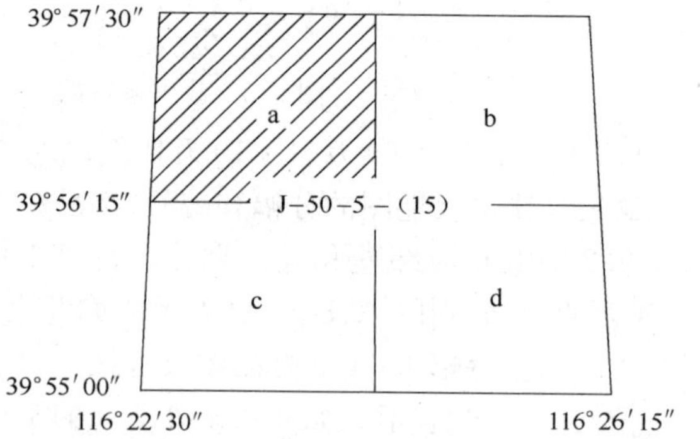

图 9.8　北京某处所在的 1：5 000 的图幅编号

②正方形分幅

大比例尺地形图大多采用正方形分幅法，它是按统一的直角坐标格网线划分的。图幅的大小如表 9.3 所示。

大比例尺地形图的编号(即图号)一般采用图幅西南角坐标公里数编号法。如图 9.9 所示，该地形图的西南角坐标为 X = 3 420.0 km，Y=521.0 km，所以其编号为+3 420.0+521.0。编号时，1：500 地形图取至 0.01 km，如+21.25+10.25；在 1：1 000 和 1：2 000 地形图取至 0.1 km。

表 9.3 正方形分幅法的图幅大小

比例尺	图幅大小(cm^2)	图廓相应的实地长度(m)	实地面积(km^2)
1∶5 000	40×40	2 000	4
1∶2 000	50×50	1 000	1
1∶1 000	50×50	500	0.25
1∶500	50×50	250	0.062 5

说明本幅图与相邻图幅的联系,供索取和拼接相邻图幅用时,通常把相邻图幅的图号(或图名)标注在邻接图表中。中间绘有斜线的是本图幅,其余方格注以相邻图的图名(或编号),如图 9.9所示。

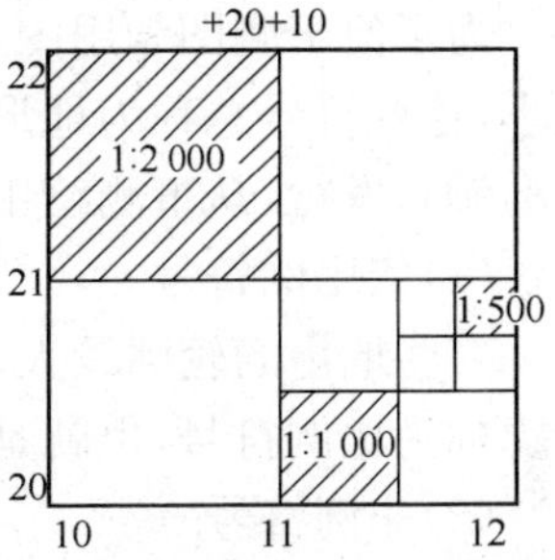

图 9.9 正方形分幅法示意图

地形图测绘的工作程序是采取“从整体到局部,先控制后碎部”的原则,根据测图目的和要求,并结合测区具体情况,首先逐级建立平面和高程控制,然后利用控制测量的成果来测绘地形图。在测绘过程中应遵守有关规范的规定。测图方法、仪器和地形取舍程度要满足测图的精度要求,以保证测图乃至用图的质量。

(2)图廓

图廓是地形图的边界线,由内、外图廓线组成。外图廓线是一幅图的最外边界线,以粗实线表示;内图廓线是测量边界线(坐标格网线)是图幅的实际范围,内图廓之内绘有 10 cm 间隔互相垂直交叉的 5 cm 短线,称为坐标格网线。内外图廓线间隔 12 cm,其间注明坐标值,如图 9.10所示。

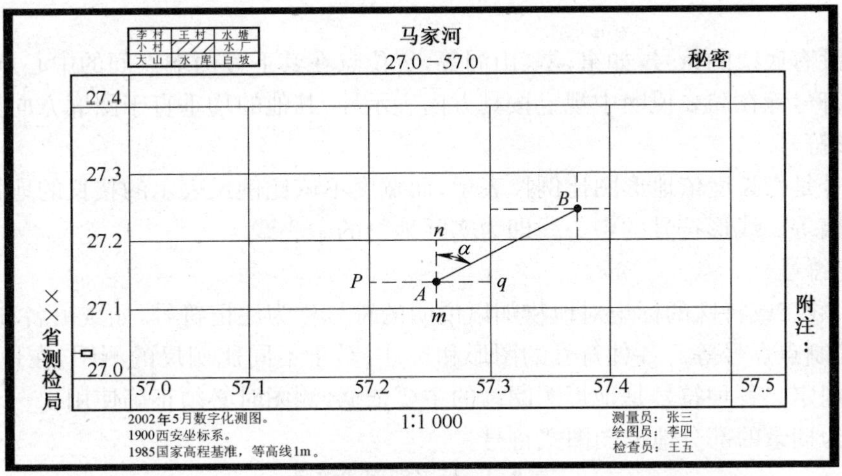

图 9.10 马家河

图名即本图幅的名称,一般用本图幅内最主要的地名来命名,如城镇、村庄、名胜古迹或地貌名字等。图名注记在图幅上方中央位置,常用加大的文字注记,如图 9.10 的马家河。

图号是保管和使用地形图时,为使图纸有序存放、检索和使用而将地形图按统一规定进行编号。大比例尺地形图通常是以该图幅西南角点的纵、横坐标公里数编号,如图 9.10 所示,该图幅的编号为 27-57。对测区较小且只测一种比例尺图时，常采用数字顺序编号，数字编号顺序是由左到右，由上到下的顺序编号。图号注记在图名的正下方。

接表图是本幅图与相邻图幅之间位置关系的示意简表，表上注有邻接图幅的图名或图号，读图或用图时根据接合图表可迅速找到与本图幅相邻的有关地形图，并可用它来拼接相邻的图幅。接表图绘注与图幅左上方，如图 9.10 所示。

在外图廓线之外，应注记测量所使用的平面坐标系统、高程系统、比例尺、测绘单位、测绘者、测绘日期等注明。

4. 地物符号

为了便于测图和用图，规定在地形图上使用许多不同的符号来表示地物和地貌的形状和大小，这些符号总称为地形图图式。地形图图式由国家测绘总局统一制定，由国家技术监督局批准颁布发行，从事测绘工作的任何单位和个人都必须遵守执行。地物符号有以下几种。

(1)依比例符号

有些地物的轮廓较大，如房屋、池塘等，这些地物能按测图比例尺缩绘在图纸上，所绘制的轮廓称为比例符号，也就是能表示地物位置以及它的形状和大小的符号。

(2)非例符号

有些地物较小，如水井、独立树、测量控制点等，这些地物按测图比例尺缩小后在图上无法表示出来，必须采用一种特定的符号表示，这种符号称为非比例符号。非比例符号中表示地物中心位置的点，称为定位点。定位点的使用规定如下：

①圆形、矩形、三角形等单个几何图形符号，定位点在其几何图形的中心。如导线点、水准点等。

②宽底符号(蒙古包、烟囱等)定位点在底线中心。

③底部为直角形的符号(风车、路标等)定位点在直角的顶点。

④几种几何图形组成的符号，如气象站、雷达站、无线电杆等、定位点在下方图形的中心点或交叉点。

⑤下方没有底线的符号，如窑、亭、山洞等，定位点在其下方两端点间的中心点。

非比例符号除在简要说明中规定按真方向表示外，其他的均垂直于图廓方向描绘。

(3)线形符号

线形符号是指长度依地形图比例尺表示，而宽度不依比例尺表示的狭长的地物符号，如电线、管线，围墙等。线形符号的中心线即为实际地物的中心线。

(4)注记符号

用文字、数字或特殊的标记对地物加以说明的符号称为注记符号，如城镇名、道路名、高程注记、平面控制点点号等。各种符号的图形和尺寸，对于不同比例尺的测图，在地形图图式中都有统一的规定。各种符号是地形图阅读的主要依据，测图时必须正确使用。

表 9.4 为摘录的部分地形图图式符号。

表 9.4　地形图图式符号

编号	符号名称	图　例	编号	符号名称	图　例
1	坚固房屋 4-房屋层数	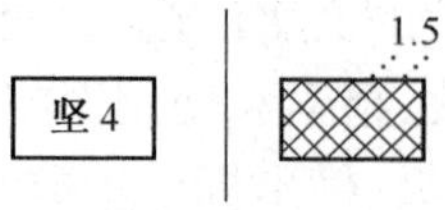	2	普通房屋 2-房屋层数	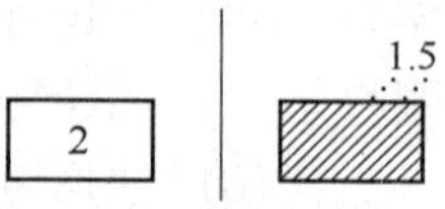

续上表

编号	符号名称	图　例	编号	符号名称	图　例
3	窑洞 1. 住人的 2. 不住人的 3. 地面下的	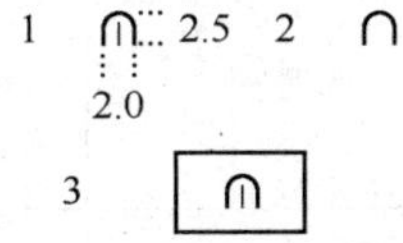	13	高压线	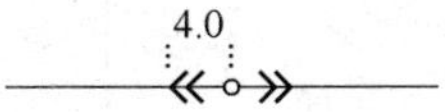
4	台阶	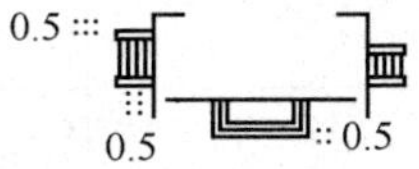	14	低压线	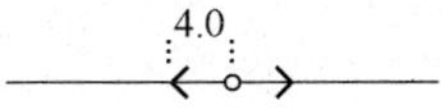
5	花圃	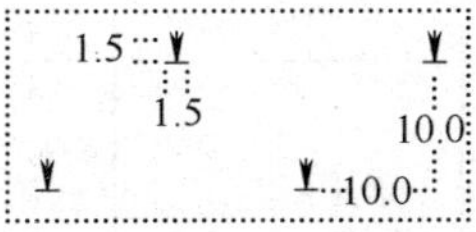	15	电杆	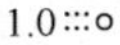
6	草地	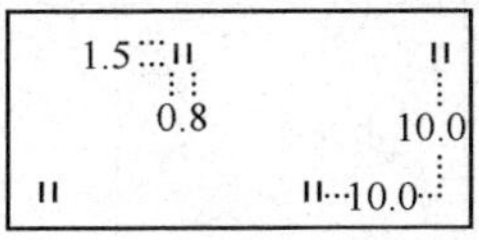	16	电线架	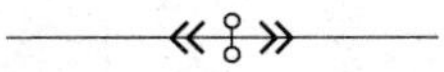
7	经济作物地	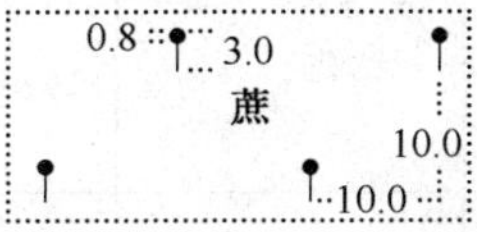	17	砖、石及混凝土围墙	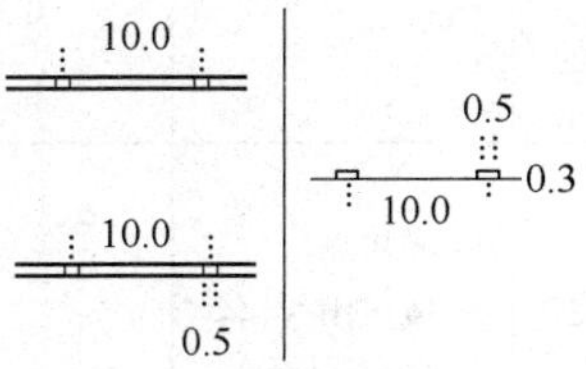
8	水生经济作物地	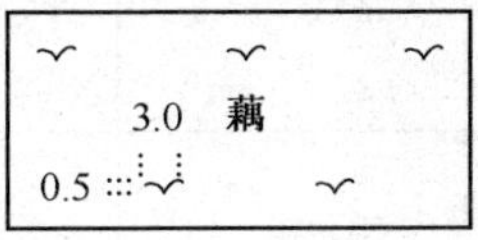	18	土围墙	
9	水稻田	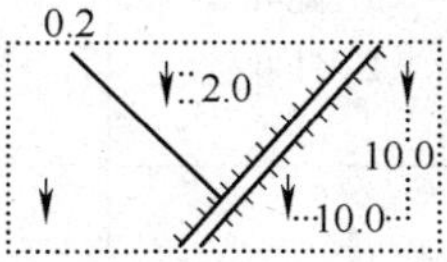	19	栅栏、栏杆	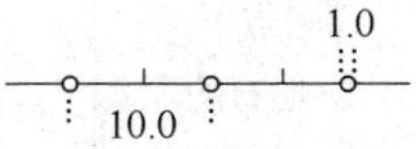
10	旱地	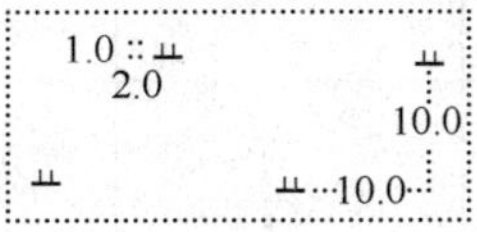	20	篱笆	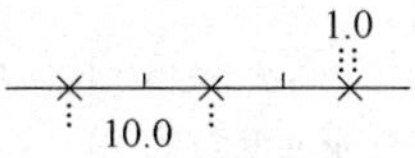
11	灌木林	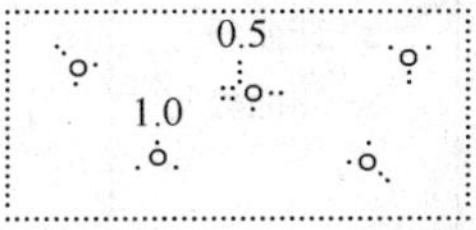	21	活树篱笆	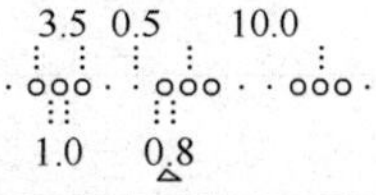
12	菜地	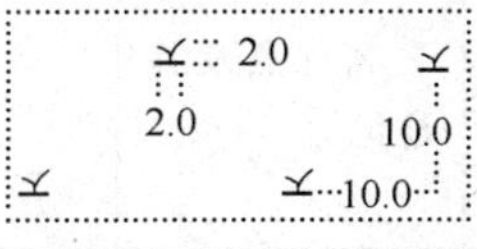	22	沟渠 1. 有堤岸的 2. 一般的 3. 有沟堑的	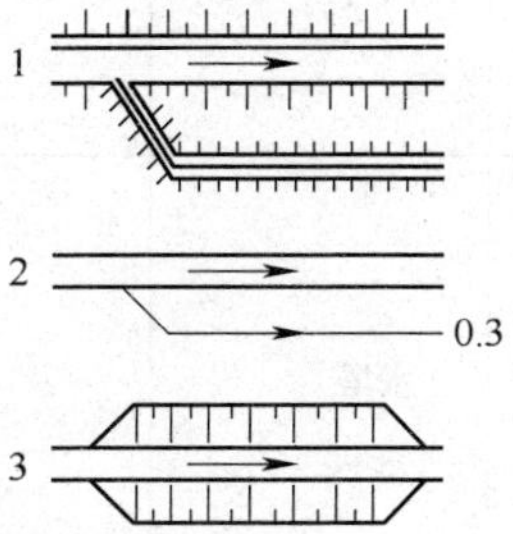

续上表

编号	符号名称	图　例
23	公路	
24	简易公路	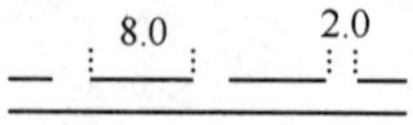
25	大车路	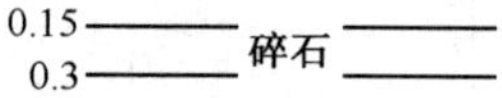
26	小路	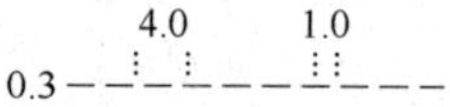
27	三角点 凤凰山-点名 394.468-高程	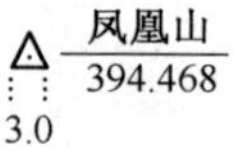
28	图根点 1. 埋石的 2. 不埋石的	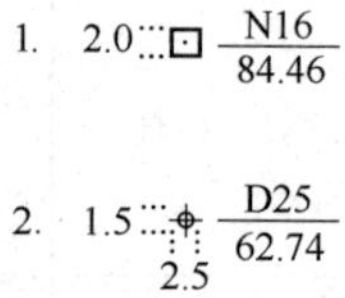
29	水准点	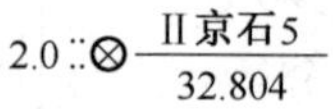
30	旗杆	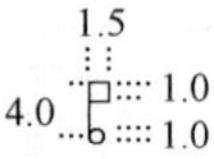
31	水塔	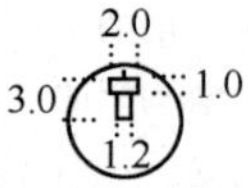
32	烟囱	
33	气象站(台)	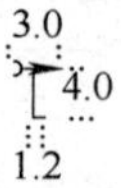
34	消火栓	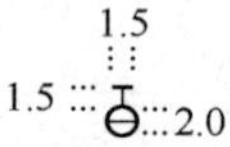
35	阀门	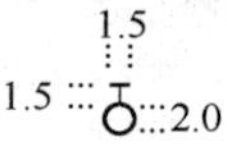
36	水龙头	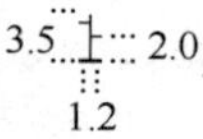
37	钻孔	
38	路灯	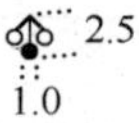
39	独立树 1. 阔叶 2. 针叶	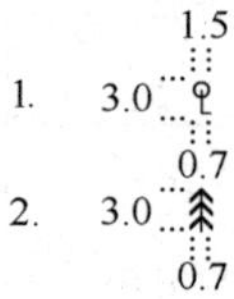
40	岗亭、岗楼	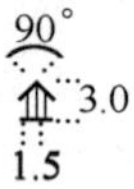
41	等高线 1. 首曲线 2. 计曲线 3. 间曲线	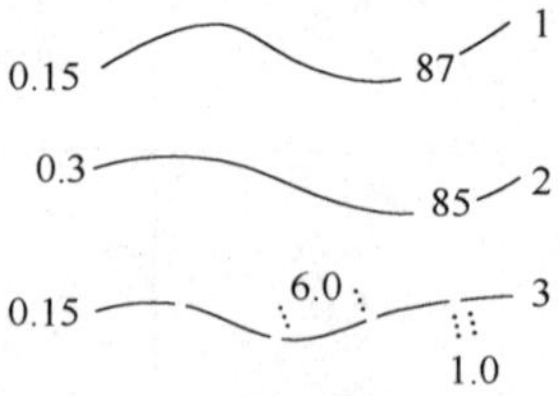
42	高程点及其注记	

5. 地貌符号

地貌在地形图上表示的方法很多，在地形测量中，主要用等高线来表示。等高线不仅能表示出地面的起伏形态，而且可以根据它求得地面的坡度和高程。

(1)等高线的概念

等高线是指地面上高程相等的相邻点连接而成的闭合曲线。

如图 9.11 所示，设一座小山被等间距的几个水平面 P_1、P_2 和 P_3 所截，则各水平面与小山相应的截线为闭合曲线，即为等高线，将各条曲线沿铅垂线方向投影到一个水平面 P 上，并按规定的比例尺缩绘到图纸上，便得到表示该小山的若干条等高线，这些等高线的形状、密度是由该小山的表面起伏形态决定的。

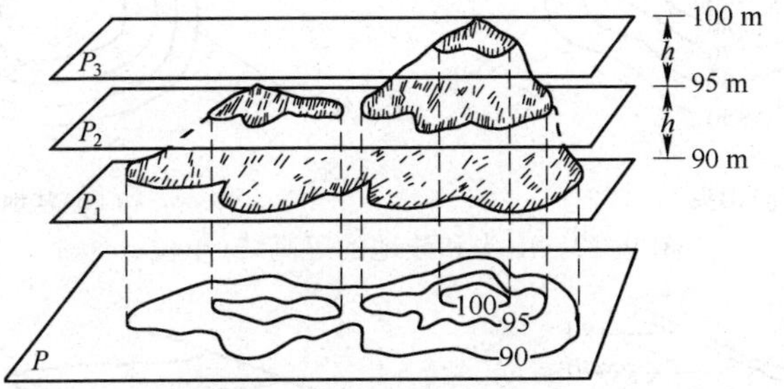

图 9.11　等高线(单位:m)

(2)等高距和等高线平距

相邻两条等高线之间的高差，称为等高距，也称为等高线间隔，用 h 表示。图 9.11 中的等高距 h 为 5 m。在应用中，等高距的大小是根据地形图的比例尺、地面坡度及用图目的而选定的。大比例尺地形图常用的等高距为 0.5 m、1 m、2 m 等，同一幅图上的等高距是相同的。等高线的高程必须是所采用的等高距的整倍数，如果某幅图采用的等高距为 2 m，则该幅图的高程必定是 2 m 的整倍数，如 60 m、62 m、…，而不是 61 m、63 m 或 65.3 m 等。

相邻等高线之间的水平距离，称为等高线平距，用 d 表示。在不同的地方，等高线平距不同，它决定于地面坡度的大小，地面坡度越大，等高线平距越小；相反，坡度越小，等高线平距越大；若地面坡度均匀，则等高线平距相等。

(3)几种典型的地貌等高线

自然地貌复杂多样，但可归纳为几种典型的基本形状，如果掌握和了解了这些基本地貌的等高线特点，就能比较容易地根据地形图上的等高线，分析和判断地面的起伏形态，正确阅读、使用和测绘地形图。

①山头和洼地的等高线

山头和洼地的等高线都是一圈圈闭合的曲线。如图 9.12 所示，若里圈的高程大于外圈的高程，则地貌为山头。若里圈的高程小于外圈的高程，则地貌为洼地。

山头和洼地的地貌有时候也采用示坡线来区分。示坡线为一段垂直于等高线的短线，用以指示坡度降落的方向。山头的示坡线指向外侧，而洼地的示坡线指向内侧。

②山脊和山谷的等高线

山脊和山谷的等高线都是一组朝一个方向突起的曲线。山脊的等高线凸向低处，而山谷的等高线凸向高处，如图 9.13 所示。

③鞍部

相邻两个山头之间的低凹处形似马鞍状的部分，称为鞍部。一般来说，鞍部即是山谷的起始高点，又是山脊的终止低点。因此，鞍部的等高线是两组相对的山脊与山谷等高线的组合，如图 9.14 所示。

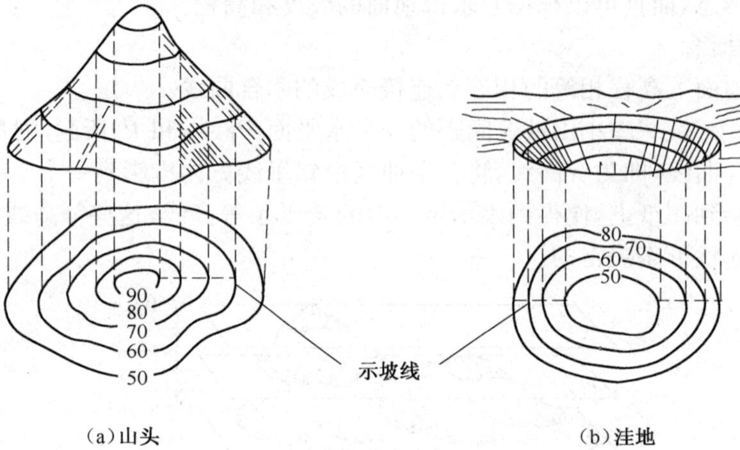

图 9.12　山头和洼地的等高线（单位：m）

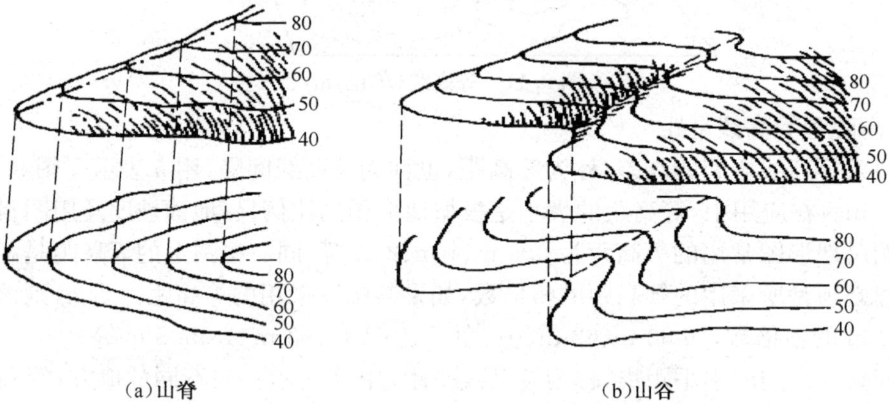

图 9.13　山脊和山谷的等高线（单位：m）

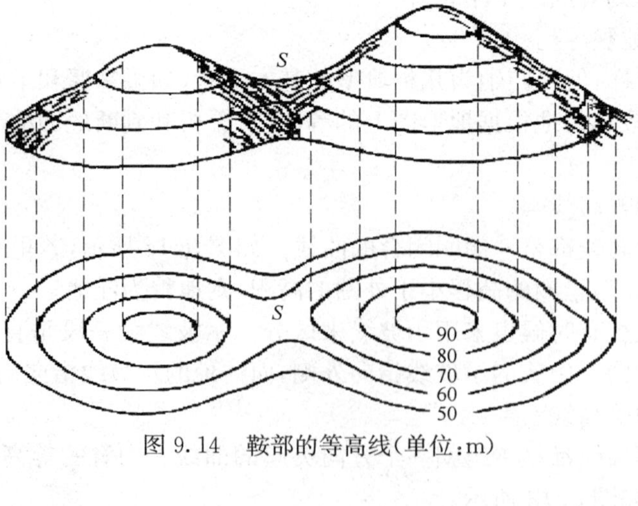

图 9.14　鞍部的等高线（单位：m）

④悬崖

悬崖应依照实测范围按图里用相应的符号表示。在悬崖的等高线中，上面的挡住了下面的等高线，出现了等高线“相交”，被挡住的等高线用虚线表示，如图 9.15 所示。

⑤冲沟

冲沟用依照实测范围按图例用相应的符号表示。如果范围较大，在冲沟范围内立尺，加绘出冲沟范围内的等高线，如图9.16所示。

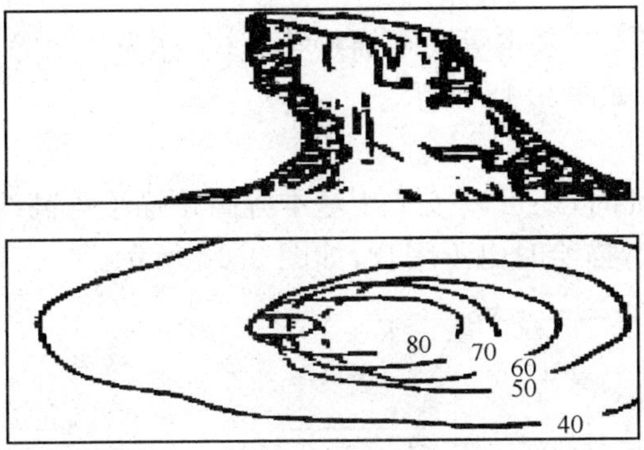

图9.15　悬崖的等高线(单位:m)

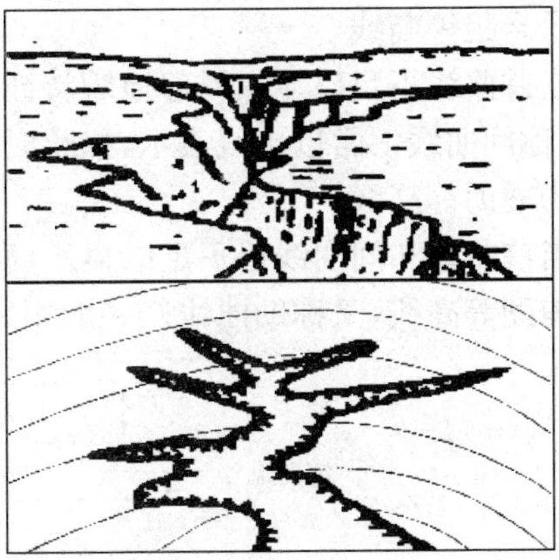

图9.16　冲沟的等高线

图9.17所示为一综合性地貌的透视图及相应的地形图，可对照前述基本地貌的表示方法进行阅读。

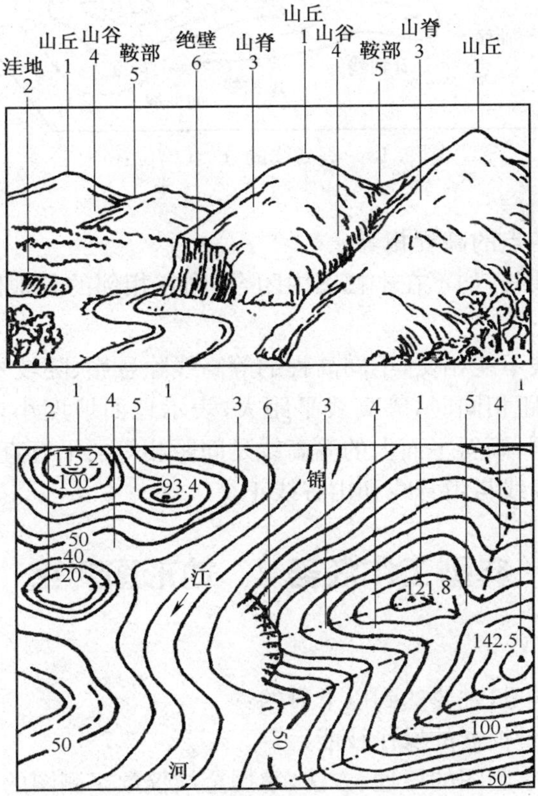

图9.17　地貌的透视图及相应的地形图(单位:m)

(4)等高线的分类

①基本等高线

基本等高线是按基本等高距测绘的等高线，又称首曲线或细等高线，用宽度为0.15 mm的细实线表示，如图9.18所示。

②加粗等高线

凡是高程能被 5 倍基本等高距整处的等高线，称为加粗等高线，也称计曲线。为了阅读方便，计曲线要加粗，用宽度为 0.3 mm 的粗实线描绘，如图 9.18 所示。

③半距等高线

当首曲线不足以显示局部地貌特征时，可以按 1/2 基本等高距描绘等高线，称为半距等高线，又称间曲线。常以虚线表示，描绘时也不闭合，如图 9.18 所示。

④辅助等高线

当首曲线和间曲线仍不足以显示局部地貌特征时，还可以按 1/4 基本等高距描绘等高线，称为辅助等高线，又称助曲线。一般用短虚线表示，描绘时也不闭合，如图 9.18 所示。

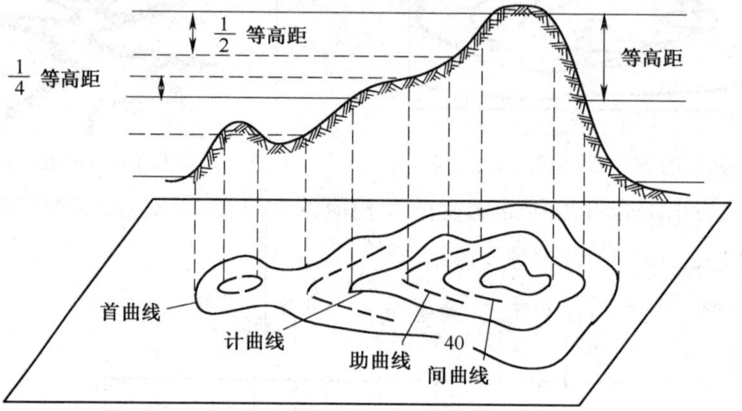

图 9.18　等高线的分类(单位:m)

(5)等高线的特性

①同一条等高线上各点的高程相等。

②等高线为一闭合曲线，如不在本幅图内闭合，则在相邻的其他图幅内闭合，等高线不能在图幅内无故中断。

③相同高程的等高线不能相交，不同高程的等高线除悬崖、陡坡外不得相交或重合。

④同一幅图内，等高距相同时，等高线平距大，表示地面坡度小；反之，平距小，表示坡度大；平距相等，则坡度相同；倾斜平面上的等高线是间距相等的平行直线。

⑤山脊和山谷的等高线与山脊线和山谷线正交。

典型工作任务 2　地形图测绘

9.2.1　工作任务

通过本部分知识的学习，主要达到以下目的：

(1)具有使用常规测量仪器的操作技能；

(2)学习大比例尺数字测图的原理、方法，掌握全站仪数字测图的全过程。

9.2.2　相关配套知识

1. 经纬仪测绘法

经纬仪测绘法是地形图的常规方法之一。该方法是用经纬仪测出地形点、地物点的平面坐标及高程，用尺子和量角器在图纸上展绘各点。

(1)测图前的准备工作

①图纸选用

地形图测绘一般选用一面打毛的聚酯薄膜作图纸，其厚度为 0.07～0.1 mm，经过热定型处理，其伸缩率小于 0.3%。聚酯薄膜图纸坚韧耐湿，沾污后可洗，便于野外作业，在图纸上着墨后，可直接复晒蓝图，但易燃，有折痕后不能消失，在测图、使用、保管过程中要注意。

②绘制坐标格网

为了能准确地把各等级的控制点，包括图根控制点展绘在图纸上，首先要精确地绘制直角坐标方格网，每个方格为 10 cm×10 cm。我们可以到测绘仪器用品商店购买印制好坐标格网的图纸，也可用下述两种方法绘制并作检查。

a. 对角线法

如图 9.19 所示，沿图纸的四个角，用坐标格网尺绘出两条对角线交于 O 点，从 O 点起在对角线上量取四段相等长度，得出 A、B、C、D 四点，并连线，即得矩形 $ABCD$。从 A、B 两点起沿 AD 和 BC 向右每隔 10 cm 截取一点；再从 A、D 两点起沿 AB、DC 向上每隔 10 cm 截取一点。而后连接相应各点，即得到由 10 cm×10 cm 正方形组成的坐标格网。坐标格网尺是精度较高的金属直尺，尺上有六个方孔，相邻方孔间的长度为 10 cm，起始孔是直线，中间刻一细指标线表示零点，其他各孔的弧段是以零点为圆心，分别以 10 cm 为半径的圆弧，尺端圆弧的半径为 50 cm×50 cm 正方形对角线的长度 70.711 cm。

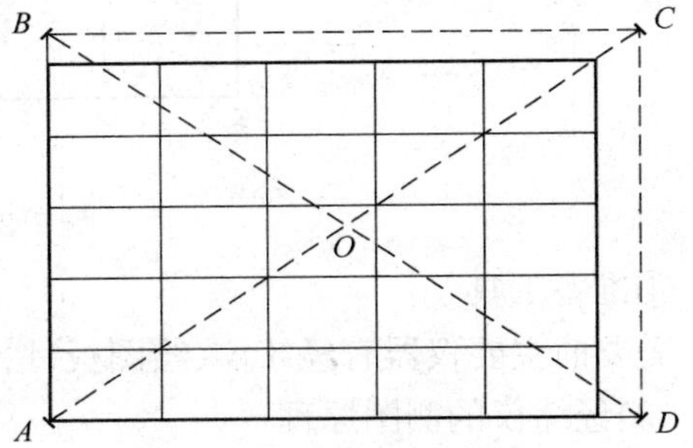

图 9.19　对角线法绘制方格网

b. 绘图仪法

在计算机中用 AutoCAD 软件编辑好坐标格网图形，然后把图形通过绘图仪绘制在图纸上。

绘好坐标格网以后，应进行检查。方法是：将直尺边沿方格的对角线方向放置，各方格的角点应在一条直线上，偏离不应大于 0.2 mm；再检查各个方格的对角线长度应为 14.14 cm，允许误差为±0.2 mm；图廓对角线长度与理论长度之差的允许值为±0.3 mm。超过允许值时，应将格网进行修改或重绘。在坐标格网外边注记坐标值，格网线的坐标是按照地形图分幅确定的。

③展绘控制点

在展绘控制点时，首先要确定控制点所在的方格。如图 9.20 所示，控制点 A 的坐标为 $X_A=764.30$ m，$Y_A=566.15$ m，因此，确定其位置应在 $klmn$ 方格内。从 k 和 n 点向上用比例尺量 64.30 m，得出 a、b 两点，再从 k 和 l 点向右量 66.15 m，得出 c、d 两点，连接 ab 和 cd，其交点即为控制点 A 在图上的位置。用同样方法将其他各控制点展绘在图纸上。最后用比例尺量取相邻控制点之间的图上的距离与已知距离进行比较，作为展绘控制点的检核，最大误差不应超过图上±0.3 mm，否则控制点应重新展绘。

当控制点的平面位置展绘在图纸上以后，按图式要求绘导线点符号并注记点号和高程，高程注记到毫米，以此作为铅笔原图。

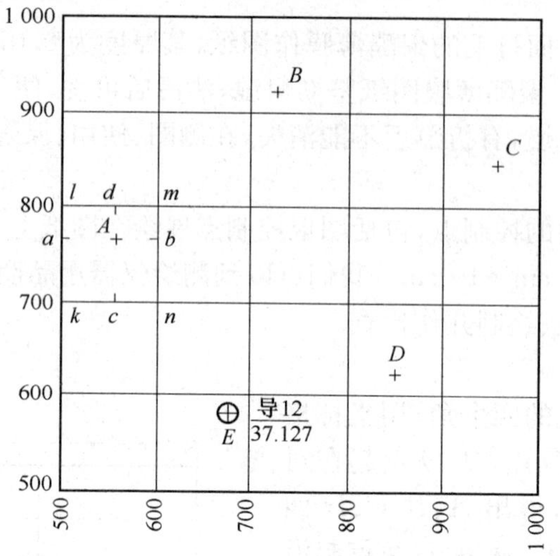

图 9.20　控制点的展绘

④准备工具

需要的主要仪器有经纬仪、绘图板、塔尺、量角器、铅笔、大头针、计算器等。

(2)经纬仪的测图原理

如图 9.21 所示，已知 A、B 两点，要测出 C 点的空间位置。

在 A 点安置经纬仪，对中、整平后，瞄准后视点 B 后，把水平度盘归零，转动照准部，瞄准 C 点，读出水平读数，即可测出水平角 β，再结合 AC 的水平距离 D 即可确定 C 点的平面位置。加上已经用视距测量的方法测出 A、C 两点的高差 h，就可推算出 C 点的高程。将 C 点按比例描绘在图纸上，并注记高程，即完成这个点的测量工作。用同样的方法可以测出其他各点的位置。当图幅内所有点的位置都测出来并按规定的符号绘制在图纸上以后，就完成了一张地形图的原图测绘工作。

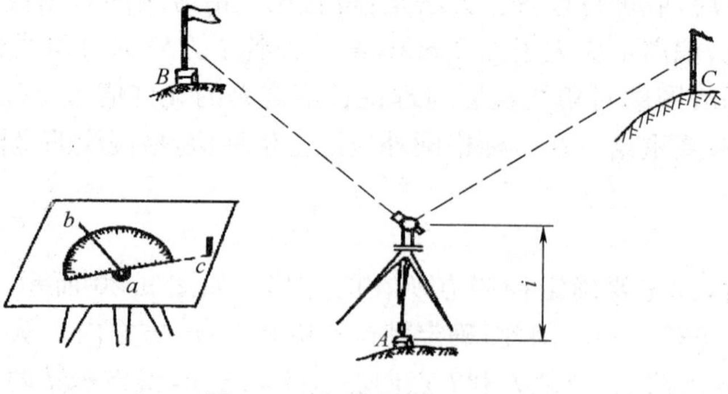

图 9.21　经纬仪测图原理

(3)经纬仪的测站工作

①安置仪器和图板

如图 9.21 所示，观测员安置经纬仪于测站点(控制点)A 上，包括对中和整平。量取仪器高 i，测量竖盘指标差 δ。记录员在“碎部测量记录手簿”中记录，包括表头的其他内容。绘图员在测站的同名点上安置半圆仪。

②定向

照准另一控制点 B 作为后视方向，置水平度盘读数为 $0°00'00''$。绘图员在后视方向的同名方向上画一短直线，短直线过半圆仪的半径，作为半圆仪读数的起始方向线。

③立尺

司尺员依次将标尺立在地物、地貌特征点上。立尺前，司尺员应弄清实测范围和实地概略情况，选定立尺点，并与观测员、绘图员共同商定立尺路线。

④观测

观测员照准标尺，读取水平角 β、视距间隔 l、中丝读数 s 和竖盘读数 L。

⑤记录

记录员将读数依次记入手簿。有些手簿视距间隔栏为视距 kl，由观测者直接读出视距值。对于有特殊作用的碎部点，如房角、山头、鞍部等，应在备注中加以说明。

⑥计算

记录员依据视距间隔 l、中丝读数 s、竖盘读数 L 和竖盘指标差 δ、仪器高 i、测站高程 $H_{站}$，按视距测量公式计算平距和高程。

⑦展绘碎部点

绘图员转动半圆仪，将半圆仪上等于 δ 角值(其碎部点为 $114°00'$)的刻划线对准起始方向线，如图 9.22 所示，此时半圆仪零刻划方向便是该碎部点的方向。根据图上距离 d，用半圆仪零刻划边所带的直尺定出碎部点的位置，用铅笔在图上点示，并在点的右侧注记高程。同时，应将有关地形点连接起来，并检查测点是否有错。

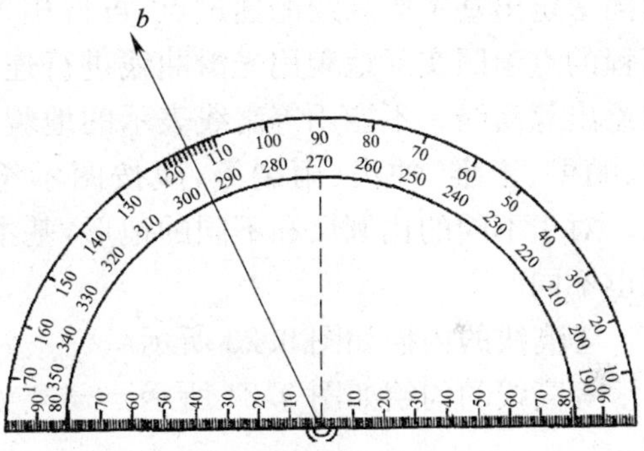

图 9.22　半圆仪展绘碎部点的方向

⑧测站检查

为了保证测图正确、顺利地进行，必须在工作开始进行测站检查。检查方法是在新测站上，测试已测过的地形点，检查重复点精度在限差内即可。否则应检查测站点是否展错。此外，在工作中间和结束前，观测员可利用时间间隙照准后视点进行归零检查，归零差不应大于 $4'$。在每测站工作结束时进行检查，确认地物、地貌无错测或漏测时，方可迁站。

测区面积较大，测图工作需分成若干图幅进行。为了相邻图幅的拼接，每幅图应测出图廓外 5 mm。

(4)地形图的绘制

①地物描绘

在测绘地形图时，对地物测绘的质量主要取决于是否正确合理地选择地物特征点，如房角、道路边线的转折点、河岸线的转折点、电杆的中心点等。主要的特征点应独立测定，一些次要的特征点可采用量距、交会、推平行线等几何作图方法绘出。

一般规定，主要建筑物轮廓线的凹凸长度在图上大于 0.4 mm 时，都要表示出来。如在 1∶500比例尺的地形图上，主要地物轮廓凹凸大于 0.2 m 时应在图上表示出来。对于大比例尺测图，应按如下原则进行取点。

a. 有些房屋凹凸转折较多时，可只测定其主要转折角(大于 2 个)，取得有关长度，然后按其几何关系用推平行线法画出其轮廓线。

b. 对于圆形建筑物可测定其中心并量其半径绘图；或在其外廓测定三点，然后用作图法定出圆心，绘出外廓。

c. 公路在图上应按实测两侧边线绘出：大路或小路可只测其一侧的边线，另一侧按量得的路宽绘出。

d. 道路转折点处的圆曲线边线应至少测定三点(起、终和中点)绘出。

e. 围墙应实测其特征点，按半比例符号绘出其外围的实际位置。

对于已测定的地物点应连接起来的要随测随连，以便将图上测得的地物与地面上的实体对照。这样，测图时如有错误或遗漏，就可以及时发现，给予修正或补测。

②地貌勾绘

在测出地貌特征点后，即开始勾绘等高线。勾绘等高线时，首先用铅笔轻轻描绘出山脊线、山谷线等地性线，由于等高距都是整米数或半米数，因此基本等高线通过的地面高程也都是整米数或半米数。由于所测地形点大多数不会正好就在等高线上，因此必须在相邻地形点间，先用内插法定出基本等高线的通过点，再将相邻各同高程的点参照实际地貌用光滑曲线进行连接，即勾绘出等高线。不能用等高线表示的地貌，如悬崖、峭壁、土堆、冲沟、雨裂等，应按图示符号表示。对于不同的比例尺和不同的地形，基本等高距也不同。

等高线的内插如图 9.23 所示。

等高线的勾绘如图 9.24 所示。

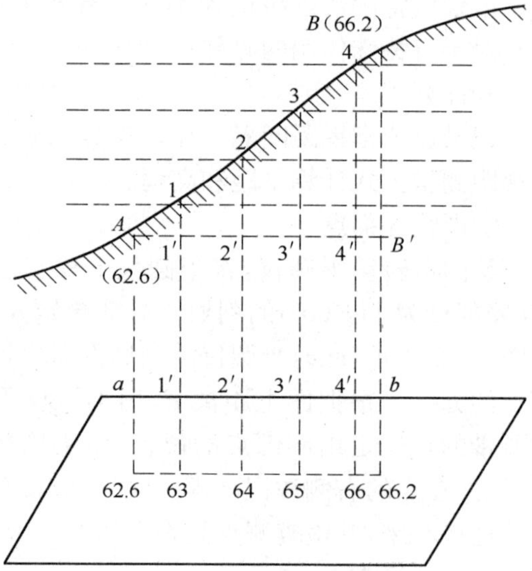

图 9.23　等高线的内插

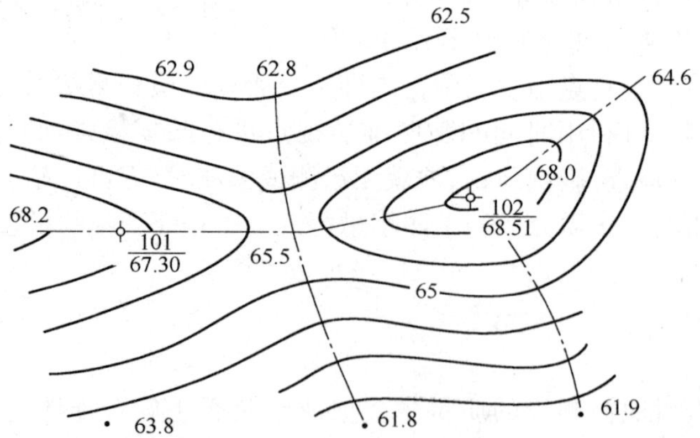

图 9.24　等高线的勾绘

等高线一般应在现场边测图边勾绘，要运用等高线的特性，至少应勾绘出计曲线，以控制等高线的走向，以便与实地地形相对照，可以当场发现错误和遗漏，并能及时纠正。

③地形图的拼接

测区面积较大时，整个测区必须划分为若干幅图进行施测。这样，在相邻图幅连接处，由于测量误差和绘图误差的影响，无论是地物轮廓线还是等高线往往不能完全吻合。

如图 9.25 所示两图幅相邻边的衔接情况，房屋、道路、等高线都有误差。拼接不透明的图用宽约 5 m 的透明图纸蒙在左图幅的图边上，用铅笔把坐标格网线、地物、地貌勾绘在透明纸上，然后再把透明纸按坐标格网线位置蒙在右图幅衔接边上，同样用铅笔勾绘地物和地貌，同一地物和等高线在两幅图上不重合量，就是接边误差。当用聚酯薄膜进行测图时，不必勾绘图边，利用其自身的透明性，可将相邻两幅图的坐标格网线重叠，就可量化地物和等高线的接边误差。若地物、等高线的接边误差不超过表 9.5 中规定的地物点平面位置中误差、等高线高程中误差、等高线高程中误差的 $2\sqrt{2}$ 倍时，则可取其平均位置进行改正。若接边误差超过规定限差，则应分析原因，到实地测量检查，以便得到纠正。

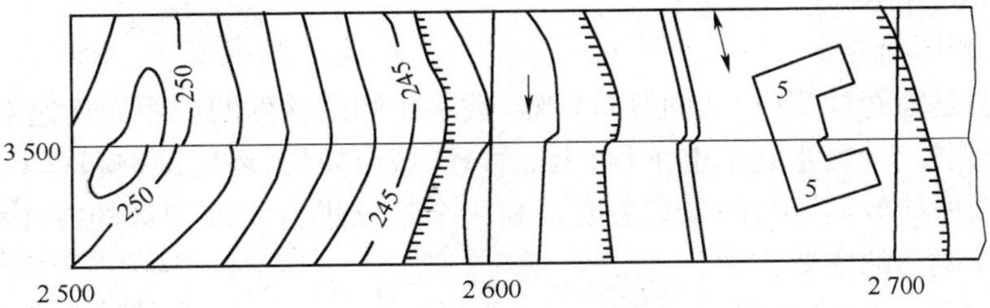

图 9.25　地形图的拼接

表 9.5　地物点平面位置中误差和地形点高程中误差

地区类别	点位中误差	平地	丘陵地	山地	高山地	铺装地面
山地、高山地	图上 0.8 mm	高程注记点的高程中误差				
		$h/3$	$h/2$	$2h/3$	h	0.15 m
城镇建筑区、工矿建筑区、平地、丘陵地	图上 0.6 mm	等高线插求点的高程中误差				
		$h/2$	$2h/3$	h	h	

④地形图的检查

为了确保地形图的质量，除施测过程中加强检查外，在地形图测完后，必须对成图质量进行全面检查。

a. 室内检查

室内检查的内容有：图上地物、地貌是否清晰易读；各种符号注记是否正确；等高线与地形点的高程是否相符，有无矛盾可疑之处；图边拼接有无问题等。如发现错误或疑问，应到野外进行实地检查解决。

b. 外业检查

巡视检查：检查时应带图沿预定的线路巡视，将原图上的地物、地貌和相应实地上的地物、地貌对照。查看图上有无遗漏，名称注记是否与实地一致等。这是检查原图的主要方法，一般应在整个测区范围内进行，特别是应对接边时所遗留的问题和室内图面检查时发现的问题进行重点检查。发现问题后应当场解决，否则应设站检查纠正。

仪器检查：对于室内检查和野外巡视检查中发现的错误、遗漏和疑点，应用仪器进行补测与检查，并进行必要的修改。仪器设站检查量一般为 10%。把测图仪器重新安置在图根控制点上，对一些主要地物和地貌进行重测。如发现点位误差超限，应按正确的观测结果修正。

⑤图的整饰

地形图经过上述拼接和检查后，还应清绘和整饰，使图面更加合理、清晰、美观。整饰的次序是先图内后图外，图内应先注记后符号，先地物后地貌，并按规定的图式进行整饰。图廓外应按图式要求书写，还应至少要写出图名、图号、比例尺、坐标系统和高程系统、施测单位和日期等。如系地方独立坐标，还应画出真北方向。

⑥验收

验收是在委托人检查的基础上进行的，以鉴定各项成果是否合乎规范及有关技术指标的要求（或合同要求）。首先检查成果资料是否齐全，然后在全部成果中抽出一部分作全面的内业、外业检查，其余则进行一般性检查，以便对全部成果质量做出正确的评价。对成果质量的评价一般分优、良、合格和不合格四级。对于不合格的成果成图，应按照双方合同约定进行处理，或返工重测，或经济赔偿，或既赔偿又返工重测。

2. 全站仪数字化测图

(1)数字化测图简介

数字化测图是随着计算机、地面测量仪器、数字化测图软件的应用而迅速发展起来的全新内容，广泛用于测绘生产、水利水电工程、土地管理、城市规划、环境保护和军事工程等部门。

数字化测图原始数据资料的采集主要是利用全站仪进行实地测量的方法来获得，全站仪草图法是数字化测图的主要方法。

(2)全站仪草图法数字化测图

草图法数字测图的方法是使用全站仪测量碎步点三维坐标的同时，领图员绘制碎步点构成的地物形状和类型并记录下碎步点点号（必须与全站仪自动记录的点号一致）。然后将全站仪或电子手簿记录的碎步点三维坐标，通过 CASS 软件传输到计算机，转换成 CASS 坐标格式文件展开，根据野外绘制的草图在 CASS 中绘制地物。

①人员组织

a. 观测员 1 人：负责操作全站仪，观测并记录观测数据，观测时应注意检查零方向及与领图员核对点号。

b. 领图员 1 人：负责指挥跑尺，现场勾绘草图。要求熟悉地形图图式，以保证草图的简洁、正确，应注意经常与观测员核对点号（一般每测 50 个点应与观测员核对一次点号）。

c. 跑尺员 1 人：负责现场跑尺，要求对跑点有经验，以保证内业制图方便。

d. 内业制图员：一般由领图员担任内业制图任务，操作 CASS 展绘坐标数据文件，对照草图连线成图。

②全站仪数字化测图方法

a. 安置仪器：在控制点上安置全站仪，检查中心连接螺旋是否旋紧，对中、整平、量取仪器高、开机。

b. 创建文件：在全站仪 Menu 中，选择“数据采集”进入“选择一个文件”，输入一个文件名后确定，即完成文件创建工作。

c. 输入测站点：输入一个文件名，回车后即进入数据采集的输入数据窗口，按提示输入测站点点号及标识符、坐标、仪高、后视点点号及标识符、坐标、镜高，仪器瞄准后视点，进行定向。

d. 碎步点测量：仪器定向后，即可进入前视点测量，输入所测碎步点的点号、编码、镜高后，精确瞄准竖立在碎步点上的反光镜，按“坐标”键，仪器即测量出第一个碎步点的坐标，并将测量结果保存到前面输入的坐标文件中，同时将碎步点点号自动加 1 返回测量状态。按以上同样的方法，可以测量并保存其后所测的碎步点的三维坐标。

e. 数据传输：完成外业数据采集后，使用数据线将全站仪与计算机的 COM 口接好，启动通信软件，设置好与全站仪一致的通信参数后，根据提示顺序选择“发送数据”，然后在全站仪上选择确认发送，再在通信软件上的提示对话框上单击“确定”，即可将采集到碎步点坐标数据发送到通信软件的文本区。

f. 展绘碎步点、成图：执行下拉菜单“绘图处理/展野外测点点号”，即在绘图区得到展绘好的碎步点点号，结合野外绘制的草图绘制地物。

随着以全站仪为代表的智能化、数字化测绘仪器的广泛使用，使三维数据自动采集、传输、处理的测量数据处理系统得以实现，测绘精度也得到了保证和提高。

目前，数字化测图已广泛应用于各个测绘领域。它具有精度高、时间短、操作简便易学等优点，简化了传统的作业方法，大大缩短了作业时间，减少了野外劳动强度，对于提高作业速度和成果精度具有广泛的应用前景。其高度灵活、自动化程度高等优点，是传统的作业方法无法比拟的。

典型工作任务3　地形图应用

9.3.1　工作任务

通过本部分知识的学习，主要达到以下目的：

(1)能够应用地形图进行坐标、高程、距离、方位角、面积等量算；

(2)能够应用地形图进行场地平整土方量计算。

9.3.2　相关配套知识

地形图是具有丰富的地形信息的载体，它不仅包含自然地理要素，而且包含社会、政治、经济等人文地理要素。

地形图也是工程建设必不可少的基础性资料。在每一项新的工程建设之前，都要先进行地形测量工作，以获得规定比例尺的现状地形图。同时还要收集有关的各种比例尺地形图和资料，使得可能从历史到现状的结合上、从整体到局部的联系上、从自然地理因素到人文地理因素的分析上去进行研究。

在地形图上，可以直接确定点的概略坐标、点与点之间的水平距离和直线间夹角、直线的方位。既能利用地形图进行实地定向，或确定点的高程和两点间高差，也能从地形图上计算出面积和体积，还可以从图上决定设计对象的施工数据。无论是国土整治、资源勘查、土地利用及规划，还是工程设计、军事指挥等，都离不开地形图。

1. 地形图的识读

为了正确地应用地形图，首先要能看懂地形图。地形图是用各种规定的符号和注记表示地物、地貌及其他有关资料。通过对这些符号的注记的识读，可使地形图成为展现在人们面前的实地立体模型，以判断其相互关系和自然形态。这就是地形图识图的主要目的。

(1)图外注记识读

首先要了解这幅图的编号和图名、图的比例尺、图的方向以及采用什么坐标系统和高程系统，这样就可以确定图幅所在的位置、图幅所包括的面积和长宽等。

对于小于1∶10 000的地形图，一般采用国家统一规定的高斯平面直角坐标系(1980年国家坐标系)，城市地形图一般采用城市坐标系，工程项目总平面图大多采用施工坐标系。自1956年起，我国统一规定以黄海平均海水面作为高程起算面，所以绝大多数地形图都属于这个高程系统。我国自1987年启用“1985国家高程基准”，全国均以新的水准原点高程为准。但也有若干老的地形图和有关资料，使用的是其他高程系或假定高程系，如长江中下游一带，常使用吴淞高程系，为避免工程上应用的混淆，在使用地形图时应严加区别。通常，地形图所使用的坐标系统和高程系统均用文字注明于地形图的左下角。

对地形图的测绘时间和图的类别要了解清楚，地形图反映的是测绘时的现状，因此要知道图纸的测绘时间，对于未能在图纸上反映的地面上的新变化，应组织力量予以修测与补测，以免影响设计工作。

(2)地物识读

要知道地形图使用的是哪一种图例，要熟悉一些常用的地物符号，了解符号和注记的确切含义。根据地物符号，了解主要地物的分布情况，如村庄名称、公路走向、河流分布、地面植被、农田、山村等。如图 9.26 所示为黄村的地形图，房屋东侧有一条公路，向南过一座小桥，桥下为双清河，河水流向是由西向东，图的西半部分有一些土坎。

(3)地貌识读

要正确理解等高线的特性，根据等高线，了解图内的地貌情况，首先要知道等高距是多少，然后根据等高线的疏密判断地面坡度及地形走势。由图 9.26 中可以看出：整个地形西高东低，逐渐向东平缓，北边有一小山头，等高距为 5 m。

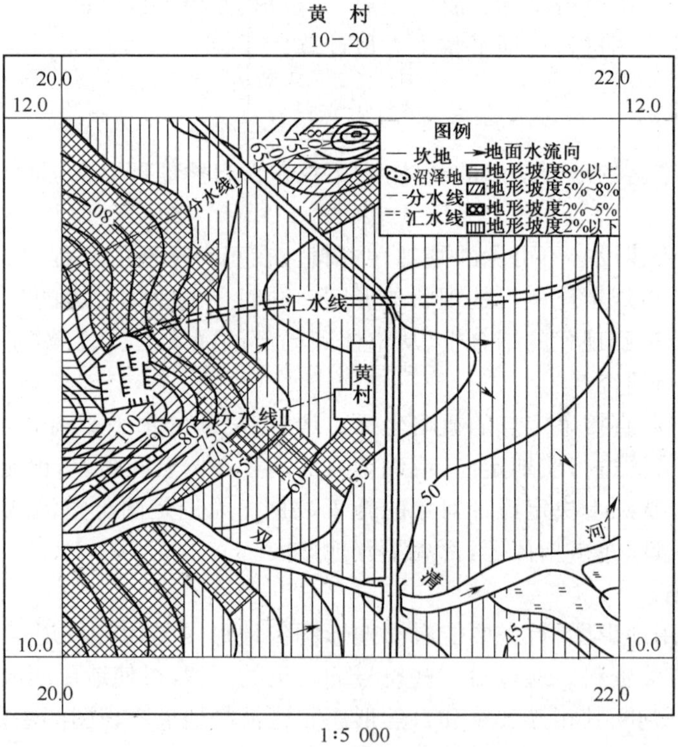

图 9.26　地形图识别

2. 地形图应用的基本内容

在工程建设规划设计时，往往要用解析法或图解法在地形图上求出任意点的坐标和高程，确定两点之间的距离、方向和坡度，利用地形图绘制断面图等，这就是用图的基本内容，现分述如下：

(1)确定图上点的坐标

图 9.27 是比例尺为 1∶1 000 的地形图坐标格网的示意图，以此为例说明求图上 A 点坐标的方法。首先根据 A 的位置找出它所在的坐标方格网 $abcd$，过 A 点作坐标格网的平行线

ef 和 gh。然后用直尺在图上量得 $ag=62.3$ mm，$ae=55.4$ mm；由内、外图廓间的坐标标注知：$x_a=40.1$ km，$y_a=30.2$ km。则 A 点坐标为

$$\begin{aligned} x_A &= x_a+ag\cdot M=40\ 100\ \text{m}+62.3\ \text{mm}\times 1\ 000=40\ 162.3\ \text{m} \\ y_A &= y_a+ae\cdot M=30\ 200\ \text{m}+55.4\ \text{mm}\times 1\ 000=30\ 255.4\text{m} \end{aligned} \tag{9.2}$$

式中　M——比例尺分母。

如果图纸有伸缩变形，为了提高精度，可按式(9.3)计算：

$$\left.\begin{aligned} x_A &= x_a+ag\cdot M\cdot \frac{l}{ad} \\ y_A &= y_a+ae\cdot M\cdot \frac{l}{ab} \end{aligned}\right\} \tag{9.3}$$

式中，l 是方格 $abcd$ 边长的理论长度，一般为 10 cm。ad、ab 是分别用直尺量取的方格边长。

(2)确定两点间的水平距离

如图 9.27 所示，欲确定 AB 间的水平距离，可用如下两种方法求得：

①直接量测(图解法)

用卡规在图上直接卡出线段长度，再与图示比例尺比量，即可得其水平距离。也可以用刻有毫米的直尺量取图上长度 d_{AB} 并按比例尺(M 为比例尺分母)换算为实地水平距离，即

$$D_{AB}=d_{AB}\cdot M \tag{9.4}$$

或用比例尺直接量取直线长度。

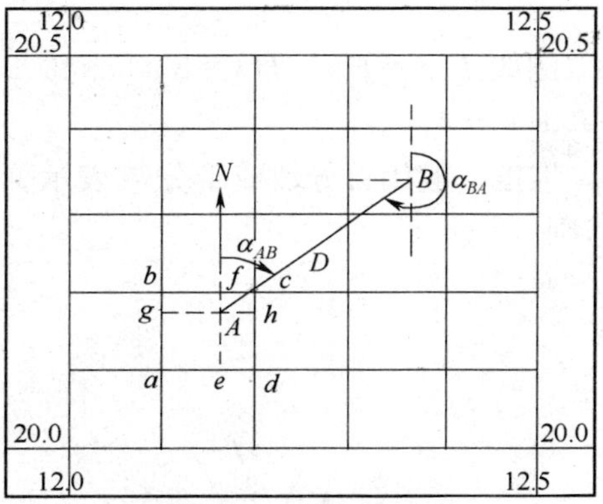

图 9.27　地形图的应用

②解析法

按(9.3)式，先求出 A、B 两点的坐标，再根据 A、B 两点坐标由公式计算：

$$D_{AB}=\sqrt{(X_B-X_A)^2+(y_B-y_A)^2} \tag{9.5}$$

(3)确定两点间直线的坐标方位角

欲求图 9.27 上直线 AB 的坐标方位角，可有下述两种方法：

①解析法

首先确定 A、B 两点的坐标，然后按式确定直线 AB 的坐标方位角。

$$\tan\alpha_{AB}=\frac{\Delta y_{AB}}{\Delta x_{AB}}=\frac{y_B-y_A}{x_B-x_A} \tag{9.6}$$

②图解法

在图上先过 A、B 点分别做出平行于纵坐标轴的直线，然后用量角器分别度量出直线 AB 的正、反坐标方位角 α'_{AB} 和 α'_{BA}，取这两个量测值的平均值作为直线 AB 的坐标方位角，即

$$\alpha_{AB}=\frac{1}{2}(\alpha'_{AB}+\alpha'_{BA}\pm 180^\circ) \tag{9.7}$$

式中，若 $\alpha'_{BA}>180^\circ$，取“-180°”；若 $\alpha'_{BA}<180^\circ$，取“$+180^\circ$”。

(4)确定点的高程

利用等高线，可以确定点的高程。如图 9.28 所示，A 点在 28 m 等高线上，则它的高程＝28 m。M 点在 27 m 和 28 m 等高线之间，过 M 点作一直线基本垂直这两条等高线，得交点 P、Q，则 M 点高程为

$$H_M = H_P + \frac{d_{PM}}{d_{PQ}} \cdot h \tag{9.8}$$

式中：H_P 为 P 点高程，h 为等高距，d_{PM}、d_{PQ} 分别为图上 PM、PQ 线段的长度。例如，设用直尺在图上量得 $d_{PM}=5$ mm、$d_{PQ}=12$ mm，已知 $H_P=27$ m，等高距 $h=1$ m，把这些数据代入式(9.8)得

$$h_{PM}=5/12\times1=0.4\ \text{m}$$
$$H_M=27+0.4=27.4\ \text{m}$$

(5)确定两点间直线的坡度

如图 9.29 所示，A、B 两点间的高差 h_{AB} 与水平距离 D_{AB} 之比，就是 A、B 间的平均坡度 i_{AB}，即

$$i_{AB}=\frac{h_{AB}}{D_{AB}} \tag{9.9}$$

例如：$h_{AB}=H_B-H_A=86.5-49.8=+36.7$ m，设 $D_{AB}=876$ m，则 $i_{AB}=+36.7/876=+0.04=+4\%$。

坡度一般用百分数或千分数表示。$i_{AB}>0$ 表示上坡；$i_{AB}<0$，表示下坡。若以坡度角表示，则

$$\alpha=\arctan\frac{h_{AB}}{D_{AB}}$$

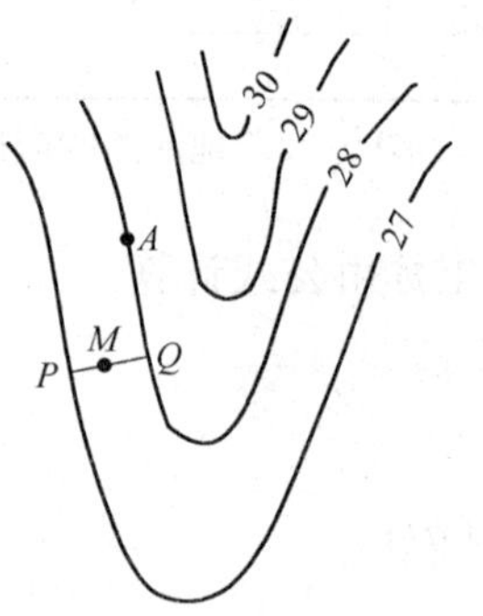

图 9.28　确定点的高程

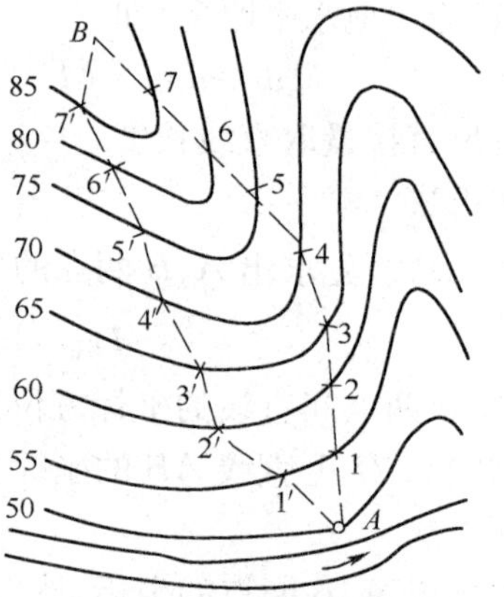

图 9.29　选定等坡路线

应该注意到，虽然 A、B 是地面点，但 A、B 连线坡度不一定是地面坡度。

(6)按规定的坡度选定等坡路线

如图 9.29 所示，要从 A 向山顶 B 选一条公路的路线。已知等高线的基本等高距为 $h=5$ m，比例尺 1∶10 000，规定坡度 $i=5\%$，则路线通过相邻等高线的平距应该是 $D=h/i=5/5\%=100$ m。在 1∶10 000 图上平距应为 1 cm，用分规以 A 为圆心，1 cm 为半径，作圆弧交 55 m 等高线于 1 或 1′。再以 1 或 1′为圆心，按同样的半径交 60 m 等高线于 2 或 2′。同法可得一系列交点，直到 B。把相邻点连接，即得两条符合于设计要求的路线的大致方向。然后通过实地踏勘，综合考虑选出一条较理想的公路路线。

由图中可以看出，A-1″-2′-3′…线路的线形，不如 A-1-2-3…线路线形好。

(7)绘制已知方向纵断面图

在道路、管道设计和土方计算中常利用地形图绘制沿线方向的断面图，如图 9.30 所示，要

求绘出 AB 方向的断面图。绘制方法是：

①在图 9.31 中绘出直角坐标系，横轴表示水平距离，纵轴表示高程。为了绘图方便，水平距离的比例尺一般选择与地形图相同；为了较明显地反映路线方向的地面起伏，以便于在断面图上作竖向布置，取高程比例尺是水平距离比例尺的 10 倍或 20 倍。

②在图 9.30 中设直线 AB 与等高线的交点分别为 1、2、3、4、…，以线段 $A1$、$A2$、$A3$、…、AB 为半径，在图 9.31 的横轴上以 A 为起点，截得对应 1、2、3、…、B 点，即两图中同名线段一样长。

③把图 9.30 中 A、1、2、…、B 点的高程作为图 9.31 中横轴上同名点的纵坐标值，这样就做出断面上的地面点，把这些点依次平滑地连接起来，就形成断面图。

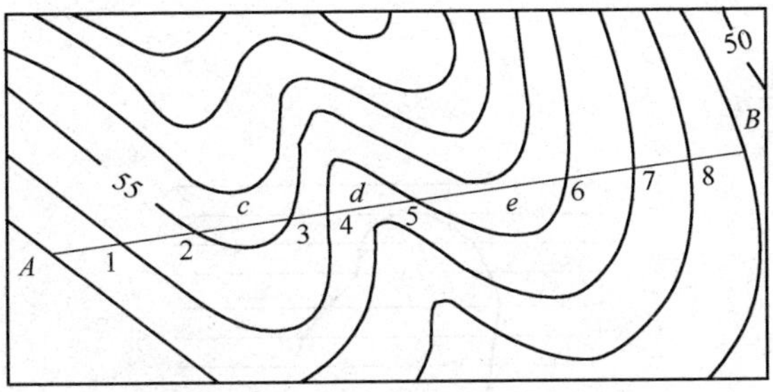

图 9.30 等高线图

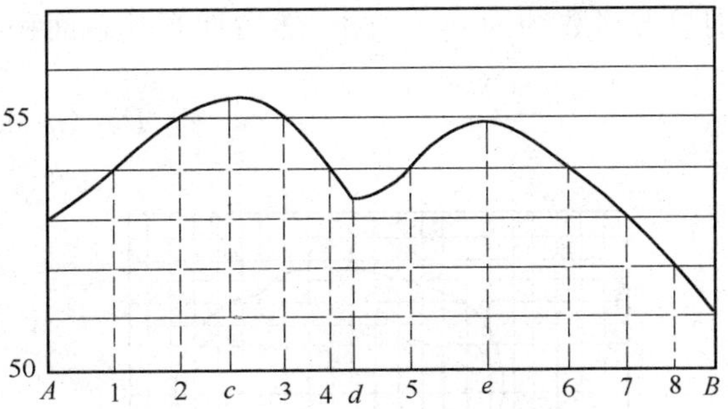

图 9.31 绘制纵断面图

为了较合理地反映断面的起伏，应根据相邻等高线 55 m 和 56 m 内插出 2、3 点之间的 c 点高程。同法内插出 d、e 点。此外应注意，在纵轴注记的起始高程 50 m 应比 AB 断面上最低点 B 的高程略小一些。这样绘出的断面线完全在横轴的上部。

(8)确定汇水面积的边界线

当在山谷或河流修建大坝、架设桥梁或敷设涵洞时，都要知道有多大面积的雨水汇集在这里，这个面积称为汇水面积。

汇水面积的边界是根据等高线的分水线（山脊线）来确定的。如图 9.32 所示，通过山谷，在 MN 处要修建水库的水坝，就须确定该处的汇水面积，即由图中分水线（点划线）AB、BC、CD、DE、EF 与 FA 线段所围成的面积；再根据该地区的降雨量就可确定流经 MN 处的水流量。这是设计桥梁、涵洞或水坝容量的重要数据。

图 9.32 确定汇水面积边界线

3. 地形图上面积的量算

在规划设计中，往往需要测定某一地区或某一图形的面积。例如，林场面积、农田水利灌溉面积调查，土地面积规划，工业厂区面积计算等。

设图上面积为 $P_{图}$，则 $P_{实}=P_{图}\times M^2$，式中 $P_{实}$ 为实地面积，M 为比例尺分母。设图上面积为 10 mm²，比例尺为 1∶2 000，则实地面积 $P_{实}=10\times 2\ 000^2\div 10^6=40(\text{m}^2)$。求算图上某区域的面积 $P_{图}$，一般有以下几种方法。

(1)用图解法量测面积

① 几何图形计算法

如图 9.33 所示是一个不规则的图形，可将平面图上描绘的区域分成三角形、梯形或平行四边形等最简单规则的图形，用直尺量出面积计算的元素，根据三角形、梯形等图形面积计算公式计算其面积，则各图形面积之和就是所要求的面积。

计算面积的一切数据，都是用图解法取自图上，因受图解精度的限制，此法测定面积的相对误差大约为 1/100。

②透明方格纸法

将透明方格纸覆盖在图形上，然后数出该图形包含的整方格数和不完整的方格数。先计算出每一个小方格的面积，这样就可以很快算出整个图形的面积。

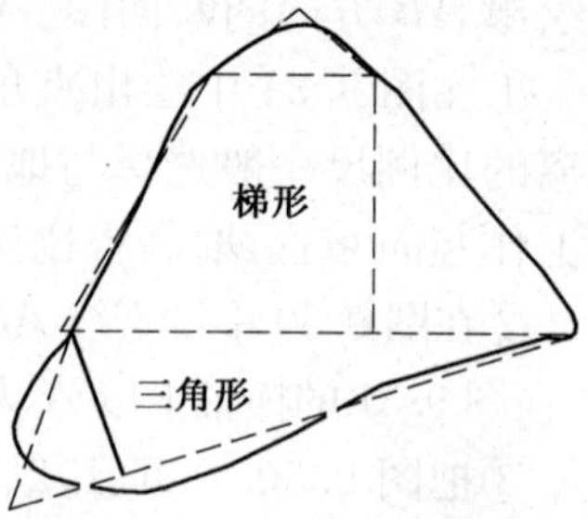

图 9.33　几何图形计算法

如图 9.34 所示，先数整格数 n_1，再数不完整的方格数 n_2，则总方格数约为 $n_1+\frac{1}{2}n_2$，然后计算其总面积 P，则

$$P=(n_1+\frac{1}{2}n_2)\cdot S$$

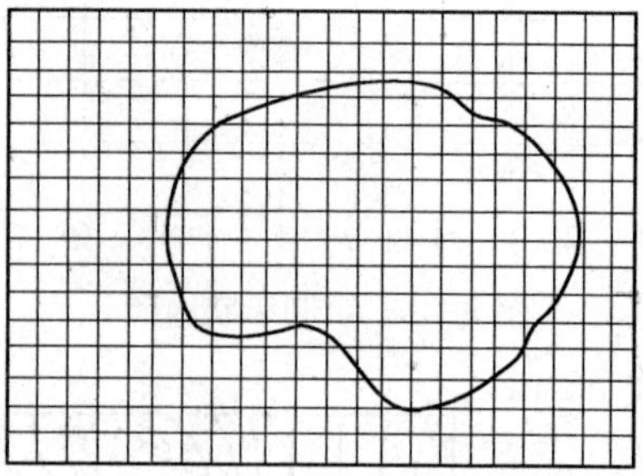
图 9.34　透明方格纸法

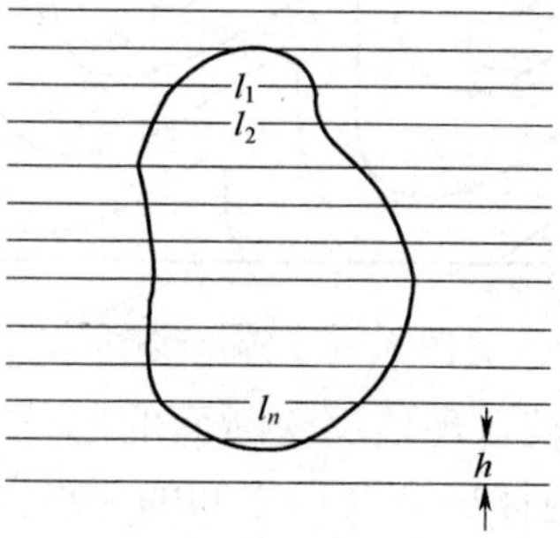

图 9.35　平行线法

式中，S 为一个小方格的面积。

③平行线法

先在透明纸上，画出间隔相等的平行线，如图 9.35 所示。为了计算方便，间隔距离取整数为好。将绘有平行线的透明纸覆盖在图形上，旋转平行线，使两条平行线与图形边缘相切，则相邻两平行线间截割的图形面积可全部看成是梯形，梯形的高为平行线间距 h，图形截割各平行线的长度为 l_1、l_2、…、l_n，则各梯形面积分别为

$$P_1=1/2\times h\times(0+l_1)$$
$$P_2=1/2\times h\times(l_1+l_2)$$
$$\vdots$$
$$P_n=1/2\times h\times(l_{n-1}+l_n)$$
$$P_{n+1}=1/2\times h\times(l_n+0)$$

则总面积 P 为

$$P=P_1+P_2+\cdots+P_n+P_{n+1}=h\cdot\sum_{n=1}^{n}l_n \tag{9.10}$$

(2)用坐标解析法计算面积

若待测图形为多边形，可根据多边形顶点的坐标计算面积。由图 9.36 可知：多边形 1234 的面积等于梯形 144′1′面积 $P_{144'1'}$ 加梯形 433′4′面积 $P_{433'4'}$ 减梯形 233′2′面积 $P_{233'2'}$ 减梯形 122′1′面积 $P_{122'1'}$，即

$$P=P_{144'1'}+P_{433'4'}-P_{233'2'}-P_{122'1'}$$

设多边形顶点 1、2、3、4 的坐标分别为$(x_1、y_1)$、$(x_2、y_2)$、$(x_3、y_3)$、$(x_4、y_4)$。将上式中各梯形面积用坐标值表示，即

$$A=\frac{1}{2}(x_4+x_1)(y_4-y_1)+\frac{1}{2}(x_3+x_4)(y_3-y_4)-\frac{1}{2}(x_3+x_2)(y_3-y_2)-\frac{1}{2}(x_2+x_1)(y_2-y_1)$$

$$=\frac{1}{2}x_1(y_4-y_2)+\frac{1}{2}x_2(y_1-y_3)+\frac{1}{2}x_3(y_2-y_4)+\frac{1}{2}x_4(y_3-y_1)$$

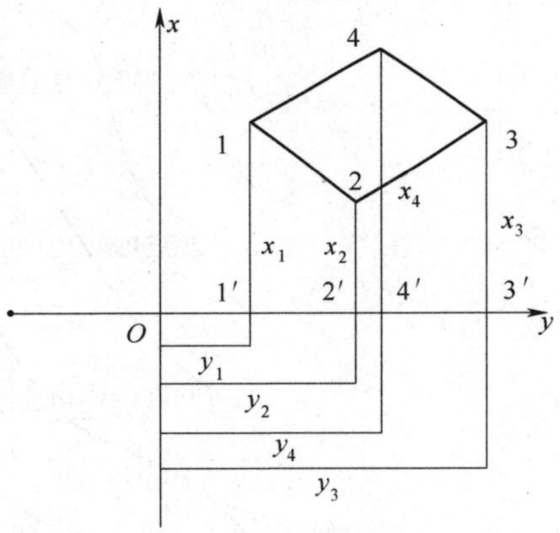

图 9.36　坐标解析法

即
$$P=\frac{1}{2}\sum_{i=1}^{4}x_i(y_{i-1}-y_{i+1})$$

同理，可推导出 n 边形面积的坐标解析法计算公式为

$$P=\frac{1}{2}\sum_{i=1}^{n}x_i(y_{i-1}-y_{i+1}) \tag{9.11}$$

或

$$P=\frac{1}{2}\sum_{i=1}^{n}y_i(x_{i+1}-x_{i-1}) \tag{9.12}$$

注意式中当 $i=1$ 时，令 $i-1=n$；当 $i=n$ 时，令 $i+1=1$。

利用式(9.11)、式(9.12)计算同一图形面积，可检核计算的正确性。采用以上两式计算多边形面积时，顶点 1、2、3、…、n 是按逆时针方向编号。若把顶点依顺时针编号，按上两式计算，其结果都与原结果绝对值相等，符号相反。

4. 地形图上土方量的计算

在各种工程建设中，除对建筑物要作合理的平面布置外，往往还要对原地貌作必要的改造，以便适于布置各类建筑物，排除地面水以及满足交通运输和敷设地下管道等。这种地貌改造称之为平整土地。

在平整土地工作中，常需预算土、石方的工程量，即利用地形图进行填挖土(石)方量的概算。其方法有多种，其中方格法(或设计等高线法)是应用最广泛的一种。下面分两种情况介绍该方法。

(1)要求平整成水平面

如图 9.37 所示，假设要求将原地貌按挖填土方量平衡的原则改造成水平面，其步骤如下：

①在地形图上绘方格网

在地形图上拟建场地内绘制方格网。方格网的大小取决于地形复杂程度、地形图比例尺大小以及土方概算的精度要求。例如在设计阶段采用 1∶500 的地形图时，根据地形复杂情况，一般边长为 10 m 或 20 m。方格网绘制完后，根据地形图上的等高线，用内插法求出每一方格顶点的地面高程，并注记在相应方格顶点的右上方，如图 9.37 所示。

②计算设计高程

先将每一方格顶点的高程加起来除以 4，得到各方格的平均高程，再把每个方格的平均高程相加除以方格总数，就得到设计高程 H_0：

$$H_0=(H_1+H_2+\cdots+H_n)/n$$

式中，H_i 为每一方格的平均高程，n 为方格总数。

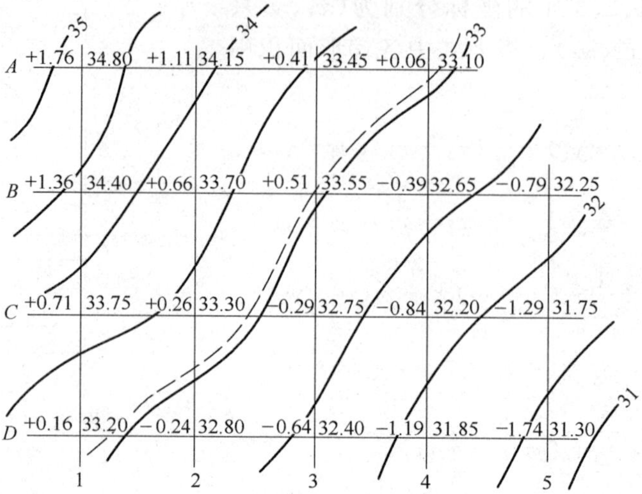

图 9.37　方格法土方量计算

从设计高程 H_0 的计算方法和图 9.37 可以看出：方格网的角点 $A1$、$A4$、$B5$、$D1$、$D5$ 的高程只用了一次，边点 $A2$、$A3$、$B1$、$C1$、$D2$、$D3$、…的高程用了两次，拐点 $B4$ 的高程用了三次，而中间点 $B2$、$B3$、$C2$、$C3$、…的高程都用了四次，因此，设计高程的计算公式也可写为

$$H_0=(\sum H_{角}+2\sum H_{边}+3\sum H_{拐}+4\sum H_{中})/4n \tag{9.13}$$

将方格顶点的高程（图 9.37）代入式（9.13），即可计算出设计高程为 33.04 m 。在图上内插出 33.04 m 等高线（图中虚线），称为填挖边界线（或称零线）。

③计算挖、填高度

根据设计高程和方格顶点的高程，可以计算出每一方格顶点的挖、填高度，即

$$填、挖高度=地面高程-设计高程 \tag{9.14}$$

将图中各方格顶点的挖、填高度写于相应方格顶点的左上方。正号为挖深，负号为填高。

④计算挖、填土方量

挖、填土方量可按角点、边点、拐点和中点分别按式（9.15）计算：

$$\left.\begin{aligned}&角点:挖(填)高\times 1/4\ 方格面积\\&边点:挖(填)高\times 1/2\ 方格面积\\&拐点:挖(填)高\times 3/4\ 方格面积\\&中点:挖(填)高\times\ \ 1\ 方格面积\end{aligned}\right\} \tag{9.15}$$

例如图 9.38 所示：设每一方格面积为 400 m^2，计算的设计高程是 25.2 m，每一方格的挖深或填高数据已分别按式（9.14）计算出，并已注记在方格顶点的左上方。于是，可按式（9.15）列表（见表 9.6）分别计算出挖方量和填方量。从计算结果可以看出，挖方量和填方量是相等的，满足“挖、填平衡”的要求。

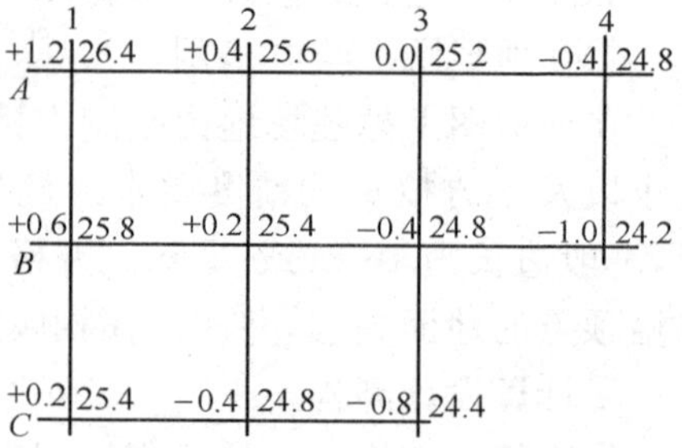

图 9.38　土方填、挖计算

（2）要求按设计等高线整理成倾斜面

将原地形改造成某一坡度的倾斜面，一般可根据填、挖平衡的原则，绘出设计倾斜面的等高线。但是有时要求所设计的倾斜面必须包含不能改动的某些高程点（称为设计斜面的控制高程点），例

表 9.6　挖、填土方计算表

点号	挖深/m	填高/m	所占面积/m²	挖方量/m³	填方量/m³
A1	+1.2		100	120	
A2	+0.4		200	80	
A3	0.0		200	0	
A4		−0.4	100		40
B1	+0.6		200	120	
B2	+0.2		400	80	
B3		−0.4	300		120
B4		−1.0	100		100
C1	+0.2		100	20	
C2		−0.4	200		80
C3		−0.8	100		80
				Σ:420	Σ:420

如，已有道路的中线高程点；永久性或大型建筑物的外墙地坪高程等。

如图 9.39 所示，设 a、b、c 三点为控制高程点，其地面高程分别为 54.6、51.3 和53.7 m。要求将原地形改造成通过 a、b、c 三点的斜面，其步骤如下：

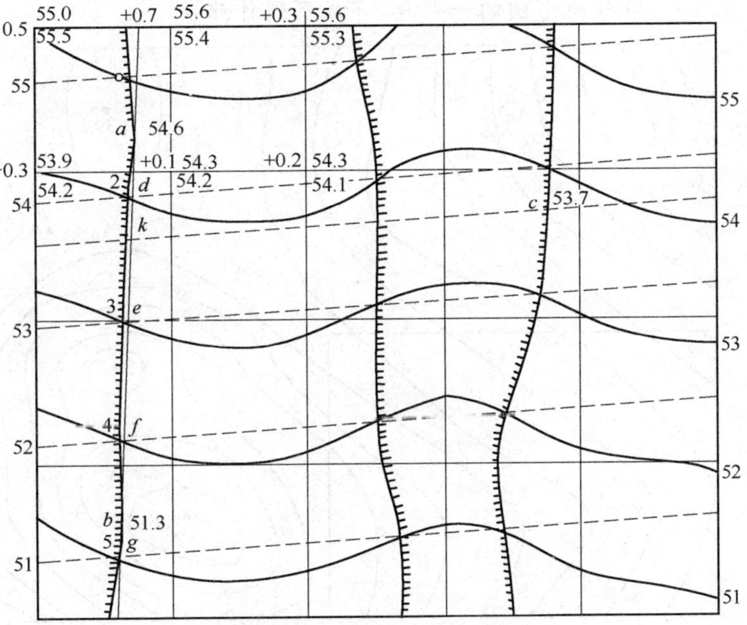

图 9.39　倾斜面土方量计算

①确定设计等高线的平距

过 a、b 二点作直线，用比例内插法在 ab 曲线上求出高程为 54、53、52、…各点的位置，也就是设计等高线应经过 ab 线上的相应位置，如 d、e、f、g、…等点。

②确定设计等高线的方向

在 ab 直线上求出一点 k，使其高程等于 c 点的高程(53.7 m)。过 kc 连一线，则 kc 方向就是设计等高线的方向。

③插绘设计倾斜面的等高线

过 d、e、f、g、…各点作 kc 的平行线(图中的虚线)，即为设计倾斜面的等高线。过设计等高线和原同高程的等高线交点的连线，如图中连接 1、2、3、4、5 等点，就可得到挖、填边界线。

图中绘有短线的一侧为填土区，另一侧为挖土区。

④计算挖、填土方量

与前一方法相同，首先在图上绘方格网，并确定各方格顶点的挖深和填高量。不同之处是各方格顶点的设计高程是根据设计等高线内插求得的，并注记在方格顶点的右下方。其填高和挖深量仍记在各顶点的左上方。挖方量和填方量的计算和前一方法相同。

复习思考题

1. 什么是地形图？
2. 什么是地形图的比例尺？比例尺有哪些基本表示方法？
3. 什么是比例尺的精度？
4. 什么是等高线？什么是等高距？什么是等高线平距？
5. 等高线可以分成哪几类？在地形图上如何表示？
6. 等高线的基本特性有哪些？
7. 地形图应用有哪些基本内容？
8. 图 9.40 是 1∶1 000 地形图的一部分，完成下列作业：

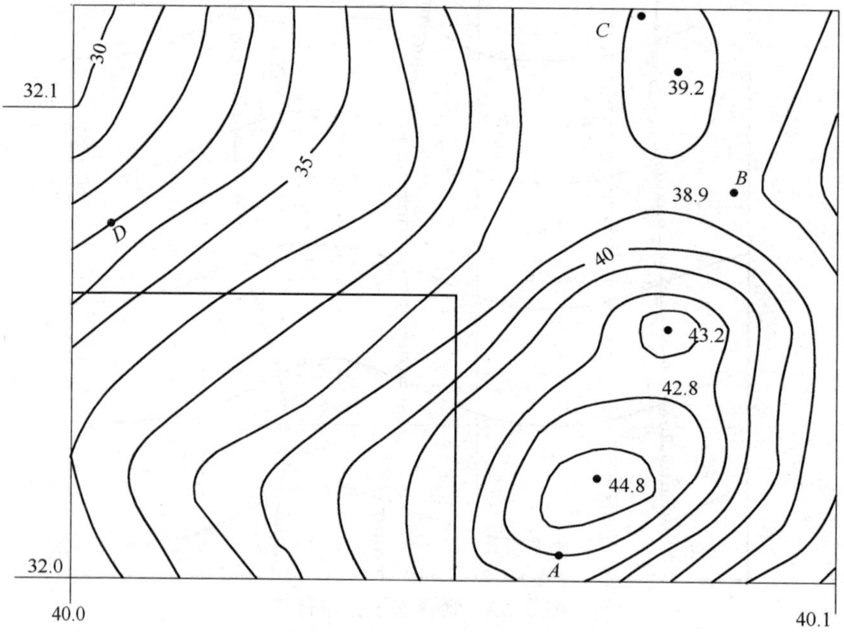

图 9.40　1∶1 000 地形图

(1)确定 A、B、C、D 四点的坐标和高程；

(2)求 AB 方向的坐标方位角；

(3)绘出 AB 方向的断面图；

(4)求 C、D 两点间的平均坡度；

(5)从 C 点至 D 点选定一条坡度不超过 -8% 的最短线路；

(6)按填、挖方量平衡的要求，拟把地形图左下方的矩形场地(50 m×60 m)改造成水平场地，计算其填、挖土方量。

项目 10　线路的曲线测设

项目描述

城市轨道交通工程曲线测设是根据曲线设计资料，通过计算出的曲线测量数据，将相应曲线中线的主点及细部点标定在地面上的过程。本项目主要介绍城市轨道交通工程中圆曲线的测设、加缓和曲线后圆曲线的详细测设以及遇障碍时曲线的测设。

教学目标

1. 能力目标

• 能够识读在城市轨道交通工程测量中遇到的各种设计及施工图纸，提出与曲线测量有关的问题；

• 在测量过程中，能够解运用所学理论知识及技能解决实际工作中的各种难题。

2. 知识目标

• 掌握城市轨道交通中圆曲线、缓和曲线等的计算过程和测设方法；

• 掌握并理解与城市轨道交通工程曲线测量的相关规范及标准；

• 了解城市轨道交通工程曲线测量在遇到障碍物情况下的解决方法。

3. 素质目标

• 养成全面考虑问题的习惯；

• 养成分工协作的意识；

• 具备一定协调组织能力。

• 培养学生实现高精度线路工程测量，提高工程质量。

相关案例——城市轨道交通中线路设计简述

城市轨道交通是为城市繁荣和经济发展服务的，为市民的出行提供快速便利的交通工具，为日趋严重的城市地面行车难解困，因此线路设计必须符合城市总体发展及改造规划。

城市轨道交通线路不同于野外一般铁路，它往往受城市道路和建筑物限制，线位选择自由度小，选定线位必须仔细勘测、设计，多方案比选确定，尽量避免减少建筑物拆迁和沿线各类管道切改工程。

线路位置比选包括直线的位置和曲线半径比选，比选内容为：

(1)线路条件比较

线路条件比较包括线路长度、曲线半径、转角等。对于小半径曲线，在拆迁数量、拆迁难度、工程造价增加不多的情况下，宜推荐较大半径的方案，若半径大于或等于 400 m，则不宜增加工程造价来换取大半径曲线。

(2)房屋拆迁比较

房屋拆迁比较包括拆迁房屋数量、质量、使用性质、拆迁难易等的比较。质量差的危旧房屋可以拆，住宅房易拆迁，办公房次之，工厂厂房难拆迁；学校、医院等单位，一般要邻近安置；商贸房异地搬迁，在市场经济的条件下，拆迁难度大。

(3)管线拆迁比较

管线拆迁比较包括上下水管网、地下地上电力线(管)、地下地上通信电缆线(管)、煤气管、热力管等的数量、规格、费用及拆迁难度比较。大型管道改移费用高，下水管改移难度大。

(4)改移道路及交通便道面积比较

改移道路及交通便道面积比较包括施工时改移交通的临时道路面积及便桥，恢复被施工破坏的正式路面及桥梁等。

(5)其他拆迁物比较

不属于上述拆迁内容的其他拆迁。

由于受地形、地质等自然条件以及上述比选条件的限制，城市轨道交通线路需要改变方向。为保证车辆平稳运行，在改变方向处应加设曲线进行过渡。因此，线路平面线形由直线和曲线组合而成，如图 10.1 所示，线路平面曲线的单元线型分为圆曲线和缓和曲线，故曲线测设即圆曲线或缓和曲线的测设。

在确定出线路平面方案的基础上，要进行线路平面的详细计算。线路平面设计计算一般按以下步骤进行：

图 10.1　城市高架桥上的曲线

①以城市道路红线或建筑物坐标为控制点，首先确定线路任意点的坐标和沿线路走向的直线方位角，以此作为计算的基础。

②交点坐标的计算。该步骤是从起点开始，先用已知直线相交公式及点间距公式求出起始边长，然后用坐标公式计算交点坐标。用交点坐标及第二直线方位角作为新起始边直线，继续采用上述方法计算第二个交点坐标。这样交替计算边长和坐标，直至全线交点坐标计算完成。

③曲线要素计算。根据线路的设计标准，选用合理的曲线半径和缓和曲线长度，计算各曲线要素。

以上三个步骤在设计过程中一般需要反复调整计算，尤其在一些条件复杂、曲线连接困难的地段，有时需采用复杂烦琐的公式，多次试算才能完成。我国早已研制出相应的计算软件，简化了这步工作。

④里程计算。里程计算一般从起点开始，以公里标 K0＋000 表示，依此推算各点里程。里程计算一般包括起终点、直缓、缓圆、圆缓、缓直、车站中心、道岔中心以及特殊点的里程等。左右线的里程分别进行计算，先右线后左线，一般在车站中心里程相同。当左右线线路长度不同时，左线设断链进行调整。

⑤关键点坐标及距离计算。这一步主要是采用点线间垂距计算方法，对一些工程控制点距线路的距离以及线路左右线的线间距作计算，以验算和确定工程设计的条件。

典型工作任务 1　圆曲线测设

10.1.1　工作任务

通过本部分知识的学习，主要达到以下目的：

(1)根据圆曲线的设计数据，计算圆曲线的测量所需的资料；

(2)根据圆曲线的测设资料，对圆曲线实施测量。

10.1.2　相关配套知识

城市轨道交通线路中线是由直线和曲线两部分组成的。在曲线的测设中，圆曲线是线路平面曲线的基本组成部分，且单交点单圆曲线是最常见最基本的曲线形式。圆曲线的测设工作一般分两步进行：首先测设曲线主点桩，然后进行曲线桩加密，完整地标定出圆曲线的位置，这项工作称为曲线的详细测设。

(1)圆曲线要素的计算

圆曲线的基本要素包括：转角 α、曲线长 L、切线长 T、外矢距 E_0、切曲差 q、曲线半径 R。

上述要素中 α 是事先直接测出的，半径 R 是在设计时根据地形条件选定的。因此，要素计算主要是计算 T、L、E_0、q。如图 10.2 为一个圆曲线，图中：JD 为交点，α 为转向角，ZY 为直圆点(圆曲线起点)，QZ 为曲线中点(简称曲中点)，YZ 为圆直点(圆曲线终点)。当 α 及 R 为已知时，可得出圆曲线基本要素的计算公式如下：

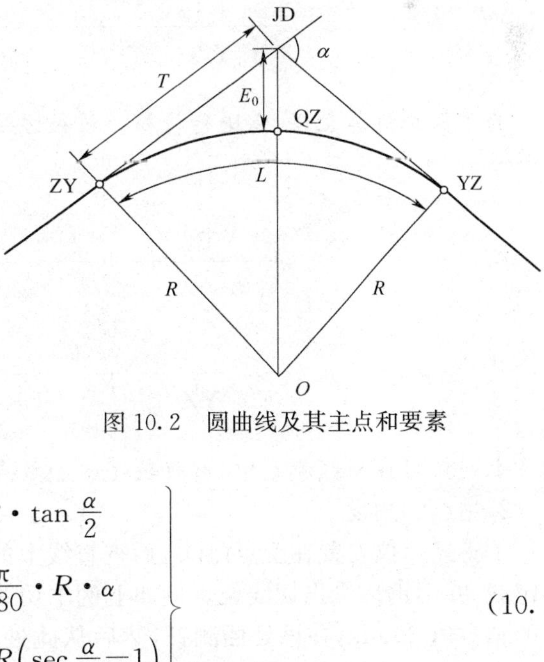

图 10.2　圆曲线及其主点和要素

$$\left.\begin{aligned}&\text{切线长}:T=R\cdot\tan\frac{\alpha}{2}\\&\text{曲线长}:L=\frac{\pi}{180}\cdot R\cdot\alpha\\&\text{外矢距}:E_0=R\left(\sec\frac{\alpha}{2}-1\right)\\&\text{切曲差}:q=2T-L\end{aligned}\right\}\quad(10.1)$$

在实际工作中为了方便，基本要素的数据可直接在相关的工程曲线表中查得。该表是用

上述公式按 $R=100$ m 时，以不同转角 α 计算的曲线元素值。查用时将被查曲线半径除以100，然后以商值乘以表值，即为所求的曲线元素值。

(2)圆曲线主点的测设

1)主点里程桩号的计算

单圆曲线有三个主点，即曲线起点（ZY）、曲线中点（QZ）和曲线终点（YZ），根据交点 JD 的里程即可算出各主点的里程，其计算公式如下：ZY 桩号＝JD 桩号－T、QZ 桩号＝ZY 桩号＋$L/2$、YZ 桩号＝QZ 桩号＋$L/2$＝ZY 桩号＋L、YZ 桩号＝JD 桩号＋$T-q$（校核）。

在计算里程时应注意：曲线终点里程必须沿着曲线计算，不能沿切线计算。只有把终点里程算出后，才能接着算下一直线上的里程。

【例 10.1】 已知：ZY 点的里程为 DK48＋028.05，$\alpha=55°43'24''$，$R=500$ m，求圆曲线要素 T、L、E_0、q 并进行主点里程计算。

【解】 ①计算圆曲线主点要素

根据公式(10.1)可得：$T=264.31$ m；$L=486.28$ m；$E_0=65.56$ m；$q=42.34$ m。

②里程计算

ZY		DK48＋028.05
－)	T	264.31
ZY		DK47＋763.74
＋)	$L/2$	243.14
QZ		DK48＋006.88
＋)	$L/2$	243.14
YZ		DK48＋250.02

为了保证计算无误，需进行校核。校核方法为：YZ＝JD＋$T-q$

JD		DK48＋028.05
＋)	T	264.31
		DK48＋292.36
－)	q	42.34
YZ		DK48＋250.02 （校核结果计算无误）

上列数据在新线测量中，有效数字取小数点后两位，即到厘米，在旧线测量中精确到毫米。

2)主点的测设

①将经纬仪安置在交点(JD)，后视直线上的转点(ZD)，固定水平制动螺旋，沿视线方向进行定线，并用钢尺量出切线长。例如上例中切线长 T 为 264.31 m，往测时可用钢尺量取切线长的整数值 260 m，在该处插测钎，然后从此处返测这段直线长度，量得结果为 260.02 m，则该段直线的平均值为 260.01 m，最后从这个插测钎的地方再延长 4.30 m，此时在视线上打桩钉小钉即可，该点就是曲线起点（ZY 点）。注意往测所取整数值，可根据地势及切线长小数点前一位数的数字多少而定，但最好使测钎至木桩的距离在 2 m 以内。

②用望远镜瞄准另一切线上的转点，固定水平制动螺旋，按步骤 1 定出曲线终点(YZ 点)。

③把望远镜从切线方向转$(180°-\alpha)/2$的角度值，定出方向线(分角线)，从交点沿分角线方向量出外矢距E_0的长度，即得曲线中点(QZ)的位置。但曲中点的设置应该用正倒镜分中的方法进行。

在主点的测设中，用钢尺丈量的相对误差应小于 1/2 000，各主点的木桩顶面上均应钉小钉，表示点的位置。

(3)圆曲线的详细测设

线路曲线上主点定出后，即可进行曲线的详细测设。详细测设就是在曲线上每隔 20 m 或 10 m 设置一点，因为只有主点，并不能满足施工的需要，所以必须按照施工的要求，把曲线的位置测设出来。圆曲线的测设方法很多，下面介绍两种常用的方法。

1)偏角法

偏角法测设圆曲线是以曲线起点 ZY 或终点 YZ 作为测点，计算出测站至曲线上任一细部点N_i的弦线与切线的夹角γ_i(弦切角，也称偏角)和弦长b_i，来确定出N_i点的位置，如图 10.3 所示。

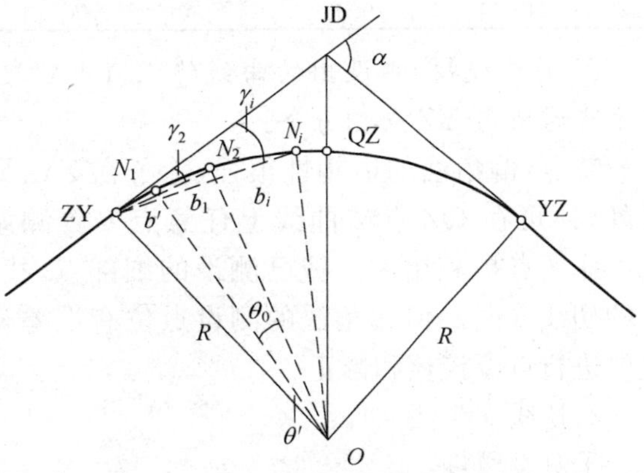

图 10.3　偏角法测设圆曲线

曲线上的细部点是曲线上的里程桩，一般按曲线半径R规定弧长为l_0的整桩。l_0的取值范围为：$R>60$ m 时为 20 m，30 m$<R<$60 m 时为 10 m，$R<30$ m 时为 5 m。

①测设数据计算

设N_1为曲线上的第一个整桩，它与曲线起点 ZY 间弧长为$l_1(l_1<l_0)$，之后N_1和N_2、N_2和N_3、…之间的弧长都为l_0。圆心角为θ_i，偏角为γ_i，则γ_i和弦长为b_i为

$$\left.\begin{aligned}\gamma_i&=\frac{\theta_i}{2}=\frac{l_i}{R}\cdot\frac{90°}{\pi}\\ b_i&=2R\sin\frac{\theta_i}{2}=2R\sin\gamma_i\end{aligned}\right\}\tag{10.2}$$

以切线方向为基准，顺时针拨角为正拨；逆时针拨角为反拨。

【例 10.2】　某市轨道交通区间曲线一交点的里程为 K3+182.76，转角$\alpha_{右}=25°48'00''$，圆曲线半径$R=300$ m，求圆曲线元素及主点里程。

【解】　根据题意，按整桩号偏角法测设曲线各细部点($l_0=20$ m)，列出各桩号，并计算出相应点的偏角及正拨角。各桩号、偏角等计算如表 10.1 所示。

②测设方法

a. 将全站仪安置在曲线起点 ZY 上，照准交点 JD，将水平度盘读数置为$0°00'00''$；

b. 顺时针转动照准部，使水平度盘读数为$0°34'05''$，沿视线方向量出$b_1=5.95$ m，定出N_1点；

c. 再转动照准部，使水平度盘读数为$2°28'44''$，沿视线方向量出$b_2=24.95$ m，定出N_2点，同法，测设出N_3，直至 YZ 点；

表 10.1 偏角法各点桩号及偏角的计算数据

桩号	各桩至 ZY 点的曲线长/m	偏角值 γ（° ′ ″）	正拨水平角值（° ′ ″）	相邻桩间弧长/m	相邻桩间弦长/m
ZY K3+114.05	0.00	0 00 00	0 00 00	0.00	0.00
K3+120	5.95	0 34 05	0 34 05	5.95	5.95
K3+140	24.95	2 28 41	2 28 41	20.00	19.99
K3+160	45.95	4 23 16	4 23 16	20.00	19.99
K3+180	65.95	6 17 52	6 17 52	20.00	19.99
QZ K3+181.06	67.55	6 27 00	6 27 00	1.60	1.60
			355 33 00	18.40	18.40
K3+200	49.14	4 41 33	355 18 27	20.00	19.99
K3+220	29.14	2 46 58	357 13 02	20.00	19.99
K3+240	9.14	0 52 22	359 07 38	9.14	9.14
YZ K3+249.14	0.00	0 00 00	0 00 00	0.00	0.00

d. 作为校核，测设出的曲线终点 YZ 应与测设曲线主点时所定 YZ 点相符合。

特点：偏角法的适用性很强，除了在 ZY、YZ 点测设外，还可在 QZ 点或曲线上任意点安置测站拨角。其工作要点是利用主点或已测设的细部点，找到置站点的切线方向。但偏角法的测设点位有误差累积，一定要进行点位校核和修正。

2）切线支距法

①测设原理

切线支距法就是用直角坐标法测设点位。以曲线起点 ZY 或曲线终点 YZ 为坐标原点，切线为直角坐标系的 x 轴，切线的垂线为直角坐标系的 y 轴，如图 10.4 所示。按曲线点的直角坐标(x,y)测设曲线点。x、y 由式(10.3)计算：

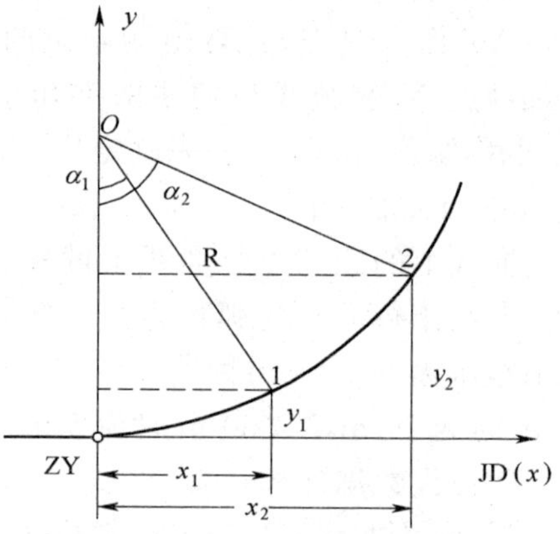

图 10.4 切线支距原理

$$\left.\begin{aligned} \alpha_i &= \frac{L_i}{R}\cdot\frac{180^\circ}{\pi} \\ x_i &= R\sin\alpha \\ y_i &= R(1-\cos\alpha_i) \end{aligned}\right\} \tag{10.3}$$

式中 R——圆曲线半径；

L_i——曲线点 i 至 ZY(或 YZ)的曲线长，一般定为 10 m、20 m、30 m、…即每 10 m 一桩。

根据 R 及 L_i 值，即可计算相应的 x_i，y_i 如表 10.2 所示。

表 10.2 圆曲线切线支距表

L	R=700		R=600		R=500	
	$L-x$	y	$L-x$	y	$L-x$	y
10	0.00	0.07	0.00	0.08	0.00	0.10
20	0.00	0.29	0.00	0.33	0.01	0.40
30	0.01	0.64	0.01	0.75	0.02	0.90
40	0.02	1.14	0.03	1.33	0.04	1.60
50	0.04	1.79	0.06	2.08	0.08	2.50

②测设方法

a. 将经纬仪置于起点(ZY),瞄准JD,沿切线上每 10 m 量一点,然后于 10 m处回量 $L-x_1$ 即 $10-x_1$,得一点,如图 10.5 所示。

b. 在此点上向切线垂直方向量 y_1,即定出圆曲线上 1 点。

c. 自切线 20 m 处回量 $L-x_2$ 即 $20-x_2$,得另一点,在此点上,向切线垂直方向量 y_2,即定出圆曲线上 2 点。

d. 同法,可定出圆曲线上其余各点,直到曲中点(QZ)。

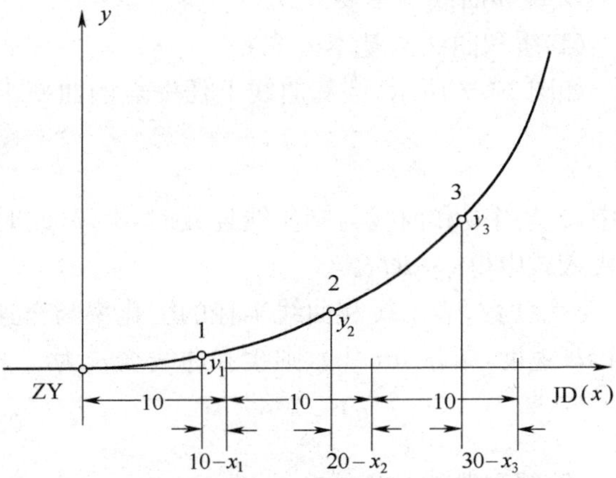

图 10.5　切线支距法测设圆曲线

特点:切线支距法的优点是积累误差小,当 y 值较小,y 轴方向可用方向架测设;只有在 y 值较大时,根据需要,才用经纬仪拨直角测设 y 轴方向距离。

典型工作任务 2　加缓和曲线后圆曲线测设

10.2.1　工作任务

通过本部分知识的学习,主要达到以下目的:

(1)了解缓和曲线在工程中的应用及计算原理;

(2)根据设计资料,计算加缓和曲线后圆曲线测量所需的数据;

(3)根据测设数据,对加缓和曲线后圆曲线实施测量。

10.2.2　相关配套知识

城市轨道交通车辆由直线驶入圆曲线或由圆曲线驶入直线时,其运行状态发生改变,为保证车辆平顺而安全地运行,通常在直线与圆曲线之间加一段过渡曲线,称为缓和曲线。

城市轨道交通车辆在直线上运行没有离心力,而在圆曲线作圆周运动会产生离心力。由直线进入圆曲线或由圆曲线进入直线,离心力的变化应该有一个渐变过程。由运动力学知:离心力的大小与行车速度、曲线半径及车重等因素有关。就曲线半径而言,离心力大小与曲线半径呈反比。因此,作为过渡的缓和曲线与直线连接处的半径应为∞,然后随着缓和曲线的增长而逐渐减小,至与圆曲线的连接处,其半径与圆曲线的半径相等。

克服离心力的有效方法是使车体向曲线内侧倾斜,靠车体自重产生一个向心力以平衡离心力,如图 10.6 所示。城市轨道交通中是通过外轨超高实现车体向内倾斜的。显然,缓和曲线与直线连接处的超高为 0,然后随着缓和曲线的增长而逐渐增大,在与圆曲线的连接处,其超高达到最大,等于车辆在圆曲线上运行时用来平衡离心力的超高值。

同时为使车辆顺利通过曲线,城市轨道交通线路内轨需加宽。由直线的正常值到圆曲线加宽值也应在缓和曲线上逐渐过渡。

综上所述,缓和曲线主要作用是:运行状态过渡、超高过渡和加宽过渡。

1. 缓和曲线的主要公式

(1)缓和曲线的基本公式

如图 10.7 所示，缓和曲线上任一点的曲率半径 ρ 与曲线的长度 l 呈反比，即

$$\rho=\frac{c}{l} \tag{10.4}$$

式中，c 为当缓和曲线与圆曲线连接时，$\rho=l$，此时的曲线长度为缓和曲线全长 l_0，即 $l=l_0$，将其代入式中得 $c=Rl_0$。

c 为常数，表示缓和曲线半径的变化率与车速有关，目前我国公路采用 $c=0.035v^3$（v 为计算行车速度，单位 km/h），则缓和曲线全长为

$$l_0=0.035\frac{v^2}{R} \tag{10.5}$$

(2)缓和曲线的切线角公式

如图 10.7 所示，设回旋线上任一点 P 的切线与 ZH(或 HZ)点切线的交角为 β，取 P 处一微分曲线弧段，其所对的中心角为 $d\beta$，则

$$d\beta=\frac{dl}{\rho}=\frac{l}{c}dl \tag{10.6}$$

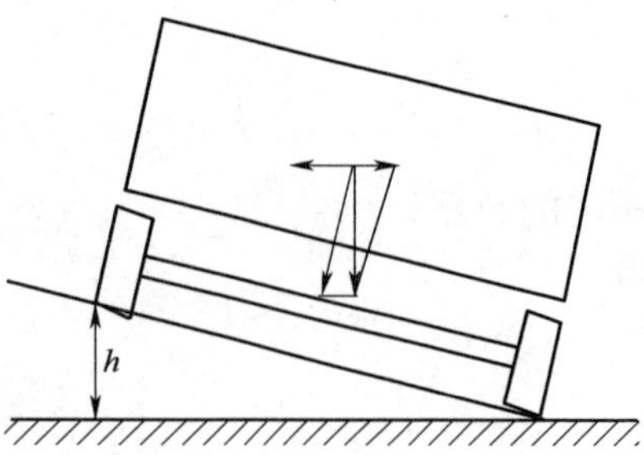

图 10.6 超高示意图

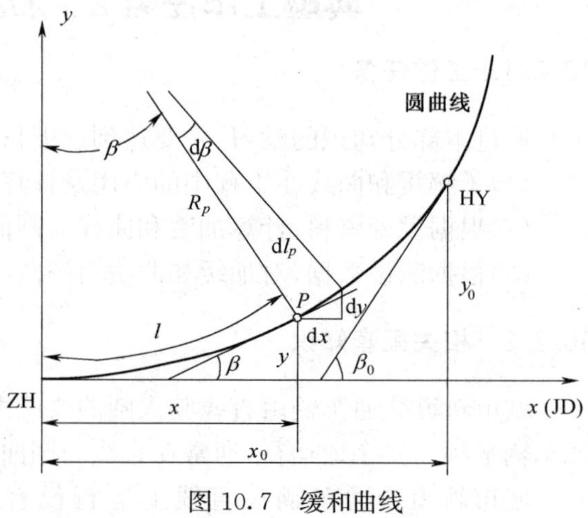

图 10.7 缓和曲线

对上式积分得

$$\beta=\frac{l^2}{2c}=\frac{l^2}{2Rl_0} \tag{10.7}$$

当 $l=l_0$ 时，整条缓和曲线的切线角(亦称缓和曲线角)β_0 为

$$\beta_0=\frac{l_0}{2R}(\text{rad})=\frac{l_0}{2R}\cdot\frac{180^\circ}{\pi}(^\circ) \tag{10.8}$$

由于 l_0 远小于 R，β 和 β_0 均是小角，所以，可认为 $\sin\beta=\tan\beta=\beta$，并可将 $\sin\beta$、$\cos\beta$、$\tan\beta$ 等在 $\beta=0$ 处按级数形式展开，这在以后推导公式时常用。

2. 缓和曲线的参数方程

以缓和曲线的起点为原点，过该点的切线方向为 x 轴，曲率半径方向为 y 轴，建立直角坐标系。回旋线上任一点 P 的坐标为(x,y)，则微分曲线弧段 dl 在坐标轴方向上的投影分量 dx、dy 为

$$\left.\begin{aligned} dx&=dl\cdot\cos\beta=\left(1-\frac{\beta^2}{2!}+\frac{\beta^4}{4!}-L\right)dl \\ dy&=dl\cdot\sin\beta=\left(\beta-\frac{\beta^2}{3!}+\frac{\beta^5}{5!}-L\right)dl \end{aligned}\right\} \tag{10.9}$$

将上式积分，并略去高次项得

$$\left.\begin{aligned} x&=l-\frac{l^5}{40R^2l_0^2} \\ y&=\frac{l^3}{6Rl_0} \end{aligned}\right\} \tag{10.10}$$

上式即为缓和曲线的参数方程。当 $l=l_0$ 时，缓和曲线终点的坐标为

$$\left.\begin{aligned} x_0&=l_0-\frac{l_0^3}{40R^2} \\ y_0&=\frac{l_0^2}{6Rl} \end{aligned}\right\} \tag{10.11}$$

3. 加缓和曲线后圆曲线的测设

缓和曲线插入直线与圆曲线之间方法很多，我国城市轨道交通系统中采用的方法是：圆曲线的半径不变，圆心向曲线内侧移动一定的距离后将缓和曲线插入。

如图 10.8 所示，圆心 O_1 向曲线内侧移动至 O 点，使圆曲线在垂直于切线方向上移动的距离为 p，该值称为圆曲线的移动量。增设缓和曲线后，圆曲线两端分各被 l_0 长的缓和曲线所代替，故其所对的圆心角恰等于 β_0。因此，缓和曲线约有一半在原圆曲线范围内，剩余部分则在原直线范围内。

$$\left.\begin{aligned} p&=y_0-R(1-\cos\beta_0)=y_0-R\left(\frac{\beta_0^2}{2!}-\frac{\beta_0^4}{4!}+L\right) \\ m&=x_0-R\sin\beta_0=x_0-R\left(\beta_0-\frac{\beta_0^3}{3!}+\frac{\beta_0^5}{5!}-L\right) \end{aligned}\right\} \tag{10.12}$$

将 $\beta_0=\frac{l_0}{2R}(\text{rad})=\frac{l_0}{2R}\cdot\frac{180^\circ}{\pi}(^\circ)$ 代入上式中，并略去高次项，得

$$\left.\begin{aligned} p&=\frac{l_0^2}{24R} \\ m&=\frac{l_0}{2}-\frac{l_0^3}{240R^2} \end{aligned}\right\} \tag{10.13}$$

(1)曲线元素及计算

具有缓和曲线的圆曲线，仍有切线长 T、曲线长 L、外矢距 E_0、切曲差 q 这四个曲线元素，它们均可由曲线转角 α、圆曲线半径 R 及缓和曲线长 l_0 求得，即

$$\left.\begin{aligned} T&=(R+p)\tan\frac{\alpha}{2}+m \\ L&=R(\alpha-2\beta_0)\cdot\frac{\pi}{180}+2l_0 \\ E_0&=(R+p)\sec\frac{\alpha}{2}-R \\ q&=2T-L \end{aligned}\right\} \tag{10.14}$$

(2)曲线主点及测设

①曲线主点及其里程计算

如图 10.9 所示，带有缓和曲线的圆曲线有 5 个主点，即直缓点(ZH)、缓圆点(HY)、曲中点(QZ)、圆缓点(YH)及缓直点(HZ)，各主点的里程依据 JD 点的里程和曲线元素计算，即 ZH＝JD－T、HY＝ZH＋l_0、YH＝HY＋L、HZ＝YH＋l_0、QZ＝HZ－$L/2$。

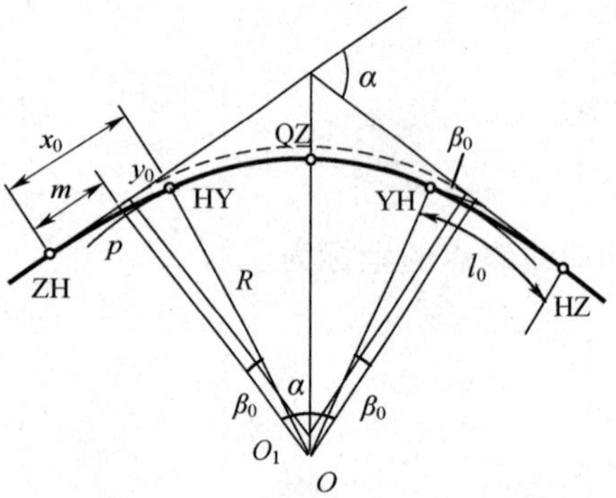

图 10.8　加缓和曲线后曲线变化示意图

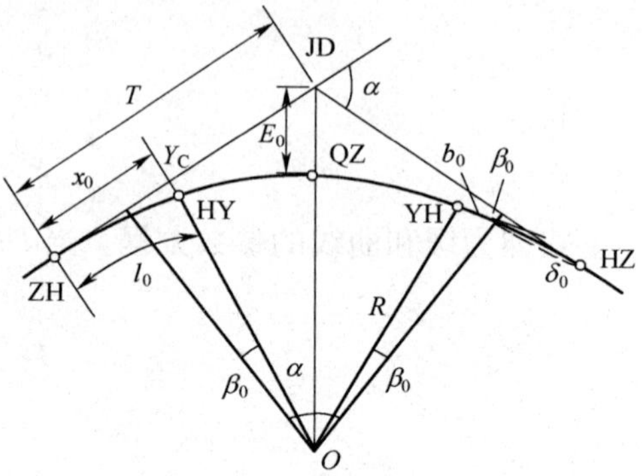

图 10.9　加缓和曲线后示意图

②曲线主点测设

a. 在 JD 上安置经纬仪，对中、整平。

b. 后视始端切线方向上的相邻交点或转点，从 JD 沿此视线方向上测设($T-x_0$)，可钉设出 HY 在始切线上的垂足 Y_C；并继续向里程减少方向测设 x_0，则可钉设出 ZH。

c. 后视末端切线方向上的相邻交点或转点，从 JD 沿此视线方向上测设($T-x_0$)，可钉设出 YH 在始切线上的垂足 Y_C；据此继续向里程增加方向测设 x_0，则可钉设出 HZ。

d. 从切线方向拨内角平分线方向，从 JD 沿内角平分线上测设外矢距 E_0，则可钉出 QZ。

e. 在始切线上的垂足 Y_C上安置经纬仪，对中、整平。

f. 后视始端切线方向上的相邻交点或转点，向曲线内侧测设出切线的垂线方向，从 Y_C点沿该视线方向测设 y_0，可钉设出 HY。同理可测设出 YH。

(3)曲线的详细测设

①切线支距法

如图 10.10 所示，以 ZH(或 HZ)点为坐标原点，切线方向为 x 轴，曲率半径方向为 y 轴，建立直角坐标系。缓和曲线上任一点的坐标为

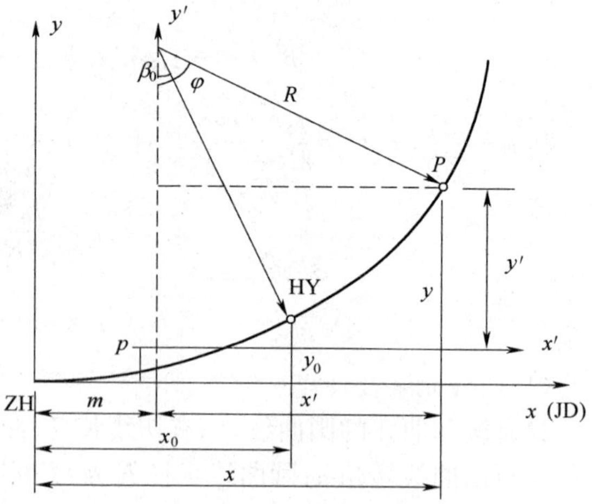

图 10.10　切线支距法测设曲线

$$\left.\begin{aligned} x&=l-\frac{l^5}{40R^2 l_0^2} \\ y&=\frac{l^3}{6Rl_0} \end{aligned}\right\} \tag{10.15}$$

圆曲线上任意一点 P 的坐标为

$$\left.\begin{aligned} x_i&=R\sin\varphi_i+m \\ y_i&=R(1-\cos\varphi_i)+p \end{aligned}\right\} \tag{10.16}$$

式中，$\varphi_i=\frac{l_i-l_0}{R}\cdot\frac{180^\circ}{\pi}+\beta_0$，$l_i$ 为 P 点至 HY(或 YH)点的圆曲线长。

根据计算出的曲线上的各点的坐标，即可按前面的圆曲线切线支距法测设出曲线上的各细部点。对于圆曲线部分，还可以通过确定 HY(或 YH)点的切线方向，再用切线支距法测设。

②偏角法

用偏角法测设曲线时，通常是在 ZH(或 HZ)点置站测设缓和曲线段，在 HY(或 YH)点置站测设圆曲线段。

a. 缓和曲线的测设

如图 10.11 所示，对于缓和曲线上任一点 P 的偏角 δ 为

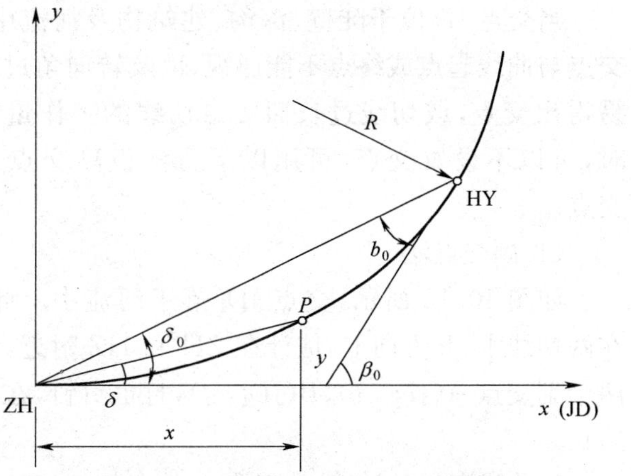

图 10.11　缓和曲线偏角计算原理

$$\tan\delta=\frac{y}{x}\approx\frac{l^2}{6Rl_0}$$

由于 δ 角很小，所以 $\delta=\tan\delta$。结合缓和曲线上任一点切线角 β 的计算公式得

$$\delta=\frac{l^2}{6Rl_0}=\frac{1}{3}\beta \tag{10.17}$$

HY(或 YH)点的偏角 δ_0 为

$$\delta_0=\frac{l_0}{6R}=\frac{1}{3}\beta_0$$

有了缓和曲线上放样各点的偏角及规定的点间距 l_0，即可按前面的圆曲线偏角法测设各细部点。

b. 圆曲线的测设

在 HY(或 YH)点置站测设圆曲线各细部点，其工作步骤与前面的圆曲线偏角法相同，但需要利用 ZH(或 HZ)点来确定 HY(或 YH)点的切线方向。如图 10.11 所示，水平角 b_0 为

$$b_0=\beta_0-\delta_0=3\delta_0-\delta_0=2\delta_0$$

将经纬仪安置在 HY(或 YH)点，盘右照准 ZH(或 HZ)，度盘读数置为：线路左转时为 b_0(或 $360^\circ-b_0$)，右转时为 $360^\circ-b_0$(或 b_0)；倒镜，转动照准部，使水平度盘读数为 $0^\circ00'00''$ 时，此时的视线方向即为 HY(或 YH)的切线方向。

典型工作任务 3　遇障碍时曲线测设

10.3.1　工作任务

通过本部分知识的学习，主要达到以下目的：

(1)对各种遇障碍时曲线的测设方法进行认识和分析；

(2)能够在实际的工作中运用好各种测设方法。

10.3.2　相关配套知识

在城市轨道交通地面曲线测设过程中，可能会遇到很多障碍物及其他问题，常见的有下列

几种：

1. 交点遇障碍时的主点测设

当交点 JD 位于陡壁、深沟、建筑物及河流中，使交点与曲线起点或终点不能通视，以及转向角过大不易得出交点，或切线过长而丈量切线的工作量很大时，可以不设置交点，可用以下方法设副交点代替交点。

(1)副交点法

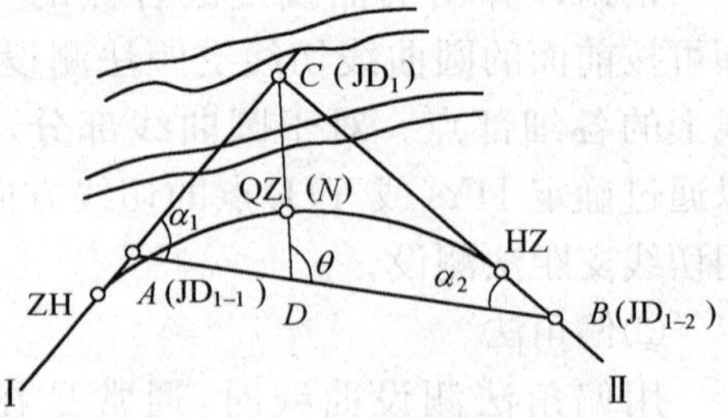

图 10.12　副交点法

如图 10.12 所示，交点 JD_1 落于河流中。此时，在两切线Ⅰ、Ⅱ方向上，估计在 ZH 和 HZ 附近，设置两个副交点 $A(JD_{1-1})$、$B(JD_{1-2})$，打桩钉钉，在副交点 A、B 安置仪器测出角 α_1、α_2，丈量 AB 边长。

1)曲线资料的计算

①转向角 $\alpha=\alpha_1+\alpha_2$。

②根据设计资料 R、l_0 和 α，算出综合要素 T、L、E_0、q。

③解三角形，计算 AC、BC、BD、CD、θ。

$$\left.\begin{aligned}
AC&=\frac{AB\cdot\sin\alpha_2}{\sin(180^\circ-\alpha)}\\
BC&=\frac{AB\cdot\sin\alpha_1}{\sin(180^\circ-\alpha)}\\
\theta&=\alpha_1+\frac{180^\circ-\alpha}{2}=180^\circ-\alpha_2-\frac{180^\circ-\alpha}{2}\\
BD&=BC\cdot\frac{\sin\left(\frac{180^\circ-\alpha}{2}\right)}{\sin\theta}\\
CD&=BC\cdot\frac{\sin\alpha_2}{\sin\theta}
\end{aligned}\right\}\tag{10.18}$$

2)主点测设

①ZH、HZ 点的测设。仪器先后置于 A、B 点上，在切线Ⅰ上量取($T-AC$)得 ZH，再在切线Ⅱ上量取($T-BC$)得 HZ。

②QZ(N)点的测设。从 B 点，沿 AB 方向量取 BD 定出 D 点，再将仪器置于 D 点，拨角 θ 找出 DC 方向线，在此方向线上量取($DC-E_0$)得 QZ。

注意：为了准确地测设 QZ 点，在丈量 AB 边长的同时，可在 D 点附近临时设置一转点 D'（打桩钉钉）。待设置 D 点时，可从 D' 点量至 D，再从 D 点放 QZ 点。其拨角、量距、定点等精度要求与前述测设主点时相同。

(2)导线法测设

如图 10.13 所示，ZD_1、A 为始切线上的两点，B、ZD_2 为末切线上的两点，于其间布设导线。导线坐标系：以 A 点为原点，始切线为 x 轴且指向交点为正向，建立测量中的平面直角坐标系。通过导线测量，可测算出 B 点的坐标 x_B、y_B 及 B-ZD_2 边的坐标方位角 $\alpha_{B\text{-}ZD_2}$。

导线外业观测要求：水平角用测回法观测两测回，测回间角值较差应不大于±30″；导线边长若用普通钢尺往返丈量，其相对精度应不低于 1/3 000。

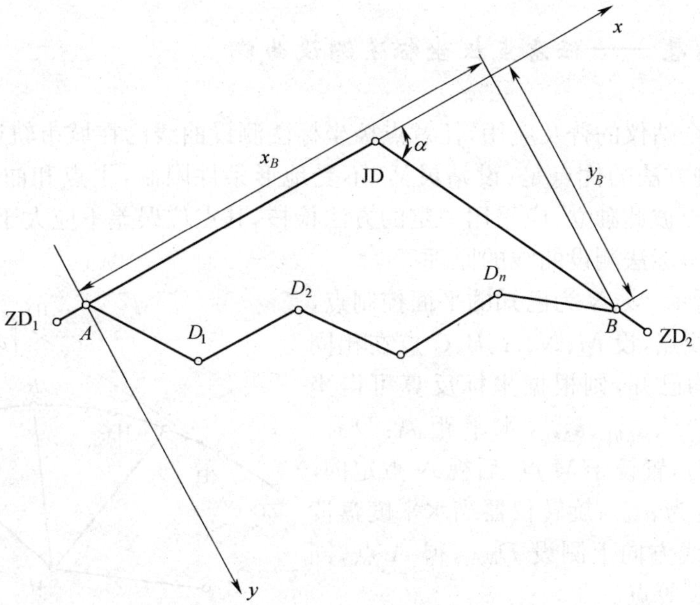

图 10.13　导线法

设线路的转向角为 α，当线路为右偏时：$\alpha=\alpha_{B-\text{ZD}_2}$；当线路为左偏时：$\alpha=360°-\alpha_{B-\text{ZD}_2}$。$A$、$B$ 两点到 JD 的距离按式(10.19)计算：

$$\left.\begin{aligned} D_{A-\text{JD}}&=x_B-|y_B|\tan\alpha \\ D_{B-\text{JD}}&=\frac{|y_B|}{\sin\alpha} \end{aligned}\right\} \tag{10.19}$$

测设时，置镜于 A 点，后视 ZD_1 定向，若 $T-D_{A-\text{JD}}>0$，自 A 点向 ZD_1 方向测设 $T-D_{A-\text{JD}}$ 得 ZH 点；若 $T-D_{A-\text{JD}}<0$，自 A 点向 JD 方向测设 $|T-D_{A-\text{JD}}|$ 得 ZH 点。置镜于 B 点，后视 ZD_2 定向，若 $T-D_{B-\text{JD}}>0$，自 B 点向 ZD_2 方向测设 $T-D_{B-\text{JD}}$ 得 HZ；若 $T-D_{B-\text{JD}}<0$，自 B 点向 JD 方向测设 $|T-D_{B-\text{JD}}|$ 得 HZ 点。HY、YH 可按一般方法测设。QZ 可置镜于任一导线点按极坐标法测设。

2. 主点遇障碍时偏角法测设曲线

偏角法测设曲线的基础是主点，但由于受城市周围建筑物的影响，曲线的主点可能落在无法测设的地方，在曲线测量中称为主点遇障碍。遇到这种情况时，采用选定若干个适当位置曲线点，以不低于主点测设的精度，用直角坐标法或极坐标法将其测设出。据此按遇障碍的偏角法继续测设曲线。

偏角法测设曲线，通常是置镜于一个主点依次测设至另一个主点闭合，但由于受地物、地貌的限制，有时某些视线方向不通视，而必须迁站才能将其他的曲线点测设出。

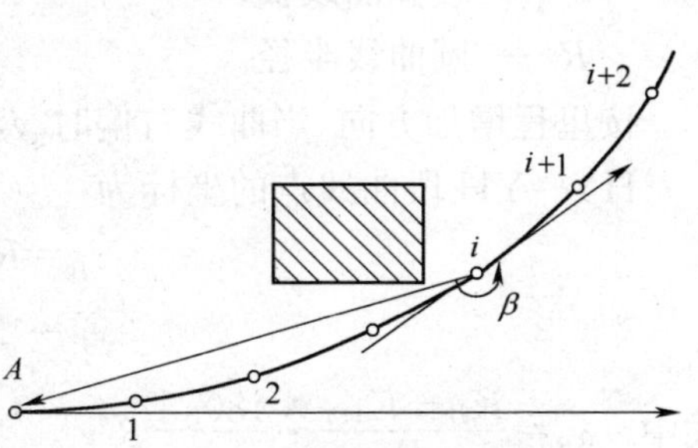

图 10.14　遇障碍曲线测设原理

遇障碍时曲线测设原理。如图 10.14 所示，置镜于已测设出的曲线某主点 A，测设 1、2、…、i，至 $i+1$ 点时视线受阻；迁站至 i 点，后视 A 点定向，逆时针转动望远镜 β，即找出 i 点的切线方向；计算 i 点至后续各点的偏角；由 i 点继续测设。

知识拓展——任意点极坐标法测设曲线

随着测距仪、全站仪的普及应用，任意点极坐标法测设曲线已在城市轨道交通工程中得到了广泛应用。这种方法的优点是：设站灵活，不受地形条件限制，主点和曲线点可同时测设。但应注意，由于测点彼此独立，应采用一定的方法检核，其点位误差不应大于 5 cm。

(1)任意点极坐标法测设曲线的原理

如图 10.15 所示，M、N 为已知的平面控制点，A、B、C 为待定曲线点，设 M、N、A、B、C 点在相同坐标系下的坐标均已知，则根据坐标反算可得坐标方位角：α_{MN}、α_{MA}、α_{MB}、α_{MC}，水平距离：D_{MA}、D_{MB}、D_{MC}。测设时，置镜于 M 点，后视 N 点定向，定向后视读数配置为 α_{MN}；旋转仪器当水平度盘读数为 α_{MA} 时，于视线方向上测设 D_{MA}，得 A 点；同样方法可测出 B、C 等点。

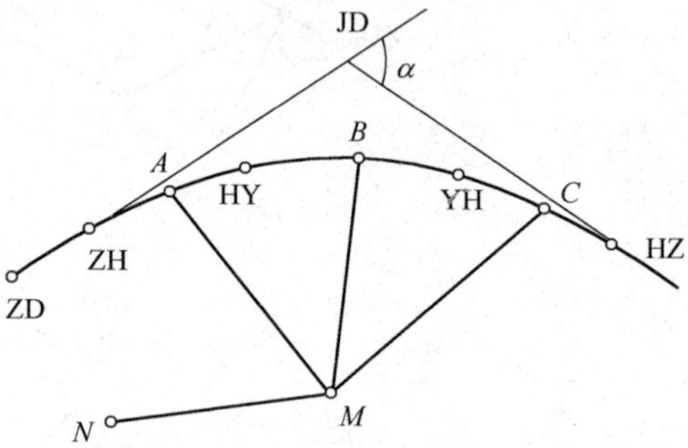

图 10.15　任意点极坐标法测设曲线原理

由此可见，任意点极坐标法测设曲线的关键在于：统一坐标系下控制点、曲线点的坐标计算；测设数据计算。

(2)坐标计算

坐标系的建立主要取决于控制点的情况。如果控制点是为测设曲线而布设的，则坐标系一般采用 ZH-XY 坐标系统；如果控制点是既有控制点(如初测导线点)，则控制点所在的坐标系就是统一坐标系，即既有坐标系统。

ZH-XY 测量坐标系下曲线点坐标计算如下：

如图 10.16 所示，以始端缓和曲线 ZH 为原点，以 ZH 切线为 X 轴，且指向交点方向为正向，建立测量中的平面直角坐标系 ZH-XY，则在此坐标系下 ZH～HY 段曲线点的坐标为

$$\left.\begin{aligned} x_A &= l_A - \frac{l_A^5}{40R^2 l_0^2} \\ y_A &= \pm\left(\frac{l_A^3}{6Rl_0} - \frac{l_A^7}{336R^3 l_0^3}\right) \end{aligned}\right\} \tag{10.20}$$

式中　l_A——A 点到缓和曲线起点的曲线长；

l_0——缓和曲线长；

R——圆曲线半径。

按里程增加方向，当曲线右偏时 y_A 坐标为正，左偏时 y_A 坐标为负。

HY～YH 段曲线点的坐标为

$$\left.\begin{aligned} x_B &= R\sin\alpha_B + m \\ y_B &= \pm[R(1-\cos\alpha_B)+p] \end{aligned}\right\} \tag{10.21}$$

式中　$\alpha_B = \frac{K_B - K_{HY}}{R} \cdot \frac{180°}{\pi} + \beta_0$；

K_B——B 点的里程，K_{HY} 为 HY 里程。

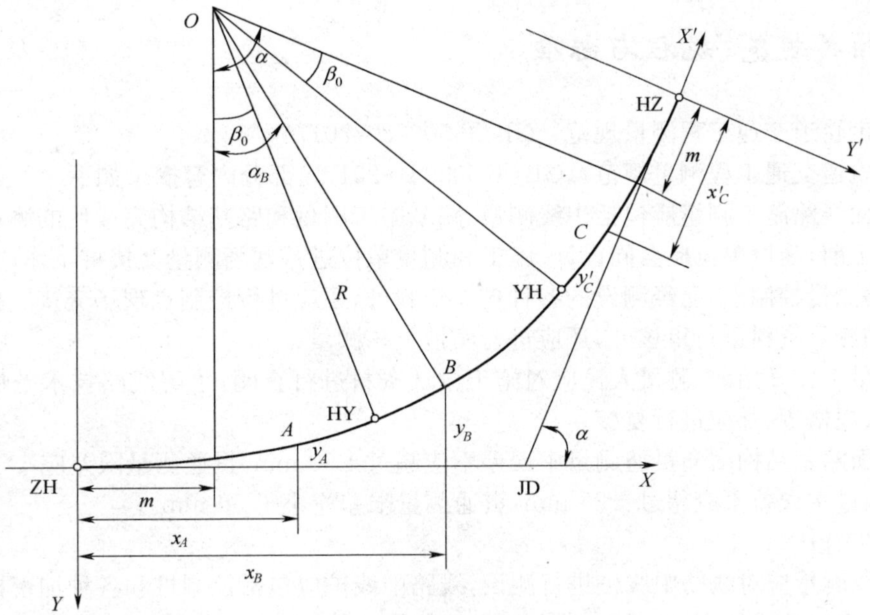

图 10.16　测量坐标系建立示意图

按里程增加方向，当曲线右偏时 y_B 坐标为正，左偏时 y_B 坐标为负。

YH～HZ 段曲线点在以 HZ 点为原点，以 HZ 点切线为 X 轴，交点至 HZ 方向为正向的测量坐标系（HZ-$X'Y'$）下的坐标为

$$\left.\begin{aligned} x'_C&=-\left(l_C-\frac{l_C^5}{40R^2l_0^2}\right)\\ y'_C&=\pm\left(\frac{l_C^3}{6Rl_0}-\frac{l_C^7}{336R^3l_0^3}\right)\end{aligned}\right\}\tag{10.22}$$

式中　l_C——C 点到缓和曲线起点的曲线长。

按里程增加方向，当曲线右偏时 y'_C 坐标为正，左偏时 y'_C 坐标为负。

由数学知识知，坐标平移、旋转公式为

$$\left.\begin{aligned} x&=(x'\cdot\cos\gamma-y'\cdot\sin\gamma)+a\\ y&=(x'\cdot\sin\gamma+y'\cdot\cos\gamma)+b\end{aligned}\right\}\tag{10.23}$$

式中，γ 为原坐标系 X' 轴在新坐标系下的坐标方位角，a、b 为原坐标系的原点在新坐标系下的坐标。据此，将 YH～HZ 段曲线点的坐标换算到 ZH-XY 坐标系下为

$$\left.\begin{aligned} x_C&=(x'_C\cdot\cos\gamma-y'_C\cdot\sin\gamma)+x_{HZ}\\ y_C&=(x'_C\cdot\sin\gamma+y'_C\cdot\cos\gamma)+y_{HZ}\end{aligned}\right\}\tag{10.24}$$

且式中，若为左偏曲线：$\gamma=360°-\alpha_Z$（或 $\gamma=-\alpha_Z$），若为右偏曲线：$\gamma=\alpha_Y$；x_{HZ}、y_{HZ} 为 HZ 点在 ZH-XY 下的坐标为

$$\left.\begin{aligned} x_{HZ}&=T(1+\cos\gamma)\\ y_{HZ}&=T\sin\gamma\end{aligned}\right\}\tag{10.25}$$

相关规范、规程与标准

1.《城市轨道交通工程测量规范》(GB/T 50308—2017)

《城市轨道交通工程测量规范》(GB/T 50308—2017)，部分内容摘录如下。

(1)地面线路施工测量应包括中线测量、路基施工测量和路基结构完成后的测量。

(2)施工前，建设单位应会同设计、施工和测量单位进行现场测量交接桩工作，交桩单位除应提交线路测量控制点、已经测设的各种桩点资料外，还应进行控制点现场交接。接桩单位除应对接收的测量资料进行审核外，还应进行实地复核测量。

(3)测量工作开始前，测量人员应对施工设计资料进行查阅，了解线路技术条件和建筑物位置、类型、规格等，并应进行复核。

(4)地面路基结构横向贯通测量中误差不应超过±50 mm，贯通测量限差应小于100 mm；高程贯通测量中误差不应超过±25 mm，贯通测量限差应小于50 mm。

2. 中线测量

(1)中线测量应对线路中线桩进行测设，线路中线桩应包括控制桩和各种加密桩。根据地形复杂情况直线地段加密桩间距宜10～50 m，曲线地段加密桩间距宜10～20 m。

(2)中线测量前，应根据复核无误的线路施工设计图和相关文件资料及施工定线测量任务书，并经外业踏勘后编制中线测量方案。中线测量方案应经批准后方可实施。

(3)中线测量可采用全站仪极坐标法或卫星定位RTK法进行中线桩平面位置测量。中线桩纵、横向偏差应分别小于20 mm和15 mm，并应符合下列规定：

①采用全站仪极坐标法时，应采用Ⅲ级及以上全站仪，测站与中线桩的距离应小于200 m。

②采用卫星定位RTK法时，相邻点间距离应大于100 m，边长相对中误差应小于1/4 000，流动站到单基准站间距离应小于3 km，且观测应大于2测回。

(4)中线测量完成后，应对中线桩坐标、相邻桩之间的距离及线路几何关系进行检核。检核可采用附合导线形式进行线路中线桩联测，并应符合下列规定：

①中线桩实测坐标与设计坐标较差：控制桩应小于20 mm，加密桩应小于30 mm。

②相邻中线桩间实测距离与设计距离较差：控制桩应小于50 mm，加密桩应小于70 mm。

③相邻中线桩若不通视时，宜采用间接测量的方法检核。

④中线桩位置超限时应进行归化改正。

(5)中线桩测设完成后应对其进行加固，并应建立护桩。

2.《地铁设计规范》(GB 50157—2013)

(1)线路平面圆曲线半径应根据车辆类型、地形条件、运行速度、环境要求等综合因素比选确定。最小曲线半径应符合表10.3的规定。

表10.3　圆曲线最小曲线半径　（单位：m）

线路	车型			
	A型车		B型车	
	一般地段	困难地段	一般地段	困难地段
正线	350	300	300	250
出入线、联络线	250	150	200	150
车场线	150	—	150	—

(2)折返线、停车线等宜设在直线上。困难情况下，除道岔区外，可设在曲线上，并可不设缓和曲线，超高应为 0～15 mm。但在车挡前宜保持不少于 20 m 的直线段。

(3)圆曲线最小长度，在正线、联络线及车辆基地出入线上，A 型车不宜小于 25 m，B 型车不宜小于 20 m；在困难情况下，不得小于一节车辆的全轴距；车场线不应小于 3 m。

(4)新建线路不应采用复曲线，在困难地段，应经技术经济比较后采用。复曲线间应设置中间缓和曲线，其长度不应小于 20 m，并应满足超高顺坡率不大于 2‰的要求。

(5)曲线间的夹直线设计应符合下列规定：

①正线、联络线及车辆基地出入线上，两相邻曲线间，无超高的夹直线最小长度，应按表 10.4 确定；

表 10.4　夹直线最小长度　(单位：m)

正线、联络线、出入线	一般情况	$\lambda \geqslant 0.5v$	
	困难时最小长度 λ	A 型车	B 型车
		25	20

注：v 为列车通过夹直线的运行速度(km/h)。

②道岔缩短渡线，其曲线间夹直线可缩短为 10 m。

项目小结

1. 城市轨道交通线路不同于野外一般铁路，它往往受城市道路和建筑物限制，线位选择自由度小，选定线位必须仔细勘测、设计，多方案比选确定，尽量避免减少建筑物拆迁和沿线各类管道切改工程。线路位置比选包括直线的位置和曲线半径比选，比选内容为：①线路条件比较；②房屋拆迁比较；③管线拆迁比较；④改移道路及交通便道面积比较；⑤其他拆迁物比较。

2. 城市轨道交通线路中线是由直线和曲线两部分组成的。圆曲线的基本要素包括转角 α、曲线长 L、切线长 T、外矢距 E_0、切曲差 q、曲线半径 R。在曲线的测设中，圆曲线是线路平面曲线的基本组成部分，且单交点单圆曲线是最常见最基本的曲线形式。圆曲线的测设工作一般分两步进行：先首测设曲线主点桩，然后进行曲线桩加密，完整地标定出圆曲线的位置，这项工作称为曲线的详细测设。

3. 城市轨道交通车辆由直线驶入圆曲线或由圆曲线驶入直线时，其运行状态发生改变，为保证车辆平顺而安全地运行，通常在直线与圆曲线之间加一段过渡曲线，称为缓和曲线。具有缓和曲线的圆曲线，仍有切线长 T、曲线长 L、外矢距 E_0、切曲差 q 这四个曲线元素。

4. 在城市轨道交通地面曲线测设过程中，可能会遇到很多障碍物及其他问题，常见的有下列几种：(1)交点遇障碍时的主点测设；(2)主点遇障碍时偏角法测设曲线。

5. 随着测距仪、全站仪的普及应用，任意点极坐标法测设曲线，已在城市轨道交通工程中得到了广泛应用。这种方法的优点是：设站灵活，不受地形条件限制，主点和曲线点可同时测设。但应注意，由于测点彼此独立，应采用一定的方法检核，其点位误差不应大于 5 cm。

复习思考题

1. 城市轨道交通工程线路位置比选的内容包括哪些？

2. 曲线半径 R=800 m，转向角 $\alpha_{右}=30°10'20''$，若 ZY 点的里程为 K6＋315.60，试计算：

(1)圆曲线要素及各主点的里程。

(2)将仪器设置在 ZY 点，用切线支距法(每 20 m 一桩)测设圆曲线的计算数据表格。

3. 什么是缓和曲线？设置缓和曲线的作用有哪些？说明缓和曲线的形式、特点和方程。

4. 设 R=800 m，l_0=90 m，$\alpha=25°15'00''$，JD 里程 DK186＋089.47，试计算：

(1)各要素 T、L、E_0、q 及各主点的里程；

(2)各点的偏角；

(3)列出曲线上每 20 m 点的切线支距。

5. 在城市轨道交通地面测量中遇到障碍物用偏角法测设曲线时，应如何找出切线方向？

6. 当交点不能安置仪器时，如何设置主点？

7. 如何用极坐标方法测设曲线？

项目 11　断面测量

项目描述

断面测量是指对某一方向剖面的地面起伏进行的测量工作，通常分为纵断面测量和横断面测量。纵断面测量，是测量线路中线桩地面高程，依据其成果可绘制纵断面图，供设计坡度用。横断面测量，是测定线路中线桩两侧一定范围的地面起伏形态，并依据纵断面成果结合设计纵横断面以计算挖填的土石方量。本项目主要介绍线路的纵、横断面测量。

教学目标

1. 能力目标
- 能进行线路基平测量与中平测量及成果处理；
- 能够识读并绘制线路纵、横断面图。

2. 知识目标
- 掌握线路基平测量与中平测量的概念、方法及成果的整理与计算；
- 掌握纵断面图的绘制方法；
- 掌握横断面方向的确定与测量方法；
- 掌握横断面图的绘制。

3. 素质目标
- 养成吃苦耐劳、实事求是的工作作风；
- 养成团结协作的意识；
- 具备观察、分析和判断的能力。
- 培养学生与人合作、交流和沟通的能力，建立良好的人际关系。

典型工作任务 1　线路的纵断面测量

11.1.1　工作任务

通过本部分知识的学习，主要达到以下目的：

(1)能够进行线路的基平与中平测量，并学会处理其测量成果；

(2)掌握线路纵断面图的绘制方法。

11.1.2　相关配套知识

线路的定测阶段及复测阶段的主要测量工作是：线路中线测量、线路纵断面测量及线路横断面测量。由于在定测阶段及复测阶段上述测量工作的方法是相同的，故本任务以线路的定测阶段为主来介绍线路的中线测量及纵断面测量工作。

1. 线路中线测量

初测完成后，在初测的带状地形图上定出线路中线，这一工作称为纸上定线。

中线测量是定测阶段的主要工作，其任务是把在带状地形图上设计好的线路中线，结合现场具体条件，测设于实地，并用木桩标定。

中线测量工作分放线和中桩测设两步进行。放线是把纸上定线所确定的交点间的直线测设于地面上；中桩测设是沿着直线和曲线详细测设中线桩。

1）放线

放线的任务是把中线上直线部分的控制桩(JD、ZD)测设到地面，以标定中线的位置。放线常用的方法有拨角法放线、支距法放线及极坐标法放线等。具体采用什么方法，可根据线路经过地区的地形条件、纸上定线与初测导线的相互位置、初测图纸的精度以及测量所用的仪器设备精度而定。

(1)拨角法放线

根据纸上定线的交点坐标，通过坐标反算计算出每条直线线段的长度及其坐标方位角（进而计算出转向角），然后到现场置仪器于交点，拨角、量距放出中线。拨角法放线的工作程序为：计算放线资料、实地放线、联测与放线误差的调整。

①计算放线资料

纸上定线的交点与初测导线点的位置关系如图 11.1 所示，C_1、C_2、…为初测导线点，JD_1、JD_2、…为纸上定线的交点。在初测导线坐标计算表中查得各导线点坐标，从地形图上量算各交点坐标，将各点坐标列入放线资料计算表 11.1 中，按坐标反算公式计算出纸上定线各边长长度及其坐标方位角，从而可求出各交点的转向角（后视边的坐标方位角减前视边的坐标方位角，差值为正则左转，为负则右转）。计算出的距离及转向角，应使用比例尺和量角器在图上检查无误后，方可提供给外业放线使用。

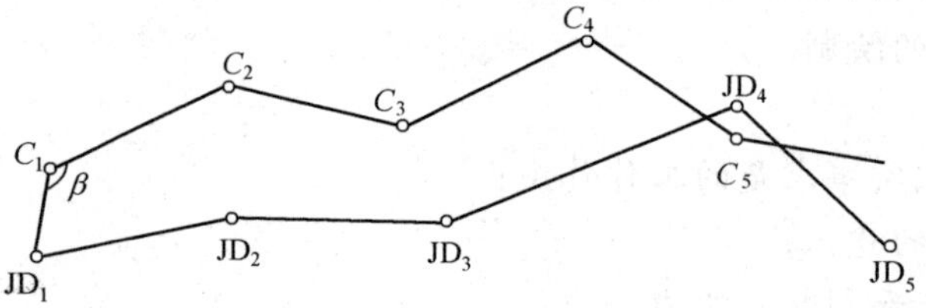

图 11.1　拨角放线

例如，图 11.1 中由导线点 C_1 测设中线起点 JD_1 的测设数据为

$$\beta=\alpha_{C_1JD_1}-\alpha_{C_1C_2}=143°07'36''$$

$$s=\sqrt{(-138)^2+(-46)^2}=145.47\ (\text{m})$$

JD_1 的转向角为

$$\alpha_1=\alpha_{C_1JD_1}-\alpha_{JD_1JD_2}=124°20'17''(\text{左})$$

余此类推。

根据直线转向角 α_{JD}、曲线半径 R 及缓和曲线长度 l，计算曲线各要素及曲线主要点里程。所有计算资料经核对无误后，填入“拨角放线资料表”中，供外业放线及中线测量时使用。

②现场放线

根据放线资料，首先置镜于初测导线点 C_1 上，后视 C_2 点，盘左、盘右拨角 143°07′36″，分中

后定出 C_1—JD_1 方向，再沿此方向测设水平距离 145.47 m，定出 JD_1 点，然后依次在 JD_1、JD_2、…上安置仪器，根据相应的直线长度 s 及转向角 α_{JD} 顺序测设出其余交点。

表 11.1 拨角法放线资料计算表

点号	坐标		坐标增量		距离 S/m	坐标方位角 α/(° ′ ″)	交点转向角/(° ′ ″)
	x/m	y/m	Δx/m	Δy/m			
C_2							
						235 18 30	
C_1	16 263	54 311					β=143 07 36
			−138	−46	145.47	198 26 06	
JD_1	16 125	54 265					124 20 17(左)
			+153	+537	558.37	74 05 49	
JD_2	16 278	54 802					7 12 40(右)
			+85	+556	562.46	81 18 29	
JD_3	16 363	55 358					9 25 19(左)
			+228	+697	733.34	71 53 10	
JD_4	16 591	56 055					55 42 04(右)
			−458	+595	750.86	127 35 14	
JD_5	16 133	56 650					

水平角观测使用 DJ_2 或 DJ_6 经纬仪，采用正倒镜分中法测设，在限差范围内时取平均值。边长可采用光电测距仪、钢卷尺测量，其方法与精度要求与对初测导线的测量精度要求相同。所不同的是，初测时量测角度和边长，定测时是测设转向角度和中线。在量测中线的同时，按规定应钉设百米桩、公里桩、加桩、曲线主点桩和测设曲线等。

③调整闭合差

拨角法放线的缺点是误差积累。为了保证放线的精度，《工程测量规范》规定中线每隔5～10 km，应与初测导线、航测外控点或 GPS 点联测一次，联测闭合差不应超过以下规定：

$$长度相对闭合差：\frac{1}{2\ 000}$$

$$水平角闭合差：\pm 30\sqrt{n}$$

式中，n 为测站总数。计算长度相对闭合差时，长度采用初、定测导线闭合环的长度。当闭合差超限时，应查找原因，纠正放线点位；若闭合差在限差以内，则应在联测处截断累积误差，使下一个放线点回到设计位置上。

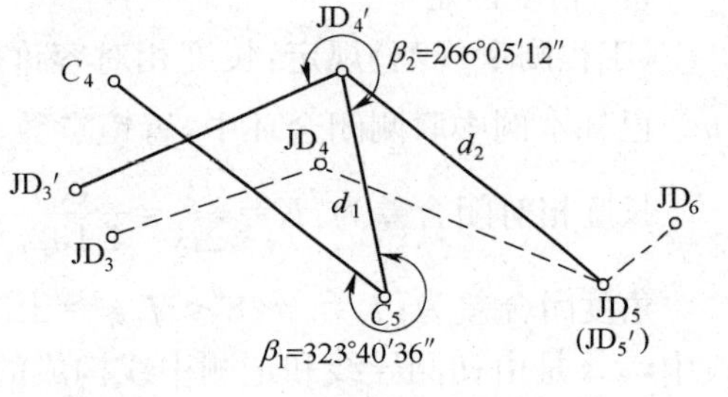

图 11.2 联测关系示意图

图 11.2 为联测关系示意图，虚线中的 JD_3、JD_4、JD_5 为纸上定线的交点位置，实线中的 JD_3'、JD_4'、JD_5' 为实际测设的交点位置，C_4、C_5 为初测导线点。

闭合差调整分以下几个具体步骤。

a. 计算闭合差

如图 11.2，JD_4 点是线路中线转点的理论位置，JD_4' 是实测位置，则 $JD_4'JD_4$ 是长度闭合差

f_e；线路中线理论位置 JD_3JD_4 的坐标方位角 $\alpha_{JD_3JD_4}$ 与放线后实际位置 $JD_3'JD_4'$ 方位角 $\alpha_{JD_3'JD_4'}$ 之差，即是角度闭合差 f_α。

为计算闭合差，在 JD_4' 点与初测导线点 C_5 联测，测量角值 β_1、β_2，丈量距离 d_1。初测导线点 C_4、C_5 及其边长 C_4C_5 的坐标方位角 $\alpha_{C_4C_5}$ 为已知，纸上定线转点 JD_3、JD_4、JD_5 及其各边的方位角由表 11.1 得知，有关已知值均填入表 11.2 中。

表 11.2　拨角定线闭合差计算表

点号	观测角 β /(° ′ ″)	方位角 α /(° ′ ″)	距离 S/m	坐标增量		坐标	
				Δx/m	Δy/m	x/m	y/m
C_4							
		121 38 30					
C_5	323 40 36					16 457.0	56 110.00
		337 57 54	144.89	+134.31	−54.36		
JD_4'	266 05 12					16 591.31	56 055.64
		251 52 42					
JD_3'							

Ⅰ. 计算长度闭合差 f_e

根据表 11.2 中的计算结果可知，JD_4' 坐标为：x(16 591.31 m)，y(56 055.64 m)；见表 11.1 可知 JD_4 坐标为：x(16 591 m)，y(56 055 m)。

坐标闭合差为

$$\delta x = 16\,591.31 - 16\,591 = +0.31(\text{m})$$
$$\delta y = 56\,055.64 - 56\,055 = +0.64(\text{m})$$

长度闭合差为

$$f_e = \pm\sqrt{\delta_x^2 + \delta_y^2} = \pm 0.71(\text{m})$$

Ⅱ. 计算角度闭合差 f_α

由表 11.2 可知，$JD_3'JD_4'$ 边坐标方位角 $\alpha_{JD3'JD4'} = 71°52'42''$；由表 11.1 已知 JD_3JD_4 边坐标方位角 $\alpha_{JD3JD4} = 71°53'10''$。

角度闭合差为

$$f_\alpha = 71°52'42'' - 71°53'10'' = -28''$$

Ⅲ. 精度评定

《工程测量规范》规定：长度相对容许闭合差 $f_{e容} = 1/2\,000$，角度容许闭合差 $f_{\alpha容} = \pm 30\sqrt{n}$。已知本例中联测闭合环中，置镜点数 $n=9$，闭合环总长 $\sum s$ 为 4 132.80 m。

长度相对闭合差为：$K = \dfrac{f_e}{\sum s} = \dfrac{0.71}{4\,132.80} = \dfrac{1}{5\,900} < \dfrac{1}{2\,000}$

角度闭合差为：$f_\alpha = -28'' < f_{\alpha容} = \pm 30''\sqrt{n} = \pm 90''$

式中，$\sum s$ 是由初测导线和定测中线构成的闭合环总长度，分别由初测导线坐标计算表和放线资料计算表中查取后相加而得。

b. 闭合差调整

闭合差检核合格后，说明放线精度符合要求，联测点 JD_4' 以前的点可不再调整，为了使放线误差不再继续积累，应使线路中线回到纸上定线的中线位置上来，为此可用联测点 JD_4' 的实测坐标和下一点 JD_5 纸上定线的坐标重新计算放线资料。如图 11.2 所示，闭合差调整，实质上就是在 JD_4' 点如何设置 JD_5 的问题，其步骤为：在 JD_4' 点上置镜，后视 JD_3' 倒转望远镜，顺时针

拨 JD'_4 点转向角，再量距 d_2，即可定出 JD_5。

(2)支距法放线

当地面平坦、初测导线与纸上定线间相距较近时，宜用支距法放线。支距法以导线点(或航测外控点)为基础，独立放出中线的各条直线，然后将两相邻直线延伸相交得交点。由于每一直线段都是独立放出，误差不会积累，但放线程序较繁。实际工作时，常用拨角法放线，每隔一定距离用支距法校正一次，两种方法交替使用。

支距法放线分以下步骤：纸上选点、量距，现场放线，交点。

①纸上选点、量距

一般以初测导线的导线点或转点做初测导线的垂线，把垂线与纸上定线的交点作为定测中线的转点，如图 11.3 中 ZD_{4-4}、ZD_{5-1} 等点。根据需要，也可以在纸上定线时选出便于放线的明显地物点，作为定测中线的转点，如 ZD_{4-3} 地势较高，视野开阔，是理想的转点，它与初测导线点 C_{22} 的距离为 l，与 C_{22}—C_{21} 边有一夹角 β。转点(如 ZD_{4-3})选好后，分别量出初测导线点(或转点)到纸上定线转点的支距长度($l=14.25$ m)和支距与初测导线的夹角($\beta=52.5°$)，记在平面图上，作为放线时的依据。每段纸上定线的直线上，最少要有三个转点，且转点间尽可能通视。

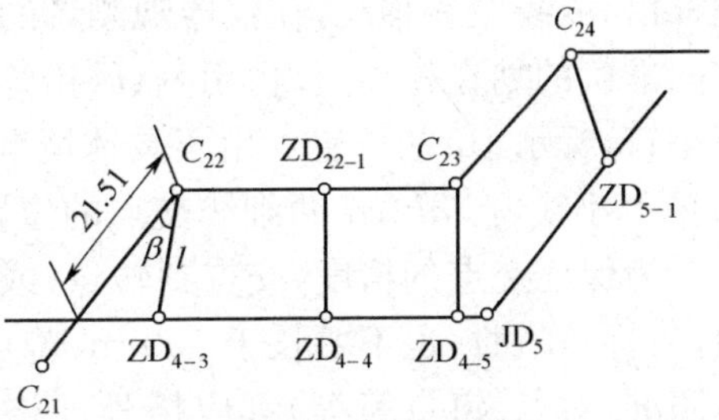

图 11.3　支距法选点

②现场放线

根据放线示意图，到现场找出相应的初测导线点，按照已量得的支距距离和角值，以初测导线为基础，用极坐标方法实地放线。一般距离用皮尺设置，角度用经纬仪测设；当角度为直角时，可使用简易仪器方向架、直角镜等测设。放出的各点应打桩、插旗标示其位置。

a. 穿线

由于放线资料和实际测设都存在误差，因此位于纸上定线中一条直线上的各转点，在现场设置后通常不在一条直线上，须用经纬仪将各转点调整到同一直线方向上，这一工作就称为“穿线”。

穿线方法：将经纬仪安置在一个放线点上，照准最远的一个转点(ZD)，由远而近逐一检查，如各转点偏差不大，说明各点位的设置没有错误，此时，可将中间各点都移到直线(视线)上；或者移动仪器至某一点，使得位于仪器前后的大多数转点，都极接近仪器正倒镜视线所指示的直线方向，则仪器视线方向便是所放直线方向。

b. 延长直线

在直线地段，常常需要根据两已知点延长直线。延长直线一般采用经纬仪盘左、盘右分中法。如图 11.4 所示，设 AB 线段需延长，在 B 点置经纬仪，盘左后视 A 点，倒转望远镜定出 C_1 点；平转望远镜盘右照准 A 点，再倒镜在地面上定出 C_2。当延长直线每 100 m 点 C_1 与 C_2 间横向距离小于 5 mm 时，可将 C_1 与 C_2 点连线分中定出 C 点，BC 段便是 AB 的延长线。

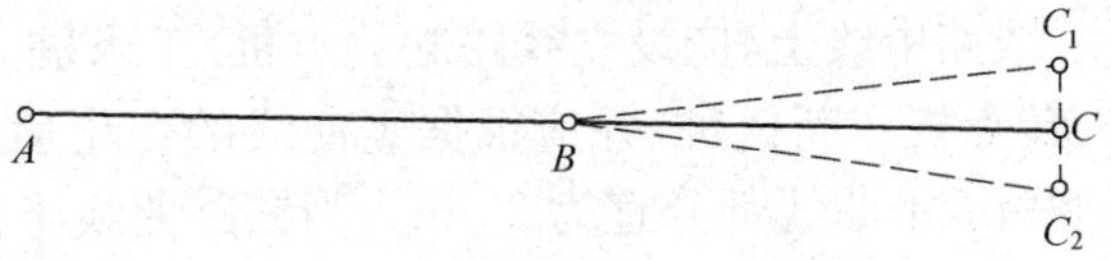

图 11.4　延长直线

为了保证精度，延长直线时应使前后视距离大致相等，距离最长不宜大于 400 m，最短不宜小于 50 m。对点时，应尽可能用测钎或锤球；当距离较远时可改用花杆对点，但须分中照准花杆的最下端。

③交点

不同方向的相邻两直线在地面上放出后，要测设两直线的交点(JD)，这一工作称为“交点”。交点是确定中线的直线段方向和测设曲线的重要控制点。

如图 11.5 所示，A、B、C、D 为地面上不同方向的两直线转点。先在 A 点置镜，后视 B 点，延长直线 BA，在估计与 CD 直线相交处的前后，打两个木桩 a、b(俗称“骑马桩”)，在 a、b 桩上钉钉、拉上小线，则 ab 弦线就是 BA 直线在交点左右的延长线。

搬动仪器置于 C 点，后视 D 点，延伸直线 DC 与 ab 线相交定出 JD。具体钉测时，一人持花杆沿 ab 线左右移动，在仪器观测者的指挥下，找到交点位置打下木桩，然后用铅笔把 ab 线方向准确的划在桩顶上，再用测钎(铅笔尖)或垂球在桩顶 ab 方向上重新对点，点位确定后打下小钉，标示 JD 的位置。由于具体情况需要，有时在 CD 直线延长线，也设置两个骑马桩 c、d，拉上小线，在 ab、cd 两细线交点的位置上，打桩钉钉，最后定出交点。

为保证交点的精度，交点到转点(或转点之间)的距离，宜介于 50～400 m 之间。当地面平坦，目标清晰时，也不要长于 500 m；若点与点间距短于 50 m，则各项操作(经纬仪对中，望远镜照准，对点、钉点等等)都应格外严格、仔细。当地面有障碍无法测设交点桩时，可钉设副交点。

(3)极坐标法放线

此法是利用光电测距仪测距速度快、精度高的特点，可在一个导线点上安置测距仪，同时测设几条直线上的若干个点，如图 11.6 所示。测距仪安置在导线点 c_4 上，可同时测设出 A、B、…、G，大大提高了放线的效率。其距离、角度应通过坐标反算来确定。

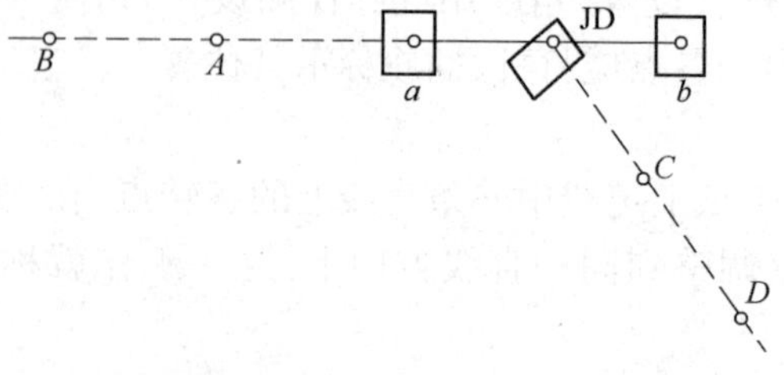

图 11.5　交点测设

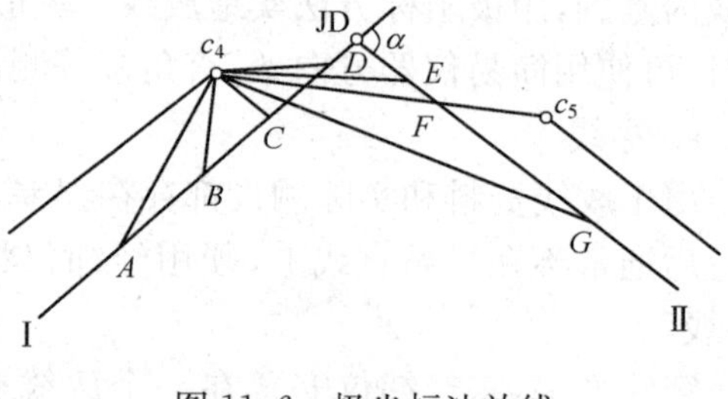

图 11.6　极坐标法放线

2)中桩测设

放线工作完成之后，地面上已有了控制中线位置的转点桩 ZD 和交点桩 JD。依据 ZD 和 JD 桩，即可将中线桩详细测设在地面上，这种工作又称中桩测设。它包括直线和曲线两部分，此处介绍直线测设，曲线测设按前面所述进行。

线路中线上，应设立线路起终点桩、千米桩、百米桩、平曲线控制桩、桥梁或隧道轴线控制桩、转点桩和断链桩，并应根据竖曲线的变化适当加桩。线路中线桩的间距，直线部分不应大于 50 m，平曲线部分宜为 20 m。当铁路曲线半径大于 800 m 且地势平坦时，其中线桩间距可为 40 m。

中线距离应用全站仪或钢尺往返测量，在限差以内时取平均值。百米桩、加桩的钉设以第一次量距为准。中桩桩位测量误差按《工程测量规范》要求不超过下列限差：

直线段：

$$纵向：\left(\frac{s}{2\ 000}+0.1\right)\mathrm{m}$$

横向:10 cm

曲线段:

纵向相对闭合差:平地:1/2 000;山地:1/1 000

横向闭合差:平地:10 cm; 山地:10 cm

式中,s 为转点桩至中线桩的距离,单位为 m。

定测控制桩如直线转点、交点、曲线主点桩,一般都应用固桩。固桩可埋设预制混凝土桩或就地灌注混凝土桩,桩顶埋设铁钉表示点位。

2. 线路高程及纵断面测量

定测阶段的水准测量分为基平测量和中平测量。基平测量(也称路线水准点高程测量)的任务与初测阶段一样,是沿线路建立水准基点,以便为定测线路及日后的施工和养护提供高程控制。中平测量(也称路线中桩高程测量)是沿着定测线路中心线的标桩进行中线水准测量,亦称中桩抄平。利用中线水准测量的结果绘制纵断面,为施工设计提供可靠的资料依据。

1)基平测量

(1)路线水准点的布设

定测阶段水准点的布设应在初测水准点布设的基础上进行。首先对初测水准点逐一检核,其不符值在$\pm 30\sqrt{L}$ (mm)(L 为检测路线长度,以 km 为单位)以内时,采用初测成果;若确认超限,方能更改。其次,若初测水准点远离线路,则重新移设至距线路 100 m 的范围内。水准点的布设密度一般 2 km 一个,但长度在 300 m 以上的桥梁和 500 m 以上的隧道两端和大型车站范围内,均应设置水准点。

水准点应设置在坚固的基础上或埋设混凝土标桩,以 BM 表示并统一编号。

(2)基平测量方法

测量方法与要求同初测水准点高程测量。

(3)跨河水准测量

在水准点测量中,当跨越河流或深谷时,由于前、后视线长度相差悬殊及水面折光的影响,不能按通常的方法进行水准测量。当跨越大河、深沟视线长度超过 200 m 时,应按跨河水准测量进行。

2)中平测量

初测时中桩高程测量是测定导线点及加桩桩顶的高程,为地形测量建立图根高程控制。定测时,则是测定中线上各控制桩、百米桩、加桩处的地面高程,为绘制线路纵断面提供资料。

(1)中桩水准测量

中线桩的高程测量,应布设成附合路线,其闭合差不应超过$\pm 50\sqrt{L}$ mm(L 为附合路线长度,单位为 km)。中桩高程宜观测两次,其不符值不应超过 10 cm,取位至 cm。中桩高程闭合差在限差以内时可不作平差。

中桩高程测量方法如图 11.7 所示。将水准仪安置于Ⅰ,读取水准点 BM_{13}上的尺读数作为后视读数。然后依次读取各中线桩的尺读数,由于这些尺读数是独立的,不传递高程,故称为中视读数。最后读取转点 Z_1的读数作为前视读数。再将仪器搬至Ⅱ,后视转点 Z_1,重复上述方法,直至闭合于 BM_{14}。中视读数读至 cm,转点读数读至 mm。记录、计算如表 11.3 所示。

中桩高程计算采用仪器视线高法,先计算出仪器视线高 H_i,即

$$H_i = \text{后视点高程} + \text{后视读数}$$

$$\text{中桩高程} = H_i - \text{中视读数}$$

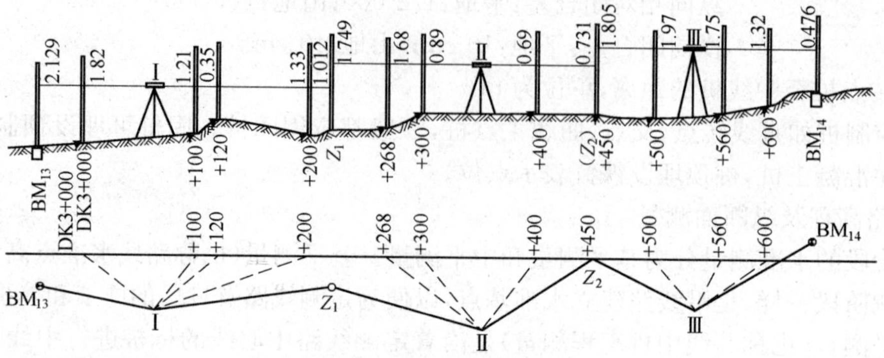

图 11.7　中桩高程测量

表 11.3　中桩水准测量记录

测点	水准尺读数/m			仪器高程/m	高程/m	备　注
	后视	中视	前视			
BM_{13}	2.129			217.591	215.462	
DK3+000		1.82			215.77	
+100		1.21			216.38	
+120		0.35			217.24	
+200		1.33			216.26	
Z_1	1.749		1.012	218.328	216.579	水准点高程：
+268		1.68			216.65	BM_{13}=215.462 m
+300		0.89			217.44	BM_{14}=218.917 m
+400		0.69			217.64	实测闭合差：
(Z_2)+450	1.805		0.731	219.402	217.597	f_h=218.926−218.917
+500		1.97			217.43	=+9 mm
+560		1.75			217.65	容许闭合差：
+600		1.32			218.08	$F_h=\pm 50\sqrt{0.6}=\pm 39\ \text{mm}>f_h$ 精度合格
BM_{14}			0.476		218.926	
Σ	+5.683				218.926	
	−2.219				−215.462	
	+3.464				+3.464	

在表 11.3 中，并参考图 11.7，测站Ⅰ的视线高为

$$H_i = 215.462 + 2.129 = 217.591(\text{m})$$

中线桩 DK3+000 的高程为

$$H_i - 1.82 = 215.771(\text{m})\quad(\text{采用 }215.77\text{ m})$$

转点 Z_1 的高程为

$$H_i - 1.012 = 216.579(\text{m})$$

隧道顶部和个别深沟的中桩高程，可以采用三角高程测量法测定。

(2)跨深谷的中桩水准测量

线路在穿越沟谷时，会有较多加桩，加上地形陡峭，将给测量带来不便，如图 11.8 所示。为了避免因仪器通过谷底的多次安置产生的误差，可在测站 1 先读取沟对岸的转点 2＋200 的前视读数，然后以支水准路线形式测定谷底中桩高程；结束后，将仪器搬至测站 4 读取转点 2＋200的后视读数，再继续往前测量。为了削减由于测站 1 前视距离长而产生的测量误差，可将测站 4 的后视距离适当加长，以使后视距离之和与前视距离之和大致相等。另外，沟底中桩水准测量因为是支水准路线，故应另行记录。

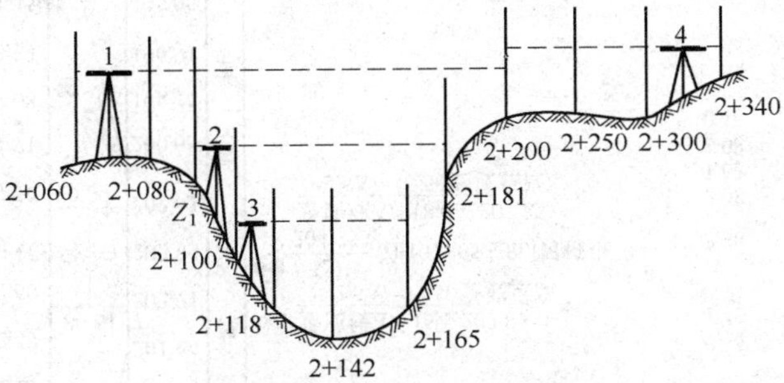

图 11.8　跨深谷中桩水准

当跨越的深谷较宽时，亦可采用跨河水准测量方法。

3)绘制线路纵断面图

根据已测出的线路中线里程和中桩高程，绘制出沿线路中线地面起伏变化的图，称纵断面图。

线路纵断面图通常绘在厘米方格纸上。水平方向表示线路里程，竖直方向表示高程。为了明显地反映出线路方向地面沿线起伏的变化的情况，高程比例尺是距离比例尺的 10 倍。通常距离比例尺采用 1∶10 000，而高程比例尺采用 1∶1 000。线路纵断面图包括线路中线经过的地形、地质等自然状况以及设计的线路平面位置、设计坡度等资料，是施工设计的重要技术文件之一，如图 11.9 所示。

现将图中各项内容说明如下：

(1)连续里程。表示线路自起点计算的千米数，短竖线表示千米标的位置，下面注字为千米数，短线左侧的注字为千米标至相邻百米标的距离。

(2)线路平面。用示意图表示线路的平面形状。位于中央的实线表示直线段，曲线段用向上凸出表示线路向右转；向下凸出表示线路向左转；斜线表示缓和曲线；斜线间的直线表示圆曲线。在曲线处注名曲线要素。曲线起终点的注字表示起终点至百米标的距离。

(3)里程。表示勘测里程，在百米桩和千米桩处注字。

(4)加桩。竖线表示加桩位置，注字表示加桩到相邻百米桩的距离。

(5)地面高程。是各中线桩的地面高程。

(6)设计坡度。是中线纵向的设计坡度，斜线方向表示上坡或下坡。斜线上面的注字是设计坡度的千分率(‰)，下面注字为该坡段的长度。

(7)路肩设计高程。路基肩部的设计高程，由线路起点路肩高程、线路设计坡度及里程计算得出。

(8)工程地质特征。表示沿线地质情况。

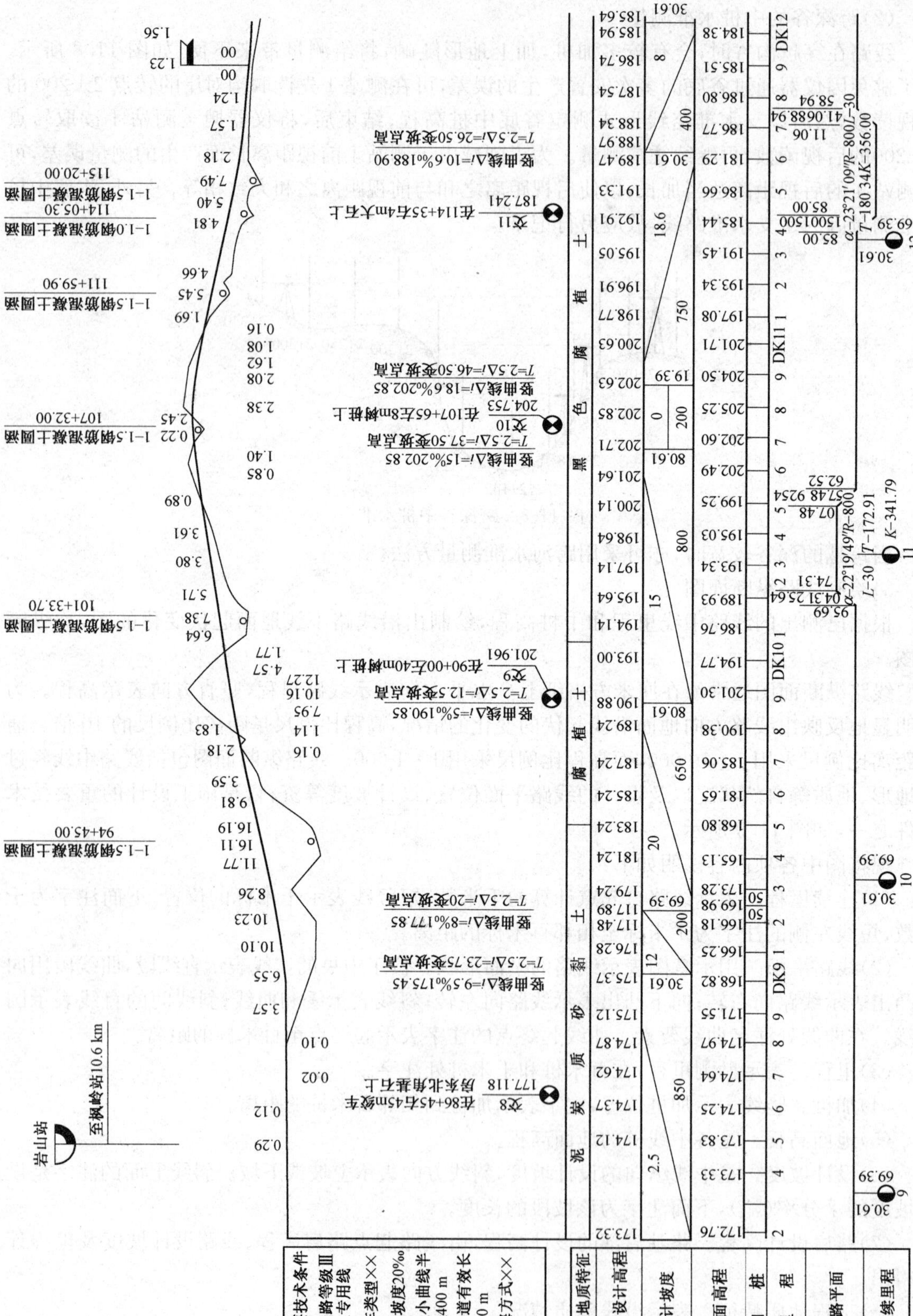

图 11.9　线路纵断面测量

典型工作任务 2 线路的横断面测量

11.2.1 工作任务

通过本部分知识的学习，主要达到以下目的：

(1)掌握横断面方向的确定与测量方法；

(2)能够绘制线路横断面图。

11.2.2 相关配套知识

线路横断面是指垂直于线路中线方向的地面断面线。线路横断面测量的任务是测量垂直于线路方向的地面起伏的情况，并按一定比例尺绘制线路横断面图。横断面图主要用于路基断面设计、土石方数量计算、路基施工放样等。

1. 横断面施测密度及宽度

横断面施测的密度和宽度，应根据地形、地质情况和设计需要而定，并应在千米桩、曲线控制桩、线路纵横向地形明显变化处测绘横断面。在大中桥头、隧道洞口、挡土墙等重点工程地段及不良地质地段，横断面应适当加密。

横断面测绘宽度，根据地面坡度、路基中心填挖高度、设计边坡及工程上的需要来决定，应满足路基、取土坑、弃土堆及排水沟设计的需要和施工放样的要求。

2. 横断面方向的测定

线路横断面方向，在直线地段应垂直线路中线；在曲线地段，则应与测点处的切线相垂直。

确定直线地段横断面的方向，可以用经纬仪或方向架直接测定。若用方向架(图 11.10)测定，可将方向架立于中线测点上，用一个方向瞄准中线上远方定向标杆，则方向架瞄准的另一个方向就是横断面的方向。

曲线上的横断面方向，若用方向架，则如图 11.11 所示，将仪器(方向架、经纬仪等)置于点 B，先瞄准分弦点 A，测定弦线 AB 的垂直方向 BD'，并标出点位 D'；再瞄准另一侧分弦点 C(要求 $BC=AB$)，测设弦线 BC 的垂直方向 D''，标出点位 D''，应使 $BD''=BD'$。最后分中 $D'D''$ 得 D 点，则 BD 方向就是横断面方向。

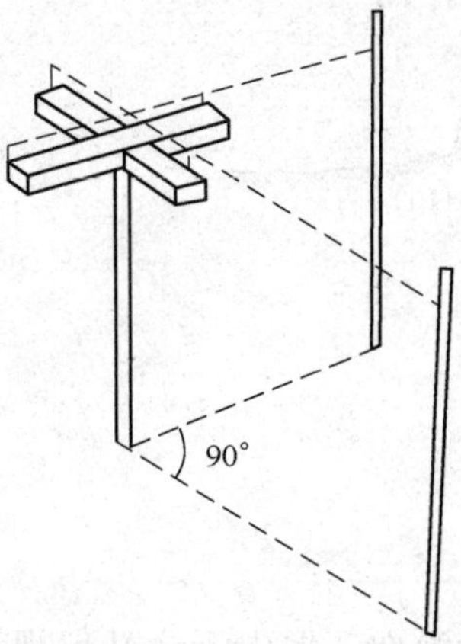

图 11.10 方向架确定横断面方向

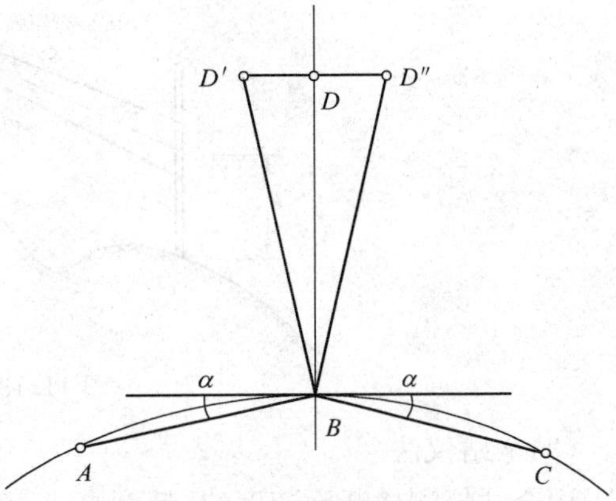

图 11.11 曲线上横断面方向的确定

若用经纬仪标定方向，如图 11.11，根据曲线资料可计算(或查表)得出弦切角 α，置于 B 点的经纬仪照准 A 点后，顺时针转($90°+\alpha$)角，即定出横断面的方向。

3. 横断面的测量方法

横断面的测量方法很多，应根据地形条件、精度要求和设备条件来选择。下面介绍几种常用的方法。

(1)水准仪皮尺法

当地势平坦、通视良好或横断面精度要求较高时，可用水准仪测量横断面上各测点的高程。横断面用方向架定向，皮尺(或钢尺)量距。测量方法与中桩水准测量相同，即后视转点取得仪器高程后，将断面上的坡度变化点(测点)作为中间点观测。若仪器安置适当，置一次镜可观测一个或几个横断面，如图 11.12 所示。

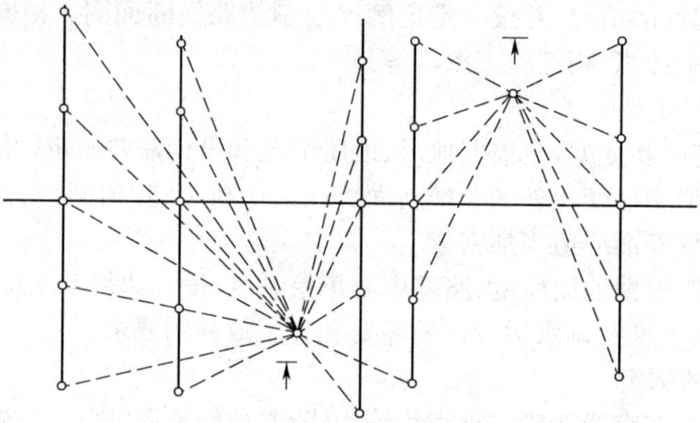

图 11.12　水准仪皮尺法

如果地面横向坡度较大，为了减少置镜数，可以采取以两台水准仪分别沿线路左右侧测量的方法。

(2)经纬仪视距法

将经纬仪安置在中线桩上，定出横断面方向后，即可较快地测出各测点的距离和高差。如施测其他断面时，横断面方向可用方向架测定，测点距离可用皮尺丈量，高差由视距测量，如图 11.13所示。这种方法既能保证精度，效率又高，可适用于各种地形。

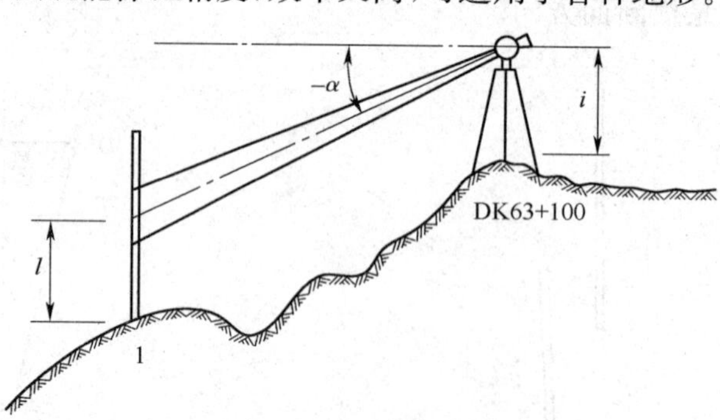

图 11.13　经纬仪视距法

(3)全站仪法

用全站仪测横断面速度快、精度高，一个测站可测多个断面。但由于全站仪视线长，全站仪与其他断面的测站距离较远，故应有妥善的联系方法，以便协调工作，充分发挥仪器的作用。为防止差错，出现混乱，应做好记录，画好草图。

4. 横断面检测限差

《工程测量规范》对线路横断面测量检测限差规定如下：

$$距离：\left(\frac{l}{100}+0.1\right)\mathrm{m}$$

$$高程：\pm\left(\frac{h}{100}+\frac{l}{200}+0.1\right)\mathrm{m}$$

式中　l——测点至线路中线桩的水平距离，m；

h——测点至线路中线桩的高差，m。

5. 横断面图的绘制

横断面图是根据各测点至中桩的距离和测点的高程来绘制的，它绘在厘米方格纸上。

为了设计方便，其纵坐标表示高程、横坐标表示距离，绘制比例尺一般采用1∶200，如图11.14所示。

绘制的线路横断面图按桩号先后顺序，在图幅内自下而上、自左而右地均匀布置，且每行的横断面中线应排在一条线上。

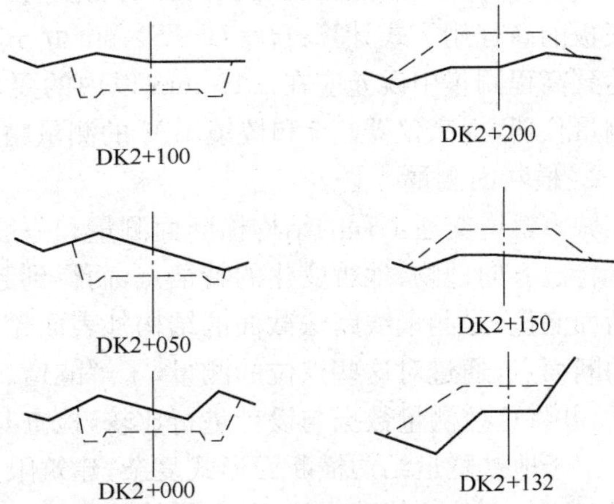

图11.14　横断面图绘制顺序

横断面图最好在现场绘制，以便及时复核测量结果，检查绘图质量，也省去了室内绘图时所需要的一系列复核工作。

知识拓展——城市轨道交通工程结构断面测量

城市轨道交通工程的结构断面测量，是在土建结构施工完成后，测定土建结构断面现状尺寸，并检验土建结构限界是否满足设计要求所进行的测量工作。土建结构断面测量包括地下隧道、车站和地面高架桥等沿线路中线方向的顶、底板纵断面测量和垂直于线路中线方向的两侧结构横断面测量。

1. 线路纵断面测量

线路纵断面测量是指测量线路中线上各里程桩土建结构的底板高程，并将这些测量成果按一定比例绘制成纵断面图，并按要求的格式提交数据文件供设计或相关人员使用。设计人员依据测量成果与原设计值比较分析，进而进行线路实际坡度的确认和调整，以满足行车限界的需求。线路纵断面测量一般采用水准测量和全站三角高程测量方法。

线路贯通且土建结构完成后，应以贯通平差后的施工平面和高程控制点及调整后的线路中线点为测量依据，进行中线上的纵断面点位置测量。在中线上，一般直线段每6 m、曲线段每5 m测量一个纵断面点。施工偏差较大段应加测断面点。

纵断面点测量一般分为初测、归化改正和定测三个步骤。

纵断面点测量技术要求应满足下列要求：①纵断面点坐标实测值与设计值较差应小于3 mm；②纵断面点的标识面积直径要大于5 mm，以满足归化改正范围要求；③纵断面点里程中误差应在±50 mm以内。

线路纵断面测量一般采用水准测量方法。测量时使用DS_1级水准仪，按二等水准测量技术要求施测。线路纵断面测量以隧道贯通后平差的高程控制点为起算点，逐点测量线路纵断面点的底板高程，并形成附合水准路线。水准测量时，应按前、后视距和视距差的要求，在适当间隔内把纵断面点纳入水准路线，其他未纳入水准路线的纵断面点可以作为间视点。纵断面点高程测量中误差应在±10 mm以内。

在坡度比较大的地段，纵断面测量除采用水准测量外，亦可采用全站仪三角高程测量方法。利用全站仪三角高程测量方法进行纵断面点高程测量时，将仪器置于高程控制点上，分别测量仪器至各纵断面点位置底板的距离和垂直角，并量取仪器高 i 和棱镜高 V，则纵断面点位置底板的高程用下式计算：$H=H+S\times\sin\Phi+1-V$（S 为仪器至中桩的距离；Φ 为垂直角）为了达到高程测量中误差应在±10 mm以内的要求，进行全站仪三角高程测量时，应使用高精度测量仪器，提高仪器高 i 和棱镜高 V 的测量精度。

2. 横断面测量

城市轨道交通工程的结构横断面测量和一般横断面测量概念不一样。一般横断面是通过测量特定方向地物、地貌变化的特征点，而得到起伏变化的剖面图。城市轨道交通工程的结构横断面测量，是测量线路法截面的结构外表面轮廓横断面上的建筑限界控制点或设计指定位置的断面点，通过对这些点位的测量，了解隧道、车站、高架桥建筑限界的实际位置和结构净空尺寸，并将这些测量数据与设计进行比较，检查其是否满足设计建筑限界要求。

由于地铁隧道结构横断面形式复杂，建筑限界控制点或设计指定的点位位置特殊，因此在测量时不仅要确定线路中线，并利用线路中线确定每个横断面的位置外，还要在横断面上标定出建筑限界控制点或设计指定的点位位置后，才能进行横断面测量。横断面点测量技术要求应满足下列要求：横断面里程中误差应为±50 mm，断面点与线路中线法距的测量中误差应在±10 mm以内，断面点高程的测量中误差应在±20 mm以内。

结构横断面及底板纵断面测量应以贯通平差后的施工平面和高程控制点及调整后的线路中线点为依据，按设计或工程需要进行。直线段每6 m、曲线段每5 m测量一个横断面和底板高程点，结构横断面变化处和施工偏差较大段应加测断面。

车辆限界、设备限界、建筑限界等一般应根据车辆的轮廓尺寸和技术参数、轨道特性、受电方式、施工方法、设备安装等综合因素确定。限界控制点是指横断面紧俏处限界的测量位置，建筑限界控制点即为结构断面紧俏处限界的测量位置。

区间隧道的建筑限界控制点应位于结构两侧边墙和顶、底板上。高架线路的限界控制点应根据其线路结构形状及沿线设备安装位置而定，一般应位于防护栅栏和人行便道边沿以及结构底板上。车站的限界控制点一般一侧位于结构边墙，另一侧为站台沿和结构的顶、底板上。上述各限界控制点的高度应根据车辆尺寸和其上、中、下影响列车运行三个限界比较紧张的位置和顶、底板的线路中线而定。

结构断面测量可采用支距法、全站仪解析法、断面仪法、摄影测量法等。

相关规范、规程与标准

《城市轨道交通工程测量规范》(GB/T 50308—2017)部分内容摘录如下。

1. 路基施工测量宜包括路基横断面测量和路基填筑、路基边坡控制、路基附属工程施工测量。

2. 路基横断面测量应符合下列规定：

(1)横断面应在线路中线百米桩、曲线控制桩和线路纵、横向地形变化大以及桥头、隧道出入口、路基支挡及承载结构物起终点等处测设，间距应小于20 m。

3.路基填筑施工测量应符合下列规定：

(1)路基填筑前，应根据设计断面图，利用线路中线桩放样路基填筑边界桩，并在现场利用白灰划出填筑边界线，控制路基宽度。

(2)在路基填筑过程中，根据路基分层摊铺、分层碾压施工的特点，应分层进行施工放样。每层施工完成，且中桩重新放样抄平后应检查路基填筑宽度和高度，如有偏移应及时进行调整。

4.路基边坡控制施工测量应符合下列规定：

(1)对于挖方边坡，首先应利用线路中线桩放样开挖边界，然后根据机械施工的特点，施工中控制好开挖边坡坡度。边坡成型后，应使用专用的坡度尺，采用人工拉线修整控制边坡坡度。

(2)边坡坡度采用从上至下逐级控制的方法时，应在上一级平台放样平台宽度与边坡位置，然后采用相同的方法做好下一级坡度的控制，直至开挖到路基设计标高位置。

(3)对于填方路基，应采用设计宽度适当加宽的办法先将路基填筑成型，待路基填筑至标高，且自然沉降期达到要求后，放样出路基顶部边坡点，然后利用机械或人工按设计坡度进行刷坡。

5.路基附属工程施工测量应包括路基挡墙、路基边沟和边仰坡天沟测量，并应符合下列规定：

(1)路基附属工程的放样，可利用路基测量控制点采用极坐标法放样或采用线路中线桩进行施工控制。采用极坐标法放样时，可利用不同控制点或重复测量放样方法，也可根据放样点间几何关系对放样点进行检核。利用中线桩进行控制时，应进行交底，并移交现场中线控制点。

(2)进行路基挡墙测量时，应以线路中线桩放样挡墙控制轴线，并钉设挡墙轴线桩，同时按水准测量方法测定其高程。

(3)当为多级挡墙或挡墙与路基高差过大时，宜采用坐标法测设挡墙轴线桩，并使用全站仪进行平面和高程放样，且应计算出施工数据。

(4)路基成型后，进行路基边沟测量时应利用线路中线控制点按路基边沟设计资料，采用极坐标法进行路基边沟放样，一般每50 m设置一个路基边沟控制中心桩，并测量其高程。

(5)进行边仰坡的天沟施工时，边仰坡天沟施工测量应按设计图对天沟控制点进行放样，放样宜采用极坐标法或线路支距法进行，高程宜利用水准测量方法或三角高程法。

6.路基加固时应按路基加固的不同部位和施工方法，进行施工放样。

7.路基施工测量各项放样测量极限误差不应超过±50 mm。

项目小结

定测阶段的主要测量工作包括线路中线测量、线路纵断面测量及线路横断面测量。定测阶段的主要任务就是将图纸上确定的线路方案在实地标定出来，并详细测绘出线路纵横向的地面起伏形态和地物位置，为施工图设计提供所需资料。中线测量工作分放线和中桩测设两步进行。放线常用的方法有拨角法放线、支距法放线及极坐标法放线等。中桩测设是将纸上定线的线路中线详细测设于地面上，即根据已测设的各控制桩，测设直线上和曲线上所有的里程桩和加桩。线路纵断面高程测量采用水准测量，纵断面水准测量可分为基平测量和中平测量。根据已测出的线路中线里程和中桩高程，即可绘制出纵断面图。线路纵断面图上方表示线路中线经过的地貌自然状况及线路中线的设计坡度线和各种桥隧、车站等建筑物及水准点位置等；下方对应位置为地质状况、设计高程、坡度、线路平面、地面高程及里程等。线路横断面测量的任务，是测量垂直于线路方向的地面起伏的情况，并按一定比例尺绘制线路横断面图。横断面图主要用于路基断面设计、土石方数量计算、路基施工放样等。横断面的测量方法有水准仪法、经纬仪法和全站仪法等。

复习思考题

1. 简述拨角法放线的程序与规则。
2. 定测放线常用的方法有哪些？各有何优缺点？
3. 试述纵断面测量的任务和应用范围。
4. 基平测量和中平测量的任务是什么？
5. 某段线路中平测量的记录如下表，计算各点的高程，并检验其闭合差。

测点	水准尺读数/m			仪器高程/m	高程/m	备注
	后视	中视	前视			
BM_5	4.215				501.276	水准点高程： BM_5=501.276 m BM_6=503.795 m
DK15+000		4.21				
+100(ZD_1)	4.464		3.956			
+250		4.35				
+300(ZD_2)	3.102		4.281			
+450		3.13				
+500		2.76				
+650(ZD_3)	3.875		2.261			
+750		3.10				
BM_6			2.673			
Σ						

6. 如图11.15初测导线点C_1的坐标为x_{C1}=17 468.4 m，y_{C1}=20 756.4 m；C_2的坐标为x_{C2}=17 240.8 m，y_{C2}=21 195.0 m；JD_1的坐标为x_{JD1}=17 254.0 m，y_{JD1}=20 513.6 m；JD_2的坐标为x_{JD2}=17 450.8 m，y_{JD2}=22 036.2 m。试计算用拨角放线法测设JD_1和JD_2所需要的资料。

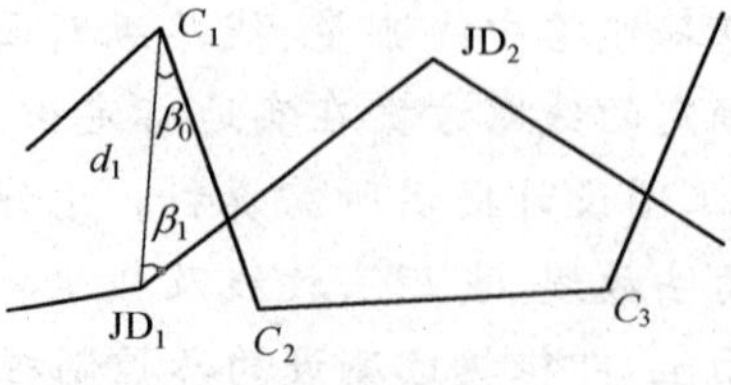

图 11.15

项目 12 联系测量

项目描述

联系测量是一项综合测量工作，它是将地面坐标、方位和高程传递到地下隧道，作为地下控制测量起算数据的一组测量工作的统称，是实现地下隧道工程贯通控制的核心与关键。本项目通过案例引出联系测量的知识，并主要介绍定向测量及传递测量使读者有一个清晰的认识。

教学目标

1. 能力目标

- 具有将地面坐标、方位传递到地下隧道的能力；
- 具有将地面高程传递到地下隧道的能力。

2. 知识目标

- 掌握传递高程测量的基本方法；
- 掌握定向测量的基本方法。

3. 素质目标

- 具有独立思考、实事求是、开拓创新的科学精神；
- 养成分工协作的意识；
- 具备爱岗敬业、吃苦耐劳、团结合作的优良品质。
- 培养学生学习我国技术人员在实际施工测量中积累的丰富经验，体现大国工匠精神。

相关案例——成都地铁 2 号线一期工程

1. 工程概况

成都地铁 2 号线一期工程东门大桥站—钢管厂站盾构区间隧道（土建 14 标盾构区间）工程起始里程为 Z(Y)DK36＋316.744，终点里程为 Z(Y)DK33＋491.00。包括三个盾构区间隧道：东门大桥站—牛王庙站、牛王庙站—牛市口站、牛市口站—钢管厂站，隧道起于东门大桥站东端，止于钢管厂站西端。线路出东门大桥站后沿芷泉街、牛王庙上街行进，穿过一环路后进入牛王庙站；线路从牛王庙站出来后沿牛王庙下街、东大街继续行至二环路进入牛市口站；然后继续沿东大街行进并到达钢管厂站。区间隧道纵坡坡度 2‰～24‰。隧道顶部埋深为 9.2～18.8 m，最小平面曲线半径 700 m。

盾构始发井施工场地位于牛市口站西端，从二环路东四段到盾构始发场地约 70 m，工程施工交通条件便利。从牛市口西端头始发后，盾构机向西沿牛王庙上街掘进到达牛王庙东端头后吊出，转场至牛王庙西端头盾构井始发。盾构向西沿芷泉街掘进到达东门大桥站东端头后吊出转场至牛市口站东端盾构井始发，向东沿东大街掘进到达钢管厂站西端头后吊出。

2. 联系测量

联系测量工作包括地面趋近导线测量、趋近水准测量、通过竖井（通道）的定向测量和传递高程测量以及地下趋近导线测量、地下趋近水准测量。

铅垂仪投点时每次投点单独进行，共投三次，三点互差≤±2 mm，按 0°、90°、180°、270°四个方向投点，边长 2.5 mm，取重心为最后位置，投点误差≤±0.5 mm。全站仪独立三测回测定铅垂仪的纵轴坐标互差应小于 3 mm。铅垂仪的支承台与观测台应严格分离，互不影响作业。铅垂仪的基座或旋转轴应与棱镜旋转轴同轴，其偏心误差应小于 0.2 mm。

陀螺经纬仪定向：独立三测回零位较差不应大于 0.2 格，绝对零位偏移大于 0.5 格，应进行零位校正，观测中的零位读数大于 0.2 格时应进行零位改正。测前、测后各三测回测定的陀螺经纬仪两常数平均值较差不应大于 15″。测回间的陀螺方位角较差不应大于 25″。两条定向边陀螺方位角之差的角值与全站仪实测角较差应小于 10″。每次独立三测回测定的陀螺方位角平均值较差应小于 12″。陀螺经纬仪竖井定向示意图如图 12.1 所示。

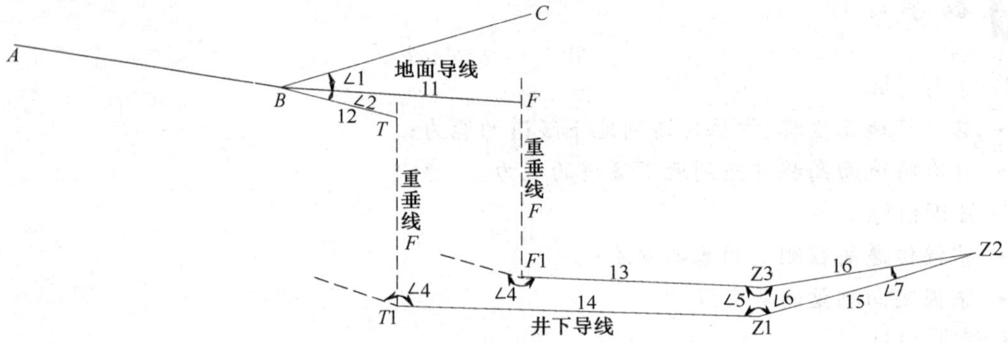

图 12.1 陀螺经纬仪竖井定向示意图

高程传递测量：测定近井水准点高程的地面趋近水准线路应附合在地面相邻精密水准点上。采用在竖井内悬吊钢尺的方法进行高程传递测量时，地上和地下安置的两台水准仪应同时读数，并应在钢尺上悬吊与钢尺鉴定时相同质量的重锤。传递高程时，每次应独立观测三测回，每测回改变仪器高度，三测回测得地上、地下水准点的高差较差应小于 3 mm。

典型工作任务 1 联系测量认知

12.1.1 工作任务

通过本部分知识的学习，主要达到以下目的：

(1)掌握定向测量的基本方法；

(2)掌握传递高程测量的基本方法。

12.1.2 相关配套知识

联系测量是将地面的平面坐标系统和高程系统通过施工竖井、平峒及斜井传递到地下，使地上、地下坐标系统相一致的测量工作。联系测量工作应包括地面近井导线测量和近井水准测量、通过竖井（包括斜井、平峒、钻孔等）的定向测量、传递高程测量以及地下近井导线测量、近井水准测量等。

1. 定向测量基本方法

以地面近井点为依据，确定井下近井导线起算边的坐标方位角和起算点坐标的测量工作，称为平面联系测量。

在竖井联系测量中，从竖井定向误差对地下测量的影响来看，确定地下导线起算边的坐标方位角是很重要的环节。地下导线起算边的坐标方位角误差将使地下导线各边的方位角偏转同一个误差值，由此引起的导线各点的点位误差将随导线伸长而增大。设导线终点为 P，起算边的坐标方位角误差为 m_a。引起 P 点的位置中误差为

$$m_P=\frac{m_a''}{\rho''}\cdot L \tag{12.1}$$

式中 L——导线终点到起算点的直线距离；

ρ''——206 265″。

若设 $m_a=\pm 5''$，$L=1\,000$ m，则计算得

$$m_P=\pm 2\times 4\ \text{cm} \tag{12.2}$$

由此可见，对沿隧道（或巷道）布设的近似直伸形的导线，由竖井定向确定的导线起算边坐标方位角误差对导线终点位置的影响是很大的；对地铁隧道的贯通来说，要保证在贯通面能正确贯通，对竖井定向的精度要求是很高的。竖井定向的坐标传递误差对导线各点位置的影响为一常数，它只使导线点位置发生平移，其影响不随导线的伸长而累积，它相对于坐标方位角误差的影响而言就非常小了。因此，竖井联系测量确定地下导线起算边坐标方位角比确定起算点坐标更重要，精度要求更高。通常将竖井平面联系测量简称为竖井定向。

在城市轨道交通工程中定向测量方法主要有以下几种：

(1)陀螺经纬仪、铅垂仪（钢丝）组合法；

(2)联系三角形法；

(3)两井定向；

(4)导线直接传递法；

(5)投点定向法。

2. 传递高程测量基本方法

以地面近井点为依据，确定井下近井起始点的高程测量工作，称为传递高程测量（高程联系测量），又称为导入高程。测量方法主要有以下几种：

(1)悬挂钢尺法；

(2)光电测距三角高程法；

(3)水准测量法。

3. 地面近井点测量

将地面测量坐标系统通过竖井传递到井下，一般应在地面竖井口附近设立近井点，通过近井点进行坐标传递。因此要求所设立的近井点能够使用方便、不受施工影响。当原有各等级地面控制点能够与联系测量中的观测标志通视且距离较近时，可以不另行建立近井点，并以其为近井点，直接利用这些点进行联系测量。否则应通过进行加密控制点测量，建立近井点。

(1)近井导线测量

①对已有导线点的复核测量

城市轨道交通工程的一等卫星定位控制点和二等导线点的位置一般选择在线路附近或高大建筑物上，由于受施工影响，线路附近的地面和建筑在施工期间很可能会产生变形，造成邻

近地面和建筑物上的导线点点位产生移动，所以为确保起算点的正确，进行近井导线测量前，对地面已有导线点必须进行复核测量。

根据复测结果发现，一些城市有的导线点位移量可达 10～30 mm，这就给不同时期各次复核测量结果的互相比较产生困难。为此，为防止此类情况发生，在复测时，如果对原起算点的稳定情况有疑问时，应另选择可靠的控制点作为起算数据，并在经检测确认这些控制点稳定、可靠的情况下，才可以作为起算点。

②近井点测量

为便于进行联系测量，一般在竖井口附近设置近井点。测定近井点的位置，可采用极坐标法或导线测量等方法。

a. 极坐标法测定近井点

当竖井附近的一、二等控制点能够直接测定近井点时，应利用一、二等控制点采用极坐标法直接测定近井点位置。为保证测量成果的可靠，此时应进行双极坐标测量，即独立进行两次极坐标测量。近井点的点位中误差应在±10 mm 以内。

b. 导线测量方法测定近井点

采用导线测量方法测定近井点时，应以一、二等控制点为起算数据，在其间应加密近井导线，并形成附合路线，近井点要纳入近井导线中。近井导线测量应按二等导线测量的技术要求施测，最短边长不应小于 50 m，同样近井点的点位中误差应在±10 mm 以内。

近井点位置处在施工影响的变形区内，经常会发生变化，因此每次进行联系测量时都要重新对近井点进行测量。

(2)近井水准测量

为便于进行高程联系测量，同样在竖井口附近设置近井高程点(近井高程点和近井点也可设置成同一个点)。确定近井点高程可采用水准测量方法。

同样应利用一、二等水准点为起算点，引测近井高程点的加密近井水准测量。进行近井水准测量前应对作为起算点的已有的一、二等水准点进行检测，确认稳定、可靠后才能使用。加密近井水准路线应构成附合路线，并应按二等水准测量技术要求施测。

典型工作任务 2　定向测量

12.2.1　工作任务

通过本部分知识的学习，主要达到以下目的：

(1)掌握近井导线测量的方法；

(2)掌握近井水准测量的方法。

12.2.2　相关配套知识

1. 联系三角形定向测量

联系三角形定向测量亦称一井定向测量。一井定向是在一个竖井中悬挂两根钢丝，在地面近井点与钢丝组成三角形，并测定近井点与钢丝的距离和角度，从而算得两钢丝的坐标以及它们之间的方位角。在井下，同样井下近井点也与钢丝构成三角形，并测定井下近井点与钢丝的距离和角度，由于钢丝处在自由悬挂状态，可以认为钢丝的坐标和方位角与地面一致，通过计算便可获得地下导线起算点的坐标和方位角，这样就把地上与地下导线联系起来了，一井定向示意图如图 12.2 所示。

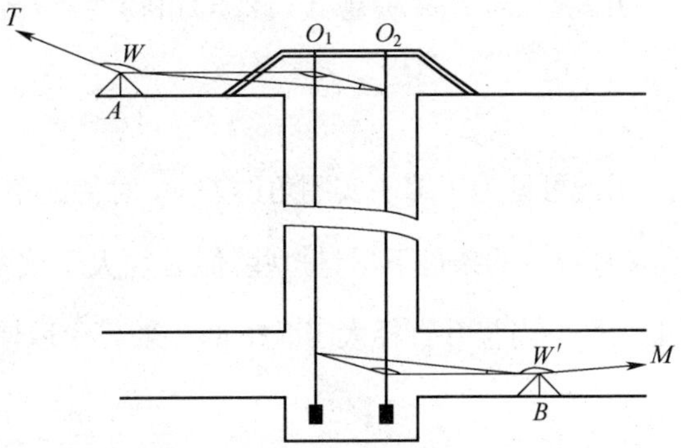

图 12.2　一井定向

(1)地下近井点的计算路线和方法

将一井定向立体示意图转换成平面，便得到图 12.3 所示一井定向联系三角形法平面示意图。由图 12.3 可以解算出三角形相关角度和边长，以及地下近井点的坐标和方位角。先由 ΔAO_1O_2 解出 β，从 ΔBO_1O_2 中解出 β'。

$$\left.\begin{aligned}\sin\beta &= \sin\alpha\cdot\frac{b}{a}\\ \sin\beta' &= \sin\alpha'\cdot\frac{b'}{a}\end{aligned}\right\}\tag{12.3}$$

然后按 $T\to A\to O_2\to O_1\to B\to M$ 路线推算各边和各点的方位角和坐标(图 12.3)。

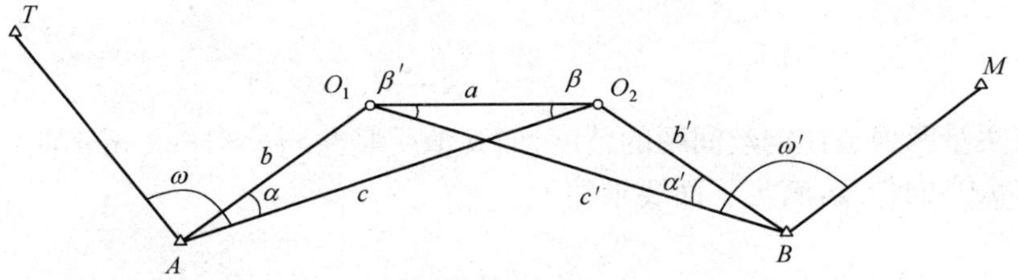

图 12.3　联系三角形

(2)联系三角形的有利图形

在竖井定向测量中，以很高的精度传递方位角是定向测量的关键，所以下面我们以图 12.3联系三角形布设形式，从传递方位角这个角度来分析联系三角形的有利图形。竖井定向测量时，在近井点与两根钢丝组成的联系三角形中测量 a、b、c 三条边长和角 α。为提高传递方位角精度，除了提高 a、b、c 三条边和角 α 的测量精度外，还要保证 β 的精度。

当 α 与 β 都是小角时，可用下式计算 β：

$$\beta=\alpha\cdot\frac{b}{a}\tag{12.4}$$

微分式(12.4)可得

$$\frac{d\beta}{\beta}=\frac{d\alpha}{\alpha}+\frac{db}{b}+\frac{da}{a}$$

由此可得中误差关系式为

$$\left(\frac{m_\beta}{\beta}\right)^2=\left(\frac{m_\alpha}{\alpha}\right)^2+\left(\frac{m_b}{b}\right)^2+\left(\frac{m_a}{a}\right)^2\tag{12.5}$$

式(12.5)右边可分两部分，一部分为测角误差的影响，即 $\left(\frac{m_\alpha}{\alpha}\right)^2$，另一部分为量边误差的影响，即 $\left(\frac{m_b}{b}\right)^2+\left(\frac{m_a}{a}\right)^2$

令

$$\left(\frac{m_{\beta1}}{\beta}\right)=\left(\frac{m_\alpha}{\alpha}\right)\tag{12.6}$$

$$\frac{m_{\beta2}}{\beta}=\sqrt{\left(\frac{m_b}{b}\right)^2+\left(\frac{m_a}{a}\right)^2}\tag{12.7}$$

由式(12.7)，并考虑式(12.5)可得

$$m_{\beta1}=\frac{\beta}{\alpha}\cdot m_\alpha=\frac{b}{a}\cdot m_\alpha \tag{12.8}$$

由此可见为了缩小实测角误差 m_α 对待定角 $m_{\beta1}$ 的影响，应在布网时尽量缩小比值$\frac{b}{a}$，一般应使 b 在场地许可的条件下尽量短些，但必须大于仪器望远镜的盲区。a 取决于竖井的口径大小，应尽可能大些。当竖井直径大于 5 m 时一般可争取使$\frac{b}{a}\leqslant 1$，这时有 $m_{\beta1}\leqslant m_\alpha$。如果设

$$\frac{m_a}{a}\approx\frac{m_b}{b}\approx\frac{m_S}{S} \tag{12.9}$$

代入式(12.8)后可得

$$\frac{m_{\beta2}}{\beta}=\sqrt{2}\cdot\frac{m_S}{S} \tag{12.10}$$

$$m_{\beta2}=\sqrt{2}\cdot\frac{m_S}{S}\cdot\beta \tag{12.11}$$

一般说来丈量两根悬挂钢丝间距的精度，而 a 值受竖井 $m_S\approx 1\sim 2$ mm 直径限制，因此不宜要求量距有太高的精度，满足下面要求即可。

$$\frac{m_S}{S}\approx\frac{1}{3\ 000}\sim\frac{1}{10\ 000}$$

$$m_{\beta2}=\left(\frac{1}{2\ 000}\sim\frac{1}{7\ 000}\right)\beta$$

为了减少量距误差对推算待定角 β 的影响，应该在布设图形时使 β 角尽可能小些。这意味着联系三角形应具有直伸三角形的形状，也即三角形三点宜近似在一条直线上。例如，当 $\beta\approx 1^\circ$，则 $m_{\beta2}$ 可望小于 $1''$。因此当 $\beta<1^\circ$ 时有

$$m_\beta\approx m_{\beta1}=\frac{b}{a}\cdot m_\alpha$$

综上所述，联系三角形测量的精度，取决于测站点和钢丝悬挂点位置的选择，分析上述误差公式可得出如下结论：

①连接三角形最有利的形状为锐角三角形。

②计算角 β（或 β'）的误差，随 α 角的误差增大而增大，随比值 b/a（或 b'/a）的减小而减小。故在联系测量时，应尽量使连接点 A 和 B 靠近最近的钢丝线，并精确的测量角度 α。

③两钢丝线间的距离越大，则计算角的误差就越小。

④在直伸三角形中，量边误差对定向精度的影响较小。

(3)双联系三角形定向测量

在生产实践中，测量工作者总结出了双联系三角形定向测量方法，该方法是在竖井中悬吊三根钢丝，组成两个联系三角形，双联系三角形定向测量示意图如图 12.4 所示。进行定向测量时，在地面和地下近井点分别测量近井点至三根钢丝 a、b、c、a'、b'、c' 和钢丝间 O_1O_2、O_2O_3 的距离以及近井点与钢丝间的角度 α_1、α_2、α_1'、α_2'。然后根据观测数据，利用平差软件解算出地下近井点的坐标和方位角。该双联系三角形定向测量具有方法简单、操作容易、精度高等优点，在上海等地区得到普及，建议在竖井联系测量工作中广泛应用。

(4)联系三角形定向测量技术要求

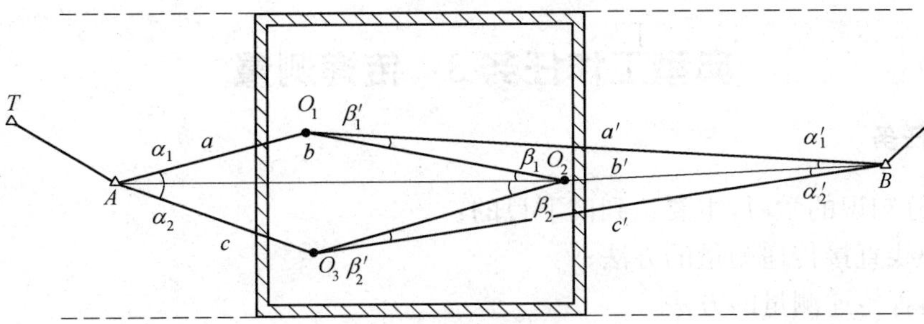

图 12.4　双联系三角形定向测量

联系三角形边长测量可采用光电测距或经检定的钢尺丈量，每次应独立测量三测回，每测回三次读数，各测回较差应小于 1 mm。地上与地下丈量的钢丝间距较差应小于 2 mm。钢尺丈量时应施加钢尺鉴定时拉力，并应进行倾斜、温度、尺长改正。

角度观测应采用±2″，2 mm+2×D mm（D 是测距边长，以 km 为单位）的全站仪，用方向观测法观测六测回，测角中误差应在±2.5″之内。

联系三角形测量，每次定向应独立进行三次，取三次平均值作为定向成果。联系三角形定向推算的地下起始边方位角的测回较差应小于 12″，方位角平均值中误差应在±8″之内。

2. 两井定向

当竖井井口小、在一井中钢丝间距小于 5 m 时，为了提高定向精度，可利用地铁车站两端的施工竖井（或在长隧道中部钻孔）进行两井定向。

(1)两井定向的布设形式

两井定向是在两施工竖井（或钻孔）中分别悬挂一根钢丝，与一井定向相比，由于两钢丝间的距离大大增加了，因而减少了投点误差引起的方向误差，有利于提高地下导线的精度，这是两井定向的主要优点。其次是外业测量简单，占用竖井的时间较短。两井定向联系测量示意图如图 12.5 所示。

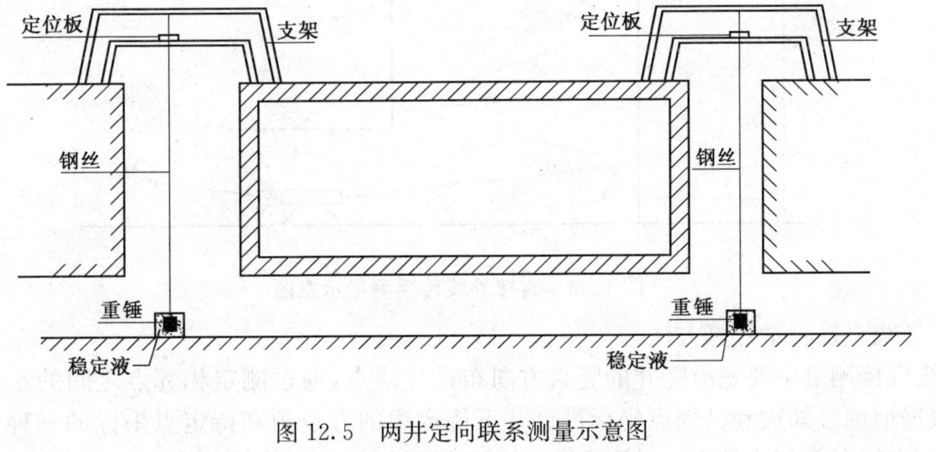

图 12.5　两井定向联系测量示意图

两井定向时，是利用地面上布设的近井点或地面控制点采用导线测量或其他测量方法测定两钢丝的平面坐标值。在地下隧道中，将已布设的地下导线与竖井中的钢丝联测，即可将地面坐标系中的坐标与方向传递到地下去，经计算求得地下导线各点的坐标与导线边的方位角。

典型工作任务3　传递测量

12.3.1　工作任务

通过本部分知识的学习，主要达到以下目的：

(1)掌握导线直接传递测量的方法；

(2)掌握高程传递测量的方法。

12.3.2　相关配套知识

1. 导线直接传递测量

竖井联系三角形定向测量虽然有较高的精度，由于竖井的井筒直径有限，工作面窄小，施工干扰大，布设优化的联系三角形并不容易，且存在工序繁多、作业时间长、劳动强度大等不足。当地铁工程深度相对较浅时，竖井联系测量可采用导线直接传递测量定向，相对于竖井联系三角形定向法，该方法布设和施测比较简单，受井口施工干扰小，且同样可满足工程实际要求，但导线直接定向精度和点位传递精度随竖井深度增加而降低。

(1)导线直接传递测量路线形式

当井筒直径比较大，且竖井中部有站厅平台（车站中板）等可架设测量仪器时，可采用经纬仪或全站仪直接从地面经站厅平台（车站中板），到地下布设导线进行坐标和方向传递测量，该方法测量示意图如图 12.6 所示。

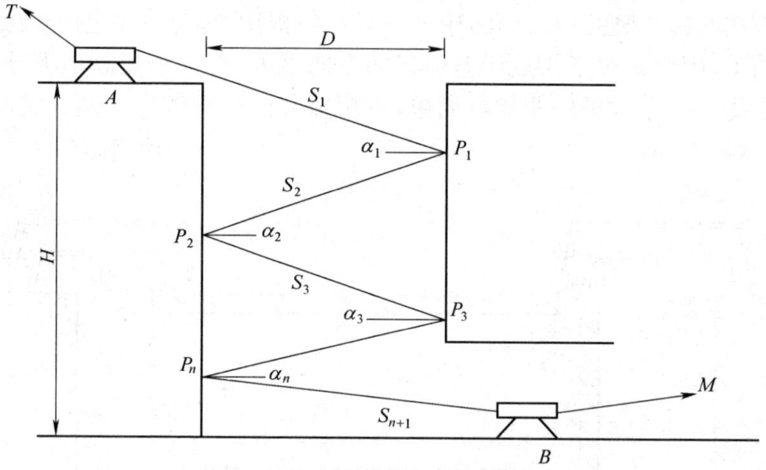

图 12.6　直接导线传递测量示意图

(2)导线直接测量计算方法

导线直接测量主要是沿竖井的竖直方向布设导线点，通过测定相邻点之间的水平角和导线边，根据地面已知边和已知点坐标推算井下待定边的方位角和待定点坐标的一种方法。地下定向边 BM 的坐标方位角 α_{BM} 及井下坐标可表示为

$$\alpha_{BM} = \alpha_{TA} + \sum_{i=1}^{n+1} \pm \beta_i \mp (n+1)180° \tag{12.12}$$

$$X_B = X_A + \sum_{i=1}^{n} S_i \cos \alpha_i \cos \alpha_{i-1,i}$$

$$Y_B = Y_A + \sum_{i=1}^{n} S_i \cos \alpha_i \cos \alpha_{i-1,i} \tag{12.13}$$

式中 S_i——各导线的观测边长；

α_i——各导线边的竖直角；

$\alpha_{i-1,i}$——各导线边的方位角。

(3)导线直接测量误差分析

①方位角的中误差分析

若不考虑起始误差的影响，且设测角中误差都为 m_β，则可得到方位角的中误差为

$$m_{\alpha_{BM}} = m_\beta \sqrt{n+1} \tag{12.14}$$

由式(12.14)看出，方位角中误差与导线边数和测角中误差有关。

当 m_β 一定时，边数越少越好，同时在竖井深度 H 与洞径 D 确定的情况下，竖直角 α、竖井深度 H、洞径 D 之间有如下关系：

$$D\tan\alpha_1 + D\tan\alpha_2 + \cdots + D\tan\alpha_n = H \tag{12.15}$$

$$\alpha_1 = \alpha_2 = \cdots = \alpha_n = \alpha$$

则有

$$n = \frac{H}{D} c\tan\alpha \tag{12.16}$$

因此导线边数与竖直角大小成反比。

②仪器竖轴倾斜误差和对中误差对定向的影响和克服措施

在直接导线水平角观测中具有边长短、竖直角大、水平角较小的特点，因此，其主要误差来源为仪器的三轴误差、仪器测站和目标偏心误差的影响。

在仪器的三轴误差中，视准轴误差和横轴误差的影响均可采用盘左、盘右取平均值的观测方法加以消除，而竖轴误差的影响不能通过盘左、盘右取平均值的观测方法加以消除，目标觇牌与仪器不同轴误差其实质为目标偏心误差，对水平观测方向值也有较大的影响。

因此，直接导线传递测量方法必须解决两个问题：仪器竖轴倾斜误差影响和短边上的对中误差影响。

在短边上对中误差一般要求不大于 0.1 mm(当边长 10～20 m 时，则对水平角的影响为 $\Delta\beta = 1'' \sim 2''$)，对中误差的产生往往是由于在仪器转站时或在同一测站上，觇牌中心与仪器旋转中心，觇牌中心与自身旋转轴不一致，以及基座连接装置的偏心等都会对方位角的传递产生较大的误差。这些误差大多是由于觇牌变形所致，因此，对觇牌必须事先进行检验。在井边适合位置砌筑强制对中固定观测墩，再经站厅平台砌筑强制对中固定观测墩中转，将坐标和方位角传至隧道内。在导线布设时各点埋设具有强制对中装置的观测墩或带有内外架式的金属吊篮，就可有效地消减或减弱仪器对中误差和目标偏心误差的影响。

井上导线点与井下导线点的高差为 8～15 m，而其水平距离一般只有 10～20 m。即在该边上的高度角为 30°～35°。在如此大的高度角的情况下，进行水平角观测，仪器的纵轴必须严格垂直，当仪器的纵轴不严格垂直时，将按下式影响水平角测量精度：

$$\Delta\beta = V \cdot \tan\alpha \tag{12.17}$$

式中 V——仪器纵轴倾斜量；

α——该边的高度角；

$\Delta\beta$——对水平角的影响值。

由式(12.17)计算，当高度角 $\alpha = 35°$ 时，如果照准气泡偏 0.2 格(4″)，则对水平角影响

$\Delta\beta=3''$。必须指出，这项误差是属于系统误差，不能通过盘左盘右或多个测回数来消除。只有通过改正或观测时严格气泡居中来克服。这种传递方法，由于高差大，对仪器结构要求高。目前，全站仪均有纵轴倾斜自动改正装置，经过实践，全站仪的这种补偿功能的作用是有效的。在观测时宜采用具有双轴补偿的电子经纬仪或全站仪，有利于减弱竖轴倾斜误差对水平方向观测值的影响。

在竖井联系测量中采用竖直直接导线进行定向测量的方法，通过实践证明是一种比较经济的定向测量方法，只要在测量过程中，注意仪器气泡居中和觇牌的偏心问题，同样可以获得高精度的方位角传递成果，而且与联系三角形定向测量方法比较更为简便、可行。例如在上海、北京等城市的竖井联系测量生产实践中，一些单位在井筒中设置多个带有强制对中标志的控制点，使用具有双轴补偿装置的 TCA 全站仪，通过测量多组导线路线，将坐标和方位角传递到地下定向边上，得到高精度定向测量成果。

2. 投点传递测量

在城市轨道交通联系测量中，除采用传统的两井定向测量方法外，在生产实践中，利用互相通视的地铁车站两端的施工竖井或在长隧道中部钻 2 个互相通视的钻孔，并在竖井或钻孔底部埋设控制点，在地面利用垂准仪分别以底部控制点对中，由于垂准仪对中视线为铅垂线，所以测量地面垂准仪的坐标，即得到地下控制点坐标和它们的方位角，并直接作为地下测量起算数据。上述测量方法我们称之为投点传递测量，该方法是根据地铁浅埋的特点，应用一铅垂线上平面坐标相同的原理而总结出的联系测量方法。

(1)利用地铁车站进行投点传递测量

一般地铁车站施工竖井位于车站两端，图 12.7 中 A、B 即为施工竖井。进行投点传递测量时，首先应以附合路线形式布设近井导线，近井点要分别位于施工竖井附近；然后在各井上分别搭设观测台 A、B，在其上边架设垂准仪，并以竖井底部埋设的控制点进行对中从而达到垂直投点的目的；接着由地面近井点联测垂准仪，测量中为加强检核和提高测量精度应采用双极坐标法测量垂准仪的坐标，其坐标和方位角就是地下导线的起算数据。

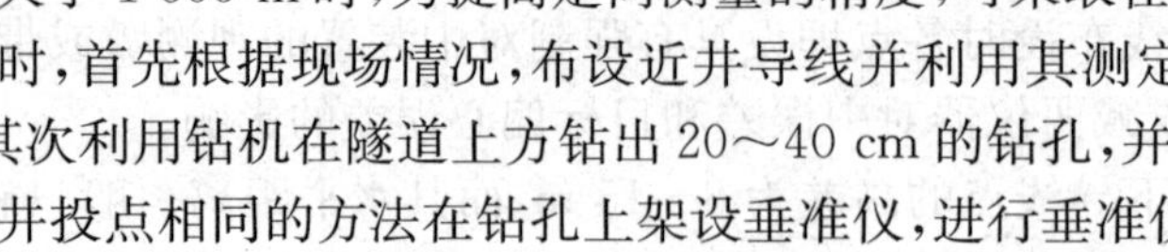

图 12.7　地铁车站两端施工竖井示意图

(2)利用钻孔进行投点传递测量

当贯通隧道长度大于 1 500 m 时，为提高定向测量的精度，可采取在隧道中间的钻孔进行投点传递测量。作业时，首先根据现场情况，布设近井导线并利用其测定钻孔位置，钻孔间距离大于 150 m 为宜；其次利用钻机在隧道上方钻出 20～40 cm 的钻孔，并使钻孔垂直偏差小于 1/200；然后采用与竖井投点相同的方法在钻孔上架设垂准仪，进行垂准仪测量，得到地下导线的起算数据。

投点传递测量是一种适合于浅埋工程的联系测量方法，具有作业时间短、测量精度高、简单直观、容易操作的特点。有条件时，应优先考虑采用此法进行联系测量。

当工程埋深大于 30 m 时，应结合钻孔费用、投点误差、投点作业环境等具体情况，慎重考虑是否采用钻孔投点进行传递测量的方法。

3. 高程传递测量

高程传递测量是将地面坐标系统中的高程传递到地下隧道、基坑中的高程近井点或高程起算点上的测量工作。根据不同的精度要求，可采取不同的测量方法。下面介绍竖井高程传递测量：

(1)地面近井高程点测量

在城市轨道交通的地下隧道建设中，一般利用施工竖井进行高程传递测量。为了测定近井点高程，首先应进行加密近井水准测量。测量前应对准备作为起算数据的地面控制水准点进行检查测量，经检测确定其稳定、可靠后，采用二等水准测量方法加密近井水准测量，并应构成附合水准路线。同样近井点应纳入水准路线中。

明挖施工时，向基坑下传递高程同样采用上述方法，在基坑边缘附近建立近井点。

(2)高程传递测量主要方法

①悬挂钢尺法

利用悬挂的钢尺向地下传递高程是经常采用的测量方法，其测量示意图如图 12.8 所示。测量时，首先应搭建挂尺架，在挂尺架上悬挂经检定过的钢尺至底部，钢尺零刻划端朝下，并在下端挂一个重锤，重锤重量应与钢尺鉴定时拉力相同；然后如图 12.8 所示在地上和地下各安置一台水准仪进行测量。

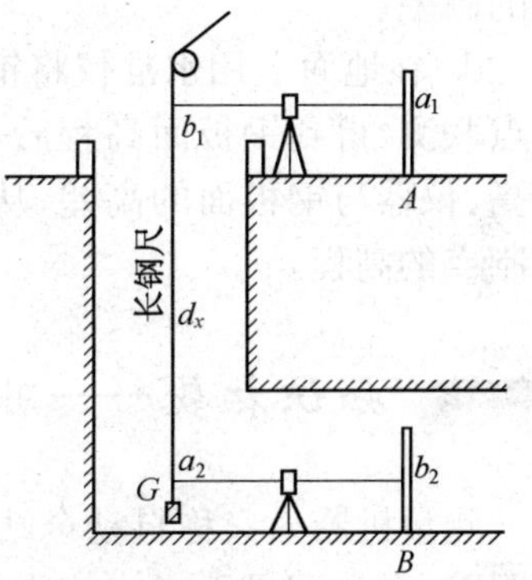

图 12.8　悬挂钢尺法竖井高程传递

②全站仪三角高程法传递高程

当竖井联系测量采用导线直接传递法将方位角传递到井下时，可同时采用全站仪三角高程法将高程传递到井下。

全站仪三角高程法，在传递高程时可避免由于测量仪器高所带来的误差，其原理如图 12.9 所示，为了确定 B 点的高程，在 O 处架设全站仪，后视已知点 A。设目标高程为 l，当目标采用反射片时：$l=0$。测得 $O-A$ 的距离 S_1 和垂直角 α_1，从而计算 O 点全站仪中心的高程为

$$H_O=H_A+l-\Delta h_1 \tag{12.18}$$

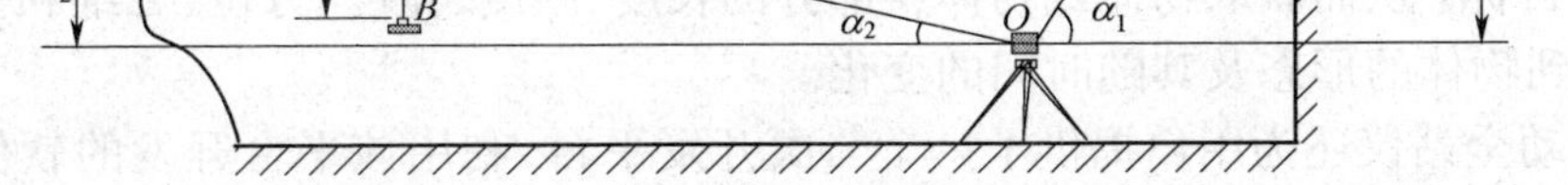

图 12.9　全站仪无仪器高作业法

然后测得 $O-B$ 的距离 S_2 和垂直角 α_2，并考虑式(12.18)，从而计算 B 点的高程为

$$H_B=H_O+\Delta h_2-l=H_A-\Delta h_1+\Delta h_2 \tag{12.19}$$

从式(12.19)可以看出：此方法不需要测定仪器高，由于没有仪器高和觇高程测量误差，因而用无仪器高作业法传递高程同样具有很高的测量精度。

③全站仪天顶测距法传递高程

在地铁隧道施工中，车站施工竖井或定向测量投点孔，为光电测距提供一条垂直通道，如图 12.10 所示，为采用全站仪天顶测距法传递高程提供了方便。进行全站仪天顶测距法传递

高程步骤如下：

a. 在竖井或隧道中钻空安置配有弯管目镜的全站仪，并将望远镜放置水平，既竖盘天顶距读数为90°，读取立于井下待测高程的控制点上的水准尺读数，得到仪器高。

b. 在地面投点孔上方安置有孔的钢板，在钢板孔上安置反射棱镜。

c. 然后将望远镜指向天顶，显示天顶距读数为0°的状态，并瞄准反射棱镜，按测距键测定垂直距离；仪器高程加垂直距离后，即得到仪器与钢板面的高差。

d. 在地面上用水准仪将钢板面与地面水准控制点联测，得到钢板面高程后，根据已经测得的仪器高、仪器与钢板面的高差，从而计算出井下高程控制点的高程。

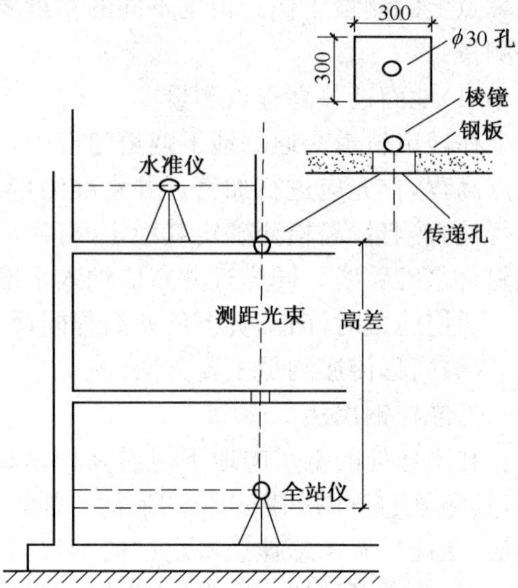

图 12.10　全站仪天顶测距法

知识拓展——测量机器人

测量机器人又称自动全站仪，是一种集自动目标识别、自动照准、自动测角与测距、自动目标跟踪、自动记录于一体的测量平台。它的技术组成包括坐标系统、操纵器、换能器、计算机和控制器、闭路控制传感器、决定制作、目标捕获和集成传感器等八大部分。坐标系统为球面坐标系统，望远镜能绕仪器的纵轴和横轴旋转，在水平面360°、竖面180°范围内寻找目标；操纵器的作用是控制机器人的转动；换能器可将电能转化为机械能以驱动步进马达运动；计算机和控制器的功能是从设计开始到终止操纵系统、存储观测数据并与其他系统接口，控制方式多采用连续路径或点到点的伺服控制系统；闭路控制传感器将反馈信号传送给操纵器和控制器，以进行跟踪测量或精密定位；决定制作主要用于发现目标，如采用模拟人识别图像的方法（称试探分析）或对目标局部特征分析的方法（称句法分析）进行影像匹配；目标获取用于精确地照准目标，常采用开窗法、阀值法、区域分割法、回光信号最强法以及方形螺旋式扫描法等；集成传感器包括采用距离、角度、温度、气压等传感器获取各种观测值。由影像传感器构成的视频成像系统通过影像生成、影像获取和影像处理，在计算机和控制器的操纵下实现自动跟踪和精确照准目标，从而获取物体或物体某部分的长度、厚度、宽度、方位、二维和三维坐标等信息，进而得到物体的形态及其随时间的变化。

有些自动全站仪还为用户提供了一个二次开发平台，利用该平台开发的软件可以直接在全站仪上运行。利用计算机软件实现测量过程、数据记录、数据处理和报表输出的自动化，从而在一定程度上实现了监测自动化和一体化。

相关规范、规程与标准

《城市轨道交通工程测量规范》(GB/T 50308—2017)中联系测量的一般规定如下。

Ⅰ　基本要求

1. 联系测量应包括地面近井导线测量、近井水准测量以及通过竖井、斜井、平峒、钻孔的定向测量和传递高程测量。

2. 每次联系测量应独立进行三次，取三次平均值作为定向成果。地下近井定向边方位角中误差不应超过±8″，地下近井高程点高程中误差不应超过±5 mm。

3. 定向测量的地下近井定向边应大于120 m，且不应少于2条，传递高程的地下近井高程点不应少于2个。使用近井定向边和地下近井高程点前，应对地下近井定向边之间和高程点之间的几何关系进行检核，其不符值应分别小于12″和2 mm。

4. 隧道贯通前的联系测量工作不应少于3次，宜在隧道掘进到约100 m、300 m以及距贯通面100～200 m时分别进行一次。各次地下近井定向边方位角较差应小于16″，地下高程点高程较差应小于3 mm，符合要求时，可取各次测量成果的平均值作为后续测量的起算数据指导隧道贯通。

5. 当隧道单向贯通距离大于1 500 m时，应采用高精度联系测量或增加联系测量次数等方法，提高定向测量精度。

Ⅱ　地面近井导线测量和近井水准测量

6. 地面近井点包括平面和高程近井点，应埋设在井口附近便于观测和保护的位置，并标识清楚。

7. 地面平面近井点可利用精密导线点测设，并应符合下列规定：

(1)进行导线点加密时，地面平面近井点与精密导线点应构成附合或闭合导线。近井导线边数不宜超过5条。

(2)平面近井点应按规范中精密导线网测量的技术要求施测，最短边长应大于50 m，近井点的点位中误差不应超过±10 mm。

8. 高程近井点应利用一、二等水准点测定，并应构成附合或闭合水准路线。高程近井点应按规范中二等水准测量技术要求施测。

项目小结

本项目通过成都地铁2号线一期工程区间隧道进行联系测量的案例，介绍了城市轨道交通工程地下隧道测量中关于地面坐标、方位和高程如何传递的问题，分别介绍了联系三角形定向测量、竖井高程传递测量等方法，对从事相关专业的工程技术人员提供了一个技术参考。

复习思考题

1. 在城市轨道交通工程施工中定向测量方法主要有哪几种？
2. 在城市轨道交通工程施工中传递高程测量基本方法有哪几种？
3. 什么是一井定向测量？
4. 什么是两井定向测量？它的优点是什么？
5. 什么是高程传递测量？
6. 进行高程传递测量的主要方法有哪些？

项目 13　明挖结构施工测量

项目描述

明挖法是目前我国城市轨道交通工程车站采用最多的一种施工方法，对埋深不大、地面无建(构)筑物、地面交通和环境保护无特殊要求的区间隧道通常也采用该方法。明挖法施工主要有放坡明挖和在围护结构内的明挖两种施工方法。本项目主要介绍基坑围护结构施工测量和明挖主体结构施工测量，并通过案例对后者进行了详细讲解。

教学目标

1. 能力目标

- 能识读明挖结构施工图，并能够进行明挖结构施工控制测量与施工放样；
- 能够在明挖结构工程施工测量中，提出一些自己的专业见解。

2. 知识目标

- 了解地下连续墙的施工工艺和适用范围；
- 掌握地下连续墙的施工放样要点及检核要求；
- 掌握人工挖孔桩和钻孔灌注桩的测设要求和检核；
- 掌握主体结构放样和精度要求。

3. 素质目标

- 培养严谨、实事求是的工作态度；
- 养成独立思考、分析和解决问题的习惯；
- 具备沟通及团结协作的能力。
- 树立节能环保、绿色施工和安全责任意识。

相关案例——明挖车站施工测量概述

明挖车站施工测量包括基坑围护结构、基坑开挖和结构施工测量等。

1. 围护结构放样

根据设计图计算出围护结构桩心坐标，根据施工现场周围的施工控制点放样围护结构桩的位置。施工中的测量控制可采用极坐标法进行施测，为了加强放样点的检核条件，可利用另外两个已知导线点作起算数据，用同样的方法检测放样点的正确与否，或利用全站仪的坐标实测功能，用另两个已知导线点来实测放样点的坐标，放样点的理论坐标与检测 X、Y 相差在±3 mm以内，方可指导施工。

对于成排或有规律分布的钻孔灌注桩桩位放样，首先根据场地周围施工控制点放样其桩位的轴线控制点，轴线控制点至少放样三个，采用“十字交叉法”，将桩中心引到四周，如图 13.1所示。

对于单个或极其少量无规律分布的钻孔灌注桩桩位放样，根据其图纸计算出的桩心坐标，将坐标直接输入全站仪，利用全站仪的坐标放样功能，直接放钻孔灌注桩桩心位置。

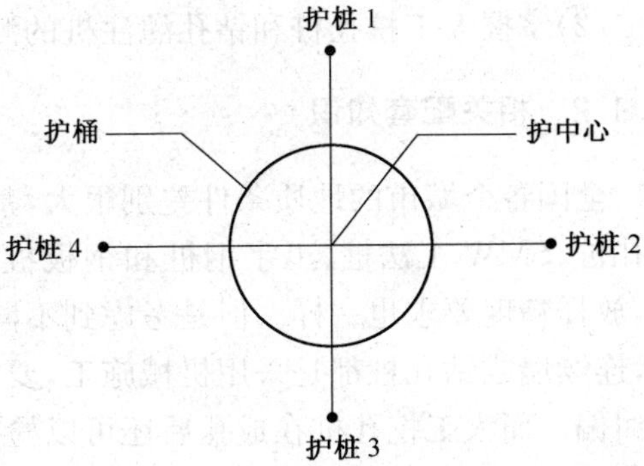

图 13.1　围护桩中心控制示意图

2. 基坑开挖施工测量

在基坑开挖至底部后，应采用附合导线将线路中线引测到基坑底部，用水准测量方法放样出基坑底部上返 50 cm 高程线，确保基坑开挖到位。

3. 车站冠梁及钢支撑测量

在围护桩全部施工完成之后，需对冠梁进行测量控制，依据设计图纸计算出冠梁的坐标及绝对高程，并利用导线控制点放出冠梁平面控制坐标及绝对高程，对于多余桩体进行破除，依据设计要求对需浇筑混凝土的冠梁进行复核。

当基坑开挖至钢支撑位置时，需对钢支撑安装进行控制，利用场地内的控制点放样出钢支撑中心轴线位置及钢支撑的绝对高程，保证钢支撑位置安装正确。

4. 车站主体结构施工测量

利用从地上传到地下的平面控制点，以轨道中心线和结构轴线为依据，测设出柱子中线、边墙内移 500 mm 线控制点，利用所测设的控制点放样柱子中线和边墙 500 mm 线指导钢筋绑扎和模板施工。柱子中线或边墙 500 mm 线放样示意图如图 13.2 所示。

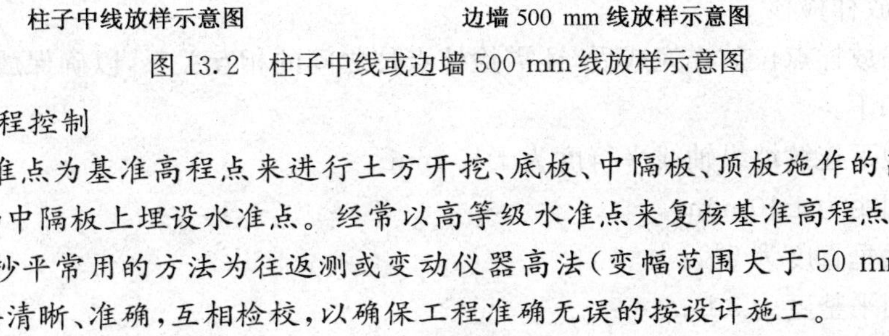

图 13.2　柱子中线或边墙 500 mm 线放样示意图

5. 车站高程控制

以加密水准点为基准高程点来进行土方开挖、底板、中隔板、顶板施作的高程放样，即抄平，并在底板和中隔板上埋设水准点。经常以高等级水准点来复核基准高程点、底板和中隔板上的水准点。抄平常用的方法为往返测或变动仪器高法(变幅范围大于 50 mm 以上)。施工测量中，记录要清晰、准确，互相检校，以确保工程准确无误的按设计施工。

典型工作任务 1　基坑围护结构施工测量

13.1.1　工作任务

通过本部分知识的学习，主要达到以下目的：

(1)掌握地下连续墙的施工放样要点；

(2)掌握人工挖孔桩和钻孔灌注桩的测设要求及检核测量。

13.1.2 相关配套知识

全国各个城市的地质条件差别很大，基坑围护结构形式多样，一般有连续墙、钻孔桩、人工挖孔桩、SMW 工法桩、工字钢桩和钢板桩围堰等形式。不同围护结构施工测量基本方法相同，放样精度要求也一样。但是考虑到不同围护结构的施工工法，测量放样要求也有差异。例如，连续墙或钻孔桩都是采用机械施工，要求定位时必须准确，一旦施工时出现偏差，难于发现和纠偏。而人工挖孔桩在成孔后还可以检查桩位的正确性或进行修正。本项目主要介绍连续墙、人工挖孔桩和钻孔桩的施工测量方法和技术要求。

1. 连续墙施工测量

地下连续墙的施工工艺是利用特制的成槽机械在泥浆护壁的情况下，进行一定槽段长度沟槽的开挖后，再将在地面上制作好的钢筋笼放入槽段内，采用导管法进行水下混凝土浇筑，完成一个单元的墙段施工，各墙段之间以特定的接头方式相互连接，形成一道连续的地下钢筋混凝土墙。该结构适合于饱和砂层、饱和淤泥土层等饱和软弱地层，既可控制土压力，又可有效地阻隔地下水，同时还可以作为车站结构的一部分。

地下连续墙的施工大体上有六个环节：导墙、成槽、放接头管、吊放钢筋笼、浇灌混凝土及拔接头管成墙等。地下连续墙施工测量的控制要点主要是导墙平面位置的测设及成槽垂直度的控制两方面。

(1)连续墙施工放样

连续墙施工前，应在施工场地内布设和施测施工控制导线点。施工控制导线点边长应不低于 150 m，有条件的地方最好要将车站中心线作为控制点，施工控制导线应进行严密平差，平差后的精度不低于城市一级导线的精度。连续墙放样实际上是对其导墙进行放样。放样时，先按照设计图纸的坐标，计算出连续墙两侧导墙与施工控制导线点的距离和方位角，然后按照连续墙的每幅长度(一般每幅长度为 6～8 m)，每 2～3 幅放一个点。此外，在导墙的起点及终点约 5 m 外各测定 2 个导墙控制点，以便在施工过程中对机械移位位置进行检查。导墙放样可采用双极坐标的方法。

(2)连续墙放样检核

连续墙导墙放样点位放样完成后，还需检核点位之间的相互关系，以确保放样无误。导墙施工偏差要求如下：

内墙面与地下连续墙纵轴线平行度为±10 mm；

内外导墙间距为±10 mm；

导墙内墙面垂直度为 5‰；

导墙内墙面平整度为 3 mm；

导墙顶面平整度为 5 mm。

(3)连续墙施工过程检核

连续墙槽施工一般采用间隔式开挖，槽段挖至设计高程后，为避免导墙底部侵入结构限界，应及时进行槽位、槽深、槽宽和垂直度检查测量。垂直度偏差测量可使用全站仪进行导墙顶边和对应底脚处的三维坐标测量，并利用三维坐标计算垂直度偏差。

地下连续墙墙体结构允许偏差如表 13.1 所示。

表 13.1　地下连续墙墙体结构允许偏差值

项　目	临时支护墙体允许偏差	单一或复合墙体允许偏差	备　注
平面位置	±50 mm	±30 mm	相对于地铁线路中线
垂直度	5‰	3‰	

2. 人工挖孔桩和钻孔灌注桩施工测量

人工挖孔桩和钻孔灌注桩两种施工方法均是采用排桩桩墙来挡土和防水，实现基坑的围护。其中人工挖孔桩适合于地下水位较深或无水的地层，要求地层承载力较高，其断面形式不受施工机具的限制，可以做成圆形和方形，而且其施工质量和承载力要高于普通的钻孔桩，但是，钻孔灌注桩具有较广的适用范围，二者不能相互替代。

人工挖孔桩的施工大体上有五个环节：开挖桩孔、护壁和支撑、排水、吊放钢筋笼及灌注桩身混凝土等。

钻孔灌注桩的施工大体上有四个环节：成孔、清孔、吊放钢筋笼及灌注桩身混凝土等。

人工挖孔桩和钻孔灌注桩施工测量的控制要点主要是桩位平面位置的测设及桩身直度的控制两方面。

(1)人工挖孔桩和钻孔灌注桩测设

人工挖孔桩和钻孔灌注桩测设与地下连续墙施工测量类似，测量人员应根据现场实际情况，设计好放样点位和测设路线。放样时以施工加密控制点为基准，首先在钻孔桩中线的延长线上测设两个控制点，控制点经过检查满足精度要求以后，在控制点上架设仪器，按照 10 根或者 20 根桩的间隔测定一个点，然后在两点之间拉一根直线，用钢尺进行放样，并将每个钻孔桩的中心位置标定出来。

(2)人工挖孔桩和钻孔灌注桩检核测量

桩位放样后，还需检核桩点位之间的相互关系，以确保放样无误。桩成孔后可采用测斜仪等测量钻孔垂直偏差，人工挖孔桩和钻孔灌注桩桩体允许偏差如表 13.2 所示。

表 13.2　人工挖孔桩和钻孔灌注桩桩体允许偏差值

项　目	桩体允许偏差	备　注
纵向	±100 mm	
平面位置	+50 mm，0 mm	相对于地铁线路中线
垂直度	3‰	

典型工作任务 2　明挖主体结构施工测量

13.2.1　工作任务

通过本部分知识的学习，主要达到以下目的：

(1)掌握放坡开挖和支护开挖土方施工测量要点；

(2)掌握主体结构放样和精度要求。

13.2.2　相关配套知识

1. 土方开挖施工测量

明挖隧道土方开挖按坑壁结构可分为放坡开挖、内支撑支护开挖、拉锚支护开挖和无支撑支护开挖。下面分别对放坡开挖和支护开挖土方施工测量予以介绍。

(1)放坡开挖土方施工测量

在放坡开挖地段，应根据不同的地质条件，岩土滑动角、含水率等不同参数，设计开挖的顺序、深度和宽度。

土方开挖前，测量人员应认真阅读设计图纸，按设计要素计算出基坑轮廓点的坐标，根据施工现场已有的线路中线点或导线点，以极坐标法测设这些基坑轮廓点以确定开挖范围。放样点位横向误差为±3 mm。

施工过程按照设定的坡度放坡，一般第一次开挖不要求一次到位，预留 200 mm 左右厚度的土方在最后修整边坡时才准确到位，避免施工超挖造成边坡失稳引起塌方或其他危险，接近基底高程时，要求把高程引测至基坑底，以便控制开挖的高程。

(2)支护开挖土方施工测量

有支护基坑的土方开挖，主要是控制每层开挖的深度，以便及时对基坑围护结构进行支撑体系的架设。

开挖前，以附合水准测量的方法，从高程控制点引测至施工场地条件较好的位置，设立2～3 个临时高程点。土方开挖时可以在基坑周边设立一些临时高程点，采用悬挂钢尺直接把高程引测至基坑内。当基坑开挖深度接近基坑底板深度时，应使用水准仪准确的引测高程点至基坑内，并在稳定的地方设定高程控制点。

2. 主体结构施工测量

(1)基坑底部地下线路中线点或导线点测量

明挖隧道施工中，开挖至垫层高程，应及时从地面控制点采用导线测量和水准测量方法将平面坐标及高程引至基坑底部，并测设地下线路中线点或导线点。测量的精度要求同加密控制测量。

(2)主体结构的放样及精度要求

明挖隧道的施工，因安全、工期等原因，一般是分段施工，即开挖一段，主体结构也跟着做一段，而地铁隧道讲究线路的平顺连接、结构相对关系要求高，这就给施工测量提出了比一般建筑物更高的精度要求。

垫层浇筑完成后，以地下线路中线点或导线点为依据，在垫层上测设线路中线点，车站还需测设主要控制轴线。测设方法同线路测量。测设完成后还需检核点位的相互关系。

地铁主体结构，特别是车站，一般均有大量的预留洞、预埋管及预埋件等，结构非常复杂。测量前测量人员要认真阅读图纸，找出各个预留洞、预埋管及预埋件等与线路中线、轴线的关系，并根据这些关系，以地铁线路中线为基准，将其测设在实地。

进行结构混凝土浇筑时，以地铁线路中线为基准，测设模板位置，距离近的可用钢尺量设，距离远的一般用极坐标方法测设。结构允许偏差值如表 13.3 所示。

表 13.3　隧道结构各部位允许偏差值　（单位：mm）

项目	允许偏差											
	垫层	先贴防水保护层	后贴防水保护层	底板	顶板		墙		柱子	变形缝	预留洞	预埋件
					下表面	上表面	内墙	外墙				
平面位置	±30						±10	±15	纵向±20 横向±10	±10	±20	±20

续上表

项目	允许偏差											
	垫层	先贴防水保护层	后贴防水保护层	底板	顶板		墙		柱子	变形缝	预留洞	预埋件
					下表面	上表面	内墙	外墙				
垂直度							3‰	3‰	3‰	3‰		
直顺度										5		
平整度	5	5	10	15	5	10	5	10	5			
高程	+5 −10	0 −10	+20 −10	±20	+30 0	+30 0						
厚度	±10			±15	±10		±15					

典型工作任务 3　明挖结构施工测量工程实例讲解

13.3.1　工作任务

通过本部分知识的学习，主要达到以下目的：

(1)掌握明挖车站施工控制测量与施工放样方法；

(2)能够在今后同类地铁工程施工测量中，提出一些自己的相关专业见解。

13.3.2　相关配套知识

1. 上海轨道交通 11 号线某地铁车站施工测量方案概况

1)工程概况

该车站总建筑面积为 9 942.80 m^2，其中主体建筑面积为 7 244.38 m^2，附属建筑面积 2 698.42 m^2。车站总净长 185 m(外包总长 187.8 m)，标准段净宽 17.60 m(标准段总宽 19.00 m)，为地下两层宽岛式站台车站。

车站采用地下连续墙作为基坑的围护结构，明挖顺筑法施工，车站主体基坑等级为二级。车站站台中心线处基坑深度约 15.407 m，采用 800 mm 厚地下墙。端头井处基坑深度约为 17.496 m，采用 800 mm 厚地下墙。车站主体内部结构为框架、墙板受力体系，标准段底板厚 900 mm；中板厚 400 mm；顶板厚 800 mm。

2) 测量仪器及人员配备

(1)仪器配备

根据该标段工程的实际情况，配备以下测量仪器及工具：

①徕卡 TCR1201+型全站仪，精度(测角 1″、测距 1 mm+$1.5\times10^{-6}D$mm)及其配套徕卡棱镜；

②拓普康 AT-G2 水准仪一台、原装测微器及配套(2 m)铟钢尺一对；

③IBM 笔记本电脑一台、Lenovo 电脑一台和 CASIO fx-4800p 三部。

(2)人员配备

根据工程实际情况，以满足现场施工测量及施工的需要，配备以下测量人员：

①公司精测队：高级工程师 1 人，工程师 2 人，测量员 1 人；

②项目部参测人员：助理工程师 1 人，高级测量工 2 人，测量员 2 人。

3）工作流程示意图

本标段工程主要是明挖施工段，施工测量程序如图 13.3 所示。

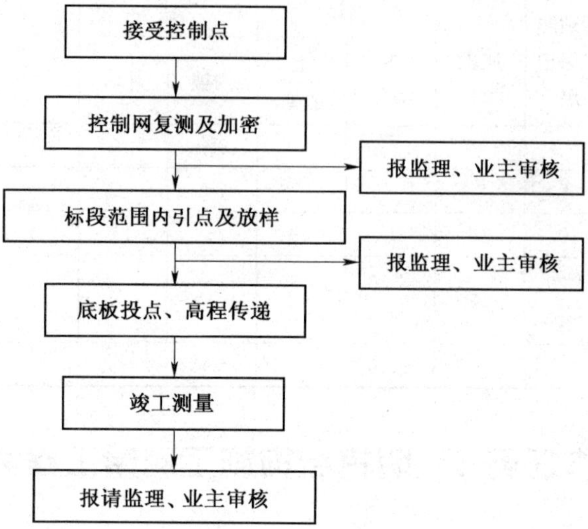

图 13.3　工作流程示意图

（1）接受控制点

根据业主移交的 5 控制点显示，5 个控制点分别为 T1151、T1152、T1153、T1154、T1155，5 个 GPS 控制点贯穿于本项目车站，该站于 T1152 号点较近，T1154 与 T1152 之间的直线距离为 2 446 m。5 个 GPS 控制点导线全长 4 739.988 7 m。

根据业主移交的 4 个高程控制点分别为 YY-S、YY-1、YQ-S、YQ-1，YY-1 与 YQ-1 是从两个深埋水准点引测出来的两个标示水准点，目的是起到附合的作用，4 个水准点的全长在 3.5 km 左右。

（2）控制网复测及加密控制点

地面定线及明挖施工开工之前，根据业主提供的测量控制点结合工程的结构形式和施工需要以导线的形式进行加密控制测量，导线测量相对其他方法，点位布设灵活、使用方便，因此本标段选用导线测量方式进行控制点加密测量。因此进行加密控制测量之前必须对起算点进行复核测量，以保证起算成果的可靠。加密控制测量的起算控制点一般不应少于 3 个，复核测量时可对它们之间的几何关系如（边长、角度）进行检查测量，检查成果满足后方可作为起算控制点。加密控制点选点，应根据工程平面布置图和现场实际情况进行加密，点位应布设在开挖、变形区外比较稳固的地点，即要便于施工使用、保护、又要具有通视条件。车站开挖段附近必须建立三个以上平面加密控制点。加密控制点一般布设成附合导线，情况困难下可布设支导线。由于支导线缺乏检核条件，必须采取措施加强检核，比如进行重复测量、往返测量、布设双导线等。

高程加密控制测量同导线加密控制测量一样，必须进行起算控制点的复测，以保证起算成果可靠。加密高程控制测量采用水准测量方法，并布设成附合水准路线或结点网。

由于城市轨道交通工程土建施工工期长，为了使用测量控制点在整个施工过程满足使用要求，必须对控制点进行必要的保护。保护的方法：一是在控制点周围砌筑围挡，二是引测必要的护桩，以备控制点被破坏时进行控制点恢复。护桩方法可采用十字交叉法，在工程开挖范围以外埋设护桩点，并测出控制桩与护桩之间的距离，做好测量记录。被破坏的控制桩恢复后要与原导线网进行联测检查，经确定控制点与原相连点之间的距离和角度较差满足限差要求方可使用。

①导线、水准控制网复测

根据实际情况，接到业主移交的 GPS 导线点与二等水准点先着手策划复测工作，由于业主移交的 GPS 导线点较长移交的点位较少，为此不采用附合导线的方式进行附合，而采用附合每条边的距离和点和点之间的夹角（或方位角）的方法来附合点和点之间的点位误差和点和点之间的方位误差。以 T1155、T1154 为起算边，分别附合 T1154-T1153、T1153-T1152、T1152-T1151 的距离与方位。水准控制点复测以 YQ-S 深埋点为起算点分别经过 YQ-1、YY-1 附合到 YY-S 深埋点上，水准导线全长约 3.5 km。

②沿线导线点、水准点加密

根据现场的实际情况，为满足现场的日常施工放样需求及对现场的实际勘测，应在施工区域内加设导线点及水准点。为满足前期工作的放样要求，精密导线点以 T1155-T1154 为起始边、T1152-T1153 为附合边，沿线共加设 8 个临时导线点为满足前期工作的施工放样要求，如图 13.4 所示。

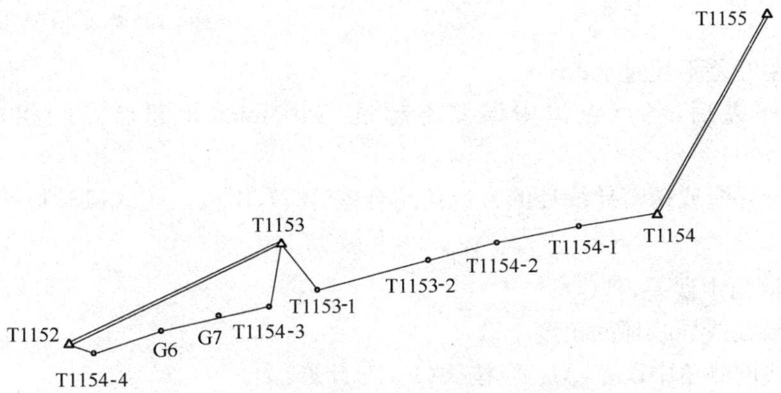

图 13.4　前期临时精密导线加密示意图

水准点加密以两个深埋水准点 YY-S、YQ-S 为主 YY-1、YQ-1 为辅进行水准加密，每次联测加密水准点都要把两个两端的深埋点联测到一起，已确定加密点的可靠性。由于上海的地层的原因，导线点和水准点经常联测一次以确保所加密的导线点和水准点的可用性。

前期工作准备完成，正式进入施工阶段之后控制点应加设在场地内比较稳固尽量少干扰的地方（如连续墙角附近等）以免因外界原因破坏而导致重复性的工作，按照地铁规范要求精密导线点的埋设应为强制对中托盘，根据经验强制对中托盘的观测墩尺寸为（120 cm×50 cm×30 cm）为益把强制对中托盘用混凝土浇筑在观测墩的顶部（图 13.5）；水准点的制作（图 13.6），重新加密导线点以 T1155-T1154 为起始边，T1152-T1153 为附合边，水准点加设以 YY-S、YQ-S 为控制点进行加密联测。导线点和水准点一样，为满足施工需要进行适当的加密。

根据业主提供的平面及高程控制点（GPS 控制点和精密导线点、精密水准点）并结合本车站现场实际情况，对业主提供的平面控制网及高程控制网分别进行复测。

a. 对于平面控制测量，应满足以下条件：

ⓐ外业水平角观测，Ⅰ级全站仪不少于 4 测回。

ⓑ同一方向左、右角之和与 360°互差不超过$\pm 4''$，方位角闭合差不超过$\pm 5''\sqrt{n}$。

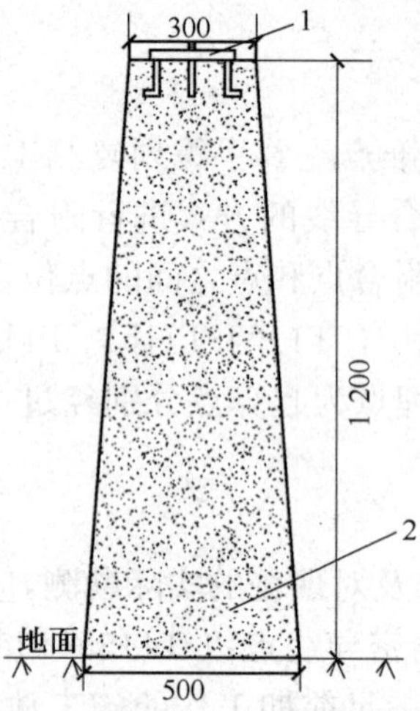

图 13.5　控制点观测墩（单位：mm）

1—强制对中托盘；2—混凝土

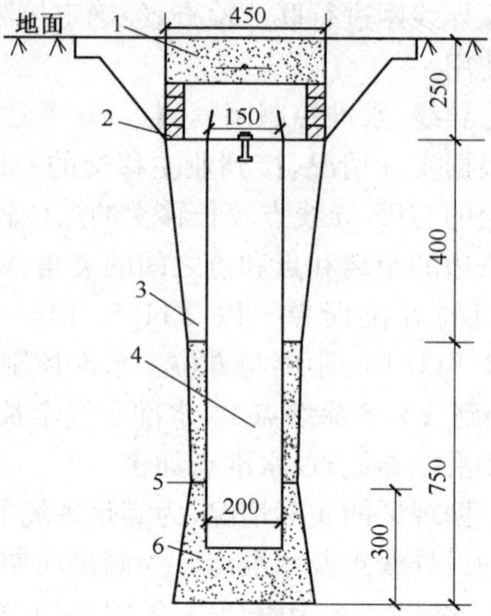

图 13.6　精密水准点（单位：mm）

1—盖；2—砖；3—素土；

4—标石；5—冻土线；6—混凝土

ⓒ往返测距互差不超过±2 mm。

ⓓ经内业平差后，各点点位中误差不超过±10 mm，相邻点点间相对中误差不超过±8 mm。

ⓔ附合精密导线或精密导线环的方位角闭合差(W_β)，不应大于式(13.1)计算的值：

$$W_\beta = \pm 2m_\beta\sqrt{n} \tag{13.1}$$

式中　m_β——测角中误差，秒(″)；

n——导线或导线环的角度个数。

ⓕ精密导线网测角中误差(M_0)应按式(13.2)计算：

$$M_0 = \pm\sqrt{\frac{1}{N}\left[\frac{f_\beta \cdot f_\beta}{n}\right]} \tag{13.2}$$

式中　f_β——附合导线或闭合导线环的方位角闭合差；

n——附合导线或导线环的角度个数；

N——附合导线或闭合导线的环的个数。

b. 对于高程控制网测量应不低于以下精度指标要求：

外业采用往返观测，往返闭合差不应超过$\pm 8\sqrt{L}$ mm。

ⓐ光学水准仪观测：

往测时，奇数测站照准标尺分化的顺序为：

ⅰ. 后视标尺的基本分化；

ⅱ. 前视标尺的基本分化；

ⅲ. 前视标尺的辅助分化；

ⅳ. 后视标尺的辅助分化。

往测时，偶数测站照准标尺分化的顺序为：

ⅰ. 前视标尺的基本分化；

ⅱ. 后视标尺的基本分化；

ⅲ. 后视标尺的辅助分化；

ⅳ. 前视标尺的辅助分化。

返测时，奇、偶测站照准标尺的顺序分别与往测偶、奇测站相同。

ⓑ数字水准仪观测，往返闭合差不应超过$\pm 8\sqrt{L}$ mm；

往、返测奇数站照准标尺顺序为：

ⅰ. 后视标尺；

ⅱ. 前视标尺；

ⅲ. 前视标尺；

ⅳ. 后视标尺。

往、返测偶数站照准标尺顺序为：

ⅰ. 前视标尺；

ⅱ. 后视标尺；

ⅲ. 后视标尺；

ⅳ. 前视标尺。

ⓒ一测站操作程序如下(以奇数站为例)：

ⅰ. 首先将仪器整平(望远镜绕垂直轴旋转，圆气泡始终位于指标环中央)；

ⅱ. 将望远镜对准后视标尺(此时，标尺应按圆水准器整置于垂直位置)，用垂直丝照准条码中央，精确调焦至条码影像清晰，按测量键；

ⅲ. 显示读数后旋转望远镜照准前视标尺条码中央，精确调焦至条码影像清晰，按测量键；

ⅳ. 显示读数后，重新照准前视标尺，按测量键；

ⅴ. 显示读数后，旋转望远镜照准后视标尺条码中央，精确调焦至条码影像清晰，按测量键。显示测站成果。测站检核合格后迁站。

ⅵ. 观测间歇时，最好在水准点上结束。否则，应在最后一站选择两个坚稳可靠、光滑突出、便于放置标尺的固定点，作为间歇点。如无固定点可选择，则间歇前应对最后两测站的转点尺桩(用尺台作转点尺承时，可用三个带钉的木桩)做妥善安置，作为间歇点。

间歇后应对间歇点进行检测，比较任意两尺承点间歇前后所测高差，若符合限差要求，即可由此起测；若超过限差，可变动仪器高度再检测一次，如仍超限，则应从前一水准点起测。

③地面加密控制网测量

本车站地面平面加密控制测量是为满足地面及其他施工测量放线，及平面联系测量而进行的地面控制测量。对于因联系测量而进行的地面加密控制测量必须在既有的 GPS 控制网下进行加密，作业精度要求不低于精密导线的精度要求。

本区间地面高程加密测量是为满足本区间的地面施工及隧道施工要求而进行的，可按二等水准作业要求而进行，往返高差闭合差应不超过$\pm 8\sqrt{L}$ mm。

正式进入施工阶段本车站精密导线点和水准点加密示意图如图 13.7 所示。

(3)标段范围内引点及放样

①标段范围内的引点

已在沿线加密 4 个精密导线点 T1155-T1154 为起始边，T1152-T1153 为附合边，二等水准点以 YY-S、YQ-S 为两端控制点，4 个精密导线点以满足该站的前期施工放样工作，导线点沿御桥路两边布设，由于现场的各种施工原因很不稳定，现场前期放线须从路边导线点向场地内引临时导线点，进入施工期间场地内的控制点，按三等导线的精度要求进行加密联测以满足施工放样的需求，水准点按二等导线点的规范要求进行联测。

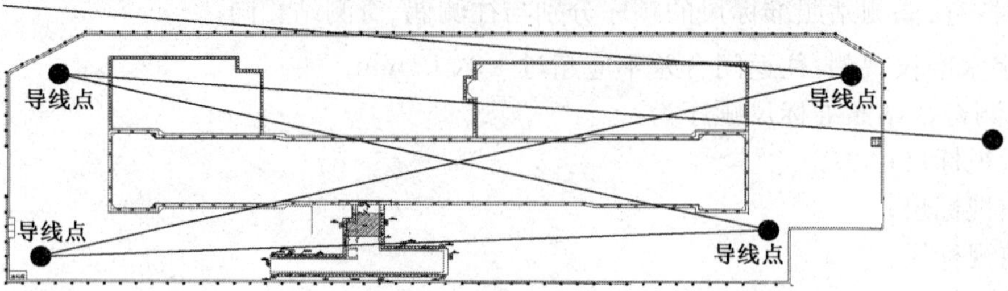

图 13.7　车站导线加密示意图

②放样工作

根据相关图纸，该站围护结构采用地下连续墙作为基坑的围护结构局部有钻孔桩，明挖顺做法施工。连续墙或钻孔桩都是采用机械施工，定位时必须准确，一旦施工出现偏差，难于发现和纠偏。地下连续墙的施工工艺是利用特制的成槽机械在泥浆护壁的情况下，进行一定槽段长度沟槽的开挖后，在将地面制作好的钢筋笼放入槽段内，采用导管法进行水下混凝土浇筑，完成一个单元的墙段施工，各墙段之间以特定的接头方式互相连接，形成一道连续的地下混凝土墙。

地下连续墙的施工大体上有六个环节：导墙、成槽、放接头管、吊放钢筋笼、浇筑混凝土及接头管城墙等。地下连续墙施工测量的控制要点主要是导墙平面位置的测设及成槽垂直度的控制两方面。

该站所处位置在御桥路正下方，第一阶段围蔽御桥路南侧人行道，对南侧连续墙及 2 号出入口地下围护结构进行施工，然后将路南侧的管线搬迁至 2 号出入口上。第二阶段御桥路整体向北侧翻交，在翻交完成后对道路及管线进行搬迁，随后对施工红线进行整体围蔽，然后进行北侧及端头井侧连续墙施工，最后进行车站各部分主体施工。第三阶段待车站主体施工完成后将御桥路重新翻至车站顶板上部，同时进行车站附属结构施工。施工放样的工序大至分为（地表原始高程测量、测量设计实际位置；连续墙、钻孔桩的施工测量；土方开挖施工测量；混凝土（钢）支撑的施工测量；主体结构施工测量）等 5 部分。

a. 测量地表原始高程、确定设计实际位置

车站开挖之前要先测量地表原始高程为竣工之后恢复原地面做参考依据，一方面知道地表高程算出土方的开挖量，另一方面为第一道施工工序提供依据。

测量是工程施工的基础是工程施工的前提，测量的主要任务就是把设计图纸搬到现场，在施工现场体现出设计图纸的位置。

b. 连续墙的施工测量

连续墙施工前，应在施工场地内布设施测施工控制导线点。施工控制导线点边长尽量达到最大，如果现场有条件将车站中心线作为控制点，施工控制导线应进行严密平差。连续墙放样实际上是对其导墙进行放样。放样时，先按照设计图纸的坐标，计算出连续墙坐标，然后按照连续墙的每幅长度（一般每幅 6～8 m），每 2～3 幅放一个点。此外，在导墙的起点及终点约 5 m 外各测定 2 个导墙控制点，一边在施工过程中对机械位移位置进行检查。连续墙导墙放样点位放样完成后，还需检查点位之间的相互关系，以确保放样无误。内墙面与地下连续墙纵轴线平行度为±10 mm；内外导墙间距为±10 mm；导墙内墙垂直度 5‰；导墙内墙平整度为

3 mm；导墙顶面平整度为 5 mm。

连续墙槽施工工程检核，连续墙槽施工一般采用间隔式开挖，槽段开挖至设计高程后，为避免导墙底部侵入结构界限，要及时进行槽位、槽深、槽宽和垂直度检查测量。垂直度偏差测量可使用全站仪进行导墙顶边和对应底脚处的三维坐标测量，并利用三维坐标计算垂直度偏差。地下连续墙墙体结构允许偏差如表 13.4 所示。

表 13.4　地下连续墙墙体结构允许偏差值

项　目	临时支护墙体允许偏差	单一或复合墙体允许偏差	备　注
平面位置	±50 mm	±30 mm	相对于地铁线路中线
垂直度	5‰	3‰	

钻孔桩施工测量分为人工挖孔桩和钻孔灌注桩两种施工方法均是采用排桩桩墙来挡土和防水，实现基坑的围护。我标段部分工程施工采用钻孔灌注桩的方法进行基坑围护。钻孔灌注桩的施工大体上有四个环节：成孔、清孔、吊放钢筋笼及灌注桩体混凝土等。

钻孔灌注桩的测设与地下连续墙施工测量类似，测量人员应根据现场实际情况，设计好放样点位和测设路线。放样时以施工加密控制点为基准，首先在钻孔桩中线的延长线上测设两个控制点，控制点经过检查满足精度要求以后，在控制点上架设仪器，按照 10 根或者 20 根桩的间隔测定一个点，然后在两点之间拉一根直线，用钢尺进行放样，并将每个钻孔桩的中心位置标定出来。桩位放样后，还需检核桩点位之间的相互关系，以确保放样无误。桩成孔后可采用测斜仪等测量钻孔垂直偏差，钻孔灌注桩桩体允许偏差如表 13.5 所示。

表 13.5　钻孔灌注桩桩体允许偏差值

项　目	桩体允许偏差	备　注
纵向	±100 mm	
平面位置	+50 mm，0 mm	相对于地铁线路中线
垂直度	3‰	

c. 土方开挖的施工测量

土方开挖前，认真阅读设计图纸确定开挖顺序、深度和宽度，按设计计算出基坑轮廓点的坐标，根据现场已有的导线控制点，以极坐标的方法测设这些基坑轮廓点已确定开挖范围。放样点位横误差为±3 cm。支护基坑的土方开挖，主要是控制每层开挖深度，以便及时对基坑围护结构进行支撑体系的架设。

开挖前，以附合水准测量的方法，从高程控制点引测至施工场地条件较好的位置，设立2～3 个临时高程点。土方开挖时可以在基坑周边设立一些临时高程点，采用悬挂钢尺直接把高程引测至基坑内。一般第一次开挖不要求一次开挖到位，当基坑开挖深度接近基坑底板深度时，应把水准点准确引测至基坑内，并在稳定的地方设定高程控制点。

d. 混凝土(钢)支撑的施工测量

本标段按照设计图纸，围护结构基坑开挖中主要是控制每层的开挖深度，把图纸上设计支撑的位置混凝土(或钢)支撑在现场测设出来，用极坐标的方法确定每道支撑的位置。支撑的现场放样比较简单精度要求也没有主体结构那么高，主要确定每道支撑的位置及顶(底)面高程。

支撑的放样工作按照工序是在地下连续墙施工完成而且桩头凿除到设计高程之后再确定

支撑的现场位置(因为地下连续墙的施工是机械成槽灌注混凝土的时候由于在地下不好控制灌注混凝土的高程而造成凹凸不平,所以连续墙成型之后要进行凿除)。在连续墙顶凿除到设计位置之后把第一道的混凝土支撑中线位置放到连续墙顶的混凝土面上做好标记,然后用拉线的方法确定每道支撑的轴线,现场施工按照支撑轴线去绑钢筋支模板,在浇筑每道支撑之前确定支撑的顶面高程。

e. 主体结构施工测量

明挖隧道施工中,开挖至垫层高程,应及时从地面控制点采用导线测量和水准测量的方法将平面坐标及高程引至基坑底部,并测设地下线路中线点或导线点,测量的精度要求和地上控制点的精度要求一样。

本标段明挖隧道的施工,因安全、工期等原因,一般是分段施工,即开挖一段,主体结构也跟着做一段。垫层浇筑完成后以地下线路中线点或导线点为依据,在垫层上测设线路中心线,车站还需测设主要控制轴线,测量完成后还需检核点位的相互关系。

地铁车站主体结构,特别是车站,一般均留有大量预留洞、预埋管及预埋件等,结构非常复杂。现场测量前需要在图纸上找出各个预留洞、预埋管及预埋件等与线路中线、轴线的关系,并根据这些关系,以地铁线路中线为基准将其测设在实地。进行结构混凝土浇筑时以地铁线路中线为基准,测设模板位置,距离近可用钢尺测设,距离远可以极坐标的方法测设。

(4)底板投点、高程传递

①地面近井点的测设

将地面测量坐标系统通过竖井传递到井下,一般应在地面近井口附近设立近井点,通过近井点进行坐标传递。因此设立近井点要变于使用、不受施工影响和影响施工。近井点的测设应与导线相互通视并能联测到一起,在导线测设近井点的时候以支导线或附合导线的形式测设,近井点一般至少测设 3 个以起到校核的作用。测设近井点之前需要用最新的复测数据进行近井点的测设。

为便于进行联系测量(或以支导线的形式向井下投点),一般在井口附近设置近井点,近井点应布设在开挖范围角点附近位移量较小较稳定。测定近井点的位置,可采用极坐标的方法或导线测量等方法。采用导线的方法测设近井点时,应以业主移交的控制点(或加密的控制导线点)为依据在期间应加密近井导线,并形成附合路线,近井点纳入导线当中,近井导线测量最短边不应小于 50 m,点位中误差应控制在±10 mm。

极坐标的方法测量近井点,测站尽量架设在导线点上测角度距离(或直接测设近井点数据),为保证测量结果的可靠在条件允许下可以进行双极坐标测量,条件困难时可架设在同一导线控制点上测设三个近井点,以做校核,近井点的点位中误差应控制在±10 mm 以内。

为便于进行高程联系测量,同样在井口附近设置近井高程点(近井高程点和近井导线点可以设成同一个点)测量近井水准点以业主移交的控制点为起算点引测近井高程点的加密近井水准测量。进行水准近井测量前应对起算点进行复测检查,确认稳定、可靠后方可使用。

②测设底板点、高程

测设底板导线点,应根据事先测定好的近井点进行底板的投点测设,底板投点可分为联系测量和附合导线(或支导线)两种方法施测,联系测量的方法可采两井定向用吊钢丝的方法进行测量,如图 13.8 所示。其具体方法为:由近井点测定与钢丝的距离和角度,从而算得钢丝的坐标以及它们的方位角,然后在井下认为钢丝的坐标和方位角已知,通过测量和计算便可得出地下导线的坐标和方位角,这样就把地上和地下联系起来了。由于本工程为地下工程,为确保施工的准确性，因此在施工期间须进行平面及高程联系测量，将地面的平面坐标、方位及高程传至基坑底。该标段联系测量在底板混凝土浇筑完之后引致底板做好的底板点上，井下联系测量独立进行三次取其平均值。

根据该标段车站实况平面联系测量决定采用两井定向法进行几何定向，在两井定向中，遵循以下几点：

a. 连接三角形定向均须独立进行三组，互差满足要求后，方可取三次的平均值作为该次的定向最终测量成果。

b. 井上、井下连接三角形应满足下列要求：

ⓐ. 两悬吊钢丝间距应大于 5 m；

ⓑ. 定向角 α 应小于 2°；

ⓒ. α/c 及 α'/c' 的比值应小于 1.5 倍。

c. 连接三角形边长测量采用全站仪加反射片，先前在同样日照温度等条件下，通过棱镜和反射片对比精确的测量出反射片的距离改正数。边长采取往返测量三测回（或联系三角形边长测量应采用鉴定过的钢尺并估读至 0.1 mm。每次应独立测量三测回，每测回往返三次读数），各测回较差地上应小于 0.5 mm，地下应小于 1.0 mm。井上与井下同一边边长较差应小于 2 mm。

d. 角度观测应采用Ⅰ级全站仪，用全圆测回法观测六测回，测角中误差应在 ±1″之内。

e. 基线边方位角互差应满足相关规范要求。

f. 由联系测量所测定的基线方位角中误差在 ±4″之内。

为保证车站施工基线边方向的准确性，采用投点仪和陀螺仪定向方法或吊钢丝联系三角形法为主要手段进行定向。

支导线法相对联系测量就简单了点，以支导线的形式把导线点引至井下，因为支导线测设底板点不确定精度，所以只能进行往返观测或重复观测（测距、测角）。

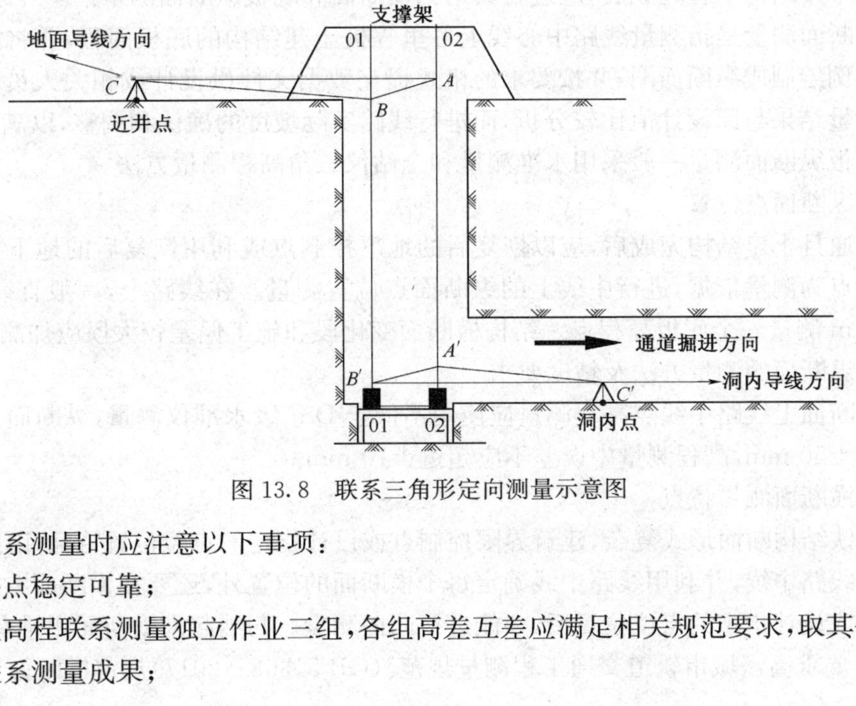

图 13.8　联系三角形定向测量示意图

高程联系测量时应注意以下事项：

ⓐ近井点稳定可靠；

ⓑ每次高程联系测量独立作业三组，各组高差互差应满足相关规范要求，取其平均值作为本次高程联系测量成果；

ⓒ三次高程联系测量基点高程成果互差，应满足相关规范要求。

高程测量控制，通过竖井采用长钢卷尺导入法把高程传递至井下，向地下传递高程的次数，与坐标传递同步进行。如图 13.9 所示，先作趋近水准测量，再作竖井高程传递，竖井传递高程采用悬吊钢尺（经检定后），井上和井下两台水准仪同时观测读数，施测三次，高差较差不大于 3 mm 时，取平均值使用。

地下施工控制水准点，可与地下导线点合埋设于一点，亦可另设水准点。水准点密度与导线点数基本相同，在曲线段可适当增加一些。地下控制水准测量的方法和精度要求同地面精密水准测量相同。

地下施工水准测量可采用托普康 AT-G2 精密水准仪和 2 m 铟钢尺进行往返观测，其闭合差应在 $\pm 8\sqrt{L}$ mm（L 以 km 计）之内。

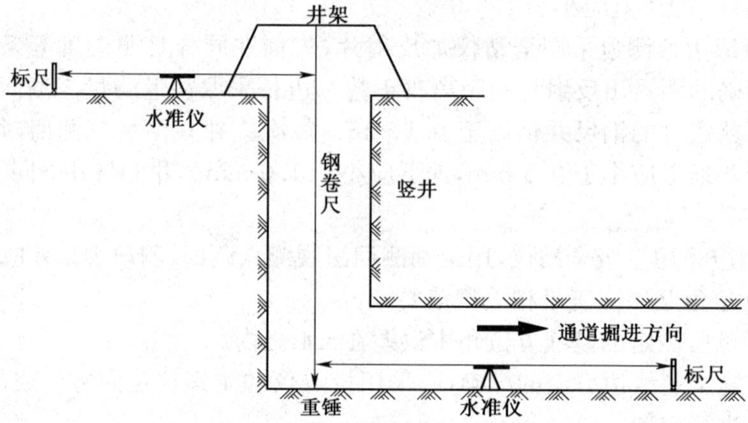

图 13.9　竖井高程传递示意图

（5）结构限界测量

隧道和车站结构工程完成后，应进行其结构横断面和底板纵断面测量。

底板纵断面测量是指测量线路中心线上各里程桩土建结构的底板高程，并将这些测量结果按一定比例绘制成纵断面图，并按要求的格式提交数据文件供设计或相关人员使用。设计人员依据测量结果与原设计值比较分析，而进行线路实际坡度的确认和调整，以满足行车界限的要求。底板纵断面测量一般采用水准测量和全站仪三角高程测量方法。

①底板纵断面点位置

线路贯通且土建结构完成后，应以恢复后的地下控制点或利用恢复后的地下控制点测设的线路中线点为测量依据，进行中线上的纵断面点位置测量。在线路上，一般直线段每 6 m、曲线段每 5 m 测量一个底板高程点。结构横断面变化段和施工偏差较大段应加测断面点。

②底板纵断面的测量方法及精度要求

底板纵断面上线路中线点高程测量应使用不低于 DS_3 级水准仪测量，纵断面点里程中误差不应超过±50 mm，高程测量中误差不应超过±10 mm。

③结构横断面测量特点

由于地铁结构断面形式复杂，建筑界限控制点或设计指定的点位位置特殊，因此在测量时不仅要确定线路中线，并利用线路中线确定每个横断面的位置外，还要在横断面上标定出建筑界限控制点或设计指定的点位位置后，才能进行断面测量。归纳起来横断面测量有以下特点：

a. 精度要求高，《城市轨道交通工程测量规范》（GB 50308—2017）规定横断面里程中误差不应超过±50 mm，断面限界控制点与线路中线法距的测量中误差不应超过±10 mm，除横断面底板上的线路中线点外，其他限界控制点高程的测量中误差不应超过±20 mm。底板纵断面高程点里程中误差为±50 mm，高程测量中误差为±10 mm以内。

b. 结构横断面形式多样，每种形式断面的建筑界限控制点或设计指定的点位位置不完全一致，标定困难。

c. 横断面空间大，位置特殊，观测点上不便于竖立观测标志。

d. 观测条件差，洞内照明度不够，粉尘、烟雾、湿度较大，施工干扰大等。

④结构横断面位置

按设计或工程需要测量结构横断面及底板纵断面，一般直线段每 6 m，曲线的每 5 m 测量一个横断面和该断面的线路中线处的底板高程点。由此可以看出横断面间距与纵断面间距一致，因此，每个底板纵断面点处都要测量一个横断面，纵断面点位置即为横断面点位置。

结构横断面应垂直于线路中线，结构横断面上测量点的位置应符合下列规定：

a. 区间横断面上测量点的位置应为依据断面形式确定的建筑限界控制点或由设计指定位置的断面点。

b. 车站站台侧的断面点位置应包括站台面与轨面的高度、站台沿与轨道中心线的距离、屏蔽门与站台沿或轨道中心线的距离、其余部位应按上面第①款的规定执行。

c. 横断面底板上的限界控制点应为线路中线点，各个横断面底板上的线路中线点形成底板纵断面。

⑤结构横断面测量方法

结构横断面测量可采用全站仪极坐标法、断面仪法、支距法、三维激光扫描法及摄影测量等。横断面测量可采用不低于Ⅲ级全站仪或断面仪等测量设备进行限界控制点测量。

知识拓展——矿山法隧道中、腰线延伸测量

1. 隧道中线延伸测量

地铁隧道每掘进开挖 20～30 m，应进行隧道中线延伸测量，即重新标定一组中线点。在标定之前应检查以前给定的中线点是否移动，检查的方法是看这一组中线点是否仍在同一方向上。当确定中线点没有移动后，安置仪器，根据隧道方向角标定一组新的中线点。如果隧道不改变方向，则每次向前标定中线时，隧道方向角为 180°。

中线延伸测量的同时，在每组中线点中要选择一个点作为临时导线点，作为下一组中线点测量起算依据。临时导线点测量应按下列技术要求进行：①Ⅱ级全站仪：测角中误差为±6″；测距中误差：±5 mm；测回数：1；②Ⅲ级全站仪：测角中误差为±6″；测距中误差：±5 mm；测回数：2。

当隧道每掘进开挖 150～500 m，应测设平面控制导线，利用平面控制导线对临时导线进行检查。平面控制导线点向前延伸时，应至少检测已测设的两个平面控制导线点，两次测量水平角检测较差小于 10″，边长检测较差小于 5 mm。继续延伸中线时，应以新测的平面控制导线点为依据，检查或重新标设中线。

2. 隧道腰线延伸测量

隧道掘进每开挖 20～30 m，应使用水准仪重新给定一组腰线点。使用全站仪或经纬仪视线置平代替水准仪标定腰线时，应进行正、倒镜观测。

每当向前标设几组腰线点之后，应进行检查测量。这时应从已知高程的水准点，进行水准测量，检查测定的腰线点的高程是否与设计的高程符合。如其差值超过规定，应调整腰线点。同时根据调整后的腰线点标定下一组腰线点。

隧道每掘进 200～500 m，应至少埋设 3 个测量高程控制点，采用 S_1 级水准仪和《城市轨道交通工程测量规范》规定的二等水准测量方法测定其高程或借用平面控制点的桩位，每 200 m 左右测设一个高程控制点，直到开挖工作面。高程控制点向前延伸时，应至少检测先前已测设的两个高程控制点。继续延伸腰线时，应以新测的高程控制点为依据，检查或重新标设腰线。

相关规范、规程与标准

《城市轨道交通工程测量规范》(GB/T 50308—2017)相关内容摘录如下。

Ⅰ　基本要求

1. 明挖隧道和车站施工测量应包括其基坑围护结构、基坑开挖和结构施工测量。

2. 施工前测量人员应收集设计和测绘资料，对收集的测绘资料应进行复核，对各类控制点应进行检测，加固保护，并根据施工方法和现场测量控制点状况制定施工测量方案。

3. 施工放样应依据卫星定位点、精密导线点、线路中线控制点及二等水准点等测量控制点进行。

4. 根据施工需要宜将明挖隧道、车站施工区域内的各种管线、地下建筑物在地面投影位置放样到地面。

Ⅱ　基坑围护结构施工测量

5. 基坑采用地下连续墙围护结构时，其施工测量应符合下列规定：

(1)连续墙的中心线放样允许误差不应超过±10 mm。

(2)内外导墙应平行于地下连续墙中线，其放样允许误差不应超过±5 mm。

(3)连续墙成槽施工过程中应根据设计和施工规范要求测量其深度、宽度和垂直度。

(4)连续墙竣工后，应测定其实际中心线与设计中心线的偏差，偏差值应小于 30 mm。

6. 基坑采用护坡桩围护结构时，其施工测量技术要求应符合下列规定：

(1)护坡桩地面位置放样，应依据线路中线控制点或精密导线点进行，放样允许误差纵向不应大于 100 mm，横向为 0～+50 mm。

(2)桩成孔过程中，应根据设计要求测量其孔深、孔径及其铅垂度。

(3)采用预制桩施工过程中应根据设计要求测量桩的铅垂度。

(4)护坡桩竣工后，应测定各桩位置及与轴线的偏差。其横向偏差值为 0～+50 mm。

Ⅲ　基坑开挖施工测量

7. 采用自然边坡的基坑，边坡线位置应根据线路中线控制点或精密导线点进行放样，放样允许误差不应超过±50 mm。

8. 基坑开挖过程中，应使用坡度尺或采用其他方法检测边坡坡度，坡脚距隧道结构的距离应满足设计要求。

9. 基坑开挖至底部后，应采用附合导线将线路中线引测到基坑底部。基坑底部线路中线纵向允许误差不应超过±10 mm，横向允许误差不应超过±5 mm。

项目小结

1. 基坑围护结构形式多样，一般有连续墙、钻孔桩、人工挖孔桩、SMW 工法桩、工字钢桩和钢板桩围堰等形式。地下连续墙适合于饱和砂层、饱和淤泥土层等饱和软弱地层，既可控制土压力，又可有效地阻隔地下水，同时还可以作为车站结构的一部分。地下连续墙施工测量的控制要点主要是导墙平面位置的测设及成槽垂直度的控制两方面。人工挖孔桩和钻孔灌注桩施工测量的控制要点主要是桩位平面位置的测设及桩身直度的控制两方面。

2. 放坡土方开挖前，测量人员应认真阅读设计图纸，按设计要素计算出基坑轮廓点的坐标，根据施工现场已有的线路中线点或导线点，以极坐标法测设这些基坑轮廓点以确定开挖范围。有支护基坑的土方开挖，主要是控制每层开挖的深度，以便及时对基坑围护结构进行支撑体系的架设。地铁主体结构，测量前测量人员要认真阅读图纸，找出各个预留洞、预埋管及预埋件等与线路中线、轴线的关系，并根据这些关系，以地铁线路中线为基准，将其测设在实地。进行主体结构混凝土浇筑时，以地铁线路中线为基准，测设模板位置，距离近的可用钢尺量设，距离远的一般用极坐标方法测设。

复习思考题

1. 简述地下连续墙施工放样的要点。
2. 导墙施工偏差要求有哪些？
3. 人工挖孔桩和钻孔灌注桩的测设时应注意哪些？
4. 放坡开挖施工测量的要点包括哪些？支护开挖土方施工测量要点包括哪些？
5. 简述明挖主体结构放样和精度要求。

项目 14　盾构施工测量

项目描述

盾构施工测量是指导盾构掘进施工和管片拼装符合设计要求而进行的测量工作。盾构施工测量内容主要包括地面控制测量、联系测量、地下控制测量、掘进施工测量和贯通测量等。本项目以盾构掘进施工测量为主，介绍了国内目前使用较多的德国 VMT 公司开发的 SLS-T 系统。希望通过本部分知识的学习对盾构施工的测量方法有一个清晰的了解。

教学目标

1. 能力目标

- 具有盾构机始发定位的能力；
- 具有管片测量的能力；
- 具有对盾构机姿态进行人工复测的能力。

2. 知识目标

- 掌握盾构机导向的基本原理；
- 掌握激光站移站的方法。

3. 素质目标

- 具有独立思考、实事求是、开拓创新的科学精神；
- 养成分工协作的意识；
- 具备爱岗敬业、吃苦耐劳、团结合作的优良品质。
- 增强民族自豪感：盾构施工设备的国产化，打破了国外技术的垄断。

相关案例——郑州市轨道交通工程 1 号线一期工程某标段

1. 工程概况

该标段有二站三区间。车站采用明挖顺筑法施工；区间采用盾构法施工；区间盾构共采用 2 台盾构机，区间盾构顺序为：盾构机从黄河东路站东端头井始发施工黄河东路站—农业东路站区间左右线隧道，到达农业东路站西端头井吊出后再转场至会展中心站东端头井始发，施工会展中心站—黄河东路站区间左右线隧道，到达黄河东路站西端头井后吊出、转场，然后从会展中心站西端头井始发，施工会展中心站—民航路站区间左右线隧道，到达民航路站东端头井后，对盾构机进行解体，完成整个盾构区间的施工。

会展中心站—黄河东路站区间大体呈反“S”形，区间线路从会展中心站东端头出发，下穿会展中心立交匝道后继续行进，在下穿熊儿河后，于军事管理区西南角转向东，沿金水路到达黄河东路站。线路右线全长 2 094.200 m(右 DK25+261.700～右 DK27+355.900),左线全长 2 094.200 m(左 DK25+261.700～左 DK27+355.900)。本段线路左线设二条平曲线,曲线半径分别为 350 m、400 m;右线设两条平曲线,曲线半径分别为 350 m、410 m。区间隧道在通过会展中心立交桥匝道时需要对临近匝道桩进行保护,尽量避开军事管理区建筑。区间覆土厚度为 8.6～18 m,区间最小坡度 3.10‰,最大坡度 21.50‰。区间隧道设一处泵房(与区间风井合建),联络通道二处。

该区间主线隧道采用盾构法施工,盾构机的始发场地面积约 5 000 平方米,盾构施工安排为:盾构机从会展中心站东端头井始发,施工会展中心站～黄河东路站区间左右线隧道,到达黄河东路站西端头井后吊出,施工工期为 6 个月。

2. 施工测量

(1)建立测量控制网

根据业主提供的工程范围、测区内有关三角网点、水准网点和中级控制网点等交桩资料,组织测量班组对控制网进行复测,对施工区段内地铁地面控制网复测包括首级 GPS 网点、二级 GPS 加密网点、精密导线点、高程控制点等,并及时将复测结果报业主和监理工程师,以获批准。

在确认地面控制网复测无误后,布设地上施工控制网,利用地上施工控制网对盾构施工区段、活塞风井进行平面定位控制和高程控制,同时通过联系测量将地面施工控制点引入到始发井内,为区间隧道施工提供井下测量基准网,并随着盾构的掘进施工,在洞内陆续建立其他测量控制点。整个施工过程中将定期对地上施工控制网及井下测量基准网进行检验复核。

(2) 地面测量

对地面导线网、水准网进行检测,加密所有必要的水准点以完成导线网、水准网,使之符合要求,将计算和结果递交监理批准。

(3)地下测量

①始发托架、反力架安装定位测量

主要进行盾构机始发托架、反力架等的控制点位测量,保证盾构机安装时定位准确。

②区间隧道施工测量

区间隧道施工测量是控制盾构成洞精度、保证区间隧道顺利贯通的重要环节,为满足施工要求,拟投入 2 台 1″级全站仪、2 台精密水准仪和一套投点仪,对施工测量工作实施全过程控制。盾构施工主要测量工作包括:

a. 掘进测量

主要进行盾构机自动导向系统定位测量、洞内施工导线测量、洞内控制导线测量、水准控制测量、管片偏差(高程、水平)测量、隧道中线测量、盾构机姿态的测量等,全方位控制掘进施工精度,及时纠正掘进偏差。

b. 泵房、联络通道的施工测量

在本标段工程施工期间对区间隧道的泵房、联络通道等结构的洞门轴线定位及设计空间尺寸测量,确保施工精度。

c. 隧道贯通测量

主要进行为保证隧道顺利贯通而进行的控制测量,在盾构机进洞前 50 m 开始加密掘进测量工作和对控制导线的复核,直至贯通。

d. 洞门施工测量

主要进行洞门轴线定位测量及设计空间尺寸的施工控制。

e. 竣工测量

主要进行隧道净空测量、环片（二衬）收敛测量、线路曲线要素点放样、调整中线等。

典型工作任务 1　盾构机 SLS-T 导向系统认知

14.1.1　工作任务

通过本部分知识的学习，主要达到以下目的：

（1）掌握 SLS-T 导向系统的基本组成与功能；

（2）掌握盾构机导向的基本原理。

14.1.2　相关配套知识

1. SLS-T 导向系统概述

在掘进隧道的过程中，为了避免隧道掘进机（TBM）发生意外的运动及方向的突然改变，必须对 TBM 的位置和 DTA（隧道设计轴线）的相对位置关系进行持续地监控测量。TBM 如能够按照设计路线精确地掘进，则对掘进各个方面都有好处（计划更精确，施工质量更高）。这就是 TBM 采用"导向系统"（SLS）的原因。德国 VMT 公司的 SLS-T 系统就是为此而开发，该系统为使 TBM 沿设计轴线（理论轴线）掘进提供所有重要的数据信息。SLS-T 系统功能完美，操作简单。

2. SLS-T 导向系统基本组成与功能

SLS-T 导向系统是由激光全站仪（TCA）、中央控制箱、ELS 靶、黄盒子和计算机及掘进软件组成，其组成如图 14.1 所示。

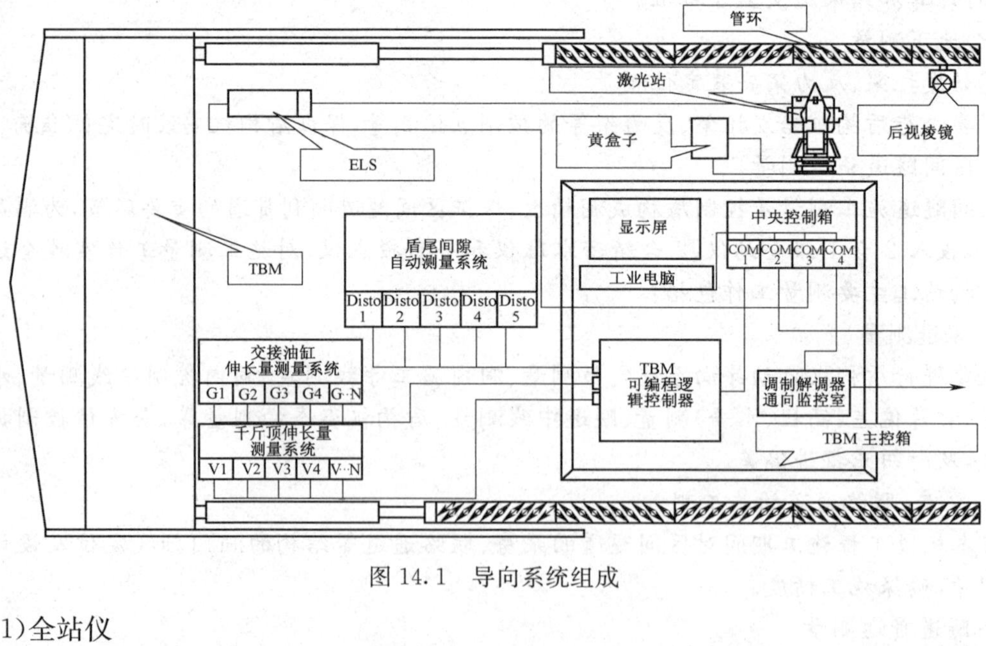

图 14.1　导向系统组成

（1）全站仪

全站仪具有伺服马达，可以自动照准目标和跟踪，并可发射激光束，主要用于后视定向，测量距离、水平角和竖直角，并将测量结果传输到计算机。

（2）ELS 靶

ELS 靶也称光靶板，是一台智能性型的传感器。ELS 接收全站仪发射的激光束，测定水平和垂直方向的入射点。偏角由 ELS 上激光的入射角确认，坡度由该系统内的倾斜仪测量。ELS 在盾构机体上的位置是确定的，即对盾构机坐标系的位置是确定的。

(3)中央控制箱

中央控制箱为主要的接口箱，为黄盒子(继而为激光全站仪)及 ELS 靶提供电源。

(4)黄盒子

黄盒子主要为全站仪供电，保证全站仪工作和与计算机之间的通信和数据传输。

(5)计算机及掘进软件

SLS-T 软件是自动导向系统数据处理和自动控制的核心，通过计算机分别与全站仪和 ELS 通信接收数据，盾构机在线路平、剖面上的位置计算出来后，以数字和图形在计算机上显示出来，如图 14.2 所示。

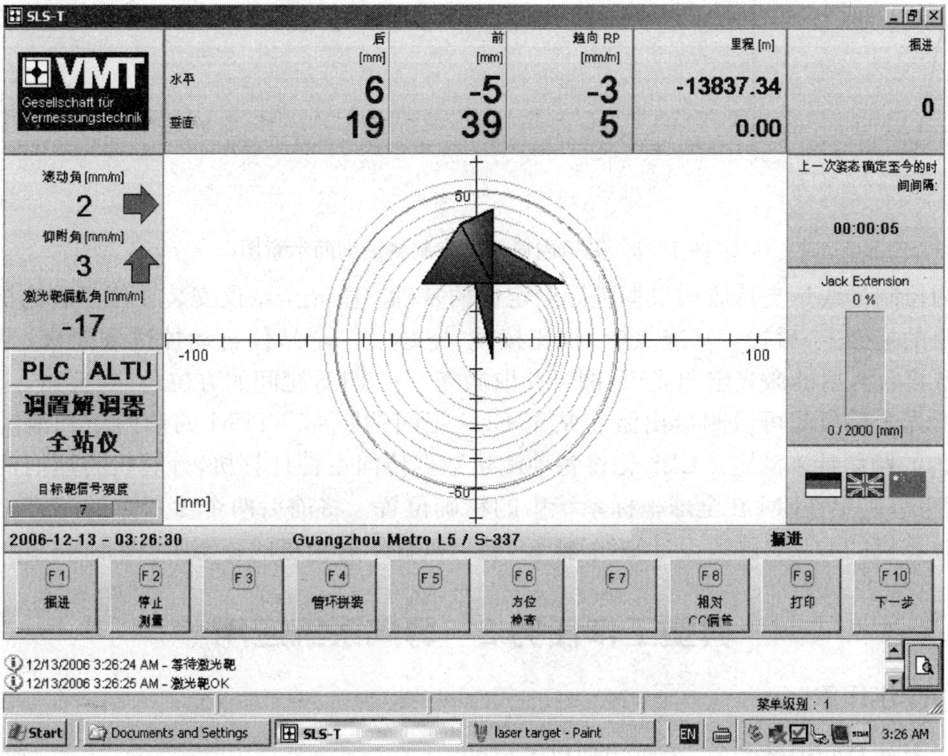

图 14.2　VMT 导向系统盾构姿态显示

3. 导向基本原理

盾构施工测量主要采用盾构机(TBM)制导系统 SLS-T 来指示掘进方向。SLS-T 是由德国的“VMT”公司开发研制的一套非常先进，并且功能强大的 TBM 自动定位测量导向系统。确定盾构机的位置是由三维坐标(即：X、Y、Z)来控制的。在盾构机掘进过程中，通过操作驾驶室内的 VMT 的 PC 机，使 SLS-T 系统进入掘进状态，这时激光全站仪开始进入工作状态，它发出的激光束穿过台车及盾构机内一段无障碍物的测量通道(德国海瑞克制造的盾构机测量通道预留在盾构机的右上方)，直射到装于盾构机尾盾的电子激光系统(ELS)及测距棱镜上，ELS 就能根据激光束射入面板的角度计算出水平角、仰角，TBM 的滚动和倾斜通过安装在 ELS 上的测斜仪直接测定，同时全站仪照准测距棱镜，得到 ELS 靶与经纬仪之间的距离，从而得到 TBM 的准确里程，这些数据每 2 min（此时间的长短可由 TBM 的掘进状态来调整）向 VMT 的电脑上传送两次，这时电脑上显示出盾构机在当时的掘进姿态和里程。盾构机司机可以根据电脑所显示的信息做出调整。激光全站仪安放在管环右上方的支架上，通过激光站的前移（直线上每 35～40 m 前移一次，曲线上每 20～25 m 前移一次）持续指引盾构机的前进，如图 14.3 所示。

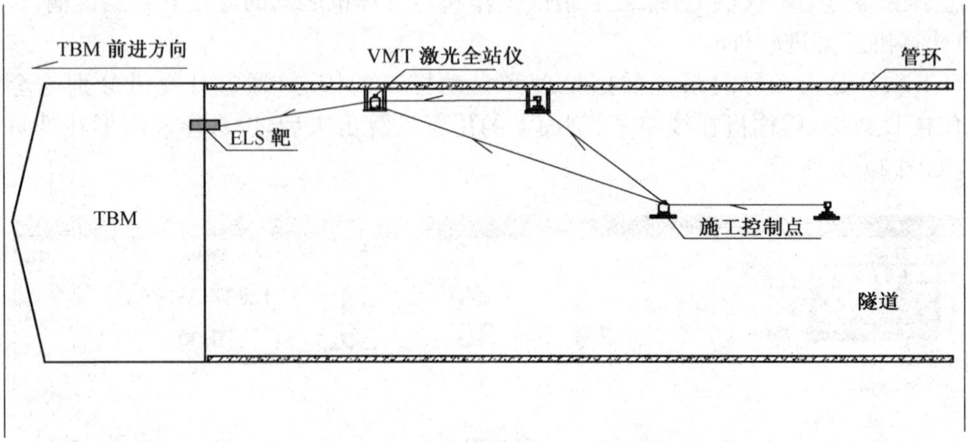

图 14.3　隧道内盾构机控制测量剖面示意图

洞内控制导线是支持盾构机掘进导向定位的基础。激光全站仪安装在位于盾构机的右上侧管片上的拖架上，后视一基准点（后视靶棱镜）定位后。全站仪自动掉过方向来，寻找 ELS 靶，ELS 接收入射的激光定向光束，即可获取激光站至 ELS 靶间的方位角、竖直角，通过 ELS 棱镜和激光全站仪就可以测量出激光站至 ELS 靶间的距离。TBM 的仰俯角和滚动角通过 ELS 靶内的倾斜计来测定。ELS 靶将各项测量数据传向主控计算机，计算机将所有测量数据汇总，就可以确定 TBM 在全球坐标系统中的精确位置。将前后两个参考点的三维坐标与事先输入计算机的 DTA（隧道设计轴线）比较，就可以显示盾构机的姿态了。

典型工作任务 2　导向系统应用

14.2.1　工作任务

通过本部分知识的学习，主要达到以下目的：

（1）掌握盾构机始发定位的技术；

（2）了解盾构机姿态的计算原理；

（3）掌握激光站移站的方法。

14.2.2　相关配套知识

1. 盾构机始发定位

盾构机初始状态主要决定于始发托架和反力架的安装，因此始发托架的定位在整个盾构施工测量过程中显得格外重要。盾构机在曲线段始发方式通常有两种：切线始发和割线始发。两种始发方式示意图如图 14.4 所示。

始发托架的高程要比设计提高 1～5 cm，以消除盾构机入洞后“栽头”的影响。反力架的安装位置由始发托架来决定，反力架的支撑面要与隧道的中心轴线的法线平行，其倾角要与线路坡度保持一致。

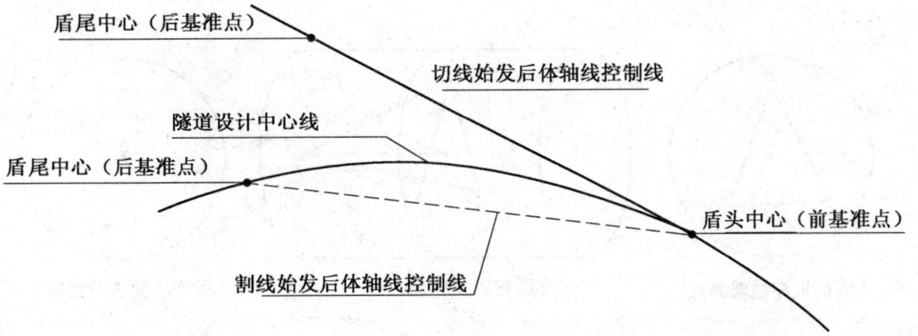

图 14.4 切线和割线始发示意图

由于反力架和始发台为盾构始发时提供初始的推力以及初始的空间姿态，在安装反力架和始发台时，反力架左右偏差控制在±10 mm 之内，高程偏差控制在±5 mm 之内，上下偏差控制在±10 mm 之内。始发台水平轴线的垂直方向与反力架的夹角＜±2‰，盾构姿态与设计轴线竖直趋势偏差＜2‰，水平趋势偏差＜±3‰。

2. 盾构姿态的计算

(1)盾构姿态的计算原理

盾构机作为一个近似的圆柱体，在开始掘进过程中我们不能直接测量其刀盘的中心坐标，只能用间接法来推算出刀盘中心的坐标。

在图 14.5 中，A 点是盾构机刀盘中心，E 点是盾构机中体断面的中心点，即 AE 连线为盾构机的中心轴线，A、B、C、D 四点构成一个四面体，测量出 B、C、D 三个角点的三维坐标(x_i，y_i，z_i)，根据三个点的三维坐标(x_i，y_i，z_i)分别计算出 L_{AB}、L_{AC}、L_{AD}、L_{BC}、L_{BD}、L_{CD}，四面体中的六条边长，作为以后计算的初始值，在盾构机掘进过程中 L_i 是不变的量，通过对 B、C、D 三点的三维坐标测量来计算出 A 点的三维坐标。同理，B、C、D、E 四点也构成一个四面体，相应地求得 E 点的三维坐标。由 A、E 两点的三维坐标就能计算出盾构机刀盘中心的水平偏航，垂直偏航，由 B、C、D 三点的三维坐标就能确定盾构机的仰俯角和滚动角，从而达到检测盾构机姿态的目的。

(2)通过 AutoCAD 作图求解盾构姿态

通过几何解算盾构姿态方法的缺点是在内业计算时，如果用人工手算，其工作量相当大，而且难免出错，因此在进行解算时，利用 AutoCAD 进行作图求解，相对于用几何方法解算，速度要快很多。其操作过程如下：

首先是把隧道中心线(三维坐标)通过建立 CAD 脚本文件输入 CAD 中，这个工作一个工地只要做一次。然后把所测参考点 1、10、21 的坐标(三维)输入 CAD 里面，如图 14.6 所示。分别以 1、10、21 为球心，以 1、10、21 到前点的距离为半径画球，求三个球的交集。用鼠标左键点击交集后的体，就可以找到两个端点，这两个端点到 1、10、21 的距离就分别等于 1、10、21 到前点的距离。然后根据盾构掘进的方向，舍去其中一个点。同样方法把后点在 CAD 里画出来。由于后点通过求交集的方法求出的两个端点距离很近，通过盾构机的掘进方向很难判断，于是通过前点到后点的距离是 3.934 91 m 来判断。画出前后点的位置后，通过前后点向隧道中线做垂线，通过测量垂线在水平和垂直方向上偏离值来求解盾构机前后点的姿态。盾构机的坡度$=(Z_{前}-Z_{后})/L\times100\%$($L$ 为盾体前后参考点连线长度)。根据测量平差理论可知，实际测量时，需要观测至少 4 个点位以上，观测的参考点越多，多余观测就越多，因此计算的精度就越高。比较 VMT 导向系统测量的盾构姿态值和人工检测的盾构姿态值，其精度基本上能达到±5 mm 之内。

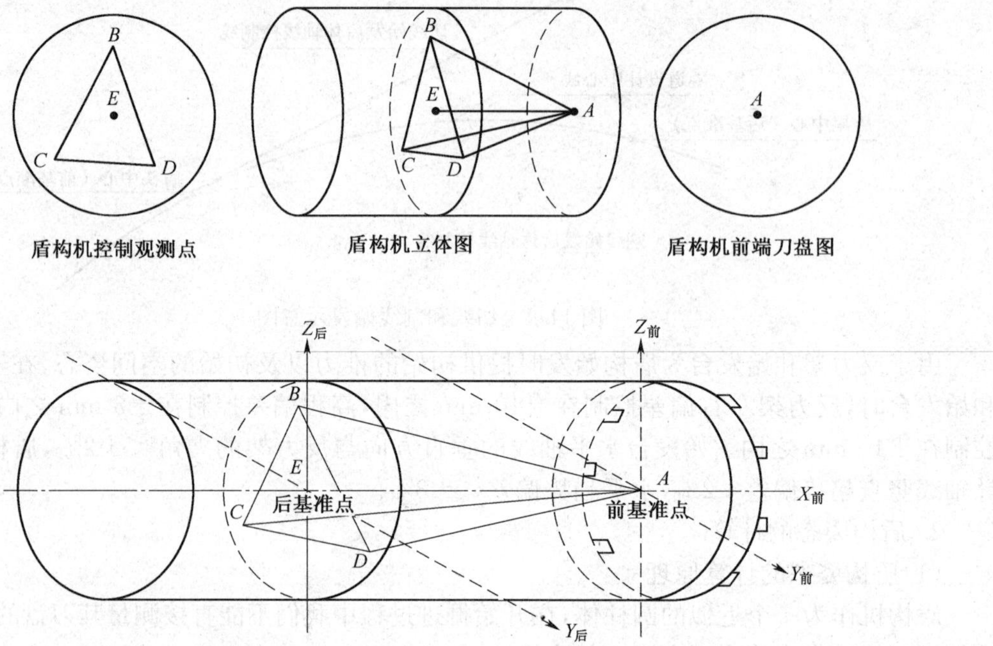

图 14.5　盾构机姿态计算原理图

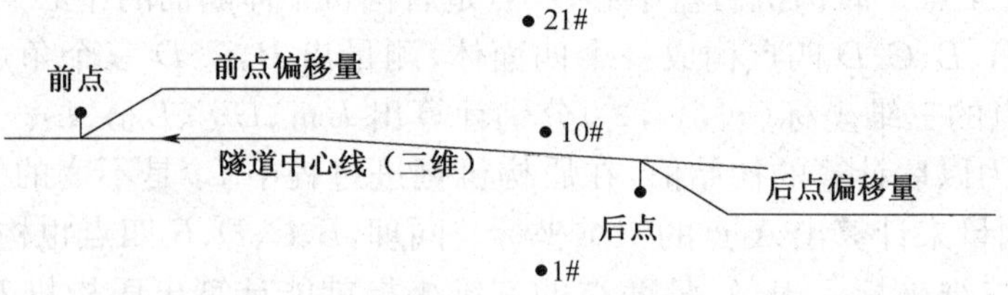

图 14.6　盾构姿态 CAD 计算示意图

3. SLS-T 导向系统初始测量

SLS-T 导向系统初始测量包括：隧道设计中线坐标计算，TCA（智能型全站仪）托架和后视托架的三维坐标的测量，VMT 初始参数设置和掘进等工作。

(1)隧道设计中线坐标计算

将隧道的所有平面曲线要素和高程曲线要素输入 VMT 软件，VMT 将会自动计算出每间隔 1 m 里程的隧道中线的三维坐标。隧道中线坐标需经过其他办法多次复核无误后方可使用。

(2)TCA 托架和后视托架的三维坐标的测量

TCA 托架上安放全站仪，后视托架上安放后视棱镜。通过人工测量将 TCA 托架和后视托架的中心位置的三维坐标测量出来后，作为控制盾构机姿态的起始测量数据。

(3)VMT 初始参数设置

将 TCA 的中心位置的三维坐标以及后视棱镜的坐标、方位角输入控制计算机“station”窗口文件里，TCA 定向完成后，启动计算机上的“advance”，TCA 将照准激光标靶并测量其坐标和方位。根据激光束在标靶上的测量点位置和激光标靶内的光栅，可以确定激光标靶水平位置和竖直位置，根据激光标靶的双轴测斜传感器可以确定激光标靶的俯仰角和滚动角，TCA

可以测得其与激光靶的距离，以上资料随推进千斤顶的伸长值及盾尾与管片的净空值(盾尾间隙值)一起经掘进软件计算和整理，盾构机的位置就以数据和模拟图形的形式显示在控制室的电脑屏幕上。通过对盾构机当前位置与设计位置的综合比较，盾构机操作手可以采取相应措施尽快且平缓地逼近设计线路。

4. 移站

(1)激光站人工移站

盾构机掘进时的姿态控制是通过全站仪实时测设 ELS 的坐标，反算出盾构机盾首、盾尾的实际三维坐标，通过比较实测三维坐标与 DTA 三维坐标，从而得出盾构姿态参数。随着盾构机的往前推进，每隔规定的距离就必须进行激光站的移站，激光站前移在直线上每 35～40 m前移一次，曲线上每 20～25 m 前移一次。激光站的支架用角钢和钢板做成可以安装在管片螺栓的托架形式，托架的底板采用 400 mm×400 mm×10 mm 钢板，底板中心焊上仪器连接螺栓，长 1 cm。采取强制对中，减少仪器对中误差。托架安装位置在隧道右侧顶部不受行车的影响和破坏的地方。安装时，用水平尺大致调平托架底板后，将其固定好，然后可以安装前视棱镜或仪器。托架示意图如图 14.7(a)及图 14.7(b)所示。

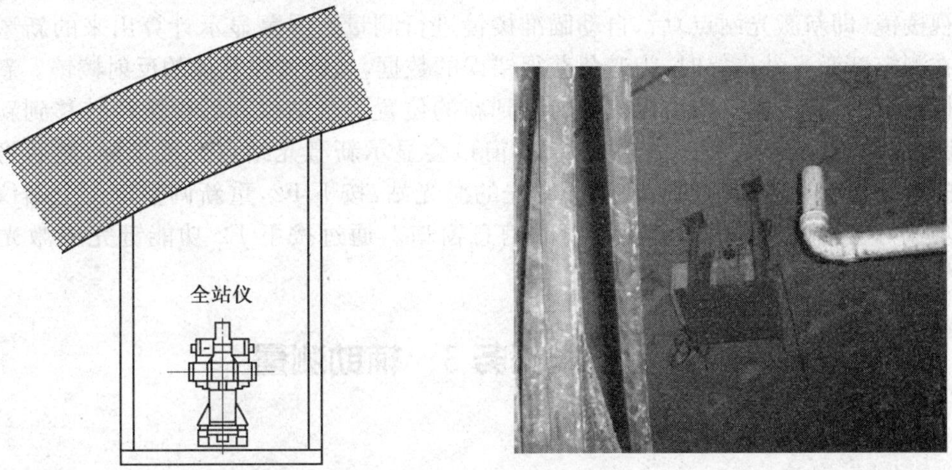

(a)　　(b)

图 14.7　激光站的托架示意图

把前视棱镜安装在后视托架后，测量出棱镜中心到托架底板的高程，然后直接从下面的测站采用极坐标测量方式测出托架的三维坐标。然后在后视靶托架上设站，前视直接采用极坐标测量方式测出激光站托架的三维坐标。然后把后视棱镜安装在后视靶托架上，把激光全站仪安装在激光站托架上整平，把黄盒子固定好，给全站仪接上电源，手动把全站仪瞄准后视棱镜，瞄准的精度在±10 cm 左右，然后把全站仪电源关闭。接着在主控室里，启动 SLS-T，按"编辑器—F2"进入编辑器窗口，进入激光站编辑窗口，输入激光全站仪中心和后视靶棱镜中心的三维坐标。按"保存"键保存，然后关闭编辑器窗口。再按"定位—F5"键，给激光全站仪定位。定位完成后，再按"方位检查—F5"键，检查激光站和后视棱镜的坐标有没有错误。如果超限，将会显示差值，如果不超限，那么将不显示。最后再按"推进—F4"就完成了激光站的人工移站的全过程。

激光全站仪安放在管环右上方的支架上，通过激光站的前移来持续指引盾构机的前进。

(2)激光站自动移站

VMT 导向软件 SLS-T 有激光站自动移站功能，移站的过程除了托架和全站仪及后视棱镜的安装，其他测量工作都可以通过此功能完成。

操作流程如图 14.8 所示。

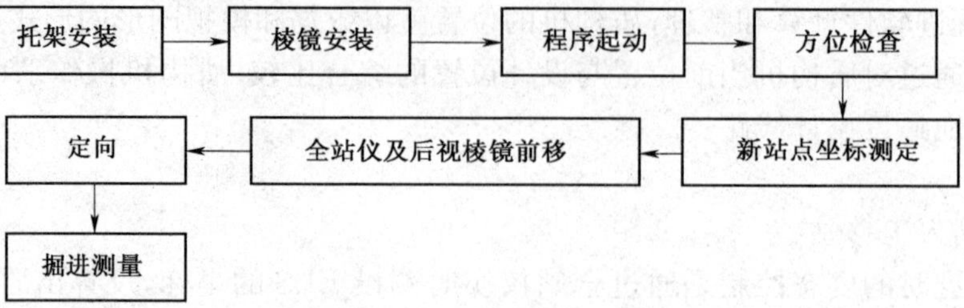

图 14.8　自动移站操作流程

程序的启动及后续测量工作在主控室进行。此时 SLS-T 软件处于"管片拼装"状态，按功能键 F3，关闭测量后，通过功能键"激光站移站—F6"来启动程序。在初始窗口中，按下按钮"测量开始—F2"，启动方位检测程序。方位检测被成功的执行后，显示检测结果，在得到理想的结果后，按下 F2 确认后方位检测的结果。在测定新激光站点坐标前，事先在信息输入窗口中输入如下信息：水平与垂直方向上偏移的近似值及新激光站点的大致里程；当前棱镜的高度及仪器的高度；新站点的点位编码。在信息输入窗口下，按下 F2 键启动程序。全站仪自动搜索到前视棱镜（即新激光站点）后，自动瞄准棱镜进行测量。屏幕显示计算出来的新激光站点坐标。在测定新激光站坐标时，为避免获得错误的数据，须遮盖住其他的反射棱镜。新激光站点的坐标测定后，将全站仪和后视棱镜转移到新的位置。全站仪和后视棱镜转移到新的位置后，主控室按功能键 F2 进行确认，新的信息窗口会显示新激光站点三维坐标，然后将新激光站点上的全站仪手动转向新的后视点即原先的激光站，按下 F2，重新调整定位全站仪上的刻度。成功执行上述的步骤后，出现一新的信息窗口。通过按下 F2 功能键完成激光站移站程序。

典型工作任务 3　辅助测量

14.3.1　工作任务

通过本部分知识的学习，主要达到以下目的：

(1)掌握激光站人工检查的方法；

(2)掌握管片测量的方法；

(3)掌握盾构机姿态人工复测的方法。

14.3.2　相关配套知识

1. 激光站的人工检查

在推进的过程中，可能会由于安装托架的管片出现沉降、位移或托架被碰动，使激光站点或后视靶的位置发生变化，从而全站仪测得错误的盾构机姿态信息。为了保证激光全站仪的准确定位，在 SLS-T 软件的状态为"推进"时，通过功能键 F5 对全站仪的定位进行检查，如果测得的后视靶的值超过了在编辑器中设定的限值时，需要对激光站进行人工检查。检查方法是利用洞内控制导线点对激光站点及后视靶点位置进行测量，重新确定两点的三维坐标。设站导线点尽量选择在右侧管片侧壁上的强制对中导线点，这样建测站时能够一次建站测算出两个点位的坐标，避免误差的积累。当不满足上述建站条件时，从隧道内主控制导线点引测至后视靶托架上，在托架上建立测站，测定激光站点的三维坐标。

2. 管片测量

由于在盾构掘进过程中，刚拼装的管环还没有注入双液浆加固，因此还不稳定，经常发生管环位移现象。有时位移量很大，特别是上浮，位移量大，常常引起管环限界超限。因为地铁施工中规定，稳定后的管环允许最大限界值是±100 mm。为了防止管环的侵限，首先是提高控制测量的精度，其次是提高导线系统的精度，最后就是通过管环测量，实测出管环的位移趋势，在掘进过程中预留一定上浮量等措施，以保证稳定后的隧道满足规范要求。同时，管环测量还起到复核导向系统的作用，将管环测量与激光站复测错开测量时间，可增加导向系统的复核频率。

如：管环的内径是 2.7 m，采用铝合金制作一铝合金尺，铝合金尺长 3.8 m(可根据实际情况调整长度)。在铝合金尺正中央，贴上一个反射贴片。根据管环、铝合金尺、反射贴片的尺寸，就可以计算出实际上的管环中心与铝合金尺上反射贴片中心的高差。测量时，首先用水平尺把铝合金尺精确整平，然后用全站仪测量出铝合金尺上反射贴片中心的三维坐标，就可以推算出实际的管环中心的三维坐标。每次管环测量时，应重叠 5 环已经稳定了的管环，以便分析管片的位移趋势，并核对测量数据的准确性。

管环测量示意图及管环中心高程推算示意图如图 14.9 和图 14.10 所示。

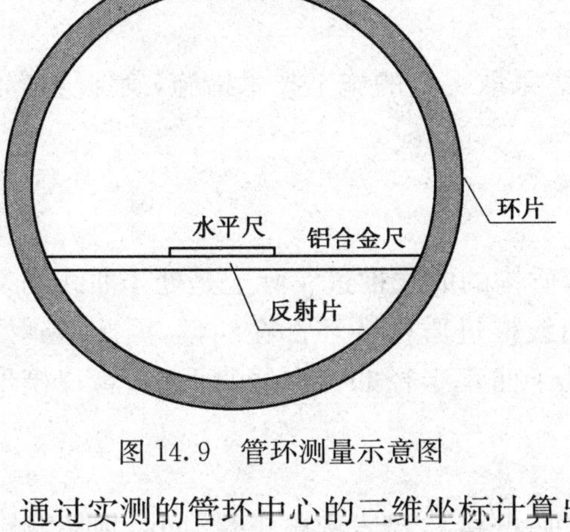

图 14.9　管环测量示意图

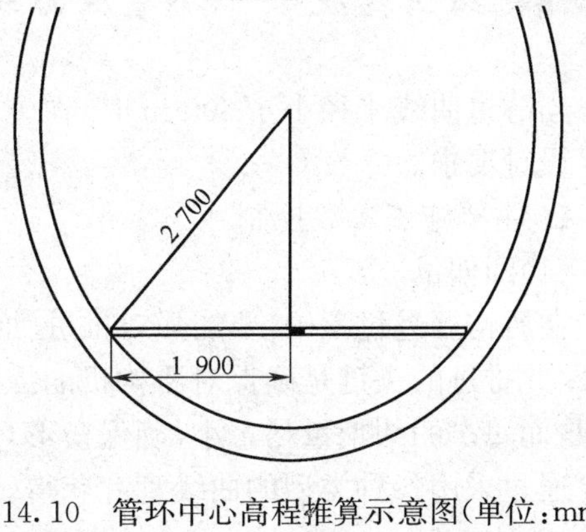

图 14.10　管环中心高程推算示意图(单位：mm)

通过实测的管环中心的三维坐标计算出管片环的实际水平和垂直姿态。对比每环的盾构机显示姿态，得出每环管环的偏移量及规律，从而调整盾构机姿态，提高隧道测量精度。

3. 盾构机姿态人工复测

(1)盾构姿态人工检测概述

在盾构施工的过程中，为了保证导向系统的正确性和可靠性，在盾构机掘进一定的长度或时间之后，应通过洞内的控制导线独立地检测盾构机的姿态，即进行盾构姿态的人工检测。盾构施工中所用到的坐标系统有三种：全球坐标系统、DTA 坐标系、TBM 坐标系。

(2)盾构机参考点的测量

在进行盾构机组装时，VMT 公司的测量工程师就已经在盾体上布置了盾构姿态测量的参考点(共 18 个)，如图 14.11 所示，并精确测定了各参考点在 TBM 坐标系中的三维坐标。在进行盾构姿态的人工检测时，可以直接利用 VMT 公司提供的相关数据来进行计算。其中盾体前参考点及后参考点是虚拟的，实际是不存在的。

盾构姿态人工检测的测站位置选在盾构机第一节台车的连接桥上，此处通视条件非常理想，而且很好架设全站仪。只要在连接桥上的中部焊上一个全站仪的连接螺栓就可以了。测量时，应根据现场条件尽量使所选参考点之间连线距离大一些，以保证测量时的精度，最好保证左、中、右各测量一两个点，这样就可以提高测量计算的精度。

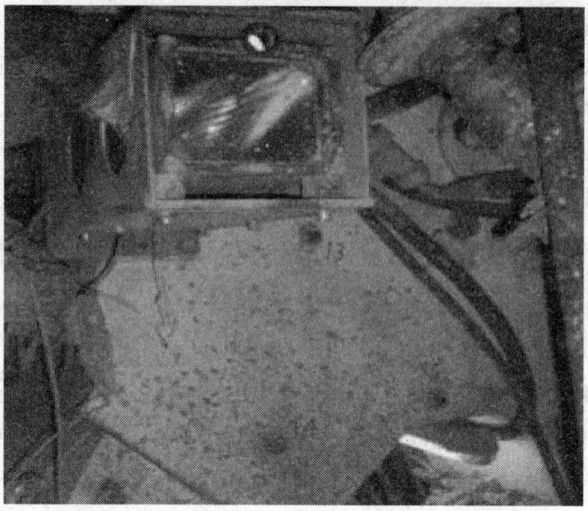

图 14.11　S369 盾构机参考点的布置

知识拓展——小半径曲线盾构施工

当隧道曲线半径小于 300 m 时，在施工过程中需采取一定的施工技术措施，确保隧道轴线满足设计要求。

1. 主要施工参数控制

(1)纠偏量

在盾构掘进过程中，要加强对推进轴线的控制，盾构的曲线推进实际上是处于曲线的切线上，因此推进的关键是确保对盾构机的控制，由于曲线推进盾构环环都在纠偏，因此做到勤测勤纠，而每次的纠偏量尽量小，确保楔形环面始终处于曲率半径的径向竖直面内，管片楔形量主要通过采用各种类型的曲线管片获得。

(2)出土量

在曲线推进过程中，为确保盾构沿设计轴线推进，严格控制盾构出土量，同时视监测情况合理调整出土量。

(3)注浆量

曲线段推进必然导致土体损失的增加。由于设计轴线为圆滑曲线，而实际掘进轴线必然为一段段折线，且曲线外侧出土量又大，这样必然造成曲线外侧土体的损失，并存在施工空隙。因此在曲线段推进过程中进行同步注浆加强对曲线段外侧的压浆量，以填补施工空隙，加固外侧土体，使盾构顺利沿设计轴线推进。

(4)管片选择和拼装

为控制盾构推进轴线，合理选择楔形管片，管片拼装严格实施“居中拼装”，若管片无法居中拼装，且曲线管片无法满足纠偏时，制作楔子环进行调整，使管片处于较理想状态，确保管片拼装质量及推进轴线控制在要求范围内。

(5)盾构测量

小曲率半径施工段增加测量频率，严格控制、指导盾构掘进轴线。

2. 合理利用铰接

在小半径曲线施工中，合理开启铰接，可以良好地控制盾构状态，保证管片的拼装质量。

相关规范、规程与标准

《城市轨道交通工程测量规范》(GB/T 50308—2017)部分内容摘录如下:

盾构法隧道施工测量包括盾构始发、掘进和接收三个阶段施工测量工作。

盾构机始发井建成后,应利用联系测量成果加密测量控制点,进行隧道掘进中心线与导轨位置测设以及反力架和洞门圈安装测量,并应符合下列规定:

(1)利用地下测量控制点宜采用极坐标法放样隧道中心线和盾构机导轨的位置,利用水准测量方法测设隧道高程控制线以及盾构机导轨坡度,坐标和高程放样中误差不应超过±5 mm。

(2)应根据反力架和洞门圈位置的里程计算其中心三维坐标,并采用三维放样方法放样。

(3)反力架和洞门圈安装后浇筑前应对其经过设计中心的垂直和水平方向上的上、下、左、右位置进行复测,并提供相应里程的坐标或与中心的距离。放样和复测中误差不应超过±10 mm。

盾构拼装后应进行初始姿态测量,掘进中应进行实时姿态测量。盾构机姿态测量应包括平面偏差、高程偏差、俯仰角、方位角、滚转角及切口里程。

采用人工测量方法进行初始姿态测量和实时姿态测量时应符合下列规定:

(1)盾构测量标志点应牢固设置在盾构机纵向或横向截面上,标志点间距离应尽量大,且不应少于 3 个,标志点可粘贴反射片或安置强制对中棱镜。

(2)盾构测量标志点的三维坐标应与盾构结构几何坐标建立换算关系。

(3)盾构测量标志点测量宜采用极坐标法,并宜采用双极坐标法进行检核。测量中误差不应超过±3 mm。

采用自动导向系统测量方法进行初始姿态测量和实时姿态测量时,应符合下列规定:

(1)自动导向系统应符合下列规定:

①自动导向设备可采用激光靶型自动测量系统或棱镜型自动测量系统,系统应包括测量仪器和设备、计算存储设备、数据传输、系统软件等。

②系统应能够计算并以图形、数字方式实时显示盾构机当前姿态和历史姿态信息等。

③系统应具有对自身各部件的运行状态进行监控和报警功能。

④所有数据应存储于工业电脑固定的存储位置,并定期在其他存储设备上进行备份。

(2)始发前,应对输入自动导向系统的线路设计参数进行检查,无误后方可输入,输入后应采用导出输入数据进行复核的方法对输入数据进行二次复核。

(3)隧道掘进中测量控制点迁站步骤和方法应符合下列规定:

①迁站过程中盾构应停止掘进。

②迁站前应测量盾构姿态。

③迁站后应对使用的相邻控制点间几何关系进行检核,确认控制点位置正确。

④利用迁站后控制点进行盾构姿态测量。

⑤迁站前、后测定的盾构姿态测量较差应小于 $2\sqrt{2}m$(m 为点位测量中误差)。

(4)隧道掘进过程中应采用人工测量方法对导向系统测量成果进行检核。

项目小结

近年来，城市地上交通状况越来越拥挤，许多城市都大力发展地下空间，修建地铁来缓解地面交通压力。盾构法是用来开发地下空间的较好选择，特别适合于软土隧道的挖掘。在盾构掘进的过程中，如何实时地、准确地、高精度地给出方向指引是保证施工能否顺利进行以及控制盾构偏差的重要环节。传统的人工测量方法只能在每一环结束后盾构机停止推进时进行，并不能实时获取盾构姿态。德国 VMT 公司开发的 SLS-T 系统实现了对盾构姿态的自动导向，大大减少了人工测量的工作量，也避免了测量人员由于理论和经验的缺乏造成的在实际工作中出现的错误。

复习思考题

1. 盾构机导向的基本原理是什么？
2. 盾构姿态的计算原理是什么？
3. 激光站移站的方法有哪些？
4. 如何进行管片测量？
5. 盾构机姿态进行人工复测的方法有哪些？

项目 15　高架桥梁施工测量

项目描述

建设一座桥梁,需要进行各种测量工作,其中包括:勘测选址、地形测量、施工测量、竣工测量;在施工过程中及竣工通车后,还要进行变形观测。本项目主要讨论桥梁施工阶段的测量工作。概括起来主要有:桥位控制测量、墩台施工测量、高架桥的架设测量、竣工测量。

教学目标

1. 能力目标

- 能够进行高架桥的控制测量;
- 能够进行高架桥的基础、墩台施工测量;
- 能够进行高架桥的架设测量、竣工测量。

2. 知识目标

- 掌握高架桥的控制测量的内容方法原则;
- 掌握高架桥的基础、墩台施工测量的内容方法原则;
- 掌握高架桥的架设测量、竣工测量的内容方法原则。

3. 素质目标

- 培养学生实事求是的工作态度;
- 培养学生质量第一的工作态度;
- 培养学生遵纪守法的工作态度。
- 培养学生精益求精,吃苦耐劳的品格。

相关案例——常州高架二期工程二标测量方案

1. 工程概况

常州市高架道路(二期)工程全线总长度约 27.5 km,全线标准段以及高架下并行道路为双向六车道。北部为龙城大道高架,东部为青洋路高架,南部为长虹路高架,与高架一期围合成环。其中二标为青洋路大型立交枢纽。

青洋路立交工程龙城大道段桩号为 LCK10＋709～LCK12＋750,青洋路段桩号为 QYK10＋155.322～QYK11＋802.322,主线共 3 688 m。匝道部分包括 EN、ES、LCN、NE、NS、NW、NX13、NX14、SE、SN、SW、WN、WS、WX16 共 14 条匝道。

2. 编制依据

(1)施工图纸及施工合同文件;

(2)上海城建集团公司编制的关于二标的《施工组织设计》；

(3)常州测绘院提供的《测量成果报告书》；

(4)《工程测量规范》(GB 50026—2007)及《建筑施工测量手册》；

(5)《公路工程质量检验评定标准》(JTGF80/1—2004)；

(6)《公路桥涵施工技术规范》(JTJ 041—2000)。

3. 测量施工部署

施工测量组织工作由项目部专业测量人员成立测量小组，根据常州市测绘院给定的坐标点和高程控制点进行工程定位、建立轴线控制网。按规定程序检查验收，对施测组全体人员进行详细的图纸交底及方案交底，明确分工，所有施测的工作进度及逐日安排，由组长根据项目的总体进度计划进行安排。

4. 施工测量的基本要求

(1)施测原则

①严格执行测量规范；遵守先整体后局部的工作程序，先确定平面控制网，后以控制网为依据，进行各局部轴线的定位放线。

②严格审核测量原始数据的准确性，坚持测量放线与计算工作同步校核的工作方法。

③定位工作执行自检、互检合格后再报检的工作制度。

④测量方法要简捷，仪器使用要熟练，在满足工程需要的前提下，力争做到省工省时省费用。

⑤明确为工程服务，按图施工，质量第一的宗旨。紧密配合施工，发扬团结协作、实事求是、认真负责的工作作风。

(2)准备工作

①全面了解设计意图，认真熟悉与审核图纸。施测人员通过对总平面图和设计说明的学习，了解工程总体布局，工程特点，周围环境，计算与复核各结构物的坐标，计算与复核桩基、承台、立柱、箱梁等各部位的高程。复核设计图纸，查看其相关的轴线及高程是否吻合，有无矛盾存在。

②测量仪器的选用。测量中所用的仪器和钢尺等器具，根据有关规定，送具有仪器校验资质的检测厂家进行校验，检验合格后方可投入使用。

(3)测量的基本要求

测量记录必须原始真实、数字正确、内容完整、字体工整；测量精度要满足要求。根据现行测量规范和有关规程进行精度控制。

根据工程特点及《工程测量规范》，该工程导线精度等级为一级，方位角闭合差允许误差$(\pm 10\sqrt{n})''$，n为测站数，边长允许相对误差 1/15 000。四等水准允许闭合差$(\pm 20\sqrt{S})''$，S为距离，单位为 km。

5. 工程定位与控制网测设

(1)工程定位

根据常州市测绘院提供的导线点，按照所计算的结构物主轴线坐标点进行轴线定位。导线点、水准点项目部每 3 个月复测一次。结构物放样坐标经项目部复核后才可使用。

(2)平面控制网测设

平面控制应先从整体考虑，遵循先整体、后局部、高精度控制低精度的原则。平面控制网的坐标系统与工程设计所采用的坐标系统一致，布设呈线形。布设平面控制网首先根据设计总平面图、现场施工平面布置图。选点应在通视条件良好、安全、易保护的地方。桩位必须认真保护，需要时用钢管进行围护，并用红油漆做好标记。

(3)高程控制网的布设

高程控制网的等级及技术要求，高程控制网的精度，不低于四等水准的精度。半永久性水准点位处于永久建筑物以外，一律按测量规程规定的半永久。桩的方式埋设，并妥善加以保护。引测的水准控制点，需经复测合格后方可使用。高程控制网技术要求高程控制网的等级按四等附合水准。水准点选取在土质坚硬，便于长期保存和使用方便的地方。

(4)四等水准观测的技术要求(表15.1)

表15.1 四等水准观测的技术要求

等级	水准仪型号	视线长度/m	前后视距较差/m	前后视距累差/m	离地面最低高度/m	黑红面读数差/mm	所测高差之差/mm
四级	DS_3	≤100	5	10	0.2	3	5

6. 主体结构施工测量

(1)基本要求

测量的精度取决于测量人员的技术素质和设备的技术的状态。所有的测量人员必须经专业技术培训，持证上岗。测量放样数据必须经项目部测量负责人及测量监理工程师复核，放样前检查导线点是否被破坏。所有仪器需有检定合格证。

(2)工程重点部位的测量控制方法

①钻孔灌注桩测量控制方法

为了保证钻孔灌注桩位置的正确，在测量放样前认真计算复核桩位坐标，确保在计算数据正确的前提下再进行测量放样。桩位放样后及时拉好护桩，以方便桩位中心的恢复查找。放样后测量人员应用钢尺检查桩之间的距离，确保与图纸尺寸一致。桩位放样精度要求偏差小于10 mm。

②承台、立柱的测量控制方法

桥梁施工中立柱的平面位置十分重要，为保证位置的准确，要求放样立柱插筋的轴线，承台浇筑前认真检查立柱插筋位置。立柱模板安装前放样出立柱四个角点，立柱模板安装后检查模板垂直度，检查立柱顶高程。要求立柱坐标放样偏差小于5 mm，高程误差小于5 mm。

③箱梁的测量控制方法

箱梁的测量控制是高架桥施工中的重点，我们从平面位置和高程两个方面认真进行控制。箱梁支架搭设前精确放样桥梁边线，计算各部位支架高度。箱梁底板每跨放样检查1/4跨中、1/2跨中、3/4跨中及横梁位置共四个断面。匝道部分根据线形变化的大小加密到5 m一个断面或2.5 m一个断面。每个断面复核检查各点坐标及高程，要求坐标偏差小于10 mm，高程误差小于10 mm。箱梁顶板浇筑前再次复核顶板平面位置及高程。箱梁底板经测量监理工程师复核认可后方可上钢筋，进行下道工序。箱梁顶板经测量监理工程师复核认可后方可浇筑顶板混凝土。

④桥面铺装的测量控制方法

桥梁铺装施工前每10 m一个断面，放样出箱梁边线及中线，匝道部分加密到2.5 m一个断面。测量每个点的高程，计算各点桥面铺装厚度。桥面铺装混凝土浇筑前复核桥面控制点高程，经测量监理工程师复核认可后方可进行铺装。

典型工作任务 1　高架桥控制测量

15.1.1　工作任务

通过本部分知识的学习，主要达到以下目的：

(1)能够进行高架桥的桥位平面控制测量；

(2)能够进行高架桥的高程控制测量。

15.1.2　相关配套知识

1. 桥位平面控制测量

(1)精度要求

平面控制网精度要求如表 15.2 所示。

表 15.2　精密导线测量的技术要求

平均边长/m	导线总长度/km	每边测距中误差/mm	测距相对中误差	测角中误差/(″)	测回数	方位角闭合差/(″)	全长相对闭合差	相邻点的相对点位中误差/mm
					Ⅱ级全站仪			
350	3～5	±6	1/60 000	±2.5	6	5	1/35 000	±8

注：n 为导线的角度个数。

(2)精密导线观测

①水平角观测

水平角观测注意事项：水平角观测均应在通视良好、成像清晰稳定时进行。晴天的日出、日落和中午前后，如果成像模糊或跳动剧烈时，不应进行观测。水平角观测遇到长、短边需要调焦时，应采用盘左长边调焦，盘右长边不调焦，盘右短边调焦，盘左短边不调焦的观测顺序进行观测。为了减弱对中误差对测角、量距的影响，精密导线观测宜采用三联脚架法。相邻点之间的视线距离障碍物的距离不受旁折光影响。

水平角观测技术要求：精密导线点上只有两个方向时，宜按左、右角观测，左右角平均值之和与 360°的较差应小于 4″。在总测回数中应以奇数测回和偶数测回(各为总测回数的一半)分别观测导线前进方向左角和右角。在符合精密导线两端的 GPS 点观测时，应联测两个高级方向，若只能观测一个高级方向，应适当增加测回数。当精密导线点的观测方向多于两个方向时，按方向观测法观测。其方向观测法的各项限差按表 15.3 执行。

表 15.3　方向观测法的各项限差　　(单位：″)

全站仪级别	半测回归零差	一测回内 2C 较差	同一方向值各测回较差
Ⅱ级	8	13	9

②距离测量

光电测距的注意事项：测线宜高出地面和离开障碍物 1 m 以上。测线应避免通过发热体(如散热塔、烟囱等)的上空及附近。安置全站仪的测站应避免开受电磁场干扰的地方，离开高压线宜大于 5 m。应避免测距的视线背景部分有反光物体。测边时应在成像清晰和气象条件稳定时进行，雨、雪和大风天气不宜作业，不宜顺光、逆光观测，严禁将仪器照准头对准太阳。

测距进行气象改正时用的温度计宜采用通风干湿温度计，气压表宜选用高原型空气盒气压表。当观测数据超限时，应重测整个测回。当观测数据出现分群时，应分析原因，采取相应措施重新观测。

边长测量技术要求：精密导线的边长测量，应按精密导线测量主要技术规定执行，每条导线边应往返观测各两个测回。每测回间应重新照准目标，每测回应三次读数。测距时，一测回三次读数的较差应小于 3 mm，测回间平均值的较差小于 3 mm，往返平均值的较差应小于 5 mm。气象数据每条边在一端测定一次。加常数，乘常数及气象数据等参数对测距边的改正在后处理软件中进行。

2. 高程控制测量

(1)精度要求

平面控制网精度要求如表 15.4 所示。

表 15.4　水准网测量的主要技术要求

水准网等级	每千米高差中数中误差/mm		附合水准线路平均长度/km	水准仪等级	水准尺	观测次数		往返较差、附合或环线闭合差/mm
	偶然中误差 M	全中误差 M_w				与已知点联测	附合或环线	
二等	±2	±4	2～4	DS_1	因瓦尺或条码尺	往返测各一次	往返测各一次	$\pm 8\sqrt{L}$

注：(1)L 为往返测段、附合或环线的线路长(以 km 计)；

(2)采用数字水准仪测量的技术要求与同等级的光学水准仪测量技术要求相同。

(2)二等水准观测

①观测方法

采用单线路往返观测。一条线路的往返测，须使用同一类型的仪器和尺垫，沿同一线路进行。在一区段内，先连续进行所有测段的往测(或返测)随后在连续进行该区段的返测(或往测)。同一测段的往测(或返测)或返测(或往测)应分别在上午与下午进行。在日间气温变化不大的阴天或观测条件较好时，若干里程的往返测可同在上午或下午进行。但这种里程的总站数不应超过该区段总站数的 30%。

②观测记录方法和要求

a. 外业观测记录：电子水准仪采用仪器自动记录数据。外业观测值和记事项目，必须现场完成。

b. 每测段的始末，工作间歇的前后及观测中气候变化时，应记录观测日期、时间、天气、成像、前后视标尺号数。二等水准测量还需要按表格规定记录温度、云量、太阳方向、道路土质、风向、风速等内容。

c. 电子记录程序应具有测站高差和限差的计算、自动判断读数是否超限。

d. 任何原始观测数据必须按规定形式实时记录在电子水准仪 PC 卡，禁止采用任何方法删改数据。

e. 每天观测结束，应将数据传输至计算机，并做备份，使用自编程序，按规定的格式打印出观测记录手簿。

典型工作任务2　墩、台施工测量

15.2.1　工作任务

通过本部分知识的学习，主要达到以下目的：

(1)能够进行高架桥的基础、承台的施工测量；

(2)能够进行高架桥的柱墩的施工测量。

15.2.2　相关配套知识

1. 桩基础、承台的施工测量

(1)桩基础施工测量

桩基施工细部测量以控制测量加密点作为起算基准点。对于桩基施工时的施工放样和桩基的成桩检测，均采用全站仪边角法（通常称为极坐标法）来完成（图15.1）。

①根据设计图纸计算各桩位中心点坐标，采用极坐标法准确测量出桩位中心点，桩柱截面尺寸不小于3 cm×3 cm，在桩面钉铁钉作为标志点。

②每个中心桩位纵、横轴线方向必须设置4个护桩，便于桩基施工过程中进行检校。

③每次桩位放样不得少于4个桩位，桩位放样后及时检查各桩位间距离及对角线距离，确认准确无误后以书面技术交底交予现场技术员。

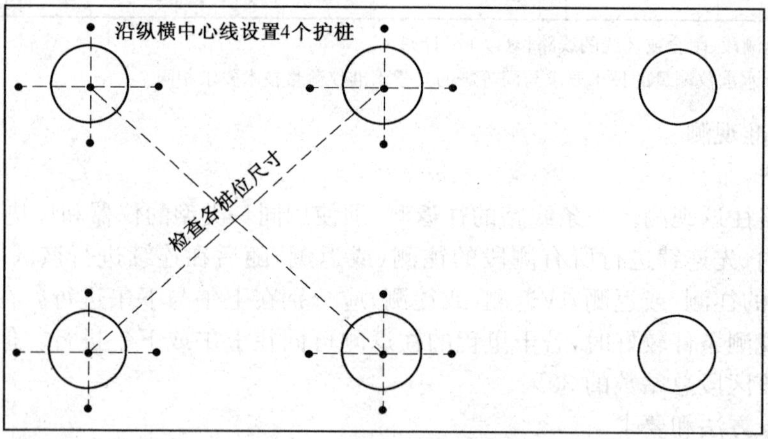

图15.1　桩位放样示意图

(2)承台的测量（图15.2）

①桩基施工完毕后，在原地面测出高程控制点以指导基坑开挖深度。

②开挖基坑后，及时进行基坑高程及基坑尺寸进行检查。

③基坑检查无误后，根据设计图纸尺寸采用极座标法测放承台十字中心线或各承台角点控制点。

④测量完毕后用钢尺检查各点间的距离及对角线距离，确认准确无误后以书面技术交底交予现场技术员。

⑤承台模板立模后，及时对承台模板进行检查，根据设计图纸尺寸采用极座标法测放承台十字中心线或各承台角点控制点，用红油漆做标志点在模板上，根据各点拉线检查模板各部位几何尺寸，确认准确无误后再以书面技术交底交予现场技术员。

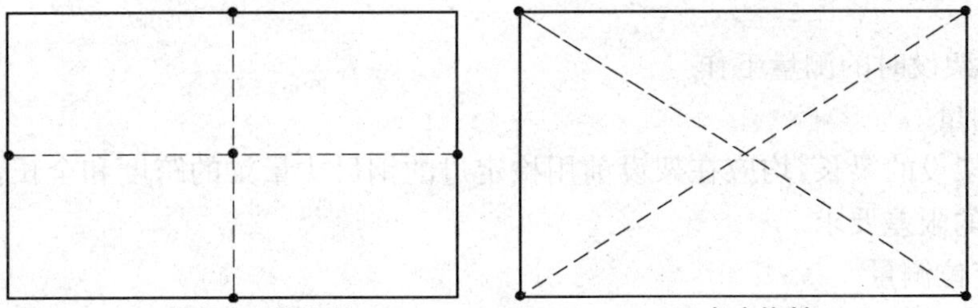

图 15.2　承台放样示意图

2. 高架桥桥墩的施工测量

柱、墩施工时，应对柱、墩的中心位置、模板支立位置及尺寸、垂直度以及顶部高程等进行检测。柱、墩的中心位置测量中误差为±5 mm、模板支立位置及尺寸测量中误差为±5 mm、垂直度测量误差为1‰、顶部高程测量中误差为±5 mm。

(1)墩身施工放样

墩身施工的平面放样方法采用全站仪边角法。将全站仪架设在距离放样点位最近的加密控制点上，后视相邻的控制点，采用全站仪极坐标放样法，根据墩身设计坐标，在承台顶面上对墩身中线或边线进行放样，将放样出的点用红油漆标注，并用墨斗弹出墩身的边线，弹出的墨线就是立模板的定位依据，在模板支设完成后用全站仪监测模板的垂直度，以保证墩身成品的垂直度满足设计要求。

(2)墩身施工的高程放样

在最后一段墩身浇注前，用水准仪引测临时水准点。引测的水准点是墩身顶面高程的主要依据。具体方法为：将水准仪架在墩身施工的承台上，设临时水准点的高程 H_0，从立在临时水准点的标尺上读出 h_0，将一把经过检测的长钢尺的非 0 端，从模板上口铅锤锤下，通过水准仪在钢尺上读数 L_1，则可以得到模板顶面高程 H_1。

设墩顶设计高程为 H，则可以用钢尺从模板顶面向下量取 $h-H_1-H$，即得到墩顶的设计位置。考虑到墩身模板的模板上口并非绝对的水平，用上述方法在墩身模板不同的位置测出 h 取其平均值以保证墩顶高程达到设计要求。

(3)桥墩施工测量的方法及要求

中心或轴线位置应利用施工控制桩或二等导线点进行测设；施工模板位置线应以经纬仪或钢卷尺进行标定，并以墨线标记；模板支立铅垂度可使用经纬仪或吊锤进行测量；高程可采用水准测量方法测定，也可使用钢尺丈量测定，并应在设计高度标记高程线。桥墩顶帽中心坐标和高程测量。

典型工作任务 3　桥梁的架设测量及竣工测量

15.3.1　工作任务

通过本部分知识的学习，主要达到以下目的：

(1)桥梁的架设施工测量；

(2)桥梁的竣工测量。

15.3.2 相关配套知识

1. 桥梁的架设时的测量工作

(1)梁长测量

所有整体架设的梁长，均应在架设前用检定过的钢尺丈量梁的跨度和全长，其偏差应小于(或等于)规范的限差要求。

(2)梁体定位测量

钢桁梁的定位测量。钢桁梁要求梁体中线(即横梁中心线)与设计路线中线一致，所以，在架设过程中，应检查横梁中点是否在相邻墩、台中心的连线方向上。由于两侧桁架的弦杆中心线与横梁中点的连线是对称的，则弦杆中心线的水平投影同样为直线。检查时，可将经纬仪安置在墩、台的中心点上，瞄准相邻的墩、台中心点，并固定水平制动螺旋，然后上、下转动望远镜，观察横梁中点上的标志是否都在视线上，如果偏离量超出容许范围，则应对钢桁梁位置进行校正。

桥梁拱度的测定。桥梁的拱度也必须测定，在钢梁架好之后，各个弦杆应构成一条略为向上弯曲的平滑曲线，桥梁中部高出两端的最大高差(称为拱度)。测定时将水准仪安置在桥梁的墩、台上，而在各个节点处竖立水准尺，测出各点高程，绘出弦杆的纵断面图，从而得到桥梁的拱度，并检查其是否合格。为观测拱度的变化，在竖立水准尺的地方，应用油漆作出标志，以保证每次观测都位于同一点上。

预应力混凝土简支梁的测定。预应力混凝土简支梁要求梁梗中线与设计中线平行。梁体落位后要求支座下座板中心十字线与标定在支承垫石上的设计中心十字线相重合。若由于施工偏差不能满足时，应在梁梗中线与设计中线保持平行的先决条件下进行调整。纵向偏差以桥梁中线为准，向两端平均分配，但活动端必须保持按 100 ℃温差计算的最小伸缩空间，均为梁长的 1‰；横向偏差应在保持相邻梁体间的缝隙能放置防水盖板，以桥梁中线为准，尽可能向两片梁对称分配。

(3)支座底板安装定位测量

在支座底板定位的同时，应测量底板顶面的高程及底板顶面的平整度，通过在底板与支承垫石面之间塞以铁片、钢楔，从而使底板顶面高程及平整度达到设计要求。测量时应测量底板顶面的四角。

2. 高架桥横梁的施工测量

墩柱施工完成后，要进行盖梁施工。由于采用跨座式轨道梁技术，列车直接运行在轨道梁上，为确保列车安全、平稳运行，盖梁设计复杂，安装精度要求高，特别是盖梁上的支座锚箱、预埋件安装精度要求更高。横梁施工前，应对桥墩顶部的中心位置、高程及相邻柱距进行检核和调整，并依据检核后的控制点进行横梁施工测量。

(1)横梁施工测量主要内容

横梁施工测量内容主要包括：横梁中心、法方向及高程控制，基座板中心、法方向及高程控制。

在线路曲线上，因存在超高，基座板中心与抗剪榫中心不重合，必须根据超高计算出抗剪榫的中心坐标，并且宜采用先高程后平面的测量控制方法；在线路直线上，高程和平面可以不分先后次序。

(2)横梁施工测量方法和步骤

横梁施工平面放样主要采用极坐标法，高程测量主要采用水准测量方法，并分为初测、精调和检核测量三个环节，施工测量步骤如下：

①根据横梁支座设计坐标、方位，用极坐标法标定出横梁的法线和切线，进行横梁模板放样。

②上支架及锚箱安装固定后，用相邻墩柱（或横梁）上引测的高程，测量基座板四角高程，计算出与设计的差值，根据其差值用锚箱支架上的高程调节螺杆调节基座板四角的高程。由于基座板四角的高程精度要求为－5～0 mm，因此，可将高程调整至－2.5 mm 左右，以便后续工序影响时不至于使高程超限。

③根据基座板法方向的两个标记点坐标和基座板中心坐标（线路曲线上，可用计算出抗剪榫的中心坐标）计算出的到横梁切线和法线的距离，用钢尺量取各控制点到切线和法线的距离，并根据其差值用锚箱支架上的平面调节螺杆反复调整锚箱支座平面位置。

④重新检查基座板四角高程，若有变动，重复上述②、③步骤进行调整。满足要求后，方可进行混凝土浇筑工作。

⑤混凝土凝固成型后，应再一次检查基座板中心、法方向及高程和横梁中心坐标。

(3)横梁施工要求

横梁现浇前应检测模板支立的位置、方位和高程，其轴线测量中误差为±5 mm，结构断面尺寸和高程测量中误差为±1.5 mm。预制梁安装前必须检查其几何尺寸和预埋件位置。

3. 高架桥纵梁的施工测量

(1)纵梁架设前应对支承横梁上线路中线点、桥墩跨距和顶帽上的高程进行检测。

(2)当采用混凝土预制纵梁为轨道梁时，拼装梁的中线和高程与线路设计中线和高程的较差应小于 5 mm。

(3)采用混凝土现浇纵梁为轨道梁时，应在模板上测设线路中线和高程控制点，其测量误差为±5 mm。

4. 竣工测量

(1)基础竣工测量

桥梁竣工测量的主要内容是检测基础中心的实际位置。检测时实测桩基的施工坐标 x_i'、y_i'，与设计值 x_i、y_i 比较后算出其偏差值。基础竣工测量还应将基坑位置、坑底高程、土质情况等如实地反映并附绘基坑略图标注相应的检测数据等。

(2)墩台竣工测量

①墩台中心间距测量

墩台中心间距可根据墩台中心点测定。如果间距较小，可用钢尺采用精密方法直接测量；当间距较大不便直接测量时，可用全站仪施测。由墩台中心间距 D' 与设计墩台中心间距 D 之差（$\Delta=D'-D$），计算墩台中心间距的竣工中误差 m 为

$$m=\pm\sqrt{\frac{[\Delta\Delta]}{n}}$$

②墩台高程的检测

检测时布设成附合水准线路，即自桥梁一端的永久水准点开始，逐墩测量，最后符合至另一端的永久水准点上。在进行此项水准测量时，应联测各墩顶水准点和各垫板的高程以及墩顶其他各点的高程。

(3)跨越构件竣工测量

在现场吊装前、后应进行的竣工测量项目如下：

①构件的跨度。

②构件的直线度。一般要求直线度偏差不得超过跨度的 1/5 000。

③构件的预留拱度。预留拱度是指钢架铆接好后，钢梁及各弦杆呈一微上凸的平滑线，略显拱形，称为构件预留拱度曲线。其中部高出于两端的最大高差，称为预留拱度。设计预留拱度通常约为跨度的 1/1 000。

知识拓展——高架桥

城市发展后，交通拥挤，建筑物密集，而街道又难于拓宽，采用这种桥可以疏散交通密度，提高运输效率。此外，在城市间的高速公路或铁路，为避免和其他线路平面交叉、节省用地、减少路基沉陷（某些地区），也可不用路堤，而采用这种桥。

这种桥因受既有建筑物限制和线路要求，每多弯桥和坡桥。高架线路桥的上部结构，一般多采用简支梁或连续梁（或刚架），悬臂梁较为少见。用简支梁时，为保证桥面行车平顺，常做成桥面连续的简支梁。如连续梁和墩顶刚接，便成为连续刚架桥。桥的跨度不大时，为了高架桥美观，可用板式结构，板的厚度可以是不变的，或只有沿横桥方向是变化的，也有做成菌状结构的。跨度较大时，常作成肋式或箱形截面（见实腹梁桥）。箱形截面的两侧伸出桥面板以扩大桥面，其下用窄墩，形成“脊骨式”的结构，特别是在曲线桥中，较为美观、实用、经济，很受欢迎。城市高架线路桥的桥墩布置和形式好环，直接影响交通和美观，常选用柱式、桩式、刚架式和薄壁式墩。柱式桥墩较粗大，一般设一根，呈单柱式墩，其截面有矩形、圆形、椭圆形或具有棱角的多边形。桩式桥墩较纤细，多根并列，桩顶用楣梁连接形成刚架式墩。桩可以是铅直的或斜置的，楣梁可以外露或出于美观需要而隐蔽于上部结构之内。薄壁式桥墩宽度大（横桥方向）而厚度小；它的外观立面可呈矩形、梯形或向上分岔以承托上部结构。

相关规范、规程与标准

《城市轨道交通工程测量规范》（GB/T 50308—2017）中关于高架结构施工测量相关内容摘录如下。

一般规定

1. 高架结构施工测量应包括高架桥和高架车站的柱（墩）基础、柱（墩）、柱（墩）上的横梁、横梁上的纵梁等施工测量。

2. 进行高架桥结构施工测量时，应根据高架桥结构设计图，选择卫星定位控制点、精密导线点和二等水准点作为起算点。测量前应对起算点进行检核。

3. 当本规范第 9.1.2 条所述的控制点不能满足放样需要时，应加密控制点。加密控制点的施测应执行精密导线测量和二等水准测量的技术要求。

4. 高架桥施工测量应整体布设，分区、分段进行施工时，相邻区段的控制点和相邻结构应进行联测。

5. 相邻结构贯通后，应进行贯通测量。贯通测量内容和方法应按本规范第 8.6 节Ⅱ贯通误差测量的有关规定执行。

6. 高架桥结构横向贯通测量中误差不应超过 ±50 mm，贯通测量极限误差应小于 100 mm；高程贯通测量中误差不应超过 ±25 mm，高程贯通测量极限误差应小于 50 mm。

柱、墩基础施工测量

7. 柱、墩基础施工应利用线路中线控制点或精密导线点采用极坐标法进行放样，放样后应在不同测站进行检核。

8. 柱、墩基础放样精度应符合下列规定：

1)横向放样中误差不应超过±5 mm。

2)柱、墩间距的测量中误差不应超过±5 mm。

3)各跨的纵向累积测量中误差不应超过$\pm 5\sqrt{n}$ mm(n为跨数)。

4)柱下基础高程测量中误差不应超过±10 mm。

9. 基础放样后应测设基础施工控制桩，施工控制桩宜设立 2 组，每组控制桩不应少于 2 个，其中一组控制桩间的连线宜垂直于线路方向。

10. 柱、墩基础施工时，应以施工控制桩为依据，测定基坑边沿线、基础结构混凝土模板位置线，以及基底高程和基础混凝土面高程。位置测量中误差不应超过±10 mm。高程测量中误差不应超过±10 mm。

11. 柱、墩基础施工完成后，应进行基础承台施工测量。基础承台施工测量应符合下列规定：

1)施工放样内容应包括中心或轴线位置、模板支立位置和顶面高程。

2)基础承台中心或轴线位置测量中误差不应超过±5 mm、模板支立位置测量中误差不应超过±7.5 mm、顶面高程测量中误差不应超过±5 mm。

柱、墩施工测量

12. 柱、墩施工前，应在不同测站对完成的柱、墩基础承台中心或轴线位置以及模板支立位置及尺寸、垂直度以及顶部高程进行测量检核，合格后进行柱、墩施工测量。

13. 柱、墩施工测量应符合下列规定：

1)中心或轴线位置应利用施工控制桩或精密导线点进行测设。

2)施工模板位置线应以柱、墩中心和轴线控制，用全站仪或钢卷尺进行标定，并以墨线标记。

3)模板支立铅垂度可使用全站仪或吊锤进行测量。

4)高程可采用水准测量、用短视线三角高程、钢尺丈量等方法，并应在设计高度标记高程线。

5)柱、墩施工测量精度不应超过±3 mm，垂直度允许偏差应小于1‰。

14. 浇筑混凝土前，应对模板中心坐标和垂直度等进行复核测量，模板中心坐标测量精度不应超过±3 mm，垂直度允许偏差应小于1‰。

横梁施工测量

15. 横梁施工前，应对柱(墩)顶部的中心位置、高程及相邻柱距进行检核和位置调整。依据检核后的控制点进行横梁位置的标定。

16. 横梁现浇前应检测模板支立的位置、断面尺寸、方位和高程，其位置测量误差不应超过±5 mm，断面尺寸和高程测量误差不应超过±1.5 mm。

17. 预制梁安装前应检查其几何尺寸和预埋件位置，检查几何尺寸测量中误差应小于允许偏差值的 1/5。

纵梁施工测量

18. 纵梁架设前应在横梁上恢复线路中线点和高程点，并应对相邻柱、墩的跨距进行复核。

19. 在横梁上测设纵梁轴线时，应以线路中线点、高程点和复核后的跨距为依据；测设完成后再以轴线为依据安装纵梁，以高程控制点为依据控制纵梁高程。

20. 纵梁采用混凝土预制梁安装时，其中线和高程与线路设计中线和高程的较差应小于5 mm。

21. 纵梁采用混凝土现浇梁时，应在现浇梁端模上测设线路中线和高程控制点，其测量精度均应小于±5 mm。测放底模和侧模位置时，应以上述控制点为依据，且相对于上述控制点的误差不应超过±5 mm。

项目小结

高架结构施工测量主要介绍了高架桥的控制测量、基础、墩台的施工测量以及高架桥桥梁的架设过程中的测量工作和竣工测量。通过系统的学习使学生对高架结构的测量有了一个全面系统的认识，主要以高架结构的施工过程为主线，紧紧结合工程实践施工中的测量工作展开，理论联系实际，和现场紧密融合。

复习思考题

1. 高架桥控制测量中水平角观测的注意事项有哪些？
2. 高架桥控制测量中边长测量的技术要求有哪些？
3. 高架桥高程测量(二等水准测量)观测方法有哪些？
4. 高架桥桥墩施工测量的方法及要求有哪些？
5. 高架桥横梁施工测量的主要内容有哪些？常用的方法有哪些？
6. 桥梁的竣工测量有哪些项目？

项目 16　地铁隧道施工中的变形监测

项目描述

本项目主要介绍地铁在施工过程中主体结构以及由于施工所造成的周边建筑物及地下管线等所发生的位移和变形，比如：隧道的拱顶下沉，地表的沉降等，以及针对这些变形和位移如何进行监测，即：采用什么监测仪器和方法等。

教学目标

1. 能力目标
- 达到熟练使用城轨工程变形监测仪器的能力；
- 达到熟练进行监控测量的能力。

2. 知识目标
- 掌握地铁工程变形监测的目的及意义；
- 掌握现场监控的项目及方法；
- 掌握监控量测资料的处理方法。

3. 素质目标
- 具有独立思考、实事求是、开拓创新的科学精神；
- 养成分工协作的意识；
- 具备爱岗敬业、吃苦耐劳、团结合作的优良品质。
- 夯实学生“工匠精神”的思想与专业基础。

相关案例——广州市轨道交通三号线客大盾构区间矿山法隧道

1. 工程概况

客大盾构区间矿山法隧道位于广州市海珠区五羊汽车修理厂院内，起始里程为 YDK8＋029—YDK8＋059。左、右线隧道之间设一个中间风井，风井中心里程为 YDK8＋044。

矿山法隧道设计为马蹄形断面，开挖跨度和高度为 9.2 m×9.09 m，开挖面积为 68.89 m^2，隧道围岩为Ⅲ类、Ⅳ类，采用短台阶法开挖。隧道初衬闭合成环后，再模筑二衬钢筋混凝土，期间分别在拱顶实施初衬拱顶注浆和二次衬砌拱顶注浆。初支由 300 mm 的喷混凝土、锚杆、钢筋网与格栅钢架等联合支护组成，格栅钢架Ⅲ类围岩间距 0.667 m(Ⅳ类围岩间距 0.8 m)，风井与矿山法隧道接口段(即 YDK8＋037.5～YDK8＋050.5、ZDK8＋033.866～ZDK8＋046.866 段 26 m)格栅钢架间距 0.5 m，二衬由 C30S10 模筑混凝土组成，厚度 400 mm。

矿山法隧道结构为重合式结构，其防水除混凝土自防水外，在初衬与二衬之间施作全断面防水层(防水层采用无纺布+防水板)。

2. 工程地质及水文地质

(1)工程地质

矿山法隧道附近地段相对较为平坦。地面高程 7 m 左右，隧道埋深 20 m 左右。矿山法隧道主要穿越两种地层，即：中风化层：岩性以砂砾岩为主，裂隙较发育，富水性弱至中等，渗透系数 $K=0.11\sim0.22$ m/d，为弱透水层，基岩中等风化层属于Ⅳ级次坚石，用爆破法开挖；微风化层：为砂砾岩、砾岩，富水性弱，渗透系数 K 小于 0.1 m/d，为微透水至弱透水层，属于Ⅳ级次坚石，用爆破法开挖。整体工程地质情况较好。

(2)水文地质条件

地下水埋深 3.2 m 左右，地下水赋存条件为第四系孔隙水及基岩裂隙水。第四系孔隙水主要赋存于冲洪积砂层中，为饱水层，由大气降水及地表径流补给。基岩裂隙水主要赋存于基岩强风化，中等风化的裂隙中，据已有渗透系数数值，水量不大。由大气降水及上覆土层补给。根据地质剖面，残积土、基岩全风化层为不透水层，可视为相对隔水层(纵横方向上的相变尖灭除外)，冲洪积砂，基岩强～中等风化层为相对含水层。地下水对混凝土具弱腐蚀性，对钢筋混凝土中的钢筋具中等腐蚀性。

3. 实施监测内容

(1)监测项目及监测仪器

为了确保施工期间的施工及建筑物的稳定和安全，结合该段地形地质条件、支护类型，施工方法等特点，确定监测项目和使用的监测仪器，具体见表 16.1。

表 16.1 隧道监测项目汇总表

序号	监测项目	量测仪器和工具	测点布置	量测频率
1	围岩及支护状态	地质描述及拱架支护状态观察	每一开挖环	开挖后立即进行
2	地表、地面建筑、地下管线及构筑物变化	水准仪和水平尺	每 10～50 m 一个断面，每断面 7～11 个测点	开挖面距量测面前后$<2B$时，1～2 次/d；开挖面距量测面前后$<5B$时，1 次/2 d；开挖面距量测面前后$>5B$时，1 次/周
3	拱顶下沉	水准仪、钢尺等	每 5～30 m 一个断面，每断面 1～3 个测点	
4	周边净空收敛位移	收敛	每 5～100 m 一个断面，每断面 2～3 个测点	
5	岩体爆破地面质点振动速度和噪声	声波仪及测振仪等	质点振速根据结构要求设点，噪声根据规定的测距设置	随爆破及时进行
6	围岩内部位移	地面钻孔安放位移计、测斜仪等	取代表性地段设一断面，每断面 2～3 孔	开挖面距量测面前后$<2B$时，1～2 次/d；开挖面距量测面前后$<5B$时，1 次/2 d；开挖面距量测面前后$>5B$时，1 次/周
7	围岩压力及支护间应力	压力传感器	每代表性地段设一断面，每断面 15～20 个测点	
8	钢筋格栅拱架内力及外力	支柱压力计或其他测力计	每 10～30 榀钢拱架设一对测力计	
9	初期支护、二次衬砌内应力及表面应力	混凝土内的应变计及应力计	每代表性地段设一断面，每断面 11 个测点	
10	锚杆内力、抗拔力及表面应力	锚杆测力计及拉拔器	必要时进行	

续上表

序号	监测项目	量测仪器和工具	测点布置	量测频率
11	周边建筑物变形量测	水准仪、水平尺和全站仪	建筑物墙角、柱子、门边等处每隔 15 m 左右布设，每栋建筑物观测点数不少于 6 个	开挖过程 2 次/d 主体施工 1 次/周

注：B 为隧道开挖跨度。

表 16.2　施工监测仪器汇总表

设备、仪器名称	单位	数量	设备、仪器名称	单位	数量
全站仪	台	1	精密水准仪	台	1
GY-85 收敛计	台	1	水准尺	个	1
SS-2 频率接收仪	台	1	拾振仪	台	1
钢弦应变计	个	5			

(2)监测方案及相应措施

①地质和支护状况观察

通过每次开挖、爆破后观察，根据实际观察和勘察资料比较，确定开挖与支护方案及参数。

相应对策：当实际观察和勘察资料不符时，根据实际情况，调整支撑形式或采用加强支撑的保护措施。

②监测点平面布置图

图 16.1 反映了地表沉降、建筑物沉降及倾斜测点、收敛量测基线。监测方法是在地表埋设测点用水平仪进行下沉量测，用全站仪进行水平位移量测。

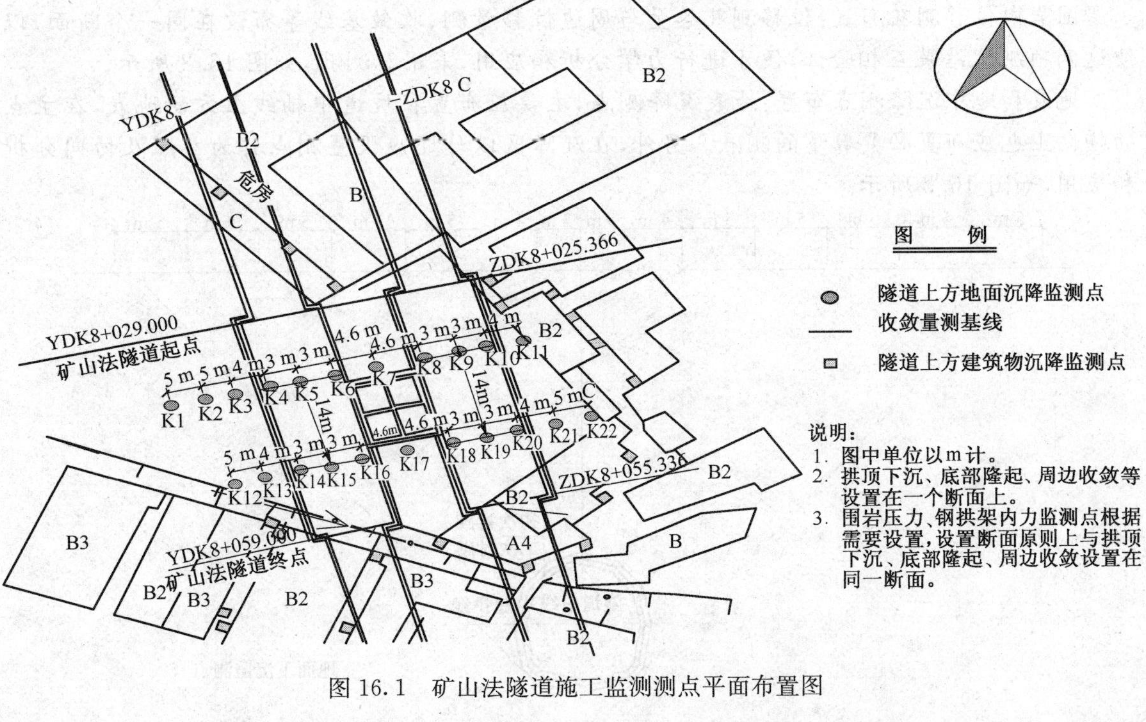

图 16.1　矿山法隧道施工监测测点平面布置图

相应对策：当地表沉降位移过大时，加快监测频率，必要时停工检查原因，采取加强支撑等措施。

③收敛量测

a. 坑道周边位移量测线布置

把隧道周边位移量测、收敛变形、拱顶下沉、隧底隆起等监测项目布设在同一断面，达到可以相互印证、相互校验的目的，如图 16.2 所示。

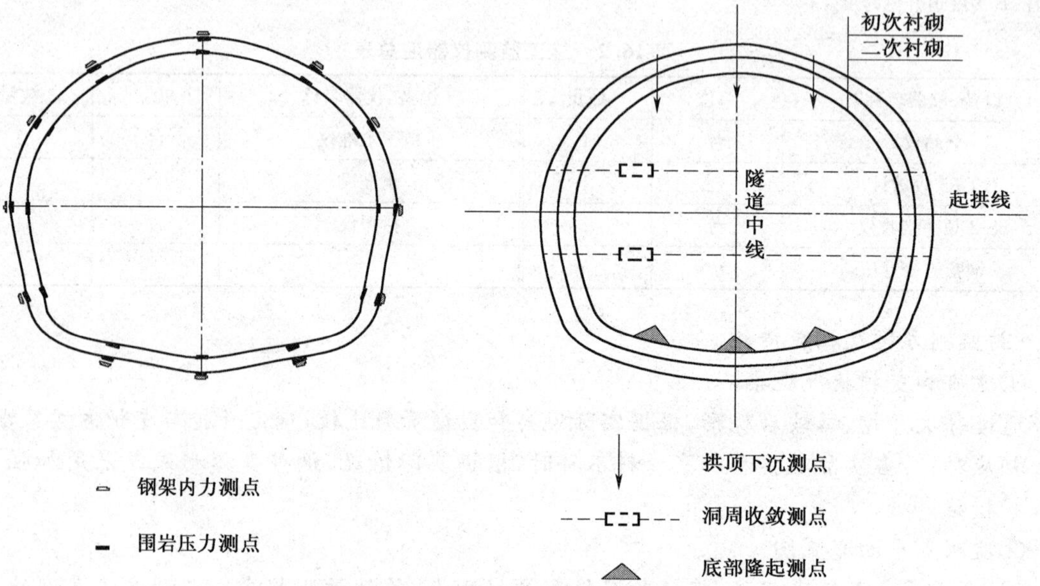

图 16.2　隧道内监测点平面布置图

b. 量测孔、测点布置安设

围岩内位移测孔布置：位移测孔尽量与周边位移量测、收敛基线等布设在同一个断面，以便这两项测试结果互相验证，便于进行力学分析和应用，采用 3 测孔，如图 16.2 所示。

地表和地中沉降测点布置：地表沉降测点，主要应布置在坑道中轴线上方的地表，在主点的横向上也应布置必要数量的测点。另外，在沉降区以外还应设置测点作为参照及协同分析和应用，如图 16.3 所示。

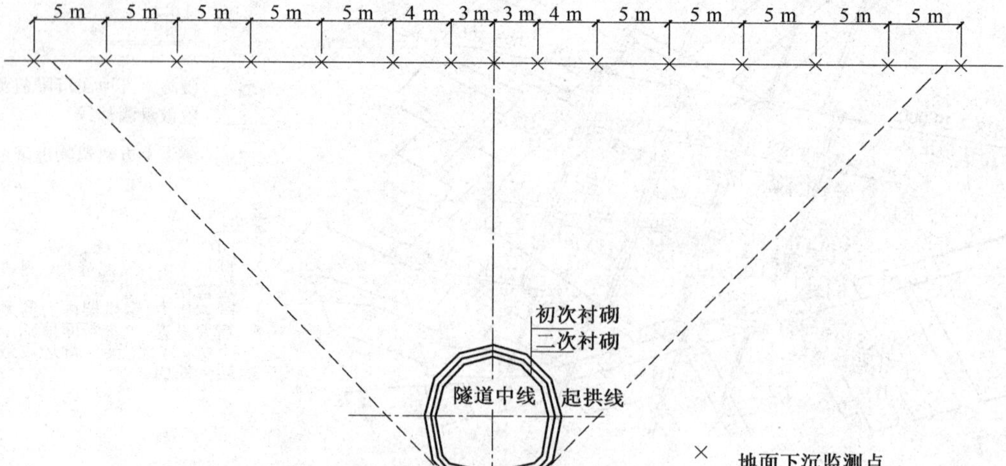

图 16.3　地表和地中沉降测点布置图

根据量测频率测取读数，对量测数据进行回归分析。绘制时态曲线，由时态曲线判断支护结构的稳定性，并推算其最终位移量。

④周边建筑物变形量测

主要监测建筑物基础不均匀沉降、水平位移、倾斜。原则上在建筑物周围墙脚处设测点，实际根据现场需要适当加密。采用水准仪和水平仪进行沉降量测，用全站仪进行倾斜量测，必要时进行裂隙观测，根据量测结果判断建筑物的变形、沉降等情况。

相应措施：在开挖中依据监测数据分析结果，采取各种措施控制地层变形量，在开挖中减少进尺深度，放慢开挖速度，加大观测频率直至建筑物变形得到控制。当地面建筑物变形超过允许值时，加快监测频率，及时采用加强开挖部位的支撑、加固地层等措施，必要时对既有建筑物基础采取加固方法，确保既有建筑物的安全。

⑤钢支撑轴力监测

在钢支撑中部布置测点，采用应变仪、应变计和轴力计进行量测。

对策：根据量测结果分析钢支撑的受力情况，确定是否调整钢支撑的参数。

⑥爆破振动监测

在建筑物墙角或地表面埋设测点，每次爆破时，用拾震器监测爆破振动。

对策：根据量测结果调整优化爆破参数，确保建筑物安全。

典型工作任务1　变形监测目的及原则认知

16.1.1　工作任务

通过本部分知识的学习，主要达到以下目的：

(1)掌握地铁工程变形监测的目的及意义；

(2)掌握施工监测的原则。

16.1.2　相关配套知识

1. 监测目的及意义

地铁工程变形监测的目的及意义主要有以下几方面：

(1)在地铁车站土建施工及区间隧道施工过程中对周边环境和工程自身关键部位实施独立、公正的监测，基本掌握周边环境、围护结构体系和围岩的变形动态，验证施工方的监测数据，为业主、监理、设计、施工单位提供参考依据。

(2)为建设管理单位对轨道交通工程建设风险管理提供支持，通过现场安全监测、现场安全巡视和安全状态预警，较全面地掌握施工安全控制程度，为信息管理平台提供基础数据，对施工过程实施全面监控和有效控制管理。

(3)在地铁地下段和明挖段施工过程中，通过对其进行收敛、地面沉降、倾斜和受力监测，以确保周围房屋、构筑物及管线在施工过程中的安全及其行车路面的车辆安全运行。

(4)通过监控量测了解隧道围岩在施工过程中的动态变化，明确工程施工对原始地层的影响程度及可能产生失稳的薄弱环节。

(5)通过监控量测了解钢管支护结构的受力、变位状态以及地表变形，并对基坑安全稳定性进行评价，及时采取相应的措施，避免发生工程事故。

(6)第三方监测作为独立的监测方，其监测数据和相关分析资料可成为处理风险事务和工程安全事故的重要参考依据。

(7)通过监控量测，收集数据，为以后的工程设计、施工及规范修改提供参考和积累经验，并可以和计算结果比较，完善地下工程计算理论。

2. 监测原则

在地下工程中进行量测，绝不是单纯地为了获取信息，而是把它作为施工管理的一个积极有效的手段，因此量测信息应能：

(1)确切地预报破坏和变形等未来的动态，对设计参数和施工流程加以监控，(如预估最终位移值、根据监控基准调整、修改开挖和支护的顺序和时机等)；

(2)满足作为设计变更的重要信息和各项要求，如提供设计、施工所需的重要参数(初始位移速度、作用荷载等)。

施工监测是一项系统工程，监测工作的成败与监测方法的选取及测点的布置直接相关。可归纳为以下九条原则。

(1)可靠性原则

可靠性原则是监测系统设计中所考虑的最重要的原则。为了确保其可靠性，必须做到：第一，系统需要采用可靠的仪器；第二，应在监测期间保护好测点。

(2)多层次监测原则

多层次监测原则的具体含义有四点：

①在监测对象上以位移为主，兼顾其他监测项目。

②在监测方法上以仪器监测为主，并辅以巡检的方法。

③在监测仪器选择上以机测仪器为主，辅以电测仪器。

④考虑分别在地表及邻近建筑物与地下管线上布点以形成具有一定测点覆盖率的监测网。

(3)重点监测关键区的原则

观测仪器布置应合理，注意时空关系，控制关键部位。在具有不同地质条件和水文地质条件、周围建筑物及地下管线段，其稳定的标准是不同的。稳定性差的地段应重点进行监测，以保证建筑物及地下管线的安全。

(4)方便实用原则

为减少监测与施工之间的干扰，监测系统的安装和测量应尽量做到方便实用。

(5)经济合理原则

系统设计时考虑实用的仪器，不必过分追求仪器的先进性，以降低监测费用。

(6)根据变形体的变形趋势，变形体趋于稳定期间可延长观测频率，急剧变动期间应缩短观测频率。

(7)对每个单元变形体进行测量时采用相同的观测线路和观测方法，使用同一仪器和设备，并应固定观测人员。

(8)首次观测时应进行反复 3 次测量，取其平均值作为初始值。

(9)在进行监测工作之前一定要对周围的环境作一个详细的调查，必要时可以拍照、录像或请公证处公证，避免一些不必要的麻烦。

典型工作任务2　变形监测基本方法认知

16.2.1　工作任务

通过本部分知识的学习，主要达到以下目的：

(1)根据不同的施工方法选择不同的监测项目；

(2)掌握常用的变形监测方法。

16.2.2　相关配套知识

1. 变形监测的基本内容

随着城市轨道交通工程和地下工程的建设，一般在建设结构外沿的(1～2)H(H为埋深)范围内形成变形区，变形监测就对变形区内施工的结构和工程相邻环境中的地表、建(构)筑物、管线等进行变形测量，通过对监测量对象稳定状况的观测，为评价工程和工程环境安全提供准确监测数据。变形监测基本内容一般分为必测项目和选测项目，必测项目是指保证城市轨道交通工程、围岩及其周围环境的稳定状态和安全而进行的日常监测项目。选测项目是根据设计和施工的特殊需要，在局部地段进行的监测项目。

下面介绍几种常用施工方法所进行的监测项目，如表16.3、表16.4、表16.5所示。

表16.3　明(盖)挖法及竖井施工监测项目

项目类别	监测对象	
	支护与工程结构	工程环境
必测项目	支护结构桩(墙)顶水平位移、支撑轴力、地下水位、盖挖法顶板内力、盖挖法立柱内力及沉降、竖井井壁收敛等	变形区内地表、道路、建(构)筑物、管线、桥梁等
选测项目	支护结构内力、锚杆(索、土钉)受力、土体分层沉降及水平位移、基坑底部回弹、孔隙水压力等	

表16.4　浅埋暗挖法施工监测项目

项目类别	监测对象	
	支护与工程结构	工程环境
必测项目	初期支护结构拱顶沉降、初期支护结构净空收敛、地下水位等	变形区内地表、道路、建(构)筑物、管线、桥梁等
选测项目	围岩压力及支护间接角应力、土体分层沉降及水平位移、钢筋格栅钢架应力、初期支护和二次衬砌内应力、钢管柱受力等	

表16.5　盾构法施工监测项目

项目类别	监测对象	
	支护与工程结构	工程环境
必测项目	管片衬砌变形(拱顶下沉、结构收敛、隆起)等	变形区内地表、道路、建(构)筑物、管线、桥梁等
选测项目	土体分层沉降及水平位移、管片衬砌和地层间接触应力、管片内力等	

2. 监测方法

(1)监测控制网的建立

在进行监测之前，首先建立精准的监测控制网，以便能及时准确地反映监测项目、测点的变化情况。

①平面位移监测控制网应布设独立的控制网，控制点埋设在变形区外，如有条件监测网宜采用强制对中观测架。

②垂直位移监测控制网宜采用工程高程控制网，在变形观测中应定期对高程控制网点进行监测。

③监测控制网的精度要求如表 16.6、表 16.7 所示。

表 16.6 水平位移监测控制网主要技术要求

等级	相邻基准点的点位中误差/mm	平均边长/m	测角中误差/(″)	最弱边相对中误差	全站仪标称精度	水平角观测测回数	观测测回数	
							往测	返测
Ⅰ	±1.5	150	±1.0	≤1/120 000	±1″，±(1 mm+1×10^{-6}×D)	9	4	4
Ⅱ	±3.0	150	±1.8	≤1/70 000	±2″，±(2 mm+2×10^{-6}×D)	9	3	3
Ⅲ	±6.0	150	±2.5	≤1/40 000	±2″，±(2 mm+2×10^{-6}×D)	6	2	2

表 16.7 垂直沉降监测控制网主要技术要求

等级	相邻基准点高差中误差/mm	测站高差中误差/mm	往返较差、附和或环线闭合差/mm	检测已测高差之较差/mm
Ⅰ	±0.3	±0.07	$\pm 0.15\sqrt{n}$	$0.2\sqrt{n}$
Ⅱ	±0.5	±0.15	$\pm 0.30\sqrt{n}$	$0.4\sqrt{n}$
Ⅲ	±1.0	±0.30	$\pm 0.60\sqrt{n}$	$0.8\sqrt{n}$

注：n 为测站数。

(2)监测点优化布置情况

城市地铁工程区间隧道上的地表沉降监测点应与隧道拱顶下沉和净空水平收敛点布置在同一断面内，并应在线路中线上及其两侧变形区内布设沉降监测点，地表监测点纵横向布置宜符合表 16.8 的规定。

表 16.8 地表沉降监测点纵横向布置要求 （单位：m）

区间隧道埋设深度 H	监测点纵向布置		监测点横向布置	
	点间距	横断面间距	点间距	断面宽度
$H>2B$	7～20	20～50	7～10	$>2H+B$
$B<H<2B$	5～15	10～20	5～7	$>2H+B$
$H<B$	3～10	10	2～5	$>2H+B$

注：B 为隧道开挖宽度。

(3)支护结构桩(墙)顶水平位移监测

对于明挖施工的基坑在开挖过程中，常常需要对围护结构和施工场地周边环境进行横向水平位移监测，横向水平位移监测方法一般有以下几种：

①轴线法

沿基坑的每条直线边建一轴线，并在直线边上布设水平位移监测点，轴线法不需要测角，也不需要测距，只需将轴线用经纬仪投射到位移点旁边，即可量取（位移）监测点离轴线的偏距，通过两次偏距的比较来发现水平位移量。

这种方法方便直观。但此法要求仪器架设在变形区外，并且测站与（位移）监测点不宜太远。

②视准线小角法

视准线小角法与轴线法有些类似，也是沿基坑的每一周边建立一条轴线（即一个固定的方向），通过测量固定方向与测站至（位移）监测点方向的小角变化 Δ_{β_i}，并测得测站至（位移）监测点的距离 L，从而计算出（观）监测点的位移量：

$$\Delta_i = \frac{\Delta_{\beta_i}}{\rho} L \tag{16.1}$$

此法也要求仪器架设在变形区外，且测站与（位移）监测点不宜太远。

③（观）监测点设站法

此法将仪器架设在（位移）监测点上，通过测得测站上两端固定目标的夹角变化，就可计算监测（站）点的位移量：

$$\Delta_i = \frac{S_1 S_2}{S_1 + S_2} \cdot \frac{\Delta_\beta}{\rho} \tag{16.2}$$

该法虽然克服了视准线小角法的缺陷，但用此法仪器每设一站，只能测得该站本身的位移量，在有较多（观）监测点时，仪器就需架设许多站，这样就增加了外业的工作量。

④单站改正法

单站改正法是一种将视准线小角法与监测点设站法结合使用的方法，这种方法只需仪器一次设站，加改正来完成所有监测点位移量的测算。如图 16.4 所示，在施工影响之外的坚固建筑物上设了两个标志 A、B。为了避免行人和车辆阻挡视线，A、B 两标志设在较高的墙面上。所以每次监测时，先要测量 $\angle APB$ 角的变化量，求得 P 点的横向位移量，再测量 $\angle APi$ 角的变化量，从而求得诸（观）监测点 i 的横向位移量。其各点的横向水平位移计算公式：

$$\begin{cases} \Delta_P = \dfrac{S_{P-A} S_{P-B}}{S_{P-A} + S_{P-B}} \dfrac{\Delta_{\beta_P}}{\rho} \\ \Delta_1 = \dfrac{S_{P-1}}{\rho} \Delta_{\beta_1} + \left(1 - \dfrac{S_{P-1}}{S_{P-A}}\right) \Delta_P \\ \Delta_2 = \dfrac{S_{P-2}}{\rho} \Delta_{\beta_2} + \left(1 - \dfrac{S_{P-2}}{S_{P-A}}\right) \Delta_P \\ \cdots \\ \Delta_i = -\dfrac{S_{P-i}}{\rho} \Delta_{\beta_i} + \left(1 + \dfrac{S_{P-i}}{S_{P-A}}\right) \Delta_P \\ \Delta_n = -\dfrac{S_{P-n}}{\rho} \Delta_{\beta_n} + \left(1 + \dfrac{S_{P-n}}{S_{P-A}}\right) \Delta_P \end{cases} \tag{16.3}$$

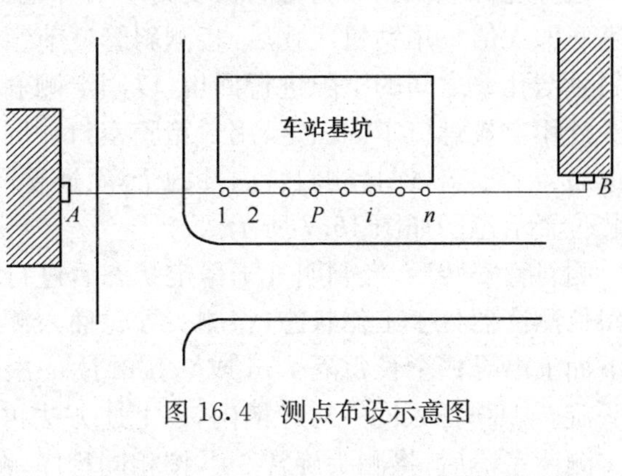

图 16.4　测点布设示意图

对于每一个施工区，在测站和（位移）监测点设定后，就可求得各点之间的大致距离，从而可事先算得各点系数，以后只要测得角度变化，即可算得位移量。例如，某施工区根据近似距离算出系数后可得下式，水平位移的符号相对基坑而言：向内为正，向外为负。

$$\begin{cases}\Delta_P=0.2206\cdot\Delta_{\beta_P}\\ \Delta_1=0.1077\cdot\Delta_{\beta_1}+0.7727\cdot\Delta_P\\ \Delta_2=0.0619\cdot\Delta_{\beta_2}+0.8694\cdot\Delta_P\\ \cdots\\ \Delta_i=-0.0584\cdot\Delta_{\beta_i}+1.1232\cdot\Delta_P\\ \Delta_n=-0.1340\cdot\Delta_{\beta_n}+1.2829\cdot\Delta_P\end{cases}\tag{16.4}$$

（4）支护结构变形、土体侧向变形监测

支护结构变形监测，一般在支护结构内埋设测斜管，利用测斜仪进行侧向变形监测，测斜仪构成和外观如图 16.5 所示。

对于与支护结构的钢筋笼绑扎在一起埋设的测斜管，埋设位置应选在可能变形大的位置，绑扎时测斜管底部应与钢筋笼底部持平或略低于钢筋笼底部，顶部达到地面（或导墙顶）。测斜管的上下管间应对接良好，无缝隙，保持测斜管的干净、通畅和平直接头处牢固固定、密封，并使管内的一对测槽垂直于位移方向。测斜管与钢筋笼绑扎示意图如图 16.6 所示。

图 16.5　测斜仪

图 16.6　测斜管与钢筋笼绑扎

对于进行土体侧向变形监测单独埋设的测斜管，应选择在可能变形大、靠近基坑侧壁的土体等位置进行埋设。测斜管的长度为基坑开挖面以下 3～8 m，遇硬质基底（岩层）取小值，偏软基底取大值。用钻机成孔后，将测斜管逐节组装并放入钻孔内，下入钻孔内预定深度后，对测斜管与孔壁之间的空隙进行回填，以固定测斜管。测斜管的上下管间应对接良好，无缝隙，接头处用自攻螺钉牢固固定、用封箱胶密封。同样使测斜管一对测槽垂直于位移方向。安装完成后盖上顶盖，保持测斜管内部的干净、通畅和平直。管顶宜高出地面 10～50 cm。测斜管安装位置示意图如图 16.7 所示。

测斜管安装后，经判明处于稳定状态后进行测试。测试时用模拟测头检查测斜管导槽，使测斜仪测读器处于工作状态，将测头导轮插入测斜管导槽内，缓慢地下放至管底，然后由管底自下而上沿导槽全长每隔 1 m 或 0.5 m 读一次数据，记录测点深度和读数。测读完毕后，将测头旋转 180°插入同一对导槽内，以上述方法再测一次，深度同第一次相同。

测读完毕后，将测头旋转 90°，按相同程序，测量另一对导槽的两个方向的读数；从原理上讲，每一深度的正反两读数的绝对值应相同，但是，由于测量存在误差，使正反两读数的绝对值往往不等，当较差较大，超出允许范围时，应及时补测。

测试完成后，用测斜仪对同一测斜管作 3 次重复测量，以 3 次测量的算术平均值作为基准值。

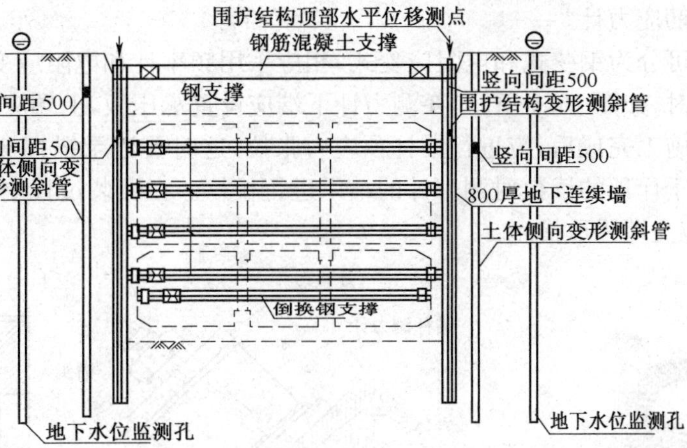

图 16.7　测斜管安装位置示意图(单位:mm)

(5)支撑轴力监测

支撑轴力监测采用轴力计、应变计和读数仪。对于设置内支撑的基坑工程，一般是选择部分典型支撑进行轴力变化观测，以掌握支撑系统的正常受力情况。

支撑轴力的测点布置位置归纳起来主要由平面、立面、断面三方面因素所决定。平面指对同一高程、同一道支撑内量测杆件的选择，原则上应参照支护设计方案中各道支撑内力计算结果，选择轴力最大的杆件进行监测。在缺乏计算资料的情况下，通常可选择平面净跨较大的支撑杆件布设监测点。立面是指不同高程处各道支撑的选择。由于基坑开挖各工况下各道支撑轴力有着明显的差异，因此，要求对各道支撑都加以监测。如果是各道支撑上的测点均布置在同一平面位置上，则对于我们从“轴力—时间”曲线上分析各道支撑的“设置—受力—拆除”过程中的内在相互关系，掌握水平支撑受力规律很有指导意义。断面指的是最初被量测支撑在其量测断面内测试元件的布设位置和数量。为了能真实反映出支撑杆件的受力状况，一般测试断面内应配置 4 个钢筋计，位置分别选择在其四侧的中间。

当采用专用的轴力安装架固定轴力计时，安装架的一面与支护桩(墙)上的支撑牛腿连接牢固，电焊时安装架圆形钢筒中心轴线必须与钢支撑中心轴线　致，不能偏心。待焊接冷却后，将轴力计推入安装架圆形钢筒内，固定在安装架上，将电缆接到观测台，进行安装保护并做好标识。

对于混凝土支撑采用钢筋应变计测试支撑内应力和轴力时，先将预埋件埋设在先浇筑的孔内，当混凝土浇筑到预埋位置时，旋上应变计支座和支杆，引出电缆到观测站。

仪器埋设前进行标定；在支撑受轴力前进行初始频率的测量；基坑开挖前应测试 2～3 次稳定值，取平均值作为计算应力变化的初始值。振弦式频率读数仪测试轴力计的频率值，与元件标定的频率曲线进行比较，换算成相应的应力值，每次应力实测值与初始值之差即为应力变化，并填写监测报表，绘制轴力变化曲线图，及时提交委托方，供设计、施工方作基坑安全的评估和下一步施工的参考依据。

(6)锚杆(索)拉力监测

在地下工程中，对有锚杆(索)支护的基坑，为了观测锚杆(索)加固效果和受力状态变化，应在每道锚杆(索)中选择两根以上受力有代表性的锚杆(索)进行拉力监测。在每道锚杆(索)中，如果锚杆(索)长度、形式或穿越的土层不同，则还应考虑选择不同情况下有代表性的锚杆(索)进行监测。锚杆(索)拉力监测一般采用锚杆(索)测力计，如图 16.8 所示。如进行锚杆应力监测则采用钢筋应力计。

锚杆测力计可分为钢弦式和电阻应变式，相应采用频率计和电阻应变仪进行测量。

安装测力计时，如图 16.9 所示，在测力计下端应设置承压板，上端应设置承载板。在测力计安装好且锚杆施工完成后，应进行锚杆预应力张拉，这时要记录锚杆测力计上的初始荷载，同时要根据张拉千斤顶的读数对测力计的结果进行校核。在安装过程中要随时进行测力计监测，发现异常则应立即采取措施。

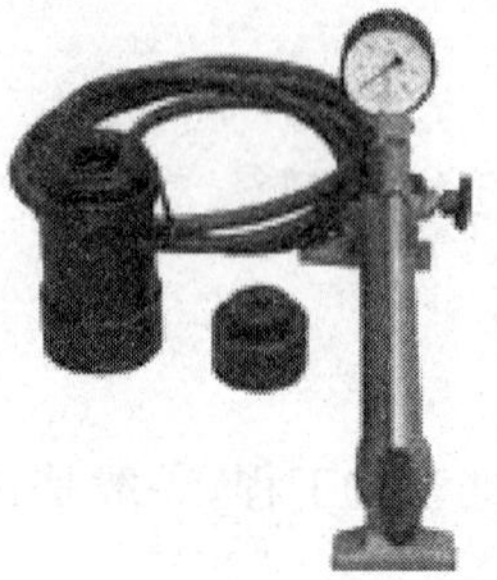

图 16.8　锚杆测力计

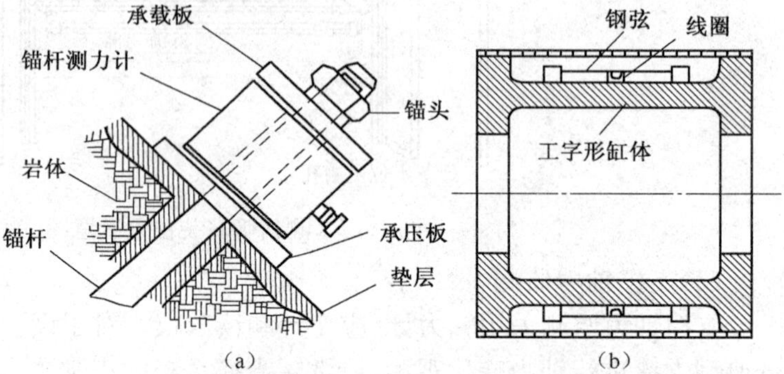

图 16.9　锚杆测力计安装示意图

锚索安装时必须从中间开始向周围锚索逐步对称加载，以免偏心受力。已安装好的锚索测力计如图 16.10 所示。锚杆(索)加固效果和受力状态变化观测采用钢弦式应力计或差动电阻应力计进行读数。

图 16.10　已安装好的锚索测力计

(7)地下水位监测

地下水位监测是为了检验降水的实际效果，达到控制施工降水对地下水位下降的影响范围和程度，防止施工中水土流失。地下水位观测采用电测水位仪进行。

①水位观测孔的成孔

使用直径为 130 mm 的钻头沿铅直方向钻进，钻达到设计深度后停钻，及时将钻孔清洗干净，检查钻孔的通畅情况，并做好清洗记录。

②井管加工

井管的原材料为内径 70 mm、管壁厚度为 2.5 mm 的 PVC 管。为保证 PVC 管的透水性，在 PVC 管下端 0～4 m 范围内加工蜂窝状的通孔，孔的环向间距为 12 mm，轴向间距为 12 mm，并包土工布滤网，井管的长度比初见水位长 6.5 m，井管形状如图 16.11 所示。

③井管布置

成孔后，经校验孔深无误后吊放经加工且检验合格的内径。70 mm 的 PVC 井管，确保有滤孔端向下；水位观测孔应高出地面 0.5 m，在孔口设置固定测点标志，并用保护套保护；在地下水位观测孔井管吊入孔后，应立即在井管的外围填粒径不大于 5 mm 的米石；在下管、回填砾料结束后，应及时采用清水进行洗井。洗井的质量应符合现行行业标准的有关规定，并做好洗井记录。

④地下水位监测

地下水位观测采用的电测水位仪，观测精度为0.5 cm，其工作原理图如图16.12所示。水为导体，当测头接触到地下水时，报警器发出报警信号，此时读取与测头连接的标尺刻度，此读数为水位与固定测点的垂直距离，再通过固定测点的高程及与地面的相对位置换算成从地面算起的水位埋深及水位高程。

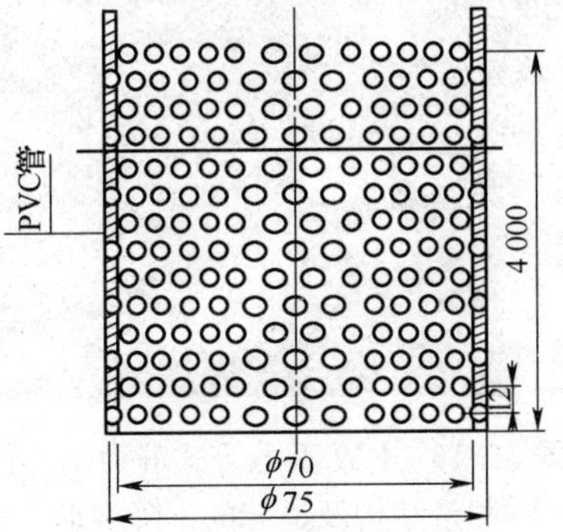

图16.11　井管形状(单位:mm)

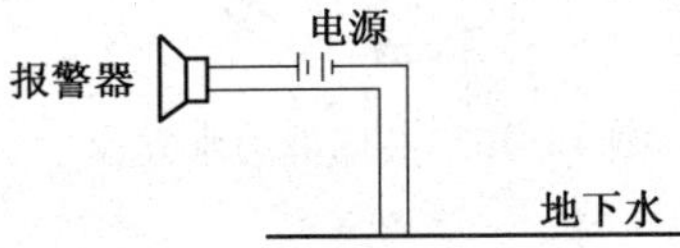

图16.12　电测水位仪工作原理图

(8)净空收敛监测

净空收敛监测可以反映地下工程围岩和支护结构的稳定状态，通常采用收敛计进行。收敛计形式如图16.13所示。

在结构断面净空收敛监测中，收敛基线应根据断面大小选择不同的布置形式，一般布设成图16.14的形式。

图16.13　收敛计

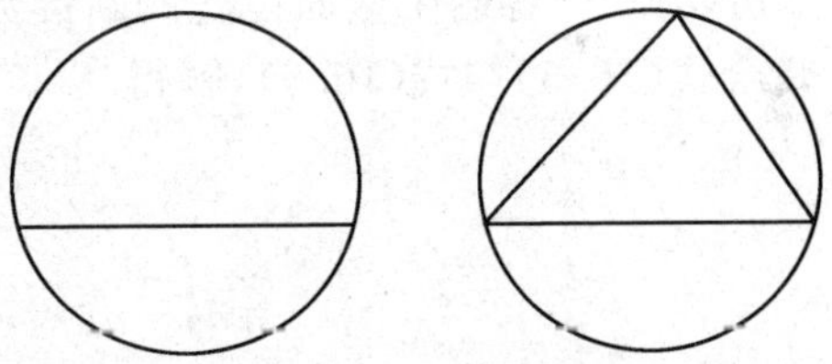

图16.14　收敛基线形式

监测点埋设在结构断面上，选用直径为22 mm螺纹钢，埋设或焊接在结构断面两侧，外露长度5 cm，在外露的螺纹钢头，焊接一椭圆形钢环，用红油漆标记统一编号，并加设保护装置。监测时将收敛计连接在基线两端监测点上，拉紧后通过百分表读取测量数据。连续读数三次，取平均值作为观测值。

为确保监测精度，每次测量时应使收敛计与监测点的连接方向、连接方式一致。

(9)液体静力水准测量方法

除了用几何水准测定建筑物的垂直位移外，液体静力水准测量方法在城市轨道交通变形监测中得到广泛的应用。这种方法的主要优点是方法简单、精度高，便于实现远程自动化监测。

液体静力水准测量的基本原理和监测实例见图16.15和图16.16。图16.15中相连接的两容器1与2分别安置在欲测的A、B点上。当相连接的两容器中盛的是均匀液体(即同类液体并具有同样的参数)时，则液体的自由表面处于同一水平面上。欲求的高差Δh可用液面的高度H_1和H_2来计算。

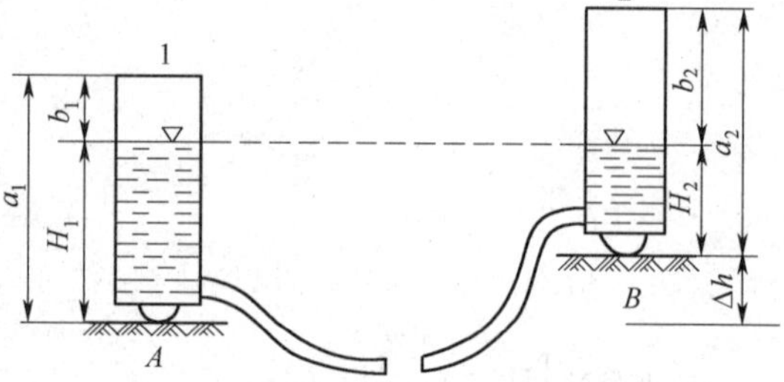

图 16.15　液体静力水准仪

图 16.16　RW 型电容式静力水准仪测量结构及道床的沉降变形

$$\Delta h=H_1-H_2$$

或

$$\Delta h=(a_1-a_2)-(b_1-b_2) \tag{16.5}$$

式中　a_1,a_2——容器的高度或读数零点相对于工作底面的位置；

　　b_1,b_2——容器中液面位置的读数值，亦即读数零点至液面的距离。

由于容器的零点具有制造误差，所以由直接读取的液面读数算得的不是两平面的绝对高差。将两容器互换位置，可写出类似的等式

$$\Delta h=a_1-a_2-(b_2'-b_1') \tag{16.6}$$

式中　b_1',b_2'——容器中液面位置的新读数值。

联合式(16.5)与式(16.6)，解得

$$\Delta h=\frac{1}{2}[(b_2-b_1)-(b_2'-b_1')] \tag{16.7}$$

$$c=a_2-a_1=\frac{1}{2}[(b_2-b_1)+(b_2'-b_1')] \tag{16.8}$$

式中　c——仪器常数，即两个液体静力容器的读数零点之差数，它取决于制造误差。

因而，监测头零点差这个仪器常数可以用监测头互换位置，并进行两次读数的方法求得。对于固定设置的液体静力仪器，一般不需要监测头零点位置误差的数据，因为所有的监测可以是相对于起始监测(或某次监测)而言的。

对液体静力水准测量误差来源的分析表明，液体静力仪的主要误差来自于外界温度的变化，特别是监测头附近的局部温度变化。为了削弱温度的影响，应使连接软管下垂量为最小；减少监测头中的液柱高度；液体静力仪器尽量远离强大的热辐射源。

为了消除温度影响所产生的误差，可以采用测定监测头中液体的温度，并对测量结果施加相应的改正数的方法。若在 40～50 mm 的最小液柱高的情况下，欲使液体水平面的测量误差不超过 0.1 mm，则温度的读数精度要求不低于 0.5 ℃。目前在高精度液体静力水准测量中往往采用恒温系统。

(10)地下管线变形监测

地下管线监测在城市轨道交通工程建设中是一项非常重要的工作，由于工程建设原因，造成地下管线破坏，引发工程灾害的事情时有发生。因此在施工期间加强地下管线监测是保证

施工安全、工程环境和社会稳定的重要工作之一，必须引起足够重视。

对于有检查井的地下管线，可通过检查井在管线上埋设监测点。对于没有检查井的直埋地下管线，应通过开挖揭露出地下管线，并在其上边埋设监测点。监测点应通到地面，加设保护套桶后回填。直埋地下管线监测点埋设示意图如图 16.17 所示。监测方法可采用几何水准测量方法。

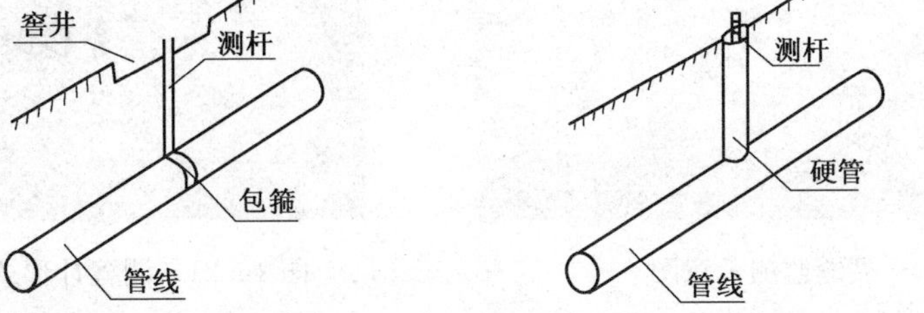

图 16.17　直埋地下管线监测点埋设示意图

如果在地下管线上直接埋设监测标志有困难时，可在其周围土体中埋设位移计、沉降仪等传感器，通过对土体的监测，间接测定地下管线的变形状况。

(11)裂缝监测

当在建筑物中发现了裂缝现象，为了观察其现状和变化，应对裂缝进行监测。

当建筑物多处发生裂缝时，应先对裂缝进行编号，然后分别监测裂缝的位置、走向、长度及宽度等。

对于混凝土建筑物上裂缝的监测，是在裂缝的两端用油漆画线作标志，或在混凝土表面绘制方格坐标，用钢尺丈量。

墙面上的裂缝，亦可采取在裂缝两端设置石膏薄片，使其与裂缝两侧固连牢靠，当裂缝裂开或加大时，石膏片亦裂开，监测时可测定其裂缝的大小和变化。还可以采用两钢片，平行固定在裂缝两侧，使一片搭在另一片上，保持密贴。其密贴部分涂红色，露出部分涂白色，如图 16.18所示。这样即可定期测定两钢片错开的距离，以监视裂缝的变化。对于比较整齐的裂缝(如伸缩缝)，则可用千分尺直接量取裂缝的变化。

根据裂缝分布情况，可以对重要的裂缝，选择在有代表性的位置于裂缝两侧各埋设一个标志点，如图 16.19 所示。标志点系直径为 20 mm、长约 80 mm 的金属棒，埋入混凝土内 60 mm，外露部分为标志点，标志点上各有一个保护盖。两标志点的距离不得少于 150 mm，用游标卡尺定期地测定两个标点之间距离变化值，以此来掌握裂缝的发展情况(图 16.20)。

裂缝的远程、自动化监测可采用测缝计进行。测缝计形式和布设如图 16.21 所示。

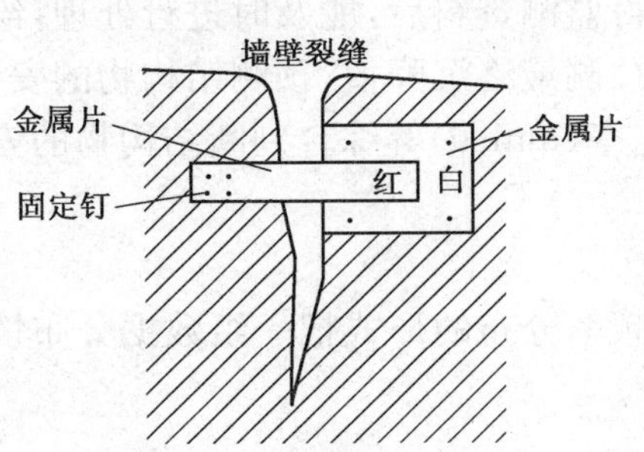

图 16.18　埋设标志测裂缝图

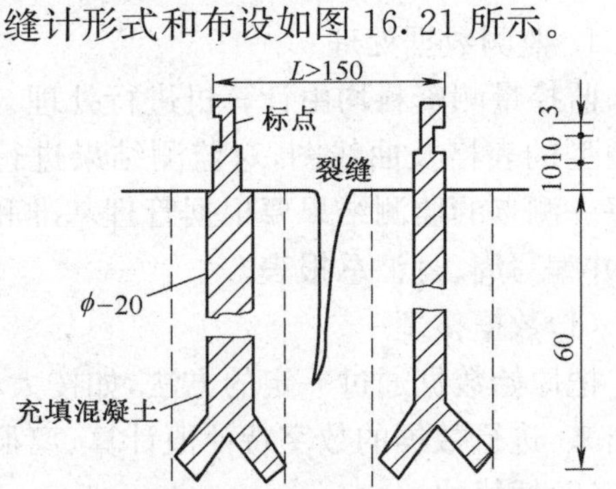

图 16.19　设置两金属棒测裂缝示意图(单位：mm)

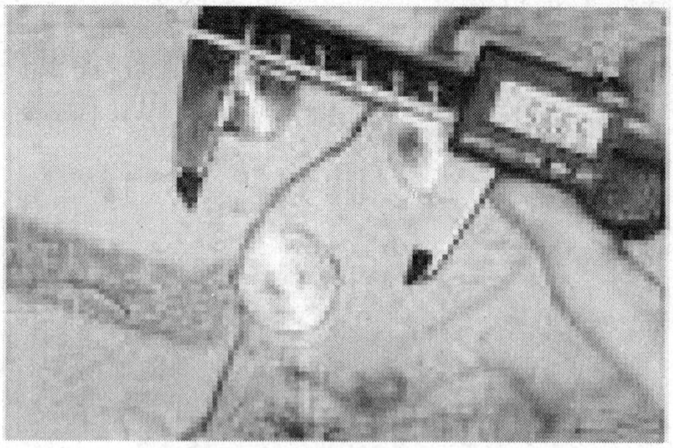

图 16.20 裂缝监测示意图

图 16.21 测缝计形式和布设示意图

(12)建(构)筑物倾斜测量

在建(构)筑物外部，对其进行倾斜测量时，应在它的顶部和底部分别设置固定点，通过测定顶部点相对底部点的相对关系，从而确定其倾斜度、倾斜方向和倾斜速率。测量时可采用以下方法：

①投点法。在测站安置经纬仪，正倒镜投影观测安置在顶部和底部监测点的水平尺读数，从而求得倾斜量。

②测水平角法。设置稳定的固定定向点作为零方向，在测站安置经纬仪，分别测定零方向与顶部和底部固定监测点水平角的变化量与距离，求得倾斜量。

③前方交会法。设置基线与观测点构成前方交会图形，通过不同时间观测的数据计算坐标差值，求算倾斜量。

④通过测量建(构)筑物基础的差异沉降，间接计算倾斜量。

典型工作任务 3　变形监测的数据处理和信息反馈

16.3.1　工作任务

通过本部分知识的学习，主要达到以下目的：

(1)掌握监测数据处理的方法；

(2)能够按照监测信息反馈的程序进行信息反馈。

16.3.2　相关配套知识

1. 监测数据处理

监控量测资料均由计算机进行处理与管理，当取得监测资料后，能及时进行处理，绘制各种类型的表格及曲线图，对监测结果进行回归分析，预测最终沉降值，预测结构物的安全性。对每一测点的监测结果要根据管理基准和沉降变化速率(mm/d)等综合判断结构物的安全状况，并编写周、月汇总报表。

(1)数据整理

把原始数据通过一定的方法，如按大小的排序用频率分布的形式把一组数据分布情况显示出来，进行数据的数字特征值计算、离群数据的取舍。

(2)插值法

在实测数据的基础上，采用函数近似的方法，求得符合测量规律而又未实测到的数据。

(3)采用统计分析方法对监测结果进行回归分析

寻找一种能够较好反映监测数据变化规律和趋势的函数关系式，对下一阶段的监测物理量进行预测监测数据进行统一处理。所有的监测数据在进行必要的处理后，保存到程序附带的数据库中。由程序对数据进行处理，生成规范的报表、图形(图16.22和图16.23)。

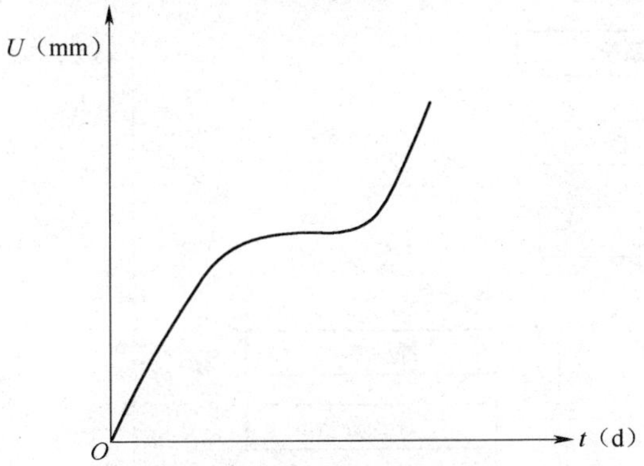

图16.22　反常曲线图示

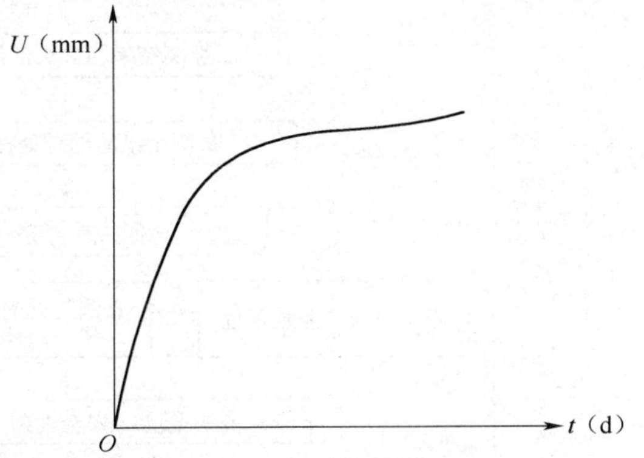

图16.23　正常曲线图示

如果出现反常图形(曲线)，表明支护呈不稳定状态，应加强监视和保护措施，必要时停止开挖并进行施工处理。

2. 监测信息反馈程序

主要以日报表、周报表、月报表的形式进行施工期间的反馈工作。施工期间有特殊情况时，将以阶段小结形式进行及时反馈。

日报表：在取得监测数据后，要及时对原始数据进行计算，对测点数据变化较大者，应组织人员进行复测，并查看测点的可靠性，观察测点施工附近情况，确认所取得数据的真实性，将所测得数据输入计算机，由相关软件自动计算得出，并生成相应的日报表，日报表上附简短反馈信息，以指导施工。

周报表：每周指定时间提交上周周报。监测工作历时1周后，将对本周监测工作进行阶段总结，对监测成果进行分析，进而提出施工中存在的问题，需注意的事项，应采取的对策等。周报表将在日报表的基础上，由相应软件直接输出，包括周报说明、分析图、测点变化历时曲线图、表、汇总表、测点布置图、工况记录表等。

月报表：每月指定时间提交上月月报。监测工作历时1个月后，将对本月监测工作进行阶段总结，提出施工中存在的问题，需注意的事项，应采取的对策等。月报表将在日报表，周报表的基础上，由相应软件直接输出，包括月报说明、分析图、测点变化历时曲线图、表、汇总表、测点布置图、工况记录表等。

每次监测必须有监测结果，工程结束后，将根据业主要求，提供一份完善的施工期间监测总结报告。施工监测信息反馈程序如图16.24所示。

3. 监控量测质量保证措施

(1)坚持按计划、有步骤的进行，监测前编制工程监测实施性计划，包括监测程序、方法、使用仪器，监测精度，监测点的布置，监测的频率和周期。

(2)使用的仪器及传感器在施工监测过程中要保证其精度和可靠性，组织有经验的监测工程技术人员参与监测小组，确保施工监测质量。

(3)所监测的数据必须保证真实、可靠，监测人员对监测数据负责。

(4)根据施工具体情况确定监测项目，设定变形值、内力值及其变化速率预警值，当发现超过预警值时，及时报告总工程师和监理工程师，并采取应急补救措施。

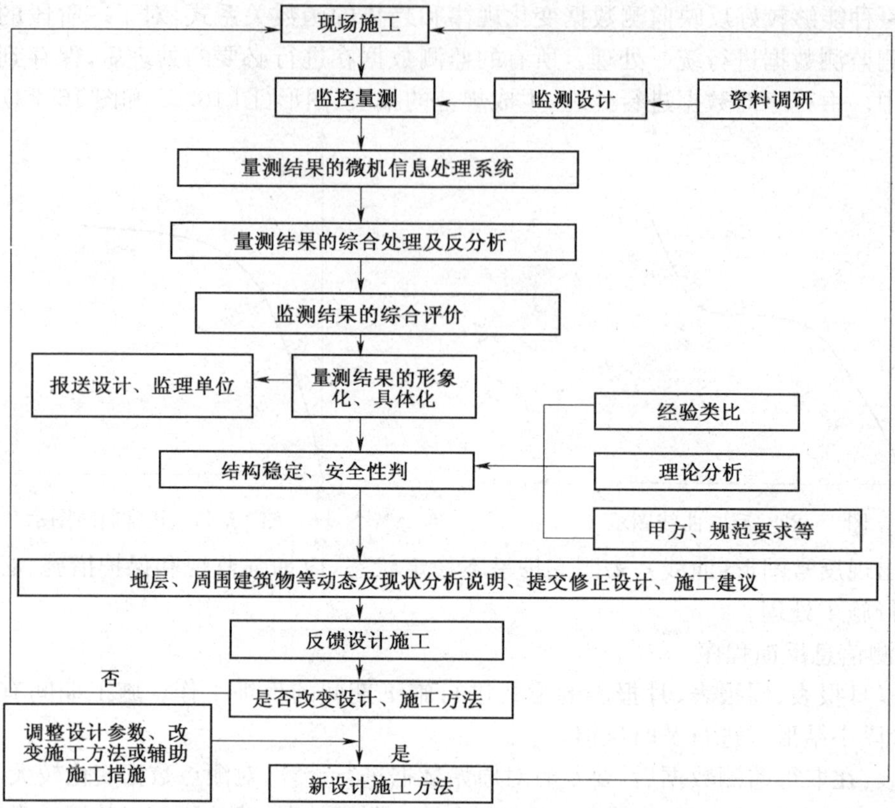

图 16.24　施工监测信息反馈程序图

(5)安排有经验的工程技术人员按要求进行现场观测，并作好记录，检查不利于支护结构稳定的因素，如支护结构稳定的施工质量、施工条件的变化，管道本身渗漏和不适当的排水以及气候条件变化等，在日常的现场观察中都能及时发现。此外，工程事故隐患，也能通过现场观察及时发现，消除可能出现的事故。

(6)每个工程项目的监测资料应保证有完整清晰的监测记录、图表、曲线、监测文字报告，并报送监理审查。

(7)测点变形值采用回归分析，求出变形与时间回归方程和变形与开挖深度的回归方程，以推算最终位移和掌握位移变化规律。对大量的监测信息，使用计算机绘图和分析，将结果及时反馈指导施工。

4. 紧急情况下的监测应急预案

当工程出现紧急情况或监测数据超过预警值时，现场监测人员应采取的应急措施：

(1)对于基坑周围地表沉降速率及累计沉降值超过监测控制标准，根据工程情况，现场监测人员应采取如下应急措施：

①增加监测项目；

②增加危险位置周边测点；

③增加危险位置周边测点的监测频率；

④增加监测人员和仪器设备；

⑤建立紧急状态下监测工作制度和信息传递机制；

⑥紧急状态下监测工程师必须驻现场并监督管理监测工作；

⑦对工程提出合理有效的的建议等，并在监理批准的情况下立即实施；

⑧施工单位应积极配合各项监测工作，并根据监测结果进行信息化施工。

(2)基坑围护结构变形监测(测斜)超过监测控制标准，根据工程情况，现场监测人员应采取如下应急措施：

①利用深基坑支护开挖过程中所获工况的监测信息，采用优化分析来反推土体及支护结构力学参数，然后通过有限元计算猜测下一工况的桩墙变形量、内力及支撑力，把计算值作为支护结构的控制值，通过现场实际调整施工方案和支护参数，随着施工的进行，继续采集下一施工阶段的相应信息，进行参数反推，计算预估下一工况的桩墙变形量等，如此反复循环，提高猜测值精确度；

②增加监测频率并及时对采集的信息进行整理分析，了解基坑桩体变形情况；

③增加监测人员和监测设备。

(3)支撑轴力值超过监测控制值，根据工程情况，现场监测人员应采取如下应急措施：

①增加数值变化的钢支撑轴力计的监测频率并对采集的信息及时的进行数据分析；

②增加监测人员和设备；

③建立紧急状态下监测工作制度和信息传递机制；

④紧急状态下监测工程师必须驻现场并监督管理监测工作；

⑤对工程提出合理有效的的建议等，并在监理批准的情况下立即实施。

(4)围护桩钢筋应力值超过报警值，根据工程情况，现场监测人员应采取如下措施：

①增加对钢筋计的监测频率，对采集完数据的钢筋计进行保护以免受到破坏；

②增加监测人员和仪器设备；

③紧急状态下监测工程师必须驻现场并监督管理监测工作；

④对工程提出合理有效的的建议等，并在监理批准的情况下立即实施；

⑤施工单位应积极配合各项监测工作，并根据监测结果进行信息化施工。

(5)立柱桩变形超过报警值，根据工程情况，现场监测人员应采取如下措施：

①增加对立柱桩的监测频率并及时对采集的数据进行整理分析；

②紧急状态下监测工程师必须驻现场并监督管理监测工作；

③对工程提出合理有效的的建议等，并在监理批准的情况下立即实施；

④施工单位应积极配合各项监测工作，并根据监测结果进行信息化施工。

(6)围护桩桩顶水平位移超过监测控制标准，根据现场情况，现场监测人员应采取如下措施：

①加强对围护桩桩顶水平位移的监测频率，对采集的数据及时的进行整理分析并上报有关领导；

②建立紧急状态下监测工作制度和信息传递机制；

③增加危险位置周边监测；

④紧急状态下监测工程师必须驻现场并监督管理监测工作。

(7)土压力值超过监测控制值，根据现场情况，现场监测人员应采取如下措施：

①增加对土压力值变化大的区域的监测频率，对采集的信息及时的进行整理分析；

②增加监测人员和仪器设备；

③紧急状态下监测工程师必须驻现场并监督管理监测工作；

④对工程提出合理有效的的建议等，并在监理批准的情况下立即实施；

⑤施工单位应积极配合各项监测工作，并根据监测结果进行信息化施工。

知识拓展——变形监测

变形监测就是利用专用的仪器和方法对变形体的变形现象进行持续观测、对变形体变形性态进行分析和变形体变形的发展态势进行预测等的各项工作。其任务是确定在各种荷载和外力作用下，变形体的形状、大小及位置变化的空间状态和时间特征。在精密工程测量中，最具代表性的变形体有大坝、桥梁、高层建筑物、边坡、隧道和地铁等。

变形监测的内容，应根据变形体的性质和地基情况决定。对水利工程建筑物主要观测水平位移、垂直位移、渗透及裂缝观测，这些内容称为外部观测。为了了解建筑物（如大坝）内部结构的情况，还应对混凝土应力、钢筋应力、温度等进行观测，这些内容常称为内部观测，在进行变形监测数据处理时，特别是对变形原因做物理解释时，必须将内、外观测资料结合起来进行分析。

变形监测的首要目的是要掌握水工建筑物的实际性状，科学、准确、及时地分析和预报水利工程建筑物的变形状况，对水利工程建筑物的施工和运营管理极为重要。变形监测涉及工程测量、工程地质、水文、结构力学、地球物理、计算机科学等诸多学科的知识，它是一项跨学科的研究，并正向边缘学科的方向发展。

变形监测工作的意义主要表现在两个方面：首先是掌握工程建筑物的稳定性，为安全运行诊断提供必要的信息，以便及时发现问题并采取措施；其次是科学上的意义，包括根本地理解变形的机理，提高工程设计的理论，进行反馈设计以及建立有效的变形预报模型。

变形监测或称为建（构）筑物变形测量，它是工程测量的重要内容之一，贯穿于工程施工建设和营运整个过程。

但是随着时间的推移，由于各种因素的影响会产生变形。主要因素有：(1)基础的原因（地质构造不均匀、土壤的物理性质不同、土基的塑性变形）；(2)环境的原因（地下水位的变化、大气温度的变化）；(3)外力的原因（建（构）筑物本身的荷重、风、震动等）。

这些因素会导致工程建（构）筑物随时间的推移而发生沉降、位移、挠曲、倾斜、裂缝等现象——变形。

1. 类型

静态变形：主要指变形体随着时间推移变形速度较慢，需要较长时间才能被发觉的变形。

动态变形：主要指变形体在外界荷载的作用下发生的变形，其大小和速度与荷载密切相关。

2. 按变形特征分类

自身形变：变形体自身形变包括：伸缩、错动、弯曲和扭转四种变形；

刚体位移：变形体刚体位移包含整体平移、整体转动、整体升降和整体倾斜四种变形。

3. 按变形速度分类

长周期变形：指在较长时间段内发生的循环变形，如大坝在运营期受水压/温度等影响而产生的年周期变形。

短周期变形：指在较短时间段内发生的循环变形过，如高大型建筑物在日照的作用下而发生的周日变形。

瞬时变形：是指在短时间荷载作用下发生的瞬间变形，如烟囱/塔柱等高大建筑物在风力的作用下发生的变形等。

4. 按变形特点分类

弹性变形：当作用的荷载在构件的弹性范围内而发生的变形一般为弹性变形，其特点是当荷载撤销后，变形也将消失。

塑性变形：当荷载作用在非弹性体或者荷载超过了构件的弹性限度，则会产生塑性变形，其特点是当荷载撤销后，变形没有或者没有全部消失。

在实际工程中，弹性变形和塑性变形会同时存在。

相关规范、规程与标准

《城市轨道交通工程测量规范》(GB/T 50308—2017)中对变形监测的等级划分和适用范围要求如下。

1. 城市轨道交通在建工程和建成后线路应根据设计要求和建设工程及工程环境特点，对工程结构自身及其周边环境进行变形监测。

2. 变形监测方案应根据变形体埋深、结构特点、支护类型、开挖方式以及岩土工程条件、建筑场地变形区内环境状况和施工设计等因素制定，并应包括变形体和环境条件产生异常时的应急变形监测方案。

3. 变形监测应包括下列项目：

(1)施工阶段应包括对工程的支护结构、结构自身以及周边变形区内的地表道路、建筑、管线、既有轨道线路和市政隧道等的变形监测。

(2)运营阶段应包括受自身运营或周边建设对线路的轨道、道床、建筑结构影响和自身运营对周边地表道路、建筑、管线、既有轨道线路和市政隧道等影响的变形监测。

4. 初始变形监测时间应根据全线或各施工段开工时间、工程进度以及工程需要及时确定。

5. 变形监测可采用几何测量、物理传感器测量方法。

6. 变形监测网应分为平面监测网和高程监测网，并应分别由基准点、工作基点和变形监测点组成。变形监测控制网应分为平面监测控制网和高程监测控制网，并应分别由基准点和工作基点组成。

7. 变形监测实施过程中，应符合下列规定：

(1)对每个单体建筑进行不同周期变形监测时，应在基本相同的环境下采用相同的观测路线和观测方法，使用相同的仪器和设备，并应固定观测人员。

(2)变形监测中，变形体的变形量、变形速率等发生超常规变化时，应及时调整变形监测方案，增加监测频率，以致进行实时监测。

(3)初始值观测应独立观测 2 次，两次水平位移观测较差应满足本规范中表 15.1.9-1 的要求，两次垂直位移观测较差应小于本规范中表 15.1.9-2 中高程中误差的$\sqrt{2}$倍，并取平均值作为初始值。工程采用降水施工时，应在施工降水前采集初始数据。

(4)地上和地下都进行变形监测时，应设置重合断面并同步进行监测。

(5)观测记录应包括日期、时间、天气、温度、人员、设备观测数据以及施工现状、荷载变化、岩土条件、气象情况的描述。

(6)监测现场应加强巡视检查，对施工现场岩土变化和工程状况进行察看、记录。

(7)应定期对监测控制网的稳定性进行检测，各周期观测前应对选用的基准点、工作点进行检测。

8. 根据工程特点、施工经验和监测项目要求，应按现行国家标准《城市轨道交通工程监测技术规范》GB 50911 相关技术规定制定监测预警标准。

项目小结

本项目通过广州市轨道交通三号线施工的案例，就地铁隧道施工中的变形监测内容进行了说明，重点是变形监测的方法，内容力求浅显易懂，注重实用性，但一切以规范为准。由于城市轨道交通工程施工的特点，工程大都穿越城市繁华地区，埋深浅，地层岩土条件复杂，因此工程施工期间对自身结构以及沿线环境稳定和安全的监测至关重要。要求监测人员具有科学严谨的工作作风，希望通过本项目知识的学习，对相关技术人员会有所帮助。

复习思考题

1. 地铁工程变形监测的目的及意义有哪些？
2. 施工监测的原则有哪些？
3. 明(盖)挖法施工监测的必测和选测项目各有哪些？
4. 浅埋暗挖法施工监测的必测和选测项目各有哪些？
5. 明挖施工围护结构横向水平位移监测的方法有哪些？
6. 地下水位监测的方法是什么？
7. 建筑物中裂缝的监测方法是什么？
8. 施工监测信息反馈程序有哪些？

项目 17　城市轨道交通铺轨施工测量

项目描述

轨道交通作为城市重要的交通工具，舒适、快捷、安全是其区别于其他城市交通工具的重要特性，而轨道铺设质量是影响轨道交通上述特性的关键因素之一。铺轨施工测量的产品——铺轨基标作为轨道铺设的空间位置基准，决定着轨道线路的平面走向和轨面高低起伏，其测量精度直接影响轨道铺设和设备安装的质量，在轨道施工过程中尤为重要。本项目主要介绍一般整体道床铺轨基标测量和车场及列检库铺轨基标测量。

教学目标

1. 能力目标

• 能够读懂相关设计图纸(铺轨综合图和线路平面图)；

• 对铺轨施工测量中出现的一些技术问题，能够根据规范要求、结合现场条件进行处理。

2. 知识目标

• 了解城市轨道交通铺轨测量的内容，熟悉轨道交通铺轨测量的作业流程；

• 了解线路几何线型的分类及其基本参数，掌握线路计算的基本原理；

• 了解铺轨基标测量的作业工序，熟悉基标测量的基本方法；

• 了解铺轨基标测量的技术要求，根据规范的精度要求，能够对常见的技术问题进行有效地灵活处理；

• 根据工期及工作量、作业面的情况，合理安排、投入测量技术人员及测量仪器设备数量。

3. 素质目标

• 养成项目前期、中期、后期处理问题的统一性、全面性；

• 养成运用理论依据、结合现场条件处理问题的灵活性；

• 养成根据作业流程、将总目标任务分解逐个完成的工作方法。

• 培养学生“精益求精、严谨、专业、敬业”的工匠精神。

相关案例——南京地铁二号线一期工程、二号线东延线轨道工程 TA21 标铺轨基标测量

1. 线路概况

南京地铁二号线一期正线全长 26.438 km，其中地下线及 U 形结构地段 22.429 km、高架线 3.057 km、地面线 0.952 km。全线共设车站 20 座(含预留五棵松高架车站)，近期设地下

车站17座、地面站1座、高架站1座。除地面站、高架站为侧式车站外，地下车站均为岛式车站。共6座换乘站：元通站（一号线西延线）、集庆门大街站（二号线西延线）、上海路站、新街口站（一号线）、大行宫站（三号线）、明故宫站（六号线）。正线平面最小曲线半径为350 m，线路最大纵坡30‰，最小线间距3.8 m，为全封闭全立交双线线路。

马群车辆段位于南京地铁二号线的终点，设出入段线与正线连接。车辆段设有停车列检库（20股道）、不落轮镟库（1股道）、洗车库（1股道）、月检库（4股道）、静调库（1股道）、吹扫清扫库（1股道）、定临修库（3股道）、特种车库（2股道）、内燃机车库（2股道）。车辆段铺轨总长18.9 km，其中出入线0.46 km，库外线12.32 km，库内线4.89 km，试车线1.23 km。

二号线东延线工程起于一期工程的终点，全长8.536 km。其中地下线0.915 km、高架线6.407 km、地面线0.805 km、U形结构0.409 km。共设车站5座（不含马群站，无换乘站），其中高架站4座，地面站1座。正线平面最小曲线半径为350 m，线路最大纵坡30.346‰，最小线间距3.8 m。

二号线东延线东延伸段工程起于二号线东延线工程的终点，全长4.129 km。为全高架线。共设车站2座（不含仙鹤东站，无换乘站）。正线平面最小曲线半径为600 m，线路最大纵坡23‰，最小线间距4.9 m，为全封闭全立交双线线路。

南京地铁采用A型车，车辆最大轴重16 t，最高运行速度80 km/h，接触网供电。轨道采用1 435 mm标准轨距、1/40轨底坡。正线采用60 kg/m，铺设无缝线路。高架线、地下线均采用弹性分开式扣件、短枕式整体道床；地面线一般采用弹条Ⅰ型扣件、Ⅱ型预应力轨枕、碎石道床。采用60 kg/m钢轨9号系列道岔。

车辆基地试车线及出入线轨道结构标准与正线一致。库内线采用DJK5-1型扣件、整体道床。库外线一般采用DTⅦ型扣件及Ⅱ类轨枕、碎石道床，采用50 kg/m钢轨7号系列道岔。

2. 铺轨基标测量工期及人员投入情况

整个工程于2008年10月30日进场作业，于2010年1月26日完成了全部内外业工作。根据任务量及工期要求，本标段的基标测量工作中，前期、后期各投入作业组2个，中间高峰期投入作业组4个。工程共投入TOPCON　GPT-3002LN型全站仪4台套，TOPCON AT-G2型水准仪3台套，徕卡NA2型水准仪1台套。

3. 完成的基标测量工作量

对于我公司现场测设的控制基标，监理及测监中心均进行了100%的现场检测；加密基标进行了抽检，抽检量15%～30%。测量工作量及精度统计如下：

(1)控制复测

共复测附合导线26条，导线网1个，控制点297个。导线平面布设形式为附合导线，以精密导线的技术要求测量；高程以附合水准路线的形式布设，以精密水准的技术要求测量。经统计，平面精度最弱的导线为小卫街—孝陵卫区间，其最大点位误差为±14.6 mm，最大点间误差±11.2 mm，最大边长比例误差1/7 200；高程精度最弱的水准线路为苜蓿园—小卫街区间，最大点位误差±4.5 mm，最大点间误差±1.7 mm，均满足规范规定要求。

(2)控制基标测量

共测设控制基标808个，经统计：控制基标相对于设计线路的最大偏移量2 mm，相邻控制基标间实测距离与设计距离的最大较差直线上为9 mm，曲线上为5 mm，最大边长比例误差为1/5 000；控制基标实测高程与设计高程的最大差值为2 mm（个别控制基标因底板较高，无法控制至轨面下300 mm，故以任意高测设），均满足规范规定要求。

(3)加密基标测量

加密基标以控制基标为起算控制点,以截距法或偏角法测设,高程以精密水准测量的技术要求测量。所有加密基标均按铺轨综合图上的设计里程,直线 6 m、曲线 5 m 设置,且相邻加密基标间纵向距离误差均在 5 mm 之内,加密基标相对于相邻控制基标的横向偏差均在2 mm 之内,均满足规范规定要求。

典型工作任务 1　一般整体道床铺轨基标测量

17.1.1　工作任务

通过本部分知识的学习,主要达到以下目的:

(1)了解线路几何线型的分类及其基本参数,掌握线路计算的基本原理;

(2)了解城市轨道交通铺轨测量的内容,熟悉轨道交通铺轨测量的作业流程;

(3)了解铺轨基标测量的作业工序,熟悉基标测量的基本方法。

17.1.2　相关配套知识

1. 测量的基本原则

城市轨道交通铺轨施工测量的前提和基本原则有以下几点:

①采用与土建施工一致的平面、高程坐标系统;

②平面、高程测量精度分别为平面四等、高程二等;

③使用的仪器等级分别为平面测量不低于Ⅱ级的全站仪/经纬仪、高程测量不低于 DS1 级的水准仪;

④所使用的所有平面、高程控制点必须进行复测,铺轨基标在铺轨使用前必须经过监理或相关检测机构的检测。

2. 城市轨道交通线路的线形

在平面内连接不同线路方向的曲线,称为平面曲线。按其半径的不同分为圆曲线和缓和曲线。一般平面曲线是按“直线-缓和曲线-圆曲线-缓和曲线-直线”的顺序连接组成完整的线形。

线路的纵断面是由不同的坡度连接的。当两相邻的坡度值的代数差超过一定值时,在变坡点处,必须用曲线连接。这种在竖面上连接不同坡度的曲线,称为竖曲线。竖曲线分为凸形和凹形两种。

对于轨道来说,曲线在竖向上有外轨超高,超高分半超高和全超高两种。

3. 线路的几何参数及坐标计算

由图 17.1 可知圆曲线上任一点 A 的坐标为

$$X_a = X_0 + 2R\sin[S/(2R)]\cos[\theta + \kappa S/(2R)]$$

$$Y_a = Y_0 + 2R\sin[S/(2R)]\sin[\theta + \kappa S/(2R)]$$

以上两式中:(X_0, Y_0)为 ZY 点坐标,R 为圆曲线半径,S 为 A 点→ZY 点的弧长,θ 为 ZY 点→JD 点的方位角。κ 为转向系数,当曲线右转时,$\kappa=1$;曲线左转时,$\kappa=-1$。

缓和曲线根据其展开多项式计算:

$$X_a = X_0 + [l_0 - l_0^5/(40R^2l_1^2) + l_0^9/(3\ 456R^4l_1^4)]\cos(\theta_1) + \kappa[l_0^3/(6Rl_1) - l_0^7/(336R^3l_1^3)]\cos(\theta_1 - \pi/2) + \cdots$$

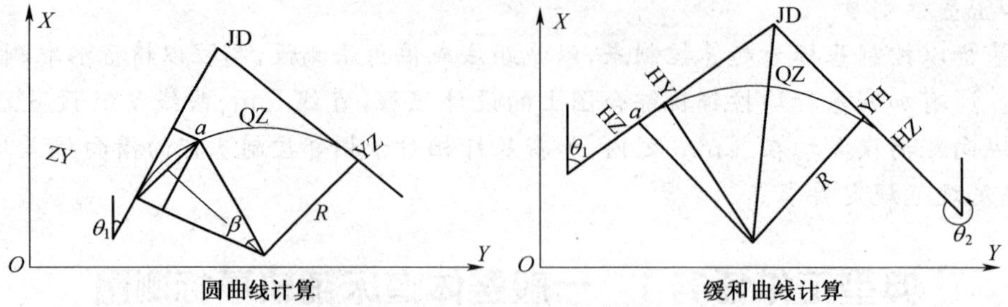

图 17.1　曲线计算示意图

$$Y_a = Y_0 + [l_0 - l_0^5/(40R^2 l_1^2) + l_0^9/(3\ 456R^4 l_1^4)]\sin\theta_1 + \kappa[l_0^3/(6Rl_1) - l_0^7/(336R^3 l_1^3)]\sin(\theta_1 - \pi/2) + \cdots$$

以上两式中：(X_0, Y_0) 为 ZH 点坐标，R 为圆曲线半径，l_0、l_1 分别为 a 点→ZH 点、HY 点→ZH 点的弧长，θ_1 为 ZH 点→JD 点的方位角。κ 为转向系数，当曲线右转时，$\kappa=-1$；曲线左转时，$\kappa=1$。

4. 城市轨道交通铺轨基标测量的作业流程

城市轨道交通铺轨基标测量的作业程序如图 17.2 所示。

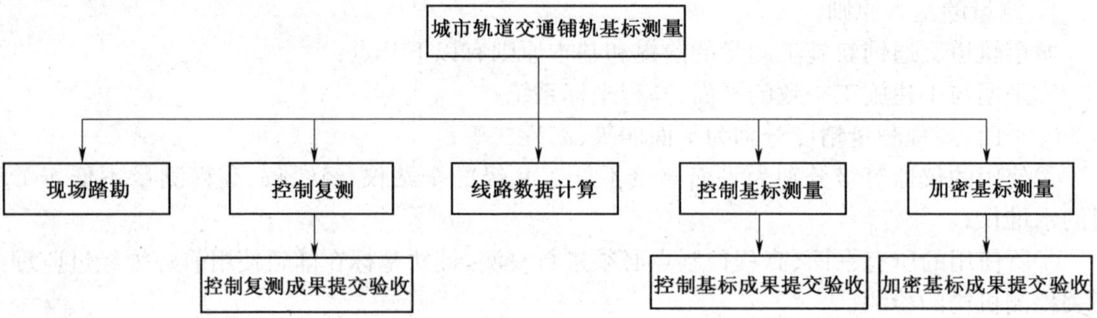

图 17.2　铺轨基标测量流程图

(1)现场踏勘

现场踏勘是城市轨道交通铺轨基标测量的前期工作。主要是根据收集到的资料（设计资料、控制资料等），进场查看控制点的位置及保存情况、现场视线通视情况、交通情况、其他工种的施工情况等，查验是否具备铺轨测量的条件，以制订铺轨测量的详细计划。

(2)控制测量

一般来说，城市轨道交通铺轨基标测量是在区间土建施工结束、土建测量验收和贯通测量完成后进行，因此铺轨基标测量可直接使用贯通测量的控制点成果即可，但必须经过平面、高程复测。复测时，以两端车站的控制点为起算控制点，形成附合导线、附合水准线路。平面以精密导线、高程以二等水准的技术要求及精度进行测量。精密导线和二等水准测量的相关技术要求见表 17.1～表 17.4。

表 17.1　精密导线测量主要技术要求

平均边长/m	闭合环或附合导线总长度/km	每边测距中误差/mm	测距相对中误差	测角中误差/(″)	水平角测回数		边长测回数	方位角闭合差/(″)	全长相对闭合差	相邻点的相对点位中误差/mm
					Ⅰ级全站仪	Ⅱ级全站仪	Ⅰ、Ⅱ级全站仪			
350	3～4	±4	1/60 000	±2.5	4	6	往返测距各 2 测回	$\pm 5\sqrt{n}$	1/35 000	±8

表 17.2　二等水准测量的主要技术要求

每千米高差中数中误差/mm		附合水准线路平均长度/km	水准仪等级	水准尺	往返较差、附合或环线闭合差/mm
偶然中误差 M_Δ	全中误差 M_W				
±2	±4	2～4	DS_1	因瓦尺或条码尺	$\pm 8\sqrt{L}$

表 17.3　二等水准观测的视线长度、视距差、视线高度的要求　（单位：m）

视线长度		前后视距差	前后视距累计差	视线高度	
仪器等级	视距			视线长度 20 m 以上	视线长度 20 m 以下
DS_1	≤60	≤2.0	≤4.0	≥0.4	≥0.3

表 17.4　二等水准测量的测站观测限差　（单位：mm）

上下丝读数平均值与中丝读数之差	基辅分划读数之差	基辅分划所测高差之差	检测间歇点高差之差
3.0	0.5	0.7	2.0

(3)线路数据计算

线路数据计算的目的是根据线路设计数据，计算出各里程的平面坐标，以便后续控制基标、加密基标实地放样使用。若需要测放的里程在铺轨综合图中未给出高程，还需计算出该位置的设计高程。其中有两点需要注意：计算平面坐标时，如基标设置于线路外偏，则需根据外偏值计算出该里程处的外偏坐标；计算设计高程时，首先根据坡度计算出该处的高程值，还需要注意该处是否有竖曲线，若有竖曲线，则需要根据该处的竖曲线修正值进行竖曲线高程修正。

(4)控制基标测量

控制基标是线路轨道铺设的基本控制标志，它是加密基标测设的起算控制点，也是区间附属设施安装基本标志和后期运营的控制围护桩。

① 控制基标的布设与精度要求

《城市轨道交通工程测量规范》(GB 50308—2017)对控制基标测量有具体的设置和精度要求：

a. 控制基标的布设要求

控制基标在直线线路上每 120 m 设置一个，曲线线路上除曲线要素点设置控制基标外还应每 60 m 设置一个。控制基标要求等距等高，即所有控制基标的平面位置距该处线路中线的距离相等(该距离值由设计提供，若设置于线路中线处，则为 0)，高程设置于该处轨下的某一固定值(该固定值由设计提供)。

b. 控制基标的精度要求

直线段控制基标间夹角与 180°较差应小于 8″，实测距离与设计距离较差小于 10 mm；曲线段控制基标间夹角与设计值较差计算出的线路横向偏差小于 2 mm，弦长测量值与设计值较差小于 5 mm。控制基标高程实测值与设计值较差小于 2 mm，相邻控制基标间高差与设计值的高差较差小于 2 mm。

②控制基标的测量方法

控制基标测量的作业程序如图 17.3 所示。

a. 控制基标测放与封高的起算依据和测量方法

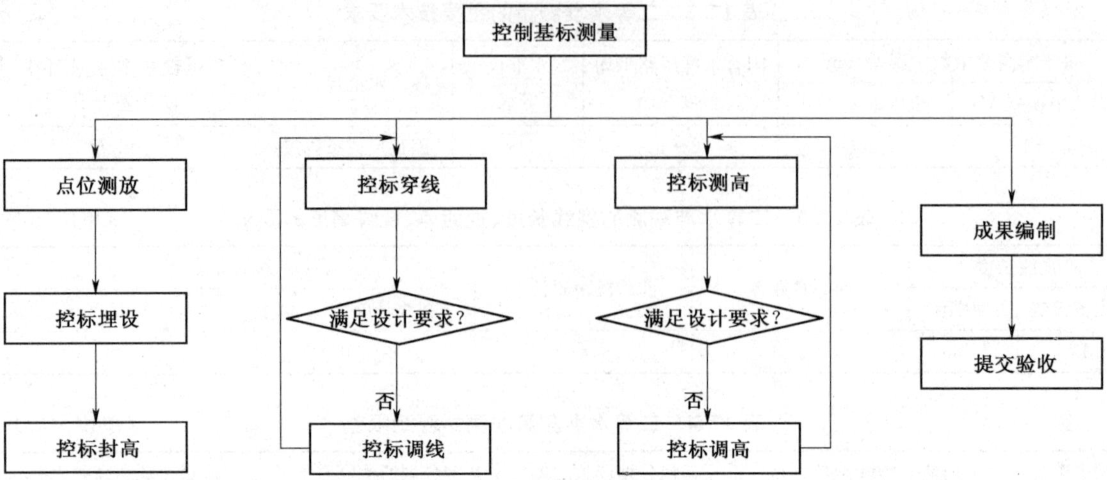

图 17.3　控制基标测量流程图

以距离控制基标位置最近的、经过复测检验符合精度要求的平面、高程控制点为起算控制点，以极坐标放样的方法测放其平面位置，以二等水准的测量方法放样其高程位置，并埋标封标。

b. 控制基标的平面穿线与调线

控制基标的平面穿线，即将区间内的所有控制基标以附合导线的线路形式穿测其水平夹角和各相邻控制基标间的水平距离，测量方法为：使用精度不低于Ⅱ级的全站仪进行测量，水平角左、右角各两测回（其左、右角之和与 360°之差小于±6″），边长往返测各两测回（测回差小于±5 mm）。

将穿测的水平夹角、平距与设计的角度值、边长进行比较，若超过规范要求的限差，则进行超限点的平面位置的调整，即为控制基标的平面调线。规范规定的平面限差要求即上面提到的控制基标的平面精度要求：直线段控制基标间夹角与 180°较差应小于 8″，实测距离与设计距离较差小于 10 mm；曲线段控制基标间夹角与设计值较差计算出的线路横向偏差小于 2 mm，弦长测量值与设计值较差小于 5 mm。

c. 控制基标的高程测量与调高

控制基标的高程测量，即以区间两端车站内经过复测检验符合精度要求的高程控制点为起算控制点，按附合水准线路的形式，以二等水准的测量方法及技术要求，对区间内的所有控制基标进行高程测量。

将测得的各控制基标的高程与其设计高程进行比较，若超过规范要求的限差，则进行超限点的高程位置的调整，即为控制基标的高程调整。规范规定的高程限差要求即上面提到的控制基标的高程精度要求：控制基标高程实测值与设计值较差小于 2 mm，相邻控制基标间高差与设计值的高差较差小于 2 mm。

（5）加密基标测量

加密基标是线路轨道铺设的细部控制标志，它是以控制基标为起算控制点，按照铺轨综合图的里程设置进行测设。加密基标测量的作业程序如图 17.4 所示。

a. 加密基标测放的起算依据和测量方法

以距离最近的控制基标为起算控制点，使用精度不低于 2″级的全站仪，以极坐标放样、截距法、偏角法等放样方法测放其平面位置，并埋设加密标标志。

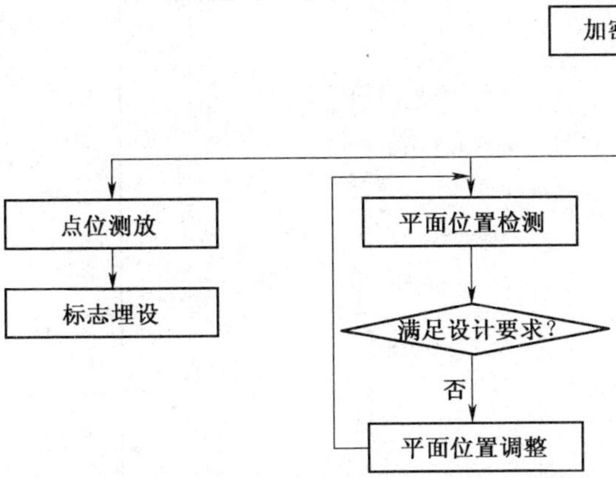

图 17.4　加密基标测量流程图

b. 加密基标的平面检测与位置调整

对所测设的加密基标，使用精度不低于Ⅱ级的全站仪，进行异站坐标检测。若超过规范要求的限差，则进行超限点的平面位置的调整。规范规定的平面限差要求为：直线上，相邻基标间纵向误差小于±5 mm，加密基标偏离两控制基标间的方向线小于±2 mm；曲线上，相邻基标间纵向误差小于±10 mm，加密基标偏离两控制基标间的方向线小于±2 mm。

c. 加密基标高程测量

以距离最近的控制基标为起算控制点，使用精度不低于 DS_1 级的水准仪，以二等水准测量的精度要求，对加密基标进行高程测量。加密基标高程测量完成后，要进行检测，检测的限差要求为：相邻加密基标实测高差与设计高差较差小于±1 mm，每个加密基标的实测高程与设计高程较差小于±2 mm。

5. 岔区铺轨基标测量的作业方法

由于岔区轨道的特殊形式及行车对岔区铺轨质量的特殊要求，岔区基标的设置形式和要求的精度也高于一般形式轨道的基标。

(1)道岔及交叉渡线的基标设置

道岔基标一般设置在岔头、岔尾、岔心和曲股位移或一侧，复式交分道岔设置在长轴和短轴的两端及岔头、岔尾位置或一侧，交叉渡线的道岔基标设置在长轴和短轴的两端、岔头、岔尾以及与正线相交的岔心位置或一侧。

(2)道岔及交叉渡线基标测设的精度要求

道岔控制基标间距离与设计值较差小于 2 mm；控制基标高程与设计值较差小于2 mm，相邻基标间的高差与设计值较差小于 1 mm；岔心相对于线路中线的里程(距离)与设计值较差小于 10 mm；基标与线路的距离和设计值较差小于 2 mm；正线与辅助线交角的实测值与设计值较差，单开道岔不大于 20″，复式交分道岔、交叉渡线道岔不大于±10″。

(3)道岔基标的测设方法

首先以线路的控制基标为起算控制，采用极坐标法放样测设道岔的控制基标。测设完成后，检测道岔基标与相关线路的边角几何关系，并根据道岔基标的精度限差要求进行道岔基标的点位调整。边角关系满足限差要求时，以道岔的控制基标为起算控制，测放道岔的加密基标。

道岔及交叉渡线的基标设置图如图 17.5 所示。

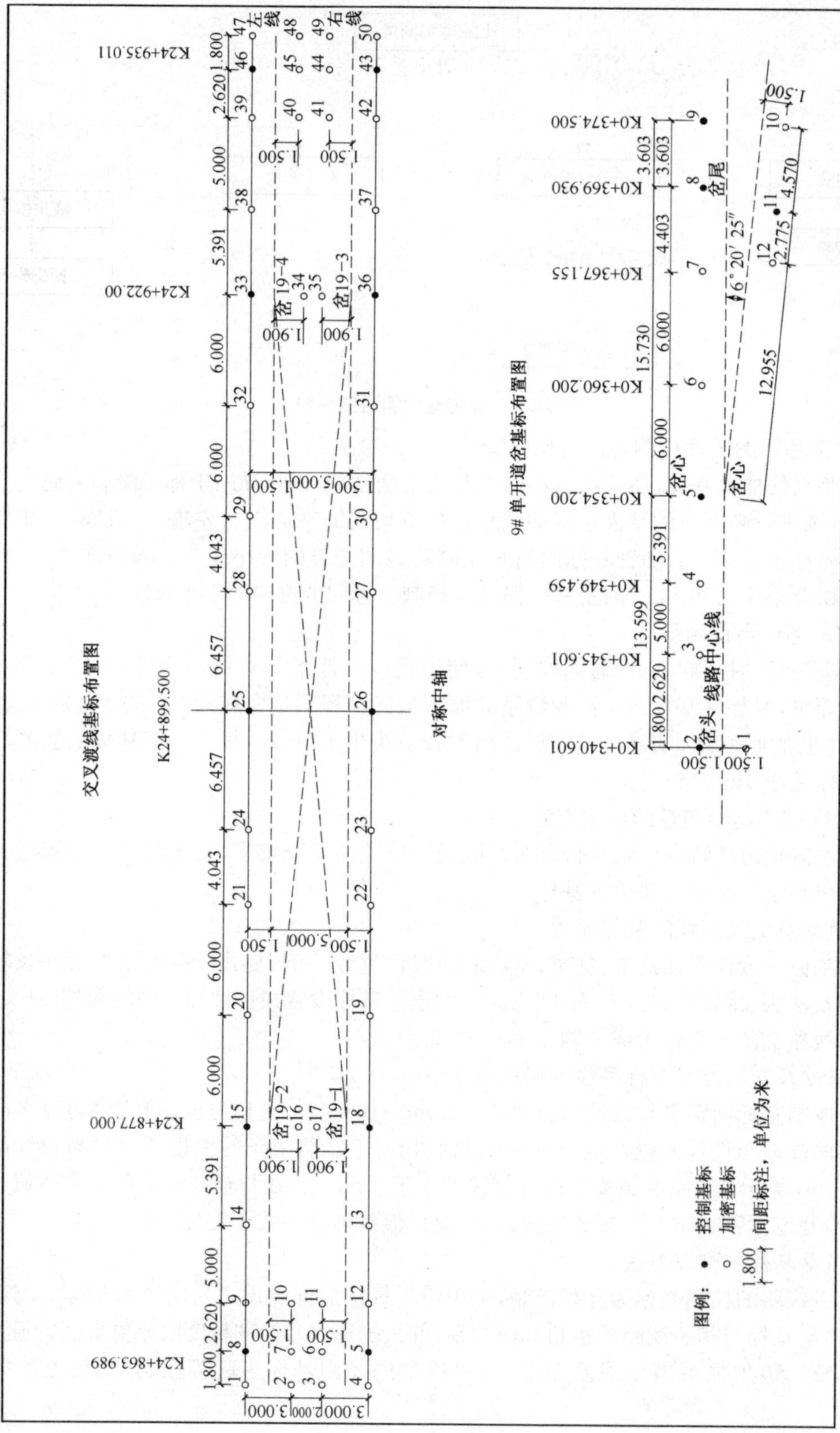

图 17.5 岔区基标设置图

典型工作任务 2　车场及列检库铺轨基标测量

17.2.1　工作任务

通过本部分知识的学习，主要达到以下目的：

(1)了解车场及列检库轨道铺设的特点及其对铺轨基标测量的要求；

(2)掌握车场碎石道床铺轨基标测量的技术方法；

(3)掌握列检库铺轨基标测量的技术方法。

17.2.2　相关配套知识

1. 车场库外基标测设

(1)与正线一般整体道床相比，车场库外的轨道铺设有以下特点：

①道床形式基本为碎石道床；

②道岔多、曲线多；

③在与正线连接处、与库内线连接处为碎石道床，与整体道床连接；

④由于场地条件限制，轨道铺设一般分片铺设，并通过初次铺设、人工精调或机械化养护调整。

(2)车场库外线铺轨基标测量的作业方法

由于车场内轨道密集、地基稳固性较差，施工时碎石及大型机械易压盖和破坏基标。因此车场的基标测设和轨道铺设测量一般分两次：铺轨前基标测设、铺轨后二次放样及轨道精调。两次测量的起算控制均为场内经过复测符合精度要求的控制点，平面放样采用极坐标法放样点位，采用二等水准的技术要求施测高程。其中有以下几点需要注意：

①测设碎石道床与整体道床连接处的碎石道床铺轨基标时，若整体道床已铺设，则以已铺设的整体道床的既有轨道为起算依据，来测设碎石道床的基标。

②二次测放点位后，需要平面穿线调线，以保证线路平顺。

③若使用机械化养护车精调轨道，则在初次测放的基础上，测量需要配合养护车精调轨道。

④碎石道床轨道精调完成后，需要检测轨面高程，以保证轨道铺设质量。

测量配合机械化养护车精调轨道现场图如图 17.6 所示。

图 17.6　测量配合机械化养护车精调轨道现场图

2. 列检库库内基标测设

列检库库内一般为整体道床，库外为碎石道床，列检库库内基标测量时，需要注意以下几点：

①库门口碎石道床与整体道床的连接处，在保证平顺连接的基础上满足库门的限界要求。

②如果各股道在检修坑槽土建刚开挖后即进行轨道铺设，由于此时基础尚未完全稳固，可能出现不均匀沉降。当列检库各股道的铺轨时间间隔较长，则可能出现各股道的轨面高程与设计高程不一致，同时各股道间的轨面差值不一致。

③列检库库内用于车辆精调的“零轨”基标的测设精度要求高于一般道床的基标测设精度：基标偏离线路的平面位置限差为 1 mm，高差限差为 1 mm。因此，在保证整体位置不偏离设计线路位置的基础上，严格控制各基标间平面位置和高差的相对精度，并在轨道铺设完成后检测各位置的左、右股的轨面高程。

知识拓展——城市轨道交通铺轨施工测量项目的组织与管理

由于城市轨道交通铺轨施工测量作业面长，工作量大、现场环境复杂，要求的测量精度高、整体测量周期长、单个作业面提供的测量时间有限，为了较好地配合铺轨作业，测量项目的组织管理凸显的尤为重要。

1. 前期策划(P)

开始接到项目后，在学习项目任务书的基础上，通过全面收集资料(设计资料、控制资料、轨道铺设总工期及节点计划、测区的交通及气候资料等)，进行现场踏勘，分析各种影响测量的因素，编制项目测量计划书。该计划书要尽可能考虑周全，内容翔实，符合实际情况，具有可实施、可操作性，主要内容包括：测量总任务量及任务的分解、测量依据的规范及标准、拟投入的人员及设备、具体的技术方法及质量检验保证措施、测量安全及职业健康制度和措施、详细的工期安排、费用控制目标等。通过单位内部讨论、批准后，上报相关管理单位审批，以期后期较好的指导铺轨测量作业。

2. 测量实施(D)

以通过各方审批后的项目计划书/技术实施方案为依据，组织人员、设备进场施测。严格按照技术设计、规范标准及业主、监理和质量检验单位的要求，在组织培训、技术安全交底的基础上逐步落实计划，责任到人、到组，规范作业。做到：仪器定期检校，人员定期培训，自检、互检、项目检查三级质量检查落到实处，安全设施配备齐全，测量员工职业健康有制度保障，工期计划得到落实。

3. 有效检验(C)

由于轨道交通工程对铺轨施工测量要求的精度高，责任重，测量环节复杂，技术难度高，因此，为确保测量质量，要求在测量作业过程中，各环节、各工序严格按照 ISO 9000 质量管理体系的要求实施并进行有效检验。检验时间、检验项目、检验人员、检验方法、检验均有完整的检验记录。对不满足质量要求的测量产品/环节进行整改或重测。要求检验程序和环节覆盖单位产品的各个工序，检验的记录具有可追溯性，检验的数量要达到相关的规范要求的数量，检验方法精度合理且不低于原测的精度。

4. 合理调整(A)

由于轨道交通工程周期长、工作量大、环境复杂等特点，铺轨施工测量项目前期制定的项目计划基标测量实施方案可能在内容、方法、人员设备投入等方面考虑的不是很周全，在某些方面不能较好的指导铺轨施工测量作业，或达不到铺轨作业的工期要求。在通过检验的基础上，根据现场实际情况，需要对测量项目策划书的某个内容/某些方面进行调整，以期能够满足现场实际要求，达到质量、安全、健康、工期、费用几方面合理配置、协调一致、方法简单有效，节省费用而保证质量。

总之，通过 P-D-C-A 的组织管理环节，在城市轨道交通铺轨施工测量中，采用先进的测量技术和仪器设备，并根据测量施工现场的环境条件选择合适的测量方法，在保证测量精度和施工进度的前提下，优化测量方案，精简测量环节，减少测量误差积累，提高作业效率和测量精度，以此确保测量施工质量。

相关规范、规程与标准

《城市轨道交通工程测量规范》(GB/T 50308—2017)部分内容摘录如下。

1. 铺轨基标应根据铺轨综合设计图，利用贯通平差后的控制点进行测设。

2. 铺轨基标分两级测设，一级为控制基标，二级为加密基标。基标测设时，应首先测设控制基标，然后利用控制基标测设加密基标。

3. 铺轨基标可设置在线路中线上或线路中线的一侧。

4. 道岔基标应依据道岔铺轨设计图，利用控制基标单独测设。道岔基标应设置在道岔直股和曲股的外侧，分为道岔控制基标和道岔加密基标，同样应先测设道岔控制基标，然后利用其再测设道岔加密基标。

5. 控制基标应设置成等高等距，埋设永久标志；加密基标宜设置成等距不等高，埋设临时标志。

6. 铺轨基标应使用不低于Ⅱ级的全站仪和 DS_1 级水准仪测设。

7. 控制基标测量应符合下列规定：

(1)控制基标在线路直线段宜每 120 m 设置一个，曲线段除在曲线要素点上设置控制基标外，曲线要素点间距较大时还宜每 60 m 设置一个，当曲线较短时可设置部分曲线要素点。

(2)控制基标设置在线路中线上时，其平面位置可利用中线控制点测设，在直线上可采用截距法，在曲线上可采用极坐标等方法。控制基标设置在线路中线一侧时，可依据线路中线点或控制点采用极坐标法测设。控制基标高程可利用高程控制点，采用水准测量方法测设。

(3)应采用初测、定测步骤测设控制基标，初测时，将基标标志测设到实地并调整到设计的坐标和高程位置，并初步固定。定测时，对初步固定后的控制基标的平面坐标和高程进行检测和调整。

(4)结构底板上控制基标的埋设位置应进行凿毛、植筋等处理，并采用添加速凝剂的混凝土固定基标。

8. 铺轨基标测量完成后，应提交技术设计书和技术总结报告，并包括下列成果资料：

(1)外业测量观测手簿及仪器检定证书。

(2)控制点成果表和点之记。

(3)铺轨基标成果表。

项目小结

1. 城市轨道交通铺轨施工测量主要任务是指铺轨基标测量。铺轨基标分两类：控制基标与加密基标。控制基标是线路轨道铺设的基本控制标志，它是加密基标测设的起算控制点，也是区间附属设施安装基本标志和后期运营的控制围护桩。加密基标是线路轨道铺设的细部控制标志。

2. 城市轨道交通线路在平面上由直线和曲线组成，其中曲线分圆曲线和缓和曲线两种。缓和曲线是连接直线与圆曲线的过渡段，其半径是从圆曲线的半径 R 渐变至无穷大。竖曲线是竖向上在坡度变化点处连接不同坡度的过渡段，竖曲线分凸、凹两种形式。

3. 铺轨基标测量工作是在土建结构完成、土建施工限界测量验收的基础上进行，它的起算控制为经过验收的贯通测量控制点。测量前首先要进行控制点复测，当复测结果符合相关规范精度要求时，才可使用。

4. 控制基标测量的作业程序为：点位放样、标志埋设、高程控制封高、平面穿线调线、高程测量调高、成果编制及提交报验。其中平面穿线的目的是检验其平面位置与设计位置相比是否在规范要求的平面限差范围以内，高程调高的目的是检验其高程位置与设计高程相比是否在规范要求的高程限差范围以内。如果发现平面或高程超过规范限差要求，则应进一步调线或调高，直至符合限差要求为止。以保证所测设的线路符合设计与规范要求，使线路圆顺平滑。

5. 加密基标测量的作业程序为：点位放样、标志埋设、平面位置检测与调整、高程测量、成果编制及提交报验。其中平面位置检测与调整的目的是检验其平面位置与设计位置相比是否在规范要求的平面限差范围以内。如果发现平面位置超过规范限差要求，则应进一步调整，直至符合限差要求为止。以保证所测设的线路符合设计与规范要求，使线路圆顺平滑。

6. 对于碎石道床的轨道铺设，若采用机械化养护车精调轨道，除了前期的基标测量以外，测量作业还需配合机械化养护，通过测量轨道的平面位置和高程，以指导机械化养护车精调轨道。

7. 对于列检库库内的“零轨”精调轨道，由于精调的需要，要求基标测量的精度高于一般整体道床的基标测量精度：偏离线路的平面位置限差为 1 mm，高差限差为 1 mm。因此，在保证整体位置不偏离设计线路位置的基础上，严格控制各基标间平面位置和高差的相对精度，并在轨道铺设完成后检测各位置的左、右股的轨面高程。

复习思考题

1. 城市轨道交通铺轨施工测量主要任务有哪些？铺轨基标分哪几类？
2. 城市轨道交通线路在平面上分哪几类？曲线的线路要素点有哪几个？
3. 铺轨基标的作用是什么？铺轨基标测量的测量依据有哪些？
4. 控制基标的布设有什么要求？
5. 铺轨基标有哪些精度限差指标？
6. 铺轨基标测量的作业流程是什么？控制基标测量的作业程序是什么？
7. 控制基标调线和调高的目的是什么？调线和调高的限差依据是什么？
8. 加密基标的精度指标有哪些？通过哪些技术手段来保证加密基标的测量精度？
9. 道岔及交叉渡线基标布设有什么要求？基标精度是什么？
10. 铺轨基标测量的仪器有哪些？铺轨基标测量对测量仪器有什么要求？
11. 保护铺轨基标测量标志的意义有哪些？通过哪些方法、措施来保护铺轨基标的标志？
12. 列检库精调“零轨”铺轨基标测量的精度要求有哪些？通过那些技术方法、措施来保证“零轨”基标的精度？
13. 简述如何进行城市轨道交通铺轨施工测量项目的组织与管理。

参 考 文 献

[1] 中华人民共和国建设部,中华人民共和国国家质量监督检验检疫总局．工程测量规范:GB 50026—2007[S]. 北京:中国计划出版社,2008.

[2] 国家测绘局．国家一、二等水准测量规范:GB/T 12897—2006[S]. 北京:中国标准出版社,2006.

[3] 秦长利．城市轨道交通工程测量[M]. 北京:中国建筑工业出版社,2008.

[4] 中华人民共和国住房和城乡建设部,中华人民共和国国家质量检验检疫监督局．城市轨道交通工程测量规范:GB/T 50308—2017[S]. 北京:中国建筑工业出版社,2017.

[5] 国家铁路局．铁路工程测量规范:TB 10101—2018[S]. 北京:中国铁道出版社,2018.

[6] 严莘稼,王侬,李晓莉．建筑测量学教程[M]. 北京:测绘出版社,2006.

[7] 顾孝烈．测量学[M]. 上海:同济大学出版社,2005.

[8] 潘正风．数字测图原理与方法[M]. 武汉:武汉大学出版社,2004.

[9] 高井祥．测量学[M]. 徐州:中国矿业大学出版社,2004.

[10] 张坤宜．交通工程测量[M]. 武汉:武汉大学出版社,2003.

[11] 林文介．测绘工程学[M]. 武汉:华南理工大学出版社,2003.

[12] 张正禄．工程测量学[M]. 武汉:武汉大学出版社,2005.

[13] 杨松林．测量学[M]. 2 版．北京:中国铁道出版社,2013.

[14] 王金玲．测量学基础[M]. 北京:中国电力出版社,2011.

[15] 李天和．工程测量[M]. 郑州:黄河水利出版社,2006.

[16] 王晓春．地形测量[M]. 北京:测绘出版社,2010.

[17] 全志强．建筑工程测量[M]. 北京:测绘出版社,2010.

[18] 潘松庆．工程测量技术[M]. 郑州:黄河水利出版社,2011.

[19] 李生平．建筑工程测量[M]. 武汉:武汉工业大学出版社,2002.

[20] 王根虎．土木工程测量[M]. 郑州:黄河水利出版社,2005.

[21] 邱国屏．铁路测量[M]. 2 版．北京:中国铁道出版社,2005.

[22] 李柏林．道路坐标测量技术[M]. 重庆:重庆大学出版社,2007.

[23] 周建郑．GPS 定位测量[M]. 郑州:黄河水利出版社,2010.

[24] 黄声享,郭英起,易庆林．GPS 在测量工程中的应用[M]. 北京:测绘出版社,2007.

[25] 覃辉．土木工程测量[M]. 上海:同济大学出版社,2005.

[26] 石东,陈向阳．建筑工程测量[M]. 北京:北京大学出版社,2011.

[27] 孔达．土木工程测量[M]. 郑州:黄河水利出版社,2008.

[28] 陈胜华,苏登天．工程测量[M]. 北京:科学出版社,2007.

[29] 郭际明,丁士俊,苏新州,等．大地测量学基础实践教程[M]. 武汉:武汉大学出版社,2009.

[30] 黄丁发．GPS 卫星导航定位技术与方法[M]. 北京:科学出版社,2006.

[31] 孔祥元,郭际明．控制测量学(上册)[M]. 3 版．武汉:武汉大学出版社,2006.

[32] 孔祥元,郭际明．控制测量学(下册)[M]. 3 版．武汉:武汉大学出版社,2007.

[33] 李青岳,陈永奇．工程测量学[M]. 2 版．北京:测绘出版社,1995.

[34] 李天文．GPS 原理及应用[M]．北京:科学出版社,2003.

[35] 李天文．现代地籍测量 [M]. 北京:科学出版社,2004.

[36] 李天文．现代测量学[M]. 北京:科学出版社,2007.

[37] 刘基余．GPS 卫星导航定位原理与方法[M]. 2 版．北京:科学出版社,2008.

[38] 宁津生,陈俊勇,李德仁,等. 测绘学概论[M]. 2 版．武汉:武汉大学出版社,2008.

[39] 绍铨,张华海,杨志强．GPS 测量原理及应用[M]. 3 版. 武汉:武汉大学出版社,2008.

[40] 王金玲．工程测量[M]. 武汉:武汉大学出版社,2004.

[41] 魏二虎,黄劲松．GPS 测量操作与数据处理[M]. 武汉:武汉大学出版社,2004.

[42] 闫浩文,杨维芳．测量学原理与方法[M]. 北京:科学出版社,2009.

[43] 杨俊志．全站仪原理及其检定[M]. 北京:测绘出版社,2004.

[44] 詹长根,唐祥云,刘丽．地籍测量学[M]. 2 版．武汉:武汉大学出版社,2005.

[45] 张坤宜．交通土木工程测量．修订版．武汉:武汉大学出版社,1999.

[46] 张正禄．工程测量学习题、课程设计和实习指导书[M]. 武汉:武汉大学出版社,2008.

[47] 赵桂生．水利工程测量[M]. 北京:科学出版社,2009.

[48] 王依,过静君．现代普通测量学[M]. 北京:清华大学出版社,2001.

[49] 潘正风,杨正尧,程效军,等．数字测图原理与方法[M]. 武汉:武汉大学出版社,2004.

[50] 中华人民共和国住房和城乡建设部．地铁设计规范:GB 50157—2013[S]. 中国建筑工业出版社,2014.

[51] 中华人民共和国国家质量监督检验检疫总局,中国国家标准化管理委员会．全球定位系统(GPS)测量规范:GB/T 18314—2009[S]. 中国标准出版社,2009.